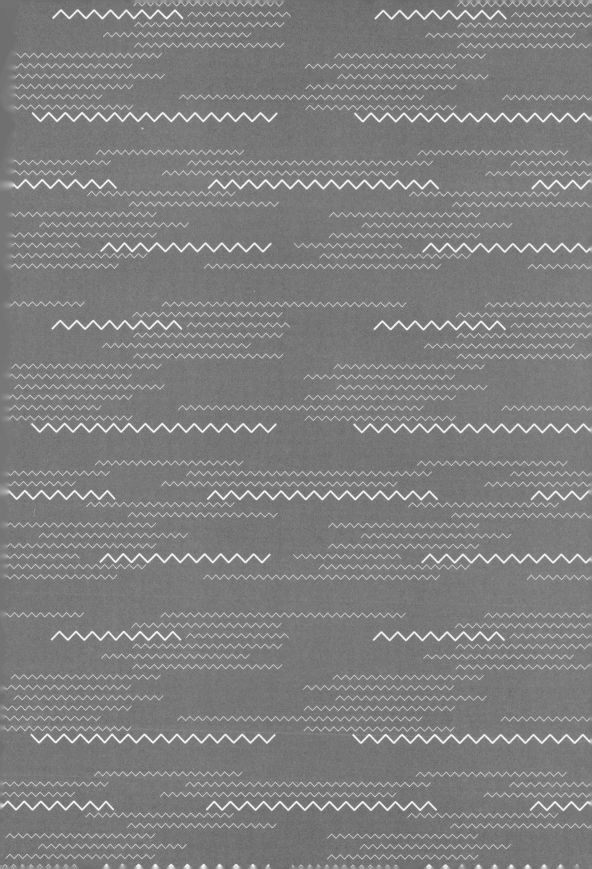

文明的邏輯

人類與風險的博弈

THE LOGIC OF CIVILIZATION

陳志武

目次

第二部

緒論
風險推動的人類文明

人是一種怎樣的混合造物啊！新奇、古怪、混亂、自相矛盾、不可思議！他裁斷世上萬物，他是微末的蚯蚓、真理的寶庫，灌滿了謬誤和不確定性的陰溝，宇宙的光榮和糟粕。

——帕斯卡（*Blaise Pascal*），法國哲學家

數萬年前的原始人，看到古怪又混亂的人類，怎麼也不會想到人類社會某一天會有秩序。可是，我們身處二十一世紀，這一天就在眼前，所體驗和看到的人類社會已井井有條，秩序戰勝混亂，文明戰勝野蠻。疑問可能也在於此：這個文明真實嗎？看到古怪混亂的人類已被和平造化，如今有規有矩、協作互助，這足以證明一代又一代的人類肯定做對了什麼創舉。只是那些「什麼」究竟為何？至今仍充滿爭議、有待回答。

在嘗試評估文明變遷史時，我們需要度量「進步」和「倒退」：什麼情況下文明可被稱為「進步」，何時又「倒退」了？換句話說，我們需要一把評估用的量尺。一旦選好量尺，就可度量不同文明的進程，也可判斷文明中每一次創新的價值：有的創新創造價值，即「進步」；有的則減少價值，即「倒退」。在現有文獻中，歷史學家、經濟學家慣用的量尺是「生產力」

（productivity），甚至只有「生產力」，其他指標都不重要。勞動生產力就是「生產力」的一種：一個人一年勞動下來，能有多少產出、多少收入。一種創舉再好，如果不能提升「生產力」、沒有抬高每年「人均產出」，即便能改進人類應對風險的能力、使人活得更安心，那也被看成無用之舉、非進步之舉。「唯生產力」準則應用到當今國家，就是「唯GDP」論，成為只追求GDP（國內生產毛額）增速政策的學理基礎；而應用到歷史分析中，在「唯生產力」史觀下，人類發展通常被劃分為原始社會、農業社會、工業社會、後工業社會等階段。

本書的目的是要糾正這種傳統史觀和文明觀，也就是除了「生產力」，我們還要增加一把量尺：人類的「風險應對力」（就是「應對風險」的能力），使我們能更完整地解讀人類文明化進程。從本書中我們會看到，文明主要是對兩種挑戰的反應，一是生產力低，另一則是風險應對力差，在人類歷史長河中，風險甚至是文明更重要的催化劑。

「生產力」這把量尺夠用嗎？

傳統「唯生產力」史觀帶出了一些著名悖論。

加州大學經濟史學者葛瑞里．克拉克（Gregory Clark）教授在北京清華大學舉辦的第一屆量化歷史講習班上發表：「人類史上其實只發生了一件事，就是十八世紀的工業革命（Industrial Revolution），只有工業革命前的世界和工業革命之後的世界之分。人類歷史只有工業革命這一件事值得研究，其他都是不太重要的細節。」[1]此言一出，讓在場老師和同學為之一震。他之所以這麼說，是因為從西元前十世紀到十八世紀的近三千年裡，全球每年人均收入基本沒有變動，其間雖然出現過波動，但並沒改變勞動生產力長久不變的趨勢。

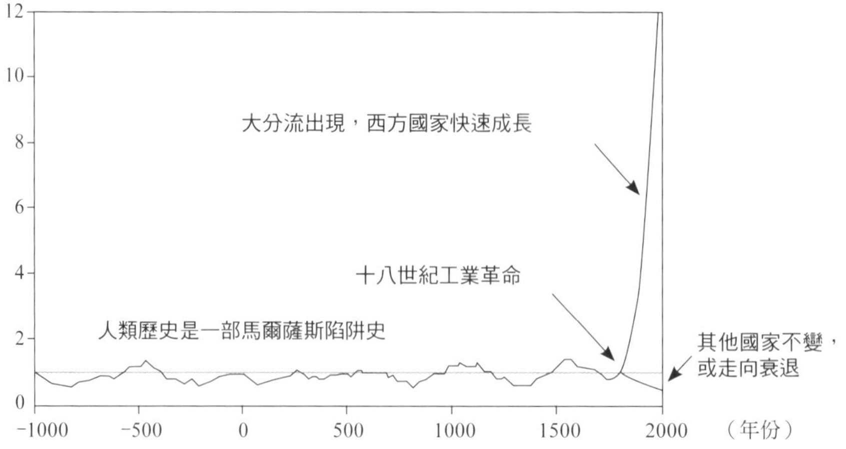

圖一　全球人均收入三千年變遷史[3]

注：一八〇〇年年全球人均收入設為1。

歷史學家安格斯．麥迪森（Angus Maddison）教授在《世界經濟千年史》（*The World Economy*）中對全球人均收入的估算[2]，結論也一致：在工業革命之前的兩千年裡，勞動生產力基本不變。克拉克強調，人類在十九世紀前的幾萬年裡，一直沒能走出「馬爾薩斯陷阱」（Malthusian trap）：即使生產力偶爾提升，致使人口增加，但人口增加分配所得，又回到人均收入的原點；或者，由於自然災害或人為戰爭導致人口減少，在總產出不變的情況下，人均收入會增加，接下來生育率就會上升，可是人口成長後人均收入再次減少，勞動生產力還是回到原點。就這樣，人類社會圍繞同一生產力原點，無聊地重複，沒能走出陷阱。直到十八世紀工業革命發生後，英國、美國、西歐國家率先走出馬爾薩斯陷阱，生產力持續飆升，而其他國家要麼繼續在馬爾薩斯陷阱中掙扎，要麼就走向持續衰退，西方和世界其他社會之間的大分流開啟（圖一）。

把「唯生產力」史觀應用到中國，得出的

結論基本一樣：根據麥迪森的估算，漢朝時中國人均收入大約為四五〇美元（以一九九〇年美元計），到清朝道光時的一八二〇年，大約為六〇〇美元，至十九世紀末期回到五三〇美元，一九五〇年落回原點，為四三九美元！[4]也就是說，依據勞動生產力這把量尺，至少從秦漢以來的兩千多年裡，中國沒進步過，甚至還有些許下降。雖然儒家秩序在其間不斷完善鞏固，深深影響中國人的生老病死等方方面面，但那些努力沒有對勞動生產力產生實質影響，因此是無用功！至於其間一個時段叫漢朝，另一些叫隋朝、唐朝、宋朝、元朝、明朝、清朝，整個時段是一年還是兩千年之久，這些細節都沒什麼意義，因為這些朝代不管叫什麼，都沒從根本上改變勞動生產力，不值一提。當然，這種說法很難讓人接受，尤其是其間儒家文化的推進、宗族的精細化完善、商業市場的擴展，甚至還有科舉考試的普及等，即使這些創新與變遷沒有提升生產力，那只能說明「生產力」不應該是評估人類創舉價值的唯一標準，不是判斷文明進步的唯一準則，因為這些創舉要麼對文明化進程發揮長久作用，要麼還沿襲至今，長久存在必有其合理性。這種片面的分析框架必須改變。

以「生產力」研究文明發展史的另一個經典例子，是圍繞人類為什麼放棄狩獵採集的原始生活、選擇定居農耕的問題。以《槍炮、病菌與鋼鐵》(*Guns, Germs, and Steel*) 一書獲得美國普立茲獎與英國科普圖書獎的歷史地理學家賈德．戴蒙（Jared Diamond），在一九八七年發表的論文中斷言：「農業是人類史上最嚴重的錯誤，至今我們仍未從這個錯誤中走出來！」[5]為什麼會有如此「狂言」？其邏輯還是在於「生產力」這一度量人類進步的單一量尺！

在一萬一千多年前，美索不達米亞一帶（今天的伊拉克、敘利亞等地）首先放棄原始游獵生存方式，選擇定居一地，通過馴化植物與動物，年復一年重複耕種、飼養，發明了農業。大約兩千年後（距今九千年前），中國的黃河與長江中下游地區也分別獨立發明了定居農耕。在之後的五千年裡，墨西哥、秘魯、北美東北部、非洲撒哈拉沙漠以南等地，也分別獨立地發明定居農耕。我們現代人會覺得定居農耕優於原始狩獵採集生活，可是這個結論在當時未必成立，包括到了今日，世界上還有一些部落族群不放棄遊獵生活，仍然認為原始狩獵是上策。

戴蒙談道，許多考古證據表示，定居農耕後人均身高明顯下降，遊獵時期女性平均身高為一百六十八公分，定居農耕後反倒降為一百五十三！男人原來平均一百七十五公分，之後平均不到一百六十五公分！這說明人均物質消費，即收入下降了（原始社會時期，消費基本等於收入）。[6]之所以如此，第一是由於勞動強度增加，原來只需要把自然生長的果子野菜摘下、把野生動物遊獵到手，一週只需工作十八到二十個小時，即可滿足消費。但定居農耕者要先花時間整土、播種，長苗後還要一直關照，澆水施肥、防範害蟲，然後才收割，一年到頭天天忙碌。所以，農耕者的勞動投入遠高於原始狩獵者，工作強度大，這當然對身高不利。第二，單位勞動時間的人均產出，即勞動生產力，也在下降。農耕人雖然勞動時間增多，但幾千年來都沒能走出溫飽挑戰，一直到工業革命後才解決了溫飽問題。這說明，那些多增加的勞動時間和強度並沒提升人均產出，額外勞動似乎「白費了」，於是，身高不增反降！第三，營養結構變得單調，這也不利於身高成長。道理在於，自然界能夠被馴化的植物和動物遠比自然生長的少，就像今天農業種植的糧食不外乎水稻、小麥、玉米、大豆等，家養動物也就是牛羊、雞鴨、豬狗等，比大自然能供應的少很多，因此農耕社會的營養結構變得單調，身高潛力難以完全發揮。比如，今天的中國人和日本人，在食物種類和食物量因收入成長而增加後，新一代的身高明顯高於前人，就佐證了這個道理。

所以，單純從生產力判斷，定居農耕的發明似乎真的像戴蒙所說，是人類史上最大錯誤，至今還沒醒悟。可是，這是片面分析方法導致的片面結論。

在現有歷史研究中，也是出於「唯生產力」視角，學者將知識分為「有用」和「無用」[7]，進而延伸出「生產性」和「非生產性」人力資本。[8]其中，那些對產出（生產力）有幫助的知識才「有用」，具備這種知識技能的人力資本才是「生產性」的。比如，科技、醫療、商業、法律等是有用知識，選修這些專業是獲得生產性人力資本；而人文歷史、儒家經典、宗教教義等由於不能提升生產力，所以是無用知識，學生不應選修這些專業，公司也不要雇用這些專業的員工。著名經濟史學家莫基爾（Joel Mokyr）在解釋為什麼中西方從十八世紀末開始經濟大分流時談道[9]：中國在漢朝選擇「獨尊儒術」，尤其從宋代拓廣以儒家經典為基礎的科舉體系，激發草根學子將才華花在儒家經典這些「無用知識」上，得到的是「非生產性人力資本」，所以從宋代到晚清洋務運動之前，中國不能出現提升勞動生產力的技術創新；相比之下，西歐從十二世紀開始興辦大學，先是培養律師，獲得保障商業契約、改善行政管理的有用知識[10]，後來引導青年走上提升生產力的科技探索之路，讓歐洲不斷積累生產性人力資本，到十八世紀末爆發工業革命。單純基於生產力這把量尺，對有用知識和生產性人力資本的定義當然會如此；但人文知識、儒家經典、宗教教義就真的「無用」，與其相關聯的人力資本就無價值嗎？

為節省篇幅，這裡就不列舉更多悖論了。人類為什麼在過去一萬多年裡，逐漸放棄狩獵採集、轉為定居農耕，而且至今還保持定居生活？再者，人類過去幾千年真的像克拉克教授說的那樣，都是在浪費時間，只有工業革命才是帶來人類進步的創新？如果只從生產力評估人類創新的價值，就無法解釋過去做過的許多創舉：迷信、婚姻、家庭、文化、宗教、國家等。這些創舉構成本書要談的「文明」內涵。在隨後的章節中，我們會逐步看到，這些發明在當時可能無法提升生產力，或對生產力提升僅有些許貢獻，但它們對改進人類的風險應對力、降低暴力頻率、促進文明發展，都有過顯著貢獻。

是更文明，還是更野蠻？

首先，人身安全、免於暴力是個體生存的基本指標，也是度量文明進程的常用量尺，反面指標則是個體受暴力威脅的程度。如果一個社會的個體始終擔心自己被偷、被搶，甚至被暴力殺害，惶惶不可終日，即使人均收入極高，也難以想像他們的生活會幸福愉悅。哈佛大學教授史蒂芬．平克（Steven Pinker）有系統地彙整歷史學家的暴力史研究[11]，以大量資料展示出一幅與生產力變遷完全不同的圖景：人類從原始社會到農耕社會、工業社會，再到當代，暴力頻率和暴力死亡率都大幅下降，文明一直在漸漸戰勝野蠻。圖二給出一般暴力（不包括戰爭）謀殺率的變化過程。其中，在還沒建立國家形態的原始社會，每年每十萬人中平均有六百人死於兇殺[12]，也就是〇．六％的謀殺率。劍橋大學暴力研究中心主任艾斯納（Manuel Eisner）發現，到農業社會後期，謀殺率已經下降了很多，比如到十三、十四世紀的西歐，謀殺率下降到每十萬人有三十一人死於兇殺；到二十世紀，每十萬人有〇．八人死於兇殺。[13]在十八世紀的清朝中國，普通人謀殺率為每十萬人有一．五人左右死於暴力。[14]也就是說，過去幾千年裡，人類的一般暴力謀殺率下降了九九．八七％！如果命案只是各種一般暴力的最極端結果，並且每百次暴力事件以命案結束的機率分布基本不變，那麼我們大致可以把謀殺率的下降解讀為一般暴力水準的總體下降，謀殺率低反映的是一般暴力水準低。據此，雖然工業革命前的勞動生產力沒有多少變化，但一般暴力顯著下降了，說明人類文明顯然在進步，否則，現代人可能還會擔心身後是否有人要攻擊或謀殺自己。

其次，在戰爭與大屠殺這類有組織的暴力方面，歷史資料也顯示明顯的下降趨勢。在二〇〇七年的一份綜述報導中，《經濟學人》雜誌談道，在原始社會時期，一年中九〇％以上男

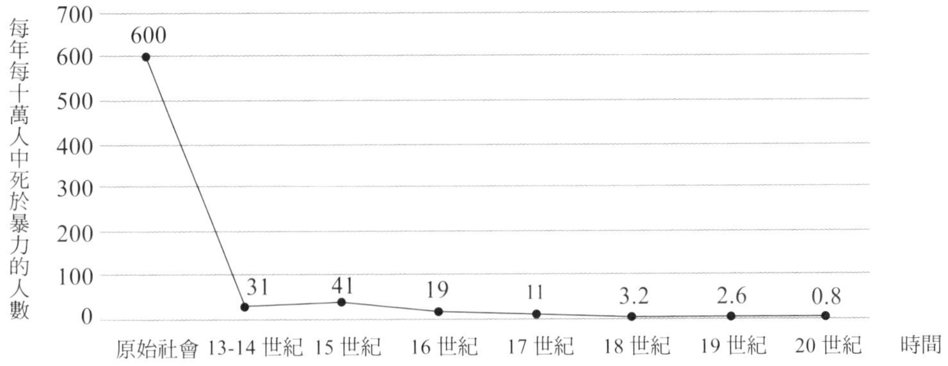

圖二　原始社會與西歐自十三世紀以來的謀殺率[15]

人至少外出打仗一次，二五%到三〇%男人的生命會終於戰爭或其他暴力，而不是正常死亡。[16]平克總結，雖然早期戰爭缺乏系統資料，但在過去幾百年，戰爭頻率在顯著下降[17]：十六世紀時，差不多年年都有兩個或幾個國家在相互作戰，一年平均有一・五場戰爭；到十八世紀，八〇%的年分都有國與國在打仗，每年平均〇・七場戰爭；十九世紀和二十世紀中，只有不到二〇%的年分有主要國家在打仗，平均每年有〇・四場戰爭。從戰爭死亡率看[18]，原始社會時期，一年裡每十萬人中大約有五百二十四人死於戰爭；到十六世紀，這一資料降到兩百五十人；到二十世紀，下降到六十人；而到二十一世紀的前八年，更是降至〇・三人。也就是說，從原始社會到今天，戰爭死亡率下降了九九・九四%。另外，大屠殺資料也呈直線下降。人類有組織的暴力顯然也是長期持續減少的。

再次，災害風險造成的死亡率也在下降。這方面的遠古資料很難找到，根據學者對近代資料的整理[19]，十九世紀七〇年代，全球每年每十萬人中有一百四十二人死於饑荒；到二十世紀二〇年代，這一資料降到八十二人；二十世紀七〇年代，降到八・四人；二〇一〇年到二〇一六年間，每年每十萬人中只有〇・五人死於饑荒。也就是說，在一個半世紀裡，人類饑荒死亡率下降九九．六五%。如果把旱災、水災、火山、地震、土石流、極端溫度等自然災害加在一起統計，那麼一九〇〇年，全球有一百二十七萬人死於各種災害，其中一百二十六萬死於旱災，六千人死於異常氣候等；而到二〇一九年，全球一．一七萬人死於各種災害，不到一九〇〇年災害死亡人數的一%，其中只有七十七人死於旱災。[20] 當然，這些資料反映的都是工業革命之後的歷史進程，但從中也可看到，用其他量尺度量人類進程之後，所反映的變遷與單純基於生產力的圖景相比，有多麼不同，而且這些死亡率指標更貼切地代表一般人的生存狀況。

最後，可以從統治者面臨的生命安全風險來看文明進展。畢竟，我們很難有系統記錄一千年前或更早關於普羅大眾的暴力死亡資料，但關於皇帝、各國君主的生平與離世記錄還是比較容易取得的。因此，基於這個特殊群體的非正常死亡資料，大致能看出文明發展趨勢，因為一般社會裡，老百姓面對的暴力風險與統治者的生命安全具有一定程度的正相關。文明化程度高的社會裡，不僅國民不用擔心暴力威脅，統治者也應當更能安逸度日。另一方面，統治者生命風險的高低是一個社會制度文明建設的晴雨表，反映其最高權力的制衡和交接機制是否規則化和法治化。艾斯納收集了西元六〇〇到一八〇〇年間歐洲四十五個王國、一千一百一十五位國王的離世方式資料[21]，以一個世紀為基本時段計算其間國王死於非命（非正常死亡）的機率，他發現：西元七世紀時，歐洲國王每年有二．五%的機率死於非命；到十三世紀，國王死於非命的機率降到〇．八五%；十五世紀，這一機率降為〇．五二%；到十八世紀，這一機率更是降至〇．一九%。因此，歐洲在那一千兩百年間，國王死於非命的機率下降了九二．三一%，這說明雖然在那期間勞動生產力沒有變，可是政治制度的文明化程度上升了十二倍，靠暴力奪得統治權的占比愈來愈低（儘管那個時期，除十八世紀的英國外，歐洲其他地方都還沒有建起現代民主國家）。

我和經濟史學者林展對中國自漢代以來各皇帝的離世情況進行過量化研究[22]，時間跨度為西元前二二〇年至西元一九一一年。由於其間多數時候中國總體是統一的，所以君主數量遠少於歐洲（儘管時間跨度比艾斯納的樣本幾乎長一倍），共有一百二十七個政權、七百二十九位皇帝。皇帝死於非命的機率自漢代開始，一直上升，中間經過了三國、魏晉南北朝，到北魏、隋朝時期達到頂峰，皇帝一年中有七%的機率被人害死（比同期歐洲國王的二・五%高出很多）；不過，自唐朝開始，皇帝死於非命的機率有所下降，到元朝、明朝上半葉，降到三%左右；至十八、十九世紀的清朝達到最低，皇帝死於非命的機率在〇・五%上下。所以，自唐初以來的一千三百年間，儘管中國的生產力沒有變化，但皇帝死於非命的機率下降了九二・八六%，這說明政治文明通過積累經驗改良，還是取得了一些進步。當然，如果跟西歐比，還是差距明顯。劍橋大學生物統計所把一年死亡機率超過〇・六%的場景定義為「大戰場」（major combat zone）[23]，以此標準，到十五世紀歐洲王室就不再是「大戰場」，而在中國，皇帝在朝廷內所面對的死亡風險歷來遠高於「大戰場」，一直要到十八世紀，皇帝的安全才比「大戰場」上的士兵好一點。

因此，到一千八百年前，無論是地球上的普羅大眾，還是身纏萬貫的富豪，抑或頭戴王冠的統治者，人身安全都比幾百年前，更比幾千年前，高出多倍。可是這些文明化進步是生產力指標檢測不到的。

風險催生暴力行為

要理解為什麼人類暴力經歷了長期下降、文明逐步戰勝野蠻，我們先要認識暴力背後的驅動力，尤其是暴力行為（包括戰爭）跟風險事件之間的因果關係。孟子曰：「凶歲，子弟多暴。非天之降才爾殊也。其所以陷溺其心者然也。」（《孟子・告子上》）。漢朝司馬遷在《史記・貨殖列傳》中寫道：「兵旱相乘，天下大屈，有勇力者聚徒而衡擊……民不足而可治者，自古及今，未之嘗聞。」兩位哲人注意到一個共同的現象：收成不好的年分，民眾會「不安分」，會被迫行暴行亂。孟子將這一點歸咎於心態的變化，司馬遷則關注旱災戰亂帶給民眾的饑荒。兩條路徑，殊途同歸，指向同一結論：暴力衝突與災害等風險事件有密切關係。

當代犯罪經濟學的解釋比孟子、司馬遷更加具體一些。諾貝爾經濟學獎得主蓋瑞・貝克（Gary Becker）在一九六八年的經典論文中談道[24]，違法犯罪一般是理性選擇的結果：當犯罪的收益大於犯罪成本時，一些人會選擇犯罪，其中收益和成本不只是物質的，也包括主觀收益、機會成本和主觀成本。如果是這樣，個體暴力和群體戰爭行為都應該是為生存而戰，尤其跟災害威脅有關，因為在風險威脅到生存時，不僅機會成本很低（活下去的機會不大了），光腳的不怕穿鞋的，而且任何收益可能都足以救命，主觀價值極大，亦即，此時暴力的潛在收益會遠大於機會成本，犯罪也值得，戰爭掠奪也可能是活下去的唯一希望。

本書第一章介紹眾多學者關於戰爭起源、平民起義、普通暴力的研究，這些研究發現旱災等自然災害時常是主要導火索，驗證了前述論斷。其中，經濟學家龔啟聖和白營研究了從西元前二二〇年至西元一八三九年間北方遊牧民族攻打中原漢族的量化歷史[25]，發現旱災時遊牧民族生存艱難，他們攻打中原漢族的機率的確增加很多，而澇災時期則相反，遊牧草原什麼都能生長，此時攻打中原的主觀收益極低而成本卻不小，發動戰爭的機率會大大減少。

就中國的暴力而言，經濟學者賈瑞雪分析一四七〇年至一九〇〇年間中國兩百六十七個府的農民起義與氣候災害的關係[26]，也發現旱災年分是關鍵，其間食物短缺、糧價大漲，生存受到挑戰，因此暴動的機會成本大減，農民揭竿而起的機率會比平時高出很多，社會動亂也增多。明末李自成起義就是其中最為經典的例子：如果不是十七世紀初期旱災不斷，他的起義不可能多次絕處逢生。[27] 此外，在個體暴力層面，我和經濟史學者彭凱翔、朱禮軍估算了一六六一年到一八九八年間清代中國的一般謀殺率[28]，分析表明：一旦一個地區出現災害，債務糾紛、土地糾紛、家庭糾紛等可能會相應增加，謀殺率也會顯著上升。災害風險顯然是個體間暴力的起因之一。

風險事件催生暴力，在其他國家歷史上也是普遍規律。在美洲大陸，文明起落和氣候風險關係密切。[29] 八世紀中期，馬雅文明所在的猶加敦半島遭遇持續乾旱[30]，那時期墓葬的主人死亡年齡顯然比以前年輕、營養也差，人口密度由從前的每平方公里兩百人下降至一百人，而浮雕中與戰爭有關的內容占比也有所上升，可見氣候風險的影響有多麼強。加州大學柏克萊分校和史丹佛大學的三位學者基於世界各國的資料，研究了人類暴力跟自然風險的關係，他們發現[31]：一方面，人體對氣溫波動高度敏感，太熱或太冷都會刺激個體情緒，甚至挑戰生存，引發戰爭或一般暴力；另一方面，如果降雨量比平常減少（比如旱災），會導致農業歉收，威脅生存，使個體間暴力（如打人、搶劫、犯罪、殺嬰等）顯著增加。

總之，不管是歷史上還是當代，無論是中國還是世界其他地方，風險事件是暴力的主要驅動力，這一結論非常有說服力。主要原因在於，由於缺乏事前避險手段，或者風險發生時沒有應對衝擊的工具，於是在生存挑戰下，一些個體被迫通過暴力求活路；反之，如果人類社會有了事前避險手段或事後應對工具，那就能切斷風險到暴力之間的傳導機制，使風險事件不再威脅個體與群體的生存，讓暴力收益不再高於暴力成本，文明就能勝出。按照這一邏輯，前面談到的過去幾千年，尤其近幾個世紀人類一般暴力在持續下降、戰爭頻率走低這一事實說明，除非自然風險的發生頻率近幾個世紀在下降（而更多證據表明的是相反趨勢[32]），否則，人類發明的風險應對手段應該是愈來愈多、愈來愈好了，或者在人類發明了壟斷合法強制力的國家之後（第二章和第十一章），對暴力犯罪的懲治愈來愈嚴，使暴力愈來愈不「划算」[33]，也可能是在建立國家秩序後，戰爭與防禦能力得以加強，降低了入侵者的戰爭紅利，提升了和平機會。[34]

人類自一開始就受到自然風險的折磨，一場旱災、一次瘟疫、一波地震，都可致眾人於死地；即使到了農業社會，也面臨「年有餘而月不足」的挑戰，一年糧食產量可能有餘，但年中並非月月充足，青黃不接的月分裡民眾照樣可能餓死。直到十八世紀中期，全球人均預期壽命還僅有三十歲，所以杜甫才會有「人生七十古來稀」的詩句。要想克服風險挑戰、進而降低暴力，一方面是通過技術創新提高生產力，另一方面是強化人與人之間的跨期合作、互通有無，包括資源分享、風險互攤。可是，怎樣使人際跨期互助變得可靠，避免捲款潛逃、虛假欺詐、惡意違約、頻搭便車呢？這是人類自古一直希望解決的核心挑戰，因為在所有人際關係中，讓人最難放心的就是跨期承諾：一旦涉及跨期，只要兌現承諾、履行義務之前還有逃避的時間或空間，造假違約的機會就存在，信任就難以達到百分之百，連親兄弟也不可掉以輕心。這就要求有規則和秩序，規範跨期承諾，強化跨期信任。本書中的各章節將闡明，在人類文明化歷程中，從迷信的創立到儀式、禮節、婚約、家庭、宗族、族譜、宗祠、靈牌的發明，到宗教、教義、教規、禮拜、禱告的推出，到立法、司法、行政之國家體系的建立，再到保險、股票、債券、基金的發明，無不圍繞規則和秩序，或為加強人際跨期互信與合作。我們會看到，雖然許多創舉並不能提高生產力，但卻改善了規則和秩序（law and order），提升了人類跟風險博弈的勝率。可以說，在人類歷史上，尤其在工業革命之前，是風險催生了文明，如果沒有風險挑戰，人類可能缺乏壓力去創新以建立合作秩序、提升大家的風險應對力，也就難有文明化發展。

因而，在評估文明創新和其他歷史變遷時，至少需要兩把量尺——「生產力」和「風險應對力」，這與孔子在《論語．季氏》中所言一致：「聞有國有家者，不患寡而患不均，不患貧而患不安。蓋均無貧，和無寡，安無傾。」意思是：不應擔心財富不多，只需擔心財富分配不均；不要擔心人少，而要提防民眾的不安；財富分配平均，便無所謂貧窮；把未來風險規避好，民眾無憂無慮了，就不在乎人多人少，社會就無混亂了。這跟投資理論中既強調回報又強調風險控制的邏輯也一致。在一九五二年馬科維茨（Harry Markowitz）發表成名作之前，金融行業和投資者普遍只用「回報」這一指標度量投資安排的好壞，不顧風險高低，這跟只用「生產力」判斷人類創舉的價值一樣。馬科維茨強調必須將回報與風險綜合考慮[35]：一種投資組合如果預期回報高但風險更高，未必最佳；同樣地，預期回報低但風險更低的投資組合，未必就不好。比如，市場上的無風險利率為二％，投資組合 A 的預期回報為二〇％、風險波動率為四〇％，而投資組合 B 的預期回報為一五％、風險波動率只有二〇％，如果只看回報，組合 A 當然為優，但在綜合考慮風險與回報後，顯然組合 B 更優。根據馬科維茨的理論，如果一個投資組合是所有同樣風險水準的組合裡預期回報最高的，它就是最佳的。也就是說，針對每一項風險水準，有一個相應的最佳組合，所以根據投資者風險承受力的不同，最佳的投資組合也不同。馬科維茨的理論不僅把投資決策數學模型化，開啟了量化投資和金融業務數學化的新方式，而且改變了人們對「什麼是好的投資組合」的認知，也因為這些貢獻，他在一九九〇年獲得諾貝爾經濟學獎。

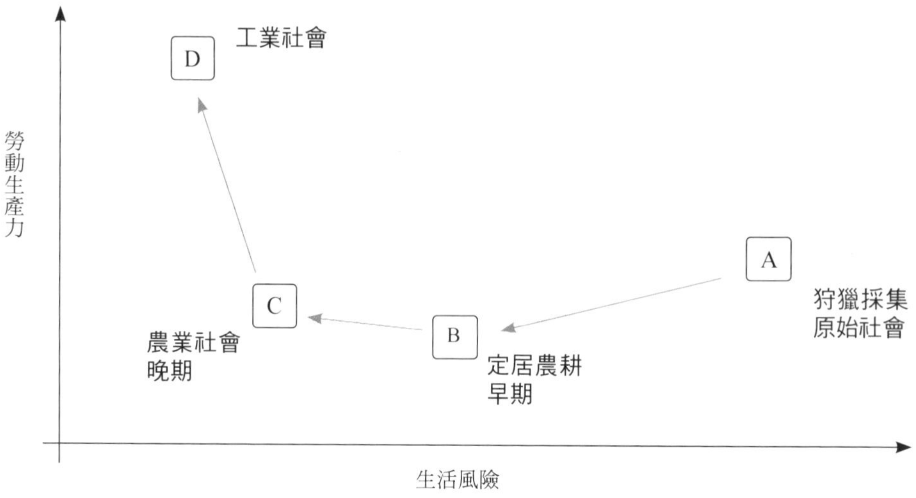

圖三　人類生產－生活方式的變遷歷程

注：每種生產－生活方式帶來一定的生產力和生活風險（消費波動率）組合。一種創舉如果能提高生產力但不增加消費風險，或者不降低生產力但能降低風險，那就是進步。

在研究文明發展史的過程中，我們需要做類似的調整，不應忽視人類為應對風險所做的創舉，因為風險曾經是文明的最重要催化劑。圖三給出了不同「生產－生活」組合所對應的「勞動生產力」和「生活風險」（或消費風險）。其中，勞動生產力主要取決於生產方式（包括技術），而生活風險主要是消費風險，還包括社會風險和心理風險。它們既受制於生產方式，又取決於社會組織形態、產出分配模式、人際合作方式、文化、制度、市場等因素。有了度量文明進程的這兩個維度，我們將「有用知識」的定義進行延伸：只要是對提高生產力或化解風險有益的知識，都是有用知識；相應地，有用的人力資本分為兩類——生產性人力資本和「風險調適性人力資本」（risk-mitigative human capital），後者指的是化解生活風險（包括消費風險、社會風險、心理風險）的技能。

圖三大致反映了人類幾次大轉型所帶來的結果：A點代表原始社會時期的生產力和生活風險；在進入定居農耕後，人類社會過渡到B點（相當於周朝之前的中國），此時勞動生產力下降，但生活風險下降得更多；之後，通過強化國家秩序、深化倫理規範和改善人際互助，人類社會從早期定居農耕的B點過渡到農業社會晚期的C點，在中國這大致是從周初至晚清的時段，其間生產力基本沒變，但由於儒家禮制的鞏固等，風險應對力提升，因此消費風險下降，生活安全感改善；在此意義上，儒家禮制增強了中國社會的風險調適性人力資本；而西歐從文藝復興開始加快往理性和科學的方向探索，重點提升生產性人力資本，從而使工業革命在十八世紀末發生，帶來生產力大跳躍，讓西歐社會從C點過渡到D點，此時生產力提高，消費風險有所下降。隨後的章節將具體解釋幾次轉型背後的推手。

風險逼出文明

在本書中，「文明」有兩個定義。作為名詞的「文明」，指的是特定群體過去所做的一系列創新的集合體，這些創新給那個群體帶來了生存秩序。也就是說，文明包括兩項內涵——「創新」和「秩序」，包括文化、倫理、制度和技術創新。比如：「儒家文明」是自夏商周以來的各種儒家文化、禮制、婚姻、家庭、宗族、社團、經濟、政治、技術等創新的集合，是過去陸續推出並被傳承的眾多創舉的有機整體，這些創新作為整體建成中華社會的規則與秩序；猶太文明、基督教文明、伊斯蘭文明、馬雅文明、印度文明、埃及文明等，都是對某個群體或社會的創新集合體的概括性名稱[36]，也是由其建立的規則與秩序的統稱。

而作為形容詞的「文明」，則是暴力與野蠻的反義詞。比如：「文明行為」是「暴力行為」、

「野蠻獸性」、「弱肉強食」的對立面，指的是有教養、講規矩、認道理、行禮儀的行為，「文明社會」即為「無序野蠻社會」的反面。按此義延伸，「文明化」則是「野蠻化」、「暴力化」、「未開化」的反面，與「規矩化」、「秩序化」、「和諧化」相近。在中國古代文獻中，文明可能最早見於《易經．乾．文言》中的「見龍在田，天下文明」，意思是富有內涵、表現光明；到十七世紀中後期的清朝，李漁在《閒情偶寄》中說「闢草昧而致文明」，他說的「文明」不僅與「草昧」，即「野」相對立、反映社會的造化程度，更重要的是點出在達到那個狀態前需要一個過程，亦即走向造化的「文明化」過程，是動態的含義。在西方文獻中，一四九二年哥倫布發現美洲大陸後，歐洲人與美洲、非洲的原始社會廣泛接觸，建立殖民地，這些經歷把兩邊的反差凸顯出來，使歐洲人對「文明」概念做了延伸，加入「先進」的生產方式、物質與文化的意思：殖民地社會被視為「不文明」，即落後；而殖民者則是「文明」，即先進。在十九世紀，人類學家摩爾根在《古代社會》中把人類歷史分為蒙昧、野蠻、文明三階段。

文明的兩個定義並不矛盾，貫穿其間的是「規矩與秩序」。基於此，前文把人類個體暴力和群體暴力的長期下降等同為文明化進步的具體表現。對於人類為什麼在去野蠻化的道路上長久持續邁進，平克綜述了幾種發展趨勢，每種趨勢都帶來文明化進步。[37] 一是「和平化過程」（pacification process），即人類從「無政府」部落社會過渡到定居農耕，並在距今五千年前發明國家，由其壟斷合法暴力並建立秩序，使一般暴力命案下降近八三．三三%。二是「文明化過程」（civilizing process），這一個概念由愛里亞斯（Norbert Elias）在《文明的進程》（*The Civilizing Process*）中提出[38]，歐洲在中世紀後期通過組建國家、發展商業，開啟了群體行為及個體心理的煉化歷程，包括餐桌禮儀、服飾規矩、待人接物等，使人們更加鄙視野蠻粗暴，這個商業化與社會化的過程使歐洲暴力命案下降了九一．六七%至九八．○四%。其他社會也在不同時期經歷了文明化發展，中國早在周朝的《儀禮》、《禮記》和《周禮》中就對餐桌、服飾、待人接物等各類禮儀做了規範（見第五章）。三是「人道主義革命」（humanitarian revolution），主要體現在十七、十八世紀歐洲的啟蒙運動和理性時代，知識分子呼喚結束奴隸制、終結決鬥和酷刑、停止死刑、阻止媒體與書籍渲染暴力。通過小說、繪畫、廣播、電視、網際網路等媒介的持續努力，到十九、二十世紀，人們對血淋淋的殘暴不再像以前那樣痲木，而是不容忍。四是「長久和平」（long peace）趨勢，也就是二戰結束以來，在聯合國、世界銀行、國際貨幣基金組織（IMF）、與世界貿易組織（WTO）及其前身關貿總協定（GATT）等跨國組織的架構下，基於炮艦的世界無序結束了，取而代之的是基於規則的國際秩序，世界進入戰爭頻率與暴力死亡率雙降的和平時期，該過程也包括在全球普及的「人權革命」，重新界定並保護個體的自由與權利。在第一章，我們會更詳細地介紹這些發展。

平克對文明化變遷的總結非常系統，讓讀者對人類的長久發展充滿希望，但缺陷在於，這些有關文明進程的總結主要是描述現象，因為「和平化過程」、「人道主義革命」、「長久和平」顯然是其他動因帶來的結果，而非文明化「原動力」本身。「人之初，性本善」，只是後來因為生存所迫，人性才被「污染」變壞、變惡。也就是說，如果沒有根本性的創舉使人在任何時候都是「暴力犯罪收益低於成本」、「戰爭收益低於成本」，那麼，即使人類在觀念和認知上清楚「文明」的高尚和「野蠻」的卑劣，一旦生存受到風險衝擊，還是可能選擇野與暴，將人道主義、文明從善、規矩秩序存放於書架上。那麼更本源的文明化創舉是什麼呢？

前文說過，雖然風險不是導致暴力行為的唯一因素，但至少是核心催化因素。按照世界銀行的定義[39]，風險是指可能損害個體福祉的不確定事件，例如生病、旱災、戰爭、失業、失戀、情緒失控，而不確定性表現在風險的發生時間和衝擊規模無法預知，比如農業產出的季節性波動是誰都知道的，但具體一年裡的嚴重性不好預測。對農人而言，如果不存在健康風險或產出不確定性，那他們通常不會出現貧困，正是那些「意外的」大病開支或糧食歉收，才讓他們陷入貧困、經歷生存危機，甚至選擇暴力犯罪。[40] 在人類早期，許多應對風險的創舉要麼還沒發生，要麼還發展不夠，所以一旦出現「異常」事件，就可能把人逼上絕路。後來，隨著各種創新的不斷推出和深化，人類避險能力、賑災救急以及緩和情緒衝擊的手段不斷完善，為文明從善奠定了長久基礎，讓文明化不再是「空中樓閣」。本書不能概括所有人類創舉，而是聚焦幾種代表性創新：科技、迷信、婚姻、家庭、宗族、宗教、商業、金融以及國家。

定居農業與文明的開始

與風險博弈是人類從一開始就面對的挑戰。從小的例子看，史學家史念海講過一個考古發現[41]：新石器時代的中原人偏愛臨水而居，但不是緊挨河邊，而是住在離河幾百公尺的台地上。這不好理解，因為如果只是為生產力，亦即飲水用水，古代人應該選擇緊挨河邊、湖邊居住，走幾步路就能得到水，節省時間和體力。對此唯一的解釋還是基於風險考慮：離河岸稍高稍遠的地方，既方便飲水和農耕，又能防洪避災（風險），做到收益和防風險兩不誤。進一步的考古證據表明，隨著人類治水能力的提升，洪水風險威脅下降，晚期農人居住的台地也往河邊靠近。

第二章談到一個更神奇的發現，即在今天的沙烏地阿拉伯西北地方，發掘出兩個考古遺址——蘇偉密（Shuwaymis）和祖巴（Jubbah）[42]，共有超過一千四百幅岩畫，其中最早的岩畫可追溯到西元前八五〇〇年。考古人員注意到，在蘇偉密的兩百七十三幅岩畫中，五十二幅有犬；在祖巴的一千一百三十一幅畫中，一百三十一幅描繪了犬隻。狗是最早被馴化的動物，岩畫記錄下來的這一百多隻狗是主人的「戰友」：在狩獵者捕獵中型或大型動物時，通常由狗群先往前衝，減少並控制獵物的速度與跑動範圍，以方便主人用弓箭射擊，同時保護主人，降低主人遇險的可能；一旦射中，狗群就衝上去撕咬，磨滅獵物的反抗力。之前，原始人基本只能捕獵比自己小的動物，但在發明弓箭和馴化犬隻之後，情況改變，他們既能捕獵比自己大的動物、提高生產力，也降低了狩獵風險，一舉兩得。

不過，研究者觀察到：在蘇偉密的岩畫中，獵人帶的狗群規模很大，通常有十幾隻；而在祖巴的岩畫裡，獵人一般只帶兩三隻狗。這是為什麼呢？答案在氣候風險上：蘇偉密的雨季很短、水源稀少，氣溫季節性強、風險高，所以當地人要在短短的雨季內獵獲足夠多的動物，也就是單次出獵的成功率必須很高，這就要求多用獵狗包抄；相比之下，祖巴人幸運得多，那裡全年水源充足，動物出沒不僅頻繁，而且季節性波動不大，所以他們有的是時間去獵遊，一次不成還有下次。換言之，兩地的氣候差別致使生活風險各異，結果是狩獵方式也不同，反映到岩畫中，祖巴的畫裡只有十分之一有犬，畫裡主人帶狗少，而蘇偉密含犬的岩畫占五分之一，獵人帶多隻狗。不考慮風險的挑戰就難以解釋這種差別。

那麼，如何回答戴蒙的提問：農人生產力和身高都低於狩獵原始人，人類為何從一萬多年前開始陸續發明定居農耕，並且至今還沒放棄錯誤呢？在十九世紀時，達爾文認為是由於農業產出（生產力）比狩獵採集更高；可是，根據戴蒙綜合的考古證據，實際情況正好相反。第二種解釋認為：氣候變暖催生農業，亦即農業都出現在最後一個冰河期之後，地球平均氣溫升高，適宜農業生產。[43]但事實上，在最後一個冰河期，地球上不缺常年氣溫高的地方，並且數百年不變，可是之前並沒有原始社會發明定居農耕。另一種解釋說，是因為氣候變得更加乾燥，不利於遊牧狩獵了。[44]經濟史學者馬特蘭加（Andrea Matranga）認為[45]，這些基於變乾、變熱、變冷等針對「平均氣溫」或「平均濕度」的解釋都站不住腳，因為在農業之前的數萬年裡，地球上熱、冷、乾、濕的地方都有，但沒催生出農業，而且歷史地理證據表明：在農業誕生前後，安第斯山脈氣候乾冷，中國東部濕潤溫暖，北美東部潮濕陰冷，撒哈拉以南的非洲則乾燥炎熱，也就是四種氣候類型（乾冷、濕熱、濕冷、乾熱）都沒有妨礙這些地方從狩獵採集轉向農業。

第二章介紹了馬特蘭加基於過去兩萬兩千年全球氣候縱橫資料庫的研究，他認為是氣候風險的上升逼迫原始人定居下來，發明跨期儲存技術（用陶罐儲存）和馴化種植。大約兩萬年前，地軸傾斜度增大，導致各地的冬夏溫差上升、跨季降水差增加。從此，在萬物不長的冬季，原始人即使從一地遷徙到幾十公里之外，也未必能找到食物，所以靠天吃飯的「狩獵採集」生活風險大增，原始人必須嘗試新技術：定居一地，馴化植物和動物，春夏秋生產食物，同時發明陶罐儲藏食物過冬，也就是通過跨期儲藏技術「馴服」風險，提升生存力。採用農業生產方式是氣候風險所迫。

因此，農業雖然會導致人均收入下降，卻可強化風險應對力，在圖三中這相當於人類社會從A點轉至B點。對許多人類社會而言，這是效用函數，即福利的提升（至少對於厭惡風險的社群如此）。同樣重要的是，在人類定居下來之後，一方面各種儲存器具和技術，以及房產、土地等跨期保值資產被發明出來，另一方面跨期儲存的剩餘產出和資產又刺激出對規則與秩序（即文明）的要求，這就催生了私有制和國家等制度，因為如果沒有這樣的規矩與秩序，就會經常發生偷盜搶劫、財產糾紛和暴力衝突，命案必然頻發。一項研究在對一千兩百六十七個社會做了對比分析後發現[46]：由於穀物曬乾後可長期儲藏，而馬鈴薯等根莖作物則不能，因此生產穀物的農耕社會更需要保護私有財產的規則和秩序，它們比種植易腐爛作物的社會更早發展出國家等跨區域的複雜治理結構。由此看到，風險催生定居農耕，後來定居農耕又刺激出文明。

迷信促進秩序，化解暴力

風險催生出了對文明秩序的需求，包括呼喚維護規則的國家組織，但是人類社會是否能或者如何建立國家、「供給」秩序，則是另一回事，這就需要其他創新。其實，每種人類創新一開始都是一個虛構的「故事」(fiction)，因此每個文明都是一系列故事的累積，只不過這些故事不是任意編造的，也不一定經得起科學證實，而是在被發明者推出後，人們發現它們對改善生存「有用」、能帶來正面價值，所以被保留。日積月累的「有用故事」足夠多之後，當地社會就日益秩序井然，甚至物質也日益富足，於是那一堆「故事」的有機集合體就構成「文明」。文明的這個解讀雖然聽起來不嚴謹，卻能幫助人們認清文明的邏輯。[47]

迷信（supernatural beliefs、superstition）就是這方面的經典例子，都是虛構的故事。就像沿海地區，人們信奉海神媽祖，常去天后廟祭拜，但除了存在於人們意識中的神話故事外，無人能證明媽祖的客觀存在。我小時候在湖南農村長大，常聽大人嚇唬：「如果做壞事，要被雷公打！」當然，人們見過雷電、聽過雷聲，確實有人曾被雷劈死，但沒人見過雷公，更沒人證實過「被雷劈」和「雷公」之間的關係。現代人可能對迷信不屑一顧（雖然第三章會表明，迷信對現代人的生活仍然舉足輕重），但迷信是人類對風險和不確定世界的一種反應，各文明差不多都以迷信為起點。哲學家李澤厚說，不管東方還是西方，起初的智人都先發明了「巫術」（迷信），然後從「巫」過渡到「史」與「禮」，再到基於理性的科學。[48] 在多數情況下，迷信不能改變現實，不影響客觀存在，更不能提高生產力，然而卻可以給個體帶來安心、給社會帶來秩序，進而規範個體、促使暴力下降。「迷信是一種方法。通過迷信，人類的某一個群體可以在不確定的環境裡營造出一種生活是可預期的假像，借此安慰自己。」[49] 巫師就是掌握風險調適性人力資本的人，幫助人們化解部分心理風險。

當初人類社會要在聚落之上建立國家，由其壟斷合法暴力、樹立並維護規則，以「供給」秩序，就碰到一個實際挑戰：聚落首領和眾人為什麼會接受國家的權威，聽其領導？而且如果張三通過暴力強行建立「張國」，為什麼李四不能以更劇烈的暴力在其之上創建「李國」？所以，他們都要靠迷信建立正當性。如果說夏朝是中國疆域上第一個國家的話，那麼其創始人禹的統治合法性就是基於「大禹治水」的神話，說他快速解決了危害中原人半個世紀的水災。在推翻夏、建立商朝後，湯作為創世帝王又需要虛構故事，否則難有合法性，所以就有「湯禱桑林」的神話，商湯解決了困擾中原人多年的大旱災，非神莫屬。漢朝之後，每位皇帝都有若干神跡和祥瑞。據《史記·高祖本紀》記載，漢高祖劉邦「其先劉媼嘗息大澤之陂，夢與神遇。是時雷電晦冥，太公往視，則見蛟龍於其上。已而有身，遂產高祖」。其他傳統社會為了建立國家統治，也都曾虛構迷信故事。古埃及的法老、南美洲的印加帝王等，都說自己是太陽神之子或其代理人，歐洲國王也如此。日本皇帝叫「天皇」，也非凡人，是上天派來凡世的統治者。[50]

這種故事可說服百姓，樹立統治者的神聖性。迷信可以形成對違規者的威懾，降低王朝治理成本。通過迷信建立國家秩序後，暴力犯罪的成本增加，使犯罪不再「合算」。所以，如圖二所示：在還沒建立國家形態的原始社會，每年每十萬人中有約六百人死於暴力兇殺；到建立了國家的農業社會後期，比如十四世紀的西歐，謀殺率下降到每十萬人中有三十一人死於兇殺；到十八世紀的清朝中國，謀殺率則更低。由此看到，那些君主為神的迷信故事曾經推動人類向文明邁進。

迷信促進秩序、化解暴力的另一方式是通過強化道德規範，促進契約安全和產權秩序。當產權保護不足或存在契約糾紛時，時常會發生衝突，增加交易風險。[51] 在現代法治發展之前，各社會就借助迷信來解決契約安全問題。吉普賽人有關於不潔的迷信，認為盜竊、搶劫等侵犯產權的行為都會使犯者不潔，而其他人接觸不潔之人也會倒楣，於是大家都會嫌棄不潔之人，所以不借助暴力，吉普賽社區也能減少偷盜搶劫的發生。[52] 在中國，迷信也是降低契約風險的重要工具，比如在訂立合約時，寫入「如有相違，人神共殛」、「違約者被雷公劈死」等條款。[53] 這也是為什麼啟蒙運動領袖伏爾泰說：「如果上帝確實不存在，那我們需要發明一個。」[54] 當然，前提是人們迷信巫術，信則靈。否則，傳統社會的道德、產權和契約秩序會難以維持。

在微觀層面，迷信對老百姓的身心穩定也甚為關鍵。風險與不確定性在個體生活中無處不在，所以包括風水、八字、算命、吉日等迷信活動，充斥在社會的各個角落，地方上有眾多廟宇、神龕，讓人們祭拜以祈求風調雨順、五穀豐登、健康多子、家庭和睦，有什麼需要就有什麼神供信奉，如雨神、水神、樹神、畜神、蟲神、天后、財神、車神等。[55] 在不同社會，祭拜方式和供祭物品各異。在中國，人們進香、燒紙、供酒、供菜，也殺雞、殺羊，甚至殺豬牛，以取悅鬼神。在墨西哥，當年的馬雅人祭祀活動頻繁，節日、豐收、戰爭等都有祭祀儀式，他們認為人血是敬神的最好禮物，尤其是剛被殺掉之人的心臟和鮮血至高無上，最能討得諸神歡心，所以信奉人祭。

迷信是早期智人的普遍發明，至今還無處不在，這是為什麼？迷信真的是「信則靈」嗎？這些都是第三章要重點討論的內容，我們會看到，迷信雖然不一定能提升生產力，但是能通過影響人的意識，起到「信則靈」的心理保險作用，間接提升人的風險應對力，把人類帶上文明之路。雖然在這個意義上，迷信對文明化發展有積極貢獻，但它也帶來了負面代價，包括阻礙理性進步、催生「獵巫」等愚昧暴力。

婚姻的起源與邏輯

在人類與風險的博弈歷史中，既有跨區遷徙、定居農耕和發明儲藏手段這樣的技術創舉，也有迷信「壯膽」、「威懾」這樣的心術，但這些都沒涉及人際合作，沒有發揮社會關係的避險潛力。過去數千年中，最突出的文明創舉應該是圍繞人際跨期合作的文化與制度建設。從邏輯上講，在給定的物質產出與技術條件下，人際跨期甚至更能優化人類生存處境，以有餘補不足，以未來補今天，或者以今天補未來，所以如果有個體、群體或地區遭遇風險衝擊或其他不幸，那些不受衝擊的各方也可以伸出援助之手。

可是，如何實現人際跨期交換，做到既避免失信、賴帳和跑路，又不助長懶惰搭便車呢？今天有餘者可以補當下不足者，但今後在前者短缺時，後者必須補回，或者無論如何，後者今後必須給予回報。這種跨期交換不一定是個體與個體間直接進行，也可以是通過仲介以多對多的方式完成（如有餘者將資源投放於放貸機構、商業銀行或保險公司，不足者與這些機構進行跨期交換，或者通過之後講的家族、教會，實現成員間跨期互助，這些組織都被稱為仲介）。跨期承諾不難設計，卻難在執行，因為如果沒有機制懲罰欺詐違約、防範搭便車，就無人敢相信這種承諾。

婚姻和家庭是遠古時期不同社會做出的回應，亦即借助姻親網絡和血親網絡解決信任問題：血緣關係與生俱來、永恆存在，永恆關係就是信任，而姻緣通過習俗、儀禮和倫理加以強化，也可成為終生難變的承諾關係。在第四章，我們具體講解人類運用了哪些舉措將姻親做成幾乎跟血親同樣牢固的人際關係，以及婚姻如何提升個體的風險應對力，而第五章則專門探討家和宗族的風險互助功能。姻親網絡、血親網絡在形式和性質上就如同今天的俱樂部，但信任度和凝聚力更強，彼此「抱團取暖」，成員間的交換互助更加可靠。從這層意義上說，婚姻制度和家秩序的演變發展在規範社會秩序的同時，強化了個體應對風險的能力，推進了文明化。

從風險互助和利益互換角度看待婚姻，似乎沒有溫度，因為現代人傾向於將婚姻與跟愛情、浪漫綑綁在一起，甚至畫上等號，認為婚姻是愛情的結果。實際上，不管是古希臘、古羅馬時期，還是遠古東方，人類的婚姻從一開始就是為了解決跨期互助、降低生存風險而構造的，跟愛情並無關係，甚至被認為彼此不相容。愛情到現代才「征服」婚姻、成為婚姻的核心。[56] 比如黃梅戲〈夫妻雙雙把家還〉中「我耕田來，你織布；你挑水來，我澆園……寒窯雖破，能抵風雨」所表達、強調的就是跨期互助。只是婚姻這個發明跟迷信相比，不完全是虛構的故事，而是有實在的生理和經濟基礎，比如性關係、婚後生子等。

一個具體實例來自羅森維格（Mark Rosenzweig）的研究，他們講到一個有意思的現象[57]：在印度農村，父母通常將女兒外嫁很遠，尤其是收入低、農業產出不確定性高（即風險大）的農村家庭，更傾向讓女兒外嫁到遠方。為什麼會這樣呢？他們發現，這些印度家庭主要還是為了降低收入風險。對於農人，收入風險的空間性尤為突出：一村發生災害，另一村未必同時遭遇同樣的災害；兩村間的距離愈遠，兩地降雨量和其他氣候指標的相關性就愈低，收入相關性也低。這些特徵給農民跨地區分散風險提供了機會。可問題是，一方面傳統社會沒有發達的保險公司或其他金融機構，另一方面愈是相距甚遠的村莊間，跨期互換的契約風險就愈高。所以，就如同漢代中國的「和親」策略一樣[58]，印度農人在聯姻中找到答案：通過女兒遠嫁他鄉建立跨期交換關係，尤其是女兒愈多，可以往不同方向外嫁，以最大化聯姻帶來的消費保險效果。兩位教授的實證研究表明：在自然災害發生時，與遠方村莊聯姻的家庭受影響較小。婚姻的確可以提升人們的風險應對力，但前提是必須由長輩包辦婚姻，年輕人不能有戀愛自由，因為婚姻不只是當事男女的事，兩方的直親和宗親都在其中有「生老病死」風險保障的利益。

第四章除了討論婚姻的風險調適價值，也重點回答了一個核心問題：婚姻關係也是一種人為跨期承諾，是什麼讓此契約關係勝過一般契約，並且人類對其的信任程度僅次於血緣關係呢？答案在於各社會都花費大量精力，創新推出了種針對婚姻的儀式、彩禮和迷信故事，眾多倫理規則從多個維度加固婚姻關係，最大化「白頭到老」的機率。在中國，儒家的夫為妻綱、三從四德，還有女性守分、守節的婦道規則，這些都是《儀禮》、《禮記》和《周禮》等禮制三經典要求妻子遵守的，目的是讓妻子不可忘記名分或違背婚約，使跨期承諾無比可靠。當全社會普遍遵守這些虛構故事時，建立於婚姻之上的秩序必然穩固，雖然傳統婚姻規則多側重壓制婦女的個人權利與自由，代價極大，也未必能提高生產力，但換來了人們的生活安全。

家秩序的建立與風險調適性人力資本

在原始社會時期，人類只有所謂的「群婚」，也就是沒有責任義務約束的鬆散兩性關係，性關係混亂，所以沒有「夫妻」、「父親」這樣的概念，也難有今天意義上的「家庭」、「家族」。到了原始社會晚期，特別是新石器早期，群婚逐步演化成一種多偶的「夥婚」制，即一個女子對多個男子的「一妻多夫」制[59]，男方對女方的責任義務逐步增多，女方對男方的專有關係時間漸漸加長。那時候，男子開始「從妻居」，在傳承上子女不屬於父親世系，而歸母系。由於人類發展到那一步還沒建立足夠的規則秩序（無文明），所以談不上有牢靠和凝聚力強的家秩序。到了定居農耕時期，社會結構由母系向父系、婚姻關係由「一妻多夫」向「一夫多妻」轉變，定居下來的人類由激勵推演出規則，不僅將婚姻中的責任義務進一步明晰，而且努力為家秩序添磚加瓦。在中國，這相當於夏商和西周時期，在差不多兩千年的時間裡，一方面建立了早期國家形態，另一方面完成了向父系社會的轉型，推出了我們今天熟悉的父系姓氏，創建了後人所稱的「禮制」。

第五章會談到，在各社會，家秩序的建立時間不同，其發展過程與完善程度各異。以中國為例，雖然《儀禮》、《禮記》和《周禮》等儒家經典是對周朝禮制的總結，說明家秩序近三千年前就相當發達，但這套體系從孔子、孟子到漢代董仲舒、宋代程頤和朱熹、明代王陽明等，經過歷朝歷代無數儒家哲人與踐行者的不懈努力，才滲透到社會各角落，全面規範中國人生活的方方面面。到十九世紀的晚清和二十世紀的民國時期，基於「三綱五常」的名分等級秩序已經把每個人，不分男女老少，都牢牢地固定在家庭、宗族和社會結構中的一個位置上，終生不變。這樣做當然使個人無自由選擇、犧牲個體權利，但好處是使家庭內、宗族內，甚至社會中的人際跨期互助變得可靠，降低了成員間的交易成本。

當然，這把我們帶回到前面提出的問題：儒家花了兩千多年持續完善禮制，可是這些努力並沒有提升勞動生產力，這套體系真的有實際貢獻嗎？第五章和第十章會講述：在功能上，宗族如同一個「內部金融市場」[60]，而禮制的目的是強化宗族的凝聚力和控制力，以促成族親間的風險分攤和資源分享，減少族內交換成本及跨期承諾的不確定性，最終是為了提升個體和家庭的風險應對力。按照這一邏輯，隨著儒家禮制的深化發展，中國社會應對風險的能力應當逐步提升，暴力逐漸下降，社會秩序持續改善。第五章總結的多項量化歷史研究對這些預測做出了肯定的回答，比如儒家文化影響深、宗族發達的時期或地區，人們應對災害衝擊的能力強，農民在災荒時期的暴動頻率會更低[61]、人食人現象也更少[62]，社會秩序井然。由此帶來的結果是：儒家的發展促進了人口成長，儒家影響深的地區，其人口密度更高。這印證了孔子所言的「不患貧而患不安」。通過儒家宗族把未來風險規避好了，族人的憂患少了，社會混亂就必然少，此即儒家禮制對文明化的貢獻。

第五章我們會講，儒家追求的是社會和諧穩定、生活安定無憂（低消費風險），希望從圖三的B點轉向C點，而研讀經典和科舉體制是實現儒家願景的具體手段。也就是說，青少年花時間精力精通禮制經典，學會組建家秩序，掌握化解社會風險、生活風險和心理風險的能力，成為和諧社會的工程師，得到的也是「有用知識」[63]，而不是莫基爾教授講的「無用知識」，只是文科經典提供的是風險調適性人力資本，非生產性人力資本。所以，研讀文科專業也是投資人力資本。

宗教的風險調適與救助價值

家秩序是最為持久不衰的人類互助共同體，其次是組織嚴密的宗教社群，宗教對強化人類生存力也貢獻很大。猶太教大約形成於西元前六世紀，基督教起始於西元一世紀，伊斯蘭教在西元七世紀創立，這些一神教和創立於西元前五世紀的佛教至今還主導世界大多數國家。社會學先驅涂爾幹（Emile Durkheim）說：「宗教就是一組有關神聖事物的信仰與實踐的統一體，這些信仰與實踐將信眾凝聚到一起，組成一個叫『教會』的排他性道德社群。」[64]家庭和宗族能長久持續，這很好理解，因為它們是基於血緣的共同體，但宗教是超越血緣的，是基於對「道德化神」（moralizing gods）的共同信仰，卻也能持續上千年甚至兩千多年。國家有興衰但宗教能永恆，這本身就值得我們研究探討，更何況如果離開宗教，我們就無法理解不同文明在過去兩千年的演化歷程。

那麼在實效上，宗教對人類的貢獻如何？作用方式又是什麼？前面說過，如果只從勞動生產力指標判斷，宗教跟儒家一樣，也沒能帶來正面的影響。不僅從軸心時代（即西元前八〇〇年至前二〇〇年）直到十八世紀末，全球人均收入基本沒變，而且一些基於現代資料的研究還表明[65]，信教程度愈高的社會，其總要素生產率（Total Factor Productivity）反而更低。也就是說，宗教甚至對生產力呈負面作用。可是，就如我們對儒家文化的評估一樣，一旦考慮風險應對能力，結論就不同了，因為宗教社群也是一個類似「內部金融市場」的跨期合作互助體，包括物質和精神上的互助，共同信仰和相關儀式規範成為強化教友間合作的信任基礎。基督教的《聖經》講得就很直接，「你要謹守遵行我今日所吩咐你的誡命，律例，典章……他（神耶和華）必愛你，賜福與你，使你人數增多，也必在他向你列祖起誓應許給你的地上賜福與你身所生的，地所產的，並你的五穀，新酒，和油，以及牛犢，羊羔。你必蒙福勝過萬民。你們的男女沒有不能生養的，牲畜也沒有不能生育的。耶和華必使一切的病症離開你」（《舊約．申命記》第七章十一至十五節）。意思是說，只要你信上帝並堅守教規律例，那麼物質短缺、不生不育、疾病纏身這些風險都不會跟你有關。

第六章介紹的實證研究也充分支持這一定位。古羅馬西元一六五年和二六一年兩場大瘟疫中基督徒的經歷[66]，以及十九世紀傳教士在清朝中國的賑災救荒，都具體地展示了宗教的風險調適與救助價值。拉傑夫　德赫加（Rajeev Dehejia）等三位經濟學教授利用當代美國的資料[67]，分析收入下降對信教家庭與非信教家庭的消費衝擊差異，他們發現，逆境對信教家庭的衝擊顯著小於對普通家庭的衝擊，信教的風險調適效果明顯。一方面，教義可能淡化信徒對物質的追求，所以他們更在乎精神生活，收入下降對消費的影響低；另一方面，教會為信徒提供應急救濟，就跟中國歷史上的佛寺一樣，一旦百姓因受災出現饑寒交迫、無家可歸的情況，還能去寺裡一避，得一碗粥、一席床，此外就是教友間的風險互助互救。也正是因為宗教可以提升信徒的風險應對力，所以生活風險本來就高的地區的人們對宗教的需求也多，信教人口占比會更高。[68] 二十世紀二〇年代之前，基督教在中國的擴散也是基於此。[69]

宗教作為有組織的信仰在人類歷史上出現得很晚[70]，但在強化社會秩序、提升風險調適能力方面貢獻突出，並且持續力旺盛。那麼，宗教的風險調適效果是如何取得的，哪些教義、教規和組織技巧發揮了關鍵作用，背後的邏輯是什麼，以及教派競爭又帶來哪些後果，這些都是第六章分析和解答的問題。其中，高頻率的禱告儀式、極高的信教成本、清晰的教友邊界，都是關鍵的強化教會凝聚力、緩解資訊不對稱的組織方式，幫助宗教有效減少逆向選擇和「搭便車」風險。雖然宗教在過去未必提高生產力，卻通過協助個體化解風險、降低社會暴力，推動了文明化進程。

基督教排斥金融及反猶史

既然宗教能起到實質性避險效果，這就意味著，不同宗教派別之間會展開競爭，比如猶太教、基督教和伊斯蘭教之間上千年的競爭；宗教也會跟宗族、金融市場、國家福利競爭，最大化自己的信眾社群。我們可以視宗教組織為一種俱樂部[71]，避險與資源分享是其提供的功能之一：每位信眾專注投入其中的資源愈多，其他教友受益也愈多，所以信眾愈多愈好。依照這一邏輯，宗教的發展就需要解決以下問題：如何獎勵個體，讓他們將更多資源投入此宗教，而非彼宗教或金融市場？為了做到這一點，宗教在提高加入組織的收益的同時，也可以採取手段阻礙金融、宗族和其他宗教的發展，降低信徒從其他途徑得到的效用，或者抬高其他途徑的成本，使信徒專注此教。

從一開始，基督教和伊斯蘭教就阻擋金融的發展，因為金融所提供的風險分攤和資源分享手段具有更多靈活性和自主性。一般而言，金融都是跨期價值交換，涉及交易雙方在今天和明天、未來不同時間點，或者未來不同事件點之間的價值交換。如果正式金融市場足夠發達，人們就可以針對各種未來風險事前買保險，比如火災險、旱災險、水災險、疾病險、失業險、人壽險等。這樣，即使未來出現不測風雲，也可由保險公司理賠；或者，等意外風險發生了，通過借「過橋貸款」，渡過短期難關。因此，金融市場跟宗教組織所實現的跨期交換，具有一定的功能重疊性，只是前者基於「一手交錢，一手交貨」的貨幣化交易（市場交易），而後者基於教友關係和教會仲介，不涉及赤裸裸的「利」。兩者既可以是互補關係，亦可以是排斥性競爭關係。第六章介紹的實證研究就表明，富有者的信教占比低，部分原因在於他們有金融避險手段，不需要宗教的這種功能。

從歷史進程看，遠在猶太教成形之前，市場化金融交易就有發展。考古證據表明[72]，在美索不達米亞南部（最早發明定居農耕的地區），至少四千五百年前跨期借貸就已經流行，並催生出楔形文字；大約西元前一七七六年刻在石碑上的古巴比倫《漢摩拉比法典》甚至明確對借貸利率有上限規定。[73]可見，借貸金融在那時已經普遍，借貸技術在那之後的一千年裡傳播到古希臘、古埃及、古羅馬等。而在東方的中國，《周禮》就有泉府進行放貸和跨期平抑物價的安排，表明官府和民間到周朝就已熟知借貸金融。也就是說，在基督教起源之前，借貸金融在西方和中國就普遍發生。可是，借貸金融後來為何停滯不前？

第七章對此問題給出了回答。在西方於西元三、四世紀接受基督教後，金融發展幾乎完全停頓，原因就在於教會對金融的排斥。基督教（在十六世紀宗教改革之前，基督教就是天主教）從一開始就敵視有息借貸。通常講的基督教《聖經》包括《舊約》和《新約》，而《舊約》中《申命記》（第二十三章十九至二十節）強調：「你借給你弟兄的，或是錢財或是糧食，無論什麼可生利的物，都不可取利。借給外邦人可以取利，只是借給你弟兄不可取利。這樣，耶和華你神必在你所去得為業的地上和你手裡所辦的一切事上賜福與你。」明確禁止對「兄弟」的有息放貸。由於《舊約》是猶太教、基督教和伊斯蘭教共同的經書，禁令貫穿於三大一神教。

《舊約》禁止對「兄弟」放貸收息，允許對「外邦人」取息，那誰是兄弟，誰是外邦人？猶太教的解讀是：只有猶太人才是兄弟姐妹，而非猶太人為「外邦人」，即陌生人，於是猶太人放貸給基督徒、穆斯林時可合法收息。[74] 相比之下，基督教認為只有敵人才是「外邦人」，西元四世紀米蘭大教堂主教聖安博（St. Ambrose）寫道：「你可以要求並收取利息的人，是那些你可以正當傷害、可以合法用武以對的人，是那些你在戰場上無法戰勝但想通過一%利息去報復的人，是那些你把他們殺死也不犯法的人。有息放貸者是不用武器而作戰的人：他通過收息來報復敵人。因此，那些可以發動正義戰爭的地方，也是可以做有息放貸的地方。」[75] 而敵人之外，不論是否為基督徒，皆是兄弟姐妹，互相幫助是應該的，貸款收息違背手足原則。伊斯蘭教《古蘭經》也禁止有息放貸，至今不變。這與儒家主張基於「義」，反對基於市場交易實現人際合作互助十分一致。孔子說「君子義以為質」（《論語‧衛靈公》），只有小人才談錢收利息！這就部分解釋了為什麼軸心時代之後金融在西方和中國幾乎都停止發展。

第七章借助猶太教和基督教對《舊約》中「兄弟」和「外邦人」的不同解讀以及《新約》有關猶太人的論述，具體解釋歐洲社會跟猶太人間近兩千年的博弈歷史。由於這種不同解讀，一直到十六世紀喀爾文宗教改革以前，在歐洲基本只有猶太人可以合法放貸收息。延伸看，金融從本質上是「用錢賺錢」的生意，禁止收息等於是在基督徒和穆斯林從事金融業務的道路上設置障礙，於是，只有猶太人能合法從事金融（當然也有其他人從事金融，但不能光明正大地做），也因此導致中世紀歐洲普遍反猶（「利益反猶」）。再加上基督教從一開始，就從宗教層面排擠甚至敵視猶太人（「宗教反猶」），這些仇視積累到十一世紀，歐洲社會就開始暴力驅趕猶太人[76]，甚至反猶文化在一些地區至今還未消失。由此看到，宗教在幫助個體化解風險的同時，也帶來巨大代價，包括宗教戰爭和宗教間的其他衝突。

可能也正是那些宗教競爭產生的持續苦難，造就了猶太民族。猶太人在西元一世紀被羅馬人徹底趕出耶路撒冷，流浪異國他鄉，並被不斷驅趕，一方面被迫識字讀書，以便自己研習猶太教正統的希伯來聖經《塔納赫》，另一方面只能從事金融、商貿和手工業。今天，全球猶太人口不到一千五百萬，占世界人口的〇．二％，但他們是如此優秀，在科技、學術、金融、商業、政治、社會和藝術等全球各領域的精英中，無處沒有他們的身影。為什麼猶太人這麼優秀？基督教尤其是改革之後的新教為何對歐洲的歷史如此關鍵？第七章著重討論基督教與金融和猶太教的競爭，以及猶太人的遭遇和宗教改革。

在中世紀，基督教體系的組織結構嚴密，教會完全掌控了對《聖經》和其他教義的解釋權，成為上帝和信眾之間的唯一仲介，並給教徒設置一生都難以實現的七項聖事。一五一七年，德國牧師馬丁·路德（Martin Luther）發起宗教改革，把歐洲分成「天主教歐洲」（繼續緊跟羅馬教廷的傳統基督教）和「新教歐洲」，其中新教（也叫清教，今天的「基督教」有時就指「新教」，以區分保留傳統基督教的「天主教」）又分為「路德宗」、「喀爾文宗」等派系。宗教改革包括以下幾方面：一是消除了對羅馬教廷和教會的迷信，改為信徒自讀《聖經》、直接跟上帝對話；二是基督徒是「因信稱義」，即因信耶穌基督為唯一神而實現義、得到救贖。以前，教廷告訴信眾只有執行教會規定的禮儀、規條、善行，死後才能入天堂，但馬丁・路德說：教廷只代表他們自己的利益，信徒死後進天堂還是下地獄，只取決於他是否真信耶穌基督是唯一神。

再來就是承認放貸收息的正當性，讓金融得到解放。喀爾文通過詮釋《新約》，認為耶穌明確談到，錢的價值不在於被藏起來，而在於流轉起來產生收益。喀爾文說：「既然出租土地能夠收地租、出租房屋能夠收房租，為什麼放貸貨幣就不能收利息？」[77] 此外，追求商業、發財致富也是正當的，並且是必須的——這完全改變了傳統基督教對商業利潤、對以貨幣化交易實現人際互助的敵意。韋伯（Max Weber）在《新教倫理與資本主義精神》（*The Protestant Ethic and the Spirit of Capitalism*）中提到喀爾文教義是新教國家成功的主因，尤其是喀爾文的「宿命論」（predestination）激發了資本主義精神：上帝早就選擇讓一些人上天堂、一些人下地獄[78]，並且這些先決無法改變，但沒人知道誰被選中上天堂永生、誰被選中永滅，怎麼知道自己是否被選中上天堂呢？答案在於加倍努力發財致富。如果自己能順利發財致富，那就是被安排永生的信號！財富成功本身不能保證上天堂，但這是被上帝安排永生的必要信號。喀爾文教義給信徒帶來巨大的資訊挑戰，激發他們奮發創業、追求事業成功。所以，韋伯認為，喀爾文新教倫理是資本主義在近代騰飛的基礎。

在實際中，宗教改革對基督教文明的影響有多大呢？第七章綜述了不少實證研究，在宗教改革時期，義大利、西班牙、葡萄牙、法國和奧地利等歐洲南部社會選擇繼續緊跟羅馬教廷，保留天主教，並在後來的殖民時期將天主教輸出到南美、亞洲和非洲的不同社會，而德國、北歐國家都轉為接受路德宗新教，荷蘭、英格蘭、蘇格蘭以及英國後來的殖民地美國、加拿大、澳大利亞等都以喀爾文宗新教為主。在分流之前的十六世紀初，天主教國家總體比新教國家富有，識字率等人力資本指標都更高，文藝復興發源地義大利尤其如此；可是，在之後的幾個世紀裡，義大利等天主教國家的經濟停頓不前或成長緩慢，到一七〇〇年已經落後於荷蘭、英國等新教國家，至一八二〇年時，多數西歐國家都比義大利更加富有。[79] 到了一八五〇年，義大利、西班牙、法國的文盲率也遠高於新教國家，在金融市場發達度、城市化、後來的諾貝爾獎得主數量等指標上也不如後者。天主教國家與新教國家的差距至今如故。

在過去兩千年裡，佛教、基督教、伊斯蘭教在全球擴散，建立道德秩序，規範信眾行為，對人類暴力的長期下降、對文明化做出了正面的貢獻。但是，宗教在歷史上的負面影響也不小，尤其是為了強化信眾內部的凝聚力、提升教友社群的俱樂部價值，不同宗教間、教派間不時發生暴力衝突，包括抑制商業和金融的發展。因此，宗教的正面貢獻跟負面衝突一起，塑造了我們今天所熟悉的文明和所生活的世界。如果不從人際跨期合作和風險互助的角度去解析宗教的初衷，我們可能難以理解歐洲文明和伊斯蘭文明背後的邏輯。

商業市場的避險救急功能

對於十六世紀或之後接受了喀爾文新教的社會，商業的道德地位不再受到質疑。可是在其他文明，商業的社會價值未必得到肯定，追逐「利潤」的商人可能還是會遭到指責。在中國，可能到周朝初期還不明確排斥商業，但經過春秋戰國樹立儒家思想後，抑商文化逐步形成，並在西元前四世紀秦國的商鞅變法中成為王政：「夫農者寡而遊食者眾，故其國貧危」（《商君書．農戰》）；孔子說：「君子喻於義，小人喻於利」（《論語．裡仁》）；司馬遷言：「利誠亂之始也！夫子罕言利者，常防其原也。故曰『放於利而行，多怨』。自天子至於庶人，好利之弊何以異哉」（《史記．孟子荀卿列傳》），意思是：一旦放行商業，商人會唯利是圖、追求利益最大化，社會必將多怨亂序，即商業會破壞文明秩序。與孔子論述相反的，是十八世紀美國政治哲學家潘恩（Thomas Paine）的結論：「國與國之間因商業得以互惠，人與人之間亦然。通過這一點，商業把人類團結起來，建立和平的體系。商業……是直接的道德訓誡之外，迄今為止最有效的達致普世文明的手段。」[80] 他的意思在於：商業交易基於互需、互補、互惠，因此，兩人出於相互依賴走到一起做交易，是不會輕易行暴的，更會檢點自己的行為，選擇「文明」，也就是說，商業發展是文明化進程的助推器。

那麼，商業貿易到底是促成規則秩序、降低暴力、帶來和平，還是相反呢？在上述兩種截然相悖的結論之間，歷史經驗到底支持哪一方呢？實際上，從對比十六世紀以來天主教與新教國家的發展差距中已經看到，一種文明對待商業的態度會顯著影響其文明演變的軌跡。這是第八章討論的話題，立足點還是在於商業市場的救災救急避險價值。前面談到，意外風險事件是人際暴力和群體戰爭的催化劑，而如果跨區商貿能進行，商人將物資從非災區運至災區，雪中送炭，緩和災害對個體、群體或國家的負面衝擊，那麼商業當然就有助於降低人類暴力，推動文明化。如果這一邏輯推論能得到實證支援，那麼商業即使追逐利益最大化，也不應該在道義上遭到否定。

首先，人類學者多年追蹤研究亞馬遜雨林原住民齊曼內人，觀察他們的生活是否隨市場交易參與度的變化而改變。多年努力收集的資料表明，參與商業市場確實降低了原住民的生活風險，使消費波動率下降：居地離市場較遠的齊曼內人相比離市場較近的同族，飽一頓饑一頓的波動性更大，其身體品質指數（ＢＭＩ）對收入的彈性要高出很多倍。[81]也就是說，難以利用市場交易緩和短期收入衝擊的原住民，其身體指標所反映的營養供給波動性要高出很多，說明商業交易的確可以幫助降低生存風險。

其次，是印度鐵路帶來的變化。十九世紀中期之前，印度的商業市場雖然跨地區聯通，但由於大多數地方靠馬車、驢車或牛背運輸，速度慢又容量小，加上每年有四個多月的季風雨季，其間牛馬驢都走不動，所以一個地區遭遇災害引發的饑荒，不能靠跨地區商貿市場來幫助救災。可是一八五三至一九三〇年間，印度搭建六萬七千公里的鐵路網，將各地接入全國一體化的跨區市場，火車一天可行駛六百公里，一年四季風雨無阻，運輸成本也低。結果，不管在哪裡，「只要發生物資短缺，幾天內火車就可從外地把貨物運到，這種信心和預期本身就可以幫助避免物價過分猛漲，價格稍漲一點就可以吸引外地供貨的到來」。[82]就這樣，由鐵路打通的商業網絡大大提升了印度人抗風險衝擊的能力。一方面，即使某個地區有旱災或水災，當地糧價跟正常氣候時期相比也不再有多大上漲，糧食供應平穩，也就是說，鐵路帶入外部市場後幾乎抹平了各地與氣候相關的糧價風險、糧食供應風險。[83]另一方面，在鐵路連通各地糧食市場之前，地方死亡率跟旱災水災顯著相關，但在市場連通之後，死亡率對降雨量的敏感係數比之前降低八四％，這直接證明了商業對降低生活風險的積極價值。第八章也介紹非洲、中國清朝的類似經歷，印證了商業活動的救荒作用。

大運河就是一個具體案例。這個從春秋戰國時代就開始修建的人工河網絡，到隋唐時期被南北連通，成為四通八達的交通體系。雖然初衷是為漕運軍需以鞏固統治，但大運河也帶來「意外收穫」：客觀上將各地區連在一起，形成了跨區域的一體化商業市場，在功能與效果上不亞於由鐵路打通的印度貿易網，只是在時間上要早一千多年。在鐵路和現代公路之前，水運容量大、成本低，十分有利於跨區商業活動。宋朝之前商人奉行「千里不販糴」，長程運糧的成本會高得不划算，但是在大運河網絡四通八達後，「千里販糴」變得有利可圖，「富商大賈，自江淮賤市粳稻，轉至京師，坐邀厚利」（《續資治通鑒長篇・卷六三》）。早期，官府禁止私貨上運河，但運河那麼多、距離那麼長，禁令在操作上不完全可行。所以，隋唐大運河催生了「大運河經濟」，造就了多個唐宋以來的商業重鎮，包括臨清、聊城、濟寧、徐州、淮安、揚州、鎮江等。

跨區商業網絡不只是帶來繁榮，在非常時期，如一地遭遇旱災等風險衝擊時，商販可從無災區低價進貨，批量運至災區，救濟災民。販運當然給商人以利潤，但其社會效果是救命，讓災民不至於靠暴力求生。這一結論可從清代於一八二六年逐步廢棄運河漕運所帶來的後果看出。曹一鳴和陳碩基分析江蘇、安徽、河南、山東等五百七十五縣的資料[84]，發現自一八二六年開始，運河沿線的商鎮逐步走向衰敗，人口密度漸漸下降，尤其是沿線縣應對災害風險的能力顯著下降。也就是說，與運河廢棄之前相比，離運河愈近的縣在之後發生的民變暴亂次數上升愈多，暴亂增幅在災害年分更加突出。也正是因為運河廢棄，蘇魯豫地區在旱災年分的饑民增多，等後來的太平軍和捻軍到來時，眾多民眾揭竿而起，加入起義隊伍，否則，太平天國起義或許難以壯大到那種規模，也更不會持續那麼多年。由此表明，在基於運河的跨區市場暢通時，當地人可隨時依靠市場平滑產出波動，而一旦失去作為避險手段的商業網絡，民眾被迫走投無路的頻率就會增加，社會秩序不再，暴力動亂就會上升。

總之，孔子關於商業的積怨亂序論述似乎跟各社會的實際經歷不符，之前的批評忽視了商業市場的避險救急價值，也疏忽了交易產生的互惠關係對暴力衝動的緩和作用。實證結果更支持康德、潘恩、亞當．斯密、孟德斯鳩等關於商業市場的社會價值之論述。

海上絲路的多文明競爭

大運河以及後來的鐵路把各地連到一起，形成國內一體化商業市場，海道則跨國界、跨洲聯結各國市場，建立全球化的貿易網絡，在更廣泛的地理範圍和更多人口間分散風險、配置資源，使風險分攤效果達到新高。那麼，全球化商業網是如何發展出來的呢？是哪些力量在背後推動？雖然現在不會有人質疑這個網絡的重要性，但當初的推動者未必就清楚其創舉的長久價值。近年中國熱議的「海上絲綢之路」（又稱「海上絲路」）就是經典案例，其推演發展不是任何人事先主動設計，卻也成為不同文明的競技場，凸顯各自特質。

「海上絲路」指的是從廣州、泉州、寧波、揚州等中國港口可達的西太平洋、南太平洋、印度洋和阿拉伯海的海上商道，最早始於戰國時期的東海、南海沿線，由各越族漁民唱主角，到隋唐成為中國絲綢、海洋奇珍的貿易通道。在西元七世紀後期至八世紀初，阿拉伯穆斯林商人來到南海後[85]，他們很快取代華商和東南亞商人，成為海上絲路的主角，包括定居廣州、泉州等口岸，安家立業，將其發揚光大。[86]阿拉伯商人當道的局面持續了近八百年，一直維持到十六世紀初天主教葡萄牙人到來之時。當時的葡萄牙才一百餘萬人口，但基於國家出資模式和槍炮優勢[87]，一來到印度洋、太平洋，就戰勝穆斯林商人，稱霸海道，不僅壟斷南亞香料貿易，還以武力維護自己的海洋霸權，商船未經許可不得上海道。十六世紀末，代表新教文明的荷蘭人初次來到印度洋、南太平洋[88]，經過數十年與葡萄牙人的較量，到十七世紀中期，人口也是百餘萬的荷蘭人奪得海上絲路的主導權。荷蘭人以私營股份有限公司的方式取得融資[89]，也就是以更大規模的集資與風險分攤模式，戰勝葡萄牙的王室經營模式（即國營模式）。再往後，新教英國人也以同樣方式來到海上絲路，與荷蘭人一同主宰印度洋、太平洋和大西洋，建立起十八、十九世紀的全球海洋貿易網。

從上面簡單勾勒的海上絲路歷史可以看到，自阿拉伯穆斯林商人於七世紀末到來之後，代表儒家文明的華商基本不再主導海上絲路，而通常講的「萬邦來朝」貢納體系主要涉及中國周邊貿易，並非世界體系。也正因為此，中國在二十世紀之前未能參與世界秩序規則的建立。第九章會講到，這種格局和結果一方面是因為儒家文明源自中原農耕，依附陸地而生，對海洋幾無興趣，定都北方的漢族王朝鮮少主動獎勵海洋商貿；另一方面是因為儒家文明跟伊斯蘭文明、基督教文明的本質區別。首先，儒家文明基於祖先崇拜，鼓勵「留守故土」、「落葉歸根」、「父母在，不遠遊」，而一神教文明督促信眾外出傳教，真正「四海為家」、「死於異鄉者，即為壯烈之死」（伊斯蘭教《聖訓》），或者「這天國的福音，要傳遍天下，對萬民作見證」（基督教《新約．馬太福音》第二十四章十四節）。因此華人不願去五湖四海探險，更不輕易定居異國他鄉，即使到元朝時期，也主要是因朝代更迭才有少數華人逃亡東南亞，在阿拉伯、波斯、印度或東非都無「唐人街」[90]，十五世紀之前官方史料從沒提到過海外華僑社區[91]；沒有華人居住海外，就無海外華商網絡，長距離外貿就做不出規模。相比之下，阿拉伯穆斯林早在七世紀就不顧生命危險前來廣州等地[92]，如宗教社會學家斯塔克（Rodney Stark）所說：「只有真正的唯一神，能通過宗教聖旨激發出超乎想像的創舉」[93]，因傳教建立的穆斯林網絡成為阿拉伯商人自然的跨國貿易網，後來的葡萄牙人、荷蘭人因天主教、新教獲得四海為家的網絡。

此外，在缺乏正式法治的古代，跨期融資及其他商業契約無法依靠法律得到保障，必須尋找非正式的保障體系，哪個文明提供的跨期承諾保障體系愈牢靠，以其為背景的海商就能實現規模融資、從事規模海貿。由於儒家向來將精力集中在以血緣關係組建家秩序，華商的融資範圍和交易信用一般局限於宗族內部，規模難以做大。相比之下，雖然猶太教、基督教和伊斯蘭教並非因長距離貿易而立，但這些一神教通過嚴密組織和儀禮規範所建立的信仰共同體（第六章），為其信眾較好地解決跨期承諾與跨期信任的挑戰，教友間的凝聚力是多神教和無宗教社會難以比擬的，於是穆斯林商人與後來的新教商人能在血緣網絡之外進行貿易融資[94]，獲得長期信用，從事大規模貿易。尤其是在這些宗教網絡支援下，不僅融資規模比基於宗族的信用安排具有優勢，而且風險分攤的範圍更加廣泛、分散，使阿拉伯商人、歐洲商人能承擔更多、更大的航海風險。

從第九章的分析可以看出，基督教和伊斯蘭教這些一神教的傳教召喚，激勵了一代代信徒越洋探索，意外地為商業全球化鋪墊了關鍵的基礎設施，而在海上絲路競爭中，儒家、伊斯蘭教和基督教文明的不同表現，最終可以歸結到跨期承諾解決能力和風險分攤能力這兩個維度上。從這兩個維度解析不同文明的特質，讓我們更清楚大航海時代前後全球化秩序演變歷程背後的邏輯。

金融驅動現代化和文明化

荷蘭人推出的大眾資本市場在融資規模和風險分攤上具有如此優勢，自然引出一些問題：為什麼西歐能走出大眾金融市場之路，而其他文明則沒有？金融何以提升風險應對力？尤其是前幾章告訴我們，從婚姻、家庭、宗族、宗教到商業市場，都能提供一些事前避險和事後救急的功能，為什麼還要金融市場？

第十章一開始會談到，實際上除了利用社會關係解決互助之外，傳統社會還開發了像土地、房產，甚至妻妾和子女這樣的「避險資產」：在風險衝擊下求活路的關鍵時刻，還可以賣地、賣房，甚至賣妻賣女，以所得換取糧食，救活家人。[95]但是，不管是基於婚姻家庭宗族，還是基於妻女去因應風險，這些都是以「人」或「人際關係」作為跨期交換的工具媒介，不僅帶來人的工具化和人際關係的異化，而且交易成本太高，犧牲了人際關係尤其是親情關係的溫情面。雖然土地和房產非人，作為避險媒介並無人文代價，但其作為資產的流動性一般太低，而且愈是災荒時期，這些資產和妻妾的價格會愈低，使其保險價值大打折扣。[96]此外，商品市場的救急價值是靠跨區域運貨實現的，這跟金融靠跨期配置資源的方式實現避險與救急不同。因此，從非人格化、流動性、交易成本、跨期交換等多方面，金融提供了一系列更有效、更精準的風險應對和資源分享手段。[97]第十章會給出許多實例和實證研究結果，更清晰地展現金融促進社會和諧、實現普惠共贏的通道。

至於中西金融大分流，大約可以追溯到軸心時代，從那時起，中國和西方在實現人際合作的方式上就做出了根本不同的選擇：中國人選擇靠血緣家秩序，西方則選擇更多靠社會化合作，[98]使無血緣關係的人也能互助。正如第五章談到的，早在周朝初期，周公就著手建立禮制、選擇靠血緣家秩序解決人際風險互助和資源分享問題；之後，經過孔孟、漢代董仲舒等，不斷鞏固禮制，讓儒家成為官方正統，發展以血緣為本的狹義倫理秩序。在將近三千年裡，哲人與士大夫的關注和創造力幾乎都用在禮制的建設與完善上，禮與法之間以禮當先，造成歷代法典重刑法和行政、輕商法和民法，把商事、民事留給民間特別是宗族去處理，無暇顧及超越血緣的商法制度建設，而那些正式制度又偏偏是外部金融市場發展的必要條件。於是，十九世紀洋務運動引進現代金融時，中國缺乏足夠可靠的契約執行體系還使現代金融水土不服。[99]

而從軸心時代的古希臘開始，他們就更關注公共秩序（而非私家秩序）的建設；西元前八世紀起，逐步形成基於平民大會、參議院（貴族院）、法律和民選行政長官的獨立城邦。柏拉圖、亞里斯多德等西方文明的開道者，朝著與孔孟完全不同的方向探尋建構人類社會的答案，將注意力集中在超越血親家族的公共事務、社會治理與政權制衡問題上。在古希臘文化於西元前六世紀傳播到古羅馬時，羅馬共和國不僅沿襲其參議院、平民大會和行政長官的政體模式，而且到西元前三世紀，也模仿古希臘辦起私人銀行，由銀行家在陌生的存款方與借款方之間擔任仲介的角色，實現陌生人之間的風險分攤、資源分享。[100]在那個時期的羅馬，也出現了從陌生人募集資本的公共合夥公司及其有限責任股份，包括活躍的公開股票市場[101]，還有相當發達的保險市場。[102]雖然各類金融市場在歐洲進入中世紀後基本消失，到十三世紀才恢復，尤其在十六世紀宗教改革後，加快在荷蘭、英國等喀爾文新教國家發展，但在整個演化歷程中，陌生人之間通過金融交易實現人際合作的需要，不斷刺激歐洲社會改善相應的制度，包括契約法則、商業規序等市場制度及法治體系，以保證社會化風險分攤和資源合作順利進行。特別是在基督教於西元四世紀成為羅馬帝國的國教後，超越血緣的廣義道德秩序更是得到推進，為西方人走向社會化合作奠定了更強的基礎。

在對比中西的遠古選擇及由此引發的發展軌跡之後，第十章進一步探討西方和中國的金融發展歷程細節，或者說，由於中國精英太聚焦於完善禮制，忽視超血緣合作制度的發展，所以在融資規模和風險分散能力上都局限於宗族內部，容量有限，在海上絲路競爭中先讓位給阿拉伯穆斯林商人，後來也難跟新教荷蘭人和英國人競爭，也造就了十八世紀後期工業革命以來的中西大分流。第十章篇幅比較長，不僅對金融促進文明化及社會和諧的貢獻做出解答，也算是一部小小的中西金融簡史。

風險、福利與國家的起源

經過軸心時代以來的努力，各主要文明因應對風險挑戰而被迫不斷演進，分別在幾類主要的風險調適方式——婚姻、家庭、宗族、宗教、商業與金融市場上做出了不同程度的創舉，使許多社會在工業革命之前能勉強應對傳統風險（以自然風險為主）。可是，工業革命的深化、貿易體系和金融市場的不斷發展，也帶來一些全新風險[103]：工業化將人們從農田帶往工廠，儘管一定程度地避開自然風險，但經濟週期所引發的成長衰敗卻也帶來失業風險；另一方面，更發達的金融和一體化的商業，意味著時常會出現金融與產業危機，這些新型風險威脅現代人的生活。也就是說，雖然市場發達解決了傳統風險的挑戰，卻也產生了頻率低但危害大的人造風險。像是一九二九年金融危機及緊跟而來的大蕭條，這種風險衝擊是前人沒經歷過的，此時不僅金融和商品市場的救急賑災效果有限，而且連血親與教會網絡也「心有餘，力不足」，原因在於大蕭條期間，銀行擠兌頻發，導致銀行破產，其他資本市場也幾乎停止供血，造成大量公司倒閉，失業率一時間超過二五％；在系統性風險的衝擊下，族親、教會和各類慈善機構大多自身難保，於是美國社會呼喚第四類避險救急機制——國家福利，就如大衛・莫斯（David Moss）的書名《當所有手段都失效，政府成為風險的最終管理者》（*When All Else Fails: Government as the Ultimate Risk Manager*）所示[104]，這就是羅斯福新政的背景。在邏輯上，由於國家壟斷合法強制力（市場、教會和族親都沒有調動強制力的權力），它可利用徵稅等手段在不同群體間進行轉移分配，包括救急、扶弱、濟貧等。

第十一章談到，人類發明國家的動因源於風險，至少風險是主要推動力之一。比如前面說過，在中國遠古，大禹因治水、商湯因治旱而獲得建立國家並成為統治者的合法性，這表明從一開始，建立國家和為民避險是連在一起的。《周禮．地官．大司徒》中提到周朝設有「大司徒」一職，職責就是「保息六，養萬民」：「一曰慈幼，二曰養老，三曰賑窮，四曰恤貧，五曰寬疾，六曰安富。」在古希臘，城邦政府有一套應對饑荒等危機的方案[105]，為民避險顯然是政府要務之一。印度教《摩奴法典》（Manusmrti，成書於西元前二世紀至西元二世紀間）中規定，國王「必須關照赤貧婦女、無子婦女、無家婦女、忠誠於主的妻子與寡婦，以及病婦」。[106]在第十一章，我們先解讀風險是如何催生國家的發明，並回顧各個社會早期政府福利的變遷。然後，從工業革命以來新型風險挑戰的角度，剖析為什麼現代福利國家在十九世紀後期才逐步推出。其實，直到十九世紀末，經濟合作暨發展組織（OECD）會員國花在社會保障（包含工傷殘疾險、社會保險、醫療保險、養老保險等）的資金占GDP之比幾乎都接近零，只有德國等少數國家例外；而至二十世紀末，該比例通常達二〇％，有些國家甚至超過三〇％。[107]至於福利國家由先工業化的國家發起，這不奇怪，因為前面說過，工業化給離開農業進城的工人帶來與經濟週期、金融危機相連的失業等新型生存風險[108]，愈早進入工業化的國家，就愈早有政治壓力推出社保福利。

不過，雖然工業革命可以解釋社保福利為什麼從十九世紀後期開始增加，但還是不能解釋為什麼政府福利沒有更早推出，因為工業革命前各社會也有很多生存風險。我們也很難理解，為什麼中世紀後期的歐洲並沒像同期宋朝、明朝政府那樣，把荒政作為首要責任之一？第十一章找到的答案主要在於宗教，源於教會與國家的競爭關係，這又是歐洲、伊斯蘭中東跟中國不同的地方。十九世紀前歐洲也有貧窮和災害、瘟疫、戰爭的挑戰，扶貧救災一直是教會的領地，世俗政府不得介入，所以教會反對政府與其競爭。[109]試想，如果政府利用強制力大舉徵稅，借稅收救助貧困個體和遭災民眾，那麼世俗政府不就能快速消耗宗教組織的俱樂部產品之價值、奪走信眾嗎？[110]對此，天主教、路德新教、喀爾文新教等基督教各派的回應大為不同，所以不同教派主導的歐洲國家走上福利國家的時間和路徑都相差甚遠。這些細節在第十一章一一推出，其中的許多實證研究表明：政府福利興起之後，不僅讓世俗政府取代了宗教，造成教會地位的萎縮，而且也導致多種社會資源的重新配置，使西方社會從原來以教會為中心轉變為以政府為中心。也正是由於教會跟政府間的這種此消彼長的競爭關係，在今天的美國，堅決反對大政府的主要勢力不是經濟學家，而是教會，儘管歐洲的經歷顯示，政府福利消除了困擾眾多個體的風險挑戰，使暴力減少、社會和諧度提升。

文明化秩序之路

錢穆先生曾言：「一切問題，由文化問題產生；一切問題，由文化問題解決。」[111]本書核心觀點之一是，在每個社會，文化都是作為對某些更深層需求的回應，是內生創造，也在不斷應變，並不存在一個特定社會或族群所固有的、永遠不會改變的文化元素。誠然，一個群體文化的某些方面可能幾千年都沒有變化，例如：瓦娜・博康（Oana Borcan）等幾位學者發現[112]，較早發明或採用農業的社會也更可能較早形成國家，這意味著某些文明元素的高度持久性，不會輕易改變；路易斯・普特曼（Louis Putterman）利用當今一百八十多個國家和地區的資料表明[113]，一九九七年各國人均收入的差距，有一半以上可以由一個國家從多少千年前就採用農業及其地理因素來解釋，這意味著，一個國家今天多富裕、有什麼文化和制度特徵，在幾千年前甚至一萬多年前就已經決定了；在某種程度上，正如第二章所展示的那樣，一個社會何時採用農業也是由地理因素和生存風險挑戰所決定的，一個社會的許多文化元素（各種虛構故事）可能也是由其地理因素和風險因素決定的，而這些因素的存在和影響可能幾千年都沒改變，所以該社會相應的文化元素也長久沒變。但是，一旦那些地理因素對社會存在和經濟成果不再那麼重要了（比如，地理因素的重要性通過技術創新被削弱、風險挑戰被新的避險手段解決），這些文化元素也會被淘汰或發生變化，以適應未來的新要求。因此，一旦我們把時間軸拉得足夠長，可能就沒有永遠不變的文化了。

每種文明都是各種創新的集合，包括文化、社會、制度與金融創新，不只是技術創新。這些創新最初都是虛構的故事，但只要它們持續對當地社會有用，對建立社會的規則和秩序有貢獻，就會被逐步納入該社會的文化元素，成為其文明的一部分。正如我在接下來的章節中所強調的，很大程度上，每個社會的文明秩序都是人們為應對生存風險挑戰而創新的結果；由於從原始社會到現代，挑戰一直在不斷變化，因此增強人類風險應對力的最佳文化要素也在不斷變化。適合幾十人聚落的文化與適合幾百人村莊的文化是不同的，而一旦由幾百萬甚至幾千萬陌生人組成的城市生活成為新的現實，特別是在網際網路時代的地球村，地理距離的意義被大大淡化，所適用的文化元素就更是不同了。因此，支撐每種文明的虛構故事都在隨著生存挑戰的演變而演變。從多種石器的出現、狗的馴化、定居農耕的起源與擴散、美洲作物的大規模引種，到發明「道德化神」建立道德秩序和國家權威、由巫術迷信作為「壯膽利器」，再到婚姻家庭、血緣宗族、宗教組織、商業網絡、金融市場、福利國家、中央銀行、財政刺激，這一系列貫穿歷史的人間創舉，雖然未必提升生產力，但卻一一強化了人類應對風險的能力，塑造了我們生存的方方面面。稍許遺憾的是，宗族、宗教、市場和政府福利之間本應該互為補充，以最大化人類應對風險的能力，可是在各社會的歷史長河中，這些不同的人際互助與資源分享手段多數時候是相互競爭排斥，宗教排斥市場也排斥宗族與國家福利，宗族排斥金融和宗教，國家也時常阻擋金融。

現在，市場和國家在很大程度上已取代了婚姻、家庭、宗族、教會，來應對自然風險和工業革命帶來的人造風險，這種轉型已經改變了人類社會。比如，作為社會制度的婚姻和家庭已經發生了根本性的變化，結婚的人少了，離婚率高了，單親家庭多了，宗族也瓦解了；在各社會，教會的出席率和宗教信仰程度也在持續下降，這種情況在金融市場發達、政府福利完善的國家尤其突出。至於近代才出現的金融危機風險（人造風險），英國人在十九世紀後期發明了「中央銀行」這個「最後貸款人」[114]，中央銀行成為對抗金融危機的主要工具；經過二十世紀美國聯準會體系的完善，中央銀行已被世界各國採用，把每個國家轉變為「貨幣國家」。經過二十世紀三〇年代凱因斯的努力，每個國家也很快成了以積極干預主義為特色的「財政國家」。於是，如果經濟危機帶來私人需求萎縮，政府就會迅速進行干預，加大公共投資和政府支出，以保住總需求。正如二〇二〇年新冠病毒危機期間各國政府的大幅救助所顯示的那樣，財政干預已經成為應對大小經濟危機的標準工具。換句話說，工業革命後的三大發明：福利國家、貨幣國家、財政國家，代表了現代社會應對新型人造風險的全套工具箱。這些發展將文明化進程推向新高，大大減少暴力和戰爭。這三駕馬車雖然可能解決了金融危機和經濟危機風險，但也扭曲了財富分配和收入分配，導致財富更加集中於極少數人手中，強化社會的不滿和怨恨，製造社會動盪與政治危機風險，給文明化進程帶來新挑戰。第十二章將對這些主題做更多展開。

第一部

第一章 都是風險惹的禍

為什麼古人崇尚暴力？

戰爭跟人類一樣古老，而和平是一個現代發明。[1]

——英國法學家梅因（*Henry Maine*）

二〇一五年五月四日，我參加香港亞洲協會舉辦的一次午餐講座，由以色列特拉維夫大學人類學教授赫什科維茨（Israel Hershkovitz）講解十字架酷刑的歷史，主題是「骨頭訴說著昔日的故事：解讀耶穌受難的祕密」。過去三十餘年，赫什科維茨一直研究一個問題：耶穌在十字架上受難的場景在力學上是否可行？西元三〇年前後，羅馬帝國在巴勒斯坦的士兵每天通過十字架處死約五百個猶太人。按照羅馬占領軍的設計，釘在十字架上致死是最殘忍的酷刑，意在讓受刑者不得速死，而是在十字架上慢慢煎熬至少兩天、持續受刑。具體做法是：士兵用十幾公分的長釘，分別穿過受刑者左右手的手背和掌心，然後彎曲成鉤，釘在平行木頭的後背，以使兩隻手臂固定不動、貼在木板上，並承受一些身體重量，給掌心與手臂施以壓力，讓受刑者承受持續的撕痛；另用長釘將受刑者雙腳釘在豎立木桿的兩邊，以支撐身體的部分重量。受難者多數是赤身裸體、面朝外，但婦女是面對十字架被釘上。熟練的士兵能讓受刑者在十字架上受罪三、四天而不死，受難者一般死於脫水、創傷、疲勞、休克，或失血過多。見證過現場的西元一世紀的猶太歷史學家約瑟夫斯（Flavius Josephus）在《猶太戰爭》中記載：「他們先是被鞭打，再被各種酷刑折磨，然後被釘在十字架上處死……每天都抓五百個猶太人，不，有時候抓得更多……之所以沒有禁止這種殘忍的行為，主要是希望猶太人看到這種情形，會擔心自己今後遭到同樣殘忍的待遇，因而屈服。於是，羅馬士兵們出於對猶太人的憤怒和仇恨，把他們抓到的人，開玩笑似的，一個接一個地釘在十字架上。人數如此之多，以致於沒地方可放十字架，也不夠十字架釘人了。」[2]

聽完一個半小時的講座，我覺得毛骨悚然。在現代人看來，古代人真的不可思議，為什麼他們能如此殘忍，容忍血腥暴力？當然，如果古代人有機會，他們可能會反問現代人：你們為何弱小無能？對於一個社會，如果因風險等原因使暴力成為生存之必要，那麼長此以往，其文化就會做出反應，推崇尚武，獎勵殘暴；而一旦暴力不是生存的必要，其文化就會崇尚文明、追求秩序。

古代暴力

實際上，羅馬帝國時期的世界，殘忍程度遠不止十字架酷刑。早在西元前三七年的羅馬共和國晚期，希律登上以色列國的王位，開始了羅馬統治下的希律王朝。次年，因為嫉妒，希律王殺死妻兄，隨即也因嫉妒處死妻子，他的兩個兒子亞裡斯多布勒斯四世和亞歷山大，在成年後也被父親處死。而在羅馬帝國的宮廷內，殺害血親更是常事。西元一四年，羅馬第一位皇帝屋大維逝世，繼子提比略（Tiberius）繼位。期後，提比略立兒子為太子，但擔心屋大維的血親後裔奪位，就把屋大維的女婿日爾曼尼庫斯（Germanicus）毒死，將其妻和長子流放外地監禁至死，並把他的二兒子處死，才五歲的三子卡裡古拉（Caligula）因為躲藏沒被抓住而倖存下來。可是，提比略自己的兒子後來被衛隊長毒死，他失去了接班人，而孫子又太小，於是把名義外甥卡裡古拉召到身邊，監視其成長。西元三七年，卡裡古拉殺死提比略，奪得羅馬皇位，不久後毒死潛在威脅者提比略的孫子。西元四一年，卡裡古拉被親叔叔聯同皇帝衛隊長殺害，皇位由親叔叔克勞狄烏斯奪得。而十二年後，克勞狄烏斯又被妻子卡尼古拉的妹妹毒死。

羅馬帝國共有七十八位皇帝，其中有三十五位死於謀殺（大多像卡裡古拉和他叔叔那樣死於血親之手）、九位被處死、九位死於戰場、三位自殺，死於非命的皇帝占七二％。[3] 在西元三九五年羅馬帝國分裂後，西羅馬帝國比較快就終結了，西羅馬有過十五位皇帝，只有三位正常死亡。而東羅馬帝國（即拜占庭帝國）一直到一四五三年才結束，有一百零四位皇帝，其中四十一位死於非命（三位死於戰場，其他被謀殺或處決），占三九％，這說明東羅馬帝國後來在皇權傳承、權力制衡等制度文明上有些進步，死於非命的皇帝比例有所下降[4]，但朝廷暴力還是非常高，多半皇帝靠兵變、政變奪得皇位。而西羅馬帝國在西元四七六年崩潰，其領地在之後演變成不同王國，艾斯納分析了西元六〇〇年至一八〇〇年間的四十五個王國、一千五百一十五個國王的情況，死於非命的占二二．四％[5]，這表明皇權傳承等制度文明化進程在當年的西羅馬地區遠高於東羅馬。

現代人對羅馬帝國時期的陌生感也表現在其他方面。古羅馬居民分為公民和奴隸兩等：公民享有各種自由和權利，而奴隸是主人的財產，沒有自由，也沒有法律上的人格權利，不需要法律程序也可被處死。據傳說[6]，羅馬奴隸制始於羅馬奠基人羅穆盧斯，他賦予父親們賣子女為奴隸的權利，後來，戰俘是奴隸的主要來源，從西元前三世紀到西元四世紀，羅馬不斷向外擴張，勝仗不斷，帶回外國戰俘，給羅馬公民提供大量奴隸。除非主人釋放，否則奴隸不能獲得自由。當時，羅馬人享受的奴隸服務之一是角鬥比賽，這一項現代人難以理解、更難欣賞的現場殘殺場景。羅馬角鬥賽至少可追溯至西元前二六四年[7]，是皇帝和貴族向民眾展示勢力與財富、紀念勝戰、慶典生日，或者在出現政治經濟危機時振奮民心的手段。角鬥比賽對觀眾的吸引力在於血腥娛樂，靠生死攸關的刺殺「魅力」振奮古羅馬人。比賽開始，由鬥士獵殺野生動物，尤其是從異國運來的動物，接著是血淋淋地處決囚犯、將宗教殉道者拋向獅子讓其生吃，最後才是象徵羅馬榮譽與勇氣的角鬥士出場，進行「殺或被殺」的較量，敗者通常被當眾砍頭，鮮血噴飛。特別是古羅馬競技場（Colosseum）建成後，角鬥比賽更是抓住羅馬人的魂魄，一場比賽甚至能吸引社會各階層七、八萬人蜂擁而至，觀賞人與獸的殘酷搏鬥，尋求血腥刺激。古羅馬人對角鬥士非常迷戀，他們的血甚至被認為是治療陽痿的良藥，而如果新娘能用敗下的角鬥士長矛梳一次頭髮，一定會婚後多子。至於角鬥士的慘死，因為他們是奴隸，所以普遍認為不需要同情。

古人的暴力非西方獨有，東方中國也差不多。一個例子就是[8]，秦始皇死前傳位給長子扶蘇，但宦官趙高聯合丞相李斯偽造詔書，逼死扶蘇，扶持秦始皇的小兒子胡亥繼位稱帝；胡亥為鞏固皇位，先殺死掌控軍隊的蒙恬、蒙毅兄弟，後將十八個兄弟和十個姐妹殺死；在陳勝、項羽等起義軍逼近咸陽之際，趙高趁機篡奪大權，派女婿咸陽令閻樂帶人逼在位僅三年的胡亥自殺。另一例子更為離奇，五代時期後梁開國皇帝朱全忠，原名朱溫，為黃巢起義軍的將領，後投降唐朝；接著，他繼續壯大勢力，為自己當皇帝做鋪墊；西元九〇四年，他殺死唐昭宗李曄，十三歲的太子李柷即位，史稱唐哀帝；李柷是朱溫控制下的傀儡，朱溫則大肆殺害唐宗室，包括害死李柷的母親；西元九〇七年，朱溫迫使唐哀帝下詔禪位；朱溫稱帝後，將唐哀

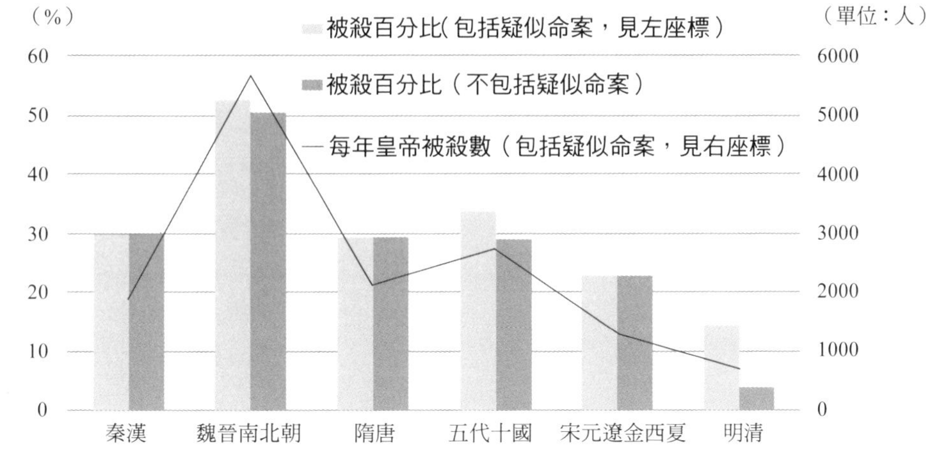

圖一・一　自秦始皇以來皇帝死於非命的機率變遷

帝廢為濟陰王，並於次年派人將其殺死，結束了唐朝；之後，朱溫在一次戰爭中受傷，準備立二子為太子，但第三子朱友珪聞訊後率親兵將朱溫殺害；西元九一二年朱友珪稱帝，封弟弟（朱溫第四子）朱友瑱為開封尹、東都留守；次年，朱友瑱殺死朱友珪，奪皇位，是為梁末帝。由此對比，古代中國的宮廷暴力與羅馬帝國無異，為了稱帝六親不認。

緒論曾介紹我與林展關於歷代中國皇帝死於非命的樣本研究[9]，自秦始皇至清宣統的七百二十九個皇帝中，確定死於非命的占三六・八%，如果加上疑似命案，則比例為三八%；死於非命的皇帝中，三七・三%是大臣和近侍所殺，二九・一%為宗親和外戚所殺。按朝代時期算（圖一・一）[10]，秦漢時期，死於非命的皇帝占二九・六%，遠低於同期羅馬皇帝的遭遇；即使在最混亂的魏晉南北朝時期，該比例為五二・四%，還是低於羅馬皇帝的七二%，但稍遜於拜占庭皇帝的命運。不過，中國皇帝的遭遇比西元六〇〇至一八〇〇年間西歐國王的情況差很多。圖一・一顯示，南北朝以後，皇帝死於非命的比例逐步下降，儘管速度較慢，但文明化方向是明顯的。

在令現代人感到陌生的古代，「人食人」是另一種時而發生的暴力。食人行為是否消失是衡量文明化進程的終極指標之一，也是人倫底線。食人行為分為兩大類：一類是「習俗性食人」（customary cannibalism），即食人肉是慶典或祭祀儀式的一部分，在新幾內亞等一些部落就有這種習俗[11]；另一類是「饑荒食人」（famine cannibalism），即因為饑荒餓得活不下去而食人的行為，這又細分為「活者食人」（survivor cannibalism，活人食死者）和「謀殺食人」（murder cannibalism，追殺他人以食其肉）。[12]這些描述可能令現代人無法忍受，十分噁心，所以這裡免掉更多細節，但我們還是要面對這種歷史，以對比今昔的文明化區別。根據聖經《舊約》的故事，食人行為在遠古以色列似乎就存在：

以色列王在城上經過，有一個婦人向他呼叫說：「我主，我王啊！求你幫助。」王說：「耶和華不幫助你，我從何處幫助你？是從禾場，是從酒醡呢？」王問婦人說：「你有甚麼苦處？」她回答說：「這婦人對我說：『將你的兒子取來，我們今日可以吃，明日可以吃我的兒子。』我們就煮了我的兒子吃了。次日我對她說：『要將你的兒子取來，我們可以吃。』她卻將她的兒子藏起來了。」（《舊約．列王紀下》第六章二十六至二十九節）

愛爾蘭經濟史學者科馬克．格拉達（Cormac Ó Gráda）列舉大量從遠古到現代的歐洲、亞洲、非洲、美洲的食人案例[13]，有的因為戰爭、饑荒，有的因為敵軍圍困而走投無路，有的因為神話迷信，其中講到幾起十九世紀美國、英國和法國的海員食人故事：船沉大海，海員困於孤島，饑餓之極，只能在「全死」和「一些船員被吃」之間選一。[14]書裡有這麼一段：

> 平時，上等人吃熟肉時，亂糟糟的窩棚和廚房離餐廳太遠，他是看不到的。但在這饑荒之年，人相食。從鄉下來的信說，如果一具屍體躺在那裡沒有被埋，饑餓之人就會圍著它，拿著刀子衝上去，把肉割下當食物吃。死者因為無食而死，活者現在通過吃死人以延長生命。難道你寧可讓他們死嗎？饑荒迫使之下，人有什麼做不出？[15]

在中國，關於商朝人祭人殉的考古證據普遍被接受，比如，歷史學家胡厚宣先生綜合考古證據估算，殷商時代留下的人祭人殉屍首骨頭有三千六百八十四具，連同一些散落無法復原的骨骸，總共有四千具，涉及人祭和食人的甲骨文卜辭也不少。[16]商人這樣做的原因可能很多，其中一點跟古羅馬人看待「奴隸」的角度類似，就是不把異族人當人看，所以覺得殺其命、食其肉不構成倫理意義上的暴力。至於食人風俗，可追溯到舊石器時代，延續到近代。[17]由於各朝都經歷過天災和戰爭引發的饑荒，因此歷朝正史幾乎都有饑荒食人的記載。周時期，《墨子》記載「楚之南有啖人之國者橋，其國之長子生，則鮮而食之，謂之宜弟」；《漢書・食貨志》記載「漢興，接秦之弊，諸侯並起，民失作業，而大饑饉。凡米石五千，人相食，死者過半」；《資治通鑑》記載，漢獻帝時期西元一九四年，「六月，蝗蟲起，百姓大饑，是時穀一斛五十萬，豆麥二十萬，人相食啖，白骨委積，臭穢滿路」。[18]即使到了十九世紀的晚清，《曾國藩日記》同治三年四月廿二日記載：「皖南到處食人，人肉始買三十文一斤，近聞增至百二十文一斤，句容、二溧八十文一斤」；「洪楊之亂，江蘇人肉賣九十文一斤，漲到一百三十文錢一斤。」[19]

在朝代時期，非災荒的食人行為部分是攻城戰所致，由於攻方士兵圍城斷供，城內饑甚，守軍就掠民當食糧。據《新唐書・食貨》記載，「（唐）昭宗在鳳翔，為梁兵所圍，城中人相食，

圖一・二　王武子妻「割股療親」（北宋二十四孝磚雕）

注：王武子妻坐屋外的地上，用刀割股（右）；左邊，其婆婆坐在屋內床上，兒媳捧缽奉人肉羹（左）

父食其子，而天子食粥，六宮及宗室多餓死」。另外，從唐代《本草拾遺》到明代《本草綱目》，一些中醫藥方將人體部位作為食用藥材，特別是與孝道文化結合之下，演變成子女是長輩的治疾良藥，且把子女是否為父母割股割肉等當作是否孝敬父母的試金石。割股行為最早出現於先秦，《莊子．盜蹠篇》記介子推割股以止晉文公之饑：「介子推至忠也，自割其股以食文公。」正史最早記述「割股療親」的是後晉劉煦等撰寫的《舊唐書》，其《隱逸傳．王友貞》篇記懷州王友貞，「母病篤，醫言『唯啖人肉乃差』，友貞獨念無可求治，乃割股肉以飴親，母病尋差」。武則天聞此，「令就其家驗問，特加旌表」。藏於北京故宮博物

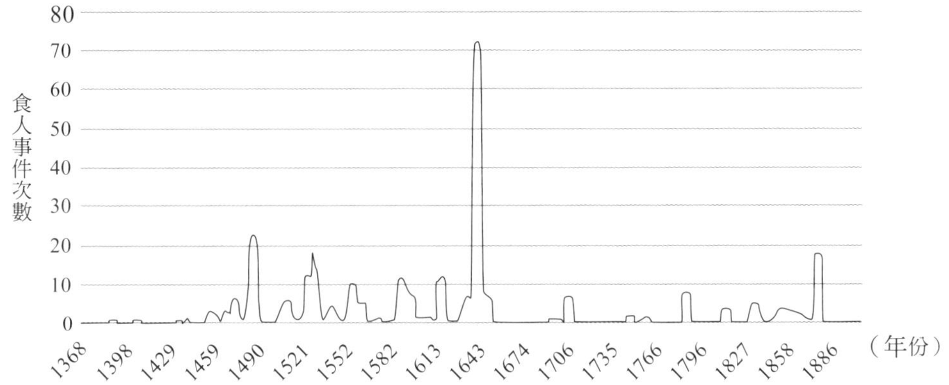

圖一・三　明初至清末歷年食人事件次數[23]

注：圖中資料以地方誌記錄為主，也包括了《明實錄》和《清實錄》中提到的食人事件。

院的北宋二十四孝磚雕，一磚講「割股奉母」（圖一・二）[20]：「唐開元年間，河陽人王武子在外，十年不歸，好在其婦至孝。母親大病，非食人肉不癒，於是，王武子妻割股為羹，母病得治。」本來，不管哪個種族，都會推演出禁止吃人的倫理文化，使人見人肉即心生厭惡，藉以保護同類，因為一旦允許甚至獎勵人吃人，人與人間更多不是想到合作，而是提防對方將自己當作食材。[21]

在我與林展、張曉鳴的研究中，我們從地方誌、《明實錄》、《清實錄》中查找一三六八年至一九一一年間所有食人記錄，最後統計出全國兩百六十七府一千八百一十次食人事件，其中，明朝每年平均發生四・七次，清朝每年平均發生一・六次。[22]圖一・三給出各年食人事件數，其中，從十五世紀後期到十七世紀中期，食人事件頻仍，一六四〇年全國有兩百四十二起，一六四一年有一百三十九起，下文我們會看到那是所謂的「小冰河期」，其間氣溫低於往常、旱災不斷；一八七七年再出現小高峰，有六十六起食人事件，一八七八年有三十二起。但總的趨勢是，自十七世紀中期以來，食人事件發生率愈來愈低，跟人類其他種類暴力的下降趨勢一致。

文明化趨勢

從前文看到，人類暴力呈顯著的長期下降趨勢，文明在逐步戰勝野蠻，這跟以生產力為基礎的史觀截然不同。[24]雖然新聞裡經常報導暴力事件，甚至還有戰爭，但從更長遠的歷史看，人類文明化進程一直在繼續，偶爾出現的短暫倒退並不能阻止人們對文明化和理性化的不懈追求。那麼，人類為什麼會放棄野蠻暴力、走向文明呢？平克從多方面給出回答，其中，四大歷史變遷對人類暴力下降的貢獻巨大。[25]

一、和平化過程（pacification process）：人類從原始狩獵遊牧的「無政府」部落過渡到定居農耕社會，並在大約五千年前開始建立城市和國家，由國家壟斷合法暴力、建立並維護社會秩序（包括保護私人財產和權益）的過程。[26]這一過程持續數千年，使暴力謀殺率下降近八三．三％，原因在於原始社會完全靠天吃飯，頻繁發生的災害與饑荒迫使部落間、個體間經常發生衝突，而定居農耕社會發明國家後，雖然在相當程度上還是靠天吃飯，但主動的種植與儲存提升食物供給的穩定性，而且由國家壟斷暴力所建立的秩序也減少個體間、群體間的衝突。

二、文明化過程（civilizing process）：由愛里亞斯在《文明的進程》中提出[27]，歐洲在中世紀後期通過組建國家和發展商業，開啟了群體行為及個體心理的煉化歷程，使人們更加鄙視野蠻粗暴，講究行為舉止的規矩。在愛里亞斯看來，文明行為的特點包括：遵守禮儀禮貌，舉止恰如其分，制止魯莽粗暴，以理性戰勝情感，甚至對如何穿衣戴帽、如何使用餐具、如何用餐不出聲等都有具體的社會規範。中世紀後期，兩方面的發展促使歐洲走上「文明化」軌道，之後世界其他地方也啟動了類似進程。一方面，逐步結束封建領地割據的狀態，建立更大規模的民族國家和統一政權，統一規範商貿與社會治理體制；另一方面，教會開始認可商業利潤，社會逐漸為有息放貸正名，這就解放了商業。尤其是在國家政權形成之後，貿易秩序在大範圍內得到統一規範，為進一步的商業革命奠定基礎。商業造化個人，因為商業交易強化個人間、個人與社會間的相互依賴，使個體為了各自和共同的利益，學會控制情緒、講究禮儀、表現誠懇、舉止規範、用詞得當。商業化的社會是一個錯綜複雜的交易網絡，你中有我、我中有你，這種相互依賴產生約束個體言行舉止的作用。因此，商業化促使人們有節制、可預期、講理性，商業化的過程也是文明化的過程，僅這個過程就使歐洲暴力命案下降九一%至九八%。

三、人道主義革命（humanitarian revolution）：這主要體現在十七、十八世紀歐洲的啟蒙運動和理性時代，知識分子呼籲結束奴隸制、終結決鬥和酷刑、阻止媒體與書籍渲染暴力。在十七世紀初，主要歐洲國家都有酷刑，十七世紀末先是英格蘭、蘇格蘭禁止酷刑，到十八世紀末大多數歐洲國家都已效仿，十九世紀中期時酷刑基本被禁止。死刑被廢止得晚些，在十七世紀中期，英國的北美殖民地每年每十萬人中大約有三人被處決，到一七〇〇年下降到每年一．五人，美國獨立後的一八〇〇年左右降到每年處決〇．二人，到了二十世紀被處決的人數就更少了。[28]再就是書籍出版，在十五世紀中期印刷機出現後，到十六世紀末，印刷成本已下降很多，批量印刷技術逐漸成熟[29]；從十七世紀初期開始，英國、法國等每年印書量猛增，讀書人口的成長必然使社會普遍的憐憫心上升。讀《悲慘世界》、《巴黎聖母院》或其他小說，會讓讀者雖未曾親身遭受殘暴苦難，也能設身處地感受主人公的痛苦，這種讀書經歷多了，對野蠻暴力的容忍度自然降低，文化消費就是這樣促進文明化的。相比之下，以前人類對血淋淋的殘暴是如此麻木，就連天主教教宗葛利果一世在西元六世紀後期列出《七宗罪懲罰》時，其用詞讓現代人讀了也會毛骨悚然：「色欲，犯者在硫黃和火焰中燻悶死；貪食，犯者被強迫給老鼠、蟾蜍和蛇吃掉；貪婪，犯者在油中煎熬死；懶惰，犯者被丟入蛇坑被蛇吃；暴怒，犯者被活體肢解；妒忌，犯者被投入冰水之中凍死；傲慢，犯者被車輪絞死！」在十三世紀法國經典浪漫小說《蘭斯洛特》（*Lancelot*）中，有學者做了統計[30]，書裡一共五次描述砍頭、八次描述人被戰馬活活踩死、八次描述人頭被破開、三次描述肩膀被撕開等多處血淋淋的場景。[31]中文武俠小說裡這類場景更多。但是，到十九、二十世紀，人們對殘暴的敏感度、對古羅馬式血腥娛樂的態度已全然不同。

在中國，以前對血淋淋的殘暴的容忍度也不低。還是以藏於北京故宮的北宋二十四孝磚雕為例，其中一個磚刻講孝子「郭巨埋兒救母」的故事。漢朝郭巨家裡貧寒，母親每次吃飯時必先分給孫子一些，郭巨就對妻子說：兒子分吃母親的食物不好，使母親吃不飽，這不行！他還說，兒子可以再生，但母親只有一個，讓母親餓肚子是不孝，所以決定把兒子埋了，妻也贊同。圖一．四給出的這幅二十四孝磚雕，給觀眾展示活埋幼兒的場景。這幅圖據說從魏晉南北朝時期就出現了，之後持續流傳，廣為傳頌了一千多年。另一個磚雕講的是「劉明達賣兒」，也是二十四孝故事之一。劉明達家裡貧困，無法同時供養母親與孩子，看到老母日漸消瘦後，他決定把孩子賣給正好路過的王將軍。圖一．五是這幅磚雕的照片，展示了劉明達之妻給騎馬去賣孩子的丈夫送行的場面。雖然這幅圖不如圖一．四的場面那麼殘暴，但為了孝道，活埋幼兒、買賣子女、割股割肉等暴力都無所謂，編制並大肆宣傳這些故事的人怎麼就感覺不到這是對孩子的殘暴，難道讓長者餓肚不能忍，而對小孩施暴就能忍？長此以往，這些故事會鼓勵活埋幼兒、催生暴力文化，尤其是讓施暴人、食人者毫無心理負擔。

二十世紀的「五四運動」是人道主義革命在中國的開始。最為經典的描寫是魯迅的《狂

圖一・四 郭巨埋兒救母（北宋二十四孝磚雕）

人日記》[32]：「記得我四、五歲時，坐在堂前乘涼，大哥說爺娘生病，做兒子的須割下一片肉來，煮熟了請他吃，才算好人，母親也沒有說不行。一片吃得，整個的自然也吃得……四千年來時時吃人的地方，今天才明白，我也在其中混了多年；大哥正管著家務，妹子恰恰死了，他未必不和在飯菜裡，暗暗給我們吃。我未必無意之中，不吃了我妹子的幾片肉，現在也輪到我自己……沒有吃過人的孩子，或者還有？救救孩子。」他以犀利諷刺的語言，喚醒人們對殘酷暴力的敏感，反思自己過往的麻木，給社會帶來文明啟蒙。一九一九年一月陳獨秀在《新青年》發表文章：「要擁護那德先生，便不得不反對孔教、禮法、貞節、舊倫理、舊政治；要擁護那賽先生，便不得不反對舊藝術、舊宗教……便不得不反對國粹和舊

圖一·五　劉明達賣兒（北宋二十四孝磚雕）

文學」。[33]雖然他的出發點不是啟發人道主義，但像魯迅一樣，通過挑戰舊文學、舊倫理、舊禮法，引發對麻木愚昧文化元素的反思和辯論。在效果上，五四時期的啟蒙運動類似於歐洲的人道主義革命，降低人們對野蠻暴力的容忍度。

四、長久和平（long peace）趨勢：二戰結束以來，在聯合國、世界銀行、國際貨幣基金組織，以及關貿總協定和後來的世界貿易組織這些跨國組織架構下，世界經歷了戰爭頻率與暴力死亡率雙降的持續和平時期。在一九〇〇年，任何一對國家共同參與的跨國組織數平均為四個，一九四五年為十個，而到二〇〇〇年為二十八個，這說明國際機構在二戰後增加了近三倍。[34]結果之一是國際貿易大增，二戰之前國際貿易額不到全球GDP的一〇%，至二〇〇〇年上升到全球GDP的三六〇%，國與國之間的相互依賴度達到新高。[35]如今，各國想的是如何多做生意，而不是如何擴軍打仗。在二戰之前的兩個多世紀裡，七〇%到八五%的國際戰爭以重新劃分領土結束，而二十世紀最後的四十年裡，國際戰爭一般不涉及領土糾紛[36]；一九五〇年，軍人占歐洲人口的一．五％，而到二〇〇〇年削減一半，只有〇．七五％，軍費開支也大減。[37]

在這四大歷史趨勢的影響下，野蠻暴力大降，文明化顯著上升。不過，平克教授的著作也帶出一些新問題，因為這些趨勢還只是對現象的描述。比如，「人道主義革命」、「長久和平」顯然是其他動因帶來的結果，但不是推動文明化的「原動力」，甚至連「和平化過程」和「文明化過程」都是其他更本源的動因所致。那麼，文明化更本源的推動力又是什麼呢？換個角度看，為什麼和平化過程、文明化過程、人道主義革命和長久和平沒有更早發生？在中國，五四運動呼籲結束舊禮制舊倫理、「打倒孔家店」，給社會引進德先生賽先生、民主自由等現代觀念，但光有這些觀念，沒有解決個體生存挑戰的相應手段，到最後人們還是會沒有選擇，還必須重回「孔家店」和舊倫理。所以，我們還是需要深挖，認清為什麼古人會選擇野蠻暴力並維護血腥吃人的文化，在此基礎上回答為什麼後來往文明化之路愈走愈遠，目的是找到驅動文明變遷的本源性邏輯。

另外，平克的描述基本以歐美經歷為主，沒有太多亞洲、非洲、南美的經歷。由於在過去數千年裡歐美之外的社會也經歷了去暴力的文明化發展，非歐美的資料樣本既可幫助我們檢驗假說的廣泛成立度，也可能帶來對文明邏輯的全新認知。

暴力起因：清朝、漢朝與羅馬帝國的故事

要想回答「為什麼古人選擇野蠻暴力」，我們必須先了解暴力的邏輯，也就是驅動人類行暴行兇、發動戰爭的獎勵邏輯。暴力有成本和收益，文明也有成本和收益，到底選擇野蠻還是文明，取決於誰的淨收益更大。諾貝爾經濟學獎得主蓋瑞．貝克認為[38]，人類暴力或違法犯罪

一般是理性選擇的結果：當暴力的收益大於暴力成本時，他會選擇暴力；反之，會選擇文明守法。犯罪的邏輯也如此。一九三八年，美國社會學家默頓（Robert Merton）說[39]，「違法者與守法公民的生活目標並無不同。他們只是選擇不同的手段實現這些目標：非法或合法」。現代人跟古代人相比，誰更好或誰更壞應該沒有本質上的區別，正如《三字經》講的「人之初，性本善」，只是在制度環境、倫理文化、社會關係、經濟手段發生變化後，現代人的生存選擇和古代人完全不同：現代人行暴違法的代價太大，做文明人更符合利益；而古代人在很多時候，如果選擇合法守規就無法活下去，甚至即使行暴也不一定能活下去。也就是說，是影響生存的事件，加上所處的經濟、社會與制度環境，決定了暴力野蠻的程度。而對於任何社會，在正常時期，暴力的收益與成本應該基本相當，只有在非常狀態下這種平衡才會被打破，出現暴力收益大於暴力成本的局面，這種「非常狀態」就是風險事件發生後的狀態，或偏離常態的局面。

三個歷史案例或許能展示這個邏輯。在晚清一八七六年，傳教士李提摩太前往山東賑災。[40]其住地青州府附近的災情令人觸目驚心：婦女抱著孩子，坐在街上祈求救助；有的母親在孩子身上插一根麥穗，代表可以出賣；還有的母親連站起來的力氣都沒有，只能請求李提摩太的房東幫她從樹上捋一把葉子充饑。除此以外，傳教士束手無策，只能看著饑民坐以待斃。

是年六月三十日，兩位不速之客來到李提摩太府上，一位來自壽光，一位來自益都。這兩位熟知儒家禮節的秀才，上門的目的卻一點也不符合儒家教誨。他們告訴傳教士：由於政府賑災不力，當地已是餓殍滿地，有一大群人已經做好準備，也找好根據地，想請傳教士作首領，帶大家發起暴動以求生路。

兩位客人的目的沒有達到。傳教士告訴他們：這樣做不能「建設性」地解決問題，只會帶來更多流血和苦難。李提摩太的拒絕沒有為自己招來厄運，同在青州附近的另一位民間領袖就沒有這麼幸運。居於鹿皋的丘氏，當年曾帶領附近幾十個村莊的居民起來反抗太平軍。現在，由於他拒絕帶領瀕臨餓死的村民們暴動，村民攻入他家。丘氏自己逃進了青州府，六個親戚卻死於非命。婦女占據了富裕人家，燒火取食，男子組成隊伍，逐村劫掠。後來，官府用最嚴酷的刑罰處決「暴民」，讓行暴成本高於收益，才勉強讓社會恢復秩序。

為了進一步分析暴力跟風險事件之間的聯繫，我們再對比兩個詳盡案例：漢朝中國與羅馬帝國。兩大疆域無比廣闊的帝國，為何會在相近的時間段跌入低谷呢？通過對比分析統治者和平民面臨的暴力威脅、衝突頻率、生活水準等指標，我們會發現，氣候波動等風險事件起了關鍵的作用。氣候波動使生存條件偏離常態，一方面導致戰爭和暴亂頻發，消耗兩大帝國的財力；另一方面，造成食物產出下滑，引發連綿不絕的暴力，在抬高社會各階層死亡率的同時，也降低了他們的生活水準。

諸多學者近年來熱衷於比較漢朝與羅馬，絕不僅僅因為二者都是大帝國。吉澤斯基（Christian Gizewski）發現：從西元前五〇〇年到西元後五〇〇年，歐洲和亞洲的歷史可大致同步地劃分成九個階段。[41] 在前三個階段中，羅馬和漢朝逐漸興起，在不犧牲中心地區力量的同時擴張自己的勢力。第四階段則是劇烈的衝突，前所未有地強化了國家力量，這時候的羅馬當得起「記住，你的技藝是征服世界」的稱頌[42]，此時的漢武帝帝國也無愧於「明犯強漢者，雖遠必誅」（《漢書．陳湯傳》）的萬丈豪情。第五階段的起始點在羅馬大致是西元元年前後，在西漢是西元前二世紀至西元前一世紀之間，此時兩大帝國依然強盛，但擴張之勢已經轉緩，地方精英崛起，為之後的混亂和分裂埋下了禍根。從第六階段開始，兩大帝國接連瓦解，並在之後很長一段時間內缺乏統一的中央政權，漢北面的五胡、西邊的蠻族，羅馬帝國以北的野蠻人，將局勢攪得更加撲朔迷離。在這千年亂局當中，有諸多歷史細節值得回味，包括我們前面

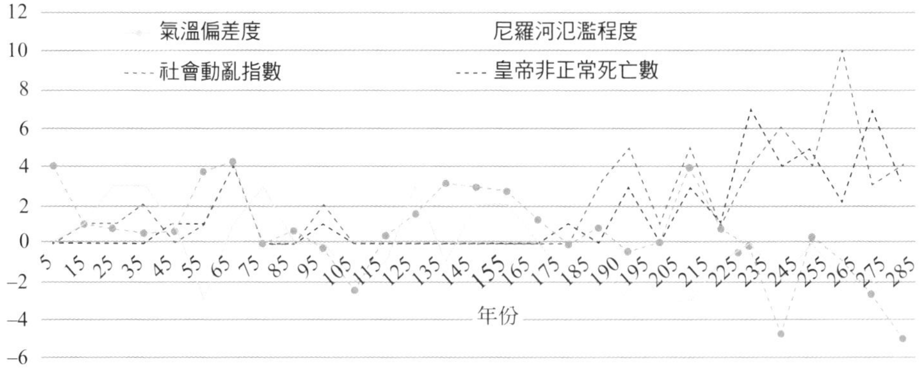

圖一．六　羅馬帝國的暴力程度與氣候異動[46]

注：「氣溫偏差度」是法國北部溫度在前後共十年裡偏離正常溫度的度數（乘以一〇〇），「尼羅河氾濫程度」是前後十年裡氾濫程度的均值（氾濫程度愈高，對埃及農業愈好）。

講到的羅馬皇帝與秦漢皇帝非正常死亡的規律。不過，這裡關心的核心問題是：直線距離達七千五百公里的兩個帝國[43]，發展脈絡與節奏如此相似，只是巧合嗎？

這不是偶然。氣候劇變（風險）在兩大帝國的興衰歷程中埋下了深深的烙印。我們先看古羅馬。歷史學家凱爾．哈珀（Kyle Harper）直接把西元前二〇〇年至西元一五〇年這段時間叫作「羅馬最佳氣候期」[44]，太陽輻射充足，火山活動微弱。羅馬帝國疆域內也是風調雨順，溫暖、多雨、氣候穩定。今天的羅馬地區更多是地中海氣候，降水集中在十月至次年三月，年內分布不均勻。如圖一．六所示，在「最佳氣候期」的羅馬，除三月和八月外，全年都有一定降雨量[45]，溫度也偏暖。

如圖一．六所示，大約在西元一五〇年後，羅馬疆域的氣候變得愈發不穩定，風險增加，氣溫和降雨量下降的趨勢明顯。典型的例子是帝國「糧倉」埃及。埃及農業在很大程度上是「靠水吃水」：尼羅河水氾濫愈頻繁、愈嚴重，為當地人帶來的肥沃淤泥就愈多，農作物因而愈豐收；反之，愈不利。因此，尼羅河是否氾濫、氾濫程度是否高，事關整個帝國的穩定。麥考密克（Michael McCormick）等歷史學者整理了從西元前三〇年至西元六二九年間尼羅河的氾濫記錄。[47] 在「最佳氣候期」結束前後的西元一五六年，莎草紙文書上第一次出現了類似「沒有氾濫的土地」的記述。西元二四四年、二四五年、二四六年這三年，河流更是接連沒有氾濫。政府被迫採取緊急措施，將私人倉儲的所有穀物登記造冊，並以兩倍於平時市場的價格徵購糧食。[48] 對照今日法國、德國、死海沿岸等地歷史氣候序列的分析，印證了這一變化。[49]

漢朝的氣候變化稍早一點。二〇〇六年，王順兵等學者借助石筍、孢粉、湖底沉積物和歷史文獻等諸多資料，得出結論，西元元年前後，中國各地氣候普遍變冷、變乾[50]，如圖一・七所示。溫度方面，北至吉林金川，西到青海湖一帶，乃至東南部的臺灣，兩千年前普遍呈現變冷趨勢；降水方面，來自吉林、內蒙古、新疆、江蘇、中原地區等多個樣本點的序列都支援降水減少、由濕變乾的結論。西漢末年劉歆做三統曆，「改驚蟄為二月節」，也是因為氣候變化，之前測算的時間已經不管用了。[51]

葛全勝等學者對西元元年前後的氣候變化有特別細緻的論述[52]，其中提到多種物候現象：西漢前中期，氣候頗為溫暖。馬王堆辛追夫人墓中出土的麻雀骨骼，個頭明顯比今天要小。根據伯格曼法則（注：同一種類恆溫動物的體形會隨著生活地區緯度或海拔的增高而變大），這反映出當時湖南的氣候較今天暖和。武帝時期，東方朔在給武帝的上書中提到關中地區的竹林十分繁茂，有「竹箭之饒」，說明當時竹的分布界線比今天要靠北許多。至兩漢之際，「陰陽失調」，氣候冷暖完全倒轉。類似「隕霜殺稼，天下大饑」一類的記載在正史中頻頻出現。葛全勝著作引用漢武帝之後的《東觀漢記》，總結了這段時間的氣候特徵：「自王莽末，天下旱霜連年，百穀不成。」圖一・八顯示，西漢末開始小冰河期，而東漢於西元二二〇年終結前，

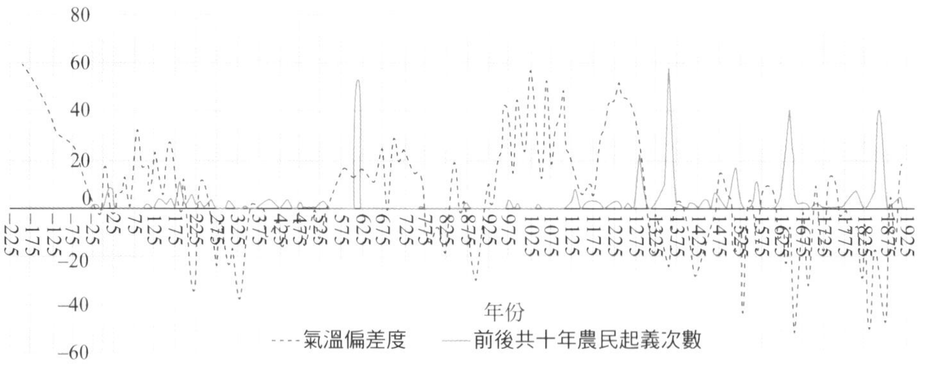

圖一・七　中國歷史上的農民起義與氣候異動

注：「氣溫偏差度」是前後五年內長江中下游氣溫偏離一八五〇年至一九五〇年間該地區均溫的度數，再乘以一〇〇。

有過幾十年《再探戰國到兩漢的氣候變遷》所講到的降溫與旱災期，且災期在東漢後持續百餘年，埋下了「三國分立」的氣候種子。[53]

氣候的劇烈變化通過多個管道引發了兩大帝國內部的爭鬥。頂層統治者的命運沉浮就是這一變化的剪影。二〇一七年時，經濟史學者考李留斯（Christian Cornelius）等彙集了兩組資料做系統研究[54]：一組是羅馬帝國所有皇帝的死因，另一組是利用七千多個地點的年輪、冰芯等資料重建的羅馬氣候。[55]基於兩組資料的計量分析發現，羅馬北部地方前一年的降水量每減一九%，在位的羅馬皇帝於下一年被殺死的機率上升一三．四%。從圖一．六中也能看到氣候風險催生宮廷暴力，決定是否有人會謀殺羅馬皇帝。

皇帝的命運為何受制於帝國的降水量變化呢？蠻族南下是重要原因。生活在北部地方的高盧人和日爾曼人，以穀物為主食，但缺乏相應的倉儲技術。如耶魯大學地理學教授亨廷頓（Ellsworth Huntington）所言，「那些不得不克制自己、滿足於較惡劣環境的部落，（在受乾旱衝擊時）無疑將開始劫掠、屠殺」[56]，因為此時的暴力收益成為活命的唯一希望。資料分析也驗證了這一點：羅馬以北，前一年的降水量每減少一九%，蠻族當年入侵羅馬的機率上升四%；而前一年蠻族入侵羅馬的次數每多一次，羅馬皇帝被殺的機率會提高三〇%。亞歷山大·塞維魯皇帝（Alexander Severus，西元二〇八－二三五年）愛護人民、品行良好，還向貧民發放無息貸款。在蠻族入侵時，他想花錢買和平。軍隊認為他太軟弱，在軍事會議時將他和母親一起殺死，並推選出新皇帝。[57]當我們把皇帝非正常死亡資料跟氣溫偏差度、尼羅河氾濫程度做回歸分析時，統計顯著性在九九%以上。旱災風險直接威脅皇帝和帝國的命運。

漢朝又如何呢？前文已經說過我與林展整理的中國歷代皇帝資料庫，其中有漢代各皇帝的資訊。[58]二〇一六年時，臺灣大學陳彥良教授發表了漢代各時段的災異資料。[59]我們將兩組資訊結合做統計分析，發現漢代各皇帝的統治時間跟在位時年均災害頻率有較強的負相關性：一年中的大雨雹或大地震每多發生一次，皇帝的統治時間平均縮短四·四年。將雨雹和地震分開統計，這一負相關仍然顯著。由此可見，在東方的漢帝國，帝位是否安穩同樣受制於自然風險事件。當然，這馬上讓我們想到，如果朝廷和個體有辦法應對災害風險的衝擊，歷史是否就會不一樣了？這是本書後面各章節要細談的話題。

蠻族入侵撼動羅馬帝國的統治根基，對照西漢，北方遊牧勢力的南進，是否也和氣候有密切聯繫？先看氣候變冷變乾之前的西漢。《後漢書·南匈奴列傳》如此描述當時的朔方地帶：「無復匹馬之蹤，六十餘年矣。」《漢書·匈奴傳》寫道：「數世不見煙火之警，人民熾盛，牛馬布野。」來自當地的湖泊沉積物和冰川沉積物也顯示暖濕是這片地區當時氣候的主旋律。沉積物表明濕潤天氣的孢粉較多，冰川亦處於高點。[60]可是，之後由於氣候的變化，農業文化開始衰退，畜牧文化逐漸盛行。[61]到東漢時，以羌族為代表的畜牧文化逐漸對漢帝國造成衝擊，對西北邊境的態勢，《後漢書·西羌傳》有如此描寫：「羌既轉盛，而二千石、令、長多內郡人，並無守戰意，皆爭上徙郡縣以避寇難。」

可見，隨著氣候變乾變冷，在邊疆地區，漢帝國面臨和羅馬帝國類似的難題。葛全勝總結了邊境「攻守之勢異也」的兩點因素：首先，氣候變化導致該地區農牧收成下降，邊境軍民給養無法依賴屯田維繫，只能靠國家調撥，導致財政吃緊[62]，牧業相較於農業有優勢，也導致慣於農業生活的內地軍民南遷；其次，遊牧民族的入侵會占據這些地域，增大移民規模。[63]頻繁的衝突和政治動盪也挑戰兩大帝國的財力：漢朝以西元前三〇年為分界，財政由充裕轉入虧缺；羅馬帝國在西元一五〇年後軍費開支大增[64]，政府鑄造的貨幣純度日漸稀薄，貨幣加速貶值。[65]相應地，羅馬帝國北部的降水量每下降一九％，當年修築的公共建築數量就減少二五．六％。[66]如何在不利的氣候條件下應付戰爭開支，這是兩國統治者共同面臨的挑戰。

統治者因氣候風險焦頭爛額，老百姓就更難逃出自然的捉弄。不過，如何度量古代社會中普羅大眾的生活水準呢？身高是最合適的指標。古代社會裡剩餘財富不多，收入主要用於消費，而消費又決定身高，尤其青少年時期的生活狀況好壞，包括營養是否充足、有無大病等，都會影響成年後的身高。[67]詹內基尼（M. Giannecchini）等將羅馬帝國範圍內不同年代的數十個遺址的骨骼資料收集在一起，重建了時人身高的時間序列。有意思的是，從西元前九世紀至西元前一世紀，男性平均身高為一六六．六公分；西元前一世紀至西元五世紀，羅馬帝國時期的男性平均身高下降到一六四．四公分；而西元五世紀後的五百年裡，也就是「最佳氣候期」期間，男性平均身高回升到一六六．九公分；女性平均身高則先是一五四．三公分，羅馬帝國時期降到一五二．一公分，中世紀恢復至一五四．五公分。[68]

將這些研究結合起來不難發現，羅馬帝國各地居民身高水準的起伏，與前面提到的氣候風險密切相關。對應冷、乾、不穩定氣候的，是更差的營養狀況和生活水準，以及更矮的羅馬人。這一點也可從其他經濟變數中得到印證。近年有不少經濟史學家認為，羅馬帝國前期的經濟繁盛是在近代之前絕無僅有的。按馬爾薩斯的經典理論[69]，在古代社會，總體經濟發展只會導致人口數量的增加，而非人均生活水準（勞動生產力）的提升。經濟史學家認為，工業革命之前，世界各地沒有不受困於馬爾薩斯陷阱的人群。[70]如果這一論點成立，近代之前，沒有哪個社會能同時在人口數量和人均生活水準方面實現成長。

相對這一「鐵律」，早期的羅馬帝國是個「異類」。真實工資的變化能體現這一點：根據鮑曼（Alan Bowman）與威爾森（Andrew Wilson）等學者的統計，在西元元年至一五〇年間，占人口絕大多數的非熟練工人中，平均名目工資翻了一番，而同期穀物價格漲了二〇%，租金則幾乎沒有變化，地價漲幅相對較大，但也低於四〇%。[71]換言之，即使是處於較低階層的駕驢者、挖掘工等非熟練工人，真實工資也漲了五〇%以上。所以勞動生產力的確有所上升。

在這一時段，羅馬帝國人口也增加很多。剛才說到，在一個處於馬爾薩斯陷阱的社會，二者不可能同時達到持續成長，但「最佳氣候期」的羅馬卻實現了突破。據史丹佛大學古典學與歷史學教授席代爾（Walter Scheidel）的總結，西元元年至二〇〇年間，羅馬帝國疆域內人口每年約成長〇．一%，總人口從四千萬漲到六千萬。[72]之後，成長率跌回〇．〇六%，甚至更低。經濟史學家保羅．爾德坎普（Paul Erdkamp）在二〇一六年發表的研究中[73]，直稱前期羅馬帝國是「對馬爾薩斯的早早告別」：無論從身高，還是基於西元一至二世紀數量急劇上升的葡萄榨汁裝置（用來釀制葡萄酒），抑或是邊緣地區隨處可見的精美瓷磚，無不暗示這曾經是個異常富饒的社會。

可是，之後的長期氣候波動帶來經濟衰退，導致社會動盪和衝突頻率跟著上升。彼得．圖爾欽（Peter Turchin）與合作者整理了羅馬帝國內部歷次動亂的細節，並構建了社會動亂指標，亦即前後每十年中有多少年在帝國內部出現了動亂。[74]如圖一．六所示，西元一五〇年之前，這個指標大多數時候在兩年以下，意指那時期帝國內部基本和諧，處於太平盛世；而西元一五〇年後，這一指標停留在四年之上，最高時達到十年，也就是說，「最佳氣候期」之後，羅馬帝國每十年中至少有四年處於動盪，最糟糕時期是年年動亂。

時代的紛亂會影響生活的方方面面。歷史學者們也用其他量化指標做判斷，比如出土的貨幣儲蓄數量，以此反映當時社會的穩定程度[75]；在非常時期，個體可能將金銀埋入地下以實現避險，即使自己暫時沒有機會去挖掘，也會告知親友今後將這筆財富取出。無主貨幣大量存在，意味著許多人還沒來得及交代後事就已經死於非命！根據統計，羅馬境內發現的無主貨幣儲蓄中，來自西元一五〇年前的數量很少，數量從西元一五〇年起驟然增加，並在西元二五〇到三〇〇年間攀上最高點。[76]氣候風險事件帶來生存挑戰，在帝國內外引發動亂與衝突，統治階層與普羅大眾均受影響。作為古代西方文明至高點之一的古羅馬，其風險應對力儘管優於同期其他社會，但總體還很有限，這也是為什麼宮廷謀殺、戰爭衝突和血腥暴力文化仍然流行。第十章會談到古羅馬金融避險工具的話題。

讓我們再回到漢帝國。由於國內這方面的研究尚缺，還無法在微觀層面對漢代人的生活水準變化給出肯定結論。比方說，當時的身高資料還十分零散；收入和物價資料多限於對「典型」漢代農業家庭的分析，抑或是跨朝代的粗糙比較。[77]在人口規模方面，現有著作在推算漢代各時點人口時，常會借助災異記載做調整。[78]以這些資料論證風險事件與人口規模間的關係，所得結論未必可靠。不過，研究漢代人口變化的主要著作，均承認自然災害是導致當時人口減少的主因之一。[79]

儘管如此，風險衝擊人們的生活進而催生暴力，仍可透過間接記載得以管窺。漢代鮑宣曾概括過「民亡」和「民死」的七種情形。「民亡」中的第一條是「陰陽不合，水旱為災」，「民死」中的第六條和第七條分別是「歲惡饑餓」與「時氣疾疫」（《漢書．鮑宣傳》）。前面借助圖一．七談到，西漢後期，氣候開始轉冷，極端氣候事件頻發。史書有頗多生靈塗炭的記錄，僅王莽執政年間，就有「隕霜殺菽，關東大饑」、「枯旱霜蝗，饑饉薦臻」等多處記錄（《漢書．王莽傳下》、《漢書．食貨志上》）。東漢中後期，各類災異更為兇猛。這一階段的自然災害以多種災害併發為典型特徵，水旱、地震、人疫、牛疫等災害均頻發[80]，迫使眾人走向暴力搶劫，諸如「殺人民」（《續漢書．天文志中》）、「百姓饑窮，流宂道路」（《後漢書．孝桓帝紀》）等記載不絕於紙。安帝在位期間無奈下罪己詔，寫道：「災異蜂起，寇賊縱橫，夷狄猾夏，戎事不息，百姓匱乏，疲於徵發」（《後漢書．孝安帝紀》）。無論是「寇賊」還是「戎事」，都因災害風險而起。

當自然條件惡化至草根難以餬口時，搶劫、偷竊可能成為唯一活路，暴力在所難免。《中國救荒史》作者鄧雲特對此總結道，「我國歷史上累次發生的農民起義，無論其範圍的大小，或時間的久暫，實無一不以荒年為背景，這實已成為歷史的公例」。[81]漢代官員已熟知這一因果，如西漢政治家魏相所言：「夫風雨不時，則傷農桑；農桑傷，則民飢寒；飢寒在身，則亡廉恥，寇賊姦宄所繇生也」（《漢書．魏相傳》）。王莽年間，災荒初起時，政府尚有能力通過免除租稅、救助疾病、安葬死者等方式，積極參與救災；然而，在接連不斷的嚴重災害面前，即使政府能幹，面對如此糟糕的局面也是束手無策。[82]到最後，王莽只能下派官員，教百姓「煮草木為酪」，「諸能採取山澤之物而順月令者，其恣聽之，勿令出稅」（《漢書．王莽傳下》）。即便如此，政府也沒能阻止赤眉軍首領「以饑饉相聚，起於琅琊」（《漢書．王莽傳下》）；同期，「南陽荒饑，諸家賓客多為小盜……劉秀……於是乃市兵弩。十月，與李通從弟軼等起於宛」

（《後漢書．光武帝紀》）。從圖一．七看到，當我們把兩漢期間每十年農民起義次數對氣溫變異做回歸分析時，顯著程度超過九九%：氣溫愈低，起義次數顯著愈多。

最後，我們借助兩位歷史學家的評論來總結東方漢帝國和西方羅馬帝國這兩個案例。對漢帝國，「兩漢時期災害的波動與王朝的興衰走著完全相同的軌跡。若以曲線來表示，兩條曲線基本是重合的」；對羅馬帝國，「氣候從多個方面，造就和瓦解（羅馬）這一歷史上最耀眼的文明。羅馬幾乎是（環境變化）的一面鏡子，一把量尺」。[83] 如果說古代世界最強盛的兩大帝國都無法逃脫自然風險的捉弄，其他社會在更長時段內更加無法擺脫災害風險的折磨，眼睜睜看著風險事件招致暴力衝突甚至戰爭，就一點也不奇怪了。一旦暴力是經常性的求生手段，社會文化就會自然做出回應，變得更加崇尚殘酷暴力；文化就是對生存需要的一種反應，包括羅馬人的「血腥娛樂文化」、魯迅痛批的「吃人文化」，都是順應社會存在的一種反應。只有在人類創新能有效處理風險之後，文明才會取代暴力，成為新的社會文化偏好。

風險催生的暴力

前面我們通過比較漢朝與羅馬帝國的興衰、介紹清朝案例，已初步揭示古代社會中風險催生暴力的一些方式。只不過那些是個案，不一定代表普遍規律。接下來我們將擴大到其他朝代或國家，結合近年基於大樣本的量化歷史研究，進一步闡明人類暴力跟風險的一般性聯繫。我們會看到，無論是遊牧民族入侵的對外戰爭，還是包括暴動、民變在內的內亂，很多時候是風險事件發生後逼人走投無路所致，這一規律並不因人種、地域或歷史時期而異。

兩千多年前，《左傳》論斷，「禹、湯罪已，其興也勃焉；桀、紂罪人，其亡也忽焉」（《左傳．莊公十一年》），意思是禹和湯引咎自責，使王朝勃然興盛，桀和紂怪罪他人，造成自己的王朝過快滅亡。傳統歷史觀多將王朝興衰歸結於統治者個人的賢明與昏瞶。黃炎培等總結出的「歷史週期律」為：大凡初始聚精會神；等環境好轉，有的因為歷時長久，自然惰性發作，形成無法扭轉的風氣，有的因功業驅使，強求發展，導致失控；最後，都是落個「人亡政息」、「求榮取辱」的結局。[84] 持有類似觀點的不止中國傳統史學家。圖爾欽在細考西歐諸國的歷史後，最終得出的結論是：無論是羅馬，還是英、法、俄，各政權都走過了擴張、停滯、危機、蕭條的歷程。[85] 可是，這些都是事後的描述性總結，並沒有揭示興衰背後的本源性驅動因素，尤其是沒有給出風險事件所發揮的作用。在缺乏避險手段的傳統社會尤其是原始社會裡，包括氣候風險在內的環境因素深深地塑造了人類的暴力史，也因此影響了王朝興衰，造就了各個社會的文化。也就是說，前文分析的漢代和羅馬帝國的興衰邏輯具有相當的普遍性。

緒論中已談到，龔啟聖和白營收集了從西元前二二〇年至西元一八三九年間中原省分的歷史資料，研究什麼情況下北方遊牧民族會攻打中原[86]，以此探究戰爭暴力的起因。[87] 遊牧民族入侵集中在長城沿線，他們側重兩個地域：一是人口密集的灌溉農業區，即中原，包括今天的河南、陝西、河北、山東；二是人口稀少的季節性遊牧區，包括今天的新疆、青海、甘肅、內蒙古、遼寧、吉林、黑龍江及部分俄羅斯地區。由於資料限制，遊牧地區的歷史氣候資料難以獲得，但鑒於農耕區與遊牧區之間今天的氣候指標相關係數在〇．九左右，兩位學者用中原農耕區歷史上的旱澇情況作為遊牧區降水量的代理變數。

具體講，他們整理了近兩千年間、每十年裡發生旱災和黃河決堤的年分數：前者反映降水稀少，後者反映降水充沛。他們的分析發現：每十年內乾旱年分占比較多的時期，往往也是遊牧民族頻頻入侵中原的時段。進一步的統計分析確證：遊牧民族進攻中原漢族的頻率，隨降雨稀少而上升，隨降雨充沛而下降。平均而言，十年中每增加一旱災年分，北方遊牧民族在該十年中攻打中原的機率會增加二六%，在更長時間內進攻中原的機率增加五七．六%；相比之下，十年中每多一水災年分，遊牧民族在該十年中攻打中原的機率會少三六．四%，在更長時段進攻中原的機率降低八〇．六%。怎麼解釋此一現象呢？持續乾旱會破壞草原，萬物不長，甚至完全阻斷來年牧草萌芽，斷絕牲畜口糧，因而破壞整個食物鏈，造成饑荒，旱災對遊牧民族的影響大於中原漢族，迫使遊牧民族南下牧馬，以獲得生存所需。也就是說，災害使戰爭的收益遠高於成本。而如果降雨量偏多，尤其是澇災，反而有利牧草生長，草原食物充沛，遊牧民族生存更有保障，戰爭的邊際收益會遠低於成本，戰爭紅利消失。這表明，在兩千多年的中國歷史上，北方遊牧民族攻打中原的規律，基本與羅馬帝國受到北邊蠻族威脅的規律一樣：旱災發生時，遭到攻打的機率大增。[88] 這些結論也支持司馬遷的「兵旱相乘，天下大屈」，以及一九一九年亨廷頓的假說：中亞和東亞北部地方氣候變乾，是北方遊牧民族在西晉末年、北宋後期和明末三個時期大舉南下的原因。[89] 氣候風險影響甚至決定了遊牧民族跟中原漢族的衝突史。

當然，在亞洲、歐洲歷史上，多次因氣候災害引發遊牧文明與農耕文明的戰爭，但每次衝突未必造成農耕文明改朝換代。那麼，還有什麼因素影響衝突的結果呢？經濟學家陳強用量化方法回答了這一問題。[90] 具體來說，根據前述王朝週期律，中原王朝會經歷由成長到成熟、最後到衰敗的歷程，因此中原與遊牧民族的力量對比，會隨著時間推移而下降。「年輕」的中原王朝，革故鼎新、蒸蒸日上，在應對外部衝突中會處於優勢；「年邁」的王朝，老朽虛弱，難以抵禦入侵的遊牧民族。因此得出假說：中原王朝相對遊牧王朝愈「老」，力量就愈衰弱，愈容易被征服。這就是鄧雲特強調的內部因素，「內力不充，外力就得以侵入」。[91] 陳強收集了自西元前二二一年至西元一九一一年的資料，發現中原王朝在前後共四十七次與遊牧王朝的爭鬥中，曾七次被征服，占比約一五%。在控制降水、中國是否統一、是否處在長城保護下等諸多變因之後，他的分析支持前述假說：中原王朝相對遊牧政權愈「老」，被征服的機率會愈大。這說明王朝的「歷史週期律」有相應的證據做支撐，但是自然風險是朝代衰亡的重要催化劑。

近代之前，人類社會缺乏金融市場，也沒有政府福利等手段幫助應對氣候、瘟疫等自然風險，因此災害發生後，除了引發遊牧民族攻打農耕王朝，也會激發社會內部衝突，造成動亂。按古代農政的總結，就是「國富民殷，善良自眾；民窮財盡，奸宄易生」（《農政全書．卷四十三》）。尤其連年災荒青黃不接時，無法餬口的農民會變為流民（與貝克的犯罪經濟學推論一致）；若朝廷荒政不力，流民就會演變為席捲各地的農民起義，甚至推翻王朝統治。

明末的李自成起義即是極典型的例子。[92] 李自成出身陝西米脂縣貧寒農家，做過僧人、放過羊。二十一歲時，他在本縣驛站當馬夫。可是，由於當時中國正處於「小冰河期」，旱災頻發並持續衝擊官方財政，崇禎皇帝迫於財政壓力於一六二八年下令裁撤驛站，李自成因此失業。李自成後來因還不起債而坐牢，然後在親戚幫助下逃出牢獄，跑去殺死債主並投軍。第二年，陝西旱災嚴重，米價飛漲。米脂當地的饑民「從賊者十之七，邑幾空」。[93] 李自成在此時發動兵變，招兵買馬自然是一呼百應。如康熙年間《米脂縣誌》所載：「明末李自成，銀川驛之一馬夫耳。因裁驛站、饑荒，無所得食。奮臂一呼，卒至土崩，不可救！」[94] 之後，儘管屢遭官軍打擊，通過在山西、河北、河南等省交界處不斷轉移，起義軍保存了有生力量。恰好，河南地區連續四年大旱。當地的情況慘到什麼程度呢？「黃埃赤地，鄉鄉幾斷人煙；白骨青磷，夜夜常聞鬼哭。觸耳有風鶴之聲，滿目皆荒慘之色。」[95] 於是，「欲使窮民之不化而為盜不可為也，欲使奸民之不望賊而附不可得也」。[96] 李自成轄部的力量因此迅速擴張。在之後的近二十年裡，李自成起義軍兩次幾近毀滅，但每次都是更大的旱災幫了忙，讓他東山再起，先後打下西安、甘州，渡黃河直入寧武，最終攻克北京、覆滅明朝。從農民軍起事到成事的整個過程中，連接不斷的自然災害起了不可或缺的作用。

與饑荒相連的生存壓力，是把自然災害轉變為農民暴動的關鍵。加州大學聖地牙哥分校的經濟學者賈瑞雪分析了中國兩百六十七個府在一四七〇至一九〇〇年間氣候和農民暴動的關係[97]，結果顯示自十五世紀以來，每府平均每年有〇．二二%的機率發生農民起義；而在旱災年分，起義機率會翻幾乎兩倍，至〇．五八%；旱災年糧價平均是澇災年的三倍，由此，旱災年農民起義的機率也是澇災年的三倍。她的研究驗證了自然災害是社會動亂的重要起因。

從前面講到的食人事件，我們也可得出暴力跟風險關聯的結論。根據我與林展、張曉鳴收集的明清食人事件數和同期各府旱災次數，[98]得出了兩指標的跨府空間分布（各府在一四七〇至一九一一年間兩指標的總數，還缺少一四七〇年之前的府級旱澇資料）：災荒食人的南北差異明顯，北方的河南、山東、河北、山西、陝西，這五省占全國食人事件總數的六一%，而之所以中原省分在這類暴力中的占比如此高，還是因為其旱災頻率極高，人口密度也不低。以府為基本單位，一四七〇年後，各府食人事件數與旱災次數的相關係數為〇．四九，高度關聯，尤其是河南在旱災和食人事件上都居於高位。

換成時間序列看，圖一．八列出了一四七〇至一九一一年間全國每年的食人事件與旱災次數（都以五年移動平均），兩個指標的互動程度很高，從十五世紀後期到十七世紀中葉旱災頻發年分幾乎都伴隨食人事件；但是在清朝時期，雖然旱災也不少，但食人事件明顯減少（十九世紀七〇年代的丁戊奇荒除外），這說明清代的避險和賑災能力好於明代，這些在後續章節會再討論。從圖中看到，食人事件活躍期基本都有較多旱災，這印證了前面關於天災人禍逼出食人行為的論述。

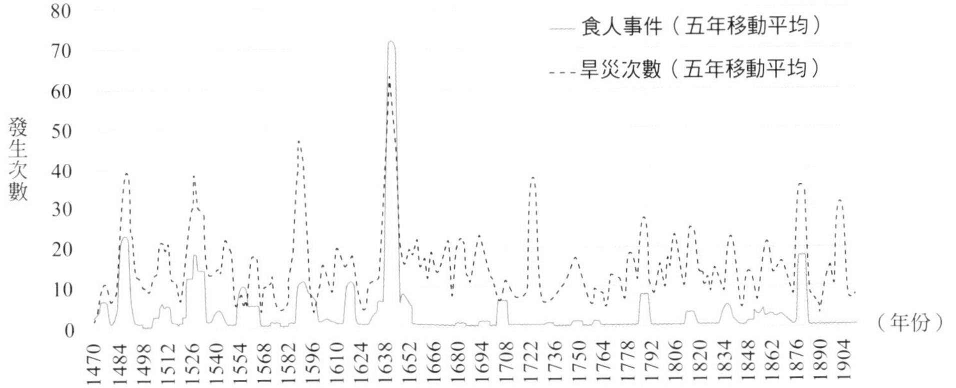

圖一・八　明初至清末每年食人事件與旱災次數[99]

注：圖中資料以地方誌記錄為主，也包括《明實錄》和《清實錄》中提到的食人事件。

氣候等風險事件催生暴力，這也是世界其他國家的歷史鐵律。[100]曾任職於世界衛生組織（WHO）的流行病學家麥克邁克爾（Anthony McMichael）對此做出精確概括：對持續十年以內的短氣候週期，如聖嬰現象、北大西洋震盪（North Atlantic Oscillation）等，社會通常表現出一定的韌性；伴隨著持續數十年的中期不利氣候週期的，是疾病暴發、貧窮與社會動亂，這些甚至經常導致政權傾覆；而持續百年以上的長期不利氣候，經過乾旱、饑荒和社會不穩定等途徑，通常直接導致文明崩敗。[101]除了來自「舊世界」（歐亞非三大洲）的諸多證據，在美洲大陸，文明起落也和氣候波動關聯密切。[102]西元七至九世紀，馬雅文明所在的猶加敦半島遭遇了持續乾旱[103]；大致在西元七五〇年前後，當地的大型建築工程減少或完全停止，那時期的浮雕中與戰爭有關的內容占比上升。[104]人類學者對馬雅遺跡中骸骨的研究亦顯示，遺骸主人的死亡年齡呈年輕化趨勢；比起時間更早的墓葬，這些墓主的營養水準顯然更差；在同一時期，半島人口密度由每平方公里兩百人下降至一百人，可見氣候風險的影響強度。[105]值得注意的是，單純的「環境決定論」無法解釋一切，我們可以看到，猶加敦半島北部的降水量波動幅度（風險度）比南部更大，波動持續時間也更長；然而跟受衝擊較小的南部比，北部地方不僅有更多聚落在危機中倖存，有的甚至持續發展。考古學家的研究顯示：之所以出現這一「悖論」，可能是因為在壓力面前，北部地區在發展專業化生產和市場貿易方面更為成功，也就是說，北方因為發展出更好的避險手段，使其應對風險的「韌性」更高[106]，基於馬雅文明的這些發現已經預示了本書的核心結論。

最近幾年學術界對自然風險後果的研究很多，範圍覆蓋全球各地。[107]二〇一五年，加州大學柏克萊分校和史丹佛大學的三位學者系統分析了自然風險和各類暴力間的關係[108]，他們的創舉在於將其他學者發表的五十五份研究中來自世界各國的資料綜合一起，進行統合分析，並發現氣溫每提升一個標準差，戰爭、暴動等群體間暴力事件會上升一一．三%；如果降雨量減少一個標準差，群體間暴力會增加三．五%。[109]這一普遍規律不僅適用於群體間暴力，而且同樣適用於群體內暴力（即個體暴力），如傷害、搶劫、犯罪、殺嬰等；氣溫每高出一個標準差，群體內的暴力會上升二．四%。也就是說，普通人在生活中面臨的暴力也會受氣候風險的影響。一份基於美國城市資料的研究發現[110]，在二〇一〇至二〇一七年間的洛杉磯，氣溫高於攝氏二十九．八度的日子與其他日子相比，犯罪總數要高二．二%，暴力犯罪數高出五．七%。異常高氣溫對低收入社區的犯罪率的影響尤其明顯，因為這些社區的家庭一般沒有空調，高溫使家暴猛增。這種情況在非洲也很普遍。[111]

在二〇一七年的一篇論文中，穆拉特．伊貫（Murat Iyigun）等三位經濟學者合作[112]，搜集了一四〇〇至一九〇〇年間歐洲、北非和近東部分區域的所有大規模衝突資料，共計九百一十二次戰爭、兩千七百八十七次戰役。他們的計量分析顯示：這五百年間，當下五十年的平均溫度比過去五十年每降低攝氏〇．二三度，當地發生大規模衝突的機率就會上升一．一%，而且在統計上非常顯著。由於糧食產出對氣溫和降水的變化非常敏感，人體對氣溫的敏感度也很高，氣溫太高或太低既影響產出、挑戰生存，又影響人的情緒，刺激他們行暴。

因此，不管從歷史來看，還是觀察當代，不管是東方或西方世界，風險事件是暴力的主要驅動力，這一結論非常穩健。此處則印證了「環境決定論」的論點，該理論認為，氣候等地理環境決定一地的居民是否好鬥、不同聚落間是否發生戰爭或衝突，進而決定當地的文化，「一方水土，養一方人」。這一脈思想可追溯到兩千年前，西方醫學之父希波克拉底的文集中，有一篇西元前五世紀佚名醫生的文章《論空氣、水和環境》，第三部分系統闡述性格特質與氣候間的關係：其中描述在氣候多變的歐洲，人們性格粗獷、魯莽、勇敢、暴躁而好鬥；亞洲地區，氣候平穩、空氣潮濕，人們不願多消耗體力，因此變得懦弱而懶散。[113] 差不多同一時期，《管子．水地》中有相近論述：「地者，萬物之本原，諸生之根菀也，美惡、賢不肖、愚俊之所生也……夫齊之水道躁而復，故其民貪粗而好勇……燕之水萃下而弱，沈滯而雜，故其民愚戇而好貞，輕疾而易死。」以今天的視角看，這些論斷很難稱得上科學，不過，這些先知給後來者一些探索的靈感。既然古代甚至到近代，自然風險對人類行為及其文化的決定作用如此大，那麼一旦人類創新不斷強化風險應對力，削弱風險事件對生存的挑戰，久而久之，暴力的收益就會逐漸降低到暴力成本以下，文明就會成為首選。這就是我們接下來要闡明的道理。

結語

這一章談到兩方面的研究證據。一方面是人類的暴力傾向與暴力文化在過去數千年，尤其是近代經歷持續的大幅下降，一般暴力、戰爭，甚至語言暴力等都經歷顯著變化，從原來對血腥殘酷表現得麻木轉為敏感，人類的確在放棄野蠻、走向文明，突顯出人性的善良面。另一方面是關於暴力起因的研究。雖然起因很多，而且具體個案有自己獨特的緣由，但不管人種和地理位置，有一點是共同的，即風險事件是迫使人類訴諸暴力的主因。漢朝、羅馬帝國、馬雅、明朝、清朝等案例，以及許多基於大樣本的量化分析都清楚表明，在氣候災害等風險面前，傳統社會十分脆弱。在這種時候，無論是高高在上的統治者，還是勞動維生的普羅大眾，都可能面對生存挑戰，要麼自己用暴力才有活路，要麼被迫捲入暴力當中。在歐洲歷史上北方蠻族攻打古羅馬，以及中國歷史上遊牧民族攻打中原，背後的邏輯大致如此。古代農民起義與其他社會動亂，也常常跟風險掛勾在一起。在正常時期，暴力的收益與成本大致相當，或收益較低，所以暴力、犯罪和戰爭會比較少，但在風險衝擊之下，暴力得到的收益就會大於成本。

既然人類暴力經歷了長久持續的顯著下降，而又知道自然風險是暴力背後的罪魁禍首，兩者加在一起說明，在過去的文明化歷程中，要麼是自然風險發生率大跌了，要麼是人類過去幾千年「做對了」很多創新，讓「人勝天」了。從前面的圖一・六與圖一・七可以看到，至少在過去兩千多年，中國、歐洲、中東的氣候並沒有變得對人類更「友好」，自然環境更多是在惡化。因此人類持續的創新才是根本的原因，是這些創新降低暴力的收益，或抬高暴力的成本，結果使暴力行為變得「不划算」，或者「不必要」。按照前面所定義的，文明是特定社會過去一系列被證明「有用」的創新的集合體，包括科技、文化、制度、國家、婚姻、家庭、社會組織、商業市場、金融市場在內的各種創新，都增加了人類應對風險的能力，於是自然風險和其他風險雖然照樣發生，但對人類生存的威脅已經大大減少，人們不再需要把暴力當作救命稻草，人就是這樣「勝天」的。另外，通過發明國家，由國家壟斷合法暴力並以此建立規則和秩序，使民間一般暴力的成本大大增加（因為暴力犯罪會被執法機構制裁），改變了暴力的收益與成本間的平衡。也就是說，暴力長期下降的過程實際上是人類長久主動創新的結果，這些創新把人的生存跟災害的發生隔離開來，於是災害雖繼續發生，但人類照樣可以朝文明化邁進。

其實，不管是旱災、水災、地震、瘟疫等，還是其他意外風險事件（比如失業）[114]，給個人或國家帶來的衝擊往往是短暫的。只要能活過衝擊期，個體和社會在未來就有機會彌補挽回，就跟《管子·治國》中所講的「凡農者，月不足而歲有餘」挑戰一樣。所以，只要能活過衝擊期，暴力、違法、戰爭就都可避免，文明成為贏家。但問題是，怎樣度過、活過衝擊期呢？這就涉及跨期配置收入與消費的問題：未來有收成但當下沒有，如果有辦法轉移一些未來收成到今天消費，等今後再給予回報，那不是於己於社會都有利，並消化風險帶來的生存挑戰嗎？當然，另一種辦法就是提前避險。兩種辦法都涉及人際跨期價值交換的安排問題。

而跨期價值交換恰恰是現代金融市場所解決的問題，金融工具就是幫助個人、家庭、機構和國家，跟另一方在不同時間、不同空間或事件之間配置收入，緩和風險衝擊。[115]可是，金融市場到近代才發展起來，只有近代人才逐步享受金融工具帶來的文明化好處。在沒有正式金融的原始社會與傳統社會裡，人類照樣需要，甚至更加需要跨期配置收入以規避風險，那他們是怎麼解決這種需要的呢？在接下來的章節中，我們從人類如何應對風險的角度，分別解讀技術進步、迷信、家族（包括婚姻和家庭）、宗教、國家，以及市場（商品市場與金融市場）的起源和創新，探討這六類創新是如何強化人類風險應對能力、降低暴力、推進文明發展的。據此，也可以把不同創新（包括文化創新）看成對市場缺失、金融缺失的一種反應，通過文化和社會組織方式解決本該由市場解決的避險問題。這六類應對風險手段的創新貫穿人類歷史，此消彼長，又塑造了我們身處其中的社會與文明的具體形態。我們會看到，生產力和風險應對力是判斷人類進步的兩個最重要維度，前者是解決正常情況下的生活，而後者決定非常條件下的生存。

第二章

人類歷史上的最大錯誤？

風險催生的定居農耕

衡量一個人的一生是否幸福，並不是以這個人曾經有過的歡樂和幸福為尺度，只能視這個人一生缺少悲哀與痛苦的程度。

——叔本華《論生存的痛苦和虛無》

史學家史念海曾提過一個考古發現，新石器時代人偏好臨水而居，但不是緊挨河邊，而是在離河幾百公尺遠的台地上。「以台地作為居住地區正是仰韶文化遺址的一個特色……龍山文化遺址……一般也多是位於河谷之上或山腳的附近。」[1]為什麼呢？如果是為了飲水和用水，亦即為了生產力，古代人應該選擇緊挨河邊、湖邊，走幾步路就能得到水，而不是住在幾百米外的台地，浪費許多時間與體力。之所以那樣選擇，還是基於風險考量，離河岸稍高稍遠的地方，既方便飲水和農耕，又能防洪避災（風險），做到收益和規避風險兩不誤。史念海從不同考古證據中也發現，隨著人類治水能力的提升，洪水風險威脅下降，晚期農民居住的台地也離河邊愈來愈近。這個現象雖然微小，卻展示了「唯生產力論」的偏差不足、風險視角的不可或缺，否則就難以理解人類的許多創新和行為選擇。

古人面對的風險挑戰是實實在在的。「凡農者，月不足而歲有餘者也」就是風險的經典表現，農業時期農人可能年末有餘，但一年中，有些月分青黃不接。如果活不過這些短缺時期，生產力高、一年有餘，那又有什麼用呢？農業社會如此，完全「看天吃飯」的原始社會就更是如此了。哲學家叔本華告訴我們，人所追求的不總是歡樂的最高值（即生產力的最大化），更是悲哀和痛苦的最小化。由於悲哀和痛苦取決於「出乎預料」的負面遭遇，所以降低未來風險、提升應對不測風雲的能力，甚至比提高生產力更重要。[2]

在探討文化與社會組織創新之前，這一章重點回應戴蒙的挑戰：「農業的發明是自從有人類以來所犯的最大錯誤」。[3]我們將具體從風險應對力視角探討一些技術創新的價值，尤其是那些不一定改進生產力，但能強化人類福利、促進文明化的技術創新。這些小到烹飪技術，中到農作物的多樣化，大到農業的發明和發展，都與風險挑戰有著千絲萬縷的關係，正是這些改革在實質上減少人類的生存風險，淡化暴力傾向。

早期智人的技術探索

距今二十五萬到四十萬年以前，早期智人在非洲出現。在那之後，一直到一萬多年前定居農耕發明為止，我們的祖先從來沒有真正「安定」下來，而是靠狩獵得到野生動物跟採摘野菜，過著所謂的原始生活，遵循「狩獵採集」的生活模式。遺傳學研究表明，人類大約在六萬年以前走出非洲，往四處擴散；到距離現在一．四萬年以前，已經占領了除南極之外的世界各大陸。在不間斷的遷移過程中，他們保留了狩獵採集的生活方式。[4]實際上，即使到今天，還有像位於印度洋孟加拉海灣的北森蒂納爾島（North Sentinel Island）這樣的原始社會，那裡的原住民與世隔絕，繼續狩獵採集，任何外人靠近該島，都會被萬箭逼退。在美國阿拉斯加地區，因紐特人至今還在兩種生活方式之間來回切換，時而定居、時而狩獵。

當然，人類在狩獵遊牧的幾十萬年中，也並非無所事事、缺乏創新。到一萬多年前，智人已經掌握火的使用，發明弓箭和各式各樣的石器，甚至用石頭或樹枝造出魚鉤，也發明出不同的動物陷阱捕捉器，用自然材料製作簡單住所。這些創新改變了早期人制服自然的能力，要麼提升了生產力，增加了勞動產出，要麼降低了人的生存風險。而且，至少在三萬多年前，人類就開始在石洞裡或石岩上畫各種動物，或者製作動物雕塑。[5]

比如，一萬多年以前，在今天的沙烏地阿拉伯西北地方，已經零星分布著人類定居點。近年來，考古學家在那裡挖掘出兩個引人注目的遺址——蘇偉密和祖巴。[6]兩處有超過一千四百幅岩畫。其中，最早的岩畫作品至少可以追溯到西元前八五〇〇年，內容是幾名身材婀娜的女子和多條狗。研究人員關注到，狗的形象在一千四百多幅繪畫中頻繁出現。在蘇偉密的兩百七十三幅岩畫中，出現犬隻的有五十二幅；祖巴的一千一百三十一幅岩畫中，出現犬隻的有一百三十一幅。和今天不同，被岩畫記錄下來的這幾百隻狗，並不是寵物，更多是主人的「戰友」，參與捕獵中型或大型獵物，幫助提高生產力。包含犬隻的典型岩畫，內容通常是這樣：獵人身邊伴隨著一定數量的狗，少則三兩隻，多則十餘隻。其中一些狗身上拴著繩子，繩子的另一端連在主人的手腕上（這是人類歷史上關於狗繩的最早記錄）。主人一手「牽黃」，另一手操縱弓箭。捕獵常見的中型獵物瞪羚時，狗群負責控制獵物的速度和跑動範圍，既方便主人射擊，又保護主人，降低主人生命風險；一旦射中獵物，狗群就會衝上去撕咬，磨滅對方的反抗力。除了瞪羚和羱羊等中型獵物，在蘇偉密這個地方，壁畫中甚至出現了狗群捕獵獅子的內容！攜犬狩獵是創新提高生產力的典型範例，也是降低狩獵風險的有效方法。

雖然智人在長期探索中不乏發明，但由於原始遷移生活的現實，一旦耗盡周邊的動物和野菜，他們就必須遷移，找到另一個還沒被狩獵採集過的地區。頻繁搬遷的生活大大約束了技術創新的空間。比如，儲藏食物的陶罐器具就不合適，太大、太重，不便於搬動；倉庫和房屋也不必要，建好不久就得放棄，不值得；同理，住所周邊的樹木雜草等，不會有動力去清理、收拾。常年流動使人類不屑於建立產權體系，社會秩序也無基礎。無恆產，自然無恒心！在那種「無常」狀態下，創新的焦點當然是圍繞狩獵和採集技術，而不是在「安居樂業」上。於是，弓箭、攜犬狩獵這樣的技術遠在農業之前發明，這不足為奇。

既然頻繁遷移的負面後果這麼多，原始人為什麼不定居下來，在一地「安居樂業」呢？原因在於，在給定條件下，頻繁遷移是一種應對風險的最優策略。本來，人類一般只能獵殺比自己小或者和自己差不多大的動物，而且每天能獵殺的動物數也不多；後來有了弓箭、獵狗等，可以追殺更大的動物，能捕殺的動物種類增加，同時獵殺小型動物的速度也加快了。於是，原始人類發現，他們每到一處，耗盡周邊資源的速度不斷加快。結果，食物的再生速度跟不上人類的消費速度，短缺風險增加。為了降低食物短缺風險，他們就不得不更頻繁地遷移。

二〇〇三年，保羅．霍爾斯特德（Paul Halstead）與合作者出版了經典之作《壞年經濟學》（*Bad Year Economics*）[7]，序言中總結了狩獵採集社會應對風險的四種主要途徑：交換、遷移、儲存和多樣化。[8]將這個分類跟前文為金融所下的廣義定義對照，可以發現彼此間的高度關聯：對史前人類來說，遷移是在跨空間配置生存資源的方式。也就是說，正因為不同地方不會總是在同一個時間短缺物資，而更會在同一時間物資多寡不一，那麼降低風險、讓大家更好活下去的辦法之一就是跨地區運輸物資，以實現跨空間交換有無，此即「商業」；辦法之二是物資不動，但人群跨地區從無向有遷移。只要物資流動，或者人群流動，就能實現跨空間的互通有無，兩種辦法都能降低大家的生存風險。第三個辦法是跨時間配置生存資源：建立儲藏設備，把食物存起來供未來用，尤其是以防短缺。這跟今天金融交易完成的功用一樣：把錢存銀行、投資股票或基金，以防患於未然。多樣化也是規避食物風險的辦法，道理在於，如果蘿蔔、白菜、豆芽都可彼此替代，那麼即使一個地域的蘿蔔和白菜都短缺，但只要有豆芽就行，反之亦然，這當然也降低生存風險。[9]

可是，在原始社會時期，跨地區的商品市場、跨時間的儲藏技術，以及跨期交易的金融市場都還沒有發明，多樣化也是由自然世界給定、不由人類改變，於是遷移就成了管理生存風險的唯一選擇。從這個意義上，通過遷移降低食物短缺風險，是早期原始人的聰明選擇。許久之前，考古學和人類學家就注意到了風險在史前技術選擇中的關鍵作用。一九七六年，麥克·喬辛（Michael Jochim）建立了廣為引用的「狩獵採集者決策模型」[10]，其中包含兩個要素：一是保證食物和其他資源的供應不低於一個安全水準（「生存第一」），多樣化是達到這一目的的重要手段；二是給定當時群落的居住模式和人口規模，並且在考慮到時間、經歷、距離、人身安全、失敗率等條件的前提下，在達到上一目標的對策裡不要讓能量開支超出一定範圍。也就是說，對狩獵採集者來說，風險既蘊含在他們的主要約束之中——比如對人身安全和失敗率的底線要求必須做到，又構成了他們的決策目標的核心——保證食品等資源的安全，亦即最小化陷於匱乏的風險。[11]

阿拉斯加北部地方因紐特人的經歷，是闡明基於風險選擇生活方式的絕佳案例。[12]即使到今天，因紐特人還沒完全放棄原始生活方式。他們生活在北冰洋沿岸，有著「海之子」的稱號。他們獲取食物的主要途徑是「靠水吃水」：大型哺乳動物弓頭鯨占他們能量攝入的一半；此外，他們也獵取海豹以及遷徙時路過附近的海鳥。然而，如果來自海洋的食物出現短缺，因紐特人也會向內陸地區轉移，改為「靠山吃山」：用特製的弓箭獵殺流動的馴鹿群。當然，岩羊、松鼠乃至山地平原生長的各類植物，也可作為食物匱乏季節的調劑，食物資源盡可能多樣化。

研究者通過冰芯、年輪、文獻記載等多種資料[13]，復原了西元九五〇到一九〇〇年間阿拉斯加北部的氣候資料，並根據氣候特徵將整個時期分為三段。第一段大致從西元十世紀後期到一一五〇年。在此期間，沿海地區降水多，一年內氣候條件波動大（風險高）；而內陸地區則氣溫溫和但乾燥，氣候波動較小。在這一氣候模式之下，兩個地區的狩獵效果大致如下：海洋之中，氣候頻繁波動導致冰川的邊緣很不穩定，海豹的出沒蹤跡很難捉摸，捕獵海豹的難度增加，食物不確定性高；而鄰近的內陸地區，馴鹿群落更加集中，常以大群形式在山地和平原間往來遷徙。從代表這個時段的遺址看，上述基於風險的最優生活策略得到印證：一方面，因紐特人採取了「多樣化」的策略，在海洋之神「喜怒」難以捉摸的年代，將取食的重點從海豹轉向馴鹿，間或撈取內陸河流中數量相對穩定的淡水魚；另一方面，由於馴鹿出現的季節集中，錯過捕獵季節後，何時再出現大宗食品則很不確定，因紐特人就修建了許多倉儲設施，通過儲存應對不測風雲。此外，有跡象顯示：他們在此期間，也不斷完善風乾食品、貯藏食品的技術，改進跨期配置消費的能力。[14]

到西元一一四〇年左右，形勢發生逆轉：陸地區域的氣候波動變得劇烈，而海洋氣候變得穩定。這時，陸地夏季炎熱而潮濕，冬季冷酷而凜冽，常有大幅降雪。相比之前的兩百年，馴鹿種群的規模顯著萎縮，狩獵績效下降且不確定，而海洋地區氣候變得更加寒冷。對捕獵海鯨和海豹的因紐特人來說，這是十足的好消息：冰川愈多愈穩定，他們接近和獵殺海洋動物就愈容易。於是，因紐特人就放棄「縱情山水」，選擇「滄海寄餘生」：遷移到沿海，以海豹和鯨為主食。相比之前，從十二世紀初到十四世紀中期的這段時間內，因紐特人在兩地之間往復遷徙、多樣化捕獵和相互補充的頻率都下降了。

再往後的兩三百年裡，氣候波動模式變得更加複雜：陸地區域在經歷了一個「過渡時段」後，邁入了一個漫長的乾暖時期；而沿海地區整體變得更加寒冷，也因此更適於捕獵，不過，溫暖的時段也時有發生。對應長時段的氣候穩定，年內（短期）氣候波動性上升。因紐特人賴以維生的幾種動物，其分布和數量也發生了相應變化：海豹和馴鹿的種群都在擴張，但出沒的頻率卻變得更難捉摸。從考古證據看，當地人很快做出調整以適應新條件：一方面，他們將重點轉移到密集狩獵和跨期儲存上，集中在馴鹿春秋兩季遷徙時的必經之路旁矗起永久性狩獵點，增加獵殺強度；另一方面，他們也有針對性地調整獵手布局。由於沿海漁獲的不確定性風險上升很多，「海之子」們調整狩獵地點的安排，放棄那些收穫不佳的季節性狩獵點，集中人手和精力，專攻收益較高的狩獵點。根據記錄資料，在這段時間，他們向內陸遷移、捕殺馴鹿的次數顯著增加。

總之，通過對北冰洋沿岸因紐特人的細緻觀察，我們了解到：儘管技術原始、絕對生活水準不高，但是以狩獵採集為生的人群，對於風險的變化仍保持高度的敏感和理性，並通過複合使用遷徙、儲存、風乾、多樣化等跨時間、跨空間配置資源的技巧，讓族群成功應對了數百年間多次出現的氣候劇變。因紐特文化就是這樣在跟生存風險博弈中形成、發展的。

那麼，原始人後來為什麼選擇永久定居下來呢？我們還是回到阿拉伯半島一帶的蘇偉密和祖巴地區。一萬多年前，阿拉伯半島的氣候開始變化。據兩組學者的測算[15]，在八千年至一萬年前，當地氣候持續變乾，對居民生存至關重要的湖泊水位也持續下降。大致在同一時段，當地居民利用野生動物資源的方式開始改變：不再只是簡單獵殺並吃掉野生動物，而是開始馴化綿羊和山羊，形成畜群，並初步學會放牧：在植被生長的季節，往附近植被茂密區域驅趕這些羊群。[16]從這兩個遺址出土的、活躍於西元前七〇〇〇年前後的遺跡中，考古學家們發現了這兩類牲畜的骨骼[17]，說明當地人當時的確在馴養綿羊和山羊。

描繪攜犬狩獵的壁畫以及馴服野生動物的遺跡，二者在位置相近的地區顯現，這不是偶然。兩個方面的不利因素可能導致了這些新現象的起源：一方面，氣候變乾且季節性增強；另一方面，之前的捕獵已經導致當地野生動物種群的縮減。此時，如果繼續依靠之前較為單一、依賴狩獵採集的生存策略，收穫量會逐漸下降，遷移也不再有效，長時間無收穫的極端情況亦可能出現。在整體生活水準很低的年代，這樣的風險甚至會給整個聚落帶來滅頂之災。因此，在更充分利用現有野生動物資源之外，馴養動物作為不利環境下的補充，應該是當地人必然的選擇。[18]

馴狗和馴羊分別是這類避險策略的代表。狗被馴化為狩獵工具，拓寬了當地人獵殺物件的種類，亦提高了每次狩獵的成功率（生產力）、降低了獵人的生命風險。來自蘇偉密和祖巴這兩個地區的岩畫證據深刻地闡明了這一點：犬類的馴化和使用，與當地氣候的季節性強弱有密切關係。[19]蘇偉密地區水源稀少，季節分明。相應地，岩畫中的狗群規模通常很大：當地人要在很短的雨季內捕獲足夠數量的獵物。在單次出獵的成功率非常重要的情況下，使用十幾隻獵狗包抄，決策非常合理。相比之下，祖巴地區的環境要好得多，全年水源充足，附近常有動物出沒，此時「細水長流」的捕獵策略是上策：祖巴地區的岩畫中，只有十分之一的畫裡有犬（蘇偉密含犬的岩畫占五分之一），主人通常只會帶兩三隻獵狗。

如果說獵犬的使用提升了生產力、降低了生命風險，那麼山羊和綿羊的馴養則不僅穩定了食物供給，而且抬高了生活水準，增強了對多種風險的抵禦能力。無論是日常產奶還是殺掉取肉，這些牲畜都構成穩定的熱量來源，而其皮毛可以制衣，提高時人寒冷中活命的機率。再就是，這些動物身上的骨骼、頭角等部位，可以用於製造武器或建設住房。前者提升狩獵能力，發揮和獵犬互補的作用（不要忘了，這些嫺熟的獵人能一手牽犬，一手射擊），後者則有助於隔絕風沙、猛獸等危險因素，這對史前人類的意義不可小覷。[20]

因此，西元前八〇〇〇至前六〇〇〇年，阿拉伯半島氣候的劇烈變遷催生出當地一系列技術創新。阿拉伯半島的原始人跟因紐特人一樣，依據氣候風險高低和獵物出沒的不確定性大小，摸索出了適合自己的狩獵策略。岩壁上描繪獵犬的不同方式即是體現。同時，當地人還開始嘗試馴養綿羊和山羊。實質上，馴服動物等同於馴服不確定性：肉、奶、皮、骨，都能增強原始人在史前環境中的生存力。觀照當代生活，無論是早餐那杯熱騰騰的奶，還是號稱「人類最忠實的朋友」的寵物狗，起源都可追溯到史前人類提升生產力和強化風險應對力的努力。

不過，阿拉伯的蘇偉密和祖巴地區以及阿拉斯加因紐特人的表現，會不會只是特例呢？畢竟，只有那些應對自然風險非常成功的群體才可能留下這麼多歷史記錄，乃至一直繁衍到今天，這可能使我們的分析結論充斥倖存者偏差（survivorship bias）。為此，接下來我們利用全球大樣本，探討是什麼因素在世界多個地區催生出農業革命並快速擴散到其他社會。

生產力無法解釋農業革命

大約在一萬一千五百年前，位於今天中東「新月沃地」一帶的人走在世界前面，率先放棄遊牧狩獵，發明定居農耕。之後，在約九千年前的中國長江與黃河中下游、八千五百年前的墨西哥東部地區、五千年前的秘魯安第斯地區、四千五百年前的非洲西部和北美東部，一共七個

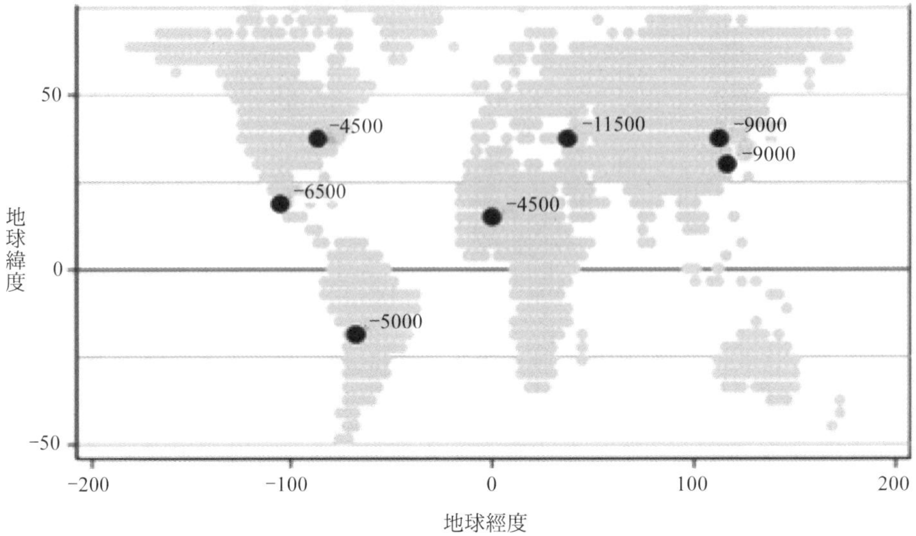

圖二・一　世界上最早發明農業的七個地區[22]

注：各點標注的時間為農業在當地距今多少年前發明。

地方在相距七千年的時間內分別獨立發明定居農耕，並逐漸向四周擴散。最遲直至四千年前，除大洋洲以外的所有陸地，都基本接受並完成了農業革命。也就是說，相比漫長的狩獵採集時代，世界大多數地方的人在幾千年時間內轉變了生活方式，成為定居農人：馴種植物、馴養動物、跨期儲存食物。[21]回頭看，農業革命改變了人類，也是我們所說的主要「人類文明」的起點，其直接結果是開啟了緒論和第一章談到的人類暴力長期下降趨勢。至於為什麼當初七個地區分別在不同時候、在完全沒有資訊溝通或經驗交流的前提下獨立發明了定居農耕技術，到今天學界還是爭論不休。

之所以還在爭論，是因為進入農業之後，人類的生活水準反而下降。首先，與原始人相比，農民勞動時間長、勞動強度大。[23]按照戴蒙的綜述，非洲原始遊牧部落的人每週只需工作十二到十九小時，就能獵殺、採集足夠多食物，而中國農民沒有週末的概念，每天早出晚歸下地幹活，還不一定保證溫飽。農民一天勞動所帶來的產出比原始人還低，原因在於，第一，原始人只需花時間採集自然長好的果實，但農人要先整理土地、播下種子、澆水除草、施肥治蟲等，辛勤勞動數月之後才能收割，比原始人採集多了好幾個環節。農民的勞動強度高出數倍，因此骨骼遠不如考古出土的原始人骨骼那麼完好無缺。第二，營養結構比以前差。原始人吃各種野生菜草、皮根果實、魚肉等，種類豐富，而由於能馴養的動物和馴化的植物很有限，農耕人能吃到的蛋白食物和熱量食物種類反而更少，營養單調，像今天世界上，肉類就是豬、雞、鴨、牛、羊、魚等，而糧食只有大米、大小麥、玉米、番薯、馬鈴薯等，比原始時期少很多，缺乏維生素等微量元素。第三，狩獵採集時期，人口密度極低，動物病毒不容易傳到人類，人類之間也不易傳染，但定居後，人口密度增加，不僅定居一起的人群間相互傳染疾病，而且也會感染上家裡馴養的動物的病毒，平均壽命縮短。[24] 戴蒙說，美國伊利諾和俄亥俄河畔的印第安人在西元一一五〇年前後放棄狩獵採集、改為種植玉米農耕，近年考古學家在那一帶挖出那個時期的八百多具骨骸，反映了印第安人在轉型前後所經歷的身體狀況變化。考古學家發現，改為農耕後，印第安人體內琺瑯質缺陷頻率上升五〇%（說明營養結構惡化）、缺鐵性貧血比例增加四倍、骨病變占比多了三倍（由流行病毒所致），並且因經常肩扛重物，脊柱也顯著損傷更多。由於這些原因，原始人剛出生時的壽命預期為二十六歲，而早期農耕人才十九歲。[25]

從根據考古資料推算的身高變化也能看出，人類步入農業後生活水準顯著下降，男人和女人的平均身高都下降了。卡萊斯．博伊克斯（Carles Boix）和法蘭西斯．羅森布盧特（Francis Rosenbluth）綜合了許多研究，發現在農耕之前，中東男人平均身高為一百七十二公分，進入農耕後下降到一百六十二公分，而中東女人身高從一百六十公分降到一百五十四公分。[26] 這兩位學者談道，即使在當下的美國，其歐洲移民後裔的平均身高仍然跟家庭人均收入顯著相關，人均收入高的家庭，其子女長大後個子普遍更高。比如，如果家庭人均消費每年超過一．二萬美元（以一九八五年美元計），男孩成年後平均身高為一百七十三公分，而家庭人均消費才一千美元的，男孩長大後的平均身高為一百六十三公分。我們知道，人的身高主要取決於兩大因素，一是人種與遺傳基因，二是成年之前的營養，而營養水準又取決於家庭經濟條件。另外，尼古拉斯．梅因澤（Nicholas Meinzer）收集了德國中世紀早期留下的二十六所墓地中墓主身高和陪葬品資料，也發現身高跟收入高度正相關。[27] 這裡，墓主身高反映了其年輕時的消費狀況，而陪葬品則反映了其死前的社會地位（比如，是否佩戴長劍）。如果陪葬品奢侈的墓主身高更高，那一方面反映了他的家庭富有、小時候消費高，另一方面從側面反映了當時的社會流動性低；而如果陪葬品奢侈的墓主跟其他人身高無顯著差別，說明孩提時期的生活狀況對身高、對後世影響不大。梅因澤發現，在中世紀早期的德國，有長劍陪葬的墓主比沒有長劍的平均高三公分。這說明身高跟家庭收入狀況的確正相關。因此，在沒有更詳細資料的情況下，同種人的身高變化基本能反映人均收入與消費的變化。

農人身高低於原始人的考古證據表明，定居農耕的發明確實帶來勞動生產力的下跌。如果只從生產力判斷，就如戴蒙所稱，發明農業是「人類歷史上最大的錯誤，而且至今還沒有糾正」。[28]

不僅如此，農業的發明也使得財富差距、社會不平等問題惡化。蒂莫西．科勒（Timothy Kohler）等十八位考古學者在一篇論文中，研究了從原始社會逐步進化到半農業，再到全農業以及其他類別社會的過程中，財富差距是如何變遷的。[29] 他們用各戶房屋面積的吉尼係數（Gini coefficient）度量一個社會的財富差距，因為相對於收入以及其他財富指標，房屋大小

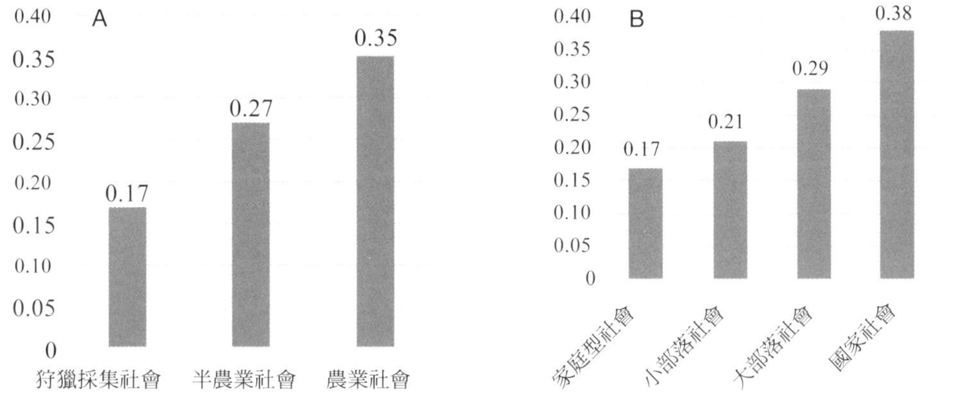

圖二・二　從原始社會到農業社會的財富差距變遷[31]

注：A圖反映的是狩獵採集原始社會（五個考古遺址）、半農業社會（二十個）、農業社會（三十八個）的房屋面積吉尼係數中位數。B圖反映的是不同社會組織形態下的財富吉尼係數中位數，其中家庭型社會（一個，只有單個家庭，沒有之上的社會組織）、小部落社會（十二個，家庭之上的社會組織存在）、大部落社會（三十三個，社會組織等級多了、階級多於兩個）、國家社會（十七個，壟斷暴力的國家組織出現了）。

是考古學家能看到方便客觀度量的指標，也可以被理解為家庭各方面財富的總體代理指數。他們的樣本包括來自各大洲的六十三個考古遺址，其中，亞洲、歐洲與非洲大陸的遺址取自一萬一千年前到兩千年前的不同社會，而美洲大陸的取樣則反映三千年前到三百年前的社會。由於以前關於人類不平等的量化指標基本以收入為基礎，所以以往對人類不平等的估算多以近代為主，比如皮凱蒂的《二十一世紀資本論》（*Le Capital au xxie siècle*）研究的是十八世紀工業革命以來的收入差距、財富差距變遷的情況。[30]而這十八位學者的研究由於是基於房屋面積的，因此所研究的時間段以一萬一千年前為起點。

圖二・二給出了這十八位學者的估算。狩獵採集原始社會的房屋吉尼係數為○・一七（各原始社會遺址的中位數），到半農業社會為○・二七，到農耕社會則上升為○・三五。這充分說明，定居農耕

的發明帶來財富差距的顯著擴大。尤其是，這些作者也注意到，在今天美國類似的財富吉尼係數為〇．八〇、中國為〇．七三。因此，人類每次大的技術進步似乎都帶來財富差距的擴大。道理在於，在原始狩獵採集社會裡，天生的體力決定收入高低，而智力、情商等其他人力資本對勞動結果沒太大影響，所以財富差距不大。在那個基礎上，雖然農耕等新技術帶來機會與潛力，但新技術又對人力資本提出新要求，並非每個人都能最大化發揮新技術的潛力。由於每個人的自然天賦在體力、智力和情商之間的配置不同，所以新技術實際上把不同人的收入能力進一步拉開，特殊人力資本多的人會看到自己的財富機會增加，而普通人也許也能分享到新技術的好處，但程度會偏低。

從圖二．二中也看到，隨著一個社會的人口成長、社會組織結構變得愈加複雜，財富吉尼係數也顯著上升，尤其是在形成了「國家」的社會裡，財富差距最大。在原始社會時期，沒有國家，也沒有其他複雜的人類組織，連部落都不大，只有人數極少的一個個小社會，因此財富收入和社會地位的人際差別小。可是，定居農耕後，小社會往大社會演變，組織方式就必須創新，否則社會難以治理。然而，每次組織方式創新後，社會結構的等級層數就會增加，或者組織形態更複雜，但並非每個人都能輕鬆自如地適應變得複雜後的社會，能者成為「人上人」，而缺乏情商與組織天賦的人就繼續留在社會結構的底層。不同人對資源控制的程度差距加大後，財富分配也會拉開。這從另一角度說明為什麼定居農耕後經濟不平等必然加大。

此外，定居農耕後，男女地位也發生了根本性變化，尤其「鐵犁」的發明更是帶來包括「重男輕女」、「厭女症」（misogyny）等性別歧視文化[32]，社會從母系轉變為以男性為軸線的傳承體系。第四章會更多討論這些變遷。

農業因氣候風險而發明

既然發明農業後的「惡果」這麼多，人類為什麼還堅持認為這是好事呢？尤其是，如果定居農耕那麼糟糕，就不應該看到世界七個不同地區大費周章地進行一項導致自己生活水準「下降」的變革。這要麼說明人類非理性，要麼表明我們僅以生產力評判人類進步的理論有缺陷。已有的幾種解釋都不能令人滿意。[33] 在十九世紀，達爾文認為，由於農業產出比狩獵採集更豐盛，所以那些地區選擇了定居農耕。然而，前面介紹的二十世紀以來的考古證據告訴我們，實際情況正好相反：農業早期的人均產出更低，以致身高下降。第二種假說則將農業的誕生與氣候平均變暖聯繫在一起，認為農業都是出現在最後一個冰河期之後，世界範圍內的平均氣溫升高，更適宜農業生產。[34] 但事實上，在最後一個冰河期，地球各地不缺常年氣溫高的地方，而且是千年不變，至少也是數百年不變，可沒有看到那些地區的原始人早早發明定居農耕。還有解釋說，是因為氣候變得更加乾燥，不利於遊牧狩獵了。[35] 馬特蘭加談道[36]，這些基於變乾、變熱、變冷等針對「平均氣溫」或「平均濕度」的解釋都站不住腳，因為在農業之前的千萬年裡，地球上熱、冷、乾、濕的地方都有過，但沒逼出農業，而且考古證據表明，在農業誕生前後，安第斯山脈氣候乾冷，中國東部濕潤溫暖，北美東部潮濕陰冷，撒哈拉以南的非洲則乾燥炎熱。乾冷、濕熱、濕冷、乾熱四種氣候類型都沒有妨礙那些地方從遊牧轉向農業。可想而知，背後一定存在更深刻的原因。

是否存在這樣的可能，由於偶然因素，農業先起源於一地，然後再擴散到其他地域呢？現有的證據顯示：中東、中國東部等七個地區的農業是相互獨立起源的[37]，「一地起源，逐漸擴散」的理論與考古證據不符。既然如此，合理推斷引致以下結論：在這數千年間，某個因素在全球範圍內發生變化，導致「狩獵採集」不再是達到喬辛建立的狩獵採集者決策模型中理想生存目標的有效方式。[38]

氣候是能解釋這一歷史創舉最可能的「嫌疑犯」[39]：除氣候變動外，目前還沒找到其他因素在四大洲能夠導致生產方式的根本變革。不過，即使確定背後的「推手」是氣候變化，人類走向農業的路徑仍有多於一種的解釋。比方說，一種可能是，全球各地的氣候大抵在同一時段變得更加適合發展農業，定居並種植作物、豢養牲畜的收益比以前更高，這種方式也明顯優於長久以來維持的「狩獵採集」生活方式，因此世界各地不約而同地走上農業革命之路。另一種可能則要「晦暗」許多：氣候波動性（風險）增強，導致繼續「靠天吃飯」的「狩獵採集」生活風險增大[40]，獵獲收益變得無法預測，生存資源難有保障，於是原始人類必須嘗試新技術，馴化、養殖、倉儲……通過新手段實現資源的跨時間和跨區域配置，以「馴服」風險、提升自己生存的機率。而這些新的試驗和成果匯總在一起，逐漸形成了農業生產方式。

因此，氣候變化導致生產方式變革的途徑至少有兩種。但哪種方式更正確呢？莫斯科新經濟學院馬特蘭加的研究，對這一問題做出了開創性貢獻。[41]具體來說，在大致兩萬年前，地軸的傾斜程度增大，導致世界範圍內氣候季節性增強。這一變化具體表現為兩點：一是夏季與冬季溫差上升，夏天變得更熱，冬天變得更冷；二是旱季與雨季降水差異的增強，旱季更乾，雨季更濕。針對這兩個維度的變化，馬特蘭加分別構建了「溫度季節性」和「降水季節性」這兩個指標。而這兩個指標的原始資料來源於過去二．二萬年的全球氣候縱橫資料庫，包括最低、最高氣溫以及降雨量等，都是基於第五代氣候系統模式（Community Climate System Model; CCSM）推算的資料，CCSM 由美國全國大氣層研究中心研製並維護，該模型最早在一九八三年推出，後來不斷改進並擴充成眾多氣候子模型，第五代模型計算完成於二〇一三年。圖二．

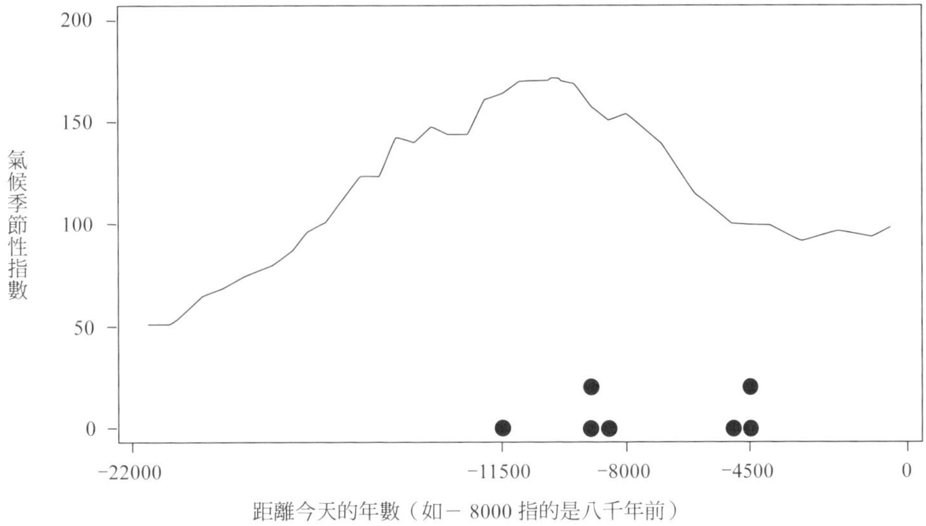

圖二・三　氣候季節性的歷史變遷[42]

注：圖中黑點代表的是七個獨立發明農業的時間點。

三顯示了從二・二萬年前至今的氣候季節性指數變遷。

在農業起源或採納農耕的時間資料方面，馬特蘭加彙集了三套資料庫[43]：一是綜合利用碳十四同位素標記法和DNA（去氧核糖核酸）測序，標定全球範圍內農具和馴化作物出現的時間；二是使用考古發掘所得的證據，推測農業在一百六十多個國家和地區的起源時間點；三是考古學家品哈希（Ron Pinhasi）等通過中東和歐洲七百六十五個遺址的發掘結果，推測各地農業起源痕跡的時點。馬特蘭加綜合這些資料，構建了目前最完整、反映世界各地農業發軔時間的資料庫。

馬特蘭加將這些資料放在一起做計量分析發現：降水和氣溫，這二者本身的高低並不顯著影響一個地區進入農業的先後，因此前面談到的第一種途徑被否定。與之相反，利用冬夏溫差和旱季雨季降水差定義的氣候季節性指標，對當地進入農業的時間有非常

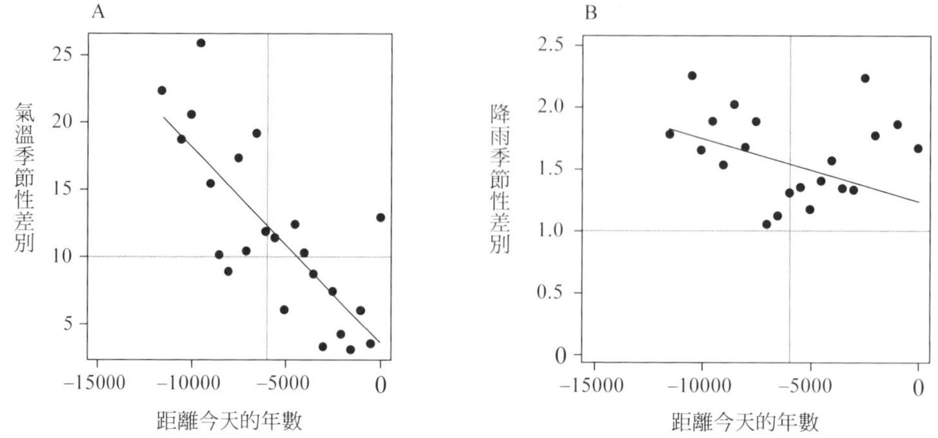

圖二・四　農耕發明或採納時間跟氣候季節性的關係[44]

顯著的作用。圖二・四給出各地區發明或採納農耕的時間跟氣溫季節性差別、降雨季節性差別的關係。具體來說，氣溫季節性差別每提高一個標準差，當地進入農業的時間平均提早一千年；降雨季節性差別每提高一個標準差，當地進入農業的時間會提早三百年。嚴格的統計分析支持前面提到的第二種途徑，亦即氣候季節性增強（氣候風險增強）能更好地解釋為什麼農業革命在不同地方發生：氣候季節性波動的上升，增加了原始人類的生存風險；定居農耕是時人應對這一風險的反應。特別是通過定居下來，製作各種陶器、罈罈罐罐，跨季儲存食物，平滑每天的消費，解決了管子所說的「月不足而歲有餘」問題。也因為跨期儲存食物是人類主動防範風險的最早創舉之一，今天世界各地的博物館都會展示不同文明最早的陶器，並標明製作年分，以證明每個文明的大致起源時間。陶器的出現代表了原始生活方式的終結，人們不再遊獵而是定居下來，開始組建秩序，主動防範風險，向文明化邁進。

馬特蘭加的探究沒有就此止步。即使氣候季節性風險催生了農業革命，還有兩個問題：首先，既然整個地球同時經歷了氣候變化，為什麼各地走上農業道路的時間會相隔數千年呢？其次，原始人類的這一嘗試，真的成功了嗎？前面談到，在走上農業道路的早期，人類生活水準曾經歷長時間倒退。如果這種犧牲沒有換來更強的風險抵禦能力，那麼這一「投資」就難言成功。

對第一個問題，馬特蘭加的回答是：這取決於一地的狩獵採集者是否有其他方便的避險手段。馬特蘭加對比了位於今天敘利亞、土耳其和伊拉克交界處的四個遺址社會：傑夫艾哈邁（Jerf el Ahmar）在河邊，但任何方向的一百公里內都是平原；開爾美茲得雷（Qermez Dere）在陡峭大山的腳下，但周圍遠距離內也是大平原；格力吉星（Girikiacian）處在平地上，但五公里內有不少高低不一的山，且在方圓五十公里內高山更多；高納（Gawra）的周邊也有不少山，但四十公里外有更多更高的大山。雖然這四個遺址在一萬多年前都變得氣候季節性很強，而且都有易馴化的各種野生作物，但根據考古證據看，由於地理環境的差異，前兩個遺址較早選擇了定居農耕，而後兩個進入定居農耕的時間晚了兩千年。為什麼？原因在於，對於原始狩獵採集人來說，最理想的情況是在短距離內，既有平原又有高山，這樣山上和平地的氣候條件不同，在不同季節都生長野生植物與動物，讓原始人通過在山上與平原之間遷移就能對沖食物風險（就如前文介紹的因紐特人那樣）；而如果一百公里之內都是平原，氣候條件都一樣，那麼春夏秋冬季節性強化之後，在冬季可能不管走到哪裡，都是萬物不長，簡單遷移不再管用。

由於第一個、第二個遺址的周邊地理環境太單調，在氣候季節性增強使冬季食物無靠之後，那裡的原始人唯有走上定居農耕之路，靠跨季儲存食物解決風險挑戰。可是，第三個和第四個遺址的地理環境更加多樣，雖然氣候季節性強化了，但他們能利用高山與平原的氣候差，把狩獵採集生活方式多延了兩千多年，一直到後來氣候季節性波動更加劇烈後，才最終走上定居農耕的道路。馬特蘭加基於更多考古遺址的統計分析也驗證了這一點[45]：如果在五公里到五十公里範圍內有一千公尺以上的高山，當地原始人進入農業的時間平均會延遲五百年。

針對第二個問題，由於史前人類的詳盡消費資料無法獲取，直接論證這一點相當難。為此，馬特蘭加找到一個代理指標：人體骨骼上哈里斯線（Harris line）數量的多少，這反映了每個人發育時期遭遇營養不良的次數。哈里斯線數量愈多，說明這個人在成長期遭受的營養不良或疾病次數愈多。尤其是，如果一個人在成長期食物很不穩定、經常挨餓，那麼他的哈里斯線就愈多。根據考古挖掘的骨骼，從狩獵採集到農業社會，史前人類的身高固然下降了，但他們骨骼上的哈里斯線也減少很多，這證明定居農耕使他們的食物少受風險干擾，營養更加穩定。以俄亥俄州的印第安人為例：在狩獵採集年代，他們的平均身高為一百六十五公分，有十一條哈里斯線；進入農業後，身高下降到一百六十二公分，但哈里斯線數量平均減少到四條。因此，農業這一技術創新雖然帶來人均收入下行，但確實提升了人類抵禦氣候風險的能力。

總之，以儲存食物、馴養動物、馴種植物為特點的農業是為應對風險而誕生的創新，如果只是從生產力角度去衡量，那就如戴蒙所稱，這些創新是糟糕的倒退；可是，如果從風險應對力角度看，結論就完全相反，這些創舉把人類從緒論圖三中的 A 點轉移到 B 點，為文明起源做了鋪墊。今天我們講的「四大文明古國」：古埃及、古巴比倫（美索不達米亞）、古印度和中華文明，都是率先進入定居農耕，早早建立秩序、發明國家的社會，因為步入定居農耕，不僅帶來人口成長、村莊乃至城鎮，還有跨期儲存和有值資產（土地、房產、陶器等）。於是，財產安全成為新的挑戰，社會呼喚產權秩序和權益保護。美索不達米亞最早發明定居農耕，埃及稍後一些（距現在七千年前），因此這兩大文明也起源得最早，率先發明城市和國家，也就不奇怪了。根據目前考古已知的證據，美索不達米亞於約七千年前發展了歐亞大陸的第一個城市，那裡的蘇美爾人發明了楔形文字，將一年分為十二個月、定七天為一個星期，發明了六十進位法，比如一小時為六十分鐘、一分鐘為六十秒等；西元前一七七六年，巴比倫國王漢摩拉比頒布了人類第一部完整的法典《漢摩拉比法典》。在西元前四五〇〇年左右，古埃及就發明了象形文字，並沿用了四千餘年，其間也出現大量城邦，創造了眾多輝煌建築。在中國，無論南北，九千年前因氣候波動的增強而推出定居農耕，風險挑戰塑造了中華文明的發展路徑。[46]印度雖然沒有獨立發明定居農耕，但是考古證據表明，到距離今天八千至九千年前，美索不達米亞的農耕技術已經傳播到印度，馴化的小麥、牛羊等那時在印度多處可見[47]，所以相對於世界多數其他地區，印度也很早進入定居農耕、開啟文明化進程。

為什麼定居農耕刺激出文明和國家，以前的解釋很多。比如，亞當．斯密認為[48]，定居農耕使生產力上升，於是農人有過剩產出，引發對規則和秩序的需求。這一早期解釋顯然不成立，被近年的考古證據否定。[49]實際上，由於狩獵採集原始人每週工作大約十八小時，如果他們願意像後來的農人那麼勤奮、多工作一些時間，他們更能產出很多剩餘，可是他們沒有這樣做，而且沒發展出文明秩序。一種可能的解釋是，雖然原始人更勤奮工作就能有很多剩餘，但由於他們頻繁遷徙、不便於攜帶儲藏萬物的罈罈罐罐，就無激勵獲得剩餘。而定居下來的農人則面對完全不同的選擇，他們不再頻繁搬遷，有能力製造陶器儲藏剩餘產出，也有了跨期儲存價值的資產，所以是定居不動衍生出對財產秩序的需求。在一項研究中，約蘭．梅薩山（Joram Mayshar）等四位學者把一千兩百六十七個社會按其種植的作物是穀物還是根莖物做了區分[50]，看哪類社會為建立規則秩序（即文明）而更早發展出複雜的社會結構（包括發明國家）：由於大米、小麥、大麥等穀物曬乾後可長期儲藏，而根莖物不易儲存，因此播種穀物的社會可能更需要保護私有財產的產權規則和秩序，應該更早發展文明、建立國家等複雜秩序。這四位學者的系統分析發現：與穀物農耕社會相比（如古埃及、古中國），那些種植易腐爛農作物的農耕社會（如大洋洲的新幾內亞），即使到近代，其文明秩序還比較落後，社會結構簡單，國家組織鬆散。

各社會的農業變革出現的早晚，甚至到今天還影響後人如何看待現在與未來、個人與集體的關係：採取農耕生產方式的歷史愈悠久的區域，因「播種－收穫」這一費時費力的生產週期而內生出「安居樂業」、偏好穩定、重視未來的文化，當地人也因此有更低的貼現率[51]，農業帶來了更多的人口、更大的村莊甚至城鎮，人口密度上升對人際合作提出了高要求，因此居住在這些地域的人群，到今天，其文明仍然秉持集體主義價值[52]，更看重宗族血緣網絡[53]。前者深刻影響了當地人在後來的投資取向與經濟成長，後者則牢牢框定了其政治制度、社會體制的演變路徑。這些長歷史背景，一方面對於解釋當今各社會的文化觀念差異十分重要，另一方面也是理解美國等移民社會中族群關係的起點。在第五章和第十章，我們會再回到這個話題。

新世界作物的保險價值

進入定居農耕後，農人固守一地，這讓更多技術創新有了基礎。一是圍繞提升生產力的農耕技術創新增多。其中，尤其重要的是犁的發明，先是美索不達米亞和埃及的農民在五千多年前開始嘗試使用犁，隨後中國的犁在三千多年前的商朝出現。早期的犁形制簡陋，由原始雙刃三角形石器發展起來，被稱作「石犁」。西周晚期至春秋時期出現鐵犁，開始用牛拉犁耕田。西漢出現了直轅犁，只有犁頭和扶手。[54]犁的發展大大提升了農業生產力。正如恩格斯所說：「有了耕犁以後，大規模耕種土地，即田間耕作，從而食物在當時條件下實際上無限制地增加，便有可能了。」有了鐵犁，就有牛耕，「家畜用其力補充人類筋力，是具有極偉大意義的新因素」。[55]這既提高產出，又以畜力代替或協助人力，使規模化生產成為可能，農人的勞動生產力大增。在中國，正如經濟學家珀金斯（D. H. Perkins）的研究所指出的，即使到宋代之後，通過增加肥料投入、改進耕作制度等方式，農業生產仍有相當的發展，精耕細作使畝產量長期呈上升趨勢，在清代臻於極致。[56]

二是在農作物與肉類動物種類方面的創新。水稻種植技術是中國古代最重要的發明之一，也是中國人今天最主要的糧食品種。到目前為止，考古學者發現的新石器時代稻穀遺存就有一百三十多處，分布在江蘇、浙江、安徽、江西、湖南、湖北、廣東、雲南、山東、河南、陝西等地區，其中最早的是江西萬年仙人洞和吊桶環遺址，那裡的原始人在距今一萬年左右似乎就嘗試栽培水稻，探索可重複種植的莊稼，而湖南道縣發現了距今一萬年的水稻穀殼實物。[57]此外，在距今四千年以前，我們的祖先就開始馴化栽培大豆，到戰國時期，北方已經把大豆和小麥作為主糧。

這些發明和發展對社會貢獻極大，不僅增加人均產出、使人口數量上升，構成中華文明的核心基礎，而且強化了風險應對能力。但是，由於水稻高度依賴水，這使中國在清朝之前的歷史上，暴力、內亂和朝代更迭尤其跟旱災緊密關聯，而受水災的影響相對有限。[58]從這個意義上，哥倫布一四九二年發現美洲大陸是一個重要的轉捩點，因為地理大發現之後，西班牙人把玉米、甘薯、馬鈴薯等新世界作物帶回歐洲，然後再傳到中國，這些新糧種所代表的「創新」不僅提升了農業生產力，而且其生長不需要多水，這就強化了中國人抵禦旱災風險的能力，讓糧食安全更上一層樓。[59]

玉米的故鄉是墨西哥，大約在七千年前由當地土著從一種野生大芻草培育而成。後來的幾千年裡，玉米、甘薯等一直是美洲印第安人的主要糧食。在大航海時代開始後，玉米先傳入歐洲，很快又成為世界三大穀物之一。玉米進入中國經由三條途徑：一是從歐洲經波斯、中亞的陸上絲綢之路，於一五六〇年傳入陝甘地區；二是由西南陸路經緬甸，於一五六三年傳入雲南；三是經南洋群島，於一五七二年從海路傳入福建。之後分別從這三處入口往周邊擴散，到一七六八年已經覆蓋各省，但有的府縣要到一九〇〇年後才引種。[60] 起初，玉米並沒有大量種植，只是作為待客珍品或點綴品。明代小說《金瓶梅詞話》多次提到玉米點心，用以招待客人，甚至有一次西門慶請客，客人對早已習慣的好菜佳餚似乎興趣一般，但對玉米麵煎餅卻興趣甚濃。到十八世紀後期，玉米產量僅次稻麥，在雜糧中居首位。

同樣來自墨西哥的甘薯（也叫番薯）在同一時期進入中國。甘薯主要通過雲南和廣東沿海這兩條途徑，於十六世紀後半期引進，然後開始往周邊擴散。[61] 但是，跟玉米一樣，官方到十八世紀中葉才鼓勵種植甘薯。在西方，馬鈴薯到十七世紀末已在歐洲普及，並產生實質的影響。[62] 可是中國人不喜歡馬鈴薯的味道，所以到十九世紀才開始在中國擴散。除玉米、甘薯和馬鈴薯外，從新世界引入中國的作物還有番茄、辣椒、煙草、花生、南瓜等。這些作物對中國和其他歐亞社會的影響很大，稱其為人類歷史上農業的又一次革命並不過分。

在新傳入的作物中，甘薯、玉米和馬鈴薯尤其引人注目，原因至少有三。一是能提高生產力，包括每畝產量。據李昕升與王思明的估算，甘薯在南方平均每畝增產高達四五%，在北方更是可增產八一%。[63] 馬鈴薯產量也高，玉米比傳統作物的產出高一〇%左右。二是能擴大種植面積。新作物可種植面積比水稻、小麥廣泛很多，在山地、沙質土壤上也能種，中國近五五%的土地適合種玉米，二〇%的土地適合種甘薯，而所有能種水稻和小麥的地方都適種玉米、甘薯甚至馬鈴薯。三也是更重要的，玉米、甘薯和馬鈴薯是「保險性糧食」[64]，對水的依賴度低，在旱災年分也能生長，在水稻、小麥無法種植的氣候環境下也能出力。[65]乾隆二十三年貴州《普安州志．物產志》中寫道：「有包穀，苞而生如粱，雖山巔可植，不滋水而生。」

雖然玉米畝產量低於甘薯，但玉米有以下優勢[66]：耐寒，可以在高緯度或高海拔地區種植，所以適合種玉米的地方遠多於甘薯；種植期短，最短只需九十天；未熟亦可食，在夏秋青黃不接之時最受青睞；早熟，可以避開夏季水患；跟米飯比，玉米給人更強的耐饑感；玉米棒可隨處保存，無須修建專門的糧倉。因此，甘薯和玉米能在時間和空間兩個維度上多樣化生存資源，起到平滑消費、應對負面衝擊的效果，是保險性糧食，還能提升每年的土地生產力和勞動生產力。無怪乎，時人能一口氣總結出甘薯的「十三勝」[67]：一畝收數十石、遍地傳生、無妨農耕、風雨不能損、凶歲不能災、蟲蝗無所奈何、生熟皆可食，等等。

明朝史學家蘇琰在《朱薯頌》中談道：「甲申、乙酉間，漳、潮之交，有島曰南澳，溫陵洋舶道之，攜其種歸晉江五都，鄉曰靈水，種之園齋。甲午、乙未間，溫陵饑，他穀皆貴，惟薯獨稔，鄉民活之薯者十之七八。」這裡指的是，一五九四年（萬曆二十二年）至一五九五年間，福建泉州鬧災，糧食歉收，只有甘薯依然豐產，泉州大部分農民靠甘薯充饑，安全度過自然災害。[68]乾隆皇帝也頒下諭旨，鼓勵民間栽種甘薯：「番薯既可充食，兼能耐旱……使民間共知其利，廣為栽種，接濟民食，亦屬備荒之一法。」[69]

新世界作物在明末引進後，由於適應性極強，使全國耕種面積在清朝增加近一倍（其中當然有新開墾稻田的貢獻），總產量大增。在一六三七年時，水稻產量占全國糧食產出的七〇%，但到一九三一至一九三七年下降到三六%。[70]新作物產量大增減少了氣候對農業的影響，特別是正如上述故事所說，旱災不至於像原來那樣帶來大面積饑荒。那麼，農民起義發生率是否因此而降低？一般暴力、犯罪等是否也有所下降呢？

從阿圖羅・瓦曼（Arturo Warman）基於歐洲的研究看，答案是肯定的。他發現[71]，玉米的抗旱、耐寒、早熟等特徵使其避險價值明顯，玉米被引進後，歐洲社會的暴力顯著下降。二〇一一年，納恩（Nathan Nunn）與合作者發表了一篇論文[72]，研究馬鈴薯對歐洲人口的影響。馬鈴薯雖然於一四九二年後很快引種歐洲，但到十七世紀末才基本完成在那裡的傳播歷程，可是，並非每個歐洲國家都適合種植。他們發現：一七〇〇至一九〇〇年，在人口成長速度與城市化進程上，適合種馬鈴薯的國家都顯著超過不適種馬鈴薯的國家，而且，其間歐洲人口成長的二六%、都市化率升幅的二七%到三四%都歸因於馬鈴薯，歐洲人也因為馬鈴薯身高平均增加半英寸（約一・二七公分）。在二〇一七年，他們完成一項新研究，把樣本範圍擴大到包括歐洲、北非和近東國家[73]，發現馬鈴薯使這些社會在一千七百年後的兩個多世紀裡暴力頻率持續降低，尤其是一般暴力顯著下降。這些發現當然不是偶然，而是因為馬鈴薯增強了氣候風險應對力，減少了「饑荒」的發生頻率，拉低了當地人訴求於暴力的必要性。

上一章談到，明朝從十五世紀後期到十七世紀中期處於「小冰河期」，旱災頻發，在北方引發許多食人事件，而在十八至十九世紀的清朝旱災也不少，但食人事件案發頻率顯著低於明代。[74]之所以如此，除了清朝官府賑災幅度加大之外（第十一章），玉米、甘薯、馬鈴薯的普遍引種也貢獻不小，新世界糧食提升了農民應對災害風險的能力。

賈瑞雪研究了甘薯對中國動亂頻率的影響。[75]她先整理了明清十八個省分引種甘薯的時間，然後，收集了一四七〇至一九〇〇年間兩百六十七個府內發生的農民起義、氣候條件等資訊，分析發現：十五世紀以來，在引種甘薯前，旱災年分裡一個府有〇・八%的機率發生農民起義，幾乎是正常年的三倍；但引種後，即使在旱災年，農民起義的機率也只有〇・二%，下降了四分之三。此外，在引種甘薯前，即使發生小旱災，農民起義的機率也比平時高兩倍多，但引種後，小旱災幾乎不再增加農民暴動的傾向，社會因甘薯而穩定很多。因此，不管是吃稻麥還是甘薯，只要肚子飽了，起義的意願會顯著減少。當她改為以清朝十八省為基本分析單位時，發現在甘薯引種之後，即使出現旱災，農民起義的衝動基本跟正常年分無異。另外，因為作物和動物在大水之後仍然還能生長，所以澇災並不增加農民起義的頻率。

陳永偉等學者考察了玉米對清朝社會治理的影響。[76]他們研究的結果是，儘管玉米在清朝早期遭遇抵制，但對中國的影響基本跟歐洲一致。玉米降低農民起義頻率、減少暴力，但是由於玉米便於山上旱地種植的特徵不僅有利於老百姓，也同樣有利於長居深山的叛匪，因此玉米對清朝治亂有過複雜的影響，康熙曾禁止種植玉米等，直到後來乾隆解禁為止。總之，玉米、甘薯的抗旱性幫助「解離」了暴力與災害風險間原本形影不離的聯繫。

一五〇〇年時，中國人口大約為一億三千萬，而到一九〇〇年膨脹至四億，這種人口成長不僅影響了中國社會的政治、經濟、文化與生活方式，而且也深深影響了世界近代史。那麼，新世界作物對此增幅有多大貢獻呢？陳碩和龔啟聖整理了玉米對清朝兩百六十七府人口的影響。[77]由於這些地方引種玉米的年分相差很大，因此他們借助雙重差分法（亦即對比已引種玉米的府跟還沒種玉米的府，看它們在同期人口變化之差別），分析發現：十八世紀、十九世紀期間，引種了玉米的府人口密度顯然更高，人口成長更多；而且種植玉米的時間每多十年，人口密度就多漲五％到六％；僅玉米引種這單一因素，便可解釋一七七六年至一九一〇年間這些地區人口成長量的一八％到二七．二％。在研究設計中，考慮到珀金斯認為從十四世紀至二十世紀，中國糧產量成長的四五％是早稻所致，這兩位教授希望知道他們的結論是否受此影響。於是，他們改為僅用北緯三十三度以北的地區作為子樣本進行分析，因為早稻生長強烈依賴光照，而北方光照時間有限、不具備種植早稻的條件。他們發現，在北方，玉米對人口密度、人口成長的影響同樣重要。玉米的「雪中送炭」特徵顯然強化了風險應對力，促進了人口成長。

到目前，還沒有估算甘薯和馬鈴薯對十六世紀後中國人口成長的貢獻。龔啟聖教授在一次量化歷史講習班談道，玉米、甘薯和馬鈴薯對清代人口成長可能有一半左右的貢獻——當然，貢獻大小的精確估值還有待更多研究。但就新世界糧食對清朝人口成長的貢獻比較大這一點，復旦大學歷史學教授侯楊方提出質疑[78]，認為平均產量占比不高的新作物，怎麼可能貢獻很大？

在二〇一六至二〇一七年，根據國家統計局的資料，玉米產量占全國作物總產量的四〇%左右。李昕升和王思明把不同經濟史學者的估算總結在一起：在二十世紀三〇年代的中國，「常年」玉米產量平均占六・八%、甘薯占一四・二%，共為二一%；而在清代，一七六六年玉米和甘薯產量占比分別為〇・九七%、〇・三六%，一八一二年分別為一・七三%、〇・六四%，一八五〇年分別為二・三一%、〇・八四%，之後繼續穩定上升。[79]他們的估算跟其他學者出入比較大，比如吳慧的估算是，一八一二年玉米、甘薯在糧食消費中占一四・三九%。[80]到底誰的估算更為準確，可能還需要後續研究。但是，「常年」產出占比低的新作物之所以對整體人口成長的貢獻照樣可以大，是因為它們是「保險性作物」、「救急作物」，認清這一點很關鍵。也就是說，在「正常年分」，玉米與甘薯的產量占比可以很低，低得幾乎沒人注意，也沒必要高，靠稻麥這些主糧即可；但是在「非常年」，亦即主糧缺產的旱災年，農民可以在夏季或更晚追加種植玉米、甘薯與馬鈴薯，讓這些作物在「活命」關頭唱主角，雪中送炭。這樣，從時間序列看，「保險性作物」的產量跟稻麥產量正好負相關，此消彼長。因此，「常年」玉米、甘薯的產量占比的高低不是衡量「保險性作物」價值的指標，玉米、甘薯產量占比的跨年度「平均值」恰恰不能反映這些作物的價值。

尤其要注意，在任何一年，中國東西南北中各地不可能同時出現旱災，而是某些地區旱災，其他地區無災。所以雖然全國的新作物產量占比也許年平均只有三％，可是如果這三％的產量都來自受災省分，那對這些省分就會是一個大數，可以救很多人命！為說明這一點，我們舉個例子。假如某年有一〇％的省分經歷旱災，而且這些省的作物產量占全國總產量的一〇％，那麼在旱災之下，這些省的玉米、甘薯產出占其糧食產出的三〇％，彌補了旱災對稻麥產量的衝擊，而同年無旱災省分的新作物產出為零；這樣一來，玉米、甘薯產量只占全國產量的三％，但是這些產出集中在旱災省分，正好解決其救急挑戰，保住口糧，能減少或避免餓死人，並確保生育的正常進行。災荒對人口成長的衝擊，不只是因為有人餓死，更是因為處於生育期的壯年難以懷孕生子。在饑荒時期，受儒家文化影響的壯年夫妻上有老、下有小，更可能把有限的糧食給長幼用，自己餓著（比如上一章講到的二十四孝之「割股療親」和「埋兒救母」）；而壯年夫妻是人口成長的主角，他們作為饑荒的最直接受害群體，會最大程度影響全社會的懷孕生育能力。在這種時候，有救急作物給壯年夫妻「雪中送炭」，是確保生育率和人口成長的關鍵，其邊際重要性無可置疑。換言之，正如本書強調不能只以生產力也要以風險應對力來判斷人類創新的價值一樣，我們不應該只看玉米、甘薯占「常年」產出的平均比例有多低，而應該看到新作物是否使每個地區的糧食總產量變得更平穩（降低食物風險）。平滑食物供給，這才是理解新世界作物的要點。[81]

我們也可以從今天的保險產品認識這一道理。以汽車保險為例，假如每年發生車禍的機率為二％，一旦發生車禍，修車加醫療賠償為十萬元，也就是說，每年的車禍預期損失為兩千元（二％乘以十萬元）。由於保險公司有各種運營開支等，它們必須多收五％的費用，亦即張三每年交兩千一百元保費買汽車保險。那麼，如果他錯誤地把保險品看成「投資品」，並以每年平均投資回報率來評估其是否合算，那這項汽車保險每年的預期回報為負一百元，平均回報率為負五%。由於每年發生車禍的機率為二%，「平均」五十年發生一次，意思是，張三可能在未來四十九年或更長時間裡，年年支付兩千一百元保費，但從保險公司得不到一分錢賠付！那麼，張三是否應該因為沒看到賠付、平均回報為負，而不再買保險呢？不該的，因為保險品的作用在於「雪中送炭」，雖然大多數時候是賠錢，但只要關鍵時候管用就行。玉米、甘薯、馬鈴薯「常年」占比低，這沒關係，只要災害發生時能唱主角，就對個體福利改善、人口成長起到決定性作用。這是我們理解許多人類創新，即文明化發展的關鍵：或許沒幫助提升生產力，但為民眾排除或降低了風險衝擊的影響。

結語

從攜犬打獵到離河邊一定距離居住，再到定居農耕、儲藏食物、引種新世界糧食等，人類推出了許多技術創新，包括這裡無法系統介紹的千千萬萬種其他技術創新，有一些可以從生產力維度解釋其正面貢獻，另一些是生產力無法解釋的。一旦我們不只以生產力作為標準，而是也考慮是否強化人類的應對風險力，那麼一些原來無法解釋的進步努力就變得一目了然。定居農耕的發明就是經典一例。從一萬多年前開始，先是在中東的新月沃地，後來陸續在世界其他六個地方，分別獨立地發明定居農耕，人們安頓下來，馴種植物與馴養動物，發明跨期儲藏技術。從本章看到，定居農業雖然導致勞動生產力下降，但能提升人類應對風險的能力。具體到考古證據層面，雖然狩獵採集者比農民在身高上要高，但原始人骨骼上哈里斯線數量平均為九條，而早期農人平均為四條，這說明狩獵採集者的食物消費波動性比農民大一倍多，在成長期更經常遭遇饑餓。定居農耕使食物消費更有保障，也為文明起源奠定了基礎。

再如風乾、醃曬、加工等烹調技術，表面看似乎是為了豐富味道，未必提高勞動生產力，但實際上卻是很重要的防患未來消費風險的創新，因為處理過的食物更有利於跨期儲存、平滑消費，因此也是進步。在定居農耕以及伴其而來的這些創新強化了人類的風險應對力之後，一般自然災害就不再像狩獵採集時期那樣逼迫人類逃命、製造社會動亂了，這就是為什麼緒論和第一章講到，農業社會的戰爭死亡率遠低於狩獵採集原始社會。[82]

哥倫布於一四九二年發現美洲大陸，這是改變人類文明化進程的另一大創舉。這一創舉除了開啟海洋貿易和全球化之外，也因為帶給了歐亞前所未有的「保險性作物」，使歐亞社會人口大增、暴力頻率下降。就歐洲而言，玉米引進後使其暴力頻率下降。納恩和合作者在兩項系統研究中，先是證明一七〇〇至一九〇〇年間歐洲人口成長的二六%是因為引種馬鈴薯，然後在另一項研究中進一步用歐洲、北非和近東國家一四〇〇至一九〇〇年間的資料證明，馬鈴薯給這些社會帶來了長久的暴力下降，改善了社會秩序。[83] 這說明，平克所闡述的人類暴力長久下降趨勢，顯然離不開新作物的貢獻。

而在中國，關於玉米、甘薯、馬鈴薯的貢獻，最近幾年史學家爭議較大。學者認為，到十九世紀初這些作物的產量還只占糧食總產量的幾個百分點，怎麼可能對中國的人口成長和社會穩定貢獻很大？前文談到，這種疑惑來自以往只用「常年」與「平均產量」評價作物重要性的習慣，這種評價標準適合主糧，但不適用於「保險性作物」。主糧解決「常年」的消費需求，而「保險性作物」是解決「非常年」的需要。只要新世界作物能在「非常年」起到救急救命的作用，即使「常年」的產量占比低，它們對人口成長、社會穩定照樣很關鍵。這些新作物在生產力和應對風險力這兩個維度都有貢獻。賈瑞雪、陳碩與龔啟聖的實證研究表明，甘薯和玉米的確降低了清朝社會的食物風險，使社會更穩定、人口成長更快，這些發現跟美洲作物對同期歐洲的影響一致。有意思的是，這些作物通過穩定社會秩序，間接地為工業革命的到來奠定了基礎。[84]因此，美洲作物在世界的傳播可以說是農業革命之後的又一次「飛躍」，屬於第二次農業革命。

在人類漫長的文明進程中，所創新的硬技術、新品種遠不止本章介紹的這些，有的是提升了生產力，但可能更多的是改善人類應對風險挑戰的能力。空調的發明是另一個例子，它可能提升了一些群體的生產力，但更重要的是改善了人類的生活品質、降低了暴力犯罪。在美國，高溫的夏天不僅降低勞動產出，而且引發更多暴力犯罪和死亡。五位學者在二〇一五年的一份研究中發現[85]，一九六〇年之前，全美每年的死亡人數與高溫（攝氏二十六．七度以上）之間顯著正相關，但是在一九六〇年後，由於空調的普及，高溫期間死亡人數平均每年少一．四萬人。空調技術創新顯然降低了暴力，延年益壽。

如何評價避險性創新對文明化的價值呢？當代行為經濟學研究發現，人類有嚴重的「損失厭惡」，獲得收益的歡樂遠低於遭遇等量損失的痛苦。[86]十九世紀，哲學家叔本華在《論生存的痛苦和虛無》中說，「我們對痛苦的敏感幾乎是無限的，但對享樂的感覺則相當有限」，他解釋道：

> 人和動物之所以表現出不盡相同的情形，首先是因為人想到了過去的和將來的事情——這樣，經過思維的作用，所有一切都被增強了效果。也就是說，由於人有了思維，憂慮、恐懼和希望也就真正出現了。這些憂慮、恐懼和希望對人的折磨更甚於此刻現實的苦、樂，但動物所感受的苦、樂則只是局限於此刻的現實。也就是說，動物並沒有靜思回想這一苦、樂的濃縮器，所以動物不會把歡樂和痛苦積存起來，而人類借助回憶和預見卻是這

樣做的。對於動物來說，現時的痛苦也就始終是現時的痛苦，哪怕這種痛苦無數次地反復出現。[87]

因此，人類對未來風險與不確定性的憂慮和恐懼是加劇現時痛苦的主因，也是區分於動物的地方。而避險性創新雖然不一定提升生產力，但可以幫助人們攤平風險、減少痛苦、增加幸福。只有兼用生產力和風險應對力這兩把量尺，我們才能更全面地認知人類過去做過的各種創新。

第三章 雷公打人，不問時辰

迷信作為秩序的起源

無論是現代國家、中世紀的教堂、古老的城市，或者古老的部落，任何大規模人類合作的根基，都在於某種只存在於集體想像中的虛構故事。

——尤瓦爾．赫拉利《人類簡史》[1]

人若是能用成規來控制所處的環境，或人的遭遇總是幸運的，便絕不會去相信迷信。然而，人常常陷於困境，成規無能為力。又因為人所渴求的好運不是必然的，人常常因此反復於希望與恐懼之間，甚為可憐。因此，大部分人是易於輕信的。

——斯賓諾莎《神學政治論》[2]

如果說文明是一系列被證明有用的虛構故事的累積，那麼「迷信」算是人類最早發明的一類虛構故事，而且為之後的文明化進程奠定了基礎，其影響持續至今。記得我小時候在湖南農村，常聽到大人警告：「要守規矩哦，否則，要被雷公打！」當然，雷暴是客觀存在的，但雷公是虛構的，相信雷公存在、認為他獎罰嚴明，那是迷信。可是，這種迷信對規範小孩甚至大人的行為、建立規則和秩序，效果非常顯著：一聽到這種威脅，沒有小孩不立即改變行為的。沒有規矩，不成方圓，由此，迷信是方圓，即秩序的基礎。[3]

在人類暴力長期下降趨勢的背後，迷信發揮了相當的作用。對於熟悉科學的現代人來說，可能覺得奇怪，迷信不是非理性、反科學的嘛，怎麼會在歷史上有過積極貢獻，甚至在繼續發揮作用呢？原因在於，只要人類面對不確定性與風險，只要還有科學沒法解釋或應對的事與物，那麼，迷信就有它的價值。迷信從一開始就是人類對未知環境的一種反應，雖然迷信不一定提升生產力，也不一定改善人的物質生活，但可以從心理上提升人類的風險應對力，也可幫助樹立秩序所需要的權威。在本章中，我們就聚焦這個話題，探討「非理性」迷信背後的「理性」。

迷信包含兩個層面的含義。[4]一是信念層面。在信者看來，迷信是顛撲不破的學說。而按照長久沿襲的柏拉圖的觀點，知識是得到證成的、真實的信念。[5]如果在「證成」和「真」之中的任一維度上偏離知識的定義，那就會構成迷信。因此，迷信既包括沒有充分證據證明的信念，也包括當事人篤信不疑、實際卻無效果的情形。[6]二是行為層面。當事人僅僅持有「虛假」的知識而不踐行，也不足以構成迷信。[7]將這兩個層面結合起來，比較全面的定義是：在缺乏足夠依據的前提下，相信行為和結果之間存在因果聯繫（實際可能並不存在），並據此有意識地採取行動，這就是迷信。迷信既反映了人承認自然規律的存在，又反映了通過沒有經過驗證的知識操縱自然的願望。因此，迷信和巫術是分不開的。[8]

在李澤厚看來，人類社會不管東方西方，起初的智人都先發明了「巫術」（迷信），然後再從巫過渡到「史」與「禮」，再到基於理性的科學。[9]他說，「巫術禮儀」是極為複雜的整套行為、容貌、姿態和言語。由於它是溝通神明的聖典儀式（holy ritual），不能有一點差錯。因此對巫師本人、參加操作者以及整個氏族群體成員，都有十分嚴格的要求和規範，必須遵循，不能違背，否則便會有大災難降臨於整個群體。巫師操作的細節後來演變為各種方術、技藝、醫藥等專門之學。其次，人的吉福，被想像是通過這種巫術禮儀的活動，影響、強迫甚至控制了鬼神和天地而發生的。而且，在迷信活動中，情感因素極為重要，巫師和其他參與者必須具有某種迷狂狀態，投入充分且無意識的強烈情感，否則就不靈。

那麼，迷信就只為個體的精神需要或靈魂安慰而做，沒有利益訴求、物質動機嗎？當然不是。試想，幾萬年前，人類沒有文字和科學，不懂自然是怎麼回事，更沒有預防風險的工具和手段，每天自然世界發生什麼，是自己不可預知、不可理解的，而一旦發生卻可以決定人的死活，該怎麼辦呢？一種可能的回應是放棄這世界，不活了。另一種更積極的理性回應，是虛構一套「在當時」能自圓其說的故事，告訴人們旱災、水災、雷雨、颱風、瘟疫、地震、死亡、疾病、傷殘等，都是「天意」，是「上天」對某人某事不滿而給予的「報應」，亦即「天譴」與「天命」。這種「自我迷惑」不僅操作成本低，而且在客觀上可以幫助人們被動地接受無處不在的風險，跟當今流行的「心靈雞湯」異曲同工。此外，風險不僅危及食物供給，即個體生存，也威脅心理安全，帶來負面情緒，甚至影響個體的理性判斷力，而迷信可以幫助糾正這種判斷偏差。這一章將談到，在發明科學、家庭和金融等避險手段之前，迷信是人類針對風險和不確定性的一種理性反應、一種被動避險手段，並且也有助於穩定社會、降低暴力。

從康熙災政看國家的起源

古人的許多創新不僅沒有提高生產力，而且也是現代人無法理解的。迷信就是這樣一種創新，其非理性程度很多時候是一目了然的，但如果沒有發明迷信，人類文明可能真的難以起步，比如國家可能就難以起源，由國家建立的秩序也會無從談起。康熙十八年的京師大地震就是一個經典例子，皇帝的應對措施和邏輯會讓現代人匪夷所思。那年七月二十八日（一六七九年九月二日）上午十點，京師發生強烈地震，「聲如雷，勢如濤，白晝晦暝」。震波一直持續到下午六點，地震規模八。之後的十幾天內餘震不斷，並且波及今天的河北、內蒙古、遼寧、山東、河南、山西、陝西、甘肅等省的一百三十餘縣。[10] 京城內，宮殿、民居損壞嚴重，房屋倒塌不少，「裂地成渠，出黃黑水及黑氣」。當時正值夏天，遍地死屍，惡臭滿街，慘不忍睹。

早在康熙十二年（一六七三年），京師就有過一次小地震。對此，康熙感歎「此乃天心垂異，以示警也」，並許諾益加修省，改進朝政。面對康熙十八年更大的地震，康熙認為，這是因為朝廷上下「用人行政，多未允符」，官員們「是非顛倒，措置乖方，大臣不法，小臣不廉，上干天和，召茲災眚」。震後次日，皇帝連發諭旨，要求部院三品以上及各科道官、省督撫，就「今應行應革事宜」進行反省，並保護百姓，以期「挽回天意」。

《康熙起居注》和《清實錄》記載了當時朝政的許多細節，從中可以看到，迷信是康熙災政的核心理念。震後，康熙召集群臣問道：

「茲者異常地震，爾九卿大臣各官其意若何？朕每念及，甚為悚惕，豈非皆由朕躬料理機務未當，大小臣工所行不公不法，科道各官不直行參奏，無以仰合天意以致變生耶？」[11]

「頃者，地震示警，實因一切政事不協天心，故召此災變。在朕固應受譴，爾諸臣亦無所辭責。然朕不敢諉過臣下，惟有力圖修省，以冀消弭。茲朕於宮中勤思召災之由，精求弭災之道，約舉大端，凡有六事，爾等可詳議舉行，勿得仍前，以空文塞責。」[12]

圖三・一　始建於明朝永樂年間的北京天壇

關於京師大地震後康熙及朝廷內的更多言行，這裡就不多重複了，有興趣者可參見王曉葵的綜述。[13] 從上面的引述已能看出康熙的邏輯，像地震這樣的災異，絕不是所謂的「自然現象」，而是源於執政不當，是上天警示「頃者地震示警，實因一切政事不協天心」，所以文武大員必須認真檢討自責，寫成祭天文稿，然後大臣們前往天壇祭拜，以求上天寬恕。此外，通過祭拜向上天報告天朝治理狀況，也告示百姓：天子之權乃上天所賜，皇權至高無上[14]，無可挑戰。

北京天壇始建於明永樂十八年（一四二〇年），初名天地壇，於嘉靖十三年（一五三四年）改稱天壇，專用於祭天，另在北郊建方澤壇，用於祭地。清廷入關後，沿襲明制，祭天拜地仍為最嚴肅之事。《大清律》規定：「每逢祭祀，於陳祭器之後，即令御史會同太常寺官遍行巡查，凡陪祀執事各官，如有在壇廟內涕唾、咳嗽、談笑、喧譁者，無論宗室、覺羅、大臣、官員，即指名題參。」[15] 隨祭人員無一不是誠惶誠恐，膽戰心驚。如乾隆四十七年四月初六，皇帝到圜丘壇舉行常雩禮求雨，官員因三件事遭懲辦：祭壇祝版上的文字寫得不夠工整，具服台更衣幄次設的坐褥不夠整齊，按規定應懸掛三盞天燈少了一盞。京師大地震後，康熙派大臣往天壇祭拜，當屬常規。可是，各官告祭天壇後，似乎上天還不滿意，餘震續發。

看到這些，康熙決定齋戒，並親自率諸王、文武官前往天壇祈禱。「前以地震示警，朕恐懼修省，夙夜靡寧，已經遣官虔告郊壇，乃精誠未達，迄今時複震動未已，朕心益用悚惕。茲當虔誠齋戒，躬詣天壇，親行祈禱。」[16]

康熙帝的邏輯似乎讓現代人無法理解：像地震這種自然現象，怎麼是上天給朝政的打分評價呢？而且，天壇祭拜真的能取悅上天，終止地震嗎？可是，這種基於迷信的災政邏輯不僅主導中國和世界許多社會數千年，而且更重要的是，這種非理性迷信是現代民主制度出現以前國家秩序得以維繫的基礎性法理。也就是說，在迷信的「非理性」背後，存在宏大的「工具理性」，因為如果沒有這種虛構故事做支撐，傳統的文明秩序就難以建立。所以，神壇等祭祀建築在都城中都舉足輕重，朝廷必集中人力、物力、財力，最完美地建造這些建築。

這些記載清晰折射出王朝的合法性來源和治理方式。皇帝深信災害的起因是「一切政事不協天心」，這種「天意」、「天心」當然為虛構，但卻是「國家權力」的合法性來源。[17] 在古代社會，沒有迷信就沒有王朝統治的正當性。夏有大禹治水的神話：禹花十三年時間解決了折磨兩代人的水患，他如果不是神，是什麼？是神當然就有統治合法性，而禹的兒子啟就不需要新神話，其合法性在於他是禹的兒子。後來，湯暴力推翻夏、建立商朝，可是作為創世帝王，湯又面對合法性挑戰，否則單靠暴力難以維繫統治，治理成本高。所以，他的團隊推出「湯禱桑林」的神話，據《呂氏春秋．季秋紀．順民》記載：「昔者湯克夏而正天下，天大旱，五年不收，湯乃以身禱於桑林曰：余一人有罪，無及萬夫。萬夫有罪，在余一人。無以一人之不敏，使上帝鬼神傷民之命。於是翦其髮，酈其手，以身為犧牲，用祈福於上帝，民乃甚說，雨乃大至。則湯達乎鬼神之化，人事之傳也。」也就是說，商湯統治的正當性是基於跟夏完全相反的巫術故事：解決了大旱問題，而他的自責求雨邏輯跟三千多年後的康熙幾乎一樣。湯之後，商代其他帝王就不必新造神話，只要按血統繼位就屬「合法」。

等到周滅商，就要再造迷信，重建「合法性」。趙鼎新在《東周戰爭與儒法國家的誕生》中說，「在推翻商朝之初，周朝統治者遭到商朝貴族的強烈敵視和反抗。為了緩解商朝遺民的抵抗並取得他們的合作，周朝建國者創造了『天命』的說法，試圖以此勸告商朝遺民：周之所以代商而立，是因為商朝統治者的暴虐統治使商喪失了『天命』」。[18]也就是說，商王違背民意、失去民心（即違反天意），所以上天派周王而至。雖然這都是出於宣傳王權合法性，但是周王所推動的迷信跟之前的相比，與現代統治合法性的觀念更接近，其神話程度也低了一些。到漢時期，「天命觀」被董仲舒的「天人感應」進一步系統化，成為之後中國政治思想中的關鍵要素，使漢以來各王朝都基於「天命」找合法性，年年祭拜上天。「既然自然的『天』不直接使人成為人，天意往往要通過一種世間權威進行表達與實現，那麼上達天意下治黎民的君主就掌握著某種『通天徹地』的權力。」[19]但問題是，幾乎誰都可以像周王那樣重編故事，說自己「授天命」前來推翻舊王朝、建立新政權。於是，「中國歷史上難以計數的農民起義活動，無一例外都帶有這一觀念的胎記」。[20]第一章介紹的我與林展的研究發現[21]，中國歷代皇帝有三六．八％死於非命，其中六六．五％是死於朝廷內部人之手（包括身邊的大臣、宗親、外戚和近侍），有七位皇帝（占所有皇帝數的二．六％）被農民起義軍所殺，這些資料足以證明基於「天命」迷信的王權統治是何等脆弱，給太多人留下「刺破」虛構故事的空間。[22]

從上古到近代，不只是中國歷史上王朝統治合法性靠巫術迷信，古埃及的法老、南美洲印加帝王等，也都說自己是太陽神之子，歐洲國王說自己是「天子」。古埃及大約在西元前三一〇〇年建立國家，國王被稱為「法老」；為了把自己是「神的化身」的故事形象化，法老還給自己修建巨大的陵墓金字塔，強化臣民對其權威的迷信。印加帝王也不惜重金建造太陽神廟[23]，通過宣傳讓迷信深入人心，建立政權的合法性。印加神廟的主祭壇坐西朝東，殿頂極高，遠遠能見；神殿牆壁都鋪上金箔，太陽神像占據一面內牆，其兩旁放著已故先王的遺體，目的是讓臣民親眼看到印加帝王真的是太陽神的後裔。日本也不例外，其皇帝叫「天皇」，表明他非凡人，是上天派到凡世的統治者，與周王的天命觀異曲同工。

十九世紀末，梁啟超在《清議報》將瑞士政治學家伯倫知理（Bluntchli Johann Caspar）《國家論》中的一段論述介紹到中國[24]：

> 方今國民，苟以文明自許者，莫不以神道政治為詐術詭道，凡政略有此臭味者，概擯斥之以為鄙陋，有害往時未開化之民，以雲氣雷鳴，驗神之喜怒；以飛鳥之去來，神錢之符號，卜事之吉凶，或以巫祝之妄方為神托，此種神怪淺陋，今世之人，豈有信之者哉。近世君主，欲擅其威福，乘民之迷信宗教，托於神者有之，人人知其妄誕，皆曰神既賦人以智識，使人各賴其力，以圖生存之道，與其候難知之神意，以決國務，不若出我天稟之思慮，以處理之也。

梁啟超不僅把「迷信」一詞引入中文，也借助伯倫知理開始討伐基於「天子」迷信論的王朝體制。可是，基於「天子」、「天命」迷信的國家治理體系非一個梁啟超所能撬動。

正因為如果沒有這種迷信，或者人們不接受、不信迷信，諸如「真命天子」之類的說法就無用，皇權、國家權威就不復存在，所以數千年裡，精英努力將治理體系細化，包括司法理論與實踐也深受迷信影響。比如，死刑被認為是上天意志的體現，帝王只是代天作罰，行刑時間按天意確定。《禮記．表記》中說，孔子對夏商周君王的治國策略是這樣解讀的：「子言之：昔三代明王皆事天地之神明，無非卜筮之用，不敢以其私，褻事上帝。是故不犯日月，不違卜筮。」意思是，三代明王事事照天意而行，以此讓老百姓相信帝王行動是天意所授，並要求民眾「信時日、敬鬼神、畏法令」（《禮記．曲禮上》）。為做到信時日，《左傳》建議「賞以冬夏，刑以秋冬」，因為秋季草木凋零，是一派肅殺之氣，此時行刑更能順應天道[25]；西漢規定，行刑在十月至臘月間，立春後就不能再執行了；在唐代，如果不是在秋分至立春之間處決死刑者，則要判一年徒刑；其他朝代也基本如此，只在細節上有少許差別。此外，行刑的具體日期、時辰也有規定：唐時期，行刑不能在大祭祀日、致齋日、朔日、望日、上弦日、斷屠日月、二十四節氣、假日，以及下雨未晴的日子；對行刑的具體時辰，白天行刑必須等到午時，夜間行刑必須等到天明。[26]這些規定當然是迷信，因為沒有證據表明不如此做就真的有惡果。但在古代，國家靠迷信建立，社會靠迷信治理，有一套一以貫之的「天道」邏輯。

李澤厚從巫史角度解讀中華治理體系的演變[27]，談到周公在總結反思殷商覆滅的基礎上「制禮作樂」，完成「由巫到禮」的轉變。也就是說，上天、鬼神的構造在於威懾人，借助迷信給「禮」和治理秩序提供必要的威懾基礎。比如，當今社會還常用的詛咒語「做這種惡事，要被雷公劈」、「蒼天有眼」等，是否管用取決於人們是否相信上天存在、迷信巫術，這就取決於能否成功宣傳迷信。只有在巫術迷信具有威懾力的條件下，統治、禮制與道德才有基礎，信則靈；否則，國家、禮制與道德只是空中樓閣，無立足之地。在李澤厚看來，夏商周三朝，儘管都有各種專職的巫史祝卜，但仍然由「王」作為最大的「巫」，溝通神界與人世，最終由君王一人體現「巫君合一」（即政教合一）和「人神合一」。夏禹、商湯及至周王，都是集王權與神權、人與神於一身的大巫。之間的關聯又充分體現在巫的實踐上，商王通過祭祀、操縱甲骨占卜定奪國家大事，而周公甚至直接把《周易》卜筮的應用轉化成了解夢工具，流傳至今。這一點，可稱為巫術的外在理性化，將一個虛構的「天命」故事變成理順國家秩序的工具。康熙於天壇祭拜天的意義類同，是他作為「大巫」的必需職責，以宣揚鞏固「天命」、「天意」迷信。

既然「大巫」如此敬畏天意，鬼神對大眾的威脅力就自不用說，就給「禮」、「義」與治理秩序提供了必要的基礎，增加了不禮、違規、作惡的成本。道德倫理沒有法官維護，也沒有掌握強制力的員警去執行，但我們從小被告知「公正世界」的存在：以德行事之人終將得到獎賞，而逆德之人將遭懲罰[28]，或「善有善報，惡有惡報，不是不報，時候未到」。《太上感應篇》強調，商人借取不還、以次充好、缺斤少兩等行為是「取不義之財」，並進一步闡釋：取不義之財，猶如「漏脯救饑，鴆酒止渴」，後果是「非不暫飽，死亦及之」！[29]可是，這些規範靠什麼執行呢？當有人不再相信公正，並橫行殘暴、為非作歹、奉行傳播「直如弦，死道邊；曲如鈎，反封侯」、「殺人放火金腰帶，修橋補路無屍骸」等觀念，社會怎麼制止呢？「末日審判」的威懾如何兌現？事實上，善人也可能因天災落難，惡貫滿盈者反而可能安度餘生。針對這些挑戰，人類早就發明了一系列如「蒼天有眼」、「做這種事，要被雷公劈死」等等迷信。這就需要人們廣泛接受迷信，也是李澤厚「由巫到禮，釋禮歸仁」之意，正是這些迷信的威懾力使禮與道德秩序有了可能。沒有迷信，就難有道德秩序，所以朝廷需要擴建天壇、地壇等各種神壇。

通過在觀念層面增加行善的收益、抬高作惡的成本，迷信使道德治理秩序有了基礎。然而，迷信達到這一目的的管道還不止於觀念，也會通過具體刑法。前文說到，古代中國的行刑要隨天意而定，在現代以前，世界很多地方的司法行為也要依賴神的旨意。在歐洲，法庭可能把嫌疑人扔到河裡，根據浮沉的結果判案，如果沉下去，就說明有罪；同樣是歐洲，司鐸會讓嫌犯光腳走過火紅的烙鐵，根據其是否受傷做出最終裁決；在非洲，部落首領會讓嫌疑人喝下一種配方神祕的液體，是否能洗刷罪愆，取決於嫌疑人最終是否中毒。[30] 今天，我們也許覺得這種「司法」愚昧而野蠻，不僅無法分辨清濁，還會誤傷無辜。然而，有迷信觀念做後盾時，這些斷案法的準確率可能高於我們的想像。在中世紀的歐洲，人們普遍信仰上帝；在當時的非洲，人們都相信首領是神靈的化身。如果所有人都確信神可明斷忠奸，而又清楚了解溺水的苦痛、烙鐵的灼燒或神祕液體的毒性，那麼威懾之下，有罪者和無罪者的最優決策大不相同：對於前者，為何不直接認罪，還要多吃一道苦？對於後者，既然自己清白，那神靈必然會庇佑自己。通過觀察嫌疑人接受神斷時猶豫的程度，法官、司鐸或部落首領即可斷定嫌疑人是否清白。接著，通過操縱神判的類型和嚴酷程度，他們可以精準地實現懲惡揚善的目的。[31]

由此看到，雖然迷信不能消除風險，基於巫術的王朝必然內含不穩定性，但是當社會廣泛接受迷信，王朝統治和道德秩序就有了相對低成本的基礎，國家的建立就不僅能有所本源，而且治理與維護變得可行。也就是說，迷信帶來社會秩序，秩序使未來預期更加可靠、違約風險降低，糾紛和衝突就會減少，暴力和戰爭的頻率也會下降。從這層意義上來說，雖然到周朝，暴力和戰爭還是很頻繁，但跟遠古時期相比，周朝應該進步很多，其暴力頻率應該大有下降。[32] 可惜到目前還沒看到對商周時期暴力程度的量化研究，但據平克對其他社會的歷史研究的統整[33]，到十九至二十世紀，在還沒形成國家的二十七個原始社會中，平均每十萬人中一年有五百五十到六百五十人死於戰爭，而二十世紀的現代國家（有政府的社會）裡，每十萬人口中一年大約有六十人死於戰爭。因此，具有現代政府的國家跟還沒建立政府的原始社會對比，戰爭死亡率相差十倍。另外，平克注意到，根據出土的屍骨判斷，在近代澳大利亞、菲律賓、南美洲還遺留的無政府社會（要麼是狩獵採集原始社會，要麼是半農耕社會），死於暴力（包括戰爭和一般暴力）的人數占比為二四．五％（即每一百人中最終有二四．五人會死於一般暴力和戰爭），而即使在戰爭不斷的十七世紀歐洲，死於暴力的人口占比也只有二％。[34]可見，雖然王朝國家的合法性源於迷信，但巫術王朝建立的秩序也是秩序，使跨期互助合作比以前牢靠，開啟了文明化進程。

當然，迷信化解暴力的通道不只是通過「天子」建立國家的統治權威，還可以通過促進產權秩序和合同安全，減少糾紛衝突風險。以產權為例，當產權界定不清晰或保護不充足時，產生衝突的可能性會相應提高，交易風險因此增加。[35]不同文化發展出了多種解決這類問題的迷信。在歐洲，人們相信修士的詛咒確有威力，能讓觸怒他們的人倒楣。借助這一觀念，修道院得以在缺乏政府保護的情況下守住自己的財產：對意圖侵犯產權的人來說，迎接詛咒是必須考量的後果之一。[36]吉普賽人中流行關於不潔的迷信：如果接觸不潔的人，自己也要倒楣，於是，成為不潔的人意味著被整個社區放逐，只能游離在社會的邊緣，諸如盜竊、搶劫等侵犯產權的行為都會使犯者變得不潔。結果，哪怕不借助暴力，吉普賽社區也能對挑起爭端的人施加處罰。[37]這些迷信和觀念的作用方式就形同格雷夫（Avner Greif）講的「多邊懲罰機制」（multilateral punishment mechanism）[38]：通過社區成員拒絕與犯規者合作，實施集體懲罰。在中國文化中，迷信也是解決交易風險的重要工具：在雙方交易、訂立合約時，常寫入「如有相違，人神共殛」、「違約者被雷公劈死」等條款，對迷信者而言，這種詛咒遠比官府更具威懾力。歷史學家蘇基朗在《刺桐夢華錄》中談道，古代商人為了降低毀約風險，商業契約都會訴諸神的力量，明代的合夥契約範本就包括以下條文[39]：「立合約人某某，竊見財從伴生，事在人為。是以兩人商議，合本求利，當憑中見，各出本銀若干……至於私己用度，各人自備，不許扯動本銀，并亂帳目。故特歃血定盟，務宜一團和氣，苦樂均受，不得匿私肥己。如犯此議，神人共殛。」結尾處的「歃血定盟」、「如犯此議，神人共殛」，就是喚起雙方對超自然報應的敬畏感，給脆弱的合夥契約提供支援，確保其執行。如果各方對神靈的威懾力無信心，傳統社會的產權制度和契約秩序將難以維持。

如果迷信幫助社會維持產權和道德秩序，這也會促成暴力糾紛的下降，強化文明化進程。經濟學家步德茂在他的著名論述《過失殺人、市場與道德經濟》中[40]，對十八世紀廣東、四川和山東的土地糾紛命案進行對比研究，其中，廣東的土地命案自一七三六年至一七七五年前後一直上升，之後逐步下降，而四川在整個十八世紀一直上升。步德茂的結論是：之所以廣東暴力糾紛先升後降，是由於在十八世紀中期兩廣總督大舉鼓勵墾荒、明確各地地權邊界，在土地權界清晰之後，土地糾紛必然減少，故一七七五年後廣東土地命案數下降。可是，十八世紀的四川並沒有出現土地產權秩序的改良，因此四川土地命案一直不降反升。所以，即使古代缺乏避險工具，而且自然風險頻繁出現，但巫術迷信使社會相對有秩序、更穩定，進而促使一般暴力與戰爭死亡雙雙下降。

回頭看，康熙應對京師大地震的方式與迷信邏輯，只是夏商周以來國家治理體系的延續，整個統治合法性基於迷信，因此日常理政救災也必須以具體行為做實迷信，達到一以貫之的效果。鄧雲特說「民國十四年七月間，湘省亢旱成災，省當局迎陶、李兩真人神像入城，供之玉泉山。不雨，則又向藥材行借虎頭骨數個，以長索繫之，沉入城外各深潭之中，冀蟄龍見之相鬥，必能興雲布雨。又無效，則迎周公真人及所謂蛇龍將軍者，並供之於玉泉山廟。仍無影響，則又就省公署內，設壇祭雨……」。[41] 鄧雲特還列舉了許多其他官府引神弄鬼的實例，這裡就不重複了。迷信給看似不可理喻的混亂世界以某種結構和秩序，帶來正面的文明化價值，而一旦迷之過頭，代價也會無限放大。

民間迷信

在中國歷史上，迷信遠不止服務於王朝和國家治理。風險與不確定性在民間生活中無處不在，所以迷信也充斥著社會的各個角落，包括風水、八字、算命、吉日。[42] 地方上有眾多廟宇、神龕，供奉象徵風調雨順、五穀豐登的神明，其中雨神、水神、樹神、畜神、蟲神等為祭拜重點。[43] 供奉這些神靈，是因為當地人有所求，企盼諸神幫忙應對「超人力」的風險。本節列舉一些熟悉的案例，以展示迷信在中國社會的廣泛性。比如，蟲神掌管各類昆蟲，在長江以北，蝗災常年危及莊稼收成，於是蟲神廟尤多。蝗蟲繁殖奇快，一出現就遮天蔽日，破壞大片莊稼。慘痛的教訓告訴人們，僅「下令捕蟲」遠遠不夠，在人力不足以解決問題的情形下，地方官就通過拜蟲神祈求超自然力量的幫助。

古人在創新迷信故事上想像力豐富。其一是有關天氣的神與廟，如風神、雷神、霜神，源於古時人們對天氣變異的反應。正如前說，極端氣候風險摧枯拉朽，擊傷人畜，古人也認為是上天發怒的結果。《周禮．春官．大宗伯》稱「以槱燎祀司中、司命、風師、雨師」。傳說中，風神即風伯，又稱風師，是人面鳥身的天神，對應二十八星宿中東方七宿之一的箕星，箕星一動，預示著有大風。雷神又稱雷首宮，寶誕日是農曆正月廿八，在這天，雷州半島家家戶戶殺雞殺豬祭拜，還請來醒獅團和鷹雄團、舞龍團、戲班、年例大巡遊等，大舞大樂，祈禱風調雨順、國泰民安。

其二是畜神，司職保護放養的牲畜，比如馬神。它不僅保護馬匹，還保護當地所有動物。據譚蟬雪總結，駱駝和馬匹乃敦煌人生產、生活及軍事不可或缺的交通工具，故春祭馬祖，「伏以今月（二月）二十三日馬群賽神，付設司樫刺三束」，設燎壇祭拜，禮畢焚燒柴草。四月駝馬入草賽神，五月夏祭先牧，八九月秋祭馬社。[44]

其三是樹神，司職保護樹木。在中國南方，森林是重要產業，樹神崇拜非常普遍。《太平御覽》云：「盧江舒縣陵亭有流水，邊有大樹，常有黃鳥數千枚巢其頭，下有故祠，後見一婦人著繡衣，自稱黃祖，能興雲雨。」[45]信仰樹神的代表之一是古越人，其先民是先秦時的甌越、駱越人及漢代的烏滸、南越人，他們信仰萬物有靈。長勢奇特的樹木往往被奉為神明，他們非但不讓砍伐，而且建有社公廟，時常祭祀，期望社公保佑一年四季風調雨順、五穀豐登、六畜興旺。此外，一些少數民族直接將樹神與祖先崇拜連在一起，例如雲南彝族有傳說，其始祖阿搓在大洪水之後，從竹筒走出，與一松樹變成的女性成親，因此彝族將松樹視為始祖而加以祭祀崇拜。如此種種，不一而足。

其四是水神，在漢族神話中，水神是傳承最廣、影響最大的神祇之一。傳說共工與顓頊爭奪帝位，不勝，怒而頭觸不周山，「天柱折，地維絕。天傾西北，故日月星辰移焉；地不滿東南，故水潦塵埃歸焉」（《淮南子．天文訓》）。共工氏死後，人們奉其為水師，其兒子后土被奉為土地神，所謂「蒼天在上，后土在下」說的便是他，可見人們對共工父子的敬重。水神在旱季帶來祥雲喜雨，在洪澇時幫助消除河道淤堵，還掌管龍王、雨神、河神。在農耕地區，祭拜水神的廟宇無處不在。

圖三・二 魯班廟是祭拜建築業祖師的場所

無論是官府祭祀還是民間對農業神的崇拜，皆體現出古人對自然風險雖有認識，卻無有效應對手段，所以不得不虛構各式神靈讓人祭拜；儘管這不改變自然世界的風雲異動，卻給當事人夢幻式慰藉，各行各業都有自己的神就證明了這一點。在商業領域，迷信與農業不同，因為商業成功不靠天地，而靠經驗、知識與技能，受主題行為的左右，但也充滿不確定性，因此也有求神需求。中國多數行業與商會都有相應的保護神。[46] 一九二四年北京調查的二十八家行會中，只有四家沒有祭拜祖師或保護神的做法。染工、酒商、裁縫、樂匠、理髮師、廚師甚至說書先生，都有自己的守護神。

以建築業為例，行業祖師是魯班。魯班生活在西元前三世紀，人稱公輸盤，尊稱公輸子，是手藝非凡的匠人。他的事蹟在兩千年中被神化，被許多行業奉為保護神，尤其是建築業。建房過程中，關鍵階段一個小錯誤都可能導致牆面倒塌，造成傷亡。為避免這種風險，人們借助超自然力量。在奠基、上樑前，工匠舉行祭祀儀式：

首先，梁上掛一條預示好運的紅布，接著上香、燃燭、燒紙錢，還供奉食物、酒水；然後，工匠們上樑，點爆竹，結束儀式。造船業在安放龍骨前，或進行其他重要工序時，也舉行類似的迷信儀式；完工時，再舉行儀式酬謝魯班爺，通過祈福消除緊張感，也為下一個工程做好鋪墊。

早期的醫生都是巫師，或者說巫師同時為醫生，占卜是治病的主要方法。[47]也就是說，醫療業從一開始就跟迷信分不開。在古代，人類對病是什麼、為何生病當然一無所知，只知道莫名其妙的病可以致人死亡，因而正如李澤厚所說，醫術由巫術演變而來。華佗是西元二至三世紀的名醫[48]，後來被傳為神醫，演變成醫藥健康業的保護神，許多地方建有華佗廟。

尤其在古代，遠海打魚、航海是高風險職業，出海前無法預知颱風暴雨，在海上船員聽天由命。因此，漁民、水手每次出海前都舉行祭祀儀式，求神保佑，他們對超自然力量的迷信十分虔誠。也正因為遠海作業的風險遠高於內地種植業，沿海省分都有供奉天后的廟宇，廣東、福建、浙江等沿海省分的人比內陸農人更迷信。傳說西元十世紀，天后出生於福建一個漁村。還是小姑娘時，她就表現神異，誓不出嫁。她死後不久，有漁民遠海遇險，在與風浪搏鬥時看到天后的幻影，隨即逢凶化吉。從此，天后成為漁業、航運業的保護神。在香港，慶賀天后誕辰是每年參加人數最多的節日盛會之一，在持續三天的慶典中，天后宮熱鬧非凡：數以萬計的船民漁夫從各地湧入，小船主帶一隻雞作為供品，富裕船商則帶著烤全豬，感謝天后帶給他們又一個平安年，並祈禱未來的平安。

財神崇拜則更加普遍流行，是中國各階層都熱衷的迷信，商人中尤其突出。不管是富商巨賈經營的票號錢莊，還是一般店鋪，桌上都擺放著精美的神龕，神龕中央掛著財神畫像，像前擺放供品（酒食、糖、香燭等），兩側則擺放象徵生意的東西。新夥計加入、解雇舊夥計也通

圖三・三 天后宮

過迷信儀式進行。當然，商人只是這麼做，沒人去問問財神是否真的喜歡這些酒糖，抑或只是人類自作多情。不過，迷信不在於認真，而在於迷者心態，信則靈。

迷信不專屬於古人，即使現今，不但老迷信沒有消失，新迷信還層出不窮。清華大學建築系博士研究生徐騰講到，二〇一六至二〇一七年河北易縣的奶奶廟給人們提供各種神，幾乎是人們需要拜什麼神那裡就給什麼神，連駕車的「車神」都有，這顯然是順應當代人擔心駕駛事故而創新的，[49]車神也因此構成文明的一部分。

為研究中國基層信仰活動，哈佛大學楊慶堃教授在一九四七年對北方、東部、中西部、廣東共八個地方的廟宇做系統田野調查，[50]發現：察哈爾地區，每村平均有六．五座廟；河北望都縣，每村平均有五．七座廟，每八十八．五個人就有一座；廣東南慶村，平均三十戶有一座廟。基層對於迷信的重視，不僅反映在廟宇數

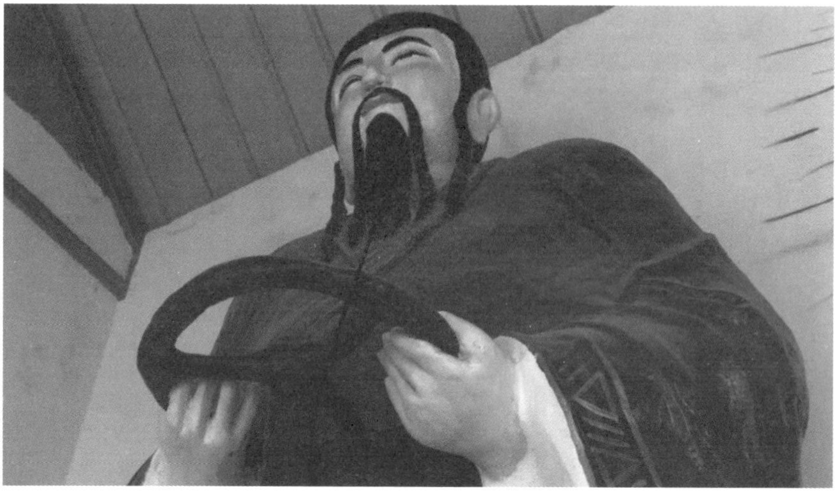

圖三・四　車神尊容

量上，也體現在信仰活動開支占家庭總開支的比例上，這一數字甚至高得驚人。比如，楊慶堃發現，一九四九年夏天在南慶村，村民們毫不吝嗇地花約五百美元舉行廟會、慶祝土地公誕日，卻無力募集同等數額的錢修整村裡水庫，或籌集三分之一的錢讓窮人的孩子讀書，寧可犧牲興修水利和興辦教育的機會，也願承擔巨額開支支持迷信。為什麼人們對迷信如此熱衷呢？

從地理分布看，楊慶堃考察的一千七百八十六個廟宇中，中西部綏甯、麻城的廟宇占比明顯高於其他地方，相對於發達地區，經濟落後地區更依賴迷信。就功能組成看，占比最高的一類廟宇是整合社會組織和提供福利的，約占三〇%，其次是維繫社會規範和道德秩序的。這兩類加起來超過一半，說明廟宇在維繫家庭宗族、社區關係和福利救急方面起重要作用。按行業分布，跟農業有關的保護神占據多數，高於商業保護神以及其他行業保護神。對於農耕社會，農業神所占比重在預料之中。此外，農業生產「靠天吃飯」，避險去災的需求當然比較多。再就是，在楊慶堃教

表三・一　對五百名進香者抽籤目的之調查[51]

功能	數量（個）	所占比例（%）
治病	484	96.8
婚姻	459	90.2
出行順利	440	88.0
發財	424	85.0
訴訟	391	78.2
子女	348	70.0
家庭問題	348	70.0
失竊	346	69.2
搬遷	308	60.2
生意	290	58.0
收成	273	54.6
家畜	266	53.2
官職	246	50.0

注：該表反映的是進香者對「為什麼進香」問卷的回答，一個進香者可能有多個目的。資料來源於楊慶堃一九四七年的田野調查。

授收集的樣本中，北方廟宇的神集中在農業神，商業神極少，而東部和廣東的社區既有農業神又有商業和其他行業神，這反映了廟宇的行業分布跟當地經濟結構相連，「經濟需要」決定了廟宇類別：東部和廣東的商業發達，因此對相應商業神的需要也多。這本身也證明迷信並非無由而來。

為了研究迷信的目的，楊慶堃教授收集了五百個進香者對「為什麼進香」問題的回答，表三・一是他的調查結果總結。從表中看到：排名前三的回答是治病、婚姻和出行順利，分別占受訪者的九六・八%、九〇・二%和八八%；排名後三位的回答則是收成、家畜和官職，也都占一半以上。顯而易見，求神拜佛的最主要目的都涉及不確定性和風險，是對未來不測風雲的擔憂，迫使人們訴諸迷信。依此，一旦人們能找到更主動的規避風險、解決不確定性的手段，對迷信的需求就可能不存在，至少會減少。另外，排名靠前的迷信初衷都與個人基本幸福最緊密相關。按照馬斯洛的人類需求層次理論，前幾個分別屬於生理需求、歸屬感、安全需求，而相對靠後的如生意、官職則屬於自我實現這一最高層次的需求。

迷信在其他社會

迷信作為人類對未知世界、風險的第一反應，不只是中國社會的普遍存在，在世界各國也都盛行。伯倫知理在《國家論》中說：「方今國民，苟以文明自許者，莫不以神道政治為詐術詭道，凡政略有此臭味者，概擯斥之以為鄙陋，有害往時未開化之民，以雲氣雷鳴，驗神之喜怒。」也就是說，在民主法治國家出現之前，世界各地的王朝就跟從夏到商、從商到周直到清的中國一樣，都以某種「命中註定」、「天子」迷信為政權提供合法性。古巴比倫的統治者漢摩拉比自稱是「月神的後裔」，古埃及的法老自稱是「太陽神之子」，而中國的君主自稱「天子」。這種案例太多，就不一一列舉了，但讓我們看看其他差異化的迷信表現。

最為極端的可能是曾居住在當今墨西哥的馬雅人，他們有玉米神、死神、水神、雨神等，最高神叫「羽蛇神」，其形象由奎特查爾鳳鳥羽毛和響尾蛇組合而成，是風神。在馬雅中心城的中間有一座高大的金字塔神廟，塔頂是剖解活人、祭拜要神的神殿。[52]

馬雅人祭祀活動頻繁，節日、豐收、戰爭等都有祭祀儀式。對於重要的儀式，既有豐富祭品，又舉辦球賽，然後把贏者塗成藍色，給他戴一尖頂頭飾，再在金字塔之巔，把他仰面放倒在凸起的祭壇祭案上，使他胸腹隆起，同時頭和四肢下垂，以便於開膛剖胸。四個祭司分別抓住他的四肢，接下來挖心、放血，祭太陽神、羽蛇神。他們也經常把戰場帶回來的俘虜當作祭品，砍頭挖心獻給神。比如一五一一年，西班牙派到馬雅地區的第一艘船上的船長和幾位船員，就被馬雅人抓住祭獻給了神。[53]也有馬雅部落用箭射死活人，然後把屍體扔進深洞，由神去享用，或者把人活埋，等等。那些煩瑣儀式、豐盛祭品、浩大場面，跟馬雅的物質貧乏形成強烈對照。而之所以會這樣，是因為馬雅人的迷信特別多，他們認為太陽將走向毀滅，只有人的自我犧牲才能保住太陽，避免大毀滅。馬雅人認為，敬神的最好禮物是人血，尤其剛殺掉之人的心臟和鮮血是至高無上的祭禮，最能討得諸神歡心。這個習俗至少起始於西元三世紀，然後持續到十七世紀。[54]人祭是迷信，沒有證據表明這種做法能帶來任何實質結果。

人類學家發現，用活人祭神的風俗在美洲大陸印第安人中比較普遍。除馬雅人之外，墨西哥中央高原的阿茲特克人也以活人心臟敬獻太陽神，特別是每次戰爭勝利後，把英雄的心臟挖出，奉獻給戰神。這類祭祀在阿茲特克的後期愈演愈烈，有研究表明，一四八七年有兩萬人被挖出心臟奉獻給「拯救」了他們的神祇，一些其他部落的人和西班牙海員被殺祭祀。這種迷信習俗最後加快了民族的滅亡。[55]

在西方，希臘神話中的國王阿塔瑪斯（King Athamas）就是因為一場大饑荒而被國民砍頭用於祭神，以向上天贖罪。即使到了中世紀，歐洲還廣泛相信巫術存在並組織獵巫殺巫行動。美國經濟學家艾蜜莉・奧斯特（Emily Oster）統計發現[56]，從十三世紀至十九世紀，歐洲超過一百萬人因「巫術」被處死，其中大多數為女性（因被認為是「女巫」），寡婦占比高，尤以十六世紀達到高峰。當時，對「巫術」的刑罰數量和速度非常驚人：在德國一個小鎮上，一天內四百人被處死。各地的巫術審判如火如荼，既有基督教會，又有世俗法庭辦理；追殺女巫的人既有普通人，又有天主教徒、新教徒。獵巫自西南歐開始，後來擴散至北歐和東歐，甚至在美國波士頓郊區的塞勒姆，一六九二至一六九三年有兩百多人被指責為「女巫」，經過審訊後二十多人被吊死。[57]

在歐洲十三至十九那七個世紀裡，獵巫的強度和頻率並不相同。中世紀早期很少，天主教廷不認為女巫跟氣候災害或其他風險有任何關係；從十三世紀中葉開始，人們突然普遍接受巫術的存在並相信女巫影響自然的能力；在一三九八年，巴黎大學神學家著述說，巫術不僅存在，而且是女巫基於跟撒旦的合約而為；一四八四年，羅馬教宗正式昭示，可以對被證實的女巫進行暴力懲罰；一四八七年，天主教會發布手冊，告訴人們如何調查巫術行為並處死女巫。[58]就這樣，十六世紀到十八世紀末又出現一次獵巫高潮，天主教、新教和世俗法庭都參與了。在一四五〇至一七五〇年，歐洲大概發生過十萬次巫術大審判，執行過四萬到五萬次死刑。[59]奧斯特基於歐洲一五二〇至一七〇〇年的歷史資料研究發現，大規模獵巫和審巫實際上是用迷信應對氣候風險的衝擊，女巫則成為風險後果的替罪羊。歐洲獵巫最活躍的時期，恰好與歷史上平均氣溫降低的「小冰河期」重合[60]，即十四世紀初到十八世紀初間的那四個世紀，其間最冷的兩段是十六世紀九〇年代和一六八〇至一七三〇年，平均氣溫比正常時期低華氏兩度（約攝氏一．一度，這時的溫度足以讓泰晤士河以及荷蘭運河全部凍結）。氣溫下降通常伴隨頻發的旱災、穀物歉收。同時，冰冷海水阻止魚類北遷，導致食物短缺。當時人們由於無法理解氣候災害為什麼發生，就從迷信中找答案，尋找替罪羊，女巫被認為是這些遭遇背後的始作俑者。

圖三．五顯示了在一五二〇至一七七〇年間審巫次數與氣溫異常程度的關係，兩者呈顯著負相關：審巫次數低於「正常水準」的時期正好是氣溫高於平時的「溫暖期」，而審巫次數高於正常水準的時期一般是氣溫偏低的時候。奧斯特的量化歷史分析表明，平均氣溫每降低一個

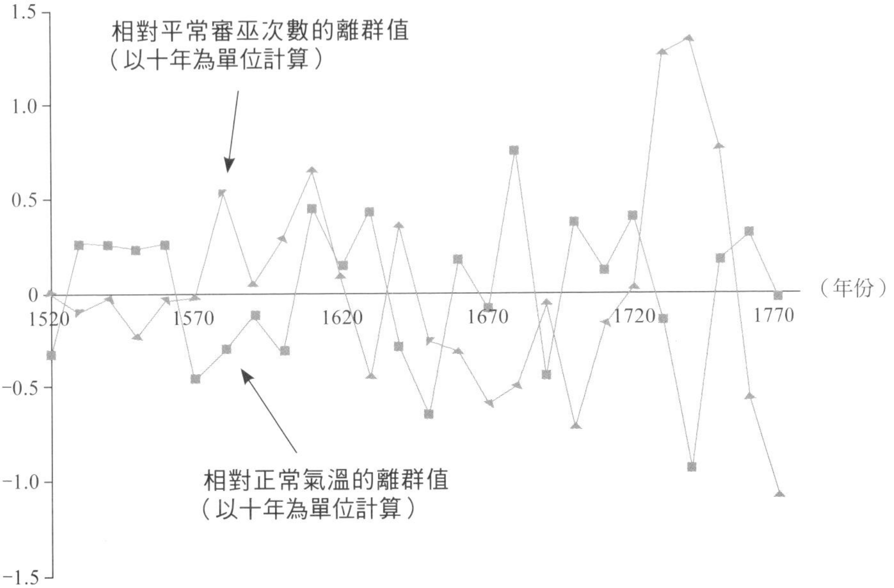

圖三．五　一五二〇至一七七〇年西歐村莊的平均氣溫和女巫審判次數 [61]

注：審巫次數基於歐洲十一個地區，每個地區每十年的次數除以該地區正常時期的平均審巫數；氣溫離群值按照同樣方法計算。

標準差，審巫次數增加〇．二個標準差。因此，當時歐洲迷信的上升跟氣候風險強度有顯著的直接關係。

在中世紀，歐洲人的反猶暴力也跟風險衝擊高度關聯，人們在遭遇災害等不幸事件時就認為是猶太人所為。尤其在一三四八至一三五〇年的黑死病肆虐時期，歐洲至少三分之一人口死亡，這導致了對猶太人的暴力清掃。沃特蘭德（Nico Voigtlander）與沃斯（Joachim Voth）對德國、瑞士、法國等當時有猶太人居住的三百二十個城鎮做了系統研究[62]，發現十四世紀中這些城鎮有七三％發生過燒死或趕走當地猶太人的事件，只有八十八個城鎮沒有把猶太人清光（圖三．六反映中世紀歐洲人對猶太人的態度）。而之所以對猶太人行暴，部分原因是他們認為猶太人是黑死病的始作俑者。這種迷信不僅是

圖三・六　黑死病肆虐期間猶太人被火燒的場景[63]

十四世紀反猶暴力的根源，也長久影響歐洲各地的文化。這兩位學者進一步研究發現，至少在德國，中世紀黑死病肆虐期間殺猶愈多的地區，到二十世紀二戰期間，反猶殺猶也愈激烈，這些地方的文化基因就這樣因迷信而產生並長久遺留、發酵。

米格爾（Edward Miguel）也對獵巫現象進行系統研究[64]，他的資料來自當代非洲坦尚尼亞的六十七個村，跨越十一年。米格爾注意到，不僅在坦尚尼亞，在非洲的迦納、肯亞、莫三比克、烏干達、辛巴威等地也迷信巫術的力量，這讓他們似乎能為突如其來的任何厄運找到解釋，尤其是能把厄運歸罪於具體的人，而不是歸結為那些無法理解的、抽象的「自然現象」，並從中得到慰藉。非洲人跟世界其他地區的人一樣，認為女巫能加害於她們討厭或嫉妒的人；愈是在收入、天氣和健康隨機多變的地區（風險高），人們對巫術的迷信也愈認真。「巫術迷信根植於當地的知識和道德體系。當厄運來襲，如失去家畜或糧食歉收，人們便想辦法從活著的人或死靈中求得解釋。而女巫又往往能和幾乎任何厄運或災難相關：湖面上突如其來的暴雨，一個健康人的突然死亡，流產或不孕不育，乾旱，因蛇咬而死於非命，迷路以及各種各樣的疾病……」[65]各種風險或不利事件都跟女巫連上，然後對女巫施以暴力。在南非最為貧窮的北方省，一九八〇至二〇〇五年四百多名婦女被認為是女巫而被殺。據米格爾介紹，《經濟學人》在二〇〇二年報導，女孩都有可能被指為女巫——「在剛果首都金夏沙，有超過四萬女孩流落街頭，其中八〇％因被父母認為是女巫而被趕出家門」。死亡、歉收、失業甚至噩夢，都被怪罪為巫術所致。在剛果姆布吉馬伊（Mbuji-Mayi）小城，一次鑽石價格暴跌，之後有幾百個孩子被迫流落街頭；在南美的安第斯山脈沿線一些與世隔絕的小村落，人們會驅逐甚至處決被懷疑為女巫的人；比哈爾邦（Bihar）是印度最貧窮的地區，那裡也有攻擊女巫的詳盡記錄。我在湖南老家，小時候親眼看到過，因為村裡有人遭遇不幸，小孩們追打「女巫」，說是女巫在背後的陰謀設計造成他人的不幸。

更令人詫異的是，在非洲這些地區，親戚、親族、鄰居往往是謀殺女巫的主使，而且很多時候是年輕的晚輩。一個年過七旬、無家可歸的老人說，她被親戚指為女巫：「我被認作女巫後，一路逃亡……家裡死掉的人太多，整個村莊都傳言是我殺了他們。我的孩子開始記恨我，說我是女巫。我嘗試解釋，但他們不給我任何機會。我知道如果我不逃跑就會被殺。因此，當我孫子偷偷告訴我他們準備殺我的計畫後，我當晚就逃跑了。我在這個荒郊野嶺住了三年了，雖然我愛我的家人，但我不敢回家，否則必死無疑。」[66]那些沒能逃跑的女巫，許多死於家人的屠刀下。

坦尚尼亞政府也試圖阻止這種血腥行為，杜絕殺巫。前總統甚至發表演說：「你們正在殺害無辜的婦女。她們有些是你們的母親、祖母，或一直照顧你們的老人。她們怎麼可能突然變成女巫？難道你們報答她們的方式，就是殺掉她們嗎？」[67]

米格爾對坦尚尼亞鄉村的研究發現，旱災和洪澇年裡殺巫數量是正常年分的兩倍。正常情況下，每村每年平均有〇．二位婦女被當作女巫殺害，尤其是年過五十歲的婦女在十年中有二％的機率被殺。一旦旱澇災害發生，找替罪羊的需求就會增加，迷信驅動的殺巫行為數量就會上升。在這些村落中，饑荒發生頻率在所有災害風險中最高：每村每百年中，平均會發生旱災十三次、水災六次、饑荒十八次。由災荒引發的殺巫暴力占當地全部暴力的比例接近一半。當地人受教育的年數平均為四年，教育水準低導致迷信普遍流行（調查顯示，六四％的村民堅信巫術）。頻繁的災害、科學知識的匱乏、金融的缺失，使迷信成為他們對風險的主要回應，跟奧斯特介紹的中世紀歐洲人的做法無異。

另一個晚近例子，是蒙古國從社會主義轉向市場經濟的過程中，薩滿信仰在布里亞特人之中的復興。[68]這一信仰在當地有悠久歷史。據說，薩滿具有溝通神靈、控制天氣、預知禍福、解說夢境等神奇能力。在社會主義時期，薩滿教被認為是蒙古國邁向工業社會的障礙，因而遭到政府取締，只在極少數女性中祕密流傳；另外，國家通過集體農場牢牢掌控著人口，讓人們有生活安定可靠的感覺，對迷信的需求不高。二十世紀九〇年代，當地經歷了一場經濟體制劇變：伴隨「休克療法」式私有化改革而來的是大範圍破產，以及就地解散給予日常生活保障的集體農場，許多人陷入赤貧。按人類學家的形容，一九九六年後這裡成了一座座「鬼城」，人們「無所事事，依靠微薄的津貼度日」。連綿數月的大火災、不時發生的自殺事件……一波波風險事件帶來群體性焦慮，安全感缺失成了主旋律。由此，人們堅信，是因為社會主義時期人們疏於崇拜祈神，觸怒了神靈，以致於現在被懲罰；只有請掌控巫術的薩滿召喚神、舉行儀式安撫神，與神靈對話，代替自己接受指責，才可以得到「保障」，規避不幸事件，給自己帶來好運。薩滿信仰重新興起，讓人們再次獲得表面上的安全感。所以，轉型期的陣痛大大增加人們對薩滿的需求，導致薩滿的供給快速上升。到二十世紀九〇年代末，雖然經濟狀況已是相當窘迫，但幾乎每個家庭都有自己的薩滿。迷信的觀念固然荒謬，然而在轉型後，政府不提供保障、金融市場又沒到位，只有迷信幫助減少人們的焦慮恐懼，迷信似乎達到了心理保險的效果。

迷信的作用

巫術、迷信既然是早期智人的普遍發明，而且至今還在各社會繼續存在，我們自然要問：迷信是否真的有效，對人類生活或工作是否有積極價值？從不同社會的經歷看到，迷信總是跟不確定的未來、跟風險事件和無法理解的事物相連，因此是對不確定性與風險的一種反應，似乎是缺乏主動避險工具下的一種消極避險。那麼，實際的避險績效如何呢？

這裡我們先要區分兩類不同的事物：一類是結果取決於當事人行動的事物，另一類是結果跟人的行動無關的自然現象。經驗及研究表明，迷信對前類事物的結果有正面影響。比如，運動員對比賽結果起決定性作用，迷信的效果會明顯。球王比利年輕時，在一場發揮神勇的比賽後，將球衣給了球迷；但在下一場比賽中，他發揮得十分糟糕，就認為是換球衣所致。於是，比利找到朋友，命令他「不惜一切代價」也要把那件球衣找回來。朋友不負所托，很快帶回了球衣。比利馬上找回了狀態，在接下來的比賽中表現神勇。後來大家才知道，這個朋友其實根本沒找到那個球迷，拿回來的球衣就是前一場比利發揮失常時穿的衣服。[69] 即使比利當時已經是全球最優秀球員，仍然迷信球衣有神奇能力。比利不是個案。二〇〇六年時，七位學者用保密問卷，在美國大學體育聯盟調查了兩百零六位運動員，發現一〇％的受訪者有自己的迷信，穿著特定衣物、特定顏色，賽前做祈禱……各種各樣的儀式都有一定比例的擁護者。[70] 這種迷信是「信則靈」，起到穩定心理的作用，對結果有益。

水手也愛迷信。最經典的記述莫過於「田野調查」之父馬林諾夫斯基（*Bronisław Malinowski*）的《西太平洋上的航海者》。[71] 以出海航行的獨木舟為例，砍樹製作獨木舟之前，先要實施巫術，把鬼魂從樹心裡趕走；接下來，搬運木頭時，要進行減輕木頭重量的儀式；把木頭搬到指定地點後，又啟動巫術；在把木頭挖空的過程中，還有施加在斧頭上的巫術；之後，在更精細的工序裡，幾乎每步都有對應的迷信；安裝飾板時，用巫術清除汙物，讓船速更快；捆紮即將製作好的獨木舟時，需要靠巫術讓船隻堅固又靈巧；為獨木舟堵縫時，用專門的巫術驅邪，讓獨木舟航行更安全；最後，為獨木舟上漆的時候，黑漆、白漆、紅漆分別對應著三類不同的巫術。每一步巫術有獨特的效力，千萬不可混淆。只要獨木舟是按照這些程式製作的，水手航海時就膽大無懼，運作自如，績效甚佳。

迷信對土匪也特別重要。在《廣東新語》裡，屈大均記載了當地匪幫頗為有趣的風俗。[72] 每個匪幫都供一尊叫「公王」的銅鑄神像，神像穿著鎧甲，手持著戟。幫裡有個叫「神總」的角色，地位超然。一方面，他每天早晚虔誠供奉神像；另一方面，他又時不時地侮辱這尊神像，來激起「公王」的怒火。做完這些後，他每天給神像供奉一杯濃茶，通過騰起的熱氣形狀，可以預知匪幫的禍福。如果熱氣是珠花形狀，就說明官兵要來剿匪；如果準備出去打家劫舍，而熱氣又呈向外突出的刀槍形狀，就意味這次劫掠將收穫豐厚，也不會有風險；反過來，如果熱氣是向內突出的刀槍形狀，那就要再斟酌一下決定了。每次出去擄掠，「公王」要拿一半戰利品。由於「神總」是公王的代言人，這一半自然就由他笑納了。

運動員、水手、土匪，這三個迷信繁盛的群體有一個共同特徵：面臨的風險非常大。體育比賽充滿了偶然性。足球界有句名言：「不到終場哨響，你永遠不知道結果是什麼。」以弱勝強、黑馬崛起……比賽結果的高度不確定性本就是體育賽事的魅力之一。水手，包括靠海吃飯的漁民，就更是看天吃飯、聽天由命了。出海捕魚，會不會遇到暴風驟雨，一去再不回？到了指定地點，預期的漁汛會不會提早，導致空手而歸？駕駛獨木舟的人，在平安歸來之前都無法預見這一點。最後，土匪更是「把腦袋別在褲腰帶上」的營生：會不會遭遇官府清剿？會遇到多強的抵抗？會不會一群人忙活半天，最後空手而歸？這些事先都不知道。群體是否迷信，常與所面臨的風險大小密切相關。[73]

迷信沒有根據並不意味迷信沒有用處。諾貝爾經濟學獎得主斯蒂格勒（Bernard Stiegler）曾斷言：「一切長期存續的制度都是有效的。」[74]很難想像，對於高風險職業的群體，迷信只是純粹的「錯誤」卻可以流傳多年而不被淘汰。對他們來說，在科學和積極避險工具發明之前，迷信幾乎是「剛性需求」，因為迷信幫助「壯膽」，使他們更可能冷靜應對，增加勝出的機率。接下來，我們從三個方面梳理迷信的功用：尋求控制感、化解負面情緒、促進理性決策，這些都具備「弄假成真」的功效。

我們從馬林諾夫斯基的《文化論》開始。[75]他研究的新幾內亞原住民社會，居民大致從事兩類活動：一類是具有一定知識和技術積累、能夠支配運用結果以滿足自己需求的領域，該領域的不確定性低，理性占主導；另一類則不確定性高、超出理性之外，僅僅依靠既有的知識和技能無法充分把握機會和結果，當地人便轉而求助巫術。馬林諾夫斯基發現，在環礁包圍的內海打魚，更近似前一種情況：風險低，既安全又可靠，應用標準化的人工技巧便收穫頗豐。此時，施行巫術便沒有必要。相比之下，臨海而居的村莊經常深海打魚，風險很大，並且漁獲非常不穩定，因此深海漁民中盛行繁複的巫術儀式。何時用理性，何時用巫術？當任務確定、可靠且通過理性能掌控時，巫術不會參與；否則，就會訴諸巫術，而且靠巫術可以增加績效。

下面這個實驗實證了「可控則理性／不可控則迷信」二分法的普遍存在。[76]二位學者找來了數十名參與者，隨機把他們分為兩組：一組從三英尺（約〇・九公尺）外的地方完成二十記高爾夫推桿，任務較為簡單；一組從九英尺（約二・七公尺）外的地方推桿二十記，任務相對困難。他們可以任選四種顏色的高爾夫球。怎麼界定參與者是不是迷信呢？二位學者採用了一個叫「幸運球」的判斷標準：如果參與者打進一桿後，又用同樣顏色的球繼續下一桿，那就是「幸運球」迷信。結果發現，任務的困難程度，還有參與者的高爾夫水準，都影響迷信程度。九英尺外推桿的參與者，迷信比例更高；推桿命中的比例愈高，迷信比例就愈低。結果和馬林諾夫斯基的觀察一致：推桿距離遠近和參與者水準，是他們能否支配推桿結果的兩個影響因素。推桿近，水準高，無須選擇顏色；反之，則只好「蒙一桿」。

這些研究強調引發迷信行為的內在因素：尋求對外在世界的掌控。社會學家海斯林（James M. Henslin）「細描」了這一點[77]：在訪談計程車司機時，海斯林發現他們愛玩一種複雜的擲骰子賭博。賭戲用兩顆骰子，一人擲骰：投擲者先擲一次，如果擲出七或十一，他立即獲勝；如果擲出二、三或十二，他立即失敗；如果擲出的是剩下的點數，比如說五，那這個數字就成為投擲者的「點」，接下來投擲者反復擲骰子，直到出現七或「點」為止。如果出現的是「點」，投擲者贏；如果出現的是七，投擲者輸。按理說，擲骰子純粹是隨機行為，但這些司機並不這麼想，而是相信，許多口頭或肢體語言可以影響點數的走向。比如，堅信投擲時愈果斷乾脆，最後出來的點數愈大；愈猶豫不決，出來的點數愈小。

參賭者特別強調「控制」這個概念。自己投擲時，如果之前扔出來的「點數」是八，他們會高喊「八一個，八一個」，同時相應調整手勁和姿態，寄希望於控制最終結果；如果是別人投擲，他們會特別注意這個投擲者是不是保持著對骰子的控制。注意，他們並不認為這個人在作弊，相反，他們確實相信，有作弊之外的方法影響投擲的結果。他們不僅相信控制的存在，甚至會在此基礎上「理性」地下注。如海斯林所述，如果參與者覺得某個投擲者對骰子的控制很強，那他就會一直跟注，永遠不會下注這個人的對手。當然，如果這個投擲者接下來擲出了對自己不利的結果，其他參與者就會意識到這傢伙對骰子的「控制力」減弱了，投注也會相應調整。我們知道，無論是投擲前對著骰盅低語，還是投擲時高喊「咒語」，又或者是跟著投擲者之前的歷史來下注，都純屬迷信。可是，通過這一套複雜的「理論」，參與者成功地將一個純粹隨機的賭戲，變成了一個「鉤心鬥角」的「博弈」。參與者不僅能夠像模像樣地「博弈」，還可以在「博弈」中學習，不停地提升自己。

世界各地的賭徒都有自己的理論。《蝶變》一書中澳門賭徒和這裡頗為相通。[78] 以百家樂賭徒為例，其選擇看起來頗為「理性」：一方面，到達賭桌之後，要觀察之前的結果，比如前面幾十把牌戲開出了多少個莊、多少個閑、莊和閑各自的順序如何，賭徒把這些叫作「路」，不同的路，大路小路、好路壞路，對應著不同的投注策略；另一方面，之前開出的牌固然重要，但誰來開牌也很重要。《蝶變》作者是兩位人類學家，在澳門訪問了不少賭徒。賭徒普遍認為，有些荷官「殺氣重」，會破壞賭徒贏錢的手氣。如果一些人運氣旺，一個晚上在同一張賭桌贏了很多錢，賭場就會派出「殺手荷官」對付他們。這個理論，不僅賭徒信，賭場和荷官自己也信。書中採訪了一位女性荷官，她明確承認自己「手辣」，說老賭客很不喜歡自己。每當有客人連著贏錢，她和其他幾位「殺手」就會被派去。最後，大環境也很重要，有的賭場風水不利賭客，賭客就要用相應的穿搭去化解。

擲骰子、開紙牌、買樂透……即使是完完全全的隨機事件，與人的努力沒有半分關係，迷信仍然可以在這種環境下賦予人們以控制感，以此達到「信則靈」。這種迷信體系十分精緻，賭徒「路」的模式、荷官分類、賭場風水，見諸專欄，集結成書，還有專家四處講座。中世紀時，大事小事，皆有巫術可以實現，比如，愛的悸動本是人生中最隨機的際遇之一，而中世紀的巫書卻聲稱，有把握讓男性收穫女性的愛慕，那就是取鴿子血，然後在一條母狗身上畫上裸女的形象；接下來，把幾個魔鬼的名字寫在畫像的不同部位，用煙熏這幅畫像，再念誦指定的咒語，魔鬼就會擾亂那位女性的心神。按這巫術，她就會日日夜夜思慕這個男人。[79]古代中國，行旅之前先要讀日書，吉凶事項都有提醒。游者之所以會遠行，是因為他相信，只要自己選了正確的方向和趕路方式，避開危險和不測，自己就能夠到達目的地。農民之所以會播種，是因為他相信，只要自己按照一定的程序來翻地、灌溉、施肥，土地裡就會長出糧食。在充滿風險的世界裡，如果沒有這樣一套信念體系支撐，農民選擇不再播種，經濟將難以維持；商人選擇不再遠行，市場和貿易都將因此失去活力。[80]而如果人們接受那些虛構的迷信故事，他們就會相信愛情、旅行、經營……世間諸多偶然都會以人力扭轉，世界就不再顯得那麼不確定，人就心情安寧，暴力減少，社會秩序更可能趨於穩定。早先發明迷信，是文明化進程邁出的第一步。

對於「信則靈」，有人會覺得奇怪：錯的就是錯的，怎麼能用這種諺語為愚昧落後的迷信辯護呢？從經濟學角度看，「信則靈」並非沒有道理。中國有「望子成龍」的文化，認為龍年出生的孩子更有前途，這當然是迷信：孩子發展不應該和哪年出生有關係。可是，如果父母堅信龍年出生的孩子更加優秀、是龍種，就會相應地給孩子更多關注、投入更多資源。結果，

「望子成龍」的觀念自我實現：龍年出生的小孩在學校成績更好，而實際資料也印證了家長的這種信念。[81]「信則靈」也是在這種機制下自我實現的，迷信改變了實際經濟行為。當然，到考大學的時候，這些龍年出生的小孩也要面臨更激烈的競爭，可以說是「禍福相倚」了。[82]

戰場上的士兵更加需要巫術。有兩位經濟學家深入剛果研究當地的內戰衝突。[83]他們發現：就跟《廣東新語》裡的匪幫一樣，交戰的部落各自都有巫師。巫師至少有兩種能力，為戰士加持已有的巫術，比如空手接子彈、快速醫療，等等；在此之上，巫師還會不停地研發新巫術，用來對付直升機等新武器。每次開戰前，巫師都會有針對性地為即將出征的軍隊「加持」。我們知道，咒語顯然不能讓肉身凡胎變得金剛不壞。可是，大家為什麼還信呢？仍然是「信則靈」的作用。當交戰的部落間整體力量差距不大時，士氣高低對戰爭的結局就格外關鍵。不妨設想，兩軍對壘，其中一方加持了巫術，相信對方無法擊中自己，即使中彈，傷口也能很快癒合。在信念鼓動下，這些士兵自然格外英勇。而沒有巫師的一方，在士氣上就要吃虧，抵不住不畏死的衝鋒。有巫術的一方當然會勝利。勝利次數多了之後，巫術自然顯得有效，巫師的地位也會愈發崇高。壓力之下，沒有巫師的部落也會模仿。迷信的績效就這樣出現了。

不過，集體層面的好處還是不能解釋為何個體成員都篤信巫術的效力，因為對個人來說，被槍打到還是會受傷，被炸彈炸到還是會死，巫術並不能改變這一點！實際上，剛果案例裡的巫師和中國唐朝敦煌地區看面相的人，以及更多的迷信「從業者」，用「行為決定論」框架解決了這個「可信度」的問題。[84]什麼是「行為決定論」呢？在剛果，巫師一番念咒之後，還要細細叮囑戰士，不可違反某些禁忌，比如不能吃黃瓜！如果違反，巫術就沒效果。就這樣，如果真有戰士身死，「巫術失效」和「違反禁忌，偷吃黃瓜」都是可能給出的理由，況且已被打死的士兵沒法回頭做證或為自己辯護。設法將目光引向後者即可維持信譽。當年的義和團也是如此：求神不得、交戰死傷，都可歸結到違禁。比如，打不下教堂，便說是教堂中多有婦女，又用覆蓋人皮、污穢之物壞了法術。[85] 在出土文獻中，敦煌相師也強調：面相好固然重要，但如果不多施善行，好面相未必帶來好運。就這樣，算得不準也可歸咎於當事人，迷信因此得以自我維持，繼續迷住群體。[86]

於是，大到戰爭，小到日常生活，迷信雖然不從本質上解決問題，但能在一些情況下提升人類表現。有三位心理學家就這個問題做了很多實驗，這裡舉其中兩個。[87] 第一個是高爾夫球推桿。學者們把參與者分成兩組：對第一組，學者把球給他們以後，會說一句「這是之前別人用的球」；對第二組，會跟他們說「這是之前的『幸運球』」。結果，後一組打進的機率明顯更高。在第二個實驗中，學者先調查參與者有什麼幸運物，然後把幸運物圖片列印出來。對其中一組，學者先把圖片給他們，然後再開始記憶遊戲；另外一組則被告知，「出了點問題，圖片落在隔壁房間了」，然後開始記憶遊戲。結果，第一組的表現更好。這裡，無論是幸運球還是幸運物，最終都確實帶來了信心。對足球明星比利來說，穿的球衣究竟是不是那件不重要，重要的是他相信那件球衣會帶來好運氣。風險讓人失去控制感、引起負面情緒、影響認知和決策能力，此時，既然迷信可以幫我們「緩解」部分風險，那我們也不該為「信則靈」感到奇怪：找回控制、平復情緒、運用思考能力，當然會有助於最終結果。在這個意義上，迷信可以幫助穩定社會。

迷信、負面情感與理性決策

為了更深刻地理解迷信的歷史意義，我們也可從心理學或行為經濟學角度進一步挖掘，通過迷信對「理性決策」過程的影響探討其正面價值。在經濟學裡，「理性人」假設至關重要：經濟人會權衡利弊、計算得失，最後做出最優的選擇。可是，行為經濟學有一個經典的論斷，叫「作為感覺的風險」。[88] 這是什麼意思呢？心理學家西摩・艾波思坦（Seymour Epstein）說，「有許許多多的證據表明，我們是以兩種截然不同的方法認識世界的。第一種方法，依賴直覺、自動啟動、自然而然、不靠語詞、偏重敘事、偏重實驗；第二種方法，依賴分析、深思熟慮、形諸語詞、理性冷靜」。[89] 艾波思坦進一步描繪了第一種決策方法：個人在記憶中庫存了大量相關事件和相關情感體驗，如果所碰到的事件激發起快樂的情緒，人就會借助思維和行動複製這種體驗，而如果激發的是負面情緒（比如，碰到風險決策時），人就會調出另一套體驗和思維模式。哪怕是由專業人士判斷風險，比如請毒物學家判定毒物的風險，請證券分析師判斷股票的走勢，他們的決策方式仍然跟情感反應有著密切的聯繫。[90]

風險會激發我們的負面情感，恐懼即是其一。菲律賓的塔隆根人是這方面的一個絕妙的例子——在他們的世界中，距離居住地愈遠，飄蕩的魂靈就愈兇惡，對人造成的恐懼就愈大。[91] 具體來說，樹林中有淘氣的類人精靈，不會對人造成傷害；遠離居住地的大樹上有「黑魔」，有時對人懷有惡意；至於樹林和灌木叢深處，有著最為可怕的「非人」，它們始終居心不良，願意走很遠的路來加害於人，所到之處伴隨著疾病、意外和死亡。因此，除非是月光明亮的滿月夜，塔隆根人晚上都關上門窗、躲在家裡。如果實在要出門，那就多招呼一些夥伴，點燈同行，並儘量不離村落太遠。無論在歐洲、美洲還是非洲，對密林中邪靈的恐懼是共同的。[92] 除了對風險的恐懼，我們對這種現象找不到更好的解釋。

另一種情緒是焦慮，焦慮與風險之間亦有千絲萬縷的聯繫。面對不確定性，我們很難保持平靜：一方面，我們會忍不住期盼，如果最終出來是個好結果，那該是多麼幸福呀！這個想像的過程本身可帶來快樂。樂透是最好的例子。我們都知道，買樂透的期望收益一定是負的，那為什麼還有人去買呢？經濟學家給出的解釋之一是，民眾掏錢買的就是這個希望。先不論最後中不中獎，只要中大獎的機率是正的，那彩民就可以期盼、想像中獎後的幸福。花錢買入這份快樂是理性的。[93] 然而，就像硬幣總有兩面一樣，既然有「一方面」，肯定有「另一方面」。我們既會為可能的好結果歡欣，也會為可能的壞結果而焦慮。[94] 一個經典實驗是這樣的：同樣是經歷電擊這種不快的體驗，參與者更期望「來個痛快」——馬上遭受電擊，而非把電擊拖延到三個月之後。原因就是焦慮：在未來三個月內，反復想像自己很快就要遭受電擊，本身就是件非常痛苦的事情。[95]

恐懼和焦慮都是我們做決策時應該嘗試避免的狀態。但是，當我們面對風險時，其影響並不止於心理層面。心理學實驗發現：經濟不安會降低人們忍耐疼痛的能力，加劇疼痛感！[96] 三位經濟學家招募了數百名在亞馬遜網站購買過止痛藥的參與者，把他們隨機分成兩組。第一組回憶經濟不安定的場景，工作不穩定、償還不了帳單，等等；而第二組回憶經濟穩定的情況。接著，讓兩組參與者填一模一樣的、衡量自己疼痛程度的問卷。前一組報告的疼痛程度要明顯大於後一組！不僅個人的不安會加劇疼痛感，大環境的風險也會如此。同樣是把參與者分成兩組，一組看到的資訊是「你所在的地區失業率全國最高」，另一組看到完全無關的資訊；同時，讓他們填寫反映疼痛程度的問卷。結果，前一組也會感受到更嚴重的疼痛。那麼，為什麼不安定和疼痛之間會有聯繫呢？這幾位心理學家又設計了一組實驗，結果是：不安定導致了控制感的失落，而控制感的失落會加劇疼痛的感覺。十九世紀哲學家叔本華所言的「衡量一個人的一生是否幸福，並不是以這個人曾經有過的歡樂和幸福為尺度，而只能視這個人一生缺少悲哀與痛苦的程度」，其道理就在於此。

既然風險帶來多方面的痛苦，那麼能夠化解風險的手段，哪怕只是降低風險對心理的影響，也能相應提升人們的幸福感。[97]迷信即是化解風險帶來的焦慮感的一種手段，而操控迷信的巫師就是掌握風險調適性人力資本的人。二〇〇六年黎巴嫩戰爭中，以色列北部的紮法特頻繁遭受火箭彈襲擊。儘管每日轟炸的時間固定，轟炸的地點卻並不確定，因此當地人承受著巨大的心理壓力。和電擊的例子類似，面臨轟炸不確定性的焦慮和恐懼，是當地人要盡力化解的情緒。怎麼辦呢？兩位人類學家對此展開深入研究。[98]其中，一位受訪者的概括非常精到：「男性用他們的儀式和經匣來自我保護，女性則是用讚美詩。」乘坐公車、照料孩子、獨自在家……當地女性無時無刻不在吟誦讚美詩，接近上帝，請求庇佑。這兩位學者還做了統計分析，結果發現：吟誦讚美詩確實降低了當地女性的焦慮感，讓她們更加平和。相比之下，那些離開紮法特、遷移到以色列其他地方的女性，面臨火箭彈襲擊的風險客觀上降低了，吟誦讚美詩對她們的告慰也相應減少了。

風險會使回憶出現偏倚，負面經歷在決策中占據更高權重[99]——對此，除了實驗證據外，四位學者在孟加拉的研究也很有啟發：那裡的農業收成高度依賴天氣，一旦歉收大家就填不飽肚子。這些經濟學家發現[100]：到城裡打工對農人是很不錯的選擇，能有效分散農業風險，但他們不太願意去。為什麼？因為進城打工也有風險，處在生存邊緣的時候連一點點風險也不願承擔。於是，幾位學者隨機挑出一些家庭，給他們一小筆錢，補貼他們進城。這個小小的行動取得了很大效果：從第二年以後，儘管已經沒有資助，還是有部分家庭選擇繼續進城，家庭收入因此取得明顯改善，風險應對力也實現了提升！如同《匱乏經濟學》（*Scarcity*）一書所言：當掙扎著踩水時，你就沒有精力去計算最近的海岸線距離了。[101]

回到艾波思坦的論斷。面對風險時，我們的決策不知不覺地傾向感性與直覺，而非深思熟慮和理性。丹尼爾·笛福（Daniel Defoe）描寫黑死病時期見聞的《大疫年紀事》（*A Journal of the Plague Year*），尖刻地嘲諷了當時的風氣：

> 因為鼠疫帶來的恐懼和不安，人們開始依賴於無數愚蠢而可笑的事情。為了免病消災，他們反而聽從那些另有所圖的人。為了預知自己的命運，人們奔走於占卜者、狡猾的同盟者以及占星術士之間。這種愚蠢的行為，使得倫敦的街道頃刻間擠滿了魔術師、黑魔術師以及各種旁門左道的人。不僅如此，這些一無所長的人，常常聲稱自己與惡魔有祕密的來往，進而被大家稱為有神奇力量的人。[102]

笛福的嘲諷是針對當時的歐洲人，但類似的現象在歷史上周而復始地發生：一九一〇至一九四〇年的德國，報紙上出現「占星」、「神祕」、「邪術」的頻率，隨經濟動盪程度而起伏[103]；千百年來的中國，旱魃的謠言正是在災荒之間廣為流布。[104]

綜合而言，在面對風險挑戰時，人類容易變得恐懼、焦慮和脆弱，而這三種情緒如果不得到控制，會使當事人做決策時無法理性判斷，造成更糟的結局。於是，在缺乏其他避險手段時，迷信不僅是人本能的反應，而且也使當事人變得冷靜理性，有利於做出客觀上更優的決策。人類需要一些手段，在自己和風險之間「隔一層簾子」，讓自己喘一口氣，想一想再做決定。從這個角度看，儘管迷信本身不理性，不是能經得起檢驗的真知，但它可以給人以「控制感」，平衡他的心理，規避恐懼焦慮。也就是說，古人發明各種虛構的迷信故事，借助這道非理性的「簾子」，調出人的那套理性決策系統，讓人類社會變得更平和，降低暴力的必要性，這是一套以「非理性」達到「理性」的完美發明。

結語

風險無處不在，故迷信也無處不在。在古希臘出土的泥板上，時人的問卜和神諭的回應，內容不外乎饑荒、遠行、疾病、戰爭或商業一類；再看中國古代的方術，或者敦煌出土的各種求卦，占主導的也是一樣的迷信內容。[105]還有非洲、美洲、中亞以及其他歐洲、亞洲社會，到處是類似的巫術迷信，甚至連祭祀儀式、供奉物品都相同。比如，在我過去數年去過的五大洲各地博物館中，幾乎都有當地的「鬼面具」，雖然具體細節各異，但有一點是相同的：看了嚇死人！富於想像力的人類自以為，讓人看了恐懼的，必然也會嚇走魔鬼！是不是這樣，只有鬼才知道。然而，那不重要，這一事實本身表明：雖然我們說各文明差異大，但是共同內涵其實比我們以往理解的要多，原因在於不管是哪裡，人類面對的生存風險和生活不確定性是一樣的。或許風險的具體表現形式各異，但風險的實質相同，各社會的人都必須應對這些挑戰。於是，跨愈長時間、相隔萬里的人們，都選擇發明迷信以強化風險應對力。無論是尋求掌控，還是征服情緒、找回理性，又或是借迷信建立國家權威、實施統治秩序，這些虛構故事都以我們難以想像的方式增進了人類福祉，促使暴力下降。無論古今，大至文化底色，小至鄉村廟宇，風險驅動的迷信給各文明都留下了深深的烙印。

可是，迷信的代價也很大。一方面延伸出獵巫殺巫、人祭血祭等野蠻儀式，另一方面使人類變得麻木懶惰、不思進取、缺乏理性，這就阻礙了進步。尤其是，既然迷信只是避險手段之一，當其他避險手段發展了、豐富了，迷信的重要性會相應下降。在過去幾千年裡，人類不斷地創新，包括科技創新、社會組織創新、市場創新、金融創新，既增加了人對自然和自我的認知、消除了不確定性，又提供了更多的避險選擇，使風險應對力大增。此時，面對生產與生活的不確定性，人們不再需要像從前那樣膜拜神明，巫術和巫師的寄生土壤已流失很多，迷信在一步步被「革命」。在接下來的各章，我們將探討其他避險手段是如何發生發展、如何降低人類暴力傾向的，並且會看到，正是不同避險手段的相互交織與競爭，才共同塑造了現代人所身處其中的各個文明。

第四章
夫妻雙雙把家還
把婚姻當成避險工具

樹上的鳥兒成雙對，綠水青山綻笑顏。隨手摘下花一朵，我與娘子戴髮間。從今再不受那奴役苦，夫妻雙雙把家還。你耕田來我織布，我挑水來你澆園。寒窯雖破能抵風雨，夫妻恩愛苦也甜。你我好比鴛鴦鳥，比翼雙飛在人間。

——黃梅戲《天仙配》選段

自從陸洪非於一九五三年推出新版黃梅戲《天仙配》，這首〈夫妻雙雙把家還〉就廣為流傳，也被看成最經典、最浪漫的愛情歌之一。歌詞背後的神話源於西漢劉向的《孝子傳》，後來被各朝不斷改編。故事講的是七仙女中最小的七妹，一天跟姐姐們一起觀賞人間美景，看到在凡間賣身葬父的董永，被其孝心和憨厚打動，進而動了凡心。大姐看她如此執迷，就拋開天規，幫七妹下到凡間。七仙女下凡後，由土地爺做媒，跟董永結為夫妻。可是，由於董永為葬父已被賣給傅員外家做家奴，因此七仙女需要幫丈夫贖身，便陪同丈夫一起去做工、織布。其間，員外不斷刁難七仙女，一次命令她一夜織出十匹上好錦緞。在六位姐姐的相助下，七仙女才完成任務，讓董永獲得自由，走上「夫妻雙雙把家還」的路程。可是，就像天下許多故事的結局一樣，這時玉帝派來天兵，要把七仙女緝捕歸天，如果七仙女拒絕回歸，董永將被碎屍萬段。無可奈何之下，七仙女只好向董永說出自己的身分，忍痛回天。這神話盛傳兩千多年，一直是歷久彌新的愛情佳話。

夫妻雙雙把家還

可是，這個虛構故事是浪漫愛情嗎？對很多人來說，一聽到「婚姻」，就會不假思索地把它跟「愛情」與「浪漫」聯想在一起，甚至畫上等號。這當然是錯覺，因為人類婚姻和家庭從一開始就是為了解決人際跨期互助、降低生存風險而構造的故事，只是跟迷信相比，婚姻和家庭這兩個人類發明不完全是虛構的，而是實在的生理和經濟基礎，帶來的避險與互助實效也是客觀的存在。在這一章，我們集中探討婚姻對提升人類風險應對力和文明化發展的價值，下一章集中討論家和宗族的貢獻。

李海燕在《心靈革命：現代中國愛情的譜系》中談道，浪漫意義的「愛情」一詞到二十世紀初才出現於中文世界。[1]潘翎指出：「愛情」重點表達的是愛的浪漫情感，跟儒家傳統的「仁愛」、「仁惠」不同；在中文演變史中，「愛情」最早於一九〇八年出現在《辭源》中，但到一九三一年才第一次有「愛情」這個詞條。[2]這些事實表明，愛情以前不是婚姻的前提。中國跟其他社會一樣，以前當然有過愛，也有過情，但浪漫意義上的「愛情」未必是過去人們日常生活的常態，所以沒必要發明類似「愛情」這樣的詞彙。牛郎、織女七夕相會的神話也很浪漫，但這個故事盛傳兩千多年、一直為千萬人的夢想，本身就說明這只是一種願景，在現實生活裡可望不可及。

史蒂芬妮．庫茨（Stephanie Coontz）在《婚姻簡史》一書中[3]，就清楚地告訴我們：愛情歷來不是人類婚姻的前提，而是到現代才「征服」婚姻、成為婚姻的核心。她談道：不管是古希臘、古羅馬時期，還是中世紀歐洲，由於婚姻都用於政治聯姻或物質功利，因此婚姻和愛情歷來都是兩碼事，並被認為彼此不相容；對於歐洲貴族，婚外情才是愛情的境界，找紅顏知己或者浪蕩妓女成為時髦；對於中下層人士，這個界限更是清晰，歐洲農民甚至編出詩歌，諷刺挖苦婚姻中的愛情，認為婚姻中有愛情十分荒誕、異怪。我從雅典衛城博物館（Acropolis Museum）看到，古希臘人的婚姻是這樣的：

> 婚姻是遠古雅典最基本的社會制度之一，它的主要目的是確保合法地繁衍後代，因此不以新郎、新娘間存在情感關係為前提。女孩通常在比較小的時候就嫁給比她年長的男人，而且婚事都由雙方長輩包辦。婚後，新娘住在丈夫家。婚禮在新娘家裡舉行，時間通常在結婚月，也就是一月中到二月中的月圓日子。婚禮持續三天，正式婚禮儀式之後一天結束。（引自雅典衛城博物館展品介紹）

在古代印度，結婚前就愛上對方被看成「破壞性的」（disruptive）、「反社會的」（anti-social）行為，認為「相愛」不是婚姻的正當理由。在一九七五年一項印度大學生婚姻觀問卷調查中，三二%的大學生「堅決反對」把愛情作為婚姻的基礎，只有一八%的大學生「強烈贊成」以愛情為基礎的婚姻。[4] 庫茨還談道：在中國傳統中，只有在媒婆協調下雙方父母像談生意一樣談好條件後，快到婚禮時雙方才見面相識，愛情當然不可能是婚姻的前提；結婚後，如果夫妻過度親熱相愛，那會被看成是對家族利益的威脅，長輩（尤其婆婆）會出面阻擋；即使丈夫愛妻子，只要妻子沒盡到對父母和其他長輩的孝敬責任，族人也會施壓丈夫休妻，將她趕回娘家。即使在今天的中國，個別婆婆看到兒子對媳婦過於愛戀，也可能會跟媳婦過不去，處處設置障礙、製造麻煩。

〈夫妻雙雙把家還〉的戲詞就值得回味，其反映的婚姻觀包括三項跨期承諾、兩項利益交換。首先，男女有不同的勞動力優勢，男耕女織、男粗女細；其次，通過婚姻結盟組成家，形成「生產單位」，發揮兩性各自的勞動優勢，以分工組合實現產出最大化、提高生產力。亞當．斯密在一七七六年的名著《國富論》中，詳細闡明了勞動分工提高生產力的道理，並由此開啟了現代經濟學。[5]不過，在實踐中，早在原始社會，類似的男女分工就很明確，婦女留在部落關照老幼、打理衣物、處理飲食，在周邊做一些風險低但收益穩定的細活，比如採集野菜果實、抓捕小型動物；而男人則外出打獵，收穫很不確定，可一旦成功，就能帶回大量的肉食[6]，並承擔部落安全的防務重任。在古希臘、古羅馬時期，對男女分工的要求也一樣，婦女需要男人去犁田，男人需要婦女織布縫衣、處理糧食、烹調飯菜，更需要她們懷孕生子。[7]通過婚姻組成作為生產單位的家庭，實現跨期分工合作，最大化生存能力，這不是中國社會的特殊發明，而是人類社會很早就遵循的普遍適用的規律。所以，〈夫妻雙雙把家還〉中包含的人類婚姻的這一要義，實屬自然。[8]

其次，戲中唱道，「寒窯雖破能抵風雨」。從字面上看，結婚成家，當然要房，即使房子不好，也能抵擋風雨，但更重要的含義是婚姻帶來的風險互助效果。這裡，「風雨」指的是未來意外風險。婚姻使兩人相依為命，白頭到老，其間不管哪方遭遇不幸，另一方都必須無條件幫助，即所謂的「有福共用，有難共擔」。更重要的是，通過婚姻成家、生子育女，達到「養兒

圖四・一　流傳兩千多年的牛郎織女七夕相會故事

防老」的目的，家庭就是一個成員間的風險交換平臺，或者說「內部金融市場」。只是這個「市場」不是靠貨幣化契約交易，而是由子女和親戚作為具體交易媒介（兒子同時是養老基金、保險產品、股票、債券等），基於血親實現跨期承諾。也正因為這個避險功能，婚姻不只是當事男女自己的事，也是長輩、兄弟、姐妹、親戚和其他利益相關者共同的事。下一章會細談這個話題。

也就是說，戲詞唱的是婚姻的經濟與風險交易功能，說的是婚約帶來的責任、義務與權利，跟商業契約雷同。當然，如果雙方能兌現承諾、白頭到老，結果就會是「夫妻恩愛苦也甜」，此即婚姻的第三個目的：實現情感交流、精神愉悅。但這個情感功能是順帶目的，不在第一位。因此，正如庫茨所講，傳統婚姻是出於功利的結盟，不是浪漫愛情的結晶。

一九九二年出品的對唱歌曲〈選擇〉是另一個例子。由林子祥、葉倩文演唱的這首歌也被當成經典的浪漫愛情歌曲之一。部分歌詞是這樣的：「……我一定會愛你到地久到天長，我一定會陪你到海枯到石爛。就算回到從前，這仍是我唯一決定。我選擇了你，你選擇了我。這是我們的選擇。就算一切重來，我也不會改變決定……」整歌是一系列宣誓承諾、利益交換，無浪漫可言，可一旦涉及「選擇」，人就會算計功利得失，理性壓過情感。

在傳統中國的婚禮儀式中，沒有宣讀誓詞這一環節，但〈夫妻雙雙把家還〉、〈選擇〉中唱的內容就是雙方的隱形承諾。在基督教世界，經典的婚禮誓詞是這樣的：「我（姓名），願遵照教會的規定，接受你（姓名）作為我合法的妻子／丈夫。從今以後，無論是好是壞，是富貴是貧賤，是健康是疾病，是成功是失敗，我要支持你，愛護你，與你同甘共苦，攜手共建美好家庭，一直到我離世的那天。我現在向天主宣誓，向你保證，我要始終對你忠實！」這些內容就跟一份精緻的保險契約一樣，把雙方捆綁在一起，無論將來在何時何地發生何事，也無論將來的收入與健康處境如何，兩人都要同甘共苦、白頭到老！所以，在基督教社會裡，婚姻「風險分擔、財富共用」的跨期承諾性質也顯而易見。

在印度，婚禮誓詞更長，男方和女方要各做出十條承諾。比如，丈夫保證「我同意由她來主持家庭，做事情會與她商量」、「我將把我所有收入帶回家交給妻子，家庭開支要得到她的同意，我要一直努力保證她的舒適和幸福」等等；妻子的承諾類似。印度婚姻的經濟結盟與風險分擔屬性也跟〈夫妻雙雙把家還〉中唱的類似。

歷史學家保羅．約翰遜（Paul Johnson）說，在猶太社會，「婚姻是一種社會關係和商業交易，其用意是使社會達到和諧一致，因此婚約必須像商業契約一樣寫得清清楚楚，並且在婚禮時當眾宣讀，以避免將來出現爭執」。他舉例說，西元一〇二八年一月猶太教卡拉派的婚誓大致是這樣的：

我是新郎赫茲克，承諾將來保障新娘的衣食住行，並盡我所能保證滿足她的其他生活所需。我會與她一輩子真誠相待、相親相愛，永不壓迫打罵她，一定像其他猶太男人一樣善待關照她……

我是新娘莎娜，聽到了赫茲克的誓言，同意跟他結為夫妻，終生為他的忠貞伴侶。我在上天眼前發誓，會一輩子聽他的話、由他支配、為他而為、為他而榮、以愛相待。[9]

其他社會的婚姻內涵這裡就不多舉了，但跨期利益互換的性質一致。[10]

當然，口頭承諾只是跨期交換的藍圖，還需要一套保障承諾能兌現的文化、倫理與規則。心理社會學家哈夫洛克．艾理斯（Havelock Ellis）說[11]，「在從猿人演變成人類的過程中，所邁出的最偉大一步莫過於男女性習慣的改變，推演出遠比一夫一妻更為複雜的婚姻制度。難以想像，除了男女性關係之外，還會有其他更能抓住原始人心理的社會領域，因為如果人類一開始就選擇了嚴格遵守極為簡單的一夫一妻制的話，他們就不必挖空心思發揮想像力，琢磨出各種細微周全的男女行為規範了」。

那麼，為什麼各傳統社會的婚姻這麼排斥「愛情」，並以利當先呢？人類婚姻的起源和發展受什麼力量驅動？下面繼續從風險應對力角度回答這些問題。我們會看到，各社會推演出的婚姻習俗和行為規範，都是為了加強人際跨期交換的可靠度，提升人類規避風險的能力。

婚姻的起源與變遷

第二章談到，原始人面對風險挑戰時，可有四種避險方式：遷移、儲存、多樣化和交換。12 細心的讀者可能注意到，到目前，我們重點介紹了前三種方式，即從一個消耗乾淨的貧瘠地遷移到富饒地、馴養植物動物、製作陶罐儲存食物，這些方式是以空間和技術創新規避風險，幾乎忽略了第四種方式——人際交換，尤其是不同人之間的跨期食物交換。從邏輯上理解，在給定的物質產出與技術條件下，人際跨期交換也可以，甚至更能優化人類生存處境，以有餘補不足，以未來補今天，或者以今天補未來，交換在人類應對風險的歷史中發揮了關鍵作用。老子在《道德經》中說：「天之道，損有餘而補不足。人之道則不然，損不足以奉有餘。孰能有餘以奉天下，唯有道者。」對此，通常的解釋是：自然規律是減少有餘的以補給不足的，而人類做法卻往往不同，是減少不足的以奉獻有餘的人；那麼，誰能減少有餘的，以補天下人的不足呢？那當然只有有道的人才可以做到。值得注意的是，老子講的「有餘」和「不足」通常被解釋為是針對人際間而言的，這顯然是狹義的，因為也完全可以是人的「今天有餘，未來不足」或「今天不足，未來有餘」，也就是說，這個「補」既可以是在當下的有餘者與不足者之間，也可以是在今天跟未來之間。

但挑戰在於：「天之道」中的「道」是什麼？如果是公正的「以有餘補不足」，那就不能是外力強制的，而是雙方（或多方）自願的。如果是自願的、非捐贈的，這種互助交換必然是「跨期性的承諾」，亦即今天有餘者補今天的不足者，但今後在前者不足時，後者必須補回，或者無論如何，後者今後必須給予回報。這種跨期交換不一定是特定的人對人、點對點（比如，張三與李四之間的糧食借貸），也可以是通過仲介組織以多對多的方式完成（比如，放貸機構、商業銀行、保險公司，或者是通過之後講的家族、教會，來實現成員間的互助，這些都是仲介）。當然，跨期交換必須有保障機制，以確保不發生欺詐、違約、賴帳、跑路等情況。而這種保障即使在今天已經高度發達的世界，仍然難做，金融交易後捲款逃跑的情況時有發生，熟人間借貸也頻繁賴帳、發生糾紛。所以，人際跨期價值交換一直是人類面對的挑戰（否則，人類社會早就實現完美的人際跨期合作互助，不會那麼複雜），人類在遠古時期就發明了婚姻和家庭，並以此作為媒介進行人際跨期交換。

人類最初沒有婚姻

《周易．序卦傳》言：「有天地然後有萬物，有萬物然後有男女，有男女然後有夫婦，有夫婦然後有父子，有父子然後有君臣，有君臣然後有上下，有上下然後禮義有所錯。夫婦之道，不可以不久也，故受之以恒，恒者久也。」雖然從表面看，人類「婚姻」與「家庭」的發展順序大致如此，但背後的邏輯並非顯然。這裡，婚姻指的是特定男人與女人間締結的較為固定的性關係與社會關係，彼此有特定的責任、義務和權利。芬蘭人類學家韋斯特馬克給的定義是：「婚姻乃經過某種儀式之男女結合，為社會所許可者，此種制度必以社會之許可為其特徵，到處皆然。」[13]這個定義的關鍵是符合社會倫理規範，按照人們能認可、接受的規則建立並維繫的男女跨期承諾關係。我們注意到，這裡強調的是「社會所許可」，而不是兩人「相愛」。而家庭則是成員間的利益共同體，彼此也有依照社會倫理規範的責任、義務和權利，不是「免費的午餐」。二者的差別在於：婚姻是後天選擇的結果，是契約關係，可以「休妻」離婚（亦即終止契約），但基於血緣的家庭關係一般是先天確定、不可變的（父系社會的妻子和母親、母系社會的丈夫和父親除外，這些角色可變）。清代錢大昕稱[14]：「夫父子兄弟，以天合者也；

夫婦，以人合者也；以天合者，無所逃於天地之間；而以人合者，可制以去就之義……先王設為可去之義，合則留，不合則去。」可見，血緣永遠不破，但姻緣則可立可破。

在智人出現後的數十萬年中，人類絕大多數時候生活在前婚姻時代。也就是說，盤古開天地之後，雖有男女，但並沒有馬上發展出規範男女關係的婚姻制度，男女間起初不存在排他性的固定性關係，沒有跨期承諾，也就是性關係混亂，正如恩格斯所說「每個女子屬於每個男子，同樣地，每個男子屬於每個女子」。[15]如果非要用「婚姻」一詞來講述人類大多數時期的男女關係，也只能稱其為「群婚制」——一群男子和一群女子的自由關係形式。在中國古籍中，亦可找到關於原始群婚的記載，如《淮南子》中「男女群居雜處而無別」，《列子》中「男女雜遊，不媒不聘」。我們所熟悉的父系社會親屬關係，如生父、祖父、外祖父，在他們的概念中不存在，因為在性關係混亂之下，無法確認誰為生父。《呂氏春秋》說：「昔太古嘗無君矣。其民聚生群處，知母不知父，無親戚兄弟夫妻男女之別，無上下長幼之道。」《管子》也說，「古者未有夫妻匹配之道」。

隨著弓箭等狩獵採集技術的緩慢演進，人類生產能力緩慢上升，原始群落內人口跟著上漲，對周圍可狩獵採集的食物需求加大，迫使原始群落逐步分解成不同子群，並分別往不同方向遷移。這時期「公有的人群範圍」有所縮小，慢慢發展出基於母系的「血緣家庭」和「血緣家族」，此即最初的廣義「小我」。在母系血緣家族內，各成員除了共用勞動果實外，在男女性關係上照樣不固定，只是共用範圍比以前變小，這就是所謂的「血緣群婚」期。[16]這時期的兩性關係已經不像之前那樣隨意亂交，而是限於血緣群內，並且開始出現一些規則秩序。到距離現在四、五萬年之前的山頂洞人時期，在中國土地上，血緣群婚進一步演變為「氏族群婚」制，主要體現在禁止兄弟姐妹、父母子女間的性關係[17]，基於母親的世系社會形成。

不管在血緣群婚還是氏族群婚時期，群內成員都「一起生活、共用資源」。這種公有制共同體，本身就是「以有餘補不足」的人際跨期交換平臺，成員的違約「跑路」風險低，因為血緣是生前無法選擇、死後無法改變的關係，「永恆不變」就是互助關係的保障。

那麼，為什麼原始社會沒有發展出婚姻制度呢？原因在於那時期，人類脫離動物界還不久，狩獵採集的產出低，支配自然、抵抗風險的能力差，只有群居、不通過婚姻與家庭「區分你我」才能生存。也就是說，發明婚姻與家庭等同於發明私有制[18]，而無婚姻與家庭的群居則是公有制。原始群落是一種簡單的公有制共同體，成員人數少則幾十、多則幾百[19]，共同勞動、共同消費（禁止並嚴懲獨享勞動果實的行為）。換個角度看，如果在那時期就推出明確的排他性一夫一妻制、建立一個個小家庭，並且生產與生活都以小家庭私有制為基礎，可能很多家庭活不下去。人類學家布魯斯・溫特豪爾德（Bruce Winterhalder）通過建立數學模型，並以狩獵採集社會的產出資料作為參數進行模擬計算發現[20]：由於原始人每人每天的產出太不確定，避免餓死的最好辦法不是每個人把自己高產日子的果實儲藏下來、留著今後自己吃或由自己的小家獨享，而是把每天的收穫奉獻給群落裡的所有成員、一起分享，這樣才能把每個人的生存風險降到更低。換言之，集體主義是提升風險應對力的一種手段，是對產出低、風險高的自然反應。在其他相配的集體主義文化規範的支援下，群婚體制使每個人的「忘我無私」境界達到最高，讓基於群落實現風險互助的安排變得可靠。從這個意義上來說，原始社會公有制與其說是為了提升生產力，還不如說是為了強化人際「抱團取暖」、最小化生存風險。跟第二章談到的定居農耕一樣，原始公有制的發明也是為了提升風險應對力，集體主義文化的作用即在此。

此外，基於血緣群落的人際跨期交換體系可以避免「逆向選擇」（adverse selection）問題（因為沒有選擇），而逆向選擇往往是導致交易市場破裂的重要原因。根據諾貝爾經濟學獎獲得者喬治・阿克洛夫（George A. Akerlof）在一九七〇年發表的經典著作[21]，如果甲公司賣醫療保險並且無法判斷哪些人身體健康、哪些人已經身體欠佳，那麼身體不好的人更可能去甲公司買保險，最後導致甲公司倒閉，這就是資訊不對稱條件下會出現的所謂「逆向選擇」問題。回到原始社會，試想一下，如果有人在那時期推出「狩獵採集產出保險」公司，那麼能力低的原始人更可能去買保險，而能力強的會選擇不參與，結果是這種保險市場必然關門。可是，原始人必須無條件地在血緣群內「有福共用、有難共擔」，因為加入哪個血緣群是出生前沒有選擇的，所以逆向選擇問題就得以避免。

但是基於血緣的群落體系會帶來「道德風險」（moral hazard），也就是說，既然只要是血緣群體的一員就能分享其他成員的收益，誰還有動力去努力狩獵採集呢？關於資訊不對稱帶來的「道德風險」，這是另一位諾貝爾經濟學獎獲得者肯尼斯・阿羅（Kenneth J. Arrow）的貢獻。他在一九六三年發表的著作中[22]，重點以醫療保險市場為例講明，正因為每個人做了多少健身運動與保養努力是別人無法知道的，買了醫療保險的人很可能從此不再在意飲食健康、停止健身；如果大家都這樣搭便車，醫療保險公司當然無法持續。風險與不確定性是導致道德風險的主因。

血緣群落公有制雖然解決了「跑路」違約和逆向選擇問題，但帶來嚴重的「道德風險」。可是，由於原始群落人數不多，大家日夜一起勞動、生活，尤其是通過經常舉辦喜慶筵席、禮儀娛樂活動，他們有充分的時間和機會相互了解、彼此監督，給搭便車者提前警告、督促，確保每位成員竭盡全力。因此，血緣群落有利於那時期的人際跨期交換。不過，原始血緣共同體還不是我們當代人所說的「家」或「家族」，因為那時男女間的性關係還不固定，彼此沒有恒定的責任。

原始社會後期開始出現婚姻制度

到狩獵採集社會的後期，特別是到定居農耕時期，食物產出風險進一步下降，氏族群婚演化到一種多偶的「夥婚」體制[23]，就是一個女子對多個男子，並通過儀式建立更加穩定、附帶責任約束的婚姻關係。這時期，男子開始「從妻居」，有子女後跟子女及妻子一起居住，但在傳承上，子女不屬於父親世系，而是歸母系。人類發展到這個階段，接近現代版本的婚姻秩序開始形成，正如《禮記·曲禮》所稱，「夫唯禽獸無禮，故父子聚麀，是故聖人作，為禮以教人，使人以有禮，知自別於禽獸」，通過禮的建立結束類似動物的亂婚無序。只是那時，婚姻以「一妻多夫」制、家庭按母系體制運作。那時的母系家庭中，丈夫沒有主導權，恩格斯說，「……通常是女方在家中支配一切……不管他（丈夫）在家裡有多少子女或占有多少財產，仍然要隨時聽候命令，收拾行李，準備滾蛋」。[24]

上古中國人的姓，以女字為偏旁部首的居多，比如上古八大姓中，「姬」、「姒」、「媯」、「姚」、「姜」和「嬴」等都是女字部，反映了子女跟母姓，說明中國以前是母系氏族社會。在中國之外，其他狩獵採集後期和新石器早期的社會也普遍實行「一妻多夫」的母系氏族規制。到西元前六〇〇〇年左右，中東猶太部落是「一妻多夫」。[25]到十九世紀，北美印第安部落還是以「一妻多夫」的母系社會為主。[26]據韋斯特馬克介紹[27]，在非洲、印度、澳大利亞、太平洋群島、南美，基於群婚或「一妻多夫」的母系社會相當普遍。

有兩點值得指出。第一，為什麼在狩獵採集後期婚姻與家庭制度初步成形？前面談到，血緣氏族群婚及相應公有制帶來嚴重的道德風險，搭便車問題難以克服[28]，所以，一旦食物風險下降到足夠低、產出足夠高，人類社會就會選擇走出群落共同體這個「大鍋飯」，將男女關係固定、賦予相應的責任與義務，並以此建立「小家庭」。邁出這一步之後，男女婚姻關係不只是性關係，更是一種社會關係，彼此擁有對對方的許多權利，這就是私有制的起點[29]，人的生活逐步從部落群居收斂到自己「私有」的小家庭。正因為婚姻是家庭的基礎，而家庭是婚姻出現之後人類生活的「新中心」，所以婚姻不是因為愛情而起源的，而是為了建立作為「生產單位」和「風險交換平臺」的家所做。於是，就有了的〈夫妻雙雙把家還〉中唱的婚姻觀、歐洲和印度的婚禮誓詞，等等。

第二，為什麼是「一妻多夫」制的母系社會，而且子女只清楚母親的身分，有意不清楚父親是誰？[30]我們可從應對風險的角度解釋。首先，在狩獵採集時期，生存環境惡劣，食物產出低、風險高，生存隨時受挑戰，尤其是男人外出狩獵，時常被動物咬死或者因其他種種原因不能活著回來。[31]根據《經濟學人》於二〇〇七年的綜述[32]，在一年中，狩獵採集社會九〇%以上的男人外出參戰，二五%到三〇%的男人會死於暴力兇殺。相比之下，婦女在部落周圍從事採集活動，收穫穩定，遭遇生命危險的可能性低，因此子女歸母系更有利於後代的繁衍成長（而歸父系的安排會讓子女從小無父的機率太高）。韋斯特馬克在談到近代西藏及其他社會時，說之所以它們慣有「一妻多夫」，「不僅是因為這些地區十分貧困，而且還因為丈夫長年累月地在外販運貨物或放牧，妻子一個人留在家中……」[33]，需要幾個丈夫，以分散各種風險。其次，男人狩獵需要根據獵物的移動軌跡，隨時準備長時間奔襲，如果由他們隨身帶著需要照料的子女，狩獵會變得笨拙而危險。子女由留在住地的母親照料，顯然是更優的安排，也激勵她們更好地關照後代。再者，男性長期在外狩獵，在操作上很難牢靠地確認哪個孩子是自己的血親，因此在狩獵採集社會中，財產和子女的產權歸母系效率更高。此外，之所以不明確生父的身分是更優策略，是因為只要生父的身分模糊，所有跟生母有過性關係的男人都有義務撫養其子女，這樣，即使真實生父（匿名）死了，只要母親的其他丈夫還活著，就不妨礙子女的成長，子女總能得到關照。母系安排是對風險環境的一種反應——女性生存風險小，男性生存風險大。赫拉利在《人類簡史》中甚至寫道，「像位於委內瑞拉的巴里印第安人社會，他們相信孩子不是生自某個特定男人的精子，而是媽媽子宮裡所有積累精子的結合……如果你覺得這聽起來實在太蠢，請記得其實直到現代胚胎學研究發展之後，我們才有了確實的證據，證明孩子只可能有一個父親」。[34]回頭看，這種信念——所有與生母發生過性關係的男人都對胚胎成長有貢獻——是一妻多夫制內生的倫理，因為這迫使生母的多位丈夫都對孩子負撫養責任，降低孩子的成長風險，同時也讓孩子長大後對多位長輩有回報義務。文化就是這樣根據需要而內生，給當初虛構的故事賦予理性，接受為其一分子。

定居農耕帶來婚姻變革

發明定居農耕後，許多事情出現了質的變化：土地變得值錢，建房激勵出現，私有產權開始出現並需要得到保護；人口成長加快，人口密度上升，倫理規範必須到位，以強化社會秩序、穩定人際關係；男女婚姻關係需要更加明確穩定並排他；等等。否則，定居下來並不斷擴大的人類社會必然混亂無序，暴力頻率反而高於原始社會。在新石器早期，人類還沒發明貨幣，貨幣化的市場交換還不是選項，他們還是需要借助社會和文化創新實現「以有餘補不足」的人際跨期互助。在中國歷史上，這相當於夏商周時期。

從「一妻多夫」轉向「一夫多妻」

在這個發展階段，婚姻與家庭制度經歷了根本轉型，從原來的「一妻多夫」母系社會轉變為「一夫多妻」父系男權社會[35]，婚姻關係的責任與義務也被大大強化。在中國，不僅皇帝和高官貴族，而且文人、商人和普通人，都可以「一夫一妻多妾」或者就是多妻[36]，這個狀態一直到二十世紀才結束。據歷史學者王利華描述，從山西襄汾陶寺的夏朝遺址中，考古學家看到，在男性大墓的兩側有多處安葬女性的中墓，表明這是多妻體制下的「異穴並葬」。[37]假骨學研究者宋鎮豪根據對甲骨文資料的研究發現[38]，商朝時期，商王與貴族顯然是多妻，多則有數十位妻子，而在普通人中，或許因為經濟收入原因，一妻更為普遍。《禮記‧婚儀》中寫道：「古者天子後立六宮、三夫人、九嬪、二十七世婦、八十一御妻，以聽天下之內治。」加起來，天子有一百二十一位妻子。在唐朝，詩人李白娶妻四次，但有多個妾，《襄陽歌》裡他就感歎過：「千金駿馬換小妾，醉坐雕鞍歌《落梅》。」白居易、蘇東坡等歷史名流也多妾。清代胡雪巖妾三十六人，張作霖妻妾六人，李鴻章妻妾四人，不勝枚舉。一九三一年時，德國性學家馬格努斯‧赫希菲爾德（Magnus Hirschfeld）對中國人性生活做了系統調查，總結道[39]：

> 任何人在中國看到三十至五十人人組成的大家庭一齊用餐的情景，都會大吃一驚……使我不禁對中國婚姻習俗產生濃厚興趣。據推測，在當今的中國，約三〇%的男人只有一個妻子；大約五〇%的男子（其中許多是苦力工）有兩個妻子；約一〇%的男子娶有三到十六個妻妾；另有五%的男人據說有六個以上妻妾，有些竟有三十多個。據說北洋軍閥張宗昌一人就有八十個妻妾……我在香港親眼看到一個乞丐，除了靠討飯資助他的妻，還養

著兩個妾。

民國學者陳顧遠曾說[40]：「周興儒繼，以妾泛稱嫡以外之側室、副室、偏房等，妾制遂定，而益複雜。」一種解釋說，中國歷史上的「一夫一妻多妾」跟國外的「一夫多妻」制不同，因為妻的地位與權利高於妾，比如，妾之子首先孝敬父，其次孝敬大媽（父之妻），然後才是自己的生母——這說法不成立，原因在於在任何社會裡，「一夫多妻」體制都會對各妻在權利地位上加以區分，否則秩序難以維持。「一夫一妻多妾」與其他社會的「一夫多妻」在實質上是相同的。

古代日本有一夫多妻制[41]，《魏志・倭人傳》中有記載，「大人皆四五婦，下戶或二三婦」。到近代日本，皇室及貴族則效仿中國，奉行一夫一妻多妾制，男子除正室外尚有多名側室。在幕府時代，幕府統治者征夷大將軍的正妻稱為御台所，側室稱側夫人。「一夫多妻」制在十九世紀明治維新後廢除。在伊斯蘭國家裡，根據《古蘭經》的規定，男性最多可以娶四名妻子，前提是必須對各妻子公平相待並有經濟能力照顧好妻子和所生子女（與中國傳統文化要求類似）。例如，在巴基斯坦和摩洛哥，男子需要得到首任妻子的同意，才可娶第二妻；一般情況下，一房會同意，因為她跟丈夫一樣，可從其他妻子所生子女那裡得到保障生活、規避風險的好處。美國早期的摩門教也實行「一夫多妻」制，到十九世紀九〇年代才正式結束。在西元四世紀以前，古希臘與羅馬以外的其他歐洲和中東社會都允許一夫多妻。猶太人多妻的歷史很久，在《舊約全書》和《新約全書》的故事中，亞伯拉罕和其他男人有多妻，這也是為什麼至今還有基督徒認為一夫多妻是上帝的本意。[42]

「一夫一妻」制最早由古希臘人推出，到西元前一世紀被羅馬人採納，並在法律上只允許一妻。西元三一三年，羅馬皇帝君士坦丁頒布《米蘭詔書》，宣布基督教合法，自己也成為基督徒，使基督教逐步成為實質上的羅馬帝國國教（正式時間為西元三八〇年）。[43] 這一變化造成了基督教的「羅馬化」，意思是在羅馬帝國接受基督教後，許多羅馬習俗反過來被帶入基督教，成為所有基督徒的習俗，包括「一夫一妻」制度。比如，西元四世紀教會領袖之一聖奧古斯丁，在他的重要著作中寫道：「我們這個時代，應與羅馬的習慣保持一致，只要妻子在世，就不允許再娶。」[44] 從那時起，「一夫一妻」制逐漸在基督教社會擴散，到西元八世紀基本成為各地教會唯一接受的婚姻形式。到近代，隨著以基督教為核心的西方文化在世界傳播，其他社會也陸續接受一妻制並禁止「一夫多妻」。

一九六七年，耶魯大學人類學教授喬治・默多克（George Murdock）彙集八百四十九個「社會」（文化意義上）的婚姻情況[45]，發現其中有七百零八個仍然允許「一夫多妻」，四個允許並踐行「一妻多夫」[46]，一百三十七個只許「一夫一妻」。在地理位置上，今天繼續允許「一夫多妻」的社會主要在非洲、中東、南亞和美洲印第安部落。由此也看到，新石器中期逐步推出的「一夫多妻」父系社會，其影響至今還沒結束。

那麼，當初是什麼導致母系社會向父系社會轉變呢？尤其是，幾乎所有選擇定居農耕的社會後來都轉向父系家庭制，這說明背後有某種共同的驅動力。第二章談到，從一萬多年前開始，七個社會在七千年跨度內分別發明定居農耕，中東人先培植了小麥和豌豆、馴養了山羊，中國人馴化出稻米、小米和豬，中美洲人培植出玉米和豆類，新幾內亞人培植了甘蔗和香蕉，等等，它們周邊的社會則陸續模仿，使產出風險大大降低。隨著馴養動物與植物的普及，男人不再長年外出狩獵，而是也留在家園幹活，這等於把男人馴化成「宅男」，男人意外死亡的機率下降，導致前面提到的幾個利於母系氏族的因素隨之消解，孩子的父親到底是誰也沒有之前那麼難以確認，「多夫」體制難以為繼。

在新石器早期，男人的農耕體力優勢還不明顯，採集的食物占比低於女性，這使女性保持高地位。但是，犁耕尤其鐵犁出現後，對使用者上半身肌肉力量的要求尤其突出，由於睾酮等雄激素分泌量的差異，女性在這方面很難匹敵男性，男性體力優勢得以提升。[47]正如考古學家戈登·柴爾德（Gordon Childe）所說，「犁……雖使婦女免於大部分嚴苛的苦工，但是剝奪了她們對穀物的控制以及由此而產生的社會地位。在野蠻人中，用鋤頭耕田的多是婦女，但用犁犁田的，則多是男人。在最古老的蘇美人及埃及人文獻中，用犁犁田的也都是男人」。[48]恩格斯認為，男人體力的重要性超出女性後，婚姻關係與家庭結構的權力中心從女性轉向男性，社會從母系轉向父系。[49]這也催生了農耕社會的「重男輕女」與「厭女症」文化。

近年關於父系與母系社會的對比研究，也可以幫助我們理解農耕社會出現後婚姻與家庭制度的變化。人類學家和經濟學家發現：牛是母系社會的「敵人」，魚是母系社會的「朋友」。[50]先看前一部分。一九六五年，人類學家大衛·阿伯利（David Aberle）注意到[51]，父系社會和母系社會的分布可謂「涇渭分明」。環地中海區域、歐亞大陸東部等農耕文明較早興盛的地區，母系社會幾乎「絕跡」。即便是零星的母系社會散布在這些區域，位置也一般在高山之上，這些地方不適合耕植，對犁等重體力勞動和灌溉系統的需求較低。實際上，阿伯利驚奇地發現：自己竟然找不出幾個既依靠犁耕作又維持著母系繼承方式的社會案例。母系繼承與犁耕罕有並存，而牛又是犁耕農業中最常見的驅動力。將這兩點合起來，就得出：牛是母系社會的「敵人」。

而母系繼承與狩獵採集密切相關。基於默多克整理的族群資料庫，近代母系氏族的分布可以進一步劃分為三個區域：東南亞和太平洋諸島，非洲中南部，再就是美洲，但多「紮堆」在沿海區域。[52]其中，包括太平洋和美洲的聚落在內，相當多母系社會的周圍是淺礁，淺礁為魚類提供適宜的生存環境和充足的營養物質，魚群讓狩獵採集部落以捕魚維生，不需要改為定居農耕。阿里爾・本－艾瑟（Ariel Ben-Aishay）等學者發現：聚落附近十公里內礁的密度每提高一%，該聚落是母系社會的機率就提高一・四%。[53]也就是說，魚是母系氏族的「朋友」。這些社會以獵魚為生，其中許多漁民居住在船上，經常在不同海灣之間「遊牧」遷移。

在二〇一三年發表的一篇研究中，哈佛大學的三位教授對比了兩類社會的性別觀念[54]：地理條件「適合犁耕」農業的社會和地理條件「適合移耕」農業的社會。他們發現，相對於對肌肉力量要求低、女性也能耕種的移耕社會，犁耕更會造成典型的「男耕女織」性別分工（如〈夫妻雙雙把家還〉中唱的那樣），於是早期適合犁耕的社會即使到今天，也還是明顯地「男耕女織」，婦女多數在家、極少外出就業，也因此婦女社會地位至今還很低，男權勢力強。尤其是在三位教授對比分析美國的移民二代後發現，來自犁耕社會的移民後裔，顯然比來自移耕和畜牧社會的移民後裔更加「重男輕女」，歧視女性的傾向性更強。這些研究表明，犁耕農業不僅導致男權父系社會的出現，而且由此產生的「重男輕女」文化至今還難以消除。

哈佛大學教授恩克（Benjamin Enke）對近兩百個社會的「親族緊密度」（kinship tightness）進行分析[55]，發現狩獵採集原始社會對血親網絡不是太在意，更多看重部落成員間的合作互助，而不單純是血親間的互助，但是粗放農耕社會普遍強調血親網絡的建設，親族緊密度最高。原因在於，農耕需要不同成員間的深度合作，所以廣泛但相對膚淺的人際關係不再夠用，關係的緊密與跨期信任更加重要，於是農耕社會更致力於發展緊密的親族網絡。第五章和第十一章會進一步談到，宗族網絡在傳統中國就如同「內部金融市場」和「集團公司」，因此族人規模愈大愈好（前提當然是緊密血親關係）。在這種偏好下，如果以母系建立血親宗族，由於只有一位母親生育後代，其後代人數總會有限；而如果以父系建立宗族，那麼在「一夫多妻」安排下，單一父親可以有更多後裔。也就是說，對於器重宗族人數規模的農耕社會，父系制比母系制更能最大化族內的資源分享與風險分攤效果。

此外，「投資資產」的出現也促成男權體系與私有產權秩序的形成。具體講，進入定居農耕後，穀物的馴化、種植與儲藏，以及動物的馴化及養殖，使土地變得值錢，成為可增值的投資品；定居下來的農民需要蓋房居住，使房產既是消費品又是財富媒介的投資品。從此，人類開始有最大化剩餘收入、積累巨額財富的願望，一場新的人際競爭就此展開。無論是搶掠財產（包括剩餘產出）的欲望，還是保護財產的渴望，都隨著資產的到來而增強。[56] 財產爭鬥的上升，意味著武鬥能力更加重要，把男女性關係明確並長久穩定下來的願望也得到加強。在冷兵器盛行的年代（如果石塊、木棍也算冷兵器的話），資產的發明就跟犁耕帶來的影響一樣，使肌肉力量對爭鬥結果有決定性作用，這進一步提升了男性的相對優勢。於是，伴隨人類從狩獵採集向農耕演進，在不平等程度上升、暴力多發的同時，母系繼承傳統也必然漸漸式微。[57]

為了降低利益爭奪帶來的暴力衝突，人類必須建立更清晰、穩定的私有財產秩序，比如長輩決定一切、唯男性才能作為所有者（妻子和女兒不能擁有財產）、長子繼承制等。[58] 在所有人類產權中，婚姻關係中包含的許多權利是一些最基本的類別。作為當代實例，二〇〇七年《紐約時報》寫道，[59] 美國統計局在二〇〇五年對婚姻權利做了系統統計，發現結婚可以帶來一千多種權利[60]：婚後財產各擁有一半、配偶退休金分享權、醫療保險分享權、跟配偶生育子女並擁有子女的排他性權利、社保福利分享權、移民權（如果一方是外國公民），等等，不一而足，都是實實在在的產權利益。當然，這是現代美國的情況，原始社會群婚時期就沒有這些婚姻權利。只是在定居農耕發明後，各種財富媒介（即資產）產權才成為現實，資產和利益才變得複雜，因此針對婚姻與家庭的產權體系必須比以前更明晰，婚姻關係必須更加排他、穩定、持久，父親身分必須明確，才能建立新的秩序，否則必然失序。雖然諾貝爾經濟學獎得主道格拉斯．諾斯（Douglass C. North）的著作沒有直接涉及婚姻制度的演變歷史，但他的產權理論可以幫助我們理解「為什麼定居農耕迫使人類婚姻的責任、義務與權利明晰化」。實際上，婚姻與家庭制度就是一套產權體系。[61]

風險挑戰決定男女婚姻形態

可是，為什麼農耕社會轉變為父系傳承後，普遍採用「一夫多妻」呢？文獻中給出的解讀很多，我們在後文會給出一些。在中國，一個原因是「養兒防老」與孝道。《孟子．離婁》有云：「不孝有三，無後為大」；《十三經注疏．孟子注疏》對此的解釋為，「三不孝」是「阿意曲從，陷親不義」，「家貧親老，不為祿仕」，「不娶無子，絕先祖祀」。因此，妻不育，就可納妾，以免絕後；「一妻多妾」也是為多生子女，降低生存風險。「多子多福」不是因為子孫多了家裡熱鬧，而是在「養兒防老」之下，如果只有獨子，那等於「將所有雞蛋放在同一個籃子裡」，風險太集中。特別是即使妻能生子，但過去兒童生命風險太高，近三分之一無法活到二十歲[62]，所以多子才能多生活安全。於是，各朝為納妾留下空間，比如：宋律為普通人規定，「若年四十無子者，許置一人」；《明律．各例附例》界定，「除親王得一次置妾十人外，世子郡王額妾四人，二十五歲嫡無出，始許選二人，三十歲，嫡妾皆無出，方許娶足四妾；長子和各將軍額妾三人，各中尉額妾二人，三十歲嫡無出，始選一人，三十五歲，嫡妾皆無出，方許各足其數；故嫡室於年限內有子，則不得置妾也。庶人於年四十以上無子者，許選娶一妾，違而娶者笞四十」。[63]

這些足以表明多妻制背後的邏輯，在缺乏金融市場等其他風險保障工具的背景下，一妻制自然與「養兒防老」體系相衝突。另一方面，多妻（或說多妾）也與權力地位掛鉤，官位愈大，允許的妾數愈多。在魏晉南北朝時期，《魏書．臨淮王傳》說到西晉的規定：「諸王置妾八人，郡公侯妾六人，官品令第一、第二品有四妾，第三、第四有三妾，第五、第六有二妾，第七、第八有一妾。」這也間接解釋了為什麼從母系轉為父系社會結構後，婚姻從「一妻多夫」改為「一夫多妻」，相對權力排序決定男女關係中的數量排序。在「養兒防老」體系下，一夫多妻是規避生老病死風險的需要。

婚姻制度創新是對風險和權力的反應。在世界範圍內，地理環境風險也決定了一個社會所採納的婚姻制度。人類學者博比．洛（Bobbi Low）以「病原體壓力」解釋了為什麼一些社會採納「一夫多妻」。[64] 她認為，生態環境中的極端風險對人類演化有重大影響。「病原體壓力」指的是一地區環境中有多少種病原體，包括利什曼病、錐蟲病、瘧疾、血吸蟲病、淋巴絲蟲病、瘋癲病等病原。她的研究假說包括兩方面。第一，病原體壓力愈高的社會，愈會採用「一夫多妻」制婚姻。對病原體的抵抗力與遺傳因素相關，因此病原體愈多的地方，選擇男性伴侶時必然更苛刻，對身體強壯和體力能力更看重，強壯男人更會配置多位女性，這有利於降低整體社會的生存風險。同時，由於病情肆虐，健康的、適合配偶的男性數量減少，從而「一夫多妻」的男性比例上升。「一夫多妻」之下，強壯男人的後代數量多於在「一夫一妻」下的後代數量，因而多妻制有利於強壯基因的發揚光大，促進適者生存的生物演擇規律。再者，在病原體壓力高的地方，家庭成員死亡機率高，多妻比單妻更能帶來多子，益於分散風險。第二，在病原體壓力高的社會裡，非姐妹共夫的「一夫多妻」制更為普遍，同時男性從外界社會尋找妻子的行為更為頻繁，內婚和姐妹共夫的行為相應減少。原因在於，病原體壓力愈高，生物多樣性強的後代就愈有生存優勢，存活機率愈高。而欲使後代生物多樣性強，「一夫多妻」制中男方所娶的應是與自己無親緣關係的女子，妻姐妹婚不是理想的結合形式。人類所採用的婚姻形式並非偶然，而是一種應對風險的內生選擇，以實現生存和福利的最大化。

洛教授在分析不同社會的資料後得出如下結論。首先，熱帶和亞熱帶地區炎熱潮濕，最適宜病毒的傳播，比如瘧疾在距離赤道比較近的地區更多發，痲瘋病和血吸蟲病也在熱帶最為流行，而全球七八%盛行「一夫多妻」的社會都在熱帶地區。當把各社會根據病原體壓力按大小分成三組時[65]，在病原體壓力最大的組裡，超過九〇%的社會是「一夫多妻」制，每五個男人至少有一個有多妻，平均擁有的妻子數最高；在病原體壓力最低的組裡，六一%的社會是「一夫多妻」制，而且平均擁有的妻子數也最低。病原體壓力和「一夫多妻」程度是顯著正相關的。其次，按地區劃分，在歐亞、非洲、美洲大陸，這個規律都成立：病原體壓力愈大的社會更會採取多妻制，並且在病原體最多的社會中，非洲男人的多妻程度最高，南美次之，歐亞最低。最後，在病原體數量多的地區，八四．四%的社會選擇非妻姐妹婚的「一夫多妻」方式，八一．一%的社會不會有內婚。總體而言，病原體壓力可解釋不同社會婚姻形式差別的五六%。

由此可見，男女婚姻關係到底採用什麼形態，與所在社會面對的風險類型和風險強度息息相關。[66]正是風險環境的多樣和變化，才塑造了形形色色的婚姻制度，驅動人類婚姻制度經歷從群婚制到多偶制、再到「一夫一妻」制的歷史變遷。這種演變歷史不是單純的生產力所能解釋的。不同婚姻制度會帶來相異的風險應對力。

婚姻真的幫助避險嗎？

人類早早看準了男女間生理上的相互吸引與需要，以其為基礎發明、發展出婚姻與家庭，實現〈夫妻雙雙把家還〉中所唱的那樣的分工合作與風險共擔。那麼，在現實中，願景是否得到了有效實現呢？愛情會強化還是阻礙婚姻的避險功能呢？

選對象的最佳策略

婚姻促成「男耕女織」的勞動分工，這一點前文已談。就婚姻的「寒窯雖破能抵風雨」的避險功能，我們可以看幾個具體實例。由於婚姻使兩方在收入上合二為一，因此最為理想的狀態是男女雙方的未來收入完全負相關，也就是說，男高時女低，男低時女高；而如果雙方收入高度正相關，那麼由婚姻帶來的組合對雙方的避險價值不高。雙方收入的相關係數愈低（愈負），婚姻的避險效果會愈好。這就是為什麼夫妻最好不就業於同一行業，尤其不要在同一公司，而是在互補性強的不同行業工作。當然，婚姻帶來的避險效果也可體現在親家之間，聯姻後兩家會有跨期利益交換，因此如果兩親家各自的未來收入是負相關的，經常此消彼長，聯姻就使雙方更好地應對未來的不測風雲。

一九八九年，馬克．羅森茨魏希與奧德．斯塔克（Oded Stark）在一項研究中，發現一個有意思的現象[67]：印度農村的父母通常將女兒外嫁很遠，尤其是收入低、產出波動又大的農村家庭，更傾向於讓女兒外嫁到遠方。此外，他們還發現，在自然災害發生時，有女兒外嫁遠方的家庭受影響較小。這些現象背後的原因是什麼呢？顯然不是為了提高生產力。

一般認為，在低收入國家，從鄉村遷入城市是為了提高收入。然而，根據一九八一年印度人口普查資料，從鄉村移居城市的淨人口僅占總人口的二．二%，而鄉村之間的遷移則占總人口的三〇%。其中，八〇%永久遷居的女性是因為婚姻搬離家鄉，婚姻遷居是人口流動最主要的模式。馬來西亞也有類似的情況：遷居的女性中，六九%是因為結婚，只有一三%的男性在結婚時遷居他鄉。

另一方面，收入風險的空間性是農業生產的重要特徵，意思是一地發生災害，另一地未必同時遭遇同樣的災害。羅森茨魏希和斯塔克計算得出，在印度農村，兩村莊間的距離每增加一百公里，兩地降雨量的相關性就降低〇．〇七三（下降一八%），收入相關性降低〇．〇八三（下降四九%），工資相關性降低〇．〇三八（下降七%），距離對村莊間經濟狀況相關度的影響顯而易見。這給農民跨地區分散風險提供了機會。問題是，在存在契約風險、逆向選擇和道德風險的情況下，人們怎麼實現跨區分散風險呢？由誰跟誰進行這種跨期交換呢？傳統社會沒有正規保險公司或其他金融機構，所以必須尋找其他方式。

答案在於聯姻，通過把女兒嫁到遠方村莊建立跨期互助關係，尤其是那些本來有親族關係的村莊。這樣做的優勢之一是，利用親族關係，最小化跨期交換的建立成本和執行成本，特別是資訊成本；優勢之二是，能實現多樣化互利，張三家的女兒嫁到李四家，一方面女兒今後會給娘家送一些財物和收入，另一方面在發生意外時，張家和李家會進行互助，幫助彼此平滑消費波動；優勢之三是，張家和李家所在的村莊間距離愈遠，聯姻帶來的消費保險效果愈好。婚姻可以提升風險應對力。

羅森茨魏希和斯塔克收集了一九七五至一九八四年間三個印度村莊的資料，這些村莊的農業產出風險很高，產出的跨期波動相當明顯，收入不穩定是農民一直面對的挑戰。從家庭構成看，一百零八戶人家中只有八位家長來自外地（在外地出生），然而九四％的已婚女性非本村出生，四九％的家庭裡的已婚婦女超過兩位，其中只有兩戶的媳婦來自同一村落。這說明外嫁女兒、娶外地媳婦是村莊社會的普遍傳統。樣本中，婆家村莊與媳婦出生地間的平均距離為三十公里，其中最遠的距離為四十七．七公里，收入的空間相關性受距離的影響程度大約為六三．八％，這表明跨區婚姻能幫助降低風險。

他們的計量結果證明：每多一個外嫁女兒，收入下降對食物消費的影響會削弱一五％；每多一個外嫁女兒，接受其婆家轉移財富的機率增加七五％，而每多一個媳婦，接受她娘家轉移財富的機率增加四六％[68]；相較而言，在跨區婚配中，女方家庭比男方家庭能獲得更多的避險收益[69]；已婚女兒與娘家村莊的距離每增加一個標準差（六十公里），收入波動對食物消費的影響會減少六％。因此，遠距離婚姻對降低消費風險有顯著的貢獻。不過，這一作用集中在相對貧困的家庭，而富有家庭子女的婚姻距離就近得多，哪個父母不想常常看到自己的子女呢？這兩位教授發現，家庭財富每高一個標準差，收入風險對食物消費的影響就減少一二％，多餘財富帶來的抵禦風險能力是把女兒遠嫁六十公里所帶來的保險效果的兩倍。富家女兒當然就不必遠嫁。此外，在產出風險比較低的村裡，規避風險的必要性就少些，外嫁女兒的距離就更近；而如果有多個女兒，父母一般會把她們往不同方向遠嫁，這樣做似乎與傳統直覺相反，因為如果把她們嫁到同一村莊，那會減少交易成本，也會減少資訊不對稱程度，但那樣不利於最大化風險應對力。這進一步證明，在現代金融出現之前，避險動機在婚姻安排中的權重很高，愛情也就成了不可求的奢侈品。於是，婚姻由雙方長輩包辦、子女無戀愛自由，就不足為奇了，因為只有這樣才能確保家族各成員的利益不被犧牲。在避險利益面前，愛情的地位當然很低。

我們一般認為，「嫁富」是女兒婚姻的首要目標，高攀是提升社會地位的捷徑。這也是為什麼婚姻市場充滿逆向選擇問題，因為富家長輩會擔心別家子女對自家兒女感興趣，就是源於他們由於貧窮而「攀富」的動機；而且即使財富背景不對等的婚姻發生了，這種懷疑也會使婚姻關係極不穩定、難以持續。羅森茨魏希和斯塔克在分析了三百八十二戶婚姻的情況後，發現婚姻雙方的家庭財富顯著正相關，這說明財富「門當戶對」度高，「攀富」傾向不突出。這與兩位教授的數學模型推論十分一致：當避險是婚姻在生子以外的首要目的時，雙方家庭最好在財富等基本稟賦上般配（門當戶對），否則在未來，一旦富有的一方出現收入挑戰時（災害或其他風險事件），貧窮的親家可能無法給予幫助，無法兌現跨期交換。更何況貧窮的一方可能頻繁出現消費危機，經常需要親家幫助，使交換嚴重不對等、難以為繼。印度農村婚姻在財富稟賦上「門當戶對」，而在收入風險上通過拉開兩家的物理距離來降低相關度（最大化彼此風險特徵的差異度），這些都印證了避險的確是婚姻的重要驅動力，也是實際效果所在。

中國是否跟印度有別？在中國的婚姻傳統中，「門當戶對」無疑重要，避險需要也往往是婚姻背後的驅動力（正如〈夫妻雙雙把家還〉中所唱的）。隨著近代交通和經濟的發展，特別是改革開放以來，兩個不同趨勢出現。首先，柔佛巴魯以康村的通婚圈為研究對象[70]，分析了二十世紀以來山東農村的變化。根據康村戶口資料及柔佛巴魯的調查，相對於改革開放前，康村的婚嫁距離急劇縮短、通婚區域也快速內卷，通婚村數減少，婚入與婚出在地域上出現較大的不對稱性。主要原因是，經濟發展後，風險出現的頻率下降，人們的收入水準與風險應對力都上升，靠跨區婚姻達到避險的必要性下降，於是通婚圈半徑縮小。這也印證了基於印度資料的結論：在收入水準低並缺乏其他避險工具時，人們會通過遠嫁女兒來規避收入風險；反過來，這種遠嫁需求就逐漸降低，讓婚姻得以解放。其次，也有相反的趨勢，就是改革開放後，區域間財富差距拉大，於是長距離的跨區婚姻可以帶來「攀富」和城市戶口價值。比如，江蘇省七一％的女性婚姻移民（嫁入），分別來自四川（二九％）、貴州（一六％）、安徽（一三％）和雲南（一三％）等省分[71]，這些婚姻一般不是「門當戶對」的匹配婚姻。由此可見，以避險為目的的正常婚姻傾向於「門當戶對」，而其他婚姻則不一定。

既然婚姻的避險功能已經顯著，為什麼還會在未來改變呢？當然，一方面如前文所談，這種安排以犧牲年輕人的自由戀愛權為前提，使婚姻離愛情遙遠。另一方面，羅森茨魏希在一九九三年的後續研究中，基於印度農村普查資料發現[72]，一旦跨區婚姻的保險效果太好，會帶來兩種負面影響：抑制正式借貸市場和新科技的發展。前者很容易理解，因為如果村民都忙於利用婚姻和親情網絡解決跨期風險交換，而且這些還多少管用，就無暇顧及甚至不相信正式金融的避險作用了。後一種影響的通道在於：技術進步增強人口流動性，農戶不再被綁定於出生地，這就削弱了跨區婚姻所帶來的空間保險作用，同時技術進步使家庭財富成長，直接降低了收入風險對消費的影響（如前面討論的），減少了對婚姻保險功能的依賴。羅森茨魏希發現：農戶對婚姻等傳統避險方式的依賴程度愈高，其對先進技術的排斥程度就愈強，因為他們擔心新科技的廣泛採納會降低傳統避險方式的可靠度。如果其他農戶都因新科技而降低對跨區婚配的需求，則農戶自身在婚姻市場上的選擇空間也會縮小。因此，他們選擇拒絕新科技、堅守舊文化，連移民美國的印度人及其後裔還堅持包辦婚姻。[73]

避險婚姻與愛情婚姻，誰更穩？

從實際效果看，包辦婚姻（避險婚姻）與自由戀愛婚姻的結果不同。如果是父母幫子女安排對象，會優先考慮自己的養老需求（避險需求）和其他族人的利益；而如果子女自己擇偶，會在意自己是否喜歡、是否相愛。[74]一九九一年，三位學者對中國七個省六千三百三十四對夫妻的情況做了系統問卷調查，分析後發現[75]，相比自由戀愛結婚的男性，娶父母包辦的妻子帶來以下差異：妻子更順從聽話、生更多小孩、有男孩的機率更高、更認同丈夫的孝敬父母責任，但代價是婚姻更不和諧、妻子收入低或者不外出工作。而自由戀愛婚姻中，夫妻和諧度高、感情一般更好。張作霖子女的故事就能佐證這一點，他是北洋政府時期的軍閥，有過六個妻妾、十四個子女，其中六個是女兒（圖四・二）。張作霖規定子女婚事都由他包辦，就這樣，年長的五個女兒的婚姻都由他安排，每個都成了他擴大政治影響力的工具，造成二女兒和四女兒的悲劇，而由於最小的六女兒在張作霖一九二八年離世時才四歲，沒來得及由父親包辦婚姻，後來能自行結婚，她成為六姐妹中生活最完美的一個。[76]這些研究結論解釋了為什麼各社會在古代都盛行包辦婚姻，由長輩包辦能確保後輩的婚姻以長輩和其他親戚的利益為優先，避免後輩把婚姻浪費在不一定對親族利益有用的愛情上。

那麼，跟功利婚姻比，愛情是否有益於強化婚姻的保險作用呢？前面我們聚焦於婚姻對雙方家庭家族的避險價值，我們現在改為聚焦婚姻當事人——丈夫和妻子。前面談到，就避險而言，最好的匹配是婚姻雙方的未來收入完全負相關，即所謂的「異性相吸」。但就愛情而言，雙方的出生與成長背景愈相似，可能愈利於文化與價值觀上的志同道合，即所謂的「物以類聚」。葛列格里・赫斯（Gregory Hess）在他的理論模型中[77]，研究了避險和愛情對婚姻的交互作用，結論是：如果男女雙方未來收入的不確定性很低、避險需求不大，那麼愛情會主導婚姻決策，而且婚後是否能持續，也取決於他們的愛情能否長久；可是，如果一方未來收入風險高、避險需要大，那麼不管愛情本身能持久還是曇花一現，避險需求會占上風並主導婚姻的未來，也就是說，即使雙方當初因愛情結婚，只要雙方的收入波動高度正相關（比如，在同一公司或同一行業工作），這個婚姻會因為缺乏避險價值而難以維持。只有在財富已經很多、

圖四・二　張作霖的六個女兒

未來收入風平浪靜的背景下，愛情才能主導婚姻，這一推論跟前文所談一致。赫斯也分析了一九七八至一九九四年間美國一千兩百對婚姻的資料，發現在實際中，美國人的愛情一般是曇花一現，僅僅靠愛情建立的婚姻難以持久，所以婚姻命運長短的決定因素在於兩人的結合是否帶來避險價值：雙方收入波動的相關度愈高（或者兩方收入波動率水準相差愈大），婚姻的避險價值愈低，兩人會更早離婚。這完竹美地驗證了西方諺言所說的「患難見真情」(a friend in need is a friend indeed)，彼此有避險需求的婚姻才會持續。可是，赫斯也發現，雙方收入水準本身的差別並不影響婚姻的持久性。也就是說，丈夫與妻子的收入差距大不會造成離婚，兩人的收入是否風險互補才是關鍵。

普通人因為收入風險高，需要利用婚姻達到互保互助，不能奢望追求愛情婚姻，反而更能白頭到老。

早在一九八一年，科特利科夫（Laurence J. Kotlikoff）跟合作者推出一個婚姻理論[79]：正因為每人都面臨未來風險（包括失業等），一旦遭遇打擊，會同時經歷物質和情感方面的衝擊，所以患難之時，在物質和精神上都需扶助。然而，如果直接到市場上購買情感保險和收入保險，會面對兩個挑戰。首先，諸如「情感保險」這樣的「產品」，到目前還沒有便捷且多樣化的交易市場，這種市場有待開發，由於「情感」難以標準化或量化，因此也不便於交易、交割；其次，就收入保險而言，儘管市場上已有年金保險品等可供選擇，可是由於嚴重的逆向選擇及道德風險問題，這些保險市場還無法充分發展，要麼定價太高，要麼不夠個性化。相比之下，戀愛是雙方充分接觸、了解的過程，甚至可以婚前同居幾年，這些使結婚時彼此在資訊和信心上都很充分，逆向選擇和道德風險問題不多，因此在物質和情感方面的相互保險效果更好。在他們的理論中，自由戀愛過程的長度和深度很重要，幫助降低資訊不對稱、強化信任，愛情是降低逆向選擇與道德風險的手段。實際上，根據兩位作者的模型估算，婚姻常常比市場發揮更加靠譜的保險作用。

當然，我們也可以在實踐中尋找一些場景，其中因為某些變化而大大影響婚姻的保險價值，然後我們檢驗這一變化前後人們的婚姻決策是否受到顯著影響，借此反映保險價值對婚姻決策的影響度。瑞典一九八九年的「未亡人保險」改革法案，就提供了這樣一個場景。[80]改革之前，瑞典政府給喪偶的個體提供終身保險。儘管具體支付方案很麻煩，但大體上政府會保障存續的一方，讓他／她可終生領取不低於之前家庭年收入一半的現金；然而，改革之後的新政要求，對於一九八九年一月一日或者之後結婚的夫妻，如果發生喪偶，政府只一次性發放一筆

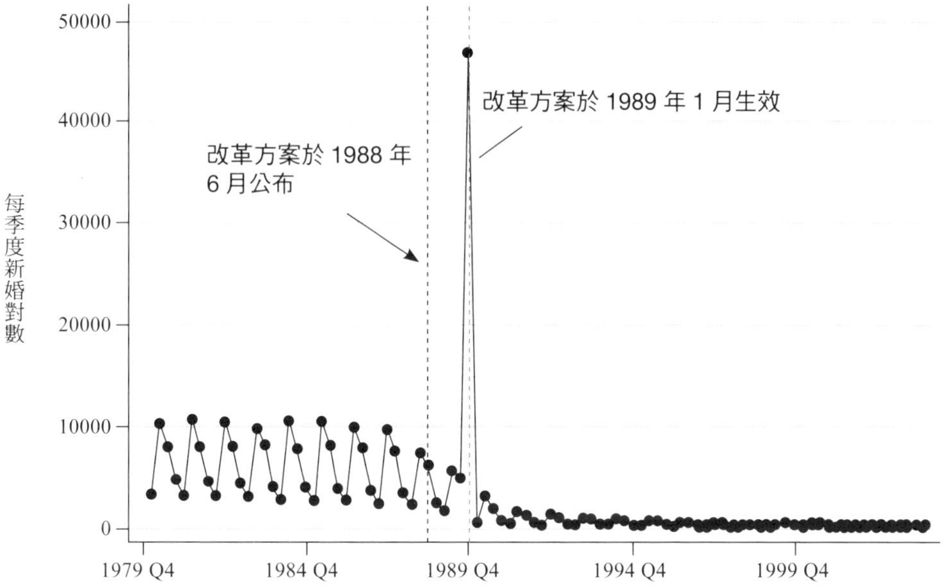

圖四・三　改革前後瑞典每季度新結婚夫妻數量 [81]

注：長虛線為新政策生效日（一九八九年一月一日）

保障金，金額是喪偶年收入的四〇%。也就是說，一九八九年的改革顯著降低了婚姻的保險價值。

緊接著，當地人的婚姻決策發生劇烈變化：一九八八年底，也就是改革正式生效前的最後一個季度，登記結婚的伴侶數比之前激增了十七倍多！從長期資料看，當時的年輕人普遍因為改革而提前結婚；但一九八九年伊始，結婚率長期處於低谷，新結婚對數只是之前的一半左右（圖四・三）。直到一九九五年同性婚姻合法化前，結婚率再沒回到之前的水準。此外，那場「結婚潮」也的確草率：一九八八年第四季度締結的婚姻，之後離婚的比例明顯高於早先。五年內，這部分婚姻的離婚率比其他時期高出約二・五%；十年內，超額離婚率是五%。顯然，保險利益使許多瑞典青年降低了對伴侶契合度的要求，證明利益在婚姻決策中的分量不輕。瑞典是最發達國家之一，國家福利豐厚，保險行業也十分完善。如果連瑞典青年都如此在意婚姻的保險價值，其他國家應該更在意。

這場改革也改變了年輕人擇偶的標準。不妨以受教育年數作為技能的度量指標。那麼改革之後，高技能男性與低技能女性結婚的機率驟然下降；換言之，在婚姻市場上，男女在改革後都更傾向於和技能水準相當的對象匹配。原因在於，之前由於國家承擔了相當部分的保險職能，找對象時不必以避險效果作為考量，可以重點尋找其他維度上的默契；然而，隨著國家保險職能的削弱，人們不得不重新依賴婚姻實現經濟保障，期待配偶填補一些經濟空白。於是，技能相當的男女間相互吸引力增強，互相婚配的機率增加。瑞典改革的經歷深刻解釋了風險保障在婚姻決策中的分量[82]，也為我們理解人類婚姻起源提供了一個現代案例。

有婚姻做後盾的人更會創業

婚姻保險也帶來其他影響，比如，讓人更大膽地承擔風險、追求與風險相伴的高收益。這主要體現在兩個層面，一是教育，二是創業。以醫學教育為例，在美國，攻讀醫學博士通常是大學本科畢業後，再讀書四年以上，而拿到醫學博士學位之後，還需做兩年見習醫生並通過一些資格考試，才有望正式做醫生、得到穩定的高收入，所以這是一個成本極高、風險不低的長期投資過程。正因為如此，婚姻可以幫助「融資」和「分攤風險」：兩個青年結婚成家，然後，妻子（或丈夫）工作、賺得收入養家，為丈夫（或妻子）承擔學費並一起負擔學生貸款，投資於丈夫（或妻子）的人力資本，這也是〈夫妻雙雙把家還〉中所唱的婚姻的一種表現。如果沒有婚姻，很多有天賦的年輕人可能因資源有限而無法冒險實現人力資本投資。[83]也正因為婚姻的這種效果，現實中出現了「機會主義」行為，有的男青年自己沒錢，乾脆先找個家境好的女士結婚，謀求伴侶的金錢去讀醫學博士，一旦博士學位到手，就上法庭提出離婚。由於美國多數州法律允許「無過錯離婚」(也就是只要一方提出離婚，不管另一方是否同意，就能離婚)，所以出現了一些頗有爭議的離婚案，妻子控訴丈夫要帶走「共同婚姻財產」，即丈夫的醫生職業。[84]受傷的妻子在法庭上抗辯說，對方獲得的學位有她的投資，應屬共同財產，要求對方支付相應的補償；儘管各州法院拒絕認定不可轉移他人的學位為共同財產，但在最終判決時，都給女方相應的補償。在那些相對「吝嗇」的州，法官在分割財產時，會從男方份額中扣除女方支付的費用；而相對「慷慨」的州，則把男方未來收入貼現值的四〇%判給女方。後一種情況更直接地反映了婚姻的「共擔風險」與「共取收益」性質。[85]從這類案例我們可以看到，婚姻實際上發揮了風險投資的作用。

這一點在創業上比攻讀醫學博士表現得更突出，因為創業風險奇高。如果缺乏避險機制，很多年輕人會因為擔心可能一貧如洗的悲慘前景而不敢創業，這樣於己於社會都不利，浪費年輕才華，阻礙社會進步。然而，一旦結婚，在婚約的支持下，如果丈夫或妻子找到政府或其他收入穩定的工作，另一方就可以大膽創業，即使冒險失敗，也不至於帶來生存挑戰。根據貝爾卡伊．厄茲詹（Berkay Özcan）的估計，[86]在排除教育、年齡等因素後，已婚人群選擇自雇的機率比未婚人士高出五〇%，選擇創業的比例比單身人士高一．五倍多！由於同樣的原因，夫妻共同經營的企業中，其業績通常較其他企業為佳。[87]

婚姻作為國家和家族企業的擴張手段

婚姻的避險功能也表現在降低戰爭風險、強化企業間的跨期交易安全上。古代中國、古代中東和中世紀歐洲，都充滿了「婚姻外交」實現和平的故事。西元前二〇〇年的寒冬，漢高祖劉邦率大軍討伐匈奴，卻在白登山被匈奴圍困多日，通過賄賂單于閼氏（妻子）才得以逃脫。回到長安，劉邦很快接受劉敬的建議，把公主外嫁冒頓單于，以「和親」換來多年和平。之後，「和親」成為漢代慣用政策，漢惠帝、漢文帝、漢景帝、漢元帝與匈奴和親多次，以消除戰爭風險，和親的人員包括漢武帝時期的劉細君和[88]漢元帝時期的王昭君。王昭君不僅因主動出塞和親而被後世稱讚，而且她出塞後使漢朝與匈奴和好，邊塞戰火停止半個世紀之久，二十世紀的董必武寫詩歌頌道：「昭君自有千秋在，胡漢和親識見高。詞客各抒胸臆懣，舞文弄墨總徒勞。」唐代和親至少二十次，其中嫁送皇女三位、同宗室女四位、異宗室女七位、異族將領女三位，其中下嫁回鶻者六位、契丹四位、奚國三位、吐谷渾三位、吐蕃二位、拔汗那一位，等等。清朝的和親政策跟唐朝類似，到乾隆末年為止，下嫁外藩蒙古的公主和格格共有二十二人[89]，通過滿蒙聯姻，讓邊疆藩王的繼位者成為清皇帝的外甥，從小隨母住清宮、與清皇族建立感情，等他們回邊疆當權，與清朝關係自然密切。古埃及大約在新王國時期(西元前十六至前十一世紀）就開始奉行婚姻外交，當時埃及在征服西亞鄰邦，軍事衝突頻繁，和親外交也自然出現。[90]在歐洲，最有名的婚姻外交莫過於中世紀晚期的哈布斯堡王朝家族，其成員出任過神聖羅馬帝國皇帝、匈牙利國王、波西米亞國王、葡萄牙國王、西班牙國王以及義大利、法國、尼德蘭、比利時等地的國王或公爵。這個家族之所以到十六世紀中期能控制幾乎整個歐洲，就在於通過聯姻到處撒網，以此給歐洲帶來秩序，減少戰爭風險。

婚姻也常用來強化企業間的跨期合作，提升合約安全，降低企業風險。二〇〇八年，香港中文大學范博宏教授跟兩位同仁做過一項研究[91]，對象是泰國最大的一百五十家上市家族企業，看這些企業掌門人子女和至親的結婚對象是誰。他們收集了從一九九一年到二〇〇六年的兩百對婚姻樣本[92]，並把這些婚姻分成三類：第一類是政治聯姻，即家族企業子女跟官員子女結婚；第二類是商業聯姻，對象也是家族企業子女；第三類是既沒權力因素，又沒商業目的，而是以愛情為基礎的婚姻。總樣本裡，三三%的家族企業子女婚姻是政治聯姻，商業聯姻占四六・五%，這兩項加在一起占總樣本的七九・五%，這說明家族企業子女的婚姻不能自由，而是為了家族的未來商業利益（為促成商業聯盟或政商聯盟），子女婚姻成為對家族未來利益做投資的工具。只有二〇・五%的家族企業子女婚姻是基於愛情的。有意思的是，當這些上市家族企業公布子女婚姻的消息時，如果是愛情婚姻，股市對該家族企業的股票沒有反應，甚至還略跌一點，而如果婚姻對象是官員或者其他家族企業的子女，那麼股價會漲不少。這說明股市也希望企業掌門人利用聯姻去實現企業聯盟和政商聯盟，擴大家族企業的交易機會和資源空間，降低企業間的交易成本和交易不確定性。當然，雖然聯姻能給家族企業帶來這些好處，但子女也有情感需要，在子女婚姻被這樣利用之後，他們有婚外情的機率必然很高。正因為如此，泰國、香港地區、臺灣地區以及其他傳統亞洲社會都會預設家族企業主的婚外情，知道這是對他們未必有愛情的婚姻的一種補償，以此穩住商業聯姻或政治聯姻。

范博宏教授等研究的亞洲聯姻現象，在中世紀歐洲也相當普遍，只是到近代歐洲，尤其是在美國才淡化。普加（Diego Puga）和特雷夫萊（Daniel Trefler）收集了一四〇〇至一五九九年間義大利威尼斯的六千九百五十九對貴族婚姻樣本，分析發現：這些婚姻多發生在當時威尼斯的三十個世家之間，這些世家通過聯姻，一方面控制了當時的市政委員會席次，主導了城邦政治與規章制定權，另一方面壟斷了商業機會，尤其是當時融資量大、風險極高但利潤豐厚的長程海洋貿易[93]，每艘商船的大股東之間幾乎都有聯姻關係。兩位學者談道，在那時期的威尼斯，聯姻是跨越家族組織調配金融資本的重要手段，以降低跨期承諾的違約跑路風險，同時也是讓世家長久不衰的具體策略。他們注意到，在一二六一至一二九六年間控制了市政委員會席次的世家，到一四〇〇至一四九九年間還是相互廣泛聯姻，掌控威尼斯的政治和商業。在古代中國，類似於威尼斯世家維護豪門地位的策略也不陌生，加州大學柏克萊分校的譚凱在一本專著中寫道[94]，從出土的唐朝墓誌中發現了盧氏的故事：盧氏出身於唐朝東都洛陽的世家，祖先在漢代就成為豪門，到唐朝末期的七個多世紀裡，數百位宗男任過各種官位要職、家產萬貫；就在盧氏十四歲時，出於家世門第的考慮，長輩安排她嫁給一位門當戶對的望族年輕人；不幸的是，丈夫年歲不高就離世，但是盧氏仍然有貴族身分，而且有五個孩子，所以接下來，她一方面讓兒子們讀書、準備科舉考試，另一方面忙於安排子女婚事，通過聯姻擴大家族勢力，避免社會地位掉落的風險；後來，不僅兒子中進士，而且女婿在西元八七八年成為唐朝宰相。

為什麼在今天的亞洲社會子女婚姻還作為商業手段，而在美國等社會這種現象已經很少？答案在於市場的發達程度以及市場信用環境和法治，取決於市場機會是否平等開放。如果各行業機會對誰都平等開放、行政管制少，官商聯姻的必要性應該不大，子女婚姻也因此得到解放。如果市場上陌生企業間的交易信用不是問題、跨期合約有保障，那麼商家之間就不用通過聯姻強化彼此間的信用關係。因此，商業聯姻、政治聯姻應該是法治不到位、信用機制過於人治的傳統社會的產物，是市場不發達的表現。為驗證這一推論，範博宏等人進一步調查了什麼行業的家族企業更傾向於政治、商業聯姻。首先，他們發現，需要得到政府審批才能進入的行業中（房地產、建築業、金融業等），九三%的家族企業子女婚姻是政治聯姻和商業聯姻，而房地產與建築業的家族企業中，九六%的子女婚姻是為了商業利益去聯姻。反過來看，市場化程度高、競爭公平透明的行業，家族企業子女的愛情婚姻占比也高。因此，在人治色彩濃的傳統社會裡，政治聯姻能幫助降低家族企業的財產風險和契約風險，跟實力強的企業家族聯姻，不僅能擴大未來發展空間，也能減少違約風險、降低交易成本。這進一步說明，文化與習俗往往是對風險挑戰、不確定性的一種反應，婚姻習俗也不例外。[95]

耶魯大學人類學教授蕭鳳霞和她的合作者從田野調查中注意到[96]，在清朝和民國時期的廣東，商人貨物網絡可能散播於多地，而業務每擴展到一地，就需要在當地有信得過的人管理銷貨，但商人自己不能分身多處，這就帶來典型的委託代理問題。於是，一些商人就在各地娶妻妾、成家生子，以在各處建立「信任」基地，由她們和其子女分別管理當地的生意，降低商業風險。

同樣由於市場欠發達，日本發明了以婚姻解決家族企業跨代傳承的辦法，背後的邏輯類似。具體講，在中國有「富不過三代」之說，日本和其他社會也有類似挑戰，核心原因是接班人不好找。如果「任人唯親」，由親子接班，兒子或許信得過，但可能缺乏能力和動力，家族企業活不長；而如果到血親外招人接管家族企業，在能力上可以萬里挑一，但招來的接班人可能靠不住、信不過，委託代理問題（即委託方和代理方之間互不信任、利益不一致）會太嚴重。在過去一個多世紀裡，西方社會發展出了專業經理人市場，讓家族企業創始人無須任人唯親，而是通過契約關係以及相配的法治架構，到廣泛的社會去招聘，任人唯賢，尤其是通過股票期權激勵，解決了受聘專業經理人的信任問題，於是企業創始人的子女可以憑興趣自由選擇職業。但是，專業經理人市場是十九世紀以來在美國等發達國家發展的，傳統社會還沒有做到。

根據加拿大阿拉伯塔大學蘭德爾．默克（Randall Morck）教授和同仁的研究[97]，在日本，三井集團創始人三井高俊有一句名言「寧可要女兒也不要兒子，因為有了女兒，我可以挑選兒子」。他說，親子儘管可靠但可能無能，而有了女兒，他可選擇女婿並將其收為兒子。於是，他改革了日本家族企業的傳承方式，即兒子並不一定成為接班人，企業掌門人會在兒子和公司有能力的年輕人中挑選一個。如果他選中的不是兒子，就讓女兒先嫁給被選中的年輕人，等女兒結婚一年後，再舉行盛大儀式，把女婿改姓三井，並由女婿宣誓作為三井家的養子，今後是三井家的人，只為三井家族的利益最大化而努力，然後家族公司就由「女婿養子」掌門。在今天的日本，松下集團掌門人松下正治從血緣上跟創始人松下幸之助沒有任何關係，三井集團從一六七三年到現在有幾個掌門人不是三井血親，豐田汽車也這樣，等等。正因為一些日本家族企業是出於找繼承人的目的而領養別人，絕大多數被領養者是成年人：二〇〇〇年有八萬零七百九十位日本人被領養，其中七萬九千四百三十四位是成年人；而二〇〇四年被領養的八萬三千五百零五位日本人中，八萬兩千一百七十五位是成年人，有許多是四十多歲甚至五十多歲。[98]這種做法是世界其他社會所沒有的，這也說明在日本社會血緣不是唯一重要的。

那麼，由「女婿養子」掌門的家族企業表現如何呢？默克教授等人發現，從一九六二年到二〇〇〇年，在非創始人管理的日本上市公司中，「女婿養子」管理的公司業績最好，其次是專業經理人管理的公司，最不好的是創始人親子管理的公司。因此，「女婿養子」比較好地解決了家族企業傳承的問題。「婚姻」加「養子」的「雙重關係」，使接班人既靠得住，又最有能力，降低了委託代理風險，其中關鍵的一點是把家族企業女兒和她的婚姻當成工具，婚姻的前提是這個年輕男士有能力，而不是他跟家族企業女兒有愛情。

總之，婚姻的避險功能不只是幫助解決兩人的生老病死挑戰，讓兩人相伴助航、乘風破浪，達到「一加一大於二」的效果[99]，而且還可幫助雙方親家解決風險挑戰，協助家族企業規避財產風險、交易風險和政策風險，幫助國家化解外交與戰爭風險。因此婚姻在多方面幫助人類降低風險、解決不確定性，其總體效果是減少社會中的糾紛和衝突，削弱暴力跟風險之間的關係。當然，人類婚姻的發明不僅通過強化風險應對力使暴力下降，而且婚姻本身也降低了男人的暴力犯罪傾向。因為男性在生理和社會維度上都比女性更有暴力衝動[100]，而結婚之後，一方面養育孩子和家庭的責任增加了男性的同情心，弱化了傷害他人的衝動，另一方面通過妻子在枕頭邊的影響，男人會被逐步「和平化」。在一份社會學論文中，三位學者跟蹤研究了五百位波士頓低收入青少年（高風險群體），記錄了他們到三十二歲前的行為資料，分析發現：單身男性有四分之三有犯罪行為，而結婚成家的男性中只有三分之一有過暴力犯罪，婚姻把犯罪行為削弱了三五％，效果顯著。[101] 所以，男女婚姻作為人類的一種制度創新，促進了文明化進程，到目前還經久不衰。

婚姻規則與倫理

基於血親解決跨期互助問題，這很好理解，因為血親是生物性的，終生不變。可是，姻緣關係屬後天人為，是基於海誓山盟的跨期承諾，也是人類虛構的「故事」，而且在智人的演變歷史中，婚姻這個「故事」出現得很晚。既然如此，為什麼人們願意把這麼多避險需要、跨期合作寄託在這個「故事」上，不相信其他人際跨期承諾呢？畢竟即使到今天，在各民族的存在中，血親和姻親仍然是社會關係中最重要的兩個組建維度。當然，激素、性關係、生育子女是男女婚姻區別於其他契約關係的地方，這些生理因素可能足以使婚姻承諾持續長久。

人類婚姻在動物世界獨特嗎？

在《人類婚姻史》中，韋斯特馬克提出[102]：在自然世界，顯然不是所有動物都有人類婚姻這樣的排他性兩性關係，雄雌的功能分工也未必與人類相同。比如，魚類似乎就沒有基於「白頭到老」的「海誓山盟」兩性關係，牛馬、爬行動物沒有兩性婚姻，更不需白頭到老，而燕子等鳥類就有，因此我們才會看到〈夫妻雙雙把家還〉中將雄鳥、雌鳥的比翼雙飛比擬男女之愛。我小時在湖南農村觀察到，燕子都是春天來湖南，公母成雙成對，飛到農家樓頂下做窩，也是「你耕田來，我織布」式的性別分工，公燕外出搬泥土、找乾草，帶回家由母燕精細造窩，孵出小燕子後，更是公燕遠出覓食、防禦外敵，而母燕則負責治家、關照子女，好一番夫妻分工場景。並且燕子的「一夫一妻」忠貞度一點都不比人類婚姻少。那麼，為什麼動物世界裡有的有婚姻關係，有的沒有？即使有也是千差萬別？是什麼決定特定動物「婚姻」中的責任義務多少、持續時間長短呢？韋斯特馬克的答案是：後代繁衍的需要起決定性作用，動物後代獨立生存之前需要關照的時間愈長，該種動物「婚姻」關係的排他性就愈強，夫妻受到「婚姻」責任義務約束的時間就愈久。也就是說，魚類沒有婚姻關係，是因為後代一出生即能獨立生活；小馬、小牛一出生就可以自己吃草、行路，因此牛馬不需要白頭到老的公母婚姻；小燕子需要幾個月才能長好羽毛和翅膀，所以公母燕子的「婚姻」必須持續幾個月，一旦後代能自由飛翔，它們的「婚姻」可能結束；而對於更大的哺乳動物，比如人類，子女需要十六年或更長時間才能具備自生能力，其間需要家的溫暖和母愛，這就要求人類婚姻「天長地久」，讓基於婚姻的家得以持續，為夫妻自己和子女防禦風險。

因此，生育後代的自然需求本身就足以使男女婚姻長久。可是，單靠自然因素肯定不能保證婚姻承諾的持續，原因在於夫妻有了共同子女後，雖然不管婚姻是否繼續，他們的生活從此永遠綁在一起，這是子女促進婚姻持續的方式，但這不妨礙丈夫或妻子跟其他異性發生關係，甚至繼續生兒育女，抑或妻子跑回娘家、丈夫再娶，等等。比如，前文談到，歷史上經歷過群婚、一妻多夫和一夫多妻時期，這些時期還沒有天長地久的排他性「一夫一妻」婚姻，但人類也活下來了，這證明單純生理因素不足以保證婚姻承諾的長久牢靠。正因為誰都能背誦海誓山盟，婚姻承諾只有再配上相應的倫理道德等行為規範後才會有實質內涵。

在二〇一八年的一次聚會上，一位律師跟我說：「去年飛到印度參加一個同事的婚禮，結果發現，從四面八方出席婚禮的親朋好友有一千多人！婚禮持續四天，又唱歌又跳舞，好不熱鬧、奢侈。但有必要嗎？」他不知道的是，在傳統社會，沒有政府發布的結婚證，甚至連契約性質的婚書也沒有，婚姻是民間自己的事。在那種情況下，過程、儀式是確保婚姻承諾（責任和義務）不被違反的重要方式：見證婚禮的人愈多、儀式愈久愈浩大，就有愈多人牢記他們的承諾，任何一方違約的成本就因此愈大，婚姻的跨期避險功能就愈牢靠。尤其是不管男方還是女方，如果擔心對方違約、背棄婚姻關係，就應該要求對方的所有親友都參加婚禮，以此增加對方的潛在違約成本，使婚姻牢靠。相反，如果婚禮簡化私密，那麼將來的違約成本就低，婚姻承諾的約束力就會小。世界上，愈是傳統的社會，其婚禮一般愈隆重、賓客愈多。在缺乏正式契約執行機制的條件下，繁複婚俗是人類摸索出的強化婚約的變通辦法，是穩住婚姻的文化架構。

在傳統中國，婚姻需要經過一系列禮節才能成立，包括「納采、問名、納吉、納徵、請期、親迎」六個環節。首先是納采，男方父母經媒人向女方父母提親。如果女家同意，再經媒人詢問女方名、年庚、生辰，即問名。隨後，男家把女子和兒子的年庚相卜告訴算命先生，由其考察檢驗，如果兩人相配，則回告女家，此謂納吉。這一步極為神聖，決定了人們對這個婚姻「故事」的信心。在年庚相配的情況下，男家向女家下彩禮，即納徵。第五步是請期，即商量婚禮的日期。最後是親迎，由新郎用花轎迎娶新娘過門，舉辦婚宴、鬧洞房等儀式。[103]《大清通禮》強調，只有經六禮，婚姻才算確定、合法。六禮程式在不同地方有所簡化，但要點在於：嫁娶是由「父母之命、媒妁之言」決定，結婚男女被排除在決策之外。《孟子・滕父公章句下》言：「丈夫生而願為之有室，女子生而願為之有家。父母之心，人皆有之。不待父母之命、媒妁之言，鑽穴隙相窺，踰牆相從，則父母國人皆賤之。」意思是：男孩一生下來，父母便希望給他找妻室，女孩一生下，父母便希望給她安排婆家，這樣的心情，所有父母都有；但是如果你不等父母的安排、媒人的介紹，就自己鑽洞扒縫、互相偷看，甚至翻牆過壁去私自約會、談戀愛，那就要受到父母和社會上其他人的鄙視；你不待父母之命、媒妁之言，就做下這等勾當，不成體統，會遭到全社會的譴責。孟子當然只從社會秩序、父母的角度看待婚姻，不顧當事男女的喜好與利益，不顧他們的權利，這本身就是從婚姻的工具價值出發，不考慮愛情權利的。這也解釋了為什麼在中國從前的婚俗中，一般到最後環節男女雙方才一見對方真容，而早早就戀愛、親熱，會遭到譴責、被社會鄙視。

傳統中，婚姻承諾靠三要素保障。第一是神的認可和迷信，這首先體現在「問名」和「納吉」階段，通過對比兩人的八字、年庚、相卜，看是否得到神的「認可」；如果算命後認為相配，這不僅讓雙方覺得符合天意（如同上章談到的皇帝「天意論」），而且今後，如果哪方變卦違約，將受到天懲。正如前文談到的，對傳統社會的人來說，迷信是最具約束力的承諾執行機制，婚約也不例外。特別是，通過在婚禮儀式中加入許多迷信元素，以強化婚姻的不可逆轉性：儀式愈神聖迷離，婚姻愈穩如泰山。根據韋斯特馬克在《人類婚姻史》中的介紹[104]：過去在汕頭，迎親過程中，新娘到達新郎家後，必須從點燃的乾草火堆上跳過去，以甩掉之前染上的所有邪氣，確保婚姻吉利；在老北京，新娘的花轎到達新郎家時，轎子必須抬高，從正燒著的炭火盆上越過，這也是為了驅邪；在白俄羅斯，婚禮前，男女兩方家裡都要先燒上草火，然後新郎到新娘家，接上她後，在出發前必須騎馬從火堆上走過，等到新郎家時，新娘也要從火堆上走一遍，並往火裡投幾枚硬幣；在德國，邁過火堆也是婚禮儀式的必要一環，用意當然不是為了別的。印度自古以來，婚禮儀式就要求新郎用右手握住新娘的右手，朗讀《梨俱吠陀》：「讓我牽住你的手，為了你我的幸福，讓我們夫妻相依為伴，白頭到老，蒲伽、阿耶摩、娑維德利及普蘭諸神已經把你給了我，替我管理家務。」[105]兩人的婚姻是諸神的安排，違者重罰。在波蘭、保加利亞等歐洲國家，也有婚禮必須牽手的習俗；在葡萄牙，祭司要用聖帶將兩人的手牽在一起，那才算數。

納徵，亦即彩禮，彩禮當然確認了婚姻的利益屬性，但更見證這門婚事的正式性，使婚姻逆轉的難度大大增加。陳顧遠在《中國婚姻史》中寫道：

> 觀於唐、宋、明、清各律對於婚姻之請求，以曾否設訂婚書或接受聘財是斷，而所謂聘財者並不拘多少，即受絹帛一尺以上亦然，可知其更遠於買賣形式，而為純正的婚約關係矣。故純正的聘娶婚所異於現代志願婚者，不過屬於兩族或兩家之契約，非盡以男女兩方之意志為主已耳。[106]

又如唐代白居易所言，「婚書未立，徒引以為辭；聘財已交，亦悔而無及」。[107]因此，彩禮即聘財，一旦支付，婚約即確定，不可反悔。在非洲部落，婚姻不僅是雙方父母包辦，而且也是以彩禮的支付為界定婚姻成立的標準。格雷（R. F. Gray）在研究不同非洲部落的婚姻習俗後[108]，發現整個過程的關鍵在於彩禮的談判與支付：只要談好的彩禮已支付完並得到見證，新娘就必須過戶到男方，並且把對新娘的使用與處置權利（資產產權）全部交由男方，而且只有在彩禮都交付完，婚姻才算合法建立（沒有見證過彩禮支付的男女關係算是通姦，屬非法）。

再來是親迎和婚宴。在傳統中國，迎親隊一路上敲鑼打鼓，新婚之夜鬧洞房，等等，這些不單純為了熱鬧，更是向周圍各村、各戶、各人宣告：這兩家正在結親，承諾姻緣關係和與此相應的責任義務。就像印度婚宴一樣，中國婚宴也是為了讓最多人見證這樁婚姻，廣而告之，強化婚約牢靠度。自周朝開始，中國人就特別重視親迎禮儀，有升堂交拜、行交杯酒等習俗，但要求從儉，禁止奢侈；到漢朝，便是「嫁娶者，車駢數里，緹帷竟道，騎奴侍童，夾轂並引；富者競欲相過，貧者恥其不逮，富者空減，貧者稱貸……」[109]，這種嫁娶奢靡雖然被漢宣帝予以控制，但之後又被放寬，婚賀奢侈之風得以繼續，成為各地習俗。隆重的儀式當然使婚約更穩固、神聖。在奈及利亞南部，新婚夫婦必須告知酋長，並敲響鐘聲向大眾宣告他們的婚事，只有這樣婚姻才算正式成立。在摩洛哥，一旦有人給新郎塗上紅色，周圍便鳴槍不斷，音樂四起，眾人大喊大叫，這樣做一方面是為了驅邪避邪，更是讓眾人知悉這門婚姻承諾。在歐洲鄉村婚禮上，鳴槍放炮也是常見的習俗，在德國，無論是婚禮前夜，還是在新人去婚禮的途中，抑或是婚禮剛結束時，都是槍聲大作，不一而足。[110]根據伊斯蘭教遜尼派法典，婚慶活動最好由至少十位男人在場見證；在印度婆羅門婚禮中，要敬請五位神祇光臨並見證；在羅馬的貴族婚禮中，需要請大祭司、朱庇特神祭司和另外十位見證人參加。[111]結婚戒指既是讓婚姻雙方都戴上並牢牢記住自己的承諾，也是向所有人宣告自己已經結婚、不能輕易反悔。戴結婚戒指的習俗至少在古印度、古羅馬時期就開始了，由新郎買一對，然後送給未婚妻一隻、自己留一隻。在基督教於西元四世紀成為羅馬國教之後，戴戒指的習俗也向其他基督教社會傳播，到中世紀就轉變為男女雙方互換戒指，戒指成為婚約的象徵。通過這些見證與公示，知道這門婚事的人愈多、見證人對當事人的重要性愈強，婚姻承諾就愈可靠。

倫理規範進一步強化婚約

婚姻所含的跨期承諾之所以勝於一般契約，除上述儀式、迷信和彩禮帶來的保障外，也因為各社會推演出了多種倫理規則（或曰虛構故事），加固了婚姻契約、最大化「白頭到老」的機率。在中國，這些規則主要由周朝所制，成書於東周至西漢期間，被《儀禮》、《禮記》和《周禮》系統概括，後經多代儒家學者詮釋。其中，《儀禮》和《禮記》都談到女子的「三從」之義，比如《春秋穀梁傳》曰，「婦人……從人者也；婦人在家制於父，既嫁制於夫，夫死從長子；婦人不專行，必有從也」。於是，「女子既嫁曰婦，婦之言服也，服事於夫也」，「父者子之天也，夫者妻之天也」。[112] 在儒家的「三綱五常」之下，夫為妻綱，再經「三從四德」的精細化，就成了妻子必須遵守的天經地義的規則，不可違背。婦道倫理要求女性「守分」，目的是讓妻子不可能違背婚約，使跨期承諾無比可靠，寄託在婚姻之上的各項經濟功能與利益互換也就穩固了。正如張五常所說[113]，在經過婚姻過程的「六禮」後，「她的婚姻從經濟上和法律上把她同自己的家庭隔絕開來，並將屬於她的權利和擁有她的權利轉移到接受了她的家庭」，也就是轉讓於丈夫之手，讓她永遠不屬於自己。在這個意義上，傳統婚姻過程跟一般產權交易過程無異，都為產權的轉讓。正因為婚後新娘的逃走被視為毀約，逃走傾向較低的新娘會得到較高彩禮，因此女孩的父母有動力用道德觀念和其他手段馴化自己的「產品」，包括從小就開始對其灌輸離婚念頭有罪、禁止參加社會活動等觀念，連講給小姑娘聽的童話也充滿新娘逃走後遇到災難的嚇人情節。

再就是貞潔規則，也是為保障婚姻的避險功能。男女因婚姻而成夫妻，彼此獨有跟對方的性關係及生育權利，因此相互負有貞操義務。《史記·秦始皇本紀》記載，秦時期，「有子而嫁，倍死不貞……夫為寄豭，殺之無罪」。意思是，妻子如果不忠貞，尤其是有子女後還如此，殺死幾次都不過分；而如果丈夫像公豬一樣幫別家懷孕生育，殺死他也無罪。因此，對夫妻的貞操要求是對等的。可是，這種要求在秦以後發生改變，貞操只是針對女性「一女不能從二夫」的單方面約束，男可多娶、可納妾，而女則獨守貞，即不失身、不改嫁、「從一而終」，這種不對稱約束從漢代以來愈加嚴格。尤其到宋代，程頤、朱熹強調「存天理，滅人欲」，「餓死事小，失節事大」。以朝廷旌表節婦烈女為例，劉向在《列女傳》中記述，早在春秋戰國時期，楚王就給兩位守節婦女封號為「貞姜」、「貞姬」；之後，秦始皇下令為一位寡婦築造懷清台，表彰貞節。可是這些旌表只是個別現象，沒有成為一種普遍制度。

漢代開始推出一套規則，為婚姻忠貞不二者立牌坊，到隋唐更是樹立了一套完整的節烈旌表選拔方式。但在宋以前的各朝代，總共才旌表過一百八十七次[114]，而且女子守節、殉節現象並不常見，寡婦再嫁行為比較普遍。宋代由於受程朱理學影響，旌表頻率增加，表彰內容包括實物賞賜、免賦役，也開始在家族建築前加上特定標示，就是後來所稱的貞節牌坊。宋朝共表彰過兩百七十四位節婦烈女。朱元璋創立明朝後，加大了強調貞操倫理的力度，並於一三六八年頒布詔書[115]：「民間寡婦，三十以前夫亡守志，五十以後不改節者，旌表門閭，免除本家差役。」明朝期間，共旌表三萬五千八百二十九位節烈婦女。在清朝，雍正上位後，於一七二三年將旌表的最低守志年數從二十年降至十五年：「節婦年逾四十而身故，計其守志已逾十五載以上，亦應酌量旌獎。」之後，道光於一八二四年、同治於一八七一年再分別把最低守志年數降到十年和六年。由於節烈旌表條件不斷下調，致使到清末，貞節牌坊在全國各村到處可見。清朝旌表的節烈婦女數超過一百萬，僅在同治元年至十二年間的十二年裡，朝廷旌表節婦數量超過十九萬。[116]

為什麼貞操義務只針對女性，並如此強調貞潔倫理呢？一方面，正如前文談到的，是為了減少婚姻的不確定性，讓跨期承諾牢不可破；另一方面，在沒有金融市場解決生老病死風險需求的條件下，「養兒防老」是家庭與家族成員的最主要依賴，而血親的純潔性又是「養兒防老」體系的關鍵信用基礎（眾多人的未來保障都靠血緣的正統），如果妻子不守貞節、與他人發生關係，她所生之子使丈夫不願意養育（因為不敢確信是自己的血親），而子女長大後也未必對長輩有孝敬之心（因為不能確信誰為自己之父），依此而推，假如社會普遍不在意貞節、男女關係混亂，那麼對未來缺乏安全感必然是社會的普遍狀態，暴力無序重新成為現實。因此，自漢朝以來，一代比一代更強調貞操倫理，通過降低節烈旌表標準，讓全國遍地是貞節牌坊，百姓一抬頭即看到高高豎立的牌坊，時刻被提醒遵守貞操倫理。清順治元年順天府督學御史曹溶，寫奏摺建議按明朝舊制褒揚節孝，「恤其子孫，旌其門風，以勵風節」。一旦亂倫風險降至最低、婚姻安全可靠，婚姻的避險功能和「養兒防老」體系就有了牢靠基礎。最極端的控制手段還有纏足，也就是用殘疾限制婦女——相比健全的婦女，小腳女性逃走的可能性更小。對於纏足的女性，作為「買方」的婆家會因此願意支付更高的「價格」。[117]

僅「三從四德」和貞節操守當然還不夠，儒家文化創新持續兩千多年未斷。「七出」（或稱七去）等規則也使婚姻契約比其他契約更牢靠，這裡「出」指的是離婚，由丈夫和夫家單方面決定。《孟子．離婁下》曰：「出妻屏子，終身不養焉。」孟子自己就有休妻，《荀子．解蔽》曰：「孟子惡敗而出妻，可謂能自彊矣。」也就是說，由於孟子痛恨其妻敗德，而將妻休。漢代的《大戴禮記．本命篇》具體把周朝的休妻慣例書寫成文，並解釋了「七去、三不去」的場景：

> 婦有七去：不順父母去、無子去、淫去、妒去、有惡疾去、多言去、竊盜去。不順父母

> 去，為其逆德也；無子，為其絕世也；淫，為其亂族也；妒，為其亂家也；有惡疾，為其不可與共粢盛也；口多言，為其離親也；盜竊，為其反義也。婦有三不去：有所取無所歸不去，與更三年喪不去，前貧賤後富貴不去。

起初，「七出」只是民間的個人行為，並沒成為正式法律，但唐代將其寫進《唐律》，「七出」規則基本與《大戴禮記》雷同，只是淡化了「三不出」的應用，「七出」一直執行到清代。

例如，到乾隆五十二年（一七八七年），江西安義縣周元炳三十歲，娶劉家明侄女劉氏為妻。[118]後因劉氏為「石女」（即不能生育），被周休並送回娘家。可是，妻母袁氏、妻叔劉家明不肯收回，說聽任周元炳將妻嫁到別家。乾隆五十三年五月，周托人為媒，將劉氏嫁於新建縣楊以定為妻，得彩禮八千文。接下來，因為彩禮如何分配，周元炳跟劉氏娘家發生衝突，造成命案。

丈夫單方面掌控休妻權，而不是給女方終止婚姻的對等權利，這當然不平等，壓迫女性。可是，在推出這種規則的儒家哲人看來，「七出」就跟「三從四德」一樣，正是由於犧牲了婦女的選擇自由、讓丈夫獨掌專權，才使得婚姻契約幾乎無不確定性（從丈夫的角度而言），基於姻緣進行跨期風險配置才可靠。分析「七出」的細節，我們可以看到，其中的不孝父母、無子、淫亂、惡疾、妒忌、多舌等六項都跟「養兒防老」風險保障體系關聯：前四項都直接威脅「養兒防老」體系，而妒忌心強、多嘴多舌之所以是問題，是因為「養兒防老」要求家庭家族的規模盡可能大，便於分散未來的生存風險，「多子多福」就需要「一妻多妾」，但嫉妒與多舌會威脅「一妻多妾」下的家庭和睦。當然，今天沒有丈夫會以這些理由休妻，部分原因是人們對「養兒防老」和姻親的依賴度愈來愈低。

在其他農耕社會，婚姻關係也受到類似倫理的約束，要麼是婚姻不可解除，要麼是丈夫單方面擁有解除權，貞操約束也只針對女性。在遠古以色列，丈夫一直掌握休妻的權利，夫妻間的權利結構跟中國社會類似，猶太教規沒有給妻子主動離婚的權利，但西元前十八世紀的《漢摩拉比法典》規定：丈夫如果無端休妻或休妾，必須給予妻妾一定的金錢補償。[119] 寫於西元前十三世紀的《舊約．申命記》對夫妻關係和貞操的約束是這樣的：

人若娶妻，與她同房之後恨惡她，信口說她，將醜名加在她身上，說：『我娶了這女子，與她同房，見她沒有貞潔的憑據』；女子的父母就要把女子貞潔的憑據拿出來，帶到本城門長老那裡。女子的父親要對長老說：『我將我的女兒給這人為妻，他恨惡她，信口說她，說：我見你的女兒沒有貞潔的憑據；其實這就是我女兒貞潔的憑據。』父母就把那布鋪在本城的長老面前。本城的長老要拿住那人，懲治他，並要罰他一百舍客勒銀子，給女子的父親，因為他將醜名加在以色列的一個處女身上。女子仍作他的妻，終身不可休她。但這事若是真的，女子沒有貞潔的憑據，就要將女子帶到她父家的門口，本城的人要用石頭將她打死；因為她在父家行了淫亂，在以色列中做了醜事。這樣，就把那惡從你們中間除掉。若遇見人與有丈夫的婦人行淫，就要將姦夫淫婦一併治死。這樣，就把那惡從以色列中除掉。若有處女已經許配丈夫，有人在城裡遇見她，與她行淫，你們就要把這二人帶到本城門，用石頭打死女子是因為雖在城裡卻沒有喊叫；男子是因為玷污別人的妻。（《舊約．申命記》第二十二章十三至二十四節）

在那時期的以色列，貞節顯然是針對妻子的。在中東伊斯蘭社會中，男女間的地位不平等、丈夫獨享離婚權的局面跟猶太社會一致。對於印度教，婚姻是很神聖的，永遠也不能解除；即使妻子與人通姦，丈夫和社會可以剝奪她的一般身分，讓其做家庭的奴隸，但卻不能讓她離婚；《摩奴法典》曰，「妻子並不因被賣或被遺棄而脫離與丈夫的關係」[120]，可見婚姻有多永恆。而在馬來半島，人們似乎沒聽說過離婚，即使偶爾發生，也是社會不贊成的。在美洲的眾多社會，比如巴西，婚姻一般也是終生的，不存在離婚的事[121]，尤其是有了孩子之後，婚姻是不可以終結的。在巴拉圭等社會，如果妻子在一定時間內不能生育，丈夫也可以結束婚姻。在墨西哥、巴亞卡，妻子如果因跟別人通姦被丈夫遺棄，那麼她終生不能再婚，以此提高妻子的忠貞。[122]

財產規則是另一種強化婚約的手段。在傳統中國、印度、孟加拉等地，婦女不可以擁有或者繼承財產（包括土地、房產），而是由男性長輩、父親、丈夫或兒子代為擁有，這當然也限定了妻子的流動性，使她不能從婚約中退出。在美國，也是到十八世紀獨立戰爭之後才允許婦女擁有或繼承財產。英國要到十九世紀五〇年代才開始讓婦女擁有財產，而在十九世紀中期以前，英國的普通法要求：女性一結婚，她所有的動產（包括現金、金融資產、牲口、傢俱、衣物）都必須歸丈夫所有，而不動產的控制權也歸丈夫，同時她沒有法律人格，不能到法院提起訴訟或被訴。[123]這裡，我們就不一一列出更多傳統社會的財產權規則，但這些規則的基本出發點之一是為穩定婚姻秩序。由此看到，婚姻關係的穩定性是以約束、犧牲女性的權利為前提的。

結語

在這一章，我們了解到，智人到很晚才發明婚姻，具體形式和內涵則經歷了多個變遷階段。但是，從起源到後來的演變，婚姻歷來不是愛情的結晶，而是為了更好地實現男女在勞動中分工合作，為了給人際風險交換提供必要的信任基礎。這是姻緣網絡的價值所在，也是各社會的包辦婚姻傳統背後的邏輯。在缺乏金融市場和其他保障體系的社會裡，婚姻不只是當事人個人的事，同時也跟許多其他人的利益息息相關。從中國到印度、非洲、歐洲等地，人們將多項避險需要附加於婚姻之中，使婚姻無限負重，以致於到現代美國因婚姻而得的權利多達一千餘種。對於如此負重的人際關係，人類當然不會輕淡為之，而是推出了各類儀式、各種迷信、各項媒介，比如「三從四德」、「七出三不去」、貞節倫理，甚至貞節牌坊等，其目的都是強化婚姻這種跨期承諾的可靠性，降低違約（離婚）風險，讓人們對未來放心。正因為傳統婚姻從一開始就不是愛情的結晶，所以只要跨期利益交換的需求還在，人們就不能說「我們沒有感情了，所以離婚」，因此過去的離婚率極低。婚姻的演化提升了人類的風險應對力，同時也馴化了男性的暴力衝動（妻子和為人父都幫助緩和了男人的攻擊衝動），兩種管道都帶來社會暴力的下降。當然，婚姻只是成家的手段，目的還是在於建立家庭，進而組構宗族。

第五章　民安財足然後樂　禮制與家秩序

親親故尊祖，尊祖故敬宗，敬宗故收族，收族故宗廟嚴，宗廟嚴故重社稷，重社稷故愛百姓，愛百姓故刑罰中，刑罰中故庶民安，庶民安故財用足，財用足故百志成，百志成故禮俗刑，禮俗刑然後樂。

——《禮記・大傳》

上面這段話很經典，講出了禮制的出發點、願景及邏輯。戴德將戰國時期儒家學人的作品整理成《禮記》時，西漢才「獨尊儒術」不久，儒家還只是知識精英偏好的一套理論，剛開始付諸實踐，離老百姓的生活還十分遙遠。等到二十世紀初的晚清與民國時期，中國社會則是另一幅圖景：不僅遍地都是宗祠家廟、貞節牌坊，而且族譜家規、族田義莊、尊祖敬宗等皆是民間普遍的現實，儒家秩序已滲透到普通人生活的方方面面，民國時期的實業家盧作孚總結道：[1]

家庭生活是中國人第一重要的社會生活，親戚、鄰里、朋友的關係是中國人第二重要的社會生活。這兩重社會生活集中了中國人的要求，範圍了中國人的活動，規定了社會上的道德條件、政治上的法律制度……人從降生的時候到老死的時候脫離不了家庭的生活，尤其是脫離不了家庭的依賴。你可以沒有職業，然而不可沒有家庭。你的衣食住都供給在家庭當中。你病了，家庭便是醫院，家庭便是看護。你是家庭培育大的。你老了，只有家庭養你，你死了，只有家庭替你辦理喪事……家庭也許依賴你成功，卻也禱祝並幫助你成功，你須用盡你的力量去維持經營你的家庭。你須為它增加財富；你須為它提高地位；你須為它建築高大的房屋，布置美麗的花園……你為了家庭可以披星戴月，可以手胼足胝，可以蠅營狗苟，可以貪贓枉法，可以鼠竊狗偷，可以殺人越貨……在一群無干的人中，唯有親戚顯出親切的情誼；在一群親戚中，唯有更直接的親戚顯出更親切的情誼。他們不但有終身往來的關係，而且終其身有緩急時是有相互依賴的關係……有了親戚鄰里朋友可以救濟你的困窮。你需要錢的時候，不必去仰賴銀行；你需要職業的時候，不必去仰賴職業介紹所；你要避免任何困難或取得任何便利，都只需有親戚鄰里朋友。

經過兩千多年的努力，當初透過禮制組建社會的儒家夢想不能說沒有實現。

不過，雖然二十世紀初，社會按儒家的願景成功重構了，但是否帶來「財用足」、「庶民安」及「然後樂」呢？緒論中談到，西漢時期，中國人均GDP為四百五十美元，到了一九五〇年為四百三十九美元。[2]也就是說，按照「唯生產力」的標準判斷，儒家兩千年的努力不僅沒帶來「財用足」，勞動生產力還略有下降，「徒勞」兩千多年沒有進步！——當然，本書討論至此，我們已經知道「唯生產力」論的片面性。如果要全面評價儒家創舉的貢獻，我們就必須從「風險應對力」這個層面，看看儒家禮制和宗族建設是否帶來「庶民安」以及廣泛的幸福快樂，這就是本章重點探討的主題。儒家主導中國社會這麼長久，本身就說明這套體系必然有它的積極價值，只是從前學界在評估儒家文明時，要麼只從定性的文化角度，尤其是從儒家價值座標來評估，要麼就受到「唯生產力」論的約束。

以往，對儒家禮制的關注多是宣傳教育抑或批評，少有經濟上的邏輯分析，更缺乏實證檢驗。經久不衰的文化體系不會只是為文化而文化，必然會因為所在的社會帶來價值而被廣泛接受、流傳下來。二十世紀初，康有為的學生陳煥章試圖對儒家做經濟學解釋，算是一個例外。陳煥章一九〇四年中進士後，次年留學美國，分別就讀於庫克學院和哥倫比亞大學，後著有英文著作《孔門理財學》[3]，向西方社會介紹儒家禮制。但是，由於陳煥章在一九一一年出書時經濟學本身的發展還有限，也沒有計量實證方法，加上他的立意在於推廣儒家，因此難免留下許多有待回答的問題：儒家禮制的經濟邏輯是什麼？其倫理規制到底是為了解決什麼問題，實際成本與收益又如何？對提升人的風險應對力有何影響？

在上一章，我們談到人類婚姻的變遷，了解到婚姻從一開始就是為了促成人際互助、分攤風險而生，只是婚姻所實現的是夫妻間、姻親間的資源合作，是「橫向」分攤風險。在本章，我們把討論擴展到「家」，尤其是「宗族」，這些是儒家文明所聚焦發展的社會組織和秩序場景，也是其他文明都要首先組構的社會單位。男女結婚後就成了「家」，在家的基礎上，人類發明出「家族」、「宗族」，這些發明在一開始是半虛構的故事，後來經歷了多次演變，不斷脫虛向實邁進。家與宗族不只關注「橫向」的互助關係，更重視「縱向」的代際交換，即「長輩」與「晚輩」間的互助與共用，比如父母養育子女，晚年時從子女處得到轉移支付，並享受子女的陪伴和關懷，而子女是今天得到、未來付出。在此，家族（lineage）、宗族（clan）建立在家之上的血緣共同體，成員來自同一祖先，但由多個核心家庭（房）組成。在父系社會的中國，「家族」指的是由「五服」親屬組成的男系共同體，以九代以內為界限，而通常講的「宗族」則是更廣泛的血緣共同體，既包括五服以內的近親，也包括之外的遠親。秦漢以來，各朝代都有由成百上千戶家庭構成的大宗族，官方還時有表彰。[4]本書中，除了特別情況，一般不對家族和宗族加以區分。

接下來，本章主要以儒家文明為例，集中解讀家秩序（或稱「孔家店」，包括家庭、宗族和與此相關的禮制體系）的演變歷程及其經濟邏輯，並以量化實證結果證明儒家禮制的歷史貢獻。在此意義上，本章也算是儒家文明的經濟學解釋。這一章比較長，先是第一節透過具體例子，展示儒家禮制所要解決的問題，即促成至親之間及族親之間的跨期合作，包括風險互助、資源分享，並簡單提到中西方就此挑戰所做的不同選擇：中國選擇依賴家秩序，西方則選擇社會化的方式，解決人際跨期合作問題。既然儒家在軸心時代做了這樣的選擇，從第二節至第七節的介紹與分析中我們將看到，自戰國以來一代代儒家學者花費兩千餘年的時間，一步步構建禮制規則、完善「孔家店」的秩序，透過「孔家店」的一磚一瓦降低族內跨期互助的交易成本[5]，提升族親交換的可靠性：宗族就如一個內部金融市場，禮制使宗族邊界內的交易成本遠低於外部市場的交易成本，使族內跨期承諾的安全度更高。本章最後兩節集中探討儒家秩序的歷史功效，雖然禮制建設並沒有提升生產力，但多項量化歷史研究表明，儒家體系在歷史上的確改進了中國人的風險應對力，使暴力下降、社會穩定，帶來「庶民安」、「然後樂」。本章的探討會告訴我們，如果禮制規制夠牢靠，與小規模的核心家庭相比，宗族能在更大的範圍內調配資源、幫助族人從事多種事業，也可更廣分攤風險（大數定律發揮的空間更大）[6]，這也是儒家在歷史上做出貢獻的背後原因。正是這些經濟邏輯，中華文化推崇「多子多福」、「四代同堂」、「不孝有三，無後為大」等價值觀，就不足為奇了，大宗大族不只是為了熱鬧。當然，在十八世紀末工業革命開始之後，以血緣宗族為核心的儒家體系就顯得侷限性愈來愈大。

家秩序解決什麼問題

我們先來看儒家秩序希望解決的問題。之前的章節談到，人類自一開始就需要透過合作才能生存，包括生老病死、抵禦災害、應對暴力、共用資源、投資創業等，都要求互助合作。但是，挑戰也偏偏集中在此。盛洪在《論家庭主義》中提出一個典型場景[7]：假定甲家有三個兒子，每個兒子最初有一百元的財展；甲家現在面臨孩子上學的問題，但學費為每人一百二十元，所以每個兒子最初的一百元不夠。另外，他假定，如果兒子都不上學，今後每個兒子的年收入各為十元；而如果能上學，此後的年收入為四十元。顯然，人人都應該上學。

但問題是，每個兒子自己的一百元不夠繳學費。當然，如果金融市場發達、教育貸款輕鬆可得，且利息成本合理，那麼每個兒子借二十元的教育貸款就能上學——這是金融市場解放個人的方式，第十章會再回到這個話題。此外，即使金融不發達，只要教育市場完備，不只是給百姓要麼付一百二十元讀書、要麼就完全不能讀的選擇，而是有小學、中學、三年大專、一般大學、頂尖名校等多種選擇，且學費從十元至兩百元不等，供人挑選，那麼甲家的兒子都可以根據自己擁有的一百元和偏好去上學，每個人的權利皆有保障且相互平等、獨立自主。

可是，古代沒有金融市場，教育行業也不完備。在那種條件下，盛洪談道，如果整個社會基於「個人主義」（他的定義是：個人的自由與權利至高無上，家庭內權力結構「扁平」，每個人各自為政，父母不能統一調配，更不能強迫子女就範），假如每個兒子都不願做出犧牲，那麼父母就無法強制任何兒子讓步，結果三個兒子自顧自。不合作，都不能上學，今後每人年收入十元。當然，真正的個人主義社會是否長期如此而無法內生演變出合作機制（比如合作社），這裡暫且不談，要點在於：必須要有合作機制，不管是強加的還是自願的，否則就如這個結果一樣，大家都輸。這也解釋了為什麼自顧自的個人主義跟傳統社會無法相容，傳統社會不可能內演出個人主義文化，因為那不利於共同生存。

合作解決三個兒子讀書問題的方式有很多種。

合作方式A：犧牲一個兒子（比方說最小的兒子）不上學，用他的錢供兩個哥哥上學，等哥哥上完學、每年得到四十元收入時，每人拿出十元回報老三，這樣三個兒子今後每人每年各有三十元收入。

合作方式B：由甲家各血親組成一個大的合作體，即宗族，一起購田置屋並出租，然後用租金收入資助族人子女上學，比如今天給甲家兒子每人補貼二十元，並要求他們學成後從每年四十元收益中，交十元給共同體。

合作方式C：如果甲家信某種宗教，加入教會，教會每天得到教友的捐贈，這些捐贈用於支付日常活動開支，剩餘的捐贈部分用於購田置屋做投資，部分用於支援教友子女上學，比如給甲家兒子每人二十元學費援助，學成後，由他們自願決定是否回饋教會、回饋多少、以何種方式回饋等等。

合作方式D：甲家、乙家、丙家等，彼此沒有血緣關係，但基於共同利益的需要，一起組織一個跨期合作社，即「公司」（可以是股份有限責任公司，也可以為非營利性合作社），平時每家可以出錢從公司買「分子」，公司彙集這些資金做投資，並且根據各家分子多少，在未來十年內分別給予貸款或分紅支援，比如甲家三個兒子的學費可以從公司借款補充。

合作方式A、B、C和D都優於前述「不合作」的個人主義結局。但這些安排都涉及跨期合作的執行問題，比如：合作方式A中，兩個哥哥可能今後「逃跑」，不履行每年支付十元給弟弟的承諾，或者經常遲遲不付等等。這就是為什麼盛洪贊成「家庭主義」文化，反對「個人主義」。其中，他定義的「家庭主義」是指：家長對各成員的生活、工作、教育和資源擁有絕對支配權的「家庭利益至上、個人利益在下」的模式，也就是後續介紹的儒家家庭模式。在這種金字塔的權力結構下，三個兒子必須無條件聽從家長的安排，家長的權威能確保兩個哥哥不會違約。換言之，有了儒家禮制的支持，老三不用擔心哥哥會違約，兄弟間的跨期合作就能進行。

而其他合作方式中，今天得到教育資助的家庭，今後也有可能不履行義務、「跑路」。尤其是B、C、D的安排中，不僅含有「跑路」不守信的風險，還涉及其他各種管理問題，例如，這些共同體拿到各成員的資金後如何開支、怎樣投資、何時分紅、給誰分配多少收益，還有共同體的規則將來如何修改、由誰修改等等，這就涉及更多的信任、公平、公正問題；在A之外的安排中，還有之前談到的「搭便車」道德風險問題存在，大家都知道宗族或其他共同體會給予幫助，就沒人願意努力了；在C和D方案中，也存在「逆向選擇」問題，特別有需要的人會選擇加入，一旦沒有需要了，就選擇退出共同體。要怎麼保證這些安排都可執行呢？

所以，有了上述不同的跨期交換安排還遠遠不夠，實際上，我們還能設想出許多其他交易結構。而且不只小孩上學融資需要跨期合作，還有許多其他場景都需要多家多人的相互協助，比如：張三有一個回報極好的創業機會，他的自有資金只有一萬元，如果找不到二十萬元的額外資本，整個項目就做不成；唐朝的李四發現，從廣州進貨二十萬貫絲綢，海運到阿拉伯半島，賣出能得到兩百萬貫，賺九倍，可是自己只有五萬貫資本；宋代的王五家境一般，災害使全家暫時面對生存挑戰，或因為家人大病需要一筆大額治療費，或因為蓋房暫時需要一筆資金等等，這些需要都是應急，一旦熬過去，今後王五可以歸還感恩，所以一筆「過橋貸款」短期援助即可。這些場景都可以按照上面的A、B、C和D方案，或類似的跨期互助交易安排去解決。可是，光有理想的交易結構肯定不夠，還必須有保障跨期承諾得到執行的體制。不管這種保障體制是正式的還是非正式的，只有在跨期承諾可靠度夠高的條件下，各方才會願意參與、願意提供支持。

格雷夫與塔貝里尼（Guido Tabellini）談到[8]，至少在過去一千多年裡，中國人主要依賴基於家和宗族網絡的合作模式，也就是上面的合作方式A和B，而歐洲人則主要在血緣網絡之外找答案，靠基於共同利益、成於契約的「法人公司」（corporate entity）建立合作體，實現資源分享、風險互助，也就是合作方式C和D。實際上，早在軸心時代（相當於中國的西周至東周時期），周公和孔孟就選擇將人際合作集中於宗族內實現，而西方選擇更多依靠社會化合作，也就是說，中西方這種「分流」的起點比格雷夫等人講的早了一千多年。正是由於合作模式選擇之別早就出現，中國和西方在此後的兩千多年裡發展出極為不同的社會結構和制度文化：中國不斷強化圍繞家秩序的禮制建設，西方側重發展超越血緣、有利於陌生人之間跨期合作的法治與一般性倫理；前者培植的是「小信任」（只在血緣網絡之內有信任），後者帶來的是「大信任」（陌生人間廣泛的信任）。在父系社會裡，張三是否屬於一個宗族，取決於他是否與該族有一個共同的男性祖先，這是出生後不能選擇的天生結盟；而公司的成員不以血緣為前提，是個人根據利弊判斷、自願加入，也可選擇退出。在西方歷史上，「公司」既可以是商業企業，也可以是市鎮、社區、合作社、教會等等；在早期歐洲和後來的北美殖民地，小鎮、城市都是單獨註冊的獨立法人公司。關於西方選擇社會化合作模式後所帶來的發展路徑，第十章會更詳細討論，在此我們繼續聚焦儒家文明。

為了將合作模式A和B以及「養兒防老」體系的可靠性最大化，中國哲人與士大夫從周公、孔孟開始，就把注意力、創造力幾乎都用在家秩序的建設與完善上，包括姓氏體系、名分等級、產權關係、決策權力等，儘管這樣做忽視了超越血緣的一般性制度建設。一旦儒家禮制夠完備並滲透到社會的方方面面，基於父權的「家庭主義」下，家庭內的一切由家長——父親——說了算，甲家的三個兒子今天當然必須聽從父親安排，使得合作方式A的執行沒有不確定性；如果父親因故離世也不會帶來問題，因為儒家安排了族內長者掌控大權，包括命令大兒子、二兒子必須付錢給三弟。儒家禮制強化了百姓對基於家秩序進行跨期資源配置的信心，也藉此穩定社會。

周朝啟動禮制建設

既然中國社會選擇以血緣家庭和宗族作為人際合作的核心平臺，家秩序就必須有足夠的凝聚力和競爭力。按照寇斯定理（Coase theorem）[9]，族內交易成本必須比外部交易成本低，族內跨期交換的可靠度必須更高，或者說，參與家秩序的淨收益必須高於外部，否則族人就不會對血緣網絡有興趣。為了做到這點，家庭和宗族就必須在邊界識別和內部組織上面下功夫，透過族規家法、懲罰戒律、禮儀祭祀等等強化族內合作的收益和外部參與的成本。

我們所熟悉的中國的家秩序，大致在距今三千年前的周初才開始建設，與亞述、古埃及、印度等其他文明古國啟動家秩序建設的時期差不多。之所以在人類發展歷程中這麼晚才組建家秩序，原因在於先要建立一些基礎條件。首先，從婚姻制度的演變來看，前一章談到，在夏朝之前，群婚或者說亂婚時代還沒結束，當然也沒有現代意義的「家」可言。四千多年前，「專偶婚」（即有一定責任與義務承諾的固定男女關係）慢慢出現，男權體制逐漸鞏固，家庭結構逐步從母系向父系轉變，使家庭權力結構朝向現代版本發展（參見第四章）。[10]比如，夏朝的奠基者禹將王位傳給兒子啟，象徵著以父子繼承為特點的父權家庭制度正在建立。《史記》稱，夏啟「始傳父爵，乃能光治先君之基業。」[11] 在山西襄汾的夏朝遺址陶寺遺址中，幾處男人墓的兩側有規模小一些的女性墓，表明一夫多妻的出現[12]；而在山西夏縣東下馮遺址中，考古學者也發現一夫二婦同葬的男性墓。[13] 雖然那時期男性地位顯著上升，但圍繞婚姻和家庭的規則還在摸索之中，至少在夏朝，儒家版本的禮制還無從談起。

其次，為了建立禮制並讓人遵守，就必須有威懾或獎罰體系，也就是經濟學裡講的「胡蘿蔔與棍子」(stick and carrot)，「棍子」對應的是懲罰與負激勵，而「胡蘿蔔」是獎勵、正激勵。夏商時期的執法與司法體制還在摸索中，郡縣治理體系也要到西元前六七六年才發明[14]，所以在周以前，不能指望有多周延的正式懲治體系為禮制奠基，家秩序只能依靠「軟性威懾」，也就是靠「倫理道德」支撐，也就是通常稱的「德治」。但倫理道德也要以某種威懾體系為基礎，否則只會是空中樓閣，這就涉及李澤厚所言的「由巫到禮，釋禮歸仁[15]」，即巫史在先，儒家文明在後，巫術迷信是禮制的前提，這個時間順序很重要。夏商上古時期，巫術對秩序的貢獻主要集中在宏觀社會，即「王朝」層面，而不在微觀秩序層面，或者說，巫術發展集中在天神，而非祖先神上。在巫術迷信夠盛行、對巫的敬畏夠普遍（即天神就是「棍子」）後，祖先崇拜的發展才有基礎，就能基於巫的威懾力組建人的「微觀」秩序，即家秩序（「如果你冒犯祖先之靈、違犯家法禮儀，必遭上天懲罰。」上天神明是「大巫」，祖先神是「小巫」），此即禮制等到周朝才系統建立的原因之一，也是李澤厚所言「由巫到禮」、先巫後禮的含義。天神崇拜帶來宏觀秩序，而祖先崇拜帶來微觀秩序（禮制），禮制是非理性巫術的「理性化塑建」。陳夢家言：「祖先崇拜與天神崇拜逐漸接近、混合，已為殷以後的中國宗教樹立了規矩，即祖先崇拜壓倒了天神崇拜。」[16] 意思是，儘管天神崇拜發展在先，但經過西周以及孔孟的推動，到後來，祖先崇拜反而比天神的分量更重，關鍵在於基於祖先崇拜建立的禮制規範百姓的日常生活，這是每月每天、每時每刻的事情，處處顯現，比天神更貼近個體的生活。

談到中西方在軸心時代出現的分流，李澤厚如此總結[17]：「西方由『巫』脫魅而走向科學（認知，由巫術中的技藝發展而來）與宗教（情感，由巫術中的情感轉換而來）的分途。中國則由『巫』而『史』，直接過渡到『禮』（人文）『仁』（人性）的理性化塑建。」也就是說，到西周之前，西方世界（包括古埃及、兩河流域美索不達米亞等）和東方都依賴巫術，沒出現顯著的「分流」，但從相當於中國春秋時期開始，古希臘、古羅馬啟動了理性認知革命，將理性邏輯應用於自然世界帶來科學，應用於人類社會則帶來民主政體——即自然科學和社會科學之源。而從那時期開始，中國走向儒家禮制建設之路。

再者，家秩序需要一個把各代和族人串起來的跨期記憶符號，也就是「姓氏」：王家、李家分別以「王」和「李」命名後代，多少代都不改，否則不便認清子孫後代，更不能讓後代識別並敬拜祖宗；血緣關係如果模糊，跨期承諾的實施成本必然高。換句話說，固定的姓氏符號是識別家秩序的關鍵符號，是宗族結構降低跨期交易成本的基礎設施。在中國，姓最早起源於母系氏族社會時期，女子稱姓，比如姜、姬、姚等，這些姓都以「女」為偏旁。董家遵認為，中國早期的姓基本上是從圖騰崇拜演變而來，尤其是最早的十二個「女」部姓都起源於十二個動物圖騰，後來進一步衍生出十二生肖。[18] 男子稱氏，但實際上，由於到夏商時期還是「夫從妻居」，子女一般跟母姓，連丈夫到妻方後也改從妻姓。我們常說的上古帝王堯、舜、禹、啟、湯都是名，沒有姓氏。對於男子的氏，《白虎通義．姓名》是這樣說的：

所以有氏者何？所以貴功德、賤伎力。或氏其官，或氏其事。聞其氏即可知其德，所以勉人為善也。或氏王父字何？所以別諸侯之後，為興滅國、繼絕世也。諸侯之子稱公子，公子之子稱公孫，公孫之子各以其王父字為氏。故魯有仲孫、季，楚有昭、屈原，齊有高、國、崔，立氏三，以知其為子孫也。王者之後二，稱王子，兄弟立而皆封也。或曰王孫上稱王孫也。

由此看到，一方面在母權社會時期有基於母系的姓，但在夏商時期經歷從母權到父權制度的轉變，其間基於功德與事業的男氏開始出現，就是現代父系姓氏的起源；另一方面，一開始男性的氏是為了王公貴族而出現，用以跨期記載父系血緣脈絡。據《通志．氏族略》，「三代之前，姓氏分而為二：男子稱氏，婦人稱姓……三代之後，姓氏合而為一。」[19] 也就是說，隨著父權體制進一步鞏固，到了周朝，姓與氏之間的區分已經很模糊。在戰國時期，平民也開始有姓氏，經過秦漢的持續演變，今天我們熟悉的、基於父系的姓氏體系已有基本的建立，把中國社會分割成一個個邊界清晰的群體，也就是宗族，也為基於男系血緣的跨期信用體系奠定了基礎。[20]

在多數其他社會，姓氏出現得更晚，由此推斷，它們的「家」和「宗族」結構也應該發展得晚，居民應該較少依賴家秩序解決跨期風險與資源分享。[21] 在西方，古希臘並沒有家姓這種跨代的記憶符號，我們熟悉的亞里斯多德、蘇格拉底、柏拉圖等，都是單名，沒有家姓（surname 或 family name），平時百姓會以地名和父親名對個人做區分，比如「雅典的柏拉圖的兒子」，不會把「柏拉圖」作為後裔的姓氏，並一代代不變傳承下去。不過，古羅馬是個例外，西元前一世紀，普通羅馬人已經有家姓這種血緣符號[22]，但是在西羅馬於西元五世紀崩潰後，家姓在西方消失，只有個人名字。進入中世紀後，愛爾蘭最早推出固定的家姓，由一個叫「Ó Cleirigh」的人於西元九一六年推出。[23] 西元一〇八六年，英國正式推動家姓，但一開始並非把家姓跨代固定，而是後代可隨意改動；一二五〇至一三〇〇年間，英國人才建立家姓祖傳的傳統[24]；到一四〇〇年，多數英格蘭人、蘇格蘭人有家姓，一直到十八世紀後期才做到人人有家姓；其間，英格蘭國王不斷下令，要求所有人民必定要有家姓，比如亨利八世在十六世紀初，要求出生兒必須按父姓登記。當時，英格蘭人定家姓的方式包括以職業命名（比如「麵包師傅」Baker、「鐵匠」Smith）、以父親名命名（比如，「彼得兒」Peterson、「詹姆斯兒」Jameson、「約翰兒」Johnson），也可以根據最早推出家姓的祖先身體特徵起名（比如「棕色」Brown、「矮個」Short）。這些起源說明，以前的英格蘭社會並不看重父系血緣家族，否則他們的家姓不會這麼晚才推出，也不會這麼隨意。[25]歐洲其他社會推出家姓的時期和英格蘭差不多，義大利各城邦到十四世紀還只是貴族有家姓，之後才擴散至普通群體。[26]日本以前只有王公貴族有家姓，到十九世紀平民也造出姓氏，為家庭標上跨代符號。

對比家姓在各個社會的起源時期，就可以看到這些社會大致從何時開始注重家族制度的建設。實際上，許多社會推出家姓並不是為了強化家秩序，而是為了方便政府徵稅、徵兵、執法與司法。就英格蘭而言，由於到了十四世紀還並非人人有固定的家姓，一般人只有大衛、彼得、詹姆斯等幾個基督聖人名，無法分辨誰是誰，使政府徵收人頭稅難上加難，所以十四世紀七〇年代，英王強制每個農民選好家姓並登記註冊，以便社會管理；結果，英格蘭社會強烈反抗，造成一三八一年的農民大造反。[27]中西方姓氏起源的時間差也反映出，由於周公選擇依賴血緣宗族組建社會、解決人際跨期合作，所以早就有普及姓氏這個永久血緣符號的動機；西方社會則往社會化合作發展，直到中世紀後半期才推動固定的血親符號。

一八四九年以前，菲律賓人基本上沒有家姓，每個人模仿西班牙殖民者為自己一個單名，因此社會結構中家族意識很弱。為了結束這個混亂的局面，殖民政府於一八四九年十一月二十一日下達強制令，不僅要求每家要有家姓，而且規定，每個菲律賓人要有與他人不同的全名[28]，以利於政府理順稅收和社會治理。在蒙古等內亞遊牧社會，姓氏也出現得很晚，甚至到二十世紀才出現。相形之下，漢族中國不僅是世界上較早推出父系姓氏的社會之一，推行的目的更是為了強化家秩序。即便如此，中國也要到東周才建成相對成熟、接近現代版本的姓氏體系。有了家庭與宗族的符號，周禮就多了一項重要的基礎制度。

所以，中國社會發展到周朝，特別是戰國時期，姓氏這個男權父系家庭、天神崇拜與祖先崇拜、跨期血緣的符號已然臻至，有條件致力於禮制建設、強化家秩序，於是有了周朝「三禮」：《儀禮》、《禮記》和《周禮》。《左傳．昭公二十五年》如此介紹禮制：「夫禮，天之經也，地之義也，民之行也。天地之經，而民實則之。」《禮記．禮運》寫道：「夫禮，必本於天，殽於地，列於鬼神，達於喪、祭、射、禦、冠、昏、朝、聘。」李澤厚說：「『禮』仍然保存著『巫』所持有的與天地溝通、與神明交往從而能主宰萬事萬物的神聖力量和特質。儘管高度理性化，卻仍然是由這種神聖力量和特質來統帥和管領，它在世間卻超世間。」[29]可見，如果沒有巫術迷信先深入人心、操控人的生活，禮制就難以立足，家秩序在促成族人跨期互助方面的凝聚力和成本優勢就會大打折扣。

周朝禮制事無鉅細

既然周代建立的禮制對鞏固家秩序這麼重要，那這些禮制的具體內容包括哪些呢？「三禮」細則很多，其中，許多涉及行為、舉止、言論、衣冠：「毋側聽，毋噭應，毋淫視，毋怠荒，游毋倨，立毋跛……暑毋褰裳……男女不雜坐，不同椸枷，不同巾櫛，不親授，嫂叔不通問。」（《禮記．曲禮上》）「子能食食，教以右手。」「七年，男女不同席，不共食。」「男不言內，女不言外。」「在父母舅姑之所……不敢噦噫、嚏咳、欠伸、跛倚、睇視，不敢唾洟，寒不敢襲，癢不敢搔。」（《禮記．內則》）「子於是日哭則不歌。」（《論語．述而》）等等。規矩之細，涉及社會與個人生活方方面面，以致於「若無禮，則手足無所措。」（《禮記．仲尼燕居》）目的當然是使社會井然有序、處處彬彬有禮。「三禮」的細則太多，這裡就不一一列出，但至少包括以下多項：

一、人生禮儀：祈子禮，胎教之禮，出生禮，命名禮，保傅禮，冠禮，笄禮，公冠禮，昏（婚）禮，仲春會男女禮，養老禮，喪禮，奔喪禮，祭禮，教世子禮，婦禮。

二、生產禮儀：籍禮，射禮，蠶桑禮，養獸禮，漁禮，田獵禮，獻嘉種禮，禦禮，貨禮，飲食之禮。

三、交接之禮（即賓禮和嘉禮）：士相見禮，鄉飲酒禮，燕禮，鄉射禮，大射禮，聘禮，公食大夫禮，覲禮，投壺之禮，大盟禮，宗、遇、殷、見之禮，賑膰、賀慶之禮。

四、祭禮：郊禮，禘禮，春祈穀禮，類祭、封禪禮，大雩禮，迎春、迎夏、迎秋、迎冬之禮，祭地、祭日、祭月、祭星、祭司命司中、祭四望、祭山林川澤、祭社稷、明堂祀五帝、四時宗廟之祭，釋菜禮，釋奠禮，祭先卜禮，占夢禮，祀高禖禮，巫降禮，遷廟禮，釁廟禮，祭五祀、祈桑蠶、祈麥實、嘗新薦食禮，蠟祭禮，祭表貉、禡祭，祭在其地無主後者。

五、凶禮：喪禮（以喪禮哀死亡），荒禮（以荒禮哀凶劄），吊禮（以吊禮哀禍災），膾禮（以膾禮哀國敗），恤禮（以恤禮哀寇亂）。

六、軍禮：大師之禮，大均之禮，大田之禮，大役之禮，大封之禮。

七、其他：宮室落成禮，巡狩禮。30

每項禮包括更多細節。比如，針對喪禮，首先是「五服」的要求。《禮記》曰：「親親，以三為五，以五為九。上殺，下殺，旁殺，而親畢矣。」這裡「三」指的是父、己、子直系三代；「五」是指祖、父、己、子、孫直系五代；而「九」說的是高祖、曾祖、祖、父、己、子、孫、曾孫、玄孫九代，九代之外就超出五服；「殺」，意思是親屬之間的關係逐漸疏遠，由父上推至祖、曾祖、高祖，親屬關係漸疏，即「上殺」，而由子下推至孫、曾孫、玄孫，親屬關係也逐漸變疏，即「下殺」；「旁殺」則是針對橫向關係，從親兄弟旁推到從兄弟，再由從兄弟到二從兄弟、三從兄弟，親屬關係同樣是漸疏。

《儀禮》針對親疏遠近的關係，對喪禮服裝和守哀期限做了相應的規範，包含居喪期間的服飾、飲食和起居方式。孝子必在墓旁搭草廬而住，寢臥草席，粗茶淡飯，三個月不沐浴、不理髮，夫婦不同房，並且言而不語、對而不答、不與人同座；居喪期內，也不可出仕、做官、考試、歌舞、嬉樂、飲酒、嫁娶、赴宴、應酬、廟會、祭祀等，公職者要辭官歸籍，在家守制；門第世家則出入不走正門、上下不行中階等等。喪服分五等級（故稱「五服」）：斬衰、齊衰、大功、小功和緦麻。斬衰服最重，是子為父、諸侯為天子、士大夫為君而穿的喪服，用最粗的生麻布製成，不縫邊緣，居喪期三年；齊衰輕於斬衰，齊衰服用粗麻布製成，斷處緝邊；大功又輕於齊衰，大功喪服用熟麻布製成，比齊衰精細、比小功略粗；小功喪服比大功輕，用熟麻布製成，比大功更精細；而緦麻為五服中最輕喪服，用細麻布製成，比小功服更精細，居喪期三月。

那麼，喪服五等級該如何運用，誰穿重服、守喪更久呢？《禮記》規定：「服術有六：一曰親親，二曰尊尊，三曰名，四曰出入，五曰長幼，六曰從服。」禮制以喪服為基礎確定家秩序，遵守六項基本原則：親親、尊尊、名、出入、長幼和從服。其中，「親親」指的是血緣關係的親疏，如果死者與自己的血緣關係親近，則喪服愈重，如果較遠，則愈輕；「尊尊」講的是君臣從屬關係，尊卑關係；「名」說的是外族婦女嫁入本族，屬名分關係；「出入」涉及本族已嫁、已嫁再回娘家和未嫁的婦女，跟死者屬血親，但因自己為女性而不同，喪服為輕；「長幼」涉及年齡維度，對長者和幼者需要加以區分，如果是未成年死亡者，則要為其降等服喪，尤其是如果死者年齡太小，則無服；最後，「從服」是指自己與死者無直接關係，但因為是和與死者有直接關係的人有關係而前來服喪，是更遠的關係。以下為這些規則的總結：

> 先王之制禮也，使疏戚有倫，貴賤有等，上下九代，別為五族。骨肉者，天屬也，正服之所經也……義立者，人紀也，名服之所緯也。正服者，本於親親；名服者，成於尊尊。名尊者服重，親殺者轉輕，此近遠之理也。尊崇者服厚，尊降者轉薄，此高下之敘也。記曰：「其夫屬乎父道者，妻皆母道也；其夫屬乎子道者，妻皆婦道也。」……校之人紀，嫂非母也，叔非子也。稽之五服，體無正統；定其名分，不知所附。（《通典》卷九十二，晉朝傅玄言）

《禮記》進一步要求：「從服有六：有屬從，有徒從，有從有服而無服，有從無服而有服，有從重而輕，有從輕而重。」也就是說，「從服」也有六項原則：屬從、徒從、從有服而無服、從無服而有服、從重而輕、從輕而重。其中，「屬從」指的是根據親屬的關係決定喪服，如果自己與死者不是直親，但眷屬是死者的親屬，那就按眷屬的關係為其從服（比如，丈夫家成員去世，妻則隨丈夫從服；反過來，夫為妻黨從服；同理，子女隨從母親，為外戚成員服喪）；「從」指的是雖然自己跟死者無關係，但自己所歸附的人跟死者有關係，就需根據所隨從的人與死者的關係，為死者從服（比如，臣要為君王的家屬從服，下屬為上司的親屬從服，妾子為嫡母的家屬從服）；「從有服而無服」是指雖然所隨從者有服，本來應為死者從服，可是由於被壓降，故不必從服（比如，國君之子本應該為妻之父母從服，但是作為公子，享受國君之尊，就不必服喪；如果君王還在位，公子免於為其母、其妻服喪）；「從無服而有服」要複雜一些，意思是雖然自己和所隨從的人都與死者沒關係，但自己也要從無服變有服，比如，公子之妻跟公子之外兄弟無直接關係，公子有國君之尊，不會為遠房兄弟服喪，但公子之妻照樣該為其遠房兄弟服喪；「從重而輕」指的是自己所隨從的人為死者服重，而自己卻服輕，比如，妻為生父母服重（即齊衰），但自己是丈夫，需要降一等服輕，只為岳父母服緦麻；最後，「從輕而重」則反之，自己所隨從的人為死者服輕，而本人卻服重，比如，國君在位時，公子只為生母服輕（即練冠、麻和麻衣縓緣，葬後就脫除），國君不在位時公子也只為生母服大功，但是公子之妻必須為公子生母服重（即齊衰）。好是複雜！

五服規矩也是祭祖等其他活動的禮儀。執行這些繁瑣的禮制當然不得鬆懈，人人必須遵守。據《魏書》第一百一十一卷《刑罰志》記載，北魏於三八七年規定：「犯大逆者，親族男女無少長，皆斬；男女不以禮交，皆死。」

五服圖不僅決定喪禮、祭祀的服裝和行為規矩，還決定圖中任何兩個位置上的個體之間的雙邊社會關係，包括親疏、遠近和相對地位高低。為了將這種社會關係具體應用到日常生活的方方面面，漢語還為圖中的每對雙邊關係發明了相應的稱謂，以清晰表述與每對關係相對應的責任、義務和權利。而在英美社會，不管是父親的兄弟還是母親的兄弟，以及父親或母親的姐妹的丈夫等，都以「uncle」通稱；父母的姐妹，以及父母的兄弟的妻子等，皆以「aunt」通稱；父親的父母、母親的父母，通稱為「grandparents」，不做區分；然後，自己稱妻子的兄弟為「brother-in-law」、妻子兄弟的妻子為「sister-in-law」，而妻子稱丈夫的兄弟與姐妹也為「brother-in-law」和「sister-in-law」，稱丈夫姐妹的丈夫和丈夫兄弟的妻子也分別為「brother-in-law」和「sister-in-law」等等，稱謂很簡單，不同的名稱很少，沒有堂兄堂弟與表兄表弟、堂姐妹與表姐妹之別。由於前述原因，西方人不主要靠血緣親戚網絡解決跨期互助、規避風險，所以沒有必要透過繁瑣的稱謂把血緣親疏遠近識別清楚，他們的親屬稱謂這麼簡單，我們不習慣，覺得搞不清楚誰是誰（因為西方人不需要清楚誰是誰）。

與此對應的是極為複雜的中國稱謂系統，「爺爺、奶奶」「外公、外婆」「伯伯、叔叔」「大姑父、小姑父」「大舅、小舅」「大姨父、小姨夫」「伯母、嬸嬸」「大姑、小姑」「大姨媽、小姨媽」「哥哥、弟弟」「姐夫、妹夫」「堂哥、堂弟」「表兄、表弟」「姐姐、妹妹」「嫂子、弟媳」「堂姐、堂妹」「表姐、表妹」「兒子、媳婦」「女兒、女婿」「侄子、侄媳」「姪女、姪女婿」「外甥、外甥媳」「外甥女、外甥女婿」「孫子、孫媳婦」「孫女、孫女婿」「外孫、外孫媳」「外孫女、外孫女婿」。妻子的伯、叔父母稱「伯岳父、伯岳母」「叔岳父、叔岳母」，兄（弟）的岳父母稱「姻伯（叔）父、姻伯（叔）母」，子女配偶的父母稱「親家翁、親家母」等等，不同名稱太多，這裡就不一一列出。對於中國社會，這些不同稱謂極其重要，因為每個稱謂決定了她或他相對於當事人的名分，名分包含了相對的輩分、親疏、遠近資訊，這些資訊決定了每個人對另一方的責任、義務和權利，進而決定資源的配置關係。比如，張三辦婚禮，如果張三是送禮人的堂兄，可能送禮兩千元；如果是表兄，可能送一千元；如果是侄子，送禮五千元；如果是外甥，送禮三千元等等。長幼不同、遠近不同、性別不同，相應的禮金各異。如果張三、李四需要借錢，也會因他們相對於當事人的關係名稱決定對方是否有義務借款、借多少，諸如此類。

周朝的禮制、親戚稱謂體系等等雖然繁瑣，且把每個人固定在社會結構中，從生到死不變，無個人自由與選擇權利，但是這種恆定恰恰是儒家信任體系得以穩定的原因，為當時族人間的跨期承諾帶來可靠的預期，形成所需要的風險互助秩序。這套家秩序體系成為周及之後各朝的法律、正義、責任與義務的準則，包括由此定義的「仁、義、智、信」以及倫理道德的內涵。「古之制禮也，經之以天地，紀之以日月，參之以三光，政教之本也。」（《禮記・鄉飲酒義》）

儒家名分等級秩序

當然，周朝禮制儘管面面俱到，但由於當時的技術與發展條件所限，還是沒辦法完全解決天災人禍等風險挑戰，因此社會還無法根除暴力，到了春秋時期，國與國間戰爭不斷，各國之內則「禮崩樂壞」。趙鼎新言，在春秋戰國時期，孔子體認到：

> 之所以出現周天子權力被諸侯攝取、諸侯權力被大夫攝取這種國將不國的局面，根子都在當時日益混亂的社會關係之中……孔子提出了其思想中兩個相互關聯的核心概念：「正名」和「仁」。孔子主張達致治世的基礎是讓每個具有特定名分的人能明確並履行與自己的名分相應的職責。這就是所謂的「君君、臣臣、父父、子子」。孔子不認為法律能夠為人們帶來太平治世，堅持認為每個人都應當致力於修身養性，提高個人的道德素養，達到

「仁」的境界，並以此來規範自己在社會中的行為。[31]

在孔子看來，完善禮制、重建西周的社會與政治秩序，才是解決當時亂局之道，並無他法。一個人為了達到「仁」，就不能忽視「禮」；只有在個人生活和社會行為中始終遵守禮制，才有可能達到「仁」的高度。之所以要「正名」，就是為了建立一套毫不含糊的「名分等級」秩序，這套秩序後來被西漢董仲舒在《春秋繁露》中總結為「三綱」（君為臣綱，父為子綱，夫為妻綱）和「五常」（仁、義、禮、智、信）。「三綱」強調的是永恆不變的主從關係，君為主、臣為從，父為主、子為從，夫為主、妻為從；而「五常」是作為調節規範君臣、父子、兄弟、夫婦、上下尊卑關係的行為準則，禮制是其基礎。在戰國時期，孟子提出「父子有親，君臣有義，夫婦有別，長幼有序，朋友有信」（《孟子．滕文公上》），算是「三綱」的另一種解釋。而董仲舒基於「陰陽說」，又提出近一步的詮釋：君、父、夫代表天的「陽」面，臣、子、妻為天的「陰」面；「陽」的地位尊貴，是主宰方，而「陰」的地位卑賤，總該被動服從——又一番從鬼神迷信找到合法性的努力。

儒家體系按照四個維度構建基於「三綱五常」的名分等級秩序：輩分、年齡、性別、親疏。根據「父為子綱」原則，長輩的名分高於晚輩，並對晚輩有完全的擁有權與支配權，就像擁有財產一樣，晚輩就是長輩的投資資產；而晚輩對長輩不僅要順從，還要孝敬，遵從「孝道」原則，這是對「養兒防老」跨期投資安排的直接保障，也降低了這種投資的不確定性。同一輩分中，則以出生時間排序，兄的名分地位高於弟，因此對弟有支配權。這個原則相當嚴格，即使雙胞胎兄弟的出生時間只差不到一分鐘，也是早出生幾十秒的那個為兄，另一個為弟，由此確定的主從關係終生不變，早出生幾十秒的那個永遠是「老大」，哪怕弟弟八十歲了也必須服從哥哥。性別維度則很簡單，「夫為妻綱」決定了妻子的名分低，女性比男性低；同理，兄弟的名分高於姐妹，因此也可以始終支配後者。

依照「父為子綱」和年齡原則推演，家庭中年齡最大的男性長者（家長）必然輩分最高，對家中所有其他成員有支配權和擁有權，包括對家庭財產的所有權和處置權，也有權處置各成員的收入與積蓄、決定他們的婚嫁。他有權打罵、體罰子女和其他晚輩，甚至在體罰兒孫過程中，因過失致晚輩於死，也未必會遭刑事處罰。[32]李澤厚評價名分等級秩序時說：

> 使用一整套「名分」次序的排列制度，來別親疏，定上下，立尊卑，序長幼，明貴賤，分遠近，以確定人們的義務、道德和生活……「名」要求人從混沌無序的原始雜亂中走出來……「名」把差異、區別呼喚出來而形成萬物。儒家強調「名」整理出秩序和規範，由之構成一個有明確差異和嚴密區分的社會統領系統。這就是「禮制」，也是「禮治」。[33]

名分等級對釐清社會秩序至關重要，甚至催生出其他創新，字輩譜系就是一例。東晉最後兩位皇帝分別叫「司馬德宗」和「司馬德文」，似乎就有了「德」字輩。後來成形為禮制的一部分時，「字輩」指的是宗族規定族人取名時必須按輩分統一使用的字譜，通常是規範名字的首字（也有宗族規範名字第二個字的偏旁），以表明世系的輩分排行。按字輩取名，讓眾人一看即知當事人在族內輩分的高低。輩分高尊、低卑，低者必須尊重高者。字輩也有助區分血緣親疏，比如，假如是同姓同字輩，就屬同宗族，自然親。唐高祖李淵的二十二個兒子中，除了六個外（包括次子李世民），其他十六個兒子名字的首字都是「元」，算是「元」字輩；長子李建成的六個兒子叫李承宗、李承道、李承德、李承訓、李承明、李承義，四子李元吉的五個兒子是李承業、李承鸞、李承獎、李承裕、李承度，這一代為「承」字輩。宋太祖趙匡胤為後代安排了十三個字輩，加上他自己的「匡」字就有了輩分排序：「匡德惟從世令子，伯師希與孟由宜。」孔子後裔從第五十六代至一百零五代的字輩譜為：「希言公彥承弘聞貞尚胤，興毓傳繼廣昭憲慶繁祥，令德維垂佑欽紹念顯揚，建道敦安定懋修肇彝常，裕文煥景瑞永錫世緒昌。」字輩是姓氏之後的另一重要發明，顯著強化了中國社會的家秩序結構，因此也進一步降低了族內每個成員對其他族人責任與義務的模糊性。

名分等級、「三從四德」、孝道文化以及其他禮制細則，對每個人的規定到了「事無鉅細」的程度。究其目的，仍是規範整個社會的產權秩序、降低人際的交易成本；畢竟社會以家庭為基本單位，家內、族內的產權秩序明確了，社會秩序也就清晰了。而社會中，作為「資產」的人是最基本、最重要的資源，這些資源如何配置、所有權如何安排，對社會穩定、經濟穩定都非常關鍵，所以，安排好每個人「屬於誰」是建立全社會產權秩序的第一步，此即「三綱五常」、「三從四德」名分等級的意義所在。想像以下場景：當一個家庭的總收入需要在年齡不同、性別不同、身分不同的諸多個體間分享時，界定和執行每個人的權利或許十分複雜、成本高昂。如果沒有其他制度制約，家庭內很可能盛行暴力爭奪收入，或出現本章第一節所舉例子中的挑戰。而儒家提供以下方法解決這個問題：制定一套明確（也因此易於執行）的名分等級制度，在家庭、宗族中的任意兩人間定下清晰的次序；離供奉的祖先愈親、輩分愈高、年歲愈長，則對收入和資源的分享層級和份額就愈高，並且男性的層級與份額高於女性。一旦收入、資源、權利和機會都按照這個等級差序分配，則爭端自消，暴力頻率也必然減少。由於這種差序秩序永久不變，彼此信任度高，避險互助就更可靠，違約頻率低，爭端減少，暴力也由此降低。而如果族人因災害或其他風險出現應急需求，其他族親因此也更願意提供幫助，他們知道受益的族人將來不會逃避回報。

名分等級規範了家秩序，同時也被應用到中國社會的政治與一般社會關係中。在「三綱」中，君臣與父子互相對應，由此延伸出官是父母官，民是子民，官民也成了父母與子女的關係，並由此得出「子民要孝忠官、官要愛民如子」的道德標準。在社會生活中，尊稱朋友為「仁兄」、自稱「愚弟」，先生便是「父兄」、學生稱為「弟子」等等，足見名分等級貫穿社會的方方面面。

這就是李澤厚在《中國古代思想史論：試談中國的智慧》中所述，[34]禮制是宗教、倫理、政治的「三合一」，軸心是針對社會行為的倫理和針對個體行為的道德（私德）。王國維言：「周之所以綱紀天下，其旨則在納上下於道德，而合天子、諸侯、卿大夫、士、庶民，以成一道德之團體，故知周之制度典禮，實皆為道德而設。」[35]禮制的實效不僅在於規範家與族，而且也將家秩序擴散至全社會。

由此，我們可初步回答格雷夫等人提出的問題[36]，即為什麼在過去千年或更長的時期裡，中國人基於宗族進行跨期合作，而歐洲人主要依賴「法人公司」？上述的介紹告訴我們：周朝選擇基於血緣網絡實現人際跨期互助，在那之後的兩千多年，儒家士大夫不斷創新完善，甚至只專注建設基於名分等級的禮制秩序，導致除了家秩序之外，這個社會沒有構建其他跨期信任體系，依賴家秩序進行人際合作成為交易成本最低、不確定性最小的安排，抑或是中國人的唯一選擇。由於每個人在名分等級秩序中的位置與生俱來、終生不變，雖然這導致個人既沒權利又沒自由，但「終生不變」反而使跨期承諾更安全，違約的機率更低。

相較之下，古希臘的柏拉圖、亞里斯多德等西方哲學開道者忙著區分國（城邦）與家、公民政治與家庭事務，「強調二者不可混同」[37]，他們致力探討如何構建公民政治、如何制約君主權力，而不是為家秩序組建類似禮制的體系。於是，他們發展出個體權利、自由平等、權力制衡這些概念以及相配的制度，比如，就在中國春秋戰國時期，羅馬共和國（西元前五〇七年至前二七年）已建立了參議院和平民大會（相當於下議院），以制衡行政長官的權力。而中國哲人則繼續費心為王權背書。西漢董仲舒在「王」這個「三橫加一豎」中文字上做文章，強化王權迷信，說「三畫者，天地與人也，而連其中者，通其道也，取天地與人之中以為貫而參通之，非王者孰能當是。」[38]他忽視了「王」字並非「渾然天成」，而是中國先民所造；其他語言就不一定如此，比如，換成英語的「King」或者「Emperor」，又該如何解釋王權的天神性呢？其實，「王」字在一期甲骨文中並非如此，而是以垂直放置的兵器作為「王」字，即「鉞」（戉）或者「鏚」（戚）的一個變體，這兩種兵器是專門用於斬首的武器，以此象徵賦予死亡的權力，即王權，根本不是「取天地於人之中以為貫而參通之[39]」。基於象形文字的形象得出君王特權的天經地義，是自說自話、為王權背書，而非得到獨立證據支持的客觀存在。這種中西差別，一方面使歐洲比中國更早推演出良性的權力制衡制度，到中世紀後半期，歐洲的君主謀殺率已低於中國（第一章）；另一方面，由此帶來的非人格化的法治體系，讓歐洲人可以依靠基於契約的各類「公司」進行跨期合作，在第十章，我們會再回到這個話題。

從思想到實踐：禮制的平民化

我們繼續聚焦中國。前面談到的禮制主要還停留在思想層面，在儒家禮製成為現實、完全主導民間秩序之前，還需要操作細節上的創新，這要等待時機。在孔孟之後，第一次這樣的歷史時機出現在秦漢轉型之際。西元前二二一年，秦始皇完成武力征服戰國六雄的目標，隨即建立秦朝，統一中國。可是，秦始皇未能區分「打江山」與「治江山」的差別，建立新帝國後，推行法家的刑罰鐵腕統治，尤其還「焚書坑儒」，使他失去民心，喪失統治的合法性。十餘年後，劉邦推翻貌似強大的秦帝國，建立漢王朝。

可是，「劉邦憑著個人的才智與特殊的機緣，在短短五年間成就帝業，開亙古未有之局，但他的統治基礎比起商、周、秦等統治家族有數百年歷史的情況，是相當薄弱的。」[40] 加上劉邦當初打著「滅秦虐政」的口號起義，漢帝國必須與「暴秦」區分，迴避法家，否則統治的正當性會大打折扣。項羽評價說：「秦王有虎狼之心，殺人如不能舉，刑人如恐不勝，天下皆叛之。」(司馬遷《史記．項羽本紀》)

於是，漢初反秦棄法的呼聲極高，漢帝國面對改制壓力，為儒家提供了取代法家、成為國家正統意識形態的機會。司馬遷在《史記．酈生陸賈列傳》中記載了陸賈跟劉邦的歷史性對話，陸賈推薦《詩經》、《尚書》等儒家經典給劉邦，劉邦則質疑道：「乃公居馬上而得之，安事《詩》、《書》？」意思是，漢天下在馬背上打下，難道還需要領會《詩經》、《尚書》嗎？這有何用？陸賈反問：「居馬上得之，寧可以馬上治之乎？且湯、武逆取而以順守之，文武並用，長久之術也。」也就是說，武力打下的江山，難道你還要用武力去治嗎？秦朝短命的教訓還不夠嗎？當年商湯等人以武力奪天下，但亦以順民心、順民意的方式去治天下，文武並用，才是長治久安的治國之道呀！陸賈進一步反問道：「行仁義，法先聖，陛下安得而有之？」如果秦朝當初遵循儒家仁義，推行道德「禮治」，會有那麼糟糕的結局嗎？一席話啟發劉邦，即令陸賈將秦亡漢興以及其他前朝的成敗教訓，寫成政文，呈於皇帝。結果「每奏一篇，高帝未嘗不稱善，左右呼萬歲，號其書曰『新語』。」(司馬遷《史記．酈生陸賈列傳》)。從此，劉邦接受「逆取順守」為漢朝根本大計，從此將儒家「禮治」與專制政體結合一起，失去了春秋時期儒家的獨立性和自由思想；也由於對君權的依賴和為王道服務的需要，儒家學人丟去了批評或抗議的精神，倒退為觀念保守主義。

在陸賈之後，董仲舒更是為皇權鋪路，《春秋繁露》言：「天之生民，非為王也；而天立王，以為民也。故其德足以安樂民者，天予之；其惡足以賊害民者，天奪之。」意思是，君主之集權乃天意天授，任何人都不可質疑王權，但君主的責任也大，必須為民辦事，否則天也會奪回王權，民間災異、王朝崩潰就是「天譴」的具體表現。這就是董仲舒的「天人感應」說，他進一步刻畫之前的「天命」觀，雖然君權是否真的神授、災異是否真為天譴，當時的人無法客觀驗證或否定（因此仍然是巫術迷信），但卻成為中國王權政治的核心信念，根深柢固，影響力延續至今。董仲舒的影響之所以比陸賈等同代人還大，也在於之前孔子、孟子關於「唯天為大」的說法太籠統或過於道德化、理論化，離民眾生活太遠，不具體實用，使得儒家禮制難以進入民眾生活；董仲舒的論述改變了這個局面，尤其他對「天」的權威性做了多個面向的詮釋，「天」不只是一個自然運行的物體，更是宇宙中所有秩序與現象的本原和歸屬，不僅涵蓋包羅各種物理現象，也決定、主導無形無味無色的「道」。「天者，群物之祖也，故遍覆包涵而無所殊，建日月風雨以和之，經陰陽寒暑以成之，故聖人法天而立道。」[41]就如借助漢字「王」的結構，望文生義解釋王權的絕對性，董仲舒也借「天」字的筆劃展示天的威力：「以元之深，正天之端，以天之端，正王之政，以王之政，正諸侯之位，五者俱正而化大行。」[42]意思是，「天」這個字由「元」而來，「元」就是「一」、就和「原」一樣，所以天當然是宇宙中所有物與非物的本原。而且，董仲舒進一步詮釋，「天」字也包括了漢字「人」於其中，故「天」也是人的本原，是人之所以為人的原因。「人之形體，化天數而成，人之血氣，化天志而仁，人之德行，化天理而義，人之好惡，化天之暖清，人之喜怒，化天之寒暑，人之受命，化天之四時。」[43]在此，他還是不顧象形文字是人對客體的理解的反映、是對客體的描述，但不是客體之所以為客體的原因，否則就是倒果為因，比如改成英語裡的「sky」或「heaven」就沒這些解釋了，都是二十六個中性字母的組合，沒有哪個字母是天使然。但這種自說自話貼近民眾、富有吸引力，透過吸收道家、陰陽家元素使儒家更貼近百姓的生活。在董仲舒看來，既然上天不能自己作為人親自治理人世，天意就需要在人世間找到權威代理，由權威代天表達行事，而君主就是這個代理，能夠上達天意、下治臣民，擁有天命特權，於是君主應該集權，「天生之，地載之，聖人教之，君者，民之心也，民者，君之體也。」[44]對於董仲舒的論述，葛兆光有更多詮釋，這裡就不重覆了。[45]只是正如前文所述，董仲舒等儒者回避了一個核心但實際的問題：誰能確保某個具體人就是那個「天生之，地載之，聖人教之」的權威代理？每個人都會說自己替天行道。

西元前一三四年，董仲舒獻言漢武帝「推明孔氏，抑黜百家」，皇帝接受並下詔「罷黜百家，表章六經」，讓儒家成為唯一正統，啟動了「獨尊儒術」的歷史。董仲舒強調，雖然基於君主的絕對權力「以威勢成政」符合宇宙天道，以此執法理政純屬合理，但也必須重視德育宣傳，強調「必有教化」[46]。「《春秋》大一統者，天地之常經，古今之通誼也。今師異道，人異論，百家殊方，指意不同，是以上無以持一統；法制數變，下不知所守。臣愚以為諸不在六藝之科，孔子之術者，皆絕其道，勿使並進。邪辟之說滅息，然後統紀可一而法度可明，民知所從矣。」[47]民眾之心原本是好的，但君主應該引導教化民眾，以凸顯善，更重要的是，透過教化把禮制倫理內化到民眾的內心深處，讓他們一有偏離禮、義、仁或信之行為就深感內疚，以自責而不是外在刑罰規範民眾，使他們始終規規矩矩，達到「逆取順守」的最高境界。董仲舒建議的「教化」既包括教育，也包括大眾宣傳，從此政治宣傳成為王朝「德治」或「禮治」的必要手段。

漢朝是第一個將儒家作為國家主流意識形態的王朝，儒家自此一發不可收拾，不斷發展鞏固，雖然因為外族入侵、朝代更迭，儒家的正統曾中斷幾次，但整體而言還是保持了中華文明主軸的地位，尤其在唐宋明清等朝代規範中國人的方方面面。而這個歷史結局又偏偏離不開秦始皇的貢獻。試想，若不是秦始皇「焚書坑儒」、「嚴刑峻法」導致秦朝短命，漢高祖及其子孫未必會聽信陸賈、董仲舒等儒生；如果不是法家帶給秦的「血」的教訓，儒家不一定有機會走出思想理論、入世現實社會。就此意義來說，反倒是秦始皇讓儒家「因禍得福」。

不過，雖然儒家在漢代成為正統，但儒家的影響還是集中在國家治理方略與意識形態上，在統治行為與上層建築上，尚未深入影響庶人生活或從根本上改造家秩序。尤其是漢代之後，魏晉南北朝時期王朝動盪不斷，顧不上改革家秩序與社會結構。起源於隋唐的科舉制度則是另一個里程碑。西元五八七年，隋文帝推出科舉考試選拔官員，但科舉制度在隋期間沒有完全成形，到了唐朝才走上正軌。當然，即使到唐朝，由於官員總數少，比如一年需要的九品官數不到六百人，加上當時的官缺要以世族權貴的後裔為優先，科舉選拔的官員數量很少，朝廷只計劃每年透過科舉選二十到三十位才華出眾者，並重點關照世族後人；七五五年後，通過科舉考試進入文官體系的人數只占總數的一五％左右。[48] 名額這麼少，科舉制度並沒有促使底層社會研習儒家經典，儒家願景仍然只是少數精英的事。

宋朝改變了這個局面。西元九六〇年北宋建立，為了降低世族對權力的把控，朝廷決定將科舉制度重點對普通百姓開放，並增加科舉選拔的官員數量。[49] 美國漢學家包弼德（Peter Kees Bol）云，到一〇五〇年，宋朝大約有一萬兩千七百萬名文官，其中一半經科舉考試入仕，另外三〇％左右是科舉考試中屢戰屢敗後，被特招而入的，其他的有相當一部分是以門第入官的。[50]到了明清時期，科舉體制的重要性繼續提升，何炳棣估算，清朝舉人的四五・一%、進士的三七・二%為普通百姓出身。[51]從宋代開始，一直到一九〇五年被廢除之前，科舉是平民進入仕途、實現榮華富貴最主要的途徑。

當然，科舉這條上升通道深遠地改變了中國社會。

第一方面，普通家庭對教育的興趣大增：上升前景夠可觀之後，百姓就有動力供子弟進學堂；如果一次不能中，就多次努力，賣房賣地也願意，直到考中為止。於是，民間教育的需求快速成長，辦學成為新潮，不僅政府出資辦州學、縣學，民人也增辦私塾。到了十二世紀，官方為有子弟讀書的家庭減稅，[52]以此鼓勵。十五世紀中期，福建、浙江、江西和湖南這些南方省分，八〇%至一〇〇%的縣都有學校；在南宋時期，參加三年一次鄉試的人數眾多，在福建，僅福州就有兩萬多人，建寧有一萬多人，而江西吉州有一萬多人、浙江嚴州有七千人參加；到一二五〇年，全國考生總數達四十萬人之多！[53]在相當程度上，今日中國父母偏愛子女讀書的傳統也起源於此。陳婷、龔啟聖與馬馳騁的量化歷史研究發現，在明清時期進士密度（按平均每萬人口算）愈多的州府，到了二〇一〇年，該地的人均上學年數還是愈多，也就是說，明清時期每萬人口中多中一個進士，那個地區的人在二〇一〇年平均多上學〇・八年。[54]可見，持續一千多年的科舉制度所造就的教育偏好，至今還繼續發揮影響，尤其是之前從科舉受惠較多的地區，今天在人力資本和人均收入上仍然超過其他地區。文明就是這樣靠一次次創舉累積起來的。

第二方面，強化學問的政治化，失去學術自由。科舉考試過程的最後一關是殿試，由皇帝親自面試，所以政治正確是中進士的必要條件。讀書、做學問的目的非常明確，就是做官。不難看出，兩個傳統——學問政治化和教育應試化——與科舉考試有割不斷的關係。科舉體制使學問不再圍繞發現新知識，而是詮釋過去的經典，終止知識進步。

第三方面，宋代科舉改革拓寬了平民階層的升遷通道，促成禮制，即「四書五經」下鄉，使儒家禮教在普通社會扎根。最初推出科舉考試時，朝廷面臨一個很實際的問題：考什麼科目、哪些內容，測哪樣技能？唐朝只透過科舉選拔少量專職官員，比如文書官，所以詩賦創作能力是考試重點；其次，《禮記．大學》有云：「欲治其國者，先齊其家；欲齊其家者，先修其身；欲修其身者，先正其心；欲正其心者，先誠其意；欲誠其意者，先致其知，致知在格物。」於是對於招賢做官，粗俗無文者肯定不行，只招納「文化」之人，而且要精通經典、歷史、哲學、文學，「修身齊家」達到極致，抱有「治國平天下」夢想的人。

> 夫經籍也者，機神之妙旨，聖哲之能事，所以，經天地，緯陰陽，正紀綱，弘道德，顯仁足以利物，藏用足以獨善……其王者之所以樹風聲，流顯號，美教化，移風俗，何莫由乎斯道。故曰：其為人也，溫柔敦厚，《詩》教也；疏通知遠，《書》教也；廣博易良，《樂》教也；潔靜精微，《易》教也；恭儉莊敬，《禮》教也；屬辭比事，《春秋》教也。（《隋書．經籍志》）

因此，在隋唐人看來，科舉考試的成功者必須精通「五經」，即《詩經》、《尚書》、《周易》、《禮經》（亦即《禮記》、《周禮》和《儀禮》）和《春秋》；到了宋代，再加上「四書」，即《論語》、《孟子》、《大學》和《中庸》。治國理政之士必須符合孔子定義的「君子」標準，既有良好教育、精通「四書五經」、能詩會文，也具備最高境界的德行。由會讀能文者做官，讓皇帝更有信心實現文治禮治。[55]

唐宋人有個共識，就是詩文創作反映一個人的德行水準，詩格高的人必然人品與心術也高，「大舜云：詩言志，歌永言，聖謨所析，義已明矣。是以在心為志，發言為詩，舒文載實，其在茲乎？詩者，持也，持人情性。」（劉勰《文心雕龍》）這個共識是否站得住腳？陳冬華、李真、楊賢和俞俊利對這個問題做了量化研究[56]：首先，他們以清乾隆二十八年孫洙選編的《唐詩三百首》作為基準，有詩被選入其中的詩作者（七十七位）都被評為「詩格優秀」；其次，以《新唐書》中提到的一千六百六十四位官員作為「官員樣本」，包括三百零二位科舉進士和一千三百六十二位非進士官員；接著為每位官員就「德行品格」評分，亦即只要在《新唐書》、《舊唐書》或《唐登科記》中，以忠誠、仁義、功德、信禮、正直或類似詞語評價過的官員，其品德就被評為「高尚」（一百分），而如果史書中給的評價為奸佞、貪腐、讒陷、曲附、夤猾或類似詞語，其品德就為「低下」（零分）；最後，排除朝廷親屬、武官、世襲官員以及個人德行資訊缺失的官員，剩下的官員樣本有五百六十位，包括一百三十三位進士官員、四百二十七位非進士官員、入選《唐詩三百首》的三十五位詩人官員。四位研究者發現：入選《唐詩三百首》的詩人官員的平均品德分為八十六，進士官員的平均品德分為七十四，而非進士官員的品德為六十七分（圖五．一）。在考慮其他因素後，他們詳細的回歸分析也支持「品德跟詩格高度正相關」的結論。看來，科舉考試以「四書五經」定義「文」、以詩賦水準斷定德行心術，有一定道理。

宋代科舉改革打開百姓入仕通道並激發平民讀書後，由於「四書五經」是科舉考試的核心，導致平民子弟也深讀細究儒家經典；即使大多數學子無法獲得科舉功名，他們散布在各鄉各村，成為當地的文化人，傳授儒家倫理道德，並將禮教付諸民間實踐中。因此，科舉制度打破了「禮不下庶人」（《禮記．曲禮上》）的儒家規矩，對禮制下鄉起了關鍵的作用。

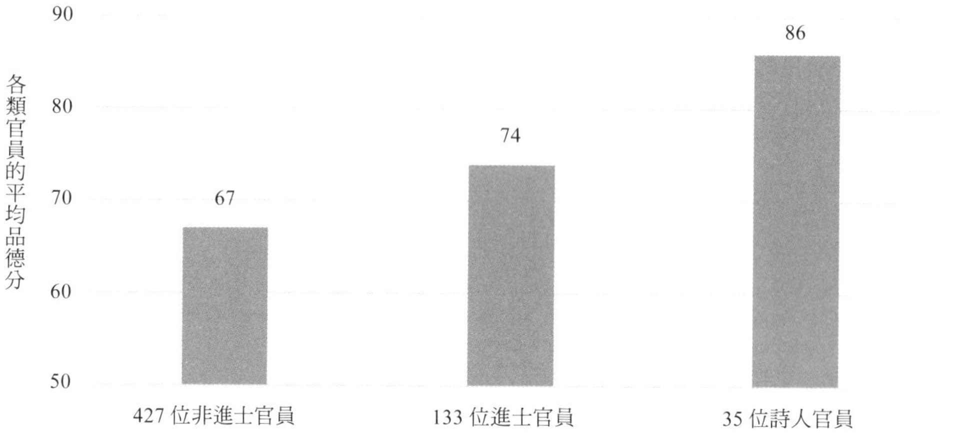

圖五・一　唐代官員的品德心術與詩賦能力的關係[57]

注：官員樣本包括《新唐書》所載的各唐代官員，「詩人官員」以其詩文是否選入清乾隆《唐詩三百首》為準；「品德高尚」官員得一百分品德分，「品德低下」官員則為零分。

禮制基本要件：宗祠、族譜、義莊與祭祖禮儀

宋代圍繞家秩序的創舉還不止於此。理學家重視將禮制教化下移、推廣到庶民生活中。宋代以前，儒家的注意力集中在家的建構上，但對家與家之間的關係——家族、宗族——重視較少；即使有，也只停留在官紳層面，《禮記・王制》寫道：「天子七廟，諸侯五廟，大夫三廟，士一廟，庶人祭於寢。」宋代開始修補空缺，注重建構平民宗族，包括具體規範日常細節、普及族譜、推廣宗祠、規範祭祖時分，讓百姓宗族的存在從無形走向有形，鞏固地方社會的基礎秩序。最為突出的是朱熹的《家禮》(也稱《朱子家禮》)，這是他吸收司馬光的家儀觀點及程頤的宗法思想的綜合性著作，詳細羅列了冠禮、婚禮、喪禮、祭禮等禮儀，包括衣冠服飾、父母子女、族內關係、接物待人、道德修養。書的序言寫道：

凡禮，有本，有文。自其施於家者言之，則名分之守，愛敬之實，其本也；冠婚喪祭，儀章度數者，其文也。其本者，有家日用之常體，固不可以一日而不修；其文又皆所以紀綱人道之始終，雖其行之有時，施之有所，然非講之素明，習之素熟，則其臨事之際，亦無以合宜而應節，是亦不可以一日而不講且習焉者也。

當時，國家已頒布正式《政和五禮新儀》，對與皇帝有關的禮儀、與官員和庶人相關的冠婚喪祭儀式都有涉及，但不夠貼近百姓生活，特別是官府禮書規定只有品官才可修家廟，不利於禮制下鄉。

《家禮》推出了幾項創新。一是百姓修宗祠。在程頤、朱熹之前，天子、諸侯、士大夫都可修家廟，祭祀高祖、曾祖、祖及父四祖先，但庶民只能在住宅裡祭祀祖父、父二祖，不可祭祀其他祖先，這自然大大制約了家秩序在民間的發展。《家禮》提倡百姓修宗祠但不能修家廟作為折衷。家廟為獨立的祭祀院，與居所分開，而《家禮》規定的宗祠或祠堂是住所的一部分，「於正寢之東」，但是保留了朝廷的規定：只有品官才能祭祀四祖先，庶人只祭祖父母、父母。二是規定，不分品官庶人，每季度的中月為宗族的五服祭祀時間。

《家禮》成書後，民間自己選擇性採用。一二七一年，南宋崩潰，元朝成立，《家禮》難以成為官方正統。朱元璋建立明朝後，洪武二年傳令大臣針對明朝禮制提出設計；次年呈交的報告《大明集禮．吉禮六．宗廟》如此概括《家禮》：

先儒朱子約前代之禮，創祠堂之制，為四龕以奉四世之祖，並以四仲月祭之，其冬至、立春、季秋、忌日之祭，則又不與乎四仲月之內，至今士大夫之家遵以為常。凡品官之家

> 立祠堂於正寢之東，為屋三間，外為中門，中門為兩階，皆三級，東曰阼階，西曰西階，階下隨地廣狹以屋覆之，令可容家眾敘立。又為遺書衣物祭器庫及神廚於東，繚以外垣，別為外門，常加扃閉。祠堂之內，以近北一架為四龕，每龕內置桌。高祖居西第一龕，高祖妣次之；曾祖居第二龕，曾祖妣次之；祖居第三龕，祖妣次之；考居第四龕，妣次之。神主皆藏於櫝，置於桌上，南向。龕外各垂小簾，簾外設香桌。於堂中置香爐，香合於其上。旁親之無後者，以其班設主櫝，皆西向。庶人無祠堂，惟以二代神主置於居室之中間，或以他室奉之，其主式與品官同而櫝。[58]

這些總結詳實，只是把「祠堂」錯解為「家廟」，因為自南宋至明初，所謂「祠堂」指的都是居「於正寢之東」的祠堂，而不是在住所之外獨建的「家廟」；到明中葉後，宗祠規模不斷擴大，宗祠也脫離住所而建，宗祠和家廟的區分才逐漸消失。[59] 這份報告建議朱元璋以《家禮》為明朝正制，皇帝隨即採納。[60]

由此，《家禮》雖出於南宋，但到明初才成為國家典制的一部分，並被官方廣泛傳播普及，平民也大修宗祠，[61] 祭祀祖先。明代也對祭禮做過幾次調整，比如洪武十七年，將庶民祭祖由二祖增加到三祖；嘉靖十五年，禮部尚書夏言上奏〈令臣民得祭始祖立家廟疏〉，允許官民祭祀始祖（一共祭四世祖）、修建家廟，同時要求三品以上祭五世祖，但總體上延續了《家禮》。[62] 從明代開始，宗祠建設在南方尤為普遍，粵、閩、贛、浙、皖均興盛祠堂。據乾隆二十九年的統計，僅江西的七十八個州縣，大型總祠就有八十九處（每個總祠一般涵蓋全省、甚至更廣範圍內同一族姓的所有人），地方一族獨建的宗祠或支祠有八千九百九十四處，幾乎覆蓋所有村鎮。[63]

《家禮》帶來的改革對儒家滲透民眾生活有多大的貢獻呢？以往學者對於宗祠和定期祭祀的價值認識不夠，因此也影響了對朱熹貢獻的評價。宗族作為一個靠禮儀維繫的組織，一開始也是一個虛構的故事，不是客觀的存在（只存在於族人的意識中）。如果沒有物理媒介將它的存在呈現於族人眼前，也沒有頻繁且定期的拜祖儀式，那麼宗族只會是鬆散、抽象的虛擬存在，族人不會隨時隨地感覺到宗族，沒有具體歸屬感，因此不容易受到族規約束，宗族也就難以實現族人間的風險分攤和資源分享。就如我在耶魯大學邊上的小鎮居住十七年，鎮內到處都是宗教建築，有基督教堂、猶太教堂、伊斯蘭清真寺，特別是天主教堂的屋頂十字架都特別高，數里之外都能一眼望見，目的就是透過教堂的物理存在與處處可見，向信徒時刻提示他是誰、應遵守哪些倫理道德、如何規範言行，也向非信徒宣傳自己的教派；而每到週六，我就看到猶太父親帶著兒子步行前往教堂，參加禮拜，週日則是基督徒聚集到教堂做禮拜的時候，伊斯蘭教徒的禮拜則更頻繁，每天面朝麥加祈禱五次——晨禮、晌禮、晡禮、昏禮、宵禮，每次默讀二段到四段《古蘭經》。試想：有了這些物理建築，加上頻繁的祈禱週期，信徒怎麼可能忘記自己的歸屬和教義戒律、忽視自己是誰呢？相較之下，佛教有佛寺，但沒有硬性要求的常規禮拜，所以佛教就不如上述宗教那樣深入信徒每時每刻的生活，影響式微。下一章我們會再回到宗教話題。

在朱熹之前，百姓不能修宗祠家廟，也不頻繁祭祖，禮教規範主要是靠長輩言傳身教，對庶民並非強制約束，所以原先的儒家禮教還不如佛教，無物理媒介和頻繁儀式將宗族顯形化，宗族的影響力可想而知。宋代開始改變，特別是明初之後，《家禮》讓平民也有宗祠，至少每三個月，族人必須聚集一處祭拜祖先，讓宗族更貼近普通人的生活。[64] 在一定意義上，朱熹等理學家或許是因為來自佛教、伊斯蘭教的壓力而吸取了後者的經驗，主張普及祠堂。比如，到十一世紀中期，福建的建寧就有九百一十二座佛家寺院；到一二〇〇年以前，婺州有四百座寺廟，有些地方還更多，各種類別的神祇廟宇也很多。[65] 雖然佛教沒有常規禮拜或定期聚集，但有那麼多佛寺存在，加上它們為百姓提供災害救濟，必然促使佛教的影響力上升、社會網絡擴大，於是這種介於地方政府與家庭之間的佛教網絡，對宗族形成了實實在在的挑戰。《家禮》鼓勵平民立宗祠、定期祭祖，是一種適當的回應，解救並強化了宗族秩序。陳寅恪談道：

漢晉以降，佛教輸入，而以唐惟盛。唐文治武功，交通西域，佛教流布，實為世界文明史上，大可研究者。佛教於性理之學（*Metaphysics*），獨有深造，足救中國之缺失，而為常人所歡迎。惟其中之規律，多不合於中國之風俗習慣。故昌黎等攻辟之。然辟之而另無以濟其乏，則終難遏之。於是佛教大盛。宋儒若程若朱，皆深通佛教者，既喜其義理之高明詳盡，足以救中國之缺失，而又憂其用夷復夏也。乃求得而兩全之法，避其名而居其實，取其珠而還其櫝。采佛理之精粹以之注解《四書五經》，名為闡明古學，實則吸收異教。聲言尊孔避佛，實則佛之義理，已浸漬濡染。采佛教之宗傳，合而為一。此先儒愛國濟世之苦心，至可尊敬而曲諒之者也。故佛教實有功於中國甚大……自得佛教之裨助，而中國之學問，立時成長元氣，別開生面。故宋、元之學問文藝均大盛，而以朱子集其大成。朱子之在中國，猶西洋中世之湯瑪斯・阿奎那，其功至不可沒。[66]

到了清代，宗族的祭祖活動已經非常完備且頻繁，類別也多，包括常祭、專祭、特祭、大祭。常祭每月兩次，時間分別在朔日和望日，比宋明以前的祭祀頻率要高，但還是低於基督教和猶太教的每週一次、伊斯蘭的每天五次。專祭是對特定祖先的祭拜，冬至祭始祖，還有高、曾、祖、父祭日。子孫每逢大喜，如婚嫁、生子、中舉、升官、發財等等，也必須祭祖，乃特祭日。大祭是所有祭祀活動中最重要的，舉行時間在除夕、元宵、清明、端午、中秋、重陽、秋分等。[67]宗祠遠遠不只是凝聚族人的物理象徵、祭祖聖殿，更是族人正俗教化、大事聚集的場所，包括婚禮喜事、節日慶典、商議族規、教化族幼，也是宗族的「公堂」，懲治獎勵族人的地方。寫於元末明初的族規《鄭氏規範》約定，[68]每月初一、十五，家長（或族長）都會帶領「家眾」（也就是族人）到宗祠祭祖，以此教育子女對長輩的「孝」、妻子對丈夫的「敬」、兄弟間的「愛」與「恭」以及其他禮制倫理。有了宗祠，族人可常常聚集，增加彼此的熟知程度，降低資訊不對稱，提前糾正「搭便車」的族人。

在兩千多年的家秩序建設過程中，家譜（族譜）也很關鍵。中國最早的家譜是周朝的《大戴禮記．帝系篇》，當時推出嫡長子繼承制，需要釐清血脈，因此這個譜系把夏、商、周三代統治者在血緣上連結起來，說啟（夏禹之子）、契（商的先祖）和后稷（周的祖先）都是黃帝的子孫，故有統治合法性。不管這個血緣譜系是否為真，還是開了把多代血脈串通起來的先例。周代更為系統完整的家譜是《世本》，記錄了自三皇五帝到春秋戰國時期歷代帝王、諸侯、卿大夫的世系起源與遷徙歷程、子系支流圖譜以及他們的事蹟，該書的結構成為之後家譜的範本。[69]在漢代，族譜有進一步的發展，官府設立專職，對族譜統一編制管理，但只為王公貴族服務。至魏晉南北朝，官府設「譜局」，統一規劃管理族譜，凸顯門第結構，家譜依舊是世家大族的特權，連選官、婚配也都視家譜而定，族譜固化了門第結構，而非強化宗族的凝聚力。一直延續到隋唐，唐太宗甚至命人編修《氏族志》，按身分等級收入氏族家譜，彰揚門第等級。唐末黃巢起義，殺盡南北貴族世家，經過五代十國戰亂的進一步衝擊，到了宋初，舊式族譜尚存無幾，如《程氏世譜．序》所言：「唐末五代之亂，亡失舊譜，上世次序不可復知。」[70]

到了宋代，理學家十分看重普及族譜，《張載集．經學理窟．宗法》寫道：「管攝天下人心，收宗族，厚風俗，使人不忘本，須是明譜系世族與立宗子法。」前文談到，宋代開始，平民經由科舉入仕的人數大增，他們多無族譜，但身為儒士，又器重敬宗收族，於是刺激了普通百姓新修族譜的要求。可是，平民難知遠祖詳情，族譜上延多世不現實，於是為了推動族譜的平民化，歐陽脩、蘇洵合作，以他們各自的家族為範例，推出高祖以下五世的小宗之譜。這種「小宗譜」極適合庶民百姓，因為他們修譜不是為了證明政權統治的合法性，不需佐證自己是帝王後裔，只是為了敬宗收族，給宗族一種具體的存在感、歷史感和歸屬感，進而凝聚族人、傳授族風。從此，族譜不再受官府管制，民人可私修。到了明清，族譜不僅普遍，而且羅列的祖先已經超出五世，甚至十幾世。族譜除了羅列歷代男性族人及功績，一般也會細列族規宗法，明確族人必須遵守的行為規範、獎罰條例，目的一方面是將宗族具體化，另一方面是將儒家禮制從理論落實到民間生活。[71]

族田、學田等族產是宗族擴大凝聚力、增加成員風險應對力的具體手段。《家禮》強調，庶民立祠堂時，也應「置祭田」，由祭田收租供祠堂維護、宗族活動之用，鞏固家族的經濟基礎，保證血脈世代相傳。在劉翠溶的清代案例中[72]，一八六六年（同治五年），衡陽魏氏由族人共出資兩百四十萬文，放入時稱「家廟公」的宗族公帑（即家族信託），用於城裡購地、建祠堂；之後「家廟公」剩一百二十萬文，成為放貸銀，賺取利息，也另置地產店鋪，出租收銀，其家譜言：「日後繼長增高，合族所厚望焉。」這些公款與族產一方面用於族內救急，另一方面用於祠堂維護、祭祀聚集、資助後學；作為族人合作媒介的「家廟公」由族親選出的經理管理，每屆任期五年。在另一例中，根據南海黃氏族譜的記載，該族設有四個聯合集資的合會：「長壽社」（一八八五年為族人送終開支而設，十一歲以上男丁及妻妾均須入會，每月付銀一分，付滿六十個月為止，成員逝世時家屬得棺材銀十大圓）、「墓祭會」（一九〇五年為籌集掃墓資金而設，每季一會，每會每份交銀一圓，十二會後即滿；平時這些會費用於放貸生息，每年清明分派份金，用於掃墓祭祀）、「鄉飲社」（支持族人參與隔年一次的鄉飲酒禮）與「五圖集會」（資助族人參加五圖集會，該會曾舉辦兩次，以稅賦等公共事務為主題）。[73] 其他還有各種不同目的（助學、治喪、婚嫁、敬老等）的信託公帑，雖然不一定以「堂」命名，但也是族親的跨期合作媒介。

北宋范仲淹首創的義莊也將宗族的功能具體化、大眾化。范仲淹生於蘇州，第二年父親去世，母子隨即遭范氏家族遺棄，孤兒寡母生計貧寒。無奈之餘，母親再嫁。一〇一五年范仲淹中進士，入仕之後，經常施予族人親友。一〇四一至一〇五三年，范仲淹在蘇州吳、長洲兩縣購地千餘畝，設立義莊，用佃租收入資助貧困族人，獎勵子孫讀書、參與科舉，特別在族人遭遇災害等意外風險衝擊時，幫助救急。之後，范氏義莊在各地被人推廣，到了南宋已然成為宗族組織的普遍服務[74]；到了明清，即使族內沒有達官貴人，族人也會共同出資建立義莊，甚至設置「莊屋」儲存米穀（通常緊挨祠堂或與祠堂合建在一起），防範不測風雲，具體實現族人間的風險互助。[75]

前述的《鄭氏規範》繼承了范氏義莊的傳統，鄭氏擁有至少十六頃田產，[76] 土地文書上都印有「義門公堂產業子孫永守」字樣，以示不允許子孫瓜分或變賣族產，其中一部分作為祭田，一部分為族人婚禮費用的嘉禮莊，其他田產屬於義莊，佃租收入用於族內救急和助學。鄭氏還規定，不僅族產公有，所有家眾的收入和開支在族長的領導下統一管理，各房飲食、日常用品也由公堂統一購買，並分配給各房，各房和家眾不可擁有個人財產，不可置田產或安排自己的衣食住。這裡，族長顯然是前文盛洪所述「家庭主義」家長的典範，擁有控制資產、調配收入、安排開支的大權。

家秩序的經濟邏輯

有了姓氏、輩分、五服、族譜、祠堂、祭祖、族產、義莊等基本要件，宗族就有了明確的邊界和凝聚族人的財產基礎：名列族譜，或配享祠堂，你就是這個族的人。每次宗族聚會、重修族譜，又或每一場典禮、祭祀祖宗，相當於重新溫習宗族的邊界，確認族人身分。在這個基礎上，透過共同居住或頻繁相聚等方式，族人可以充分了解彼此，降低成員之間的資訊不對稱，讓他們更清楚誰「靠得住」、誰「靠不住」、哪家喜歡「搭便車」，或者在發現誰好賭、懶惰時，提前給予警告、處罰，成員之間能夠建立遠比陌生人更牢固的信任關係。因而，在族人間跨期分攤風險、共用資源的過程中，「逆向選擇」和「道德風險」問題遠比與外人交易時小[77]，基於關係緊連的團體實現跨期承諾，令人更加放心。[78]

像鏈結一樣緊密的宗族除了降低資訊壁壘，身分的確立也為建立聲譽機制奠定了基礎：如果要懲罰一個失信的人，可以先明確識別他的身分，再讓其他可能與其發生往來的個體知曉失信者身分，也讓他們了解後者失信的歷史。家族的各類活動，包括前面談到的修譜、祭祀、典禮、輩分等等，都能起到框定個體身分的作用。當族人間發生跨期交換（送禮、援助、提攜、借貸、融資），雙方的族中身分自然會承載著各自的聲譽。舉足輕重的宗族組織能從兩方面最大化聲譽機制的威力。首先，由於族人間聯繫密切，失信者的資訊很快就會傳開，如果每個人對此的反應是以後拒絕和此人做跨期交換，失信者便會發現自己陷入「眾叛親離」的困境。相形之下，如果沒有發達的宗族，整個社會全由陌生人構成，社會結構鬆散，那麼此類聲譽機制的殺傷力便不可能大——「壞名聲」會傳播得很慢，而且當事人也不會在乎名聲。[79] 其次，在傳統社會中，由於交通不便、生活大抵自給自足等原因，個人生活通常以家族為重心，沒有太多其他選擇，一個族人被迫退出宗族網絡的後果，遠不止像失去一份「保險單」這麼簡單，還可能因此喪失得到互助的所有機會，甚至謀生也變得困難。也就是說，家族的確立與鞏固，以「雙管齊下」的方式消解了人際跨期交換的風險：如果要阻止一個人在跨期交易中欺騙或違約，就得讓欺騙行為的預期收益小於預期損失（即被懲罰的機率乘以被罰帶來的成本）。一旦宗族的邊界清晰並且「收族」也牢固，那麼宗族對失信者的威懾力極大，欺騙與違約帶來的好處難以超過其壞處。

事前信任與事後懲罰結合在一起，使宗族成為一種「令人放心的」跨期合作模式。這不僅體現在禮制使宗族勢力在中國歷史上僅次於皇權，家族的威力也在世界其他社會也得以體現，包括歐洲安特衛普的鑽石、東南亞的橡膠等許多利潤豐厚的行業，都掌握在家族手中。以橡膠為例[80]，從原料收購到成品銷售之間的產業鏈節點，都由特定家族的成員牢牢掌控。族親間交易時，他們不需要契約：幾句話就可以敲定十萬、百萬規模的交易。同時，如果一些成員判斷不準、陷入困境，幾句話也能從族中德高望重的「族長」那裡得到支援。從這個意義上說，家族既是「內部金融市場」（即「養兒防老」、夫妻互保、族人間的相互保障和資源融通），又在更廣闊的範圍內解決了信任這一大難題，因此家族也是產業鏈意義上的「內部貿易市場」。[81] 在傳統社會的條件下，如果沒有家族的這些職能，頻繁的糾紛與暴力衝突將伴隨人際跨期交易而生，人類因為早期的宗族組織發展而變得更文明。

回到中國家族秩序演變的話題。從宋元之後到二十世紀之前，家族秩序的創新建設從未停止，上面談到的科舉、宗祠、家譜、祭祖、族產、義莊等等愈發完善，使族內交易成本降到極低，信用達到高點，宗族邊界變得明顯。不過，有的創舉強化了宗族凝聚力，有些則不然。如在十八世紀，陳宏謀任江西巡撫期間就曾大舉改革宗族體制。一七二三年，陳宏謀二十七歲就中了進士，在四十餘年的仕途生涯中，一直注重「敬宗收族」，透過政策強化宗族建設。一七四一年他上任江西巡撫，不久便遇到江西米荒，貧富衝突四起，此時，明末清初之士顧炎武的一段話正好給了他啟發：

民之所以不安，以其有貧有富，貧者至於不能自存，而富者常恐人之有求，而多為吝嗇之計。於是乎有爭心矣。夫子有言，不患貧而患不均。夫惟收族之法行，而歲時有合食之恩，吉凶有通財之義，本俗六安萬民。三曰聯兄弟，而鄉三物之所興者，六行之條，曰睦，曰恤。不待王政之施，而鰥寡孤獨廢疾者，皆有所養矣，此所謂均無貧者。而財用有不足乎……然後知先王宗法之立。[82]

這段話的意思是：先王之所以推動宗法、建立宗族，是為了讓族人間平時和睦相處，發生不幸意外時相互體恤，尤其是讓有能力的人支持鰥寡獨廢疾者；如果能做到這樣，還會有貧困、財物不足帶來動盪與恐慌這樣的事嗎？所以，強化宗族力量、促使族人跨期互助才是關鍵！按我們的術語，發展宗族的目的是實現家族作為「內部金融市場」和「內部貿易市場」的功能。

此外，陳宏謀認為，靠家法族規規範每個人的行為，遠比國家規範的效率高、效果好，也可以省掉官府許多麻煩。一七四二年，陳宏謀以巡撫的身分發起江西的宗族制度改革，把懲治違法族人的權力下放到族長：一旦房長發現族人違法，必須向族長報告，族長再組織族內長者在宗祠開會，並由宗族對違法者就地懲罰。[83]對族人的懲罰包括：體罰（打板子、下跪），捆綁（綁在宗祠門前示眾），開除宗籍，送官究治（送去官府立案判罰），打死、活埋或沉潭淹死（有些宗族施行酷刑）。[84]由此可見，許多國家職權下放到宗族這一層，這當然提升了族內人的失信違約成本，有益於收族。

早在一三九七年，《大明律》就賦予族長正式的法律地位，但規定族長的責任是組織祭祀活動；到清初，族長的權力責任逐步擴大到包括教化族人、舉報族人；到雍正年間，《大清律例》要求族長及時舉報族人的違法行為，否則得負連帶責任。但是，在陳宏謀之前，族長從來沒有正式的司法與執法權。在賦予族長執法權的同時，陳宏謀也讓地方官為每族委派一位「族正」，代表政府監督包括族長在內一眾人的行為，一旦發現違法不究就向官府舉報。[85]

陳宏謀的宗法新政使宗族的力量在江西大幅上升，任何人離開宗族歸屬就無法得到安全和風險互助的保障，宗族成為基層秩序的基石。但乾隆帝對此褒貶參半，並沒有將陳宏謀的改革推廣到其他省分，原因在於宗族勢力壯大之後，族與族之間的暴力衝突更頻繁，對清政府構成威脅。[86]宗法改革一年多後，朝廷將陳宏謀調往陝西做巡撫，陳宏謀先後在十二個省分做過布政使、巡撫和總督。

西周以來，禮制一直不斷完善，儒家是一個動態創新的體系，到了二十世紀初，「孔家店」的家秩序可謂深入中國人的血液，是中華文明的基因。民國時期，潘光旦於一九二六年對中學生和大學生做了問卷調查，[87]發現六七．二%的學生家族有宗祠，六八．一%有族譜，六五．六%的男生、六五．九%的女生「能不假參考而舉其曾祖之名字」，四六．五%的男生、三四．一%的女生「能不假參考而舉其高祖之名字」。從宋代開始平民化的族譜、宗祠、祭拜和禮教，對中國社會文化與倫理的影響可見一斑。然而，二十世紀五〇年代，特別是「文化大革命」之後，族譜被批被燒、宗祠倒塌、祭祖被禁，到了今天，沒幾個年輕人記得曾祖，更遑論高祖的名字，周代以來建立的「孝悌」家秩序已經漸行漸遠。

儒家秩序的歷史功效

既然儒家禮制對中國人的文化觀念影響如此根深柢固，那麼對百姓的生存狀況帶來多大的績效？前文談到，麥迪森做的估算表明，自漢初以來，中國人均年收入一直在五百美元上下波動，在一九五〇年前的兩千年裡基本上沒變。[88]當然，麥迪森的估算是以西元元年為起點，假如以春秋戰國為起點，那麼西周時期的人均收入也應該差不多是這個水準。[89]也就是說，儒家學人付出這麼多、努力這麼久，對勞動生產力並沒有實質上的影響，似乎並未改變中國人的福利。所以，我們得換個角度來評估儒家的貢獻，即儒學是否提升了中國人的風險應對能力。

《論語．學而》云：

> 其為人也孝悌，而好犯上者，鮮矣；不好犯上，而好作亂者，未之有也。君子務本，本立而道生。孝悌也者，其為仁之本與！

這段話的意思為：孝順父母、順從兄長而喜好觸犯統治者的人很少見，不喜好犯上而喜好造反的人並不存在；君子專心於根本的事務，一旦根本建立了，治國做人之道就自然來了；孝順父母、敬重兄長，這才是人的根本啊！當然，前引顧炎武的話對孔子所言做了進一步延伸，如果做到孝悌、遵守禮制，宗族也建好了，那麼族人間的跨期互助自然容易得多，在其他族人出現風險挑戰時，必然能互通有無。在第一章，我們曾綜述了大量研究：各類風險事件導致的生存壓力，是古代發生暴動的重要驅動因素。於是，一旦災害對生存的挑戰被作為內部金融市場的宗族組織沖淡了，族人被逼得走投無路而行暴行搶、發起動亂的機率應該會低。

實際上，儒家秩序是否真有此功效？從前，孔孟、董仲舒、程頤、朱熹、王陽明、顧炎武等人以及近代的文化學者，對於禮制的社會績效討論都只停留在理念、邏輯推理方面，並沒有量化實證研究。好在，近年相關的量化研究開始出現。香港大學龔啟聖和馬馳騁兩位學者於二〇一四年發表了一篇論文[90]，他們從《清實錄》等歷史檔案中整理出山東一百零七個縣在一六四四至一九一〇年的農民暴動次數，分析發現：在清朝期間，山東南部多個縣的農民暴動最頻繁、次數最多，其次是東北角、煙臺周邊的一些縣，而山東中部的縣域農民暴動卻不多。同在山東境內，但縣際暴動頻率差別很大。

為了研究禮制是否對百姓生活以及社會秩序有顯著影響，龔啟聖和馬馳騁用每個縣的孔廟數、節烈婦女數來度量儒家文化在當地的影響程度：儒家影響力愈強的地方，愈重視修孔廟、獲得節烈旌表，那裡的孔廟、烈女就愈多。或者，反過來看，即使一個地方本來孔廟不多，但久而久之建多了，儒家文化的影響也會增強。從風險邏輯看，儒家影響深的地方，不僅子女遵守「孝道」的傾向性強，宗族也會愈興盛，族人間風險互助程度就愈高，尤其在災荒時期，透過暴力求生存的必要性就愈低，農民暴動的頻率也應該愈低。[91]當然，正如孔子的論述一樣，這只是邏輯推理，還需要實證資料驗證。

我們可以先對比兩個縣：濟南府章丘縣和曹州府鉅野縣。章丘縣地處魯西平原，位於黃河水患和旱災頻仍之地，清代遭受災荒共計一百零七次，遠高於全省各縣平均數七十三次。然而，章丘緊鄰全省政治與文化中心濟南，是儒家士紳與文人薈萃之地，不僅是宋代詞人李清照的故鄉，在清代更是儒家文化興盛，出了兩百零七名舉人，修建孔廟十八座。相臨的章丘在整個清代只發生過三起農民叛亂。對較之下，鉅野縣雖然同處黃河水患之地，但災荒頻率更低，在清代共發生了八十七次災荒。但在過去，不少士紳文人逃離此地，文風不興，清代期間出七十八名舉人，修孔廟十座——鉅野在清代有過三十次叛亂！尤其是，鉅野也是義和團的前身大刀會的發源地，在清末水旱災害頻發之際，一八九七年發生了震驚中外的「曹州教案」，其間大刀會圍攻教堂，殺害德國傳教士能方濟（Franz Xaver Nies）和韓理加略（Richard Henle），導致後來德國占領膠州灣，鉅野甚至被十九世紀末住在山東的西方傳教士稱為「盜匪之鄉」。相較之下，章丘的孔廟數量遠多於鉅野，受禮制文化影響更深，在清代期間只有三次叛亂，但鉅野卻多達三十次叛亂！[92]

我們也可以從一次具體災荒中觀察各縣的不同反應。一八五五至一八六七年，黃河改道引發持續水災。從前，黃河流經山東曹州府，南行至江蘇濱海入黃海，後來改為北行，流經山東西北平原，奪東營入海，也就是今天的黃河入海口。改道過程並非一次成形，而是反覆呈「扇形」掃蕩山東魯西平原。那段時間，黃河水患波及全省七十一個縣，加上同期旱災和蟲災等引發的饑荒，是整個清代山東暴發饑荒次數最多的時期，平均每年七十八次饑荒，遠多於整個清代年均三十次的頻率。根據山東巡撫對一八五五年水災的統計，災情達十分（即顆粒無收）的村莊有一千八百二十一個，災情九分的村莊有一千三百八十八個，災情八分的村莊有兩千一百七十七個，災情七分的村莊有一千零一個，災情六分的村莊有七百七十四個。加在一起，災情在六分及以上的村莊就有七千一百六十一個。[93]不奇怪的是，那段時期，水患使山東民變達到入清以來的最高峰，平均每年二十次，是正常年分叛亂頻率的七倍。從地理範圍看，在水患波及的七十一個縣中，有六十三個縣發生暴亂，平均每個縣四．二起，其中大多位於黃河沿岸的東昌府、曹州府和兗州府。然而，即便面對如此嚴重的災荒期，儒家禮制依然發揮了緩解動亂的作用。其間，儒家影響深厚的地區（也就是孔廟數量高於平均數的縣）平均每個縣爆發叛亂二．九次，而儒家影響薄弱地區則每個縣暴亂四．八次。[94] 正如孔子所言，儒家禮制的確使社會更加穩定，民風順正！

實際上，龔啟聖和馬馳騁的研究發現：農民暴動次數與孔廟數量呈現顯著的負相關，二人基於山東資料所做的系統量化分析顯示：在清代，遭到農產歉收等災害衝擊時，即使去掉各縣的其他影響因素（包括收入水準、起初發展程度、教育水準、社會流動性等），儒家影響深厚的縣遭遇叛亂的機率遠低於儒家文化影響薄弱的縣，平均低五分之二。[95] 因此，正如顧炎武所言，完備的宗族結構使族內「雪中送炭」更加頻繁可靠。雖然儒家禮教並未提升生產力，但所建立的名分等級秩序提升了風險應對力，使社會更加文明。

當然，另一種解釋是，孔廟、節烈婦女數量多的地方會更重視灌輸儒家經典，強化宣揚順從的觀念，這也會在一定程度上抑制平民的暴力傾向，減少衝突。可是，龔啟聖等人的研究指出，儒家秩序（尤其在災荒發生時）對暴動的抑制作用更加突出，說明災害發生時宗族發揮了避險作用，這是儒家帶來社會穩定的主要通道，「填飽肚子活下去」最為重要，而「順從」教化對暴動的抑制作用應該是次要的。

第一章介紹了我與林展、張曉鳴對明清食人歷史的研究[96]，發現的一般規律是：一三六八至一九一一年，食人事件主要發生在災害時期，尤其是十六至十七世紀的「小冰河期」。我們進一步的分析表明，實際上，即使在災害時期，全中國各地區的食人頻率差別也很大。根據本章的論述，按理說，宗族興盛地區的風險應對力會更高，抵禦災害衝擊的能力應該更強，所以災害發生時，這些地區的食人事件應該更少，至少比那些宗族不興盛的地區表現更好。為了驗證這個假說，我們以各府在明清新修的族譜數量來度量各地的宗族強度，邏輯與之前一樣：修譜愈多的地區，收族程度愈高，宗族凝聚力會愈強。我們研究各府在明清期間的食人事件次數以及新修族譜數量發現，兩者明顯呈負相關：宗族愈興盛的地區，經歷的食人事件就愈少。更嚴謹的量化檢驗證明，這兩者不僅相關，而是有顯著的因果關係：宗族興盛帶來更高的風險應對力，故就算災害發生，那些地區被迫食人的情況也更少出現。另一項研究表明[97]：清代所修族譜愈多、宗族愈興盛的地區，到了一九五九至一九六一年大饑荒時期人口死亡率就愈低，受饑荒衝擊餓肚子的人數增幅就愈低，說明歷史上宗族發達的地區至今仍然保留更強的風險互助能力。這些研究結果進一步證實儒家禮制對中國社會的貢獻。

在我與彭凱翔、朱禮軍對清代全國命案的研究中[98]，我們從清代命盜重案檔案中的黃冊統計和題本資料發現：從康熙到嘉慶末年，全國謀殺率（不包括戰爭死亡）一直呈上升趨勢，到一八二〇年後開始下降；可是，即使在普通謀殺率達到高峰的一八二〇年左右，平均十萬人中每年只有一．六個死於一般暴力，而西歐同時期，每年每十萬人有四個至八個死於一般暴力。也就是說，雖然歐洲自中世紀中期開始一般謀殺率一直在下降、文明化進程在前行，但是到十七至十九世紀，歐洲的暴力死亡率還是遠高於同期的中國，到十九世紀末才接近。這項研究說明，相對於西歐，基於儒家禮制的中國底層社會更加井然有序、溫情平和，儒家對民間社會的秩序建設功不可沒，也印證了前引孔子所言：如果人人對父母盡孝，敬重兄長，那麼百姓就不太會製造動亂，社會中的暴力會降低（只是在儒家秩序帶來暴力下降的機制上並不如孔子所說，而是透過強化族人互助網絡、提升成員的風險應對力所致）。可是，由於儒家士大夫過度聚焦發展家秩序，忽視國家權力的體制建設，以致於明清時期中國君主死於非命的機率還是高於同期歐洲。[99]這說明儒家文明雖然較早解決了底層社會的秩序問題，但沒有妥善解決國家治理、君主權力制衡與交接問題。這也算是軸心時代中西方針對人際合作的不同模式選擇所帶來的長期後果，那次選擇決定了儒家文明與西方文明的不同側重，由此形成不同的發展路徑。

儒家禮制的歷史貢獻也表現在人口成長上。在北宋儒家將創新聚焦於宗族建設之前，中國人口大約為三千四百萬（西元一〇〇〇年左右），到了工業革命進入中國之前的一八五〇年，中國人口升至四億兩千七百，成長十一倍。[100]這個歷史事實一直困惑學界，因為根據馬爾薩斯理論，除非發生類似工業革命這樣的變遷使生產力飛躍，否則社會難以支持這麼長久的大幅人口成長，因為其間新增的大量人口必然會帶來「搶食」暴力和戰爭，進而導致人口重回以前的低水準；儘管在那八個多世紀裡，農業畝產量和新開墾土地都有所增加[101]、技術也有所進步[102]（包括十六世紀開始引進新世界的玉米、甘薯和馬鈴薯，顯著改善了糧食供應[103]），但這些還不能完全解釋其間人口成長十一倍，且大幅成長並沒有伴隨比十一世紀之前更多的社會動亂和戰爭，這與馬爾薩斯陷阱理論的預測相悖。在我與馬馳騁尚未發表的研究中，我們基於宗族的互助避險價值對此做了解釋，背後的邏輯在於：由於發達的宗族提升了個體和家庭應對風險的能力，減少災害帶來的死亡率，使社會的總體死亡率下降、平均壽命上升；同時，因為新提升的避險能力使處於生育期的壯年夫妻更能懷孕生子，促進生育率的上升。基於西元九七六年至一八五一年間不同時段各府的族譜和人口資料做分析，我們發現：在北宋初期，地區間的宗族興盛度差距還不是很大（參見前文）；但是到明代中期以及清代，地區間的宗族興盛度差距明顯（以基於人口的族譜密度度量），而且宗族勢力強的府，人口密度顯著更高；此外，宗族強度對各府人口密度的影響遠超玉米、甘薯的影響。這些量化歷史研究進一步加深了我們對儒家歷史貢獻的認知。

「養兒防老」的實證績效

在實踐中，「養兒防老」等家內、族內的跨期交換是否真的有效？儒家禮制對這方面的改進有多大的貢獻？針對這個問題，前文已提出了間接回答，即看宗族興盛的地方是否有更強的風險應對力、暴力是否下降，也可以直接回答，比如可以藉由現代資料研究，儘管以現代資料為基礎，我們看不到「養兒防老」績效的歷史變遷以及這種變遷跟禮制發展的關係。

那麼，父母對子女提供的幫助、子女對父母的回報究竟有多大？這不容易估計，但學者們還是想過各種辦法。比如，中國計劃生育時期的「雙胞胎」構成了一個理想的研究場景。由於中國政府嚴格控制生育，一個家庭最後生育小孩很大程度上取決於自身無法掌控的「偶然」——第一胎生育是否懷上雙胞胎[104]，因此對比雙胞胎和單胞胎家庭之間父母之後得到子女回報的金額差，就可以知曉多養一個孩子對父母之後養老、「撫平」收入風險的效果。賈桂琳．奧利維拉（Jaqueline Oliveira）的估計顯示：每多一個子女[105]，父母年老後每年從子女得到的回報會相應多一千三百元，增加的幅度大概是七二％[106]；儘管雙胞胎增加需要撫養的子女，父母晚年的儲蓄額卻沒有因此明顯減少；此外，父母在退休年齡後繼續工作的機率也會因子女數的增加而下降。[107]因此，這些證據表明，子女的確幫父母養老以及規避其他生活風險。[108]

就驗證父母與子女間的跨期交換關係，也有學者換個角度做研究[109]，他們在中國各地做問卷調查，問父母兩個問題：第一，有沒有為孩子購置房產，如果有，是給哪個孩子；第二，有沒有提供孩子大額現金資助，如果有，是給哪個孩子。如果父母與子女之間確實存在相互保險關係，那麼退休之後，無收入的父母應該更傾向於讓之前給予更多幫助的子女回報、照顧自己。他們的資料表明，事實的確如此：接受過房產或大額資助的子女中，大約五〇％承擔起扶養退休父母的主要責任；而沒有接受過此類幫助的子女中，這個比例只有二〇％多。即使剔除性別、教育、年齡等重要因素後，是否贍養父母最主要的決定因素仍然是「之前是否接受過父母的特別資助」。[110]

在我與陳劼、何石軍的合作研究中[111]，我們分析二〇一三年西南財大《中國家庭金融調查》中的資料發現，即使到今天，子女回報父母是普遍的現象，但地區差別尤其城鄉差異很大。為了進一步理解這些差別背後的驅動力，我們為中國各縣建立了兩個不同的「儒家影響力指數」：一個指數是二〇一〇年全國人口普查中每個縣「四代同堂」家庭的百分比，四代同堂家族占比愈高，說明儒家家秩序觀念的影響愈深；另一個指數是基於二〇一三年《中國家庭金融調查》，每個被訪者在回答「為何生小孩？」問題時，在「傳宗接代」、「喜歡小孩」、「養兒防老」、「從眾跟風」與「其他原因」這五個選項中，以選擇「養兒防老」這一項的受訪者比例度量當地人的儒家影響程度。基於統計分析，我們得到兩個主要結論。第一，從大城市到中等城市、小城市、農村，愈往下走，受儒家禮制的影響愈強。從具體表現看，成年女子中，六％的城市女性讓父母一起住，五．一％的農村女子這樣做，而在成年男子中，一四．九％的城市男子讓父母跟自己住，二四．四％的農村男子這樣做；在給父母養老支援方面，子女都會回報父母，但在農村，兒子給父母的回報金額比女兒高四六．七％，而在城裡，兒子只比女兒多給退休父母支持二六．四％。[112]這些結果表明，在儒家影響仍然很強的農村和小城鎮，子女尤其兒子的確為父母養老貢獻多，「子女靠得住」：小城鎮和農村的文化比城市更傳統，兒子給父母的回報更多。當然，其中一個原因是：愈是小城鎮和農村，當地的金融發展程度和金融可得性愈低，父母只好「重男輕女」，退休了就愈得靠兒子。因果關係也有可能反過來：因為這些地方「重男輕女」，所以給兒子投入多，今後就必須更靠兒子。文化和需要就是如此交互作用。

不過，我們的第二個研究結果是基於跨城鎮的比較（不包括農村），而不是跨城鄉比較，因為即使是兩個城市，存留的儒家禮制影響程度也未必一樣。我們的回歸分析表明，比較不同城市，在儒家觀念較強的地方（不管是基於哪個儒家影響力指數），有兒子家庭的平均儲蓄率更低。[113] 也就是說，如果是一個禮制影響還很強的城市，父母會對兒子的未來孝敬回報更放心，自己儲蓄存錢的必要性就少，因此會選擇少存錢。陳劼、陳志武與何石軍基於跨地區的儒家影響差異得到的這些結論，讓我們大致看到，從周代開始系統建立禮制，到漢、唐、宋、明、清，一代接一代不斷鞏固、擴大家秩序的廣度與深度，實際的結果應該是讓中國人對未來更安心，提升了跨代保險安排的可靠度。

既然「養兒防老」體系在相應文化的支持下有這麼好的效果，在缺乏金融市場和政府保障的傳統社會，必然會衍生出「多子多福」的哲學。每多生一子，老了退休時每年可多增七二％的回饋（相對於一個子女而言）！尤其在抗生素問世之前，嬰兒死亡率高，多子就是分散風險，多生才能有「福」，其他傳統社會也和中國一樣，追求子孫滿堂「四代同堂」、「五代同堂」的大家庭：子孫愈眾，作為「內部金融市場」的宗族就愈寬、愈廣，內部分攤風險的效果就愈好，宗族壯大下去的機率愈高。這種偏好在過去「一妻多妾」或「一夫多妻」的體制下更得到體現。薛華（Carol H. Shiue）教授蒐集了一三〇〇至一八五〇年安徽安慶府七大宗族的族譜，其中最長的宗譜包括二十代族人資訊（涵蓋時段五百七十一年）、最短的族譜也涵蓋十四代（兩百八十六年）。透過研究各宗各成員的資訊，薛華發現：一三〇〇至一六五〇年，士紳富貴家庭平均有二・六二到二・七六個兒子，而普通家庭平均有二・三四個兒子，[114] 原因在於富貴家庭有多妻多妾，同時飲食與醫療條件好，故生育多，能實現「多子夢」，而普通家庭只有一妻，甚至連一妻都娶不起。到今日的世界，市場愈發達、收入愈高的社會，生育率愈低，對大家族的興趣愈淡，人口成長緩慢甚至下降；反之，市場愈不活絡、金融不完備的落後社會，生育率高，人口成長奇快。[115]在一國之內，則是愈富有的家庭，小孩數量愈少，因為財富加上可使用的金融避險工具幫他們對沖了未來風險，不需要靠子女避險；而貧困家庭就只能靠傳統的辦法——多生子女，「養兒防老」——應對未來的不測風雲，於是愈窮生愈多。根據克拉克教授的研究，英國只允許一夫一妻，從十三世紀末到十九世紀上半期，富有的家庭平均子女數更多（比如十六世紀上半葉，比起最窮的十分之一家庭，最富家庭平均多〇．六五六五個子女，到工業革命前夜的十八世紀五〇年代，最富家庭還比最窮家庭多〇．三四個子女），顯然有「多子多福」的偏好。但在工業革命使收入提升、金融興盛後，這個現象在十九世紀後期開始換位：富家從追求子女數量改為追求子女品質，子女數量愈來愈少，而貧困家庭繼續追求數量，顧不上品質，他們的子女數量開始超過富人。[116]這個生育率的「貧富差距」現象到二十世紀，特別是二戰以後，從已開發的西方國家擴散到亞洲、拉丁美洲，甚至一些非洲和中東國家也如此。[117]

當然，子女孝敬父母的方式不僅限於物質層面。除了物質回報，父母期待子女在其他方面的關心，包括時常溝通、陪伴，以緩解孤獨與焦慮，在行動不便時給予照料，生病時協助求醫等等。這也是為什麼《三字經》要求「父母在，不遠遊」等儒家教化，提供更完善的精神和護理保險。針對此點也有不少實證研究。比如，子女選擇居住地時，父母居住地是重要的考慮因素：不遠遊。北京大學田萌的研究表明：父母居住地會大大影響子女的就業和居住地選擇，「不遠遊」的約束力顯著；但是，如果有其他兄弟姐妹和父母同住，那麼自己移居遠方的機率會大大上升。[118]二〇〇五年，我做了一份跨城市的問卷調查，結果顯示，自己工作生活的地方離父母愈遠，平均的工薪收入愈高——這也反映了「不遠遊」的溢價：由於每個人都面臨「不遠遊」的約束，只有在收入水準高到足以補償的情況下，才願意放棄離父母近的選擇，去更遠的地方。此外，子女會根據父母的情感需要而調整與父母的聯繫方式和聯繫頻率[119]：子女居住地如果離父母近，就傾向於與父母頻繁見面；而如果居住地較遠，子女打電話或寫信給父母的頻率就會更多。再者，兄弟姐妹愈多，單個子女與父母聯繫的次數就會愈少，這也符合前文所述：子女多的情況下，父母對每位子女的平均投入會較低，子女長大後給予的孝敬回報也會較少，跨期交換基本對等；在心理層面，子女給年長父母的幫助愈多，對緩解父母焦慮症狀的效果會顯著更好。[120]

總而言之，只要儒家禮制或其他保障子女不違約的文化體系夠完備，那麼子女長大後，父母可以從多方面享受到「反哺」。一方面，在收入下降、陷入焦慮或發生其他負面衝擊時，子女會給父母物質支持和情感撫慰；另一方面，在家庭內部分配養老責任時，先前父母是如何在子女間分配資源和注意力的，也會起關鍵作用，也就是說，在父母與子女的跨期交換安排中，雙方都有隱形的「記帳」，使父母的未來回報跟前期投入、子女的未來付出跟前期所得的關係保持相配。[121]

雖然周初開始的禮制建設並非基於現代經濟理論，當時的人也不知道跨期價值交換這樣的術語，但儒家禮制的功效還是得到了實證支持。當然，這些績效的代價也不低，除了以犧牲個人自由和個人權利為前提，還包括讓中國錯失發展超越血緣的跨期合作體系，畢竟當家庭、宗族是每個人幾乎唯一能依賴的經濟合作、感情交融場所時，會讓人相信只有血緣關係才可靠，只願與血親做跨期交換，就算是創業也只在族內集資（第十章我們會再回到此話題）。

儒家文化長期主導中國社會，至少帶來兩種後果。第一，外部市場難有發展的機會。市場的特點之一是交易的非人格化，與陌生人交易，只講價格高低、品質好壞，不必認親情。但儒家只認血親，不信任無血緣關係的外部「商人」，認為他們別有用心、不可交換，這就表現為棄商、抑商。於是，家秩序內的經濟交換功能太強之後，外部市場就失去機會，此消彼長。以我二〇〇五年做的問卷調查為例，當時我們針對北京（大都市）、成都（大城市）、丹東（中等城市）、縣城（小城市）和鄉村，共一千零六十三戶主人做了問卷調查，問及他們的經濟關係與禮尚往來。其中，從圖五・二可見，過去兩年每年送禮給親戚的金額占收入之比在大都市平均為九・二％，大城市為一二・七％，小城市為一四・六％，農村為一五・八％（最高），也就是說，雖然從大都市到大城市、小城市、農村，人均收入逐步下降，但是送禮給親戚的占比卻逐步上升，顯然與預期相反（愈窮的人應該愈沒法送太多禮）。為什麼這樣呢？原因在於，從大都市到大城市，再到中等城市等等，從親戚處借錢的人數占比愈來愈高：大都市只有一七・八％的人會跟親戚借錢，中等城市有二八％的人會跟親戚借錢，而農村有四二・八％的人會跟親戚借錢。在收入低的小城鎮和農村，之所以親戚間送禮占比最高，是因為他們最依賴親戚間的借貸和跨期互助，「禮尚往來」原來有具體目的；一旦像城市一樣收入高了、金融更完備了，「禮尚往來」文化在農村和小城鎮也會退出舞臺、成為歷史。[122] 相較之下，無論是大都市、小城市還是農村，送禮給親戚以外的人基本上一致：都送禮少。之所以疏於送禮給非親戚，就如圖五・二所示，是因為城裡和鄉下都只有一〇％左右的人能從非親戚那裡借到錢，這進一步證明「禮尚往來」與跨期交易需要連在一起：一旦兩個群體間的跨期交易少了，禮尚往來也不會多。尤其在農村，血緣網絡之內的借貸關係遠遠多於血緣之外的借貸關係，說明近三千年的禮制建設的確使宗族內的合作關係更牢靠，但血緣網絡外的互助信任就顯得薄弱。

約翰尼斯・布格勒（Johannes Buggle）和魯本・杜蘭特（Ruben Durante）基於歐洲二十五個國家兩百三十九個地區的資料也證實了這一點。[124] 為此，他們估算了每個歐洲地區的

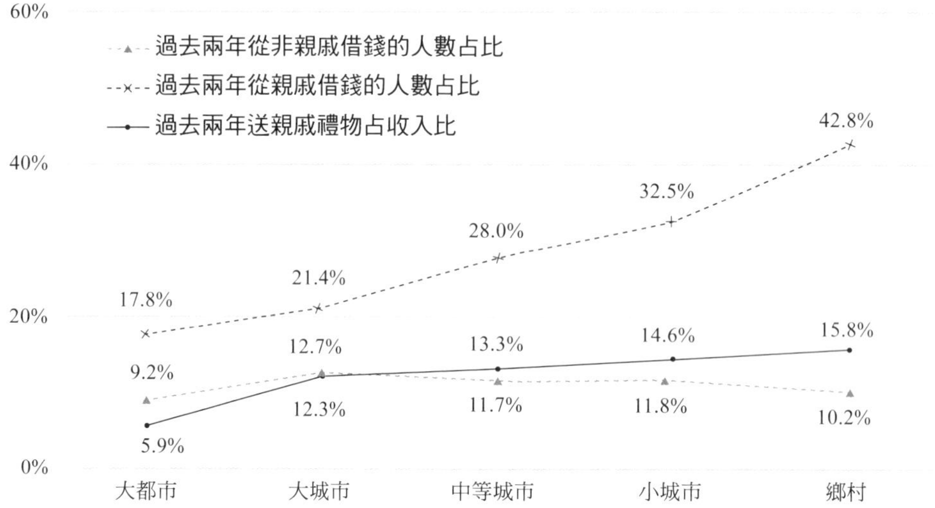

圖五・二　親戚間送禮與親戚間借錢的關係[123]

家庭鏈結強度與社會一般人之間的信任度（普遍信任度，generalized trust），圖五・三顯示這些歐洲地區的情況。其中，家庭鏈結愈強的地區，社會普遍信任度就愈低。此外，恩克基於全球一千三百一十一個民族（包括非洲、亞洲、歐洲和美洲）做了類似的研究[125]，也發現：血緣網絡鏈結愈強的民族，對外部人的依賴和信任都更低。基於一五〇〇至二〇〇〇年歷史資料的量化分析表明，之所以如此，是因為家庭鏈結強的地區，百姓更傾向在家族內部互通有無、跨期合作，所以平時會注重耕耘血緣關係，淡化或忽視與他人的交易合作，使血親外的信任難有機會培育。或者說，因為與非親戚難有利益關係，得不到他們的幫助，所以懶得花時間、精力培養信任。沒有對陌生人信任網絡的耕耘，自然不會有收穫，外部信任體系就不會有進展。

第二，既然陌生人間的市場交易難以騰飛，這樣的社會就沒有機會摸索發展出一套解決商業糾紛、保護契約權益的外部制度架構，

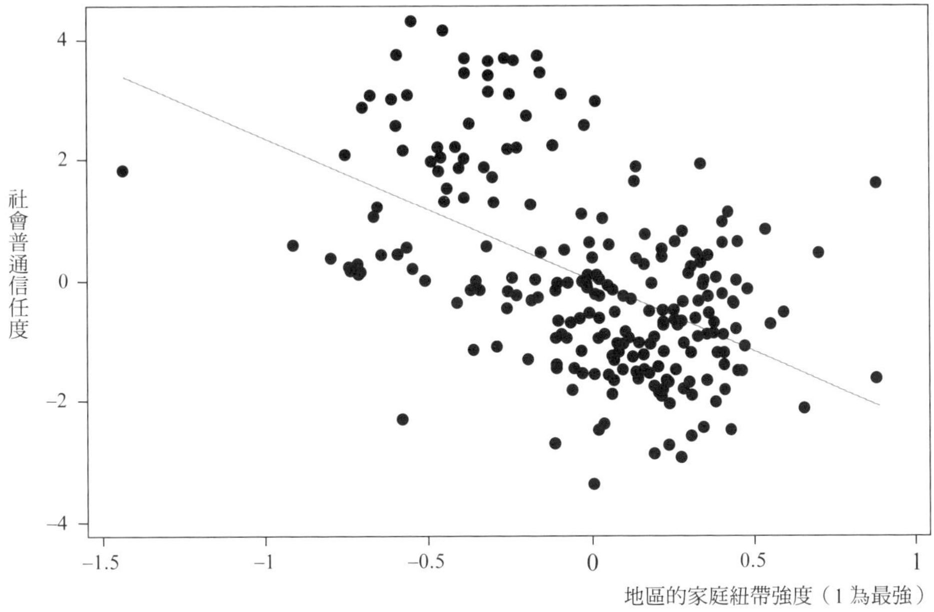

圖五・三 家庭鏈結愈強，社會普遍信任度愈低[126]

注：資料基於歐洲二十五個國家兩百三十九個地區。

合約法、商法以及相關司法架構就難有生長土壤，血緣網絡外做交易的成本就無法降低。這也說明為什麼中國歷代法典側重刑法和行政，輕商法和民法，把商事、民事留給民間，特別是宗族去處理。當利益交換和民事範圍主要以宗族為界限時，生計和其他民事與其說是社會問題，還不如說是宗族內的問題。因此儒家禮制衍生的結果在於，中國有詳細的家法族規，但缺少國家層面的民法、商法（第十章我們會再回到此話題）。可是，非人格化的法律體系偏偏又是現代公司與金融制度所需，所以過分依賴家秩序實現跨期交換的後果，就是市場和金融都沒機會發展[127]，人際分攤風險和共用資源的範圍無法走出血緣網絡，避險與融資的效果受限。

於是，在過去兩千多年裡，中國人主要依賴家秩序實現跨期合作。

印度種姓制度

到目前為止，本章主要以中國禮制及禮制所支撐的家秩序演變，系統講解文化創新和血緣組織最終使網絡內的跨期合作變得可靠，帶給社會更多規則與秩序。中國之外，很多傳統社會也高度依賴家庭和宗族，而有些社會則否。雖然其他傳統社會的具體文化與血親網絡制度的細節不同，但功能效果並無兩樣。那麼，是什麼因素決定一個社會選擇血緣網絡（即核心家庭和宗族）作為人際合作主體呢？

恩克從各社會歷史上對農耕的依賴度和病原體壓力兩個角度[128]，提出一個答案，上一章我們談到病原體壓力對婚姻形式的影響，恩克則進一步研究病毒風險對家族模式是否有決定性作用。首先，他將來自五大洲的一千三百一十一個民族根據語言相近程度分成二十組，然後計算每組社會對狩獵採集原始謀生方式的依賴度（一為一〇〇%靠原始生活方式，零為靠農業和畜牧業），以及每組社會血緣家族鏈結的緊密度，並把結果呈現於圖五．四。很顯然，愈是靠狩獵採集原始方式謀生的社會，家庭鏈結就愈弱；反之，愈是靠定居農業謀生的社會，就愈重視血緣家庭鏈結，宗族網絡愈緊。原因在於，就如第二章所述，定居農耕和畜牧業需要更多的人際合作，收割時節、水利灌溉、保護私有財產、防禦外敵等都需要眾人合作；相形之下，狩獵採集原始人之間的合作規模就小得多，所以不需要少則幾百、多則數千人的宗族為支持背景。人類學的田野調查表明[129]，原始社會人更多以小聚落的方式生活，而且是與無血緣關係的人靈活組合，形成小共同體，對血緣的依賴度低。也就是說，定居農耕社會普遍重視組建凝聚力強、規模大的家族網絡，不只是為了熱鬧，而是為了讓跨期合作更加牢靠、共同對付風險。

此外，恩克還發現[130]，病原體風險高的社會也注重發展大家族，疾病頻發的社會裡，個體

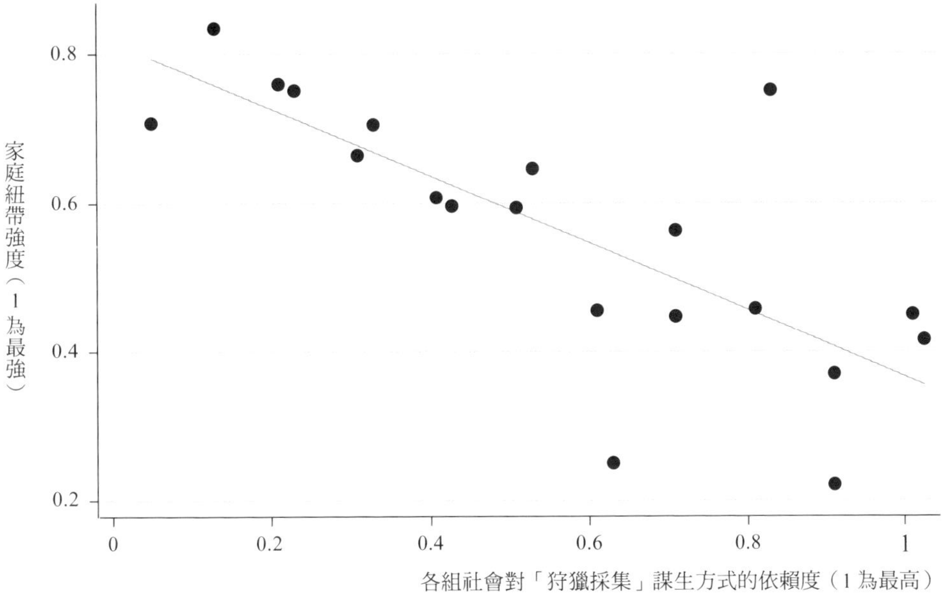

圖五・四 家庭鏈結愈強，社會普遍信任度愈低[131]

注：資料基於全球一千三百一十一個民族組成的二十個分組，然後計算每組的均值。

對「抱團取暖」的需求高。這些研究結果進一步表明，家庭文化和宗族結構是否得到重視和發展，不是出於審美欣賞，而是由於強化秩序、減少跨期承諾不確定性、降低交易成本的需要，儘管這些宗族制度很多以犧牲個體的自由權利為前提。

考慮到篇幅，在本章結束之前，我們來看看另外一個傳統社會的案例：印度的種姓制度。它雖然與中國的禮制不同，但功能上有許多共同點。印度種姓制度源於古印度吠陀時代（西元前十六世紀至前七世紀，相當於中國的商周時期），是一種將個體進行等級劃分、並跨代嚴守的層級制度。具體而言，種姓制度先按四種社會角色對人口進行分類，並配以相應的社會等級地位，確定誰服從於誰的從屬關係，然後透過宗教意識形態、行為規範與特定儀式，將這種階序秩序加以維繫。

一般認為，印度人的祖先雅利安人來自中亞裡海地區的阿姆河流域，先以遊牧為生，於西元前二〇〇〇年至前一五〇〇年跨過興都庫什山脈，進入印度河流域與旁遮普，之後又慢慢向東遷入恆河流域。在此過程中，白種的雅利安人征服了當地膚色黝黑的原住民達羅毗荼人，逐漸在南亞次大陸建立起吠陀文明[132]，推行瓦爾納（梵文「वर्ण」，英譯 Varna）體系。「瓦爾納」原義是顏色，尤其指膚色[133]，但後來在婆羅門教經典文本中特指社會分層體系。婆羅門教是現在印度教的早期版本。

瓦爾納的分層概念最早出現在婆羅門教的典籍《梨俱吠陀》（*Rigveda*）中（西元前十五至前十一世紀），起初只是把社會人口分為雅利安瓦爾納和達薩瓦爾納，分別指白膚色的雅利安人與深棕色的達羅毗荼人[134]，這種基於「潔淨與不潔」劃分階層的觀念實際上也在區分征服者與被征服者。信奉婆羅門教的雅利安人被認為是潔淨的，在宗教意義上是「再生人」；屬於其他信仰的被征服者被視為不潔的，是「宗教不救之人」，因此只能被強制從事「汙穢不潔」的職業。[135]當然，早期的瓦爾納分層是以種族差異出發，然後基於「潔淨與不潔」的宗教觀點作為進一步分層依據而成。

西元前十至前七世紀，《原人歌》（*Purusha Sukta*）被附加在《梨俱吠陀》裡，首次明確提出了四瓦爾納的分層概念：眾神犧牲了原人普魯沙，並將原人分解之後，萬物出現，世界誕生了；原人的嘴成為婆羅門（Brahmin），雙臂成為剎帝利（Kshatriyas），雙腿成為吠舍（Vaishyas），腳成為首陀羅（Shudras）。也就是說，按社會地位，由此產生的所有人被分成四個等級：婆羅門的階層地位最高貴，剎帝利次之，吠舍第三，首陀羅人最低賤。再後來，《摩奴法典》（*Manusmriti*）等法經把四瓦爾納與社會職業分工明確對應起來，並將「潔淨與不潔」

的觀念融入職業差別。[136] 每個瓦爾納的行為規範在歷史發展中逐漸確定了下來，不遵守者將被逐出自己的瓦爾納，成為「賤民」（Dalit）[137]，可說是社會地位最賤的第五層級。四瓦爾納不僅在社會分工、社會地位上有著先祖的優劣差別，而且這樣的階序是與生俱來、代代世襲的。

《摩奴法典》說，偉大光輝的創世主為了保護整個世界，給由口、臂、腿和腳出生的不同階層派定了各自的職業：他把教授吠陀、學習吠陀、祭祀、替他人祭祀、布施和接受布施的工作分派給婆羅門，把保護眾生、布施、學習吠陀和不執著於欲境分派給剎帝利，把畜牧、布施、祭祀、學習吠陀、經商、放債和務農業務分派給吠舍，至於首陀羅，創世主只分派了一種業務：心甘情願侍候上述三種姓。

概括起來，就是：婆羅門壟斷教育文化，教授、解釋婆羅門教經典，主持宗教祭祀活動，接受布施；剎帝利原先是武士，掌握軍隊，後來也包括世俗權力的掌控者；吠舍主要經營農業、畜牧業、手工業與商業，需要向婆羅門與剎帝利繳納重稅；首陀羅不能進行任何宗教活動，必須完全服從上層種姓，為其他三種姓服務，從事被視作低賤、不潔的職業。[138]

瓦爾納種姓體系的階序主要是依據「潔淨與不潔」的宗教觀念搭建而成。婆羅門教認為沾染「不潔」會導致社會地位下降。「不潔」大體上有兩類：一是諸如排泄物、精液、經血等源自身體的汙穢，二是家庭成員的出生、死亡。這些「不潔」均是暫時性的，可以透過特定的方法淨化，比如用水沖洗（恆河水的淨化力極強）、用牛身上的五個部位淨化以及觸碰金屬、讓自己手指出血等等。在雅利安人鞏固統治的過程中，「潔淨與不潔」的觀念有了進一步的發展，上升到以職業為基礎、針對賤民的永久性「不潔」概念。首先，「賤民」或者「不可接觸者」一詞，與上述其他「不潔」並列出現在《摩奴法典》、《本生》（*Jātaka Tales*）等宗教經典中。其次，所有處理暫時性「不潔」的工作都被視為「不潔」，比如收殮、理容、火葬死者、為嬰兒剪斷臍帶、從路上移走死亡動物、清潔廁所等等。此外，由於牛在婆羅門教中被視為聖物，信教的婆羅門不能宰殺，但婆羅門需要牛來淨化「不潔」，故宰殺牛、製造牛革也被視為「不潔」。最後，一些與婆羅門生活方式相悖的習慣也被視作某種「不潔」。婆羅門大多食素，故食肉也被視為「不潔」。[139]

根據對「不潔」的這些界定，「潔淨與不潔」是婆羅門利用神的迷信力量劃分社會等級的工具。這些當然都是虛構故事，但讓婆羅門把對自身地位不利的都解釋為「不潔」；在界定永久性「不潔」的過程中，賤民身分就被區分出來，並被安排永遠做「不潔」的事情。在以出身來劃分身分地位這個方面，種姓制度的邏輯和儒家對「君子」與「小人」、名分等級秩序的界定何其相似，以種姓身分的確定性應對外部世界的不確定性。

「潔淨與不潔」的觀念對不同種姓的階層有各種約束，對賤民的行為規範最為嚴苛。例如，不准與高種姓者居於同一村，不准從公共水井中取水，不准進婆羅門教廟宇，不准進公立學校，不准使用公路，不准參加高種姓參與的集會，不准直視高種姓人的眼睛。以此類推，不同種姓之間不允許共餐，因為婆羅門教認為進食時，人最容易被「不潔」汙染，高種姓者甚至不可以在進餐時看見「不潔」。[140] 一些地方規定：賤民行走在路上時，必須敲打特定的器具，以提醒附近的高種姓人。[141]

為了防止「不潔」跨種姓汙染，種姓制度要求同族內婚。如果違犯規定，就會被驅逐出瓦爾納，成為賤民。比如，首陀羅男子與婆羅門女子所生之子被稱為旃陀羅（Kandala），與剎帝利女子所生之子為沙特（Kshattri），與吠舍女子所生之子為阿約加瓦（Ayogava），淪為賤民。[142] 可是，低種姓女子可以嫁入高種姓男子的家中，而低種姓男子不能娶高種姓女子。[143]

種姓間在擁有財產的權利上也有所不同：首陀羅沒有權利擁有私有財產。在借貸上，不同種姓的借貸方式與利息也各不相同。[144]

當然，以四個瓦爾納種姓劃分印度人口，這些社會單位太大、太抽象。在印度人的現實生活中，還有更細的社會單位存在：迦提（jāti）。在人口普查與田野調查中，迦提被普遍當作自己所屬的社群，而非瓦爾納。迦提可以理解為同一種姓下的細分，細分的界限是功能性的：可以基於內婚單位，基於同一主流職業，也可按共餐單位劃分；有些迦提是由一個職業團體世代延續而成，有些則是由部落逐漸轉變而成。這些劃分不是靜態不變的，可以依據功能、社會分工做調整。在歷史上封建王朝拓展疆域的過程中，有些擁有土地的迦提透過贈予婆羅門土地，獲得由婆羅門神化的較高社會等級，並與土地的保護者王權建立更加緊密的關係，以此穩固自己被提升的社會地位。這說明，除了宗教意識形態，也可以因為擁有土地或掌握某些高貴職業等經濟政治實力，而讓自己的迦提獲得更高的種姓身分。[145] 迦提是在種姓體制的基礎上對印度社會結構進一步的精細化分層，其效果是強化基於身分等級的分層秩序。[146]

那麼，為什麼古印度要推出如此限制個人權利、製造不平等的種姓制度呢？關鍵還是在於遠古時期，社會需要建立秩序，也就是文明。沒有秩序，人際跨期互助就缺乏執行基礎；而印度在那個時期的技術與制度條件下，就像商周時期的中國一樣，如果讓個人擁有自由權利，秩序就難以建立，或需要高昂的成本才能建立（猶如秦朝的鐵腕統治），人際合作的交易成本太高。相對而言，基於某種先天元素的等級秩序反倒能提升跨期合作的可靠性。

社會學的身分認同理論認為，一個社群中的個體往往會對該社群產生集體認同，也會產生一種歸屬感。[147] 中國禮制支援下的宗族就是很好的範例。社群凝聚力的大小，在很大程度上影響個體的社會資本與身分認知，進而影響個體的職業選擇和合作可靠度。[148] 因德維爾·辛格（Indervir Singh）對旁遮普地區兩個相似高種姓迦提的男性就業特徵進行了分析[149]，發現兩個群體的男性都傾向選擇自己迦提經營的傳統產業。原因包括兩個方面：一方面是群體內部能提供新加入本迦提行業的成員很多社會資本，像是經驗、人脈網等；另一方面，自己迦提的傳統行業與迦提個體的身分認同更加匹配，自小開始的教化讓他覺得，從事迦提的行業屬先天注定。此外，迦提相當於俱樂部，其凝聚力與成員的集體身分認同，使得加入這個行業後與迦提其他成員的契約變得可靠，也提升了產權安全度和合作緊密度。對集體的歸屬感，或說集體意識，影響著各成員在壓迫中爭取集體利益的動力，這是種姓制度、迦提體系的意義之一。

集體意識的強度在不同種姓之間差異顯著。三位學者對比了高、低種姓群體如何懲治傷害自己的種姓同胞以及違反種姓規章的個體[150]，蒐集、分析對犯規者的懲罰次數和懲罰頻率的資料後，他們發現，低種姓群體對違規者的懲罰次數顯著低於高種姓群體。他們進一步研究指出，此現象背後的原因在於：低種姓者的集體意識明顯低於高種姓者。由於低種姓者在意識形態上長期受到歧視，在日常生產與生活中亦不斷受到壓迫，低種姓的身分並不能為己帶來利益、榮譽、自豪，使他們無意組織集體活動或儀式，也很難讓成員產生為同種姓其他個體著想的集體意識。相形之下，愈是高種姓的群體，比如婆羅門人，優越的社會地位給他們充分的動機去保護自己所屬的集體，並透過儀式和活動強化種姓的身分認同，藉此最大化種姓內成員間的跨期合作、分攤風險的能力，並提升風險應對力。對高種姓者而言，天生的身分優越為他們帶來良性的迴圈。

這些實證研究證明了不自由、不平等的種姓制度能為印度社會帶來秩序和好處，尤其使人際合作更加穩定可靠，但這些好處在不同人之間的分布畸形，高種姓受益多，低種姓只有做出過度犧牲的機會，他們一出生就被剝奪基本權利，銬上不平等的枷鎖。既然如此，為什麼種姓制度能夠延續近三千年、直到今天呢？這種創新或說虛擬故事需要宗教維繫。

一方面，婆羅門教發展成印度教後，仍然強調並鞏固婆羅門的至高地位。就和儒家禮制中的祭祖一樣，在印度教中，獻祭是一項極為重要且神聖的儀式，也是強化身分認同、神化虛構故事的具體舉措。《梨俱吠陀》又稱獻祭為「業」，屬善行的一種，獻祭者需向神奉上祭品和禱詞，與神溝通，以期得到祈求的結果。獻祭可以積累，能促進亡靈進入閻摩居住的王國，最終達到亡靈不死的境界，也是人類自我解救的必經之途。因此，作為印度教的信徒，任何種姓之人如果想要使亡靈進入天界，就必須得依賴獨掌祭祀活動的婆羅門，對他們尊崇備至，賦予他們至高地位。後來的印度教經典《百道梵書》（*Shatapatha Brahmana*）對吠陀做了進一步注釋，獻祭儀式的程序更加繁細，並強調不僅僅是人，神也需要透過獻祭避免肉身部分毀壞。如此一來，主持獻祭的婆羅門便得到了比神明還神聖的宗教地位。[151] 此外，自我克制的苦行同樣被認為是善舉，宗教生活在印度教中具有追求真理的性質，而婆羅門正是以捨棄欲望、刻苦修行、掌握並傳授宗教知識的形象生存於世，其至高地位當然不容置疑。[152]

另一方面，印度教的業報、輪迴觀念賦予不平等的種姓制度合理性與正義性。《百道梵書》的附錄《大森林奧義書》（*Bṛhadāraṇyaka Upaniṣad*）如此闡釋業報輪迴：在森林中，信仰真理的人死後亡靈走神道，進入梵界，靈魂永生；獻祭、苦行的人死後，亡靈走祖道，重新成為人，行為可愛者為婆羅門、剎帝利或吠舍，行為卑汙者成為狗、豬、首陀羅。[153] 由此可見，一個人當下處於何種地位，完全取決於上世靈魂所積的「業」，是當世無法改變的，所以就算不滿、反抗也沒有意義。更何況，反抗會加重自己的惡業，死後更難得到解脫，故反抗反而對自己有害。業報輪迴觀進一步稱，全盤考慮前世、現世與來世，每個人都是公平的，如果在當世一人想要獲得高一級的種姓地位，那就是在企圖獲取額外的優勢，這對整個社會是不公平的，是亂序的行為。於是，不平等的種姓制度在業報輪迴觀下不僅有合理性，更有神聖性和正義性。[154] 挑戰種姓制度是犯上。印度教和種姓制度就這樣互為呼應、彼此支持，通過虛構的故事讓百姓安分、甘願分工合作，降低暴力，為社會帶來秩序。

結語

在這一章，我們剖析了人類抵禦風險的重要方式——家庭與宗族——的發展歷程及其背後的驅動邏輯，也看到雖然中國、印度及其他社會的具體構建方式各異，但相應的組織創新與倫理規則邏輯十分一致，就是透過犧牲個人自由權利、把個體固定在一個差序社會結構中來獲得秩序，進而降低跨期交換的不確定性、提高人際合作的可靠度。即使在原始社會時期，微觀和宏觀層面的風險對塑造當時家庭的組織模式也起了關鍵作用。從更微觀的角度來看，無論是夫妻之情，還是所謂「天經地義」的父母子女之情，其內容和韌性都取決於應對風險的目的；上升到宗族層面，則是透過禮制劃定宗族邊界、由儀式強化族內溝通和族員身分、以族規家法和集體懲罰規範族人行為等方式建立信任，系統解決人際跨期交換中的資訊不對稱、逆向選擇和搭便車問題，強化風險應對力。這些是家與宗族的功用所在，也是禮制所要解決的問題。

本章以傳統中國為主要案例，梳理了周朝開啟的禮制以及之後儒家文化的發展過程。「無規矩不成方圓」，而「方圓」的目的是解決人際交換的安全問題。「三綱五常」名分等級次序以輩分、年齡、親疏、性別對所有人做「所有權」的排序：父親對子女擁有「專有權」，既控制並分享他們的未來收入，又決定他們的職業、婚姻；兄對弟、夫對妻也有幾近絕對的所有權與控制權；諸如此類。無論是家族聚餐，還是見面問好，尊卑不等的個體之間都要遵循一套極其繁瑣的禮儀，反覆強化個人扮演的角色。而作為「一家之主」的長者，在整個家族中享有至高無上的權威。[155]在這個強而有力的禮制下，產權秩序和跨期風險分擔都能以低成本的方式執行。無論是夫妻之間分擔風險，還是父母子女間、兄弟間、族親間的跨期交換，身居尊位者對資源（包括對作為資產的卑微者）的配置權毫不含糊。所以，儒家禮制既是一套清晰的產權配置體系，又是一套不談價格的資源、收入和風險分配體系，這是以前儒家文化研究者所忽視的。在這個意義上，一九七八年以來中國的市場化改革，與其說是相對於二十世紀五〇年代以來行政計劃經濟體系的改革，不如說是相對於周朝以來靠禮制配置資源的體制改革。儒家禮制與倫理背後的經濟意圖十分明確：降低界定產權、分攤風險、執行契約的成本，增加跨期互助的可預期性，進而提升人民應對風險的能力。許多實證研究表明：在災荒時期，宗族強、儒家文化影響深的地區，人口死亡率、謀殺率、農民暴動頻率都更低，社會更和諧穩定；宗族強的地方，每個家庭的子女數量平均更高，明清時期的人口密度也高。從儒家禮制的立意在於社會和諧、生活安定（不在乎是否提升生產力）的角度看，實證結果支持周公和儒家的初衷：儘管儒家體系並沒有提升勞動生產力，但強化了中國人的風險應對力，使社會更加和諧。在工業革命到來之前，儒家經典和科舉體系的貢獻也在於此。因而，關於人文歷史、儒家經典的專業知識與人力資本並非像莫基爾所說的「無用」[156]，只是這些知識的價值不在於提升生產力，而在於幫助化解風險，增加個體生活安全、強化社會和諧，研習人文經典所獲得的風險調適性人力資本也有積極價值。

既然儒家宗族有如此優越的功能，為什麼宗族影響在近代「節節敗退」呢？究其成因，首先是土地的集體化與國有化。往昔，族田、義田、學田以及其他私有土地，是家長、族長掌控的核心資源，也是族人生計的重要基礎，因此僅這一項就足以凝聚族人於一體。土地改革使宗族失去主要的經濟基礎。

其次，市場的節節「進逼」也是重要原因。[157] 勞動力的自由流動使家人、族人分散於各地：距離長遠、生活相異，使得親戚間交往困難，相互了解減少，資訊不對稱的程度上升，導致宗族的存在虛化，削弱了族內的信任基礎。[158] 現在，就算某族人對同族另一成員失信，後者將相關資訊擴散到族內每一位成員，希望懲罰前者，但這種威懾已經遠遠沒有之前可怕，因為家族成員的生活與社交重心都相隔甚遠。在族內的資訊環境與威懾績效都發生變化之後，族人間的相互保險和彼此交易不再如以往可靠。

再者，外部金融市場的興起也是家庭、宗族勢力瓦解的「推手」：儘管家秩序可以比較方便解決資訊不對稱問題，但個體為此失去自由、喪失權利，承擔極高的非經濟代價[159]，況且族內規避風險的效率有限，比如，道德風險問題依舊嚴重。族內借貸通常是低息甚至無息，助長部分成員不負責任的行徑，將資金投入風險高而收益低的專案。可是，隨著外部借貸市場、投資市場、保險市場的發展，族外投資收益愈來愈高[160]，族人就會轉向外部投資管道——這也代表作為「內部金融市場」的宗族體系會逐漸瓦解。[161] 類似的問題亦存在於家族企業的經營當中，雇族人到家族企業未必優於雇外部員工。總之，無論是要素市場的鬆動，還是金融市場的繁榮，都會取代〈夫妻雙雙把家還〉中婚姻與家庭的「生產單位」和「風險互助」功能，從不同側面衝擊傳統的合作和避險體系——宗族，引發風險應對方式之間的替代。

市場（尤其是金融市場）的廣泛發展帶來家庭的轉型。一旦金融市場取代了家秩序的跨期交換功能，父母、子女、夫妻、親戚各關係中功利性的成分便會降低，情感的比重會因此上升（雖然對於有些人而言可能不是這樣）。在這個意義上，金融不僅解放婚姻，也把家庭和親戚網路從利益枷鎖中解放出來，讓人與人之間的關係更加純粹。一旦家庭關係、親族關係從利益交換中得到解放，原來為強化這些交換關係的安全度而推出的各種束縛個人自由的禮制也就成為多餘，人無須再馴順忍讓，不必從屬於名分等級秩序，社會結構變得扁平。一言以蔽之，金融解放個人（第十章會再回到這個話題）。

以人類學家馬林諾夫斯基為代表的功能主義文化理論認為，文化是「一個在滿足人的要求的過程中，為應付該環境中面臨的、具體特殊的課題，而把自己置於一個更好的位置上的工具性裝置」。[162] 菲利普・巴格比（Philip Bagby）將文化定義為：「除了在來源上明顯屬於遺傳的，某一社會成員的內在與外在的行為規則。」[163] 這裡所說的「內在規則」指的是思想與情感模式。克萊德・克羅孔（Clyde Kluckhohn）和威廉・凱利（William H. Kelly）對此觀點做了更詳盡的敘述：

> 所謂文化乃是在歷史裡為生活而創造出來的一切設計。在這一切設計中，有些是顯明的、有些是隱含的；有些是合理的，有些是反理性的，也有些是非理性的。這些設計任何時候都是人的行為之潛在的指導……文化體系雖可被認為是人類活動的產物，但也可被視為限制人類做一步活動的因素。[164]

很顯然，特定文化對人類思想、行為的規範性與約束性，正是不同的文化類型和模式得以承襲和發展的重要根源。我們在本章具體從人類如何應對風險、如何進行跨期合作的角度，解讀了中華文明與其他文明中最重要的內涵之一——家秩序——背後的變遷邏輯。在這個意義上，家文化也好，規範人的思想與行為的其他文化也好，都不會是無功能、無目的而生的；而一旦這些功能、目的由其他更好的方式得以解決，特定文化內容就變得多餘，必須有所改變。好的文化元素可以促進文明，不好的或者過時的文化則會使文明倒退。

禮制曾經是「五四」新文化運動的主要攻擊目標。陳獨秀指出，「孔教之精華曰禮教」，「三綱五常」是「孔教之根本教義」。[165] 當然，他也指出：

三綱之根本義，階級制度是也。所謂名教，所謂禮教，皆以擁護此別尊卑明貴賤制度者也……吾人果欲於政治上採用共和立憲制，復欲於倫理上保守綱常階級制，以收新舊調和之效，自家衝撞，此絕對不可能之事。[166]

他又說：

要擁護那德先生，便不得不反對孔教、禮法、貞節、舊倫理、舊政治；要擁護那賽先生，便不得不反對舊藝術、舊宗教；要擁護德先生又要擁護賽先生，便不得不反對國粹和舊文學。[167]

從本章的討論再回頭看，「五四」新文化宣導者的改革理想積極可取，但對於實現理想的經濟基礎卻缺乏深層認知。換言之，自周以來推出禮教，是為了解決在沒有金融市場的情況下中國人的跨期合作問題，提升風險應對力，以達到「安身立命」的效果；而如果單方面打倒「孔教、禮法、貞節、舊倫理」，同時金融市場也還沒發展起來，那麼百姓該如何相互分攤風險、跨期互助，個人自由和共和政體的經濟基礎又在哪裡呢？如果打破舊式基於禮制的資源配置和風險分攤體系，而又沒有足夠的金融產品讓個人安排好一生的風險，放棄禮制只會讓個人失去安全感。舊道德當然與現代生活、現代人權不相容，但現代個人自由與權利又與市場經濟以及金融互為支撐。陳獨秀在《孔子之道與現代生活》一文中談道：

> 個人獨立主義，乃為經濟生產之大則，其影響遂及於倫理學。故現代倫理學上之個人人格獨立，與經濟學上之個人財產獨立，互相證明，其說遂至不可搖動。[168] 但是，儒家禮制「以綱常立教。為人子為人妻者，既失個人獨立之人格，復無個人獨立之財產」，這些是「五四」時期相當稀有，從個人財產角度談個人自由的論述，「三綱」之下財產權全部掌控於家長之手，其他成員的人格獨立從何談起？可是，陳獨秀還是沒有看到，即使子女、妻妾都有財產，他們又如何應對未來風險挑戰呢？那時期的知識分子幾乎都缺乏經濟學訓練，甚至對經濟與金融不屑一顧，連胡適也要到一九五四年才體認到私有財產是個人自由的基礎。[169] 所以，「五四」時期，他們並不了解實現自由夢想的經濟基礎是什麼。

所以，雖然「五四」知識分子渴求個性解放和人格獨立，但對相應的經濟基礎卻缺乏認知，他們沒有意識到：在沒有完備金融市場的背景下，中國社會在運動之後很快又會回到立足禮制、崇尚集體的倫理傳統，集體價值再次戰勝個人價值。[170] 新文化運動推動者沒能看到，禮制是為中國人的「安身立命」而生，在沒有找到其他替代性的「安身立命」機制時就一味打倒舊禮制、舊文化，「個人價值」只會是空中樓閣，舊禮制還會再回來。正因如此，「個人主義」在二十世紀一直無法於中國扎根

第六章
神聖事物的集合體
宗教興起與避險邏輯

中國人也許沒見過關於基督教真理的書面證據，但遇難時得到的幫助，會明確無誤地向他們證實宗教的宗旨為何。

——李提摩太[1]

一八七六年春，一場罕見大旱在山東等五省展開，數月無雨，小麥春收落空。為了爭取播種玉米，各地農民屈膝跪拜求雨，但「雨神」未至，旱災繼續。絕望之下，百姓開始乞討、逃荒、搶劫，甚至發動暴亂。這就是史稱的「丁戊奇荒」，這場饑荒持續兩年多的時間，導致上千萬民眾死亡。見此慘狀，當時身在山東青州傳教的李提摩太，一邊在家中施捨前來討飯的乞丐，一邊透過教會募集善款，購買食物等物資，設立多個粥廠，救濟青州和其他地方的災民，並在四處建立孤兒院，收養孤兒。一八七七年初，李提摩太寫信給派他來華傳教的英國浸禮會，懇請教友捐贈賑災：「這不是騙取慈善的藉口，這是在救命。當我寫下這封信的當下，成百上千的人正面臨死亡，而在此之前，已經有更多人離世。」[2] 此外，他也在《申報》和《萬國公報》上發表募捐書《西教士勸捐書——英李提摩太啟》，介紹青州災情，鼓勵信眾加入賑災行列，救助災民。在李提摩太的呼籲下，教會在當時的賑災努力中表現積極。

前幾章一直強調，「在沒有金融市場的條件下」，那些禮制創新甚至技術創新是應對風險的「沒有辦法的辦法」，其背後的隱含假設為「金融是解決風險挑戰的更好辦法」。換句話說，家秩序和金融市場既可互補，也可被視為相互替代、彼此競爭的兩種風險應對辦法。當然，前文引用的李提摩太語錄則告訴我們，除了家秩序與金融市場外，宗教在解決人類「生老病死」風險挑戰方面，也發揮著極其重要的作用。《聖經》也明確強調這一點：「所以你要知道耶和華你的神……向愛他，守他誡命的人守約，施慈愛直到千代……所以你要謹守遵行我今日所吩咐你的誡命、律例、典章……他必愛你，賜福與你，使你人數增多，也必在他向你列祖起誓應許給你的地上，賜福與你身所生的、地所產的，並你的五穀、新酒和油，以及牛犢、羊羔。你必蒙福勝過萬民。你們的男女沒有不能生養的，牲畜也沒有不能生育的。耶和華必使一切的病症離開你。你所知道埃及各樣的惡疾，他不加在你身上，只加在一切恨你的人身上。」（《舊約．申命記》第七章九至十五節）

宗教促進人際跨期合作的方式與家秩序、金融市場不一樣。家秩序基於血緣和姻緣，配以禮制及相應儀式，實現族人之間共用資源、分攤風險；正如在後續章節將更詳細談到的，金融市場基於貨幣化的金融工具，通過「一手交錢、一手交貨」的方式實現人際風險交換（金融交易中的「貨」並非實物，而是金融契約），只是這種跨期交易需要非人格化的外部法治支持。相較之下，宗教是基於共同的信仰、在信眾之間組建非貨幣化的「內部金融市場」，只要信徒遵行上帝的「誡命、律例、典章」，就會「五穀、新酒和油，以及牛犢、羊羔」應有盡有，也不必擔憂生育不足或惡疾纏身，「一切的病症離開你」，你就福勝萬民。這裡我們採用涂爾幹對宗教的定義：「宗教就是一組關於神聖事物之信仰與實踐的統一體，這些信仰與實踐將信眾凝聚在一起，組成一個叫『教會』的排他性道德社群。」[3]因此，宗教設計的人際合作體系代表著截然不同的願景，既不依賴血緣，又不基於「誰出價最高」，而是仰賴一套共同的信仰和相配的行為規範。

那麼，作為保險的宗教是如何出現、發展的？宗教帶給信徒的實際避險效果怎麼樣？成本代價又是什麼，人類為此付出了多少？宗教是鼓勵金融發展，還是跟家秩序一樣排擠金融市場呢？接下來，我們就來回答這些問題。

宗教的風險調適績效

在討論宗教如何組織以強化信任和凝聚力之前，我們不妨先看看宗教的現實避險效果，是否真能提升個體應對風險衝擊的能力。上一章我們剖析了家秩序如何強化個體風險調適能力，然而宗族力量終究有限：無論是夫妻，還是父母子女，又或是人丁興旺的宗族，親人間的差異度通常不會太高，族員間能分攤的風險有限。若風險衝擊的劇烈程度高或波及範圍廣，即使是枝葉繁盛的宗族，也未必能完美應對。[4]因此，人類還需要尋找更廣泛的風險互助方式，宗教就是答案之一。透過外在的嚴密組織與內在的意識形態，信徒因共同信仰而相互聯結，彼此之間提供情感與物質上的互保互助。在諸多社會中，宗教發揮了最後一道「安全閥」的作用：如果沒有宗教作為緩衝，那些面對生存挑戰的社會可能難以解決犯罪與暴力問題。這也代表當社會遭遇風險衝擊時，新興宗教可能借勢興起，或傳統宗教得以擴張。我們就從基督徒在古羅馬的經歷開始說起。

從古羅馬到中國，教會借助救災傳教

二〇一五年時，基督教是世界上最大的宗教，信徒超過二十三億，占世界人口的三一．二%。基督教在西元三三年耶穌遇難後，於羅馬帝國治下的耶路撒冷創立。起初信徒不多，一方面是因為受到猶太教的擠壓，另一方面又遭到羅馬士兵追殺，被不斷驅散，逃亡各地。在西元三一三年之前的兩個多世紀裡，基督徒的禮拜聚會只能躲在家裡舉行，傳教效果受限。後來，羅馬帝國皇帝君士坦丁（Constantinus）成為基督徒，並在西元三一三年頒布《米蘭敕令》（*Edictum Mediolanense*），使基督教在帝國範圍內合法。自此，禮拜儀式重見天日，在教堂公開舉行，不僅增加了教會凝聚力，也使教義的影響公開化。在政權與神權合一的羅馬傳統下，只崇拜一神的基督教很快便成為帝國國教。

就在基督教合法之前的西元一六五年和二六一年，兩場史無前例的瘟疫橫掃羅馬帝國。[5]據漢斯．辛瑟爾（Hanz Zinsser）等學者考證[6]，造成兩次疫病的「罪魁」可能分別是天花與麻疹。由於羅馬人之前幾乎沒有遭遇過這些病毒，加上當時的醫者對細菌與病毒一無所知，瘟疫造成大量死亡，死亡人數可能達到總人口的四分之一至三分之一。[7]一方面，如辛瑟爾所言：「羅馬帝國以強大的控制力向其他地區擴張，欲將整個世界納入羅馬帝國的計劃，一次又一次被唯一更為強大的力量——瘟疫——所中斷……」另一方面，由於死亡人數太多，到處都是無人照管的拋荒田地。於是，來自北方的「蠻族」成為其中許多田產的擁有者，在羅馬帝國境內大批建立定居點，甚至加入軍團。除了「蠻族」，瘟疫也為另外一股勢力——基督教——創造了登上歷史舞臺的機會。

羅德尼．斯塔克（Rodney Stark）教授發現，一個人為教徒與否，對待病人的態度截然不同。從時人的信札中，可見基督徒相互關愛的一面：「我們基督徒兄弟之中，絕大多數人都表現出極大的愛心和無比的忠誠。他們從來沒有只為自己打算，而是時刻想著他人。他們毫不考慮危險，擔下了照顧病人的任務，盡力滿足病人的一切需要……」相較之下，非教徒對待病人就冷淡許多，「瘟疫剛一傳開，他們就把被傳染的人一腳踢出去，哪怕是至親的家人，他們也棄之不顧；在家人還沒有死去的時候，就往路邊一扔」。[8]在風險來臨之際，信仰的感召使基督徒之間相互友愛、彼此關照，踐行教義（即使這樣做確有生命危險），而不受教義約束的普通人，彼此間的聯絡幾近消失。

基督徒與非教徒從瘟疫中倖存下來的比例也顯著有別。精確的數字已經難以回溯，但正如威廉·麥克尼爾（William McNeil）所言，僅僅是簡單提供一些水和食物，就能讓那些太過虛弱而無法照顧自己的人恢復健康，不必悲慘死去。[9]即使只有不藉助藥品的精心照料，也能讓死亡率降低至少三分之二。在這個基礎上，斯塔克估算：即使一開始基督徒與非基督徒的比例是懸殊的一：二五〇，一場造成三〇％人口死亡的大瘟疫，加上基督徒呈指數成長的力量，也能讓前述比例在百年內達到約一：八。如果放棄一些稍顯保守的假定，這個比例甚至可以達到一：四。實際上，基督徒從瘟疫中倖存的比例高於不信教者，這個事實本身就有利於傳教。[10]在瘟疫期間，宗教的傳播速度可能比前面描繪的還要更快。

因此，基督教的早期擴散至少部分受益於教會提供的風險互助功能（包括物質和精神層面），讓信眾在教義的感召下更能互通有無，化解瘟疫衝擊。在面對神祕而恐怖的瘟疫時，血緣家庭和家族這個傳統避險機制已經難以為繼。此時，宗教以意識形態與嚴密組織在全社會範圍內聚攏人心，甚至超越國界，把物質互助與精神支持的範圍無限擴大，其風險分攤效果是血緣宗族無法比擬的。雖然基督教在當時的羅馬帝國尚屬非法，但如果沒有它，羅馬會以大機率陷入衝突與野蠻之中。在歷史上，不限於古羅馬一地，不只是基督教，亦不只是瘟疫這類風險，宗教是人類合作應對挑戰的重要組織形式。[11]

為進一步分析宗教的避險效果，我們先來看看信教決策跟風險的關係，也就是說，在多大程度上古羅馬的經歷具有普遍性，風險經歷是否強化了信教的傾向。在第三章討論迷信的起源與發展時，我們談到楊慶堃針對中國社會的調查結果：以農業占主導的地區，對祈雨、禳災、豐收等神靈的崇拜占絕大多數，而在商業發達的地區，財神等商業神靈占比相對更高。這些迷信沒有建立教會、教團等固定的社會組織，也沒有周而復始的禮拜禮儀，甚至也沒確立至高無上的特定崇拜物件，缺乏完整學理體系和嚴格規約戒律，所以往往過於開放，無組織約束，不是宗教，參與者亦缺乏自覺的宗教意識。[12]然而，如賈二強所述：「民間信仰……往往不能一概而論。如民間也有供奉神祇的神廟，民間也並不是沒有專職從事祭神活動的人員。歷史上，在民間神廟裡，時常可見所謂的廟祝……民間信仰與宗教，往往有相當緊密的聯繫。」[13]因此，儘管楊慶堃統計的內容側重民間迷信，但其中顯示的信仰類型與當地風險結構的關聯，亦可從旁展示宗教信仰決策與風險之間的相關性。也就是說，商人會面對商業風險，所以對商業神靈有需求；農人面對氣候風險，所以對雨神、蟲神有需求。人類對正式宗教的需求也有類似的邏輯。

基督教在中國的擴散歷史就與它提供的避險救災功用有關。本章談到十七世紀、十八世紀的「中國禮儀之爭」，以康熙皇帝於一七二〇年的諭旨禁止基督教傳播而終止，這個禁令一直維持到鴉片戰爭結束時的一八四二年。《南京條約》之後，傳教士重新進入中國，起初節奏較慢，到一八六〇年第二次鴉片戰爭結束時，《北京條約》正式賦予基督教在中國的傳教自由。此後，來自歐洲和美洲的傳教士進入許多地區，發展天主教和新教。但是，基督教在中國面對許多懷疑和敵意，包括與儒家祖先崇拜的矛盾，流血教案不斷，最後演變成一八九九至一九○○年間的「義和團」事件，多名傳教士與兩萬多名基督徒被屠殺，教堂和教徒的房屋被燒毀。十九世紀中期以來發生的教案和面對的阻力迫使傳教士改變策略，一是興辦學校和醫院，二是哪裡有災荒，就派傳教士帶教徒前往賑災治病，讓民眾體驗到具體的好處，改變他們對基督教的態度並接受上帝福音。著名傳教士李提摩太說，賑災是「消除中國人誤解、引導他們接受基督教的最理想方式」。[14]從一八七六年開始，傳教士組織在李提摩太的帶領下，幾乎參與了華北所有重大災荒的救援，包括本章開頭提到的一八七六至一八七九年「丁戊奇荒」。此外，一八八八年的大澇災傷及數百萬人，引發大規模的霍亂，教會協助救護幾十萬名災民。到了二十世紀初，基督教加強賑災力度，傳教士在一九二一年成立「中國國際賑災委員會」，一開始就募集了三千多萬美元的救災善款。[15]透過賑災、辦學、舉醫，傳教努力取得成功：一八七六年，中國有四百七十三位新教傳教士、一萬三千零三十五名新教徒；到了一九○○年，有一千五百位新教傳教士、八萬多名新教徒，天主教徒更有七十二萬之眾；一九二二年，有將近八千名新教傳教士在中國，覆蓋了七○%的縣域，全國有四十多萬新教徒。在這個過程中，教會的風險保障與慈善功能發揮了重要作用。

回頭來看，賑災不僅使基督教的傳播更成功，也把基督教等宗教跟儒家的區別凸顯出來。如前文所述，儒家禮制的宗旨在於建設並完善血緣宗族體系，確保族人之間實現風險互助，但不惠及族外人，抵禦風險（尤其重大風險）的能力較弱。即使一個宗族人數高達數千，由於他們往往生活在同村或附近，所以不管內部的凝聚力多強，宗族應對災荒的能力還是相當有限。而基督教信眾是跨地區、跨國界的，不同地區、不同國家同時遭遇同一風險事件的機率很低，所以在教會建立的超血緣跨期信任體系下，其保險功能是儒家禮制難以達到的[16]：一個側重血緣內部互助，一個側重跨宗族、跨空間的保障秩序。

近代美國的教會風險調適作用

我們也可藉由大樣本驗證宗教信仰跟保險需求間的因果關係。美國提供了合適的場景[17]：根據當時幾次普查資料，到十九世紀下半期的兩千七百多個縣中，有五分之四的縣農業占產業結構的比例超過一半。也就是說，農業仍是當時美國主要的經濟活動。直到二十世紀初，各地的農業產值與當地降水波動密切相連。平均而言，一個縣當年的月降雨量比正常水準每多增一%，農業總產值就會多漲〇·五%。進一步來看，作物生長季節的降水量對全年農業收成的影響也不小——降雨量每多出一%，當年的農業生產率即因此增加〇·三三%；在作物生產期以外的月分裡，降雨多寡對當年的農業產出並無顯著影響。因此，在以農業為主的地方，作物生長期的氣候波動大大影響當地人的收入，旱災挑戰生存。

十九世紀時，美國各地的宗教勢力頗為強盛。如托克維爾（Tocqueville）在書信中寫道：「禮拜日被嚴格奉行。在禮拜期間，我看見教堂前的街道被擠得水洩不通。法律並沒有蠻橫地要求民眾遵行這些事情，但比法律力量更為強大的公共意見，卻強迫每個人出現在教堂，心無旁騖專心做禮拜。」[18]根據美國的社會調查，民眾確實相信宗教可以起到保險的作用：八五%的受訪者表示，教團會在自己陷於疾病或遭遇其他困境時提供援助。[19]這兩點可能彼此存在聯繫：宗教之所以蔓延全美，正是因為在風險事件發生之際，宗教可為受衝擊者提供保障。如果這一點確實成立，在降水風險更大的地區，民眾的信教程度應該更高、宗教勢力理應更強。

菲力浦·阿格（Philipp Ager）和他的合作者通過實證分析驗證了這個假說。[20]在研究設計

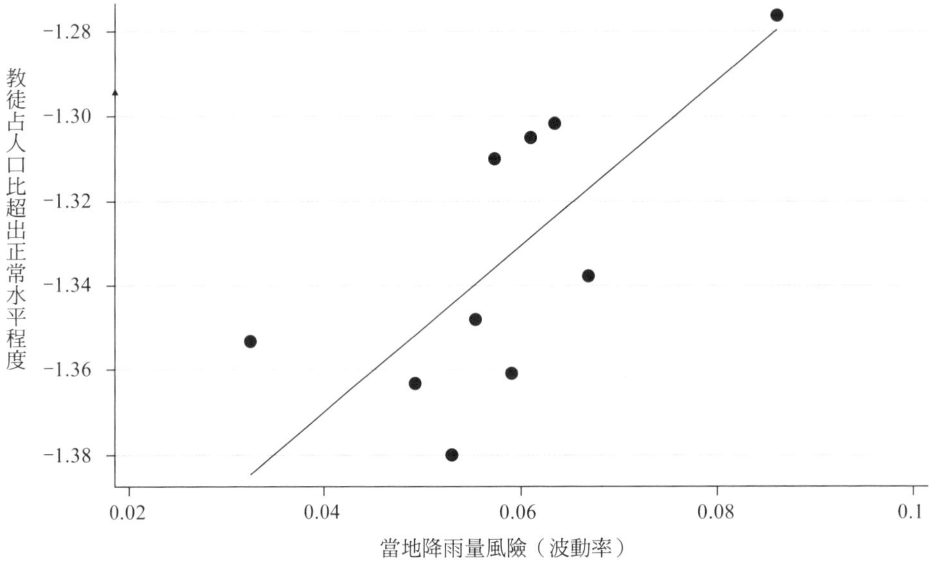

圖六・一　一八九〇年時美國各州教徒占比與當地降雨量波動性[21]

注：其中，縱坐標反映州各縣的教徒占比超出正常水準的程度，即州內各縣教徒占比對所在州的固定效應與其他控制變數的回歸剩餘差的均值，該值愈高說明教徒占比愈高；橫坐標則反映各縣降雨量對所在州的固定效應與其他控制變數的回歸剩餘差的均值。

中，他們以當地參與教會活動的人口占比來度量宗教在當地的影響強度，而在不同年分中，以每年十二個月降水量的對數值的方差度量當地農業面臨的氣候風險強度。在控制收入水準、高程、土質等諸多影響農業產值的變數之後，他們發現：當地降水量的風險每上升一個標準差，參與教會活動的人口占比會因此多提升一一%（如圖六．一所示）。接著，兩位學者近一步將氣候波動的資料分為作物生長期降水風險和非生長期降水風險兩個部分，再分別探討它們對宗教參與的影響後，進一步發現：只有作物生長期的降水波動率（即風險）的上升，才會導致當地參教人口占比顯著增多；非生長期的降水不確定性變大，並不會促使更多人去信教或提升信教強度。因此，收入或消費方面的風險確實是宗教參與度背後的推手：一個地方的主要人口所面臨的收入風險大小，加上教會救困的程度，共同解釋了美國各地宗教勢力的高低差異以及信教程度的地理分布。斯塔克談道，當戰爭、瘟疫、災害發生或社會動盪時，民眾更會發現精神匱乏，也會導致對宗教需求的上升。[22]

當然，阿格教授等人的研究致力於解釋為什麼美國各地的信教程度差異大，側重宏觀層面的觀察。具體到個人層面，宗教是否真的提升個體和家庭應對風險的能力呢？芝加哥大學的拉傑夫·德赫賈（Rajeev Dehejia）等三位教授同樣利用美國社會調查資料[23]，分析了收入下降時不同類別家庭的消費變化是否存在顯著差異，尤其是信教家庭是否更能承受收入風險的衝擊。根據一九八五至二〇〇〇年間針對四萬四千兩百七十個美國家庭經濟與信仰等資料的分析，他們發現：收入衝擊對信教家庭的消費影響比對不信教家庭低了四〇％——家庭收入每下降一〇％，不信教家庭的消費會相應削減一·一五％，而信教家庭的消費只會下降〇·六九％。也就是說，在遭遇逆境時，信教家庭消費受到的打擊要比普通家庭少四〇％，說明信教帶來的保險效果非常顯著。他們注意到，宗教帶來的消費保險效果主要透過三種管道發生：一是教義可能將信徒的注意力更多轉向精神生活，淡化對物質生活的追求，因此信徒的物質消費訴求可能本來就比普通人低，收入風險發生時對信徒的消費影響有限；二是教會本身為信徒提供應急救濟，就跟中國歷史上的佛寺一樣，一旦老百姓受災害衝擊而饑寒交迫、無家可歸，總還可以去佛寺一避，得到一碗粥、一席床；三是教友之間的風險互助，因為共同的信仰讓他們更能跨期互信，相互幫助變得自然。

德赫賈等人對各家庭主人做了進一步分類，發現宗教帶來的保險效果在不同群體之間差別很大。比如，對於沒上過大學的家庭而言，信教帶來的保險效果是五二·四％，即信教使收入風險對消費的衝擊變弱五二．四％；但對於上過大學或讀書更多的群體而言，信教帶來的保險效果在統計上不顯著；對人均年收入不到一萬五千美元的家庭而言，信教帶來的消費保險效果高達六八．七％，而且統計上非常顯著，而對於高收入家庭來說，信教有一定保險效果，但在統計上不顯著。因此，從保險效果來看，信教對於受教育不多、收入低的群體格外有價值，帶來的消費保障最為顯著，這也部分解釋了為什麼在美國和其他社會裡，低收入群體的教徒占比高。相較之下，富有家庭在面臨未來收入風險時，可以透過事先購買商業保險等金融產品進行規避，不需要透過教會網絡，而收入低的家庭可能除了教會以外，並沒有多少其他選項。當然，這並不代表富人不會受益於宗教信仰。實際上，哈佛大學的愛德華．格萊澤（Edward Glaeser）教授和同仁的研究表明：受教育程度愈高的個體雖然不一定需要教會網絡提供的收入避險功能，但在教會網絡中獲得的資源分享作用更大，這些關係網對他們的商業價值高，這也是為什麼在許多國家裡，在收入高過一定水準的人口中，信教人數占比與受教育程度間呈顯著的正相關關係。[24]此外，德赫賈他們發現，虔信程度對宗教保險效果也有影響：那些認可「《聖經》出自上帝之口，不會有錯」以及「《聖經》是人類一切問題的最終答案」的家庭，在遭遇收入衝擊時，消費下降的幅度也相應更小。

德赫賈等三位學者也發現宗教對幸福程度有「保險作用」：在遭遇收入下降風險時，頻繁參與教堂活動的家庭，幸福感下降的程度比不信教家庭要少約六五％。這表示在精神層面，宗教所起的保險效果甚至要高於物質層面的保險效果。不過，在美國，信教帶來的幸福感保險效果主要存在於黑人群體，在白人中似乎沒有這種作用。這或許是歷史上美國黑人一直比較貧困的緣故，迫使他們歷來抑制對物質生活的追求，以致於信教給黑人家庭帶來的消費保險不是很顯著，但幫助保障他們的幸福感。德赫賈等學者的研究表明，當收入下降時，不信教的黑人家庭會遭遇幸福感的衝擊，信教的黑人家庭則會因為教友和教會的幫助變得更幸福。在另一項研究中，兩位學者利用歐洲多國的社會調查資料[25]，得到了與此幾乎一致的結論：在遭遇失業、喪偶等「創傷性」風險衝擊時，參與宗教活動多、有自己歸屬的教會的個體，幸福感受創傷的幅度明顯比不信教的人更小。在與此相關的另外一項研究裡，提姆·意梅澤爾（Immerzeel Tim）等人基於多個歐洲國家的資料[26]，回答了一個相反的問題，也就是看風險事件是否影響信教決策。他們發現，各類「風險事件」（父母工作不穩定、家庭經濟狀況糟糕、國家陷入戰爭等）都會顯著增加這個國家的國民信教人口占比，風險事件愈多，對宗教保險的需求就會愈多。這些研究共同說明，前述基於美國的分析不只適用於美國人，在歐洲等地亦成立。

對低收入家庭來說，宗教活動的意義遠遠不只是簡單的跨期平滑消費，在應對家庭面臨的重要挑戰中（例如如何在危機時保障子女的營養與教育開支，降低下一代受衝擊的程度），宗教活動亦可發揮重要作用。在德赫賈等學者的另一項研究中[27]，他們考察了信教對三至十六歲青少年成長的影響。儘管諸如父母離婚、家庭收入下降、領取公共援助等因素都對孩子的長期發展有顯著的負面影響（包括成年後的幸福感、高中完學率、上大學的機率等），但家庭參與宗教活動的程度愈高，就愈能緩解不利衝擊的後果。以父母婚姻破裂為例，如果家庭頻繁參加宗教活動，那麼對孩子成年後的幸福感的打擊程度會減少一半以上，而且這些孩子完成高中、上完大學的機率也會大大提升。[28]

基於其他宗教的實證結論

宗教的保險「功能」並不限於基督教，伊斯蘭教等宗教亦發揮類似的作用。麗莎·布雷德斯（Lisa Blaydes）分析了來自埃及及開羅的案例[29]，在當地，女性是弱勢群體，受教育程度一般較低，工作機會亦少。她集中對比了開羅的兩個貧民窟，兩區在各個方面都接近、地理位置亦相鄰，但其中一個受伊斯蘭教影響更深。布雷德斯透過統計分析發現，兩個貧民窟的女性狀況存在顯著的差別：在伊斯蘭教影響較深的那個貧民窟裡，因為有宗教組織安排的專人給予護理等，女性產前護理更好，嬰兒死亡率顯著更低。

在另一份研究中，丹尼爾・陳（Daniel L. Chen）聚焦於一九九七至一九九八年亞洲金融危機對印尼人信教程度的影響。[30]印尼總人口為二億三千萬，其中八七％為穆斯林，印尼也是世界上最大的伊斯蘭國家。亞洲金融危機期間，印尼的貨幣印尼盾對美元的匯率下跌到之前的近八分之一，物價相應暴漲。以食品為例，一年之間，價格上漲一・六倍。儘管物價普遍上漲，但勞動工資未必同步同幅度上漲，因此各家庭受到的衝擊千差萬別：擁有土地並從事農業的農民家庭因為生產食物，物價猛漲反而讓他們的真實收入上升，從中受益；公務員家庭則不同，他們的收入幾乎全部來自工資，而工資一般難以隨時上調，危機期間，這些家庭的真實收入下降最多，實際消費下跌近一五％。丹尼爾・陳透過分析發現：亞洲金融危機衝擊之後，公務員家庭的「信教強度」（即參加讀經班的頻率）平均上升六％，而農民家庭的「信教強度」平均下降了二％。具體到家庭開支層面，危機期間，家庭人均非食物開支每多降一美元，這個家庭參加集體學經的頻率會上升近一〇％，把小孩轉送伊斯蘭學校的機率（也反映信教強度）會增加一％以上！這裡要注意，在危機之前，印尼家庭人均非食物消費為七・三四美元，危機後下降到四・七美元。也就是說，在印尼，遭遇風險事件衝擊愈多的家庭，其信教強度會顯著上升，而受衝擊不多的家庭，其信教態度基本上不變。同時，丹尼爾・陳也發現，宗教也確實能起到保險作用：增加信教強度的家庭，在四個月內對信貸和政府救濟金的需求下降近五〇％；信教但沒有增加信教強度的家庭，對信貸和救濟金的需求下降了二五％；而不信教的家庭對信貸和救濟金的需求則沒有變化，保持以往的水準。《古蘭經》規定，每個擁有財產和一定收入的穆斯林，每年都要拿出部分收入施捨苦難者、貧困戶。[31]因此，教友網絡會援助患難信徒，提供饑荒家庭食物或無息貸款，宗教慈善確實起了「安全網」的部分作用。另外，在危機期間，能得到正規金融支援（鄉村銀行、小微貸款等）的家庭，則不會增加信教強度：如果有途徑得到信貸，那麼經濟危機與信教強度之間的關係會低八〇%。這說明，至少在印尼，作為風險保障的宗教和金融市場之間有著顯著的相互替代性，此消彼長。

總而言之，近年關於宗教的保險作用的研究愈來愈多。從美國的經歷來看，宗教參與提升了個體家庭應對各式風險的能力：在失業或遭遇其他收入衝擊之際，教會和教友網絡會幫助他們維持一定的消費水準，子女的長期發展也因此更加平穩，免於受到劇烈衝擊。家庭風險應對力的增強與暴力減少之間有著密切的聯繫。第一章談到，風險事件（特別是氣候風險）容易造成一家人無食無衣，迫使他們尋求暴力以求活路；另外，青少年會因為家境貧困而變得無法無天，走向犯罪或以暴力報復社會。[32]因此，如果宗教參與能幫助降低風險事件對生存的衝擊，自然也能減少暴力的發生頻率。實際上，宗教可以幫助規避「暴力風險」，因為暴力風險的存在本身也會助長對宗教組織的需求，促進傳教。阿薩夫・箚什曼（Asaf Zussman）分析中東地區的調查資料後發現[33]：無論是在以色列實際控制的地區，還是在巴勒斯坦實際控制的地區，當地人虔信猶太教或伊斯蘭教的程度，都會隨著附近暴力事件頻率的上升而上升。也就是說，暴力事件的上升會提升當地人「抱團取暖」的需求，而協助規避「暴力風險」就成了宗教組織的功用之一。

雖然前文引用的研究基於美國、印尼、以色列和其他中東國家，但這些基本規律也適用於其他國家。在文化差異較大的東歐、中亞及中國，學者也觀察到類似的效應：無論是面臨劇烈轉型期的蘇聯加盟共和國的國民，還是「留守故土」的中國農村居民，其消費穩定性和幸福感都會因為參與宗教而顯著提升。[34] 阮榮平等學者發現[35]，在中國農村，健康好壞這項與風險密切相關的因素，與當地宗教參與存在顯著的正相關；然而政府在農村地區推進的「新農合」保險，則顯著降低了當地家庭參與宗教的比例——這個現象直接實證了宗教的風險保障功能及其可替代性。這些實證結果都支持宗教的初衷，即以「義」而非基於貨幣化的金融交易去實現人際風險互助（下一章會談到）。就這個意義來說，只要風險規模和融資量不超出某個範圍，作為「內部金融市場」的宗教社群就頗為有效。這也讓我們更清楚看到宗教跟迷信的區別：迷信沒有明確的組織，也沒有常規禮拜禮儀去減少信友間的資訊不對稱、強化相互間的信任，所以難以改變風險事件帶來的真實後果；宗教則不同，宗教不只帶給信眾精神上的安慰，且透過組織禮儀和教會活動，提供受風險衝擊的個人和家庭實際的經濟援助，增強互信，因此宗教是一種更主動的保險。

宗教與信任網絡

宗教作為組織化的信仰，將個體組織起來，建立互信網絡，在教友陷入困境時相互援助：失業或遭災的家庭可能因此獲得現金或實物援助，垂危的病人得到教友的照料。然而，要想維繫如此深入的跨期互助，信任是核心前提：在為其他教友付出時，教徒也期待日後自己受困時可從其他教友和教會得到回報。如果不信任其他教友未來會回報，宗教的風險調適功效就不可能長期維持。因此，無論哪種宗教，都會將解決教眾間的跨期信任問題視為核心要務。一旦成功建立信任，宗教的保險功能就不再限於簡單的互助，包括貿易互通、暴力互防在內的其他風險調適需要，亦可在此基礎上得以發展。宗教的教義和禮拜等活動的目的即在於此，一神教與多神教的區別也可從這個角度去理解，前者凝聚力強，信任網絡更可靠，與後者相差甚遠——這一點在第九章的海上絲綢之路歷史中得以體現：信一神教的阿拉伯商人後來居上，在相對短的時間內就戰勝了華商與東南亞商人，成為海洋商道的主角。

與第五章講到的宗族一樣，宗教組織在嘗試建立信任時，也面臨同類的問題：[36]首先，如何識別教律需要約束的物件？如果參與互助者都保持匿名，或流動性甚高以致於無法追蹤，那麼建立信任的努力很難成功——違反隱性跨期「合約」的成本相當低，宗教難以防範搭便車者，也就是說，需要幫助的人才會信教，在需要自己提供幫助時就跑路，即之前說到的「逆向選擇」問題。在家秩序中，血緣關係的邊界即是天然標記，然而宗教的信眾範圍卻遠比血緣複雜。其次，實現邊界識別後，樹立信任仍然需要各類的激勵。家庭、宗族成員之間，長期相處能有效緩解資訊不對稱，降低「道德風險」，但宗教缺乏這樣的「先天」優勢。然而，借助外在的教義戒律與內在的意識形態灌輸，許多宗教仍然取得了空前的成功，教徒網絡內部聯結的牢固程度可與家庭相比，甚至可稱「有過之而無不及」，猶太教、基督教和伊斯蘭教超過千年的歷史就是證明。那麼，它們是如何成功應對這些挑戰的呢？

特定宗教的邊界與激勵

就第一個問題，上一章引薦的泰蘭達的研究仍然適用。[37]家族靠姓氏、家譜及祠堂標記互惠範圍，宗教也同理。實際上，宗教的標記往往比家族更明顯，相應的識別成本也更低。宗教提示身分、識別身分的方式五花八門：教徒定期禮拜、經常聚居，與世俗住所相區分的宗教建築樣式，胸部佩戴的十字架（基督教標誌）、大衛之星（猶太教標誌）等等。比如，一一六〇至一二七〇年，法國建造了五百多座哥德式教堂[38]，包括舉世聞名的巴黎聖母院（Notre-Dame de Paris），當時各地較勁教堂的高度，起先蓋到三十公尺就了不起，後來蓋到四十公尺、甚至追求五十公尺高。如果材料承受不住，在建造過程中倒塌，那就重蓋！讓教堂頂端的十字架直入穹天，方圓數公里都能看見，當然不是無意之舉，而是帶給那些去教堂做禮拜的信眾一種自己能通天的感受，並且讓信眾不管走到何處，一望即可見高高的教堂和十字架這些物理符號。巴塞隆納的聖家堂（Sagrada Família）於一八八二年開工，至今還在建，按計劃，其尖頂十字架的高度要達到巴賽隆納之最。這些物理符號極為重要，因為宗教信仰和相應的教規戒律是抽象無形的，需要物理符號將其有形化，而且要透過這種符號承載去教堂做禮拜的教徒之內心感受，讓信眾一看到符號就喚起參與禮拜的感受，並提醒他們「我是基督徒」、「我該遵守教義戒律」等等。久而久之，這些教堂標誌不僅成了教義戒律的推廣器、內化器、啟動器和執行器，也起了識別信眾邊界的作用。[39]

一般認為，大眾廣告和商業品牌的出現與工業革命帶來的規模生產相關，但是人類最早、可能也最成功的大眾品牌應該是基督教的十字架。雖然古希臘人也用十字符號，但西元一世紀基督教出現後，信徒開始將十字架跟耶穌殉難的場景相連，到了西元二世紀，信徒私下將十字架作為基督教符號。在西元三八〇年基督教被正式接受為羅馬帝國國教之後，十字架更是教派的品牌符號，不僅用以識別信徒身分、提醒教規，告誡信徒耶穌如何為他們受難，更是基督教的大眾推廣與傳播符號。到西元六世紀，突出耶穌受難的十字架符號普及開來[40]，立於教堂頂部，佩戴於信徒胸前。

有些教派對信徒的衣著也有規定：禁忌某些顏色，鼓勵或要求穿著某些色彩的服飾，或要求佩戴某些標記配飾。將宗教印記直接加諸身體上，紋身、剃度、蓄鬚、打孔等，都是現實中採用過的推廣與提示手段。[41] 宗教組織通過諸多區隔，以較低的成本識別內部信眾與外部人員。伊斯蘭教除了對男女信徒的服裝及顏色有統一規定外，還要求每個人做到「五功」：念功——信徒一生必須完全理解「萬物非主，唯有真主，穆罕默德是真主的使者」並念誦《古蘭經》；禮功——信徒必須做週期性禮拜；課功——穆斯林應慷慨施捨，每年交納四十分之一的財產用於濟貧和慈善；齋功——寡欲清心，以近真主，穆斯林必須在齋戒月（Ramaḍān，伊斯蘭曆九月），每日自日升後至日落前進行齋戒；朝功——穆斯林一生若條件允許，有義務到聖地麥加朝覲一次。這些要求將穆斯林與非穆斯林的邊界畫得很清晰。

解決教友網絡邊界的識別問題之後，便是激勵問題。宗教組織為了達到此目的，手段頗為多樣。勞倫斯．揚納科內（Laurence Iannaccone）的分析可以說明一二[42]，也就是說，我們可以視宗教組織為一種俱樂部，避險是俱樂部提供的產品之一：每位信眾投入其中的資源愈多，其他教友就受益多。如此轉換視角後，宗教的激勵問題就可變為以下形式：如何提高信徒的忠誠度，激勵個體將更多資源投入俱樂部，而非其他用途？為了做到這點，宗教在提高加入組織的收益（就像傳教士在中國各處賑災、提供保障等一樣）之際，也可以採取手段提高信眾參與其他互助俱樂部的成本，降低信眾從其他活動中得到的效用。無論是提高俱樂部成員的收益，還是降低俱樂部之外的效用，都會導致個體的抉擇偏向宗教一邊，而這又代表更好的風險保障，形成良性迴圈。

這正是禁忌等宗教戒律所發揮的作用。許多宗教都限制信眾享樂：從滿足口腹之欲的美酒、美食到滿足生理要求的性行為，再到其他奢靡的享受，通常都為教義所不喜。如果耽湎世俗享樂，部分教派甚至會給予實際的懲罰，尤其是對女性違規的懲罰。這些禁忌承擔了降低俱樂部之外所獲效用的作用，也會引導信眾將更多資源與精力投入宗教活動：一方面，由於入教後，世俗享樂的成本增加，對世俗享樂更看重、對宗教評價較低的個體不會選擇信教；最終成為信徒的都是對宗教評價較高的個體，他們也會因此樂於投入諸多資源、忠誠可靠。另一方面，在確定成員之後，戒律使俱樂部之外消費的「價格」上升，這促使信眾把更多資源投入宗教活動。禁忌因此實現了激勵的目的。禁止有息放貸的邏輯也大致如此：有息放貸被禁止後，金融難以發展，規避風險的外部手段會更昂貴，反過來提升了教徒對教會避險作用的依賴（第七章會再回到這一點）。

在這樣的邏輯下，一些宗教甚至採用極端的規訓方式來考驗信徒的忠誠度，與此對應的是極端的排他性互助保險模式。伊萊．伯曼（Eli Berman）分析了極端正統猶太教（Ultra-Orthodox Jews）的例子。在當代，這個教派基本以反自由的姿態出現：他們生活在自己的社群裡，幾乎不與外界接觸；男性不工作，四十歲以前都在「葉史瓦」（Yeshiva）學校中接受神學教育；女性被鼓勵早早嫁人生子，只在本教派內通婚，並生多子，二十世紀九〇年代中期，該教派的女子平均每人生七．六個孩子。[43] 在十九世紀及之後，由於經濟解放，大多數猶太教教派的宗教活動愈來愈少，極端正統派反而推出更多嚴厲的教條，要求教徒花更多時間、精力在宗教禮儀上。伯曼對此的解釋是，教派的諸多禁忌是對世俗活動的一種變相徵稅，如嚴格的安息日儀式和飲食禁忌，以抵消外界勞動報酬的吸引力。同時由於這個教派的政治影響力，宗教群體會接受不少外界的補助，尤其是針對孩子的津貼，使得女性選擇多生孩子比選擇外出工作更划算。教徒群體內的互助保險可謂無微不至，「沒有一個病人無人照看，沒有一個單身漢舉目無親。」[44]物品的無息借貸多達數十種，免費服務包括為母親提供產後護理、為病人送食物、照顧老人、幫辦葬禮等等。除了極端正統派猶太教以外，伊斯蘭教、印度教和基督教也有極端教派，實踐類似的封閉式組織模式和自我犧牲式教規，使信徒更加依賴教內的保險互助資源，並透過嚴格的行為要求排除不虔誠的人，避免「搭便車」者混入。斯塔克說：信教成本愈高（物質、時間、社交和精神付出），宗教組織的邊界愈清楚、凝聚力愈強，教友間的互助（包括物質與精神維度的）、互信與友情就愈深。[45]

宗教組織也可採取直接的激勵手段：將互助部分寫入教義，作為信眾必須遵守的行為。基督教的《聖經》中就有以下經文：「因為我餓了，你們給我吃；渴了，你們給我喝；我作客旅，你們留我住；我赤身露體，你們給我穿；我病了，你們看顧我……我實在告訴你們：這些事你們既做在我這弟兄中一個最小的身上，就是做在我身上了。」（《新約・馬太福音》第二十五章三十五至四十節），意即幫助其他教友，是在上帝面前立功，提升死後上天堂的機率。在伊斯蘭教中，類似教義表述更為直接：「你們當為正義和敬畏而互助。」（《古蘭經》第五章二節）。其他宗教的核心經典中亦多見此類表述。索羅門群島克瓦族（Kwaio）祖先的靈魂（他們稱祖先為Adalo）就是每個人的神，祂時時刻刻緊盯每個人，懲罰違規者。

週期性儀禮與聚會的內化作用

教義本身只是紙上筆墨或口傳諭令，並不具有強制約束力。為了激勵信眾按照教義規定的方式行事，宗教需要安排相應的獎勵與懲罰，包括透過各種儀禮內化這些懲罰。仍以基督教為例，前文引用《新約・馬太福音》中說「這些事你們既做在我這弟兄中一個最小的身上，就是做在我身上了。」而按照原典所言：「那些義人，要往永生裡去。」（《新約・馬太福音》第二十五章四十六節）反之，不遵守教規的人被稱為「被咒詛的人」，不僅要離開耶穌，還要「進入那為魔鬼和他的使者所預備的永火裡去。」（《新約・馬太福音》第二十五章四十一節）。遵循有難共擔的教眾將來會得到福報，不遵教規的死後受苦。依照《天主教法典》，違犯教義之人最高可處以「開除教籍」（excommunication）的懲罰，與教會隔離，不再屬於信眾互保互助網絡中的一員，也得不到教會所予之的救贖。

類似的羈束在其他宗教中亦存在。伊斯蘭教鼓勵慈善的條例也相當明確：「為主道而施捨財產，施後不責備受施的人，也不損害他，這等人，在他們的主那裡，要享受他們的報酬。他們將來沒有恐懼，也不憂愁。」（《古蘭經》第二章二百六十二節）而如果違犯教規，則會受到重罰。比如：對於已婚者，通姦罪（告發者必須有四名見證人，否則為誣陷通姦罪）被判處一百鞭刑並處以石刑，而對於未婚者，判處一百鞭刑並流放一年；誣陷通姦罪要被處以八十鞭刑；酗酒罪要被處以八十鞭刑；偷盜罪初犯被斷右手，重犯削左足，再犯則監禁；叛教罪則根據輕重，判決鞭笞、監禁或處死等等。

定期禮拜是內化戒律的具體手段。猶太教和基督教每週至少禮拜一次，天主教徒飯前祈禱，伊斯蘭信徒每天面朝麥加禮拜五次（分別在晨、晌、晡、昏、宵五個時段舉行）、每週五聚禮一次、一年會禮兩次（即古爾邦節和開齋節）等等，禮功儀式提示信眾「我是誰」、「我應該遵守什麼教規戒律」，定期督促信眾堅守正道、反省過錯，讓他們一刻也不放鬆對自己的約束，避免犯罪，為社會減少不安定因素。週期性儀禮雖然抬高了信教的成本和門檻，但如前文所述，也有助減少「逆向選擇」的問題，亦減少教友之間資訊不對稱、緩和道德風險的問題。相較之下，佛教沒有週期性禮拜和定期聚會的要求，比較鬆散，機會主義行為嚴重（有需要才去佛寺進香，無需要就無影無蹤），遠不如猶太教、基督教和伊斯蘭教那麼有凝聚力。

在現實生活中，這些宗教戒律能否奏效呢？阿齊姆．謝里夫（Azim Shariff）和合作者的「獨裁者實驗」證實了戒律的作用。[46] 在實驗中，參與者先是兩兩隨機配對；接下來，其中一方會得到十枚硬幣，每枚值一塊錢，硬幣持有者可完全自由決定這十塊錢在兩人中如何分配。也就是說，即使持有硬幣的參與者「一毛不拔」，將十塊錢全數留給自己，另一方也只能接受。如此決定的分配方案，也成了參與者從實驗中可獲得的報酬。因此，實驗呈現的分配結果反映了參與者的利他程度。研究的參與物件覆蓋了各主要宗教：基督教、伊斯蘭教、猶太教、佛教以及相信有神論但沒有特定宗教信仰的人。

兩位學者根據年齡、教育、經濟等因素將參與實驗的人分成對照組與實驗組，使兩組成員在基本背景因素上儘量吻合。實驗開始前，所有參與者都要完成十道句子改錯題。對照組中，這些句子包括的都是家常內容，很普通；而實驗組中，這些句子則帶有濃厚的宗教氣息，包含「上帝」、「靈魂」、「先知」等字眼。比方說，對照組改到的句子可能是「她現在感到很快樂」，而實驗組面對的句子則是「她感受到上帝的存在」。如果宗教確實有效，相比前一組，實驗組在分配時應當更加慷慨。結論確實如此：相比對照組，這些包含宗教內容的句子喚起了更強的宗教氛圍，讓參與者感受到上帝的影響，而這一感受又顯著影響參與者的利他程度！改正普通句子的對照組，分配給對家的均值是一・八四元，五二％的對照組成員分給對方的只有〇元或一元，沒有人分給對方五元以上。實驗組的結果則截然相反，他們分給對家的均值是四・二二元，有六四％的參與者留給對方五元或更多！可見宗教對利他程度的影響極其顯著。[47]

以上實驗仍有兩點侷限：首先，個體在實驗室中的行為，未必能反映真實生活中的實際選擇；其次，由於研究者自身的資源限制，參加此類實驗的通常都是學生。為了解決這個問題，班傑明・普爾斯基（Benjamin Purzycki）等九位學者合作，在全世界八個不同社會展開實驗[48]。研究物件覆蓋範圍很廣，首先，從狩獵採集社會到農業社會，再到已完全現代化的社會都有；其次，為了便於比較，信仰基督教或印度教，抑或抱持祖先崇拜等原始信仰的社會，都被納入實驗中。實驗內容和方法與先前提到的研究類似，不過多了一個環節：參與者選擇分給對家多少錢，取決於投擲骰子的結果。由於實驗者無法觀測到參與者投擲的結果，實際分出多少，全憑參與者個人做主。然而，根據呈現的分配方案偏離隨機投擲結果的程度，研究者就能從整體結果中推斷利他程度。

實驗結果還是論證了前面的觀點：控制了物質財富狀況等差別後，當地崇奉的宗教神性質，對參與者的分配決策有顯著影響。僅僅是有神的存在，對分配的影響微乎其微，統計上亦不顯著；然而，如果當地的神關涉道德又能感知個人行為，確實會讓參與者將更多錢分給對方。不過，影響最顯著的是既與道德相關又有懲罰能力的神靈[49]：來自這些社會的實驗參與者，將錢分給對家的比例在所有社會中最高。[50]這凸顯了前述「成本－收益」分析框架的重要性：為了更有效激勵個體之間的合作，宗教需要讓個體確信有超人之神靈在盯著他們、關注他們的行為是否合乎道德，同時也會懲罰那些偏離教義或道德規範的人。宗教靠著教規與戒律的內化，才能實現人際跨期合作、相互保障的功能。

正因為宗教促使個體之間建立信任、便利跨期交換以增強風險的應對力，美國各州宗教勢力強弱的分布才會與當地降水風險之間關聯顯著（圖六．一）：氣候風險愈大，教會的用處就愈大，更多人會選擇信教。實際上，這一點在世界範圍內也成立。根據卡洛斯．波特羅（Carlos Botero）等學者的研究（圖六．二）[51]：無論是資源豐裕程度還是氣候穩定性，都對當地人是否信仰道德神靈有顯著影響。以資源為例，在最為匱乏的各社會中，有一半的社會信仰道德神靈；相較之下，在最為豐裕的各社會中，信仰道德神靈的社會只占大約十分之一。氣候穩定性亦有類似的作用：在氣候最不穩定的各社會中，有四分之三的百姓信奉道德神靈；資源不足、氣候又最不穩定的各社會，幾乎所有人都信仰道德神靈。這說明處於生存邊緣的社會尤其需要宗教的聯結作用。如果因人與人之間缺乏信任而無法實現資源的跨時空配置，當地個體

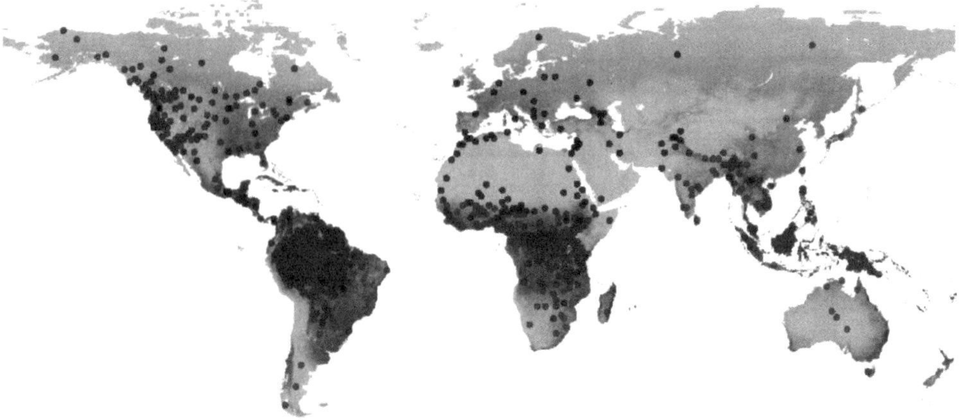

圖六・二 道德神信仰的地理分布 53

注：深色點代表信仰道德神靈的社會，淺色點代表信神但不信仰道德神靈的社會。

就無法獨立應對氣候變異的衝擊。當然，農業社會如此，是因為其經濟風險主要來自氣候不穩定性。對於工業社會，經濟風險則多了一個維度：經濟週期；相應地，在經濟衰退期，收入的不確定性增大，當代人對那些能提供互助資源、平滑消費的宗教的需求也會增加。基於一九六八年至二〇〇四年美國經濟週期資料和問卷調查的研究顯示，福音派新教徒的信徒規模和宗教參與度都呈現很強的逆週期模式：在經濟衰退的年分，信眾人數年均成長率為一．五二％，其他年分則是〇．九八％。52

宗教與家秩序的競爭

為了減少競爭壓力，宗教在某些情況下會排斥家秩序。以儒家為例，下一章會談到，基督教和儒家都主張基於「義」而非市場交易，來實現人際跨期合作，所謂「四海之內皆兄弟」；但是，儒家的「義」以敬拜祖先和「三綱五常」定義，基督教的「義」則是只敬拜耶穌基督和謹守教義，這是兩個不同的體系。從基督教裡的「教父教母」制度即可看出這一點。

基督教從西元一世紀中葉到西元四世紀初，一直被羅馬帝國當「邪教」追殺，官方經常派遣「特務」滲透到當時還是地下教會的組織，然後進行鎮壓，因此信眾隨時面臨危險。為了安全，每位希望受洗、入教的人都要有一位「保薦人」(sponsor)，以確保申請人不是暗探特務，而是真心想入教者。[54]西元三八〇年，基督教被羅馬確立為國教之後，信眾不再面臨被追殺的危險，保薦人的角色從「驗證身分」改為輔導準備受洗者，協助新教徒研習《聖經》和教義教規。到了中世紀初，還沒被洗禮的成年人已經不多，新受洗的主要是兒童，自此，原來的保薦人由一位增加到兩位：一男一女，並被改稱為「教父」和「教母」。規矩是教父、教母不能跟受洗者有直接的血緣關係，用意在於：洗禮日是兒童在基督世界裡的誕生日，教父、教母便是他在宗教世界裡的父母；基督世界跟生理世界是兩個並行但不同的世界，所以教父母必須與生父母在血緣上有所區分，避免混淆。教會對教父母、教子教女、生父母三方之間的關係有具體的約束，以保證這兩個體系間有一定的「隔離」。[55]在洗禮之後，每位基督徒有兩個可以依賴的並行保障體系：一個是基督世界裡的教父母體系，另一個是生理世界裡的血緣家庭家族。這兩個保障體系可以互補，給信徒更充分的跨期避險與信任。

但這兩個秩序有時候會出現競爭排斥。清代發生在中國朝廷與天主教廷之間的「禮儀之爭」就是典型的實例。[56]基督教最早在唐代於西元六三五年以「景教」傳入中國，但到了西元八四五年，由於唐武宗信奉道教，下令禁止佛教等「異教」，掀起大規模的「滅佛浪潮」，即「會昌法難」。到那時，中國已發展的基督信徒還不到三千人。[57]「會昌法難」之後，基督教的傳播被終止。第二波基督教傳播要等到元朝才出現，那次傳播浪潮以一二七五年馬可・波羅一家三人抵達中國為起點，到了十四世紀中期，其間多批傳教士已經在北京、泉州等城市發展了幾萬信眾；但一三六八年元朝崩潰、明朝建立後，明太祖朱元璋禁止基督教，中斷了第二波傳播。第三波傳教始於道明會的葡萄牙傳教士達克魯斯（Gaspar da Cruz）[58]，他於一五五六年抵達澳門，次年葡萄牙租下澳門作為傳教基地。一五七八年，澳門的耶穌會體認到讓中國人接受基督教的挑戰，決定從印度調來年輕的傳教士，其中包括羅明堅（Michele Ruggieri）、巴範濟（Francois Pasio）和利瑪竇（Matteo Ricci），讓他們先學好中文、熟悉儒家文化，再以軟性的方式打開中國社會之門。

第三波傳教比之前兩次都更成功，除了有前人的努力做了鋪墊之外，也更因為利瑪竇改變了傳教方式。之前，葡萄牙、西班牙傳教士要求華人受洗者採用西方名字，接受西方的生活習慣，這對於自周朝以來慣於禮制的中國人來說，阻力可想而知，加上儒家對宗教淡漠的文化傳統（「未知生，焉知死」），使得基督教難以立足中國。利瑪竇觀察到：

> 中國十分廣大，大多讀書識字，寫好的文章，但對所有外國人敏感，好像所有外國人皆能搶占他們的領土似的，不讓任何洋人入境。因此，對傳教事業十分不利。我們不能聚焦很多人給他們佈道，也不能聲明我們來這裡是為傳揚天主教，只能慢慢地個別地講道不可。[59]

因此，利瑪竇在主管中國耶穌會期間，一方面大量翻譯西方的天文與科學著作，把西方科學帶入中文世界，實行「學術傳教」，激發知識精英的好奇心[60]，藉此贏得上層社會的信任，提升中國人對基督教的接受度；另一方面，他也極力調和基督教教義跟傳統中國習俗之間的矛盾，儘量使兩者相容。尤其是利瑪竇透過引證儒家經典，包括借助中國人所熟悉的「天」和「上帝」概念，解釋天主教裡「天主」的存在，要傳教士學中文、穿儒服、結交中國朋友，拉近距離，與儒家文化融合。對待中國人的祭天、祭孔、拜祖等禮儀，利瑪竇也抱持寬容的態度，認為祭孔是「敬其為人師範」，而祭祖為「盡孝思之誠」，這些非宗教禮儀與基督教只承認「單一神」並不衝突。[61] 後來，康熙皇帝將利瑪竇順應中國國情、將基督教「中國化」的務實傳教方式稱為「利瑪竇規矩」。[62]

可是，雖然儒家跟基督教在基於「義」而非貨幣交易解決人際互助這個主張上一致，但畢竟雙方在「義」的內涵上還是有根本的分歧：一個基於血緣、信奉祖先和多個其他神，一個基於信奉耶穌基督為唯一神。這種衝突是「利瑪竇規矩」改變不了的。一六一〇年利瑪竇離世，接任他做耶穌會中國會長的是龍華民（Niccolo Longobardo），之後就出現了「中國禮儀之爭」，這場一直延續到一九三九年才完全結束的爭議與其說是「文化之爭」，倒不如說是兩種不同體系之爭。

起初，這場禮儀之爭主要是在葡萄牙控制的耶穌會與西班牙控制的道明會和方濟各會之間。由於各修會傳教的方式與理念不同，就是否允許基督教中國化上，分歧比較大。即使在耶穌會這邊，也並非都支援「利瑪竇規矩」，尤其在後來利瑪竇去世後，分歧更加突出。一位叫陸若漢（Joao Rodrigues）的耶穌會士於一六一三年寫信給耶穌會總會長，說利瑪竇允許中國信眾祭祖拜孔，違背天主教教義，是「遷就異教，助修曆書，玩弄星象，忘卻星象之天主。」[63] 道明會和方濟各會更是反對，其傳教士認為祭拜祖先孔子是偶像崇拜，與基督教「只信一神」衝突；先知摩西在《聖經》裡說：「因為耶和華你的神乃是烈火，是忌邪的神。」（《舊約·申命記》第四章二十四節），故他們堅持，在此原則問題上不能讓步，中國教徒要麼放棄祭拜祖先為神，要麼放棄信耶穌為神，不能既是基督徒又祭祖拜孔。一位道明會修道士說：「向中國人隱瞞起來的應該是耶穌會士的科學方法，而不是耶穌在十字架上的受難。」[64] 兩方多次反覆向羅馬教廷報告，請教廷裁決；教廷多次回覆，基本立場是認為祭祖拜孔是異端邪行，禁止教徒如此祭拜。

一七〇五年，教皇派遣特使來中國，與康熙皇帝商討主教人選以及教徒禮儀問題。當康熙了解到特使來華的真實目的是要禁止中國教徒祭祖拜孔時，他下令關押、驅逐一些傳教士，同時發放「信票」（即傳教許可證）給遵守「利瑪竇規矩」的傳教士，無信票者不可傳教。對此，羅馬教廷盛怒，一七二〇年再度派遣特使訪華，要求康熙皇帝下令禁止基督徒祭祖拜孔；此舉再次惹怒康熙，他當即下令全面禁止基督教[65]，御批曰：

> 西洋人等小人，如何言得中國之大理？況西洋人等，無一人通漢書者，說言議論，令人可笑者。今見來臣告示，竟是和尚道士，異端小教相同，比比亂言者莫過如此。以後不必西洋人在中國行教，禁止可也，免得多事。[66]

顯然，在康熙皇帝看來，禁止中國人祭祖拜孔等同於禁止中國人為中國人。在第五章我們談到，祖先是儒家禮制中被祭拜的「神」，宗祠神壇放的是不同祖先牌位，因此中國人祭拜多神（對應於各祖先）。[67]此外，自漢武帝獨尊儒術以來，皇帝每年祭孔，尤其唐太宗於西元六二七年下詔：「天下學皆各立周、孔廟……專祀孔子，尊為先聖，以顏回為先師，配享孔廟。」三年後又下詔：「州縣皆特立孔子廟，四時致祭。」[68]自此，各地有孔廟，拜孔也成為儒士、文人、學子的祭神活動。到了明清，拜孔更為「國之大典」，在清代升為「三拜九叩」大禮。而這些儀式是前述儒家「家秩序」不可分割的部分，也是禮制牢牢規範中國人生活的原因，因此這些儀式萬萬不可禁。

以往，學者把「中國禮儀之爭」籠統歸結為中西文化之爭[69]，但本書分析框架做更深一層的理解，那次爭議其實是人際互助的兩種不同實現方式之爭，一種基於血緣加禮制，一種基於「一神」信仰與教義，這兩種方式代表著「人類社會應該如何跨期合作」的兩種不同願景。從這個意義上來說，雖然當初道明會和方濟各會的看法很「不務實」、過於死板，但在邏輯上是成立的——基督教的願景靠的是信徒只拜耶穌基督這個唯一神，所以就有了兩種方式間的衝突。但從更深的層次來看，兩者其實可以相容互補，因為儒家禮制幾乎把所有的精力放在組建血緣內的家秩序上，關注的是如何建設並鞏固血緣宗族，將血親間跨期交換的安全度最大化，但儒家對宗族之外的跨宗族秩序興趣不大，少有關注血緣之外如何互助合作的問題，而這恰恰是基督教的關注重點，基督教的初衷就是建立超越血緣的信任秩序。一個重視族內，一個重視族外。

不同宗教間的競爭

宗教從教義戒律到禮拜儀式、教堂寺廟、信眾聚會、辦班讀經等，目的在於促進教友間的互信互助，消解信眾內部的暴力衝突，推進文明化進程。這種進步本身就很巨大，到了二〇一五年，全球有二十三億基督徒，占世界人口的三一．二%，而伊斯蘭教有十八億信徒，占世界人口的二四%。[70]這兩大一神教把世界五五%的人分成兩大群體，涵蓋幾乎所有國家；群體內部以共同信仰為信任基礎；雖然各教內部的不同宗派間也時有衝突，但總體而言，這些衝突比起沒有共同信仰下所可能有的衝突，還是要少得多。難以想像，要是沒有基督教將歐洲轉變為基本價值觀相同的統一體，歐洲各社會間的暴力會是什麼樣子；同理，若不是伊斯蘭教，各伊斯蘭國家間的衝突可能也會更多。這就是為什麼雖然過去兩千年的宗教發展雖然沒有提升人類的勞動生產力，卻提升了人類的風險應對力，也將各群體文明化。然而，前面談到，出於「俱樂部」邊界識別的需要，教團需要區分「我們」和「他們」，並區別對待教眾與非教眾。信任限於教團內部的信眾之間，但教徒與非教徒之間的互信未必因此而上升，甚至還可能會相反：不同宗教群體間的信任反而下降，甚至變得仇視、發生衝突。

在一項頗具影響力的實驗中，威爾．戈維斯（Will Gervais）等三名學者發現[71]：在美國成年人中，信教者對其他教派信徒的信任度要低，而對無神論者的信任度就顯著更低；當學者用類似前述辦法去喚起實驗參與者的宗教感時，信教者對無神論者的偏見還會進一步加重。因此，宗教在降低本教內部暴力的同時，也增加了與外部團體——既包括不信教者，也包括其他宗教的信徒——發生衝突的風險。從更一般的角度來看，這牽涉到「身分經濟學」這個主題[72]：在諸多包括是否互惠、是否懲罰等方面的決策時，個體都會考慮自己和對方的身分；在相同身分者之間實現互惠合作、互保互防容易，但跟外方身分者則是另一回事。這也解釋了為何宗族與宗教組織在建立信任的方式上會如此相似。之前說到涂爾幹的定義：「宗教就是一組關於神聖事物之信仰與實踐的統一體，這些信仰與實踐將信眾凝聚在一起，組成一個叫『教會』的排他性道德社群。」[73]這話準確概括了基督教對歐洲、伊斯蘭教對中東和北非的轉型作用，比如雖然歐洲國家之間有國界、名稱各異，但基本價值體系都以基督教教義與律例為基礎。「教會的根基就在於宗教故事。兩個天主教信徒就算從未謀面，還是能夠一同參加十字軍東征，或一起籌措資金蓋醫院，原因就在於他們同樣相信上帝化身為肉身，讓自己被釘在十字架上救贖我們的罪。」[74]斯塔克認為：一種宗教與其他宗教間的競爭張力愈強，信眾內部的凝聚力就會愈高，教友間的互助支持也會既多又可靠。[75]因此，只要不是太激烈，競爭未必是壞事，畢竟競爭能提升宗教的價值與強度。

一神教統一了信眾的價值觀和倫理規範，強化了凝聚力，但在減少信眾內部暴力的同時，也移動了另一類暴力的「位置」，即宗教之間的衝突甚至戰爭。[76]穆拉特・艾伊根教授（Murat Iyigun）對一四〇〇年以來的各場戰爭做量化研究後[77]，發現以下規律：宗教間的戰爭在十六世紀後有所下降，但是比一般戰爭的持續時間更長、每次死亡人數更多。更早期的著名宗教戰爭是基督教向伊斯蘭教發動的十字軍東征。

穆罕默德生於西元五七〇年的麥加，在他四十歲開始記寫真主的啟示《古蘭經》之前，阿拉伯半島的各社會跟古代中國類似：以原始宗教為主，相信萬物有靈、靈魂不死，針對大自然、動植物、祖先、精靈和偶像，都配有相應的神並予以崇拜；當然，社會也因此不能團結一致，缺乏凝聚力，難建統一秩序。在這樣的背景下，穆罕默德接受真主的啟示，建立了伊斯蘭教，只拜真主為唯一神，並清除所有其他的神崇拜和偶像崇拜。在七世紀初期，先是妻子和家庭成員相信穆罕默德是真主的代言人，成為他的信徒；之後，穆罕默德發展了更多信徒，派遣他們去各阿拉伯部落傳教，使大量居民成為穆斯林；再來，透過組織穆斯林軍隊，武力強制麥加貴族接受伊斯蘭教。到六三二年穆罕默德離世時，伊斯蘭教已經是阿拉伯半島占統治地位的宗教，基於共同宗教的統一秩序取代了原來基於多個血緣部落、眾多神靈的鬆散多極秩序；在「凡穆斯林皆兄弟」的召喚下，統一秩序使阿拉伯內部的暴力衝突減少。隨後在六三八年，穆斯林占領了聖地耶路撒冷。到八世紀初，穆斯林已占領大馬士革、開羅、伊比利亞半島中部（今天的西班牙）、西西里島、地中海島嶼等社會，伊斯蘭世界的軍事、經濟、科學和文化都走進鼎盛時期。

耶路撒冷不僅曾是猶太人的家園，也是耶穌基督的誕生地，因此是基督徒的聖地。在穆斯林占領耶路撒冷後，起初，伊斯蘭教、基督教和猶太教之間的競爭關係並不妨礙基督徒在那裡工作生活，他們還可以建教堂，與其他宗教和平共處，井水不犯河水；在十世紀，大批歐洲基督徒在主教的帶領下，一同前往耶路撒冷朝聖，最多時一批就達數千人。可是，隨著伊斯蘭世界的科學、經濟和軍事實力不斷膨脹，十一世紀時，矛盾出現激化。西元一〇〇九年，埃及法蒂瑪王朝下令穆斯林摧毀在耶路撒冷的基督教堂和猶太會堂，封鎖基督徒前往耶路撒冷的朝聖之路；穆斯林侮辱、迫害基督徒的消息傳至西歐，基督教與伊斯蘭教的對立不斷加劇。尤其是一〇七一年，穆斯林在一場戰役中擊敗東正教（基督教的一個宗派）主導的東羅馬，打散其軍隊；接下來，地中海東岸基督教社會的處境每況愈下，東羅馬皇帝於一〇九五年緊急寫信求教於教皇烏爾巴諾二世（Beatus Urbanus PP. II）[78]，尋求基督教弟兄的武力援助。當年十二月，教廷在法國召開數萬人的宗教大會，參加人員包括各大主教、貴族騎士和平民百姓，教皇親自疾呼西歐教徒前往地中海東岸，收復聖地耶路撒冷，解救同為基督教弟兄的危難，同時告訴信徒，如果他們參加東征成功，就可得到全面的救贖。參會者聽後群情激憤，呼喊著「上帝意志！上帝意志！」一場基督教與伊斯蘭教的聖戰就這　發動，「為上帝而戰，為教會弟兄姐妹而戰！」會議確立以十字記號為軍隊徽幟。第一次十字軍東征分為兩波，第一波由狂熱但沒有專業訓練的下層貧民組成，他們帶上孩子、家當和馬車，於一〇九六年三月出發。但他們缺乏紀律，沿途搶劫，一些猶太人和匈牙利人等因看起來像「異教徒」而遭到他們殺害，他們自己也在疾病和鬥殺的過程中損傷慘重，到達東羅馬首都君士坦丁堡（今天的土耳其伊斯坦堡）時，人數只剩一半左右，後來在與穆斯林突厥人的作戰中更是死傷慘重，幾乎全軍覆沒。另一波則是正規十字軍，由歐洲貴族和騎士組成，於一〇九六年八月從西歐出發，一〇九九年擊敗埃及穆斯林士兵，奪回聖地耶路撒冷，並建立十字軍耶路撒冷王國。在收復聖地的過程中，十字軍大量屠殺耶路撒冷和安提阿兩城的異教徒，尤其是穆斯林。那次屠城使穆斯林與基督徒之間結下永久的仇恨。[79]

從十一世紀末到十三世紀末的兩百餘年中，由於穆斯林軍隊和基督徒十字軍之間多次來回爭奪耶路撒冷，在不同羅馬教皇的號召下，歐洲一共發動了七次大型十字軍東征以及更多次小規模的東征行動，死傷人員和物質損失都難以計數。布魯斯．謝利（Bruce Shelley）教授說：「在過去的七個世紀裡，基督徒[80]當然更希望忘記十字軍東征的事情，但猶太人和穆斯林不會允許他們忘記。」

結語：宗教與宗教之外

人類發展出宗族和宗教，兩種秩序從不同角度幫助百姓實現安身立命。當然，組建人際跨期互助網絡也可基於其他要素，比如清時期的天地會、袍哥會、同鄉會，以及現代的道德會、同善社等。天地會也叫三合會，拜天為父、拜地為母，「天地人」三合一，該社團組織起源於清初康熙、雍正時期，在過去近三百年流行於華南和東南亞地區，創立之初是為了「反清復明」、重回漢族統治，又因明太祖年號洪武，故也叫「洪門」。根據荷蘭漢學家田海（Barend J. ter Haar）的著述[81]：「三合會成員之資格，乃是社會生存策略的一部分，它代表加入一個互助網絡，並且共用一種獨有的儀式和述事知識體系（包括一套繁雜的入會儀式、一則立會根由、一套特殊的行話和識別暗號）……三合會儀式提供了一種強有力的途徑，可以將某個充滿敵意的環境中預先沒有任何相互聯繫鏈結的外人，轉化為注定將要互相扶助的局內人。」由此可見，天地會也是基於某種信仰（即「反清復明」）而建立的跨期互助組織，通過複雜的儀式和身分識別規則強化號召力、凝聚力，具備宗族與教會的組織元素。袍哥會[82]、青幫、同鄉會的立意和組織方式也大致如此，都是因某種共同利益而建立的跨期互助社團。但是，由於這些社團的信仰或宗旨與當時的需要或議題聯繫太緊，比如「反清復明」、僑民商業發展，一旦時過境遷，這些需要可能消失、議題生變，於是社團組織的基礎也就破裂，使命完成。也正因如此，許多非血緣、非宗教的社團都是曇花一現，生命力不如血緣宗族和宗教教會，中國宗族、猶太教、基督教都已延續兩千年或更久。另有一些道德會、同善社等民間宗教組織具有「准教會式」的制度化組織模式，功能也是建立跨期互助共同體，只是在效果上沒能趕上基督教、伊斯蘭教等[83]，關鍵可能還是它們沒有妥善解決逆向選擇和道德風險的問題。

非血緣的正式教會之所以能長久延續，隨時向遭遇困境的教友伸出援手，除了嚴密的教義戒律、識別符號、頻繁儀式和獎罰機制外，也因為教會立足於信眾的精神世界，直接面對每個人心靈深處最恐懼的終極問題：死後是上天堂，還是下地獄？終極問題永恆不變，不像「反清復明」、世俗利益那樣過眼雲煙。在這個意義上，「地獄」是西方宗教最關鍵的創意，是對違犯教義戒律的終極懲罰。同時，《聖經》也給予巨大的正向激勵：「……你要謹守遵行我今日所吩咐你的誡命，律例，典章……他必愛你，賜福與你，使你人數增多；也必在他向你列祖起誓應許給你的地上，賜福與你身所生的、地所產的，並你的五穀、新酒和油，以及牛犢、羊羔。你必蒙福勝過萬民……耶和華必使一切的病症離開你。你所知道埃及各樣的惡疾，他不加在你身上，只加在一切恨你的人身上」（《舊約．申命記》第七章十一至十五節）。一旦教會回答了終極問題，又設計好了「胡蘿蔔與棍子」，公眾對宗教信仰的需求就存在。尤其是那些生活貧困、產出風險高的社會，需要透過跨期互助平滑風險衝擊，否則一旦負面衝擊來臨，社會崩潰，犯罪的機會成本就下降，搶劫、暴力、戰爭必然增加，而宗教對於社會能夠起安全閥的作用。宗教在幫助民眾度過難關的同時，也降低了社會暴力，助推文明化。正因為宗教的風險調適效果，災害風險高的地區往往也是宗教擴散最快、最多的地區，災害發生頻仍的年代往往也是宗教深入人心的時期。

當然，消費、保險等經濟保障不是宗教的唯一價值。比如：基督教是攸關死後上天堂還是下地獄的信仰，讓信徒更坦然面對生命的終結，也為社會奠定規則秩序；生活、工作與世上的一切都是上帝事先安排的「生命觀」，使信眾達到「逆來順受」的精神境界。這些精神信仰是金融市場或政府福利所無法替代的。不過，北歐甚至西歐福利國家的興起導致該地的教堂式微，信眾逐減，這也足以證明保險功能在過去的信教決策中舉足輕重（第十一章將進一步談福利國家的話題）。[84]

此外，宗教也充滿競爭。第一類競爭是不同宗教之間的競爭：既然災害多、生活貧困的地區對宗教的需求高，那麼不同宗教都希望去占領這些群體，進入他們的靈魂深處。因為作為「俱樂部」的各宗教都可幫助人體解決風險挑戰，只是風險調適的效果和成本各異，所以宗教在凝聚本教信眾的同時，也加劇了與其他宗教群體的衝突。發生在十一至十三世紀的十字軍東征，就是宗教之間暴力競爭的極端例子。十七世紀末、十八世紀初發生在中國朝廷與天主教廷之間的「禮儀之爭」是另一個實例，當時教廷擔心中國信徒的祖先祭拜違反「一神教」的原則，使他們無法全身心投入耶穌基督。班傑明．恩克（Benjamin Enke）教授基於多國資料的實證研究證明[85]：一地區內，血緣網絡的緊密程度與當地信仰至高神的民眾比例呈顯著的負相關，兩者的確有排他的競爭關係。也就是說，因為人的資源和精力有限，注入血緣家秩序的資源多了，留給至高神宗教的就會相對少。

第二類競爭是宗教與其他避險方式的競爭，或者說對其他方式的排擠，不讓其他跨期互助體系「搶走客戶」。除了宗族和宗教外，市場與政府也可承擔保障跨期交易、應對負面衝擊的職能。既然如此，不同方式之間難免相互爭奪，儘管理性看來，它們之間更應該為互補。所以，下一章我們將探討宗教對金融的排斥歷史，包括禁止有息放貸，而第十一章會注重福利國家的崛起以及與宗教的競爭，尤其是為什麼美國等國家的宗教領袖極力反對政府福利。

在宗教競爭史上，基督教與猶太教之間的衝突可能是持續時間最長、影響也最深遠的，尤其是中世紀基督教歐洲對猶太人的驅趕、第二次世界大戰納粹德國對猶太群體的清洗，這些反猶暴力所產生的影響直到現今世界猶存。下一章便會聚焦這個話題，探究宗教改變世界歷史背後的邏輯。

第七章
借給外邦人可以取利
基督教排斥金融和反猶的歷史

首先，要燒掉他們的猶太會堂或學校……這樣做是為了尊重我們的主和基督教，這樣上帝能看到我們是真正的基督徒……

第二，我建議夷平和摧毀他們的房子……

第三，我建議奪走他們所有的禱告書和《塔木德》，這些作品教導的是偶像崇拜、謊言、詛咒和褻瀆神靈……

第四，我建議他們的拉比從今以後禁止教學，違者則處死或被懲罰……

第五，我建議猶太人禁止在馬路上通行，因為國內沒有他們的事情……

第六，我建議禁止讓他們放高利貸，這樣所有現金以及銀子、金子等財富都要從他們那裡拿走……

第七，我建議給年輕、強壯的猶太人一個枷、一把斧子、一把鋤頭、一把鐵鍬、一根繩子或一根紡錘，讓他們汗流浹背地謀生……

讓我們效仿其他國家，如法國、西班牙、波希米亞等地的一般做法，將他們永遠趕出國土……

——馬丁．路德，《論猶太人及其謊言》（*Von den Juden und ihren Lügen*）

在國際政界、商界、學界、法律、藝術、醫療等領域，處處是猶太人的身影。二〇一六年，全球的猶太人有一千四百四十一萬人[1]，占世界人口的〇．二%，其中，六百六十萬居住在以色列，五百七十萬居住在美國（約為美國人口的二%）。雖然猶太人占世界人口的比例很小，但截至二〇〇九年，二七%的諾貝爾物理學獎得主、三一%的諾貝爾生理學或醫學獎得主、五四%的國際象棋冠軍都是猶太人；在美國，二一%的常春藤大學學生、三四%的奧斯卡最佳導演獎得主、三八%的《商業週刊》捐贈排名榜人物、五一%的非小說類普立茲作家獎得主均為猶太人。[2]耶魯大學猶太教授和學生占比很高，以致於除了基督教節日外，只有猶太節日可以放假或請假。全球最有錢的企業家中，猶太人的占比也很突出，比如二〇一八年《富比士》全球前兩百名富豪中，猶太人有三十八名（占一九%，遠超其全球人口〇．二%的占比）[3]，包括Meta創辦人祖克柏（Mark Zuckerberg）、甲骨文創辦人艾利森（Lawrence Joseph Larry Ellison）、Google聯合創辦人佩奇（Larry Page）和布林（Sergey Brin）。在華爾街，高盛集團、雷曼兄弟、所羅門兄弟等這些人人耳熟能詳的金融財團，就如當年影響歐洲政經界的羅斯柴爾德（Rothschild）家族一樣，也是由猶太人創辦掌管。[4]

猶太人口占比這麼少，卻在各行各業成就非凡，令人敬佩。可是，從上面引用的馬丁．路德的言論看，猶太人在歷史上的處境並不好。馬丁．路德是十六世紀歐洲的開明派牧師，宗教改革發起人，但他在一五四三年的著作《論猶太人及其謊言》中，就「基督徒應該如何對待這些被拒絕和被譴責的猶太人」這個問題，居然給出如此充滿仇恨和暴力的七條解決方案，既從宗教上侮辱猶太教（「宗教反猶」），又呼籲禁止猶太人從事高利貸，並奪走他們的財富（「利益反猶」）。馬丁．路德的這些表述在基督教演化史中不屬個例，因為在他之前的一千多年中，猶太人就被不斷迫害、驅趕；在他之後的幾個世紀裡，這種局面仍然繼續，甚至更為嚴重，到二十世紀納粹德國推出「最終解決方案」(Die Endlösung)：清洗猶太人。[5]

為什麼猶太人的歷史會如此滄桑，而今天如此輝煌？基督教與猶太教之間為什麼如此水火不容？十六世紀中期發生的宗教改革是調和，還是強化了兩大宗教間的衝突？對後來的世界與金融發展又產生了哪些影響？在這一章中，我們借助量化歷史和傳統歷史研究，以《舊約》和《新約》作為切入點，繼續解讀宗教互助網絡背後的成本與收益，加深理解各文明背後的邏輯。

宗教把信眾凝聚在一起，形成互信互助大家庭，提升個體應對風險的能力，促進教友間的和平相處。不過，宗教雖然幫忙解決了教友之間的跨期承諾問題，但宗教所強化的「俱樂部」凝聚力和保障功能，是以分清「我們」和「他們」的邊界為前提的，包括排擠甚至打壓其他宗教群體或非信徒社群、排斥其他風險化解手段。上一章談到的十字軍東征，就是基督教跟伊斯蘭教之間的排斥性競爭所致。而基督教跟猶太教之間的競爭，以及對猶太人的群體仇視，從基督教一開始創立就發生了，「宗教反猶」至今還沒完全消失，「利益反猶」有時也會出現。基督教跟猶太教的故事不僅深深影響了過去兩千年的人類歷史，也從多個層面造就了今天的世界。

宗教排斥金融

基督教跟猶太教的矛盾可能最早源自兩個方面：一是《舊約》關於放貸是否可收利息的教義解讀，二是《新約》關於猶太人當初如何惡待耶穌——基督教唯一崇拜的神——並讓祂遇難的教義。前者造成基督教排斥有息放貸以及金融與商業，造成基督徒不能合法放貸收息，亦不能從事金融，但猶太人可以，並使基督徒只能從猶太人那裡付息借錢。長此以往，歐洲基督徒就逐步把猶太人和高利貸剝削畫上等號，形成「利益反猶」。下面，我們先來看看「利益反猶」

的由來。

人類早期的金融交易

早在人類還沒建立家秩序和正式宗教時，跨期金融交換就已經出現了，只是後來遭前者擠壓，停歇多個世紀。我們可以從幾個方面證明早期借貸金融的存在。首先是考古學者在美索不達米亞南部古巴比倫發現的證據，這些記載於陶片上的楔形文字憑據大約發生在西元前二五○○年[6]，說明至少四千五百年前跨期借貸就已足夠成形。

一方面，文字的發明跟跨期交換有關。根據丹尼絲・施曼特－貝瑟拉（Denise Schmandt-Besserat）教授的考證[7]，人類文字最早出現在古巴比倫，就是現今的伊拉克一帶，也是第二章談到最早發明定居農耕的地區：起先為了跨時間記錄物產的收成與貯存，發明了記數用的代幣；在西元前四○○○年左右，更加複雜的代幣與封球開始出現；除了數字之外，亦出現了原始的文字，這套文字就是後來所說的「楔形文字」。這些發明與跨期交換的需要密切相關：農人在豐收或平常年景將成果送入寺院的倉儲，等將來歉收或遭逢特殊需要時，再回到寺院支取儲蓄的穀物，得到回報，寺院顯然起了在不同農人間跨期平滑收成的仲介作用。為了記錄收成的進出同時便利農民，寺院利用代幣記錄之前的收入，並且將代幣納入封球之中；之後，遇到不景氣的年分，農民可以在寺院裡打開封球，取出之前封入的代幣，憑此領取相應的產品。也就是說，跨期交換催生的記錄需要，是早期文字出現的直接動力之一，而要達到這種催化力度，跨期交易必須夠普遍、價值也得夠高。

另一方面，考古資料顯示，雖然西元前二四○○年以文字記載的借貸契約開始出現，但遺留下來的早期借貸契約過於籠統，細節比較少，日期也不十分清楚。而幾百年後，借貸契約就

圖七・一　古巴比倫的白銀貸款契約陶片

成熟得多，圖七・一顯示給出馬克・文德米路（Marc van de Mieroop）教授所提供、西元前一八二〇年七月的借貸範例[8]，這筆以白銀為標的並有利息的貸款發生於古巴比倫烏爾第三王朝（Ur III）時期，距今三千八百多年。契約說：「那比（Nabi-ilishu）的兒子從太陽神（Shamash）和新塔佳（Sin-tajjar）借入九・三三克的白銀。他保證將在收穫季節還本付息，利息根據本金和標準利率計算。見證人如下：（五位見證人的名字一一列出）。阿皮爾辛（Apil-Sin）建造伊南娜神廟那年的七月。」這份借貸契約不僅證明金融交易在距今四千年前就已成形，而且合約的格式與內容也與現代契約類同：既有明確的貸方與借方人名，又有標的額、利息、多位見證人與日期，只是沒有明確標注還款標的到底是白銀，還是穀物或其他東西。當然，在文德米路教授提供的借貸契約裡，這種模糊性不存在[9]，而是明確說白銀借出、芝麻還債。

文德米路教授談到[10]，在巴比倫歷史上，官方為各類放貸設定利率，比如西元前一八一五年頒布的《伊施嫩納法典》（*Laws of Eshnunna*）就明確規定：「如果一個商人提供穀物或白銀的有息貸款，他將就每三百塞拉（sila）穀物向債務人收取一百塞拉作為利息（即利率為三三．三三%），或者就每一舍客勒（shekels，一百八十粒大麥）白銀向債務人收取三十六粒大麥作為利息（即利率為二〇%）。」稍後於西元前一七七六年刻在石柱上的《漢摩拉比法典》中，也有相同的規定。由此可見，借貸金融在那個時期應該已經很普遍，否則不會在正式法典裡都有細則。至於為什麼白銀貸款利率低於大麥利率，文德米路教授認為，應該與大麥價格的季節性波動大有直接關係，因為大多數大麥貸款都發生在青黃不接的春天和早夏，那時的大麥價格奇高，而還貸一般是在秋收時期，大麥價格很低，這種規律完全可預期，所以放貸大麥的一方會要求在白銀利率之上加上「溢價利率」，以補償貸方承擔的大麥價格風險（否則，放貸方只願意放貸標的價值穩定的白銀，而不會接受以大麥為還貸標的）。我在《金融的邏輯》中寫道[11]，二十世紀三〇年代中國的利率也是穀物借貸利率遠高於貨幣利率，原因與此類似。毛澤東在《毛澤東農村調查文集》中曾述，二十世紀三〇年代的江西農村，錢利平均為三五%，而穀利在五〇%以上[12]，都高出西元前十九世紀古巴比倫的利率，但穀利與錢利之間的差值與古巴比倫相似。

存留至今的大量借貸契約陶片以及涉及借貸規則的法典與國王令，證明借貸金融在西元前二十世紀的中東已經很發達。之後，跨期借貸的技術走出美索不達米亞，從西元前十八世紀至前十世紀，傳播到希臘等地中海地區；西元前八世紀後，借貸交易擴散到古埃及、古羅馬[13]，到達今日所說的「西方」。

到了羅馬共和國時期的西元前三世紀，羅馬人推出「公共合夥公司」（societas publicanorum），這些公司具備現代股份有限公司的四個基本特徵：第一，公司的存在不受個體成員離去的影響，其生命年齡無限，超越個體股東的生命力；第二，公司管理層可以代表公司簽約，簽約的結果與簽約人個人的權利與利益分開，結果由公司承擔，也就是作為「法人」的公司與管理層自然人是「隔離」的；第三，出資的股東不必參與公司的管理，而是由「職業經理人」或其他股東管理，由「委託代理」關係約定，股東的責任有限；第四，股份可以轉手交易，甚至可以公開交易。當時的羅馬公司及股票交易雖然不能完全跟今天比（至少當時的羅馬法律還沒發展到今天的成熟度），但離真正的「股市」和「證券市場」或許只有一步或幾步之遙。[14]第十章我們會進一步討論古羅馬的金融發展話題。

就在美索不達米亞的借貸技術傳入古羅馬的同一時期，周朝中國對借貸顯然也不陌生。《周禮．地官．泉府》有言，周朝「泉府掌以市之征布，斂市之不售，貨之滯於民用者，以其賈賣之物楬而書之，以待不時而買者，買者各從其抵，都鄙從其主，國人、郊人從其有司，然後予之……凡賒者，祭祀無過旬日，喪紀無過三月。凡民之貸者，與其有司辨而授之，以國服為之息……凡國事之財用取具焉，歲終，則會其出入而納其餘。」文中明確談到「貸」和「息」。就泉府的角色，明朝萬曆十七年進士高攀龍在《今日第一要務疏》中解釋：「臣觀古今善理財者，無如周公。而《周官》所立泉府，謂之曰：『泉者，欲其如泉之流而不滯也。』」也就是說，泉府的職責就是在社會物資或資金短缺時供貨供貸、市場物資過剩時買進收貸，以減少物資與錢財供需的跨期波動。在中國，官方借貸至少始於周朝。到戰國時期，《管子．國蓄》云：「春以奉耕，夏以奉芸。耒耜械器，種穰糧食，畢取贍於君。故大賈蓄家不得豪奪吾民矣。然則何？君養其本謹也。春賦以斂繒帛，夏貸以收秋實。」管子說的也是國家在短缺時期向農民貸放糧食、種子和生產工具等，秋收時節收貸。

漢代的《九章算術》是現存最早的中國古代數學著作[15]，也是《算經十書》中最重要的一本，其作者已不可考，一般認為經過西漢的張蒼、耿壽昌等各家增補修訂，其中一些題目在《周禮》中已體現，成書最遲在東漢前期，比基督教的創立稍早。《九章算術》涉及九大類數學問題，各一章就成「九章」，內容分為兩百四十六題，涉及算術、初等代數、初等幾何等，其中關於一元多次方程的解法是世界上最早記載的。《九章算術》第七卷「盈不足」第二十題為：「今有人持錢之蜀，賈利十三。初返歸一萬四千，次返歸一萬三千，次返歸一萬二千，次返歸一萬一千，後返歸一萬。凡五返歸錢，本利俱盡。問本持錢及利各幾何？」此外，第三卷〈衰分〉章第二十題問：「今有貸人千錢，月息三十。今有貸人七百五十錢，九日歸之，問息幾何？」這些考題都涉及金融交易的定價問題；既然時人能提煉、抽象出這些提問，說明到了西漢，借貸不僅已相當成熟普遍，應運而生的金融數學也很發達。

在研究義大利數學家斐波納契（Fibonacci）一二〇二年寫作的《計算之書》（*Liber Abaci*）時，耶魯大學威廉．戈茲曼（William N. Goetzmann）教授談到[16]，計算未來不同時間點收入流的貼現值對於金融交易至關重要，雖然這類數學問題源自金融交易，但金融數學的發展又會反過來決定金融市場本身的升級發展。當然，難以想像，如果早期的金融業務不夠普遍，從漢代《九章算術》到斐波納契《計算之書》這樣跟金融緊連的數學怎麼可能出現。

由此可見，在人類歷史上，金融萌芽發生得很早。這更是引出兩個新問題：第一，既然借貸金融至少四千多年以前在古巴比倫就已經很普遍，為什麼在羅馬帝國（西元前二七年至西元四七六年）之後停頓下來，直到十二世紀前沒有進一步發展？第二，從《九章算術》的考題來看，金融數學在中國發展得最早[17]，為什麼中國沒有早於西方推出正式金融，而是直到晚清洋務運動時期才從西方引進呢？第十章我們會再回到金融市場演變史以及為何正式金融先在西方而不是在中國發展的話題，本章接下來重點回答第一個問題。

基督教對有息放貸的禁止

對於第一個問題，答案在於來自宗教和文化層面的阻礙。四千多年前人類最初進行借貸交易時，一般市場還不發達，正式宗教尚未形成，人類認知也還沒進化到哲學討論的地步，因此可能還沒進化到排斥「貨幣化交易」的程度，尤其「用錢生錢」還不是大問題。可是，一旦借貸金融夠普及、夠發達，還貸糾紛愈來愈頻繁，甚至引發暴力衝突，向生計艱辛的家庭討債就變成倫理道德、社會秩序的問題[18]，自然會引發哲人介入探討人類社會該如何建序的根本大哉問。這就是為什麼人類到了軸心時代，猶太文明、古希臘文明、中華文明、印度文明等各主要文明相繼起步，各處的哲人思考相同的問題：人類社會是繼續沿著原始亂序路徑走下去，還是應該重新組織社會，建立秩序？如果是建立秩序，人際互助、社會關係又該如何建立，是基於貨幣化交易、基於「利」，還是基於「義」或其他元素？兩千多年前的軸心時代，各文明找到不同答案，猶太文明找到宗教，儒家文明找到血緣宗族等等，但這些古老文明有一點是相同的：都選擇基於「義」而非基於貨幣交易（即市場解決方案）來建構社會。從各種資料看，那個時期的哲人似乎更在乎降低生活風險和亂序風險，而不是提高生產力，也就是說，在緒論的圖三上，更多希望從 B 點轉向 C 點，而不是在生產力座標上最大化地上升。

在西元一世紀基督教出現的時候，金融基本上都是為活命的消費借貸，且借貸帶來的社會問題集中在利率上，因此放貸利率是高是低就成了道德討論的焦點。艾曼．里達（Ayman Reda）道：「在經濟思想這個範疇中，沒有比有息借貸更有爭議的話題了。」[19]是否應該有利息？如果可以有，利率水準多高才符合倫理道德？如果放出的貸款屬於「高利貸」，應該怎麼處罰放貸者？[20]

基督教對有息借貸的敵視可謂「源遠流長」——其理論根基可一直追溯到《聖經》的《舊約》，其中，由摩西於西元前八世紀寫下的《申命記》和《出埃及記》，就明確禁止有息放貸，而摩西是猶太教、基督教和伊斯蘭教都敬重的先知，《舊約》是這三大一神教的共同教義。《舊約．出埃及記》第二十二章二十五至二十六節說：「我民中有貧窮人與你同住，你若借錢給他，不可如放債的向他取利。你即或拿鄰舍的衣服作當頭，必在日落以先歸還他。」《舊約．箴言》第二十二章七節云：「富戶管轄窮人，欠債的是債主的僕人。」對債主的敵意顯而易見，但這種敵意與宗教的初衷——透過建立信仰共同體為信徒提供風險調適互助——是一致的，因為具有避險功能的宗教與金融屬於競爭性關係，借貸金融的進步會奪走信徒對宗教的資源投入。

《舊約．申命記》第二十三章十九至二十節強調：「你借給你弟兄的，或是錢財或是糧食，無論什麼可生利的物，都不可取利。借給外邦人可以取利，只是借給你弟兄不可取利。這樣，耶和華你神必在你所去得為業的地上，和你手裡所辦的一切事上賜福與你。」所以，《聖經》對利息的禁止是明確的，只是把「弟兄」和「外邦人」做區分：對兄弟「不可取利」，而借錢給「外邦人」可以取息。[21]但是，誰是兄弟，誰是外邦人？這個定義成了關鍵所在。

在猶太教看來，只有猶太人才是弟兄姐妹，而非猶太人都是《舊約》中說的陌生人，亦即「外邦人」。於是，猶太人給猶太人放貸時不可收息[22]，但在給非猶太人放貸時可以合法收息。相較之下，基督教認為只有敵人才是「外邦人」、陌生人，對敵人榨取利息就似沒有硝煙的戰爭；而敵人之外的人，不論是否是基督徒，皆是弟兄姐妹，互相幫助是應該做的事情，因此借出多餘的錢並收取利息，與手足原則相悖。這等於說，基督徒借錢給幾乎所有人都不能收息，但猶太人不受此約束。基督教跟猶太教的這個解讀差別影響了過去近兩千年的世界歷史。由於金融本質上是「用錢賺錢」的生意，不能收息等於從教義上斷絕了基督徒從事金融業務的道路，而猶太人卻可以做金融。一直到十六世紀宗教改革以前，在歐洲，基本上只有猶太人能合法從事金融業務，也因此引發了「利益反猶」等經濟與社會問題。

基督教的金融倫理經過了較長的精細化過程。第一位系統闡釋《申命記》中「弟兄」與「外邦人」的是聖安博（St. Ambrose），西元三七四至三九七年他是米蘭大教堂的主教。他寫道：「神之法則禁止你在任何情況下從你弟兄處收取利息，而這裡的『弟兄』指的是與你一同共用自然的人、與你共同繼承神的恩典的人，有信仰並遵守羅馬法律的所有人。」就誰是「外邦人」的問題，他解釋說：「你可以要求並收取利息的人，是那些你可以正當傷害、可以合法用武以對的人，是那些你在戰場上無法戰勝、但想透過一％的利息去報復的人，是那些你把他們殺死也不犯法的人。有息放貸者是不用武器作戰的人：他透過收息來報復敵人。因此，那些可以發動正義戰爭的地方，也是可以做有息放貸的地方。」[23]

在《聖經》之外，亞里斯多德（西元前三八四年至前三二二年）關於有息放貸的論述也深深影響了歐洲商業倫理，打擊了金融發展。在經典著作《政治學》(*Politiká*)中，他把賺錢的方式分為兩種：一種是「自然方式」，包括畜牧、農耕、捕魚、狩獵等；另一種是「反自然」的「獲得金錢的技術」。亞里斯多德說：

我們所有的財物，每一件都可以有兩種用途。財物是同一財物，但應用的方式有別，其一就是按照每一種財物的本分做正當的使用，另一則是不正當的使用。以鞋為例：同樣是使用這雙鞋，有的用來穿在腳上，有的則用來交易。那位把鞋交給正需要穿鞋的人，以換取他的金錢或食物，固然也是在使用「鞋之所以為鞋」，但這總不是鞋的正用，因為製鞋

> 的原意不是為了交換。其他一切財物的情況相同，都可以兼作易貨之用。從前的人各自所有的各種物品，或太少或太多：因此以有餘換不足，「交易」原來是自然發展起來的。[24]

如果交易不是為了滿足需要而是為了贏利，那麼交易就是不自然的。亞里斯多德沒有認識到，由於勞動分工，專門做中間環節的商人對鞋的價值也有貢獻。因為社會最終希望把每雙鞋賣給全球範圍內最想要穿鞋的人（故使鞋的價值達到最高），但是從浙江溫州到舊金山，再由舊金山上岸運到別的地方，需要經過層層環節和不同專業分工的人去搬動、運輸、儲存、維護、分送。然而，亞里斯多德只關注商品的自然屬性，以自然屬性定位什麼是順應自然、什麼是反自然，並由此決定商品的價值。在他看來，中間商以低價買入、高價賣出，但買賣之間並沒有把鞋做大、做小或改良，卻賺取差價，這種利錢是不自然的，應該被消滅革除。由此衍生出的文化對純交易行為的看法非常負面，深深影響了後來基督教對商業與市場的態度。

如果說為交易而生產的商業是「不自然的」，做錢的生意就更加反自然了。有息放貸「不再從交易過程中牟利，而是從作為交易的仲介的錢幣身上取得私利。為了交易方便，人引用了貨幣，而錢商竟然強使金錢進行增殖。」這種做法無異於強使父親懷孕生子，因此「在致富的各種方法中，錢貸確確實實是最不合乎自然的。」[25] 亞里斯多德這個論述對世界思想的影響至今不衰，其核心在於貨幣的發明只是為了交易的方便，自然屬性不包含生育力，而錢商卻要用錢生錢，故有息放貸是最反自然、最不道德的賺錢方式，應當禁止。相較之下，土地讓人類、動物、植物生長，所以出租土地、收地租是符合自然的賺錢方式；同理，出租房屋收租金也沒問題。

《舊約》和亞里斯多德的論述作為西方經濟思想的重要源頭，通過一代代神學家、思想家的闡釋，深深影響了後來歐洲的商業倫理與經濟實踐，使排斥「逐利」性的商業與金融成為社會的普遍價值觀。在伊斯蘭教中，《古蘭經》保留了《舊約》對有息放貸的限制，影響持續至今。

基督教傳到哪裡，排斥金融的倫理就跟到哪裡

前面說到，君士坦丁於西元三一三年頒布《米蘭敕令》後，基督教成為羅馬帝國的正統，在歐洲和帝國其他屬地傳播，標誌《聖經》和相關商業倫理全面主導歐洲時代的開始。在西元三二五年的尼西亞會議（Council of Nicaea）上，基督教會正式通過禁止有息借貸的教令（這裡需要強調：是禁止任何利息，而不只是禁止高利息）。那時期的一位主教該撒利亞的聖巴西略（St. Basil）說：「那個叩門的有息債主，看著趴在他腳上的貧窮債戶，使盡侮辱，滿嘴髒話；他對人類同胞無絲毫憐憫之心；虔誠的禱告打動不了他；對他的懇求，得到的只是殘酷回應；即使他自己流淚，也還是無動於衷……」[26]

到了中世紀，教會對有息放貸的敵意不斷上升，對這種行為的懲罰也變得愈發嚴厲。西元八世紀，拉特蘭會議（Lateran Council）將相關懲罰由神職人員拓展到平民，後來再進一步延伸到猶太人；里昂會議和維也納會議還規定，調查放貸行為不力的主教和統治者也要受罰。[27]十三世紀的神學大師聖托馬斯．阿奎那（St. Thomas Aquinas）闡釋道[28]：「錢不會勞動，人會勞動。如果我們讓錢代替我們來賺取更多的錢，我們就沒有恰當領會上帝的意圖。」因此，作為基督徒，向任何人放貸取息都不可接受。阿奎那也從所有權的角度論證了取息的罪惡，認為利息是貨幣的時間價值（這個觀點對現代人來說可能不足為奇，但對十三世紀的人卻不然）：如果將時間劃分成白天與黑夜，前者代表「視覺、世界與上帝的光明」，後者則是「休息和寧靜」的時間，二者是末世中兩種至善在塵世間的翻版，放貸者出賣的正是這兩種最高財富。然

而，出賣不屬於自己的至高財富，無疑是犯下了盜竊的罪行。[29]為什麼有息放貸是一種盜竊行為呢？中世紀史學家雅克・勒高夫（Jacques Le Goff）在《錢袋與永生：中世紀的經濟與宗教》（*La Bourse et La Vie: Economie et Religion au Moyen Age*）這麼解釋中世紀的基督教邏輯：

有息放貸借出金錢從未停止工作，它不停地製造金錢。非正義的、可恥的、令人厭惡的金錢。這是一個不知疲乏的勞動者……睡著了也如同醒著一般工作！一邊睡覺一邊工作？這個宛如魔鬼、令人驚嘆的有息放貸……成功實現了。正因如此，有息放貸也是對於上帝所建立的秩序的淩辱與損害。有息放貸既不尊重上帝曾想要在世間以及我們的肉體生命中所建立的自然秩序，也不尊重祂建立的曆法。[30]

事實上，在他出借金錢和帶利回收之間，他出賣的不是流逝的時間又是什麼呢？然而，時間只歸上帝所有。作為時間的盜者，有息放貸者是上帝財產的小偷……有息放貸者並沒有賣給債務人任何屬於他自己的東西。他出賣的只是屬於上帝的時間。[31]

既然如此，有息放貸者該得到怎樣的懲罰呢？當然，懲罰應當與罪行相應。中世紀雅克・德・維特里（Jacques de Vitry）主教說：

上帝創造了三類人：農民和其他勞動者——以保證其他人有可飯吃；騎士——以保護他們；神職人員——以管治他們。但是，魔鬼創造了第四類人，也就是有息放貸人；這些人不勞而獲，他們不會被人懲罰，而是有惡魔等著他們！他們所收的利息有多少，送去地獄燃燒他們的柴火就有多少！[32]

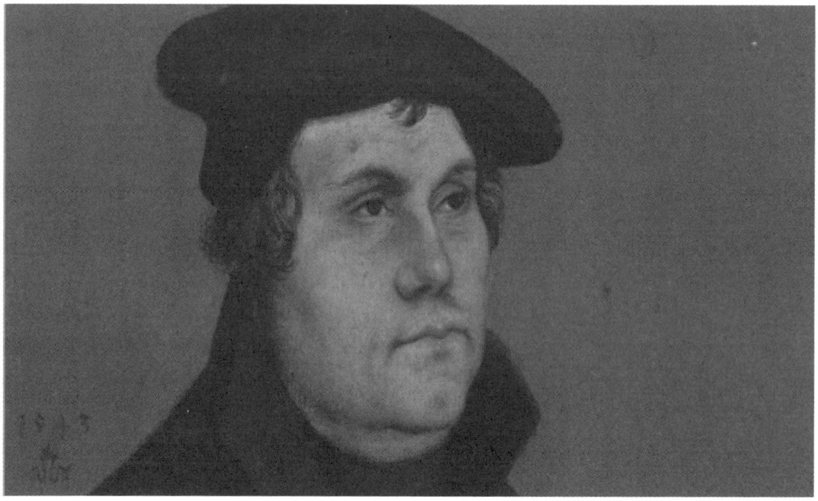

圖七・二　馬丁・路德

注：馬丁・路德一四八三年出生在德國，一五一七年開始挑戰羅馬教廷，呼籲去掉教廷和教會這些仲介，由信徒自讀《聖經》，直接與上帝對話。但他也敵視有息放貸者和猶太人，呼籲以暴力懲罰他們。

而十六世紀的馬丁・路德給放貸人的答案則更「血淋淋」：

> 在這世上，除了魔鬼以外，人類沒有比有息放貸人更惡的敵人了，因為他希望自己是所有人的上帝……我們用馬車拖死攔路強盜、殺人兇手、居屋竊賊，或者砍掉他們的頭，那麼，我們該如何更狠地用馬車拖死、追捕、詛咒、斬殺所有的有息放貸人呢？[33]

佛羅倫斯的聖母百花大教堂（Cattedrale di Santa Maria del Fiore）裡，有米切里諾（Domenico di Michelino）創作的壁畫《但丁和神曲》（*Dante and His Poem*），這幅畫描繪了佛羅倫斯偉大詩人但丁（Dante Alighieri）舉著他的新書《神曲》（*Divina Commedia*）。但丁在他光彩奪目的傑作中，把有息放貸者放在了第七層地獄——每個人有個錢袋掛在脖頸上，每個錢袋都有某種顏色和花紋，他們似乎目不轉睛，只盯著自己的錢袋看個不停！對於基督徒而言，違背上帝的意旨、掠奪自己的弟兄，相應的懲罰自然是打入地獄。不過，這樣還不夠！但丁說，哪怕是在地獄裡，有息放貸者「還飽望著自己的錢袋」，這說明放貸與一般罪行不同：既然金錢的運動不會停息，那麼放貸取息的人每時每刻都在犯罪，因此對他們的懲罰也應當永無休止，「他們出賣光明和安息。所以，他們不配擁有永恆的光明和安息」。[34] 與這些倫理互相呼應，一度轄治歐洲的天主教會，不斷推行嚴懲有息放貸的措施。

不過，雖然教會與輿論都譴責有息放貸，世俗行政與法律也懲罰有息放貸，但有息放貸並未在歐洲消失，只是被迫走進地下，不能光天化日發展。上至羅馬教廷高層下至企業都各顯神通，以「瞞天過海」的方式參與有息借貸，只是他們一般是享受借款，而非賺取利息。雷蒙德・魯爾（Raymond de Roover）發現，雖然中世紀的教規相當嚴厲，但被罰的多數是小額放貸人，而國際金融家（以猶太人為主）不僅不受懲罰，還因是為教廷服務而自豪，享受著「教皇最鍾愛的孩子」之美稱，「有息放貸者成了世俗的君主，甚至高級神職人員們的至交、侍者。放貸者為他們服務，出借金錢讓他們的兒子享受教會特權；至於他們的女兒，則嫁給那些被借款征服的貴族與紳士。」[35] 商業企業更是推出諸多複雜的交易方式，以掩蓋其中有息借貸的事實。比方說，當時的銀行存款儘管名義上不存在利息，但實際上，銀行家每年都會向儲戶送上一筆「禮物」，而儲戶則會比較各銀行贈送「禮物」的價值：如果一家銀行在「禮物」上出手不大方，存款很快就會流向競爭對手。這是變相的利息。[36]

宗教與金融市場間的競爭邏輯

宗教領袖擔心金融會削弱信眾對教會的專注，減少教會活動參與的頻率與熱忱。比如，從前在美國和歐洲，週日是禮拜日，不可以開展商業活動，但一項研究表明，在美國各州廢除「禁止週日商業活動」的《藍色法案》(*The Blue Laws*)後，各地參加週日禮拜的人數減少了一五%，對教會的捐款更是少了二五%。[37]土魯斯第一大學（Université Toulouse-I-Capitole）的幾位學者對非洲迦納的基督徒做過一項實驗[38]，他們提供教徒一項「葬禮開支保險」，即當投保人離世時，葬禮費用由保險公司支付。結果發現：控制其他個人因素後，買了這種保險的信徒此後顯著減少了對教會的捐贈，參與教會活動的熱度也有所下降，而那些沒買保險的信徒則一如既往對教會十分熱衷（第十章將再回到人壽保險話題）。

雖然在基督教的起步之初，宗教領袖未必知道這個經濟邏輯，但他們能感受到金融對信眾忠誠度的威脅。表面上來看，以金融交易實現人際跨期合作，需要每人真金白銀支付價格成本，保險公司可以透過提高保費來彌補逆向選擇與道德風險帶來的潛在損失，而教會的實現方式似乎是「免費」的，難以透過「提價」來彌補，所以容易造成只有那些生存壓力大、經常需要支援的人參與教會，而且參加之後，就養成「天天冒險，反正有教會保底」的搭便車習慣。所以，按理來說，金融應該比教會更好辦一些。但實際上，教會為了減少這些逆向選擇和道德風險挑戰，頻繁舉行禮拜、聚會、聚餐、讀經班、禮儀等活動，以此減少信徒之間的資訊不對稱，強化相互了解，增加互信。這些儀式與活動的作用在第六章講過，也跟第五章談到的頻繁宗祠活動一樣。可是，對於一些個體來說，這些儀式和禮拜會被看成高「代價」的事情，不如金融避險工具「一手交錢，一手交貨」那麼簡單，所以一旦金融開放了、進步了，一些人可能會選擇退出教會，不再依賴基於信仰的跨期合作。即使只有一小部分信眾退出，由於宗教的「俱樂部商品」特徵（參加的人數愈多，每個成員的收益愈大，反之則愈小），剩下的信眾所能得到的「風險互助」效果會下降，保險收益變低，從而促使更多信眾退出，如此下去會形成惡性循環。故而，宗教要排擠金融，以強化信徒對自己的忠誠。

道德風險也可能以另一種方式影響教會對借貸的態度。教徒範圍不斷擴大之後，得到教會保障的個體就可以過度冒險了：如果冒險成功，收益全歸自己；如果失敗，仍然可以到教會尋求生存保障。於是，信眾有動機去借高利貸，加大冒險投資。當然，這種道德風險不是教會能承受的。所以，在不一定管得住信徒借錢行為的情況下，教會出於降低道德風險的考慮，也會去壓抑金融、禁止有息放貸，至少是減少貸款供給。賈德・魯賓（Jared Rubin）注意到，在羅馬帝國後期，限制有息放貸的教令幾乎與基督教福利體系的擴張同步發生，此消彼長，當時亦有神學家力陳：應將福利給予「真正需要的人」。[39]當然，這個同步性也可能如我們前面所說的，是教會希望基於信仰的人際互助體系完全取代金融市場。

宗教與市場在安身立命領域的激烈競爭，也可以解釋伊斯蘭教對利息的敵視，他們甚至稱放貸者為「受魔鬼點化的人」。[40]一方面，伊斯蘭教非常重視慈善：「你們絕不能獲得全善，直到你們分捨自己所愛的事物。」（《古蘭經》第三章九十二節）。按照教義執行的虔誠布施，良善意圖和行為都會為信者帶來好處。這展現伊斯蘭教非常注重幫信徒避險，把促進信徒之間的互助放在優先位置。另一方面，教義又排斥金融市場承擔類似責任：神鼓勵的是「寬恕與慷慨」，魔鬼則鼓動「犯罪與不敬」，收取利息也是罪過之一。《古蘭經》更是直接將二者對立起來：

> 吃重利的人，要像中了魔的人一樣，瘋瘋癲癲地站起來。這是因為他們說：「買賣恰象重利。」真主准許買賣，而禁止重利。奉到主的教訓後，就遵守禁令的，得已往不咎，他的事歸真主判決。再犯的人，是火獄的居民，他們將永居其中。真主褫奪重利，增加賑

物。真主不喜愛一切孤恩的罪人。(《古蘭經》第二章兩百七十五至兩百七十六節)

又進一步說:

信道的人們啊!如果你們真是信士,那末,你們當敬畏真主,當放棄餘欠的利息。如果你們不遵從,那末,你們當知道真主和使者將對你們宣戰。如果你們悔罪,那末,你們得收回你們的資本,你們不致虧枉別人,你們也不致受虧枉。如果債務者是窮迫的,那末,你們應當待他到寬裕的時候;你們若把他所欠的債施捨給他,那對於你們是更好的,如果你們知道。你們當防備將來有一日,你們要被召歸於主,然後人人都得享受自己行為的完全的報酬而不受虧枉。(《古蘭經》第二章兩百七十八至兩百八十一節)

行善的人將以別的方式得到報酬,將來沒有恐懼,亦沒有憂慮;如果真是信士,就該敬畏神,並且「放棄餘欠的利息」,不再做任何錢的生意,不收任何利息。

宗教願景以「義」而非「利」實現人際風險互助

我們還是回到原本的問題:教廷和神學家們為什麼堅持攻擊「錢生錢」的金融呢?除了前面的解釋,學者還提出了其他理論,其中之一是尋租。為利率設限與其他管制政策一樣(無息放貸相當於把合法利率上限設置為零),等於為資金的價格制定了「天花板」:一方面,許多潛在的借款人有望以更低價格獲取資金(如果能借到的話)[41];另一方面,如前文所述,嚴控利率的規定多用於制裁小額放款人,有規模的銀行家則透過與教會和官方的高層關係、複雜的家族聯姻得以逃脫約束，教會也時常需要這些銀行家的借貸服務。[42] 因此，這些限制在客觀上為已經倖存的銀行家掃除了競爭者，讓他們享受「得天獨厚」的待遇。此外，教規限制愈多、愈複雜，理解並能規避教令限制的專業人士也愈有動機去維持這些管制，為自己留下「專屬」的牟利機會。由於界定「利息」十分困難，至中世紀時，通行商業合約的複雜程度已超出專業法官和神職人員的理解範圍[43]，而神職人員以及善於「舞文弄墨」的專門律師又偏偏是高喊禁止有息放貸的人[44]，為懂行的人提供了套利空間，因此他們會極力支持打擊有息放貸。

當然，最為重要的原因來自「義」與「利」的排斥性競爭。前面談到，在軸心時代的哲人看來，人類社會不應該以市場交易規範人際關係、建立社會秩序，這種思想系統反映在《舊約》、《論語》、《政治學》等經典中。在教會的願景裡，天下皆弟兄姐妹，人與人之間的跨期互助和資源分享，當然應該基於「義」，而不是基於「誰出價最高」（「利」）；相互幫助是每個人的「義」，以「義」行事就是給「耶和華你的神」的回報。《聖經》強調：

> 你的弟兄在你那裡若漸漸貧窮，手中缺乏，你就要幫補他，使他與你同住，像外人和寄居的一樣……你借錢給他，不可向他取利，借糧給他，也不可向他多要……你的弟兄若在你那裡漸漸窮乏，將自己賣給你，不可叫他像奴僕服事你。（《舊約．利未記》第二十五章三十五至三十九節）

這種願景與孔孟儒家的哲學相通，都主張基於「義」實現人際跨期合作。孔子曰：「君子義以為質。」（《論語．衛靈公》）又曰：「君子義以為上。」（《論語．陽貨》）也就是說，君子立身行事應以道義為根本，道義的價值重於物質利益，要以「義」規範人類社會秩序，包括利益分配、消費配置、產權秩序、風險互助秩序（第五章講的禮制）。為什麼不能以貨幣化的市場交易實現互助呢？司馬遷解釋道：「嗟乎，利誠亂之始也！夫子罕言利者，常防其原也。」（《史記・孟子荀卿列傳》）意思就是：謀利、求利是一切禍亂的開始！孔子極少講利的問題，其原因就是防備這個禍亂之根源。孔子曰：「放於利而行，多怨。」（《論語・裡仁》）意為追求利益與回報，會招致更多怨恨。[45]《詩經》也說得很明確：「如賈三倍，君子是識。」（《詩經・大雅・瞻卬》）商人發橫財的事，並非君子不知道或者不會做，而是君子不屑一顧、瞧不起。儒家跟基督教都主張基於「義」實現人際互助，敵視求利之商，這也解釋了為什麼明末傳教士利瑪竇說：「耶穌心和孔孟者也。」他注意到「五倫五常，吾教與儒教同重矣。」「儒教君子三戒，與吾教上帝十戒，旨有相同者。」[46]

所以，基督教和儒家都排斥靠市場化解決生存挑戰，都抑制金融，這是軸心時代文明的共同點。可是，基督教「義」的定位在於堅信耶和華是「你的神」、謹守祂的典章律例，摩西說：「因為耶和華你的神乃是烈火，是忌邪的神。」（《舊約・申命記》第四章二十四節），而儒家「義」的定位基於血緣關係「三綱五常」的名分等級秩序，所以基督教與儒家雖然基本願景相同（排斥商業與金融），但彼此間又相互競爭，甚至彼此排斥（見第六章的「禮儀之爭」）。伊斯蘭教裡的「義」則是基於遵守《古蘭經》、信奉真主為唯一神、承認先知穆罕默德是真主派到人間的最後一位使者，相信真主的全知、全能、公正、本然自立、無始無終、無形無相。

基督教社會對有息放貸的敵視甚至到了十九世紀的英國還留存不少。[47]當時一些教徒力推「兄弟互助會」（friendly society），鼓勵大家基於友情實現互助，其支持者就詆毀代表市場的營利性儲蓄銀行：「儲蓄銀行是自私的，兄弟互助會是慷慨的；一個只顧自己，另一個為大眾；一個是把人關在自己的小家子裡，另一個是為整個國家；一個迫使人只顧在自家後院挖個小池，另一個激發人去修建大運河，服務全人類。」[48]另一位也評論道：「人把錢存在儲蓄銀行，是因為自私自利，永遠無法與兄弟互助會的社會仁義相比：兄弟互助會靠的是兄弟友情，定位於互惠精神，為的是相互支持。」[49]當時的英國人顯然不贊成透過營利性的貨幣化交易實現人際跨期合作。

猶太人的前世今生

在了解基督教對金融的排斥及其變遷史，尤其是認識到基督教和猶太教對有息放貸的不同立場之後，我們大致能了解猶太人在歐洲的中世紀及之後的遭遇的原因。猶太歷史至少始於西元前二〇〇〇年，就在現在的以色列一帶。在西元前九七〇年，所羅門王將北部的一些部落整合在一起，成立以色列王國，建立猶太人的「第一聖殿」（也叫「所羅門聖殿」），並開始發展猶太教——人類第一個「一神教」。但在西元前七二二年，新亞述帝國打敗以色列，迫使大批北方猶太人流亡外地。到西元前五八六年，南部的猶大王國也被新巴比倫帝國（今伊拉克一帶）攻占，最後導致第一聖殿被異族燒毀，猶太民族受盡侮辱。在新巴比倫帝國的統治下，大批猶太精英被趕出家園，搬往異國。七十年後，波斯帝國擊敗新巴比倫，解放了猶太人，還支持猶太教的發展，幫忙建造了猶太人的「第二聖殿」。[50]

西元前六三年，以色列又被羅馬共和國征服，並成為殖民地。起初，猶太王國並不是由羅馬直接統治，而是先由馬加比家族（Maccabees）掌權，後由大希律王（Herod the Great）奪權，其間還擴建了「第二聖殿」。[51]但在大希律王於西元前四年去世後，以色列由羅馬帝國直接統治。

猶太人為什麼重視教育？

在羅馬帝國統治時期，羅馬人敬拜多神，而猶太人信一神教，彼此無法接受對方的信仰。在西元六六年，以色列多個地區發生饑荒，動亂四起；猶太人發動起義，攻打羅馬軍隊，史稱「第一次猶太羅馬戰爭」。幾年內，起義遭到鎮壓，羅馬士兵於西元七〇年燒毀「第二聖殿」[52]，並將猶太人趕出耶路撒冷，誓言讓他們永遠不能重返家園。雖然從古巴比倫時代猶太人就開始出走，但羅馬帝國的大鎮壓才真正迫使猶太人大規模流亡。在接下來的西元二世紀，羅馬皇帝進一步壓迫猶太教，猶太人的頻頻抵抗，仍招致更多迫害。西元一三五年後，羅馬軍隊不再允許猶太人進耶路撒冷城。

應該說，猶太人的經歷到這一步還不算太獨特，因為那時全世界的民族間時常兵戎相見，許多曾經的民族被他國消滅、驅散流浪。使猶太人與眾不同之處在於，西元七〇年第二聖殿被毀時，全球的猶太人口約一百萬，被驅散在西亞和羅馬帝國各地，聚集會堂集體禮拜愈來愈不現實，所以猶太教被迫進行改革，從注重會堂祭祀禮儀轉型為注重研修猶太聖經《妥拉》（Torah，即《舊約》的前五卷）：所有猶太男人必須自讀《妥拉》，而且必須讓每個兒子在六、七歲時開始上學讀書，確保他們長大後也能自讀《妥拉》。[53]

這項改革帶來兩大變化。其一，把原來以文盲農民為主的猶太社群轉變為文化人，識字能力也因此提升，奠定了重視教育的猶太傳統。在當時，這項改革的價值並不明顯，但幾個世紀之後，猶太人成了人類第一個男子識字率幾乎達到百分之百的民族，高端人力資本的優勢無與倫比，為後來猶太人引領各行業尤其各學術領域奠定了基礎。比如，根據兩位學者的量化估算，在中世紀的西歐，主要是修道院、教會神職人員能讀書識字，一五〇〇年時西歐多數社會的識字率不到一〇%，遠低於猶太群體。[54] 其二，使猶太人具備從事貿易、金融和手工業的技能優勢。西元六五〇至一二五〇年，西歐和東歐的猶太人中九五%到九九%從事手工、商貿與金融業務，中東猶太人也有近九〇%從事這些非農產業。[55]

在西元七〇年之前，絕大多數的猶太人居住在古以色列一帶。自西元七〇年大流散開始到西元六世紀末，四分之三的猶太人轉移到美索不達米亞和波斯一帶生活，剩下的四分之一分散在羅馬帝國疆域，包括今天的義大利和歐洲其他地區。但到六世紀末，全球猶太人口僅在一百萬至一百二十萬之間[56]，歐洲人還沒有處處感覺到猶太人的影響。

前面談到，就在羅馬帝國摧毀第二聖殿之前，耶穌的門徒在耶路撒冷推出基督教，起初以《舊約》為聖經，但在誰是「外邦人」、對誰放貸不收息等關鍵議題上跟猶太教相異。在羅馬皇帝君士坦丁於西元三一三年將基督教合法化後，基督教在帝國疆域內快速擴散，逐步成為歐洲社會的正統。從西元三三二年開始，教會正式禁止神教人士參與有息放貸；後來在八世紀的查理曼帝國時期，有息放貸的禁令延伸到所有人，並於西元八五〇年正式寫進教會律例。到十二世紀，教會對有息放貸的敵意進一步升級，嚴懲放貸者。[57] 在教會態度日益強硬的過程中，信眾對「用錢賺錢」者的敵意也跟著上升，反猶的情緒不斷膨脹。

反猶文化的宗教與經濟根源

基督教往歐洲各地傳播，等於把基督教跟猶太教之間的競爭、對猶太人的仇視也帶去各地，包括認為是猶太人當初迫害他們的神——耶穌基督（「宗教反猶」），還有針對有息放貸的敵意（「利益反猶」）。其中，成書於西元四世紀末的《新約》道：

我知道你們是亞伯拉罕的子孫，你們卻想要殺我，因為你們心裡容不下我的道……耶穌說：「你們若是亞伯拉罕的兒子，就必行亞伯拉罕所行的事。我將在神那裡所聽見的真理告訴了你們，現在你們卻想要殺我！這不是亞伯拉罕所行的事……」（《新約．約翰福音》第八章三十七至四十節）

其中，「我」指的是耶穌，而「你們」是指猶太群眾。這裡表述耶穌對猶太人的憤怒，指責猶太人要殺害他。這段話使基督徒認為，是猶太人迫害了耶穌。

《新約．馬太福音》第二十七章二十二節更是描述總督本丟．彼拉多（Pontius Pilatius）代表羅馬帝國決定如何處罰耶穌，他問在場的猶太群眾：「這樣，那稱為基督的耶穌，我怎麼辦他呢？」他們都說：「把他釘十字架！」其中，「他們」指猶太群眾。《聖經》繼續記載：

彼拉多見說也無濟於事，反要生亂，就拿水在眾人面前洗手，說：「流這義人的血，罪不在我，你們承當吧！」眾人都回答說：「他的血歸到我們和我們的子孫身上。」（《新約．馬太福音》第二十七章二十四至二十五節）

這裡，「他」指的是耶穌，「眾人」指猶太人。意思是：面對這麼多猶太群眾的呼喊，彼拉多只好決定叫羅馬士兵把耶穌釘上十字架行刑，自已用水洗手，表示害死耶穌不是他的責任；而猶太群眾安慰他說，你不要擔心，耶穌血的責任都由我們和我們子孫來承擔。研究反猶歷史的學者認為，《新約》的所有內容中，《馬太福音》的這段話最鼓勵基督徒仇視猶太人，造成史上最多的反猶暴力。[58] 西元三九八年，基督教還處於發展時期，約翰一世（John I）作為君士坦丁堡主教，幾次佈道的標題就是「反猶太人」、「論個子高矮」等，宣講「猶太人之病」（the Jewish sickness），譴責猶太人為「惡魔」、「野獸」、「瘟疫」，措辭激烈的語言加劇了基督徒對猶太人的偏見甚至仇恨。[59] 至五世紀，教皇頒布了一系列法令迫害猶太人，規定他們不能擁有奴隸、不得新建猶太會堂，也不能擔任公職，基督徒與猶太人結婚、或改信猶太教會被判處死罪等等。《新約》和教皇、主教對猶太人的仇視語言，不但強化了早期基督徒的身分識別，鞏固了信眾互助的精神，也使基督教教義與倫理規則日漸清晰。

十一世紀末的十字軍東征之前，基督徒對猶太人的仇視主要停留在教義層面，即「宗教反猶」[60]，並沒有變成大範圍的暴力屠殺或驅趕行動。原因之一在於，在基督教發展的前幾個世紀，猶太人還未形成處處可見的勢力。

中世紀前期，基督教在歐洲繼續傳播，不斷完善組織結構，而同一時期，猶太人忙著建立自己的金融網絡。首先，第二聖殿淪陷後，流散到歐洲的猶太人不能在當地擁有土地，所以不能務農，只好留在城鎮，加上他們從那時開始強化教育，使猶太人比歐洲人更有從事商業的人力資本，掌握金融技能的優勢。其次，前文提到，由於猶太教對《舊約・申命記》中「弟兄」和「外邦人」的不同解讀，所以四散歐洲的猶太人可以合法從事「用錢賺錢」的業務。就這樣，基督教強化禁止有息放貸的過程，加速抬高了猶太人的金融地位，使經常需要借款的教會、國王和家庭更加有求於猶太人。[61] 此外，教會為了防範基督徒從事有息放貸，寧可鼓勵猶太人多做金融，就如十三世紀經院神學大師阿奎那所言：讓猶太人去放貸，是「為了避免更大的邪惡」！[62]

到十二至十三世紀，有息放貸、典當借貸就成了歐洲猶太人的主要職業，同時，猶太人也成了歐洲主要的金融家[63]，在當時的義大利、法國、德國、英國、西班牙等地皆是如此。那個時候，約有一百五十萬猶太人生活在基督教歐洲。[64]

猶太人可以從事有息放貸、基督徒則否，短期內這還可行，但長此以往必然帶來嚴重的後果。一方面，這抑制了競爭，讓猶太人享受寡頭利潤，此局面一直持續到十六世紀中期的宗教改革才有所改變；另一方面，這放大了基督徒對猶太人的仇恨，帶給猶太人長久的苦難。[65]原因在於，從普通大眾到國王都時有金融需求：個人和家庭可能「年有餘但月不足」，需要「過橋貸款」；國王有時面對戰爭的融資壓力，如果融不到「救命錢」，王朝就會滅亡，或者為了發展本地經濟，也需要資金支援，諸如此類。西元一〇八四年，德國斯派爾（Speyer）地區的主教就說：「當我希望把斯派爾從一個鄉村打造成城市的時候，作為主教的我想到：如果我把猶太人引進來，就能把城市光景翻千倍！」[66]不過，也由於基督徒不能做有息放貸，歐洲統治者慢慢發展出與猶太人相互依賴的關係：統治者承諾保護猶太人的安全，而猶太人幫統治者解決融資問題，自願作為他們的「提款機」。[67]只是這些局面難以長久，因為從普通人到君王，借到錢時會心生感激，但還錢時無人高興，與過去的中國和其他社會一樣。所以，在基督教本來就罵「猶太人之病」的背景下，歐洲社會對猶太人一開始只是仇恨，後來加上實際的利益衝突後，就轉變為暴力迫害和驅趕，變成「利益反猶」。

以法國為例，當地基督教對猶太教的排斥持續了一千多年之久。從中世紀初期開始，居民和國王經常得到猶太人的金融支援，但後來，他們和猶太社群的關係不斷惡化，迫害猶太人的事件時有發生。早在西元六二九年，國王就要求猶太人改信基督教，否則要將他們驅逐出境；一〇〇九至一〇六五年，幾位法國國王分別下令將猶太人強行受洗成為基督徒，否則也將驅逐出境或判處死刑[68]，但到那時為止，主要還是宗教反猶。一一八一年三月十四日，新國王腓力二世（Philippe II Auguste）一上任就下令抓捕猶太人，並沒收他們的錢財，次年乾脆限制他們在三個月內離境，這是因利益而反猶的開始。可是，把猶太人驅逐出境後，法國社會無法再得到金融服務，王室也少了透過威脅即可勒索錢財的對象，於是一一九八年，國王又把猶太人召回巴黎等地，並把他們的金融業務和財產保護起來，條件是他們必須取得放貸許可證、就放貸和貿易所得向朝廷交稅，也必須接受政府的利率監管，等於將猶太人變成國王的搖錢樹。[69]十三世紀初期，路易九世（Louis IX）成為法國國王，他堅守天主教教規，禁止有息放貸，也下令要求各封建領主簽字承諾不指使任何猶太人從事有息放貸；一二三四年，他下令免除所有人欠猶太人債務的三分之一；一二四三年，路易九世再下令把所有做過有息放貸的猶太人驅逐出境，並沒收其財產。一三〇六年，國王路易十世（Louis X）又下驅逐令，把近十萬猶太人趕出法國，由王室吞沒其財產；但九年後，還是因為需要猶太人的金融服務，再次把他們召回，反覆無常。之後，在一三二一年和一三九六年，法國繼續下令驅趕猶太人出境。[70]

英國的情況也類似。猶太人被迫害了兩個多世紀後，國王愛德華一世（Edward I）於一二九〇年下令，將所有猶太人從英格蘭和威爾斯驅逐出境，之後英國基本上看不到猶太人。那道驅逐令一直到一六五七年才被廢止。一四二一年，奧地利驅逐猶太人。一四九二年，西班牙大規模驅趕猶太人，迫使十六萬五千名猶太人離境，五萬被迫改信基督教。[71]一四九六年，葡萄牙也加入驅趕猶太人的行列。德國、匈牙利、義大利等社會，在十四世紀到十六世紀，都曾多次驅趕猶太人。圖七．三顯示出各國驅趕猶太人的年分以及猶太人的流散方向。

暴力反猶的驅動因素

當初，《約翰福音》、《馬太福音》和其他教義對猶太人的負面宣傳，加上猶太人可以有息放貸而基督徒不可以，這兩大因素在一千多年裡強化了基督徒群體的認同，也培植了對猶太人

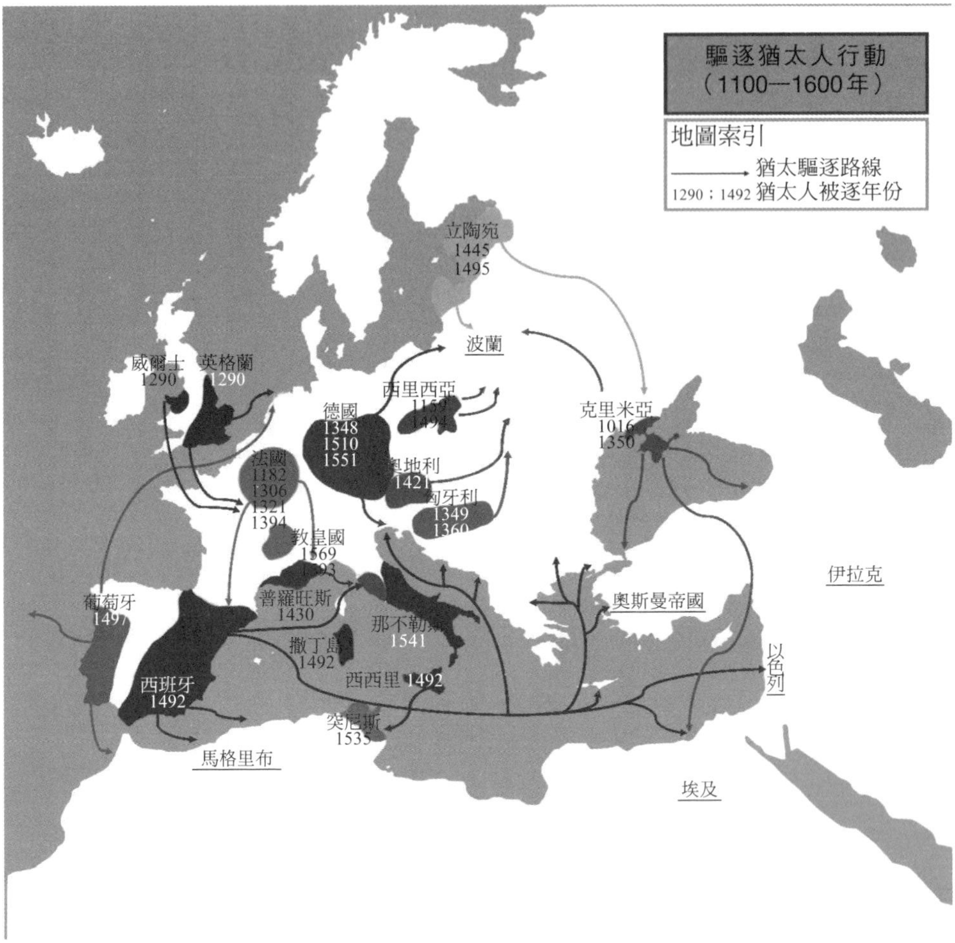

圖七・三　歐洲各國驅逐猶太人的年分及猶太人流散方向

的仇恨。那麼，為什麼對猶太人的暴力迫害會在某些地區、某些時期頻頻發生呢？這是近年量化歷史研究所回答的問題。前面談到，一三〇六年法國驅趕猶太人後，一五一三年又召回，條件是他們重返法國後，必須提供國王金融借貸和財政服務。可是接下來，一三一五至一三二一年歐洲持續寒冷，乾旱嚴重，糧產歉收，歐洲各國面臨嚴重生存危機。[72]遭災之際，歐洲人四處為不幸尋找代罪羔羊，猶太人便成了最方便的目標。在法國，長期饑荒使民怨不斷積累，一三二〇年爆發了「牧民運動」（Pastoureaux movement），牧民先是攻占巴黎、諾曼第一帶的城堡，接下來將暴力擴散到法國南部的十幾個地區；各地的欠債者唆使其他基督徒攻擊猶太人，奪取他們的食物錢財，說災荒全是猶太人所致。麥爾坎・巴柏（Malcolm Barber）教授總結道：「那次牧民運動的暴力多半都落在猶太人身上，因為百姓把長期饑荒帶來的災難，全部歸結為猶太人的錯！」[73]

密西根大學的羅伯特・安德森（Robert Anderson）等三位教授把一一〇〇至一八〇〇年間發生的一千三百六十六次反猶事件彙集在一起[74]，研究驅動暴力反猶的共同因素，樣本涵蓋九百三十六個基督教地區。他們發現，氣候變冷帶來的災荒是催化反猶暴力的主因之一：耕種時期平均氣溫每多下降一個均方差（相當於〇・三度），當年出現反猶暴力的機率就會比平時高一到一・五倍。當然，這不是為反猶行為辯護，而是說，仇視態度在一般條件下未必會變成暴力行為，但如果氣溫變低，乾旱往往隨之而來，造成糧食歉收，威脅一般人的生存，在此情形下，積累已久的仇恨心理極易轉變成暴力，而仇恨的對象——猶太人——便成為暴力的受害者。他們也發現，氣候災害引發的反猶現象在政府能力弱的地區尤其顯著，因為這些地區的政府不能保護猶太人，社會治安更差。正因如此，進一步的量化分析表明，從十二世紀到十八世紀末的這七百年間，隨著歐洲市場跨地區整合程度的上升、金融創新帶來風險規避能力的改善、國家能力的進步，氣候災害時期的暴力反猶頻率正逐步下降。這些研究也印證了本書的基本論斷：暴力頻率的高低是人類社會應對風險能力強弱的「晴雨表」。

不過，十二世紀以來基督徒的反猶暴力到底主要是《新約》教義所致（宗教反猶），還是《舊約》帶來的猶太人專有放貸業務所致（利益反猶）？薩沙．貝克（Sascha Becker）與路易吉．帕斯卡里（Luigi Pascali）的量化研究可以幫助我們找出答案。[75]這兩位教授蒐集並研究了兩千多個德國城鎮一三〇〇至一九〇〇年的反猶事件。這六百年間，德國的經歷很特殊，因為在一五一七年以前的兩個多世紀，德國各地都信天主教，都不能從事有息放貸，只有猶太人提供金融服務；但是，一五一七年德國牧師馬丁．路德發起宗教改革（隨後幾節將再談細節），導致德國各地被分成兩個陣營：南部城鎮選擇繼續跟隨羅馬天主教，而北部城鎮多選新教。宗教改革帶來兩項突出的舉措：一是允許教徒從事有息放貸，「用錢賺錢」既不違法、又不悖德；二是鼓勵教徒自己識字讀書，以便自讀《聖經》、直接與上帝對話（這與西元七〇年第二聖殿被毀後的猶太教改革類似，儘管背景、原因各異）。所以，在接受新教的德國地區，新教徒在技能上跟猶太人接近：他們不僅可合法從事金融，而且透過自己讀書，也具備金融從業所需的高端人力資本。這代表在新教地區，新教徒跟猶太人之間出現事業上的直接競爭，變成利益衝突關係。

相較之下，在那些繼續緊跟天主教的地區，因教會加碼禁止有息放貸，把有息放貸等同「謀財害命」，強化對違規放貸的懲罰，於是天主教徒更加依賴猶太金融。也就是說，天主教徒與猶太人之間的經濟互補關係反而得以加強。由此看來，如果中世紀的反猶暴力主要是因利益衝突所致（利益反猶），那麼宗教改革後，新教地區的反猶頻率應該高於天主教地區。貝克與帕斯卡里的量化分析發現：雖然一五一七年前兩類德國地區都有過屠殺猶太人的行為，但在宗教改革後，新教地區的反猶暴力顯然比天主教地區增加更多。即使去掉各地區的地理、歷史和其他因素，這一結論仍然顯著成立。他們也發現，在那些金融歷來由猶太人控制的地區，或貿易發達故而金融業務量大的地區（因此金融利益大），宗教改革後反猶的頻率上升得特別多。這說明解除基督徒從事有息放貸的禁令後，新教徒與猶太人之間新出現的利益競爭關係，激化了他們之間的衝突，反而使暴力反猶更加頻繁。

當然，新教地區比天主教地區更加反猶，有兩種可能的解釋：一種是因為宗教改革使基督徒與猶太人的關係從專業互補走向專業競爭，強化了利益反猶；另一種通道則相反，也就是說，因為基督徒在宗教改革之前不能從事金融，必須依靠猶太金融，所以，即使《新約．馬太福音》促使基督徒仇視猶太人，他們還是會因利益所需而克制對猶太人的仇視，但在改革之後，新教徒自己也能從事金融，不必依賴猶太人，於是因教義而對猶太人的仇恨得以突出，致使反猶暴力上升。換句話說，前一種解釋是基於利益衝突，後一種解釋是基於教義觀念，是宗教反猶。

為了分清楚哪一種解釋更接近現實，貝克與帕斯卡里彙整了一四五〇至一六〇〇年德國各地出版發行的書籍名稱，發現：宗教改革後，在新教地區，書名明顯反猶的圖書數量和占比都比天主教地區增加更多，說明基督徒可以做有息放貸後，連反猶觀念也得以強化，利益衝突是反猶觀念惡化、反猶暴力上升的主要催化劑。從這些量化歷史研究看，雖然《新約．馬太福音》等教義培植了對猶太人的仇視，但從中世紀初到十一世紀，宗教仇視並沒有在歐洲廣泛轉變為反猶暴力；在那之後，基督徒積累了還債給猶太債主的長久經歷，認為自己長期被猶太人「剝削」，憎恨之心膨脹，十二世紀起，因利益而反猶的暴力開始廣泛出現。就這個意義來說，中世紀後半期以及宗教改革以來反猶暴力的蔓延，可能主要源於基督教和猶太教對《申命記》中

「弟兄」、「外邦人」的不同解讀，這個不同解讀造成了長達一千多年的「猶太人可以有息放貸、基督徒則否」的歷史。也就是說，基督教排斥金融、主張以「義」解決人際互助挑戰的主張強化了反猶歷史。不過，這個結論還需進一步研究，畢竟《古蘭經》也禁止信徒進行有息放貸，所以在歷史上，穆斯林也依賴猶太金融，但他們並沒有在中世紀甚至黑死病蔓延期間屠殺猶太人。此外，梅迪奇銀行於一三九七年在佛羅倫斯創立，並在隨後的近百年迅速發展，為梅迪奇家族帶來巨額財富，但義大利人並沒有因梅迪奇家族從事放貸而迫害、攻擊他們。這些事實說明，反猶暴力應該是宗教教義和利益衝突兩類因素的綜合作用。[76]

反猶歷史的長久影響

尼可．沃特蘭德（Nico Voigtländer）與漢斯－姚阿幸．沃斯（Hans-Joachim Voth）注意到[77]，二十世紀三〇年代納粹黨和希特勒在德國興起的過程中，並非所有地區都支持，那為什麼有的地方堅定支持納粹，而有的地方不支持、甚至反對納粹迫害猶太人呢？為了回答這個問題，兩位教授蒐集了德國四百多個城鎮在中世紀和一九二〇至一九四五年的資料，包括反猶暴力、人口、投票結果等資訊，特別是一三四八至一三五〇年黑死病席捲歐洲的時期，那次瘟疫導致一半以上的歐洲人死亡，當時的民眾把責任都歸罪於猶太人，說是猶太人往井裡放毒，才奪走這麼多人的性命，於是許多地方發生屠殺猶太人的事件。沃特蘭德與沃斯分析後發現：一三四八至一三五〇年黑死病流行期間曾屠殺猶太人的城鎮，相隔近六百年後，在二十世紀二〇年代也更傾向於迫害猶太人（這些城鎮迫害猶太人的頻率比黑死病流行期間沒有迫害過猶太人的地方高出五倍多），一九二八年選舉時，納粹黨在這些城鎮的得票率比其他地方高了一．五倍；在希特勒掌權的二十世紀三〇年代，這些地方進一步驅趕的猶太人比其他城鎮多很多。

納粹發動的二戰是人類二十世紀最黑暗的悲劇，現代世界就這樣走不出六百年前留下的烙印！基於「義」解決人際跨期互助的教義主張本能地排斥金融，禁止教徒從事借貸金融，為利益反猶埋下了種子，不僅影響中世紀的歐洲史，到了二十世紀還在。

沃特蘭德與沃斯也發現，通商城市的「歷史記憶」較短。尤其即使一個城鎮在黑死病期間屠殺過猶太人，如果在一七五〇年後，該城鎮與外地商業往來、快速成長，那麼在二十世紀該城鎮的反猶傾向就會弱很多：對外開放、貿易往來可使社會變得更加寬容，削弱族群間的仇恨。因此，市場整合度的提升有助降低暴力——這也是我們下一章要探討的話題。

法蘭切斯科・達昆托（Francesco D’Acunto）等三位教授也利用黑死病流行期間德國各地的反猶暴力資料[78]，但研究的是反猶歷史的另一類長久影響，即多年前屠殺過猶太人的地方後來是否更會排斥金融。就如《尚書大傳・大戰》所言：「愛人者，兼其屋上之烏」，即「愛屋及烏」，反義為「恨屋及烏」。到了中世紀中期，歐洲人已經把金融與猶太人畫上等號。那麼，歐洲人是否會因為恨猶太人，進而仇視或懷疑金融呢？達昆托等人的量化研究發現，中世紀屠殺過猶太人的德國地區以及二十世紀二〇年代、三〇年代迫害過猶太人的郡，時至今日它們的金融業還落後於沒有屠殺過猶太人的地區，這些郡的家庭投資中，投入股票、債券、銀行儲蓄品項的資金占比更少，利用住房抵押貸款買房子的機率也更低。從他們的問卷調查來看，那些屠殺過猶太人的德國地區，今天對金融產品的信任度顯著低於其他地區。所以，這些地區因為過去仇恨猶太人，到今天仍然連猶太人最擅長的金融也排斥！根據《紐約時報》二〇一九年五月二十一日的報導，德國的反猶言行至今仍然時有發生，猶太人不敢輕易告訴別人自己的猶太身分，否則會被歧視或陷入更糟的處境。[79]

歷史烙印影響當今義大利的方式與德國不太相同。帕斯卡里教授發現[80]，中世紀有猶太人居住、並在當時發展過借貸金融的義大利地區，今日金融發展程度和人均收入都更高。猶太人留給義大利的長歷史影響與前述德國的經歷之所以正好相反，且至今還這麼顯著，原因還要繞一兩道彎方能釐清。帕斯卡里教授講到，十四世紀以前，猶太人已經控制了多數義大利地區的放貸業務，並藉此獲得可觀的財富，他們的處境與那些因連續不斷戰爭而愈來愈窮的天主教信眾形成反差，以致於十五世紀初的神父聖伯爾納定（St. Bernardino da Siena）把放貸者比作吸血鬼，他佈道時說：

> 通常來說，一旦財富和金錢集中在愈來愈少人的錢包中，表示這個城市愈來愈病態。這就好比人體熱量都集中於內臟，而不是分散到手腳和身體其他部位，表示此人已岌岌可危，不久將死去。如果說財富過於集中在幾人手中會威脅社會健康的話，讓錢財集中在猶太人手中就更可怕了！道理很簡單，猶太人是所有基督徒最大的敵人，將城市的熱量——也就是社會錢財——都流向已經膿腫的軀體，而不是流向社會的心腹——廣大群眾，那只會導致大出血，加速這座城市的死亡。[81]

十五世紀末，義大利的聖方濟各會到各地巡遊，呼籲「停止有息放貸對城鎮無休止的掠奪」，號召驅逐甚至殺死在當地經營放貸生意的猶太人，同時呼籲組建慈善性互助社銀行，以低息向有需要的基督徒放款，取代猶太金融。一個社區建立慈善互助銀行後，往往一下子就會擠走猶太人。諷刺的是，由於這些互助社的貸款利息太低、經營不善，數年後，多數地區又把猶太人請回來，請他們協助管理這些生意、發展金融。由此產生的結果是：中世紀愈有猶太人興辦過放貸金融的地區，後來互助社銀行的發展就愈好，時至今日，這些地區的民間信貸占

GDP比重就愈高，當地金融和經濟就愈發達，人均收入也愈高。

基於帕斯卡里教授的量化研究，義大利的經歷不僅再次證明了歷史烙印的長久影響，亦說明趕走猶太人的方式不同，所帶來的長久影響也大為不同：德國城鎮是屠殺或直接趕走猶太人，留給這些地區的是今天繼續對金融的恨，而義大利的一些地區是透過推出公益金融機構與猶太人競爭，由競爭擠走猶太人，結果是他們把金融技能學過來，讓這些地區的金融更發達、收入更高。

不只是今日德義兩國對待猶太人的態度需要從長歷史根源去理解，其他歐洲社會也一樣。二〇〇九年，美國猶太組織「反誹謗聯盟」(Anti- Defamation League)對英國、法國、西班牙、奧地利、波蘭、匈牙利等國家的公民做了問卷調查[82]，這些社會在中世紀都曾多次迫害、驅趕過猶太人。結果發現，這些國家的反猶觀念至今還很強。調查結論有些出乎意料，因為英國在十三世紀九〇年代驅趕猶太人之後，一直到一六五六年之前，幾乎沒有猶太人居住，長達三個多世紀的時間裡，英國人被猶太人「剝削」的經歷並不存在[83]；一四九二年，西班牙把猶太人幾乎全數趕走後，也沒有猶太人在那裡生活，但這些都沒有阻止一些英國人和西班牙人仇視猶太人，歷史烙印難以消除。

經過中世紀近千年對猶太人的迫害、屠殺和驅趕，到了十五世紀末，全球猶太人口只剩一百萬左右，一半在西歐各地，近三分之一在中東、非洲和亞洲，九萬多在波蘭、立陶宛和其他東歐國家。[84]滄海桑田，時移俗易。猶太人還在被迫害、驅趕的時候，一四九二年哥倫布「發現」了美洲大陸，這個「地理大發現」開啟了人類新的航海時代，將太平洋、印度洋、地中海和大西洋串成一個統一的海洋貿易網，跨國貿易的長度和深度都得以延伸（第九章會進一步回到此話題）。從前，金融借貸和商貿業務主要在當地進行，跨地區的交易量有限。由於海運降低了運輸成本，提升了貨運容量和速度，增加了運輸距離，在大航海時代，經濟交易的範圍得以擴大、距離得以延長，為世界帶來持續多個世紀的第一波全球化時期。[85] 隨著跨國貿易和遠距離金融的興起，跨地區、跨國界的信任網絡就變得至關重要。如果沒有信得過的人，跨期跨國交易就沒法做。如此一來，誰具有廣泛的跨國信任網絡、關係網絡，誰就擁有得天獨厚的優勢。在這樣的背景下，分散在世界各地的猶太網絡和他們的職業專長，在大航海時代的價值就格外突出，就像在現代中國，人脈網絡成就了客家人、溫州人一樣。

在大航海時代之前，猶太人已經受苦受難一千多年，失去共同的家園，又被到處驅趕，這些不幸的經歷強化了猶太人的共同鏈結與身分認同，使他們之間的信任達到其他宗教和民族難以相比的程度。即使到今天，不管走到哪裡，也不管以前是否相識，猶太人之間的信任和兄弟情誼仍然很獨特。就這個意義來說，猶太人過去不斷被暴力驅散，卻意外地把他們的信任網絡鋪開到中東、歐洲、美洲甚至亞洲各地。[86]

中世紀時，猶太人除了主導金融[87]，也積累了獨特的商貿人力資本優勢，比如鑽石、黃金、香料、獸皮、菸草、奴隸等商品的運輸和買賣。從十六世紀開始，部分猶太人選擇離開地中海和西北歐的港口城市，跨越大西洋，來到巴西、墨西哥、秘魯等西班牙與葡萄牙的美洲殖民地，之後又擴展到荷蘭、英國、法國在北美的殖民地，包括美國和加拿大，不斷擴大連接新舊大陸的貿易與金融網絡，從羅馬、威尼斯、米蘭、阿姆斯特丹、倫敦、巴黎、法蘭克福、蘇黎世、波爾多，到紐約、波士頓、蘇利南、庫拉索、巴貝多、牙買加、聖保羅等地，到處是猶太人的關係網，這些關係網強化了他們從事全球化交易的便利。就這樣，自大航海時代開啟以來的五個世紀裡，猶太男人必須從小讀書的宗教傳統，加上金融與商貿從業優勢，以及遍及世界的猶太網絡，讓占世界人口比例極低的猶太人為人類知識、科技、金融、商業和政治做出了巨大的貢獻。如果離開基督教和猶太教的歷史沿革，這些成就與現實就會讓人難以理解。

客家人與猶太人的經歷對比

我們也可透過中國客家人的經歷來理解猶太人的「因禍得福」，某些方面客家人的經歷與猶太人實為相似。客家人都為漢族人，祖先從中原逃難到南方，如今在海內外商界、學界和政界，都不乏成功代表。中國歷史上有過幾次往南方逃難的大遷徙。第一次是西元四世紀西晉「五胡亂華」時期，當時西晉都城洛陽淪陷，部分中原居民逃往閩粵贛邊區。接下來，由於南北對峙，更多中原人南遷。那段時期大約有九十萬北方人南遷，為第一撥客家人。第二撥南遷發生在中唐至五代十國時期。先是唐代「安史之亂」為北方百姓帶來災難，迫使許多人南逃。到了唐末黃巢起義以及五代十國時期，戰爭不斷，大批中原人又被迫南徙。在長達兩百年的時間裡，南逃人數超過第一撥，超過百萬。第三撥南遷發生在一一二七年北宋淪陷之後。當時，宋朝軍隊於一一二一年與金人聯手，進攻遼軍，並於一一二五年滅遼。但緊接著，金人掉轉箭頭攻打宋朝。兩年後北宋都城開封淪陷，趙家皇室被迫南逃，一同逃命的有五百萬左右的中原人，分別奔向粵閩湘贛浙等地。[88]後來的明末清初戰亂、太平天國內戰，也進一步導致客家人流散，包括當時的「湖廣填四川」，甚至有些客家人遷往南亞，作為勞工前往馬來西亞、美國、巴拿馬、巴西等地移民。[89]到一九九四年，在中國境內生活的客家人有六千一百零八萬，占漢族人口的五％；在海外，大約有四百五十四萬客家人分布在八十多個國家和地區。[90]

當然，客家人祖先因逃難而離開家園，不是因宗教或種族歧視被驅趕，但逃難帶給他們類似猶太人的經歷。在香港科技大學白營的博士論文（二〇一五年）中[91]，他研究北宋淪陷後大逃難人口在南方各地落戶的地理分布資料發現：北方難民落戶人數比較多的地區（也就是後來客家人比較多的府），二〇〇〇年時人均GDP和夜晚燈光明亮度都更高，人均受教育年數也高。為什麼將近九百年前的難民在南方各地的分布對各地今天的發展水準、收入高低還有這麼顯著的影響呢？為了找到答案，白營花了幾年的時間蒐集歷史資料，量化分析發現，這與明朝朱元璋重用科舉選拔官員的決策很有關係，因為在科舉成為普通人最主要升官發財、出人頭地的途徑後，客家人比當地人更有動機依靠科舉勝出。

就像我的老家湖南茶陵縣一樣，除非新來村裡的人能證明祖先出自本村、現在回來認祖，否則，不會允許一位外地人在本村擁有土地並落戶於此。外地人來村裡做客幾天甚至幾個月或許可行，但如果要待更久，村裡人會組織起來把他趕走，如果他還不走，就會動用暴力。這就是為什麼客家人往往會被趕到以前無人住的山上落戶，而且就算到了不適合耕種或居住的山上，客家人還是會被驅趕，導致客家人與當地人之間血腥的械鬥史。特別是十九世紀咸豐、同治年間，廣東鶴山等地發生持續多年的大規模土客械鬥，死傷人數高達數十萬。[92]也正因為這個原因，客家人不僅一般住在山上，而且要修建碉堡式土樓用於防衛。

那麼，客家人要怎麼做才能讓當地人接受，並獲得安居樂業的永久權利呢？他們發現，讓子孫讀書、中舉人進士是最靠得住的出路！一旦有子孫中舉、中進士並做官，客家人的社會地位就自然得到提升鞏固，不再被驅趕，這是在當地站穩腳跟的主要辦法。[93]況且，客家人每到一地都難以得到耕地，不得不另謀出路，重視經商，從事跨地區貿易和金融。因此，至少從南宋開始，客家人比其他族群更重視子孫讀書、具有更高的人力資本，更重視商貿金融——這幾個方面跟西元七〇年第二聖殿被摧毀之後猶太人的做法完全一樣，儘管起因不同。長此以往，到八百多年後的今天，客家人仍然保留看重教育和商業的傳統，在客家人比較多的地區，私塾數量、平均受教育水準都高於其他地區，那裡出來的成功人士、科學家、工程師和富商也較多。

從兩千多年前開始，猶太人被不斷驅趕，後來被迫選擇透過讀書和經商獲得生計。猶太人共同的苦難遭遇和宗教信仰，促使他們在兩千多年裡鑄造了其他宗教和民族所不及的跨期信任網絡，提升了猶太人應對風險和調配資源的能力。以致時至今日，猶太人雖然人口不多，卻能在世界各地出人頭地，不僅引領金融界，且在學界、思想界、商界、政界和藝術界都成就非凡。

宗教改革與金融解放

基督教基於「義」解決人際互助和跨期合作的主張，所產生的實效的確得到資料的支援。即使到今天，宗教對提升人類應對風險的能力仍然舉足輕重，使社會更有文明秩序、一般暴力更低。但是代價也很高，除了造成基督教與伊斯蘭教、猶太教之間的競爭衝突外，教會還嚴格規範信徒的精神與信仰世界，將人際關係宗教化，把經濟、商業與社會生活都置於宗教管制之下。關於基督教社會的「義利」之爭，十五世紀天主教神父聖伯爾納定表述得很清楚：「經商的人幾乎不能，甚至從來也不能令上帝滿意。」[94] 對商業的排斥顯而易見。也由於教會敵視「用錢賺錢」，金融長期停滯，資本主義難以起步，因為資本主義的前提是承認資本本身會創造價值，並認可資本收益的合法性。那麼，教會與市場的排斥性競爭何時開始改變，讓商業從宗教的制約下走向世俗，使金融也獲得自由解放呢？這就是宗教改革帶來的變革，宗教改革將基督教跟市場的關係從排斥性競爭轉向合作互補，並由此影響各大文明。

商業革命觸動基督教商業倫理

到了十一世紀初期，基督教已經深入歐洲，對死後上天堂的盼望和對入地獄的恐懼是信徒普遍的心態，這種心態是基督教成功的基礎。那個時期正值耶穌受難後的千禧年，《新約．啟示錄》第二十章說，那也是魔鬼撒旦被關千年、暫時釋放的時候，撒旦會毀滅天地，帶來世界末日，每個人都會死，並且面對基督的終極審判，名字在「生命冊」的完全信徒將上天堂，名字不在其上的，則是不完全信徒或根本就不是信徒，他們被登記在另一案卷上，將被打入地獄，並根據罪行判定受罰的程度。在《新約．啟示錄》的影響下，那時期的信眾對地獄的恐慌達到高點，得到「救贖」的願望異常強烈。教會說，苦修、禁欲可以贖罪，去聖地朝聖也能贖罪，參與聖戰更能幫助贖罪，降低下地獄的機率。[95]所以，在一〇九六年第一次十字軍東征之前，歐洲沿地中海東岸和經由義大利前往耶路撒冷朝聖的人數出現空前的成長。或者說，後來的七次十字軍東征，以及更多小規模的東征行動，只是之前為贖罪而朝聖行為的延續。

前往西亞的朝聖與東征行動帶來許多意外的結果。其中之一是，歐洲人因此體驗了豐富多彩的他鄉異物，刺激出跨地區貿易，復甦了歐洲人在羅馬帝國崩潰後失去的那種互聯互通感受[96]；此外，由於遠途朝聖的信眾眾多，住宿、餐飲和錢幣匯兌的需求巨大，所謂的歐洲「商業革命」就此開啟。[97]到了十二世紀、十三世紀，商業興起不僅形成新的商人階層和世俗文化，也催化了貿易金融的發展[98]：需求上升一方面使資金的價格（也就是利率）上漲，另一方面擴大了介入金融交易的群體範圍。在一定程度上，這個變化提高了猶太人的經濟地位，增加了歐洲社會對猶太人的嫉妒和憎恨，引發更多暴力反猶。

十字軍東征進一步激發了商業與金融發展，使社會重心從歐洲鄉村轉向城市，挑戰歷來基於鄉村生活的基督教，迫使教會修正一些教義，尤其是商業倫理。[99]如前文所述，起初基督教不希望透過「一手交錢、一手交貨」的市場交易實現人際互助，認為「天下皆弟兄姐妹」。可是，自朝聖和東征開展以來，商業興起是無法拒絕的客觀存在，特別是在威尼斯、熱那亞和其他南歐沿海城邦，貿易與金融都顯著成長，如果教會的商業倫理繼續不變，就難以面對現實。壓力之下，神學家做出回應，調和現實和教義之間的矛盾，不再一味譴責商業利潤、排斥經濟關係的貨幣化。該時期最具代表性的人物是十三世紀中期的聖托馬斯·阿奎那，他鬆動了基督教關於商業利潤的立場。

阿奎那在經典著作《神學大全》（*Summa Theologica*）中談到，上帝安排世上之人擁有各式各樣的天賦能力，所以人與人之間的專業分工也是上帝的本意，因為這樣有益於達到各盡所能的目標；既然有分工，人與人之間自然要交換，而交換是善是惡、是否公正的關鍵在於價格是否公正；只要價格公正、交換讓雙方受益，商業利潤本身就既不該被讚美，也不該被譴責，在道德上是中性的；當然，如果商人用利潤支持公益或其他善事，那就更符合道德標準了。阿奎那對賺錢行為表達了務實的中性態度。特別是在他看來，商業貿易雖然提供人行罪的機會，但商業本身不是罪惡的，關鍵取決於商人賺錢的動機：如果追求利潤是為了自用、奉獻給教會或做其他善事，那麼追求利潤也是善行。經過阿奎那的宣導，到了十三世紀後期，基督教會對商業的立場已經有所緩和。

至於用錢賺錢的金融業務，阿奎那從小就深受亞里斯多德的影響。他在《神學大全》中談道：「有些東西的用途必然是消費：葡萄酒因有可以喝的用途而被消費，小麥因有可以吃的用途而被消費……有些東西的用途不是消費：例如使用一棟房子就是居住，而不是使它消失。」阿奎那把錢放在消費品一類，「在這類東西中，人不應將東西的用途與東西本身分離開來。只要你讓予人這樣東西的用途，也就讓予了這樣東西本身。」[100] 也就是說，房子本身和它的用途可以分開出售，但是葡萄酒卻不能這樣做，否則就是一樣東西被賣了兩次，得到的是不義之財。錢也是如此，放貸出去的錢，被借貸人拿去花掉買東西，錢就被他「消費」了，而不是用去生長新東西，因此合乎倫理的做法是只要借方還回本金就行，而不應該有利息，放貸取息不公正。但是，阿奎那也說，在有些情況下可以收取利息。比如，如果放貸人承擔風險、有可能蒙受一些非自願的損失，那麼利息就是對這種風險的彌補，這種利息符合道德；再如，放貸的人以合夥的形式組建企業：「通過契約把自己的錢交給某個商人或某個手藝人的出借人，並未就此把錢款的所有權轉讓給借款者，所有權始終屬於他。正如商人或手藝人自擔風險、用這筆借款經商或製作一樣，他也有權期待從這筆錢獲利，就如從他自己的財產獲利一樣。」[101]也就是說，把貨幣委託給生產者和企業去使用，可以收取超出本金的收益，也就是利息，因為生產能產出東西甚至利潤，應當把利潤的一部分分給投資者。除此以外，放貸收息不道德，應當禁止。阿奎那的商業倫理比之前的教義靠近現代金融經濟學許多，但教會對於用錢賺錢還是有許多禁忌。

對於不信教的人，可能難以理解為什麼信眾那麼在意教義的限制。義大利的梅迪奇家族或許可以解答。喬凡尼·德·梅迪奇（Giovanni di Bicci de' Medici）自小就從父親和親戚那裡知曉錢莊業務，父親去世後，他加入遠親的錢莊工作，積累經驗。一三九七年，他回到佛羅倫斯，正式成立梅迪奇銀行（Banco di Medici）[102]，從此拉開梅迪奇家族輝煌歷史的序幕。在此後兩個多世紀裡，梅迪奇家族不僅是佛羅倫斯的顯赫世家，歷代不乏銀行家、商人和藝術資助者，還有多位後人統治過佛羅倫斯，出了三位羅馬教皇（利奧十世、克雷芒七十世、利奧十一世）、兩位法國皇后（凱薩琳·德·梅迪奇、瑪麗·德·梅迪奇）。梅迪奇家族曾揮金如土支持文藝，資助過馬薩喬（Masaccio）、達文西（Leonardo da Vinci）、米開朗基羅（Michelangelo）、波提切利（Sandro Botticelli）、提香（Titian）等藝術巨匠，對文藝復興運動有舉足輕重的貢獻。可是，正因為是靠興辦銀行、用錢賺錢而發家的，梅迪奇銀行的創始人喬凡尼·德·梅迪奇在彌留之際，躺在病床上整日做噩夢，擔心自己因違犯教規、靠收息發財而被上帝懲罰，死後下地獄。因此，在去世之前最後幾個月，神父天天坐在病床邊為他祈禱，幫他懺悔贖罪。在當時歐洲的其他社會，也不乏從事有息放貸的銀行家，但用錢生錢愈成功的人，在彌留之際就愈恐懼。

早期商業革命雖然促使教義對商業有所鬆動，但金融市場和商人訴求還是沒有從教會的管制中完全解放，沒被歸為世俗事務。阿奎那之後，另一個重要的轉捩點是一三四七年開始席捲歐洲的黑死病。一三四六年時歐洲有四千多萬人口，在接下來的幾十年裡，至少有兩千五百萬人死亡。根據沃特蘭德和沃斯的估算[103]：十五世紀和十六世紀上半葉，瘟疫和旱災特別頻繁；在一三四七至一五三六年的一百九十年間，每七年歐洲就有一次大瘟疫；在一五三六至一六七〇年，每十五年有一次瘟疫發生。頻繁的瘟疫和災荒導致歐洲人口減半，特別是北歐受影響最大，經濟遭受打擊而衰退，但下降幅度低於人口降幅，於是黑死病後，歐洲人均收入上升。沃特蘭德和沃斯進一步推斷，人均收入上升造成產業結構從收益低的農業往利潤高的產業轉移，促使大量人口遷往城市，加速都市化。

據史蒂文·歐茲曼（Steven Ozment）的研究[104]，一五一七年宗教改革開始之後，八〇%的城市選擇放棄天主教，接受新教。之所以城市比農村更容易接受新教，是因為城市居民除了更懂得獨立思考之外，彼此住得近，得到資訊的速度快、資訊量也大，便於交流意見，相互影響更深，而且他們也更有錢、受教育的程度更高。因此，自十一世紀啟動的商業革命和後來的黑死病，使歐洲人尤其城市人不再是樂於聽話的羔羊，而是更有獨立思考能力的人。這些變化使社會訴求新的商業倫理，為宗教改革奠定了重要基礎。

宗教改革的起源

在這樣的社會背景下，教廷偏偏又要在羅馬修建聖彼得大教堂（Basilica Sancti Petri），需要大量資金。在一五一七年前後，羅馬教廷要求各地教會大規模出售贖罪券（indulgences）。贖罪券從十一世紀十字軍東征時期開始流行，是教會重要的籌款方式，讓信徒花錢向教會贖買將來在煉獄（purgatory）的苦刑，減免死後在煉獄等待的時間；信徒甚至也可以為已過世的親人代購贖罪券。按照基督教神學，煉獄介於天堂和地獄之間，是不完全的信徒死後暫居的地方，接受暫時懲罰；如果人在死前只有輕微的罪孽或做了完全的懺悔，那麼煉淨罪孽之後還能上天堂；否則，會在煉獄裡待很久，最後只能下地獄。俗語說：「銀幣叮噹落進箱底，靈魂雀躍跳出煉獄。」[105]教會對此的解釋是，耶穌基督和眾聖徒留下了大量的功德，尤其耶穌在十字架上遭遇的苦難更是功德無量，教會有權把這些功德釋放給其他信徒，為他們代贖那些非永恆的罪罰。十六世紀初，為了建造聖彼得大教堂，教會不僅大量銷售贖罪券，還使用了許多花招，比如宣稱某段期間出售的是「全大赦贖罪券」，也就是說，可以把買方過去所犯的各種罪孽一筆勾銷，恢復到初生嬰兒那樣的純潔狀態！這種「全大赦贖罪券」很罕見，價格奇高，立刻轟動各地。

這些行動激怒了德國的馬丁．路德，迫使他從一五一七年開始討伐羅馬教廷及教會體系，啟動終結「歐洲中世紀」的「宗教改革」(Reformation)。馬丁．路德出生於一四八三年，年輕時讀書立志做律師。可是，一五〇五年的某一天，他走在路上遇到暴雨，被雷電擊倒在地，恐慌中他向上帝求救：「聖安妮，救救我！如果得救，我會終生做修士，奉獻給上帝的事業！」[106]痊癒之後，馬丁．路德不顧家人反對，果真放棄了做律師的志向，搬進修道院，成為修士，天天修行，研習經書。

在教廷為聖彼得大教堂募資之前，馬丁．路德佈道時就多次批評贖罪券，認為那是教廷的腐敗。到了一五一七年，教廷更是派遣神父到德國兜售贖罪券，不管信徒是否心靈懺悔，聲稱只要付錢就能贖罪！這讓馬丁．路德忍無可忍！一五一七年十月三十一日，他刊出著名的《九十五條論綱》（*Ninety-five Theses*），公開反對贖罪券，挑戰羅馬教廷的權威。他的主要論點是：贖罪券最多只能贖買世俗懲罰，但煉獄是不認贖罪券的，因為煉獄是神所加的罰罰，人世間的教廷無權決定！「唯有經歷各種苦難，而不是虛假的平安擔保，才能有把握進入天國。」他強調，由於贖罪券帶給購買者一種錯誤的安全感，其害無窮。

此後，馬丁．路德到處演說並參與辯論，也不斷遭到教廷的追殺。在一五一九年與一位神學家的辯論中，他說：「主教、大會有時也會犯錯。無論教會還是教皇，都無權重立信仰條例。信仰只能源自《聖經》教義。」[107] 在一五二〇年出版的《教會被擄至巴比倫》（*On the Babylonian Captivity of the Church*）中，馬丁．路德強調，是教廷剝奪了基督徒自己直接與上帝對話的權利，因為教廷推出「七件聖事」——洗禮、堅振、聖體、懺悔、病人傅油、聖秩以及婚姻（《天主教法典》第四卷）——來度量基督徒實現「完美人生」的進度，只有完成這七個里程碑才能是完全的信徒，就這樣將信眾的人生關注都集中到教會規定的表面禮儀上，而不是努力研習教義經書、與上帝直接對話；教廷讓自己站在信徒與上帝之間，聲稱自己代表上帝，告訴信眾上帝是如何說的、該如何解讀《聖經》等等。有鑒於此，他呼籲信徒不要聽信教皇與教會這些「中間人」的說教，而是自己去讀《聖經》、自己與上帝對話，因為教皇和其他神職人員也都是人，充滿了私利和腐敗！

在另一本經典《論基督徒的自由》（*On the Freedom of a Christian*）中，馬丁．路德系統闡述了「因信稱義」：基督徒是因相信耶穌基督為唯一神而實現「義」、得到拯救，而不是靠執行教會規定的禮儀、規條、善行，尤其不是靠買贖罪券才獲得神的拯救。也就是說，死後是上天堂還是下地獄，並非取決於是否遵守教會禮儀和善行，而是取決於是否虔誠信仰耶穌基督、謹守教義，所以基督徒相對於教會的規章禮儀而言是自由的；同時，基督徒因為信而達到富足，必然會藉著愛而行出種種善行，甘願服侍眾人，所以又是不自由的。「基督徒是全然自由的萬人之主，不受任何人的管轄。基督徒是全然順服的萬人之僕，受一切人管轄。」相形之下，羅馬教廷要求的規儀，與是否能成為完全的基督徒無關。基於教會禮儀的善行如果不是以信仰為前提，那麼那種善行是表面的，不一定會帶來救贖；而如果信仰耶穌在先，則不論有沒有遵循教會禮儀，信徒自然會主動行善，實現「義」並獲得拯救。

馬丁·路德對「因信稱義」的解說否定了羅馬教皇與教廷的權威，認為教廷只代表他們自己的利益，是世俗化的表現。在馬丁·路德跟教廷的論戰中，各教區信眾尤其各城邦國王的立場最為關鍵：他們是支持教皇還是與馬丁·路德站在一起，決定這場爭執的結果，如果教廷勝利，馬丁·路德會像之前的異己神父一樣被處死。

在這種時候，信眾的獨立思考能力極為重要。一方面，如前所述，商業革命使歐洲都市化人口上升，文化水準提高，盲目聽話的人口占比下降，這對教廷不利。另一方面，到了十六世紀初，活字印刷機已推廣至歐洲許多地方，使馬丁·路德的反教廷書籍在各地大量印刷，眾多教徒都能看到他的解說，這是前所未有的新格局，這也對教廷不利。由於那時的運輸成本高、運輸容量小，如果集中一地印刷，再把書批量運往各地，那就無法運送太多書，不利於馬丁·路德思想的傳播；而如果各地分散印刷，就沒有批量運輸的問題。所以，連馬丁·路德也說，大量印刷機的出現是「上帝送來的終極大禮，有了這個禮物才使上帝的福音得以傳播。」[108]關

圖七・四　約翰・喀爾文[113]

於印刷技術對宗教改革的貢獻，歷史學者多有講解，比如馬克・愛德華茲（Mark U. Edwards）的著作。[109]魯賓教授蒐集了西元一五〇〇年前後歐洲各地的印刷機數量發現[110]：有印刷機的地區，接受新教的可能性顯著高於沒有印刷機的地區——印證了之前學者的假說。另一項研究表明[111]，一五一七年後，馬丁・路德的書籍銷售愈多的地區，更會拋棄羅馬教廷，接受新教。

喀爾文新教與金融解放

馬丁・路德對教廷的成功挑戰，也影響了其他神學家，帶出一批宗教改革家。其中，對金融和資本主義發展影響最大的是約翰・喀爾文（Jean Calvin，圖七・四）。喀爾文生於一五〇九年的法國，後來在多個城市上學、居住，受馬丁・

路德的影響很深。他在成長過程中接觸了許多律師和商人，對合約與抵押等法律工具極為熟悉；後來喀爾文搬到瑞士的日內瓦，更是接觸到商業和金融。這些經歷使喀爾文對待商業與金融的態度跟馬丁・路德大不相同，後者受農民和修道士的影響極深。這些背景差別使馬丁・路德對有息放貸極有敵意，但喀爾文卻為有息放貸「正名」。[112]《新約》有這樣一個故事：

> ……好比一個人要往外國去，就叫了僕人來，把他的家業交給他們。按著各人的才幹，給他們銀子，一個給了五千，一個給了二千，一個給了一千，就往外國去了。那領五千的隨即拿去做買賣，另外賺了五千；那領二千的也照樣另賺了二千；但那領一千的去掘開地，把主人的銀子埋藏了。
>
> 過了許久，那些僕人的主人來了，和他們算帳。那領五千銀子的又帶著那另外的五千來，說：「主阿，你交給我五千銀子，請看，我又賺了五千。」
>
> 主人說：「好！你這又良善又忠心的僕人。你在不多的事上有忠心，我要把許多事派你管理；可以進來享受你主人的快樂。」
>
> ……那領一千的也來，說：「主阿，我知道你是忍心的人，沒有種的地方要收割，沒有散的地方要聚斂，我就害怕，去把你的一千銀子埋藏在地裡。請看，你的原銀子在這裡。」
>
> 主人回答說：「你這又惡又懶的僕人！你既知道我沒有種的地方要收割，沒有散的地方要聚斂，就當把我的銀子放給兌換銀錢的人，到我來的時候，可以連本帶利收回。
>
> 奪過他這一千來，給那有一萬的！因為凡有的，還要加給他，叫他有餘；沒有的，連他所有的也要奪過來。把這無用的僕人丟在外面黑暗裡，在那裡必要哀哭切齒了。（《新約・馬太福音》第二十五章十四至三十節）

喀爾文說，從這個《聖經》故事可以看出，耶穌基督對待勤勞獲利是讚賞的，不僅沒有貶低追求利潤最大化的行為，反而高度獎勵、祝福；相較之下，第三個僕人拿了一千銀子，什麼也沒做，既不去投資經營這些錢，甚至也沒有「放給兌換銀錢的人」去收息，因此被主人罵為「又惡又懶的僕人」。

喀爾文認為，耶穌的話明確告訴我們，不僅經商賺錢值得稱讚獎勵，放貸收息也是正當的。[114]在喀爾文看來，錢的價值不在於被藏起來、不用於投資，而在於產生收益。尤其是關於用錢賺錢，他與朋友在信中說：「既然出租土地能夠收地租，為什麼放貸貨幣就不能收利息？」[115]也就是說，既然可以把貨幣財富用去買土地和房產，再以此合法收取地租、房租，這與直接將貨幣資本放貸出去收息，看不出有本質差別。放置不用的貨幣不能升值，但借債者並不是置之不用。因此，債務方從他的收益中支付一些利息，這種利息是由借來的貨幣產出的收益的一部分，顯然是正當的。「如果富人想買一塊地，但得向另一人借一部分錢，那麼借給他錢的那個人在收回本金之前，難道不可以獲取農田產出的部分收益嗎？這樣的事天天都有，就公正性而言，這裡的高利貸並不比買賣更壞。」[116]正因為喀爾文的新教學說，韋伯在《新教倫理與資本主義精神》中寫道[117]，是宗教改革結束了中世紀，為資本主義在近代的騰飛提供了必要的商業倫理。

新教國家與天主教國家的長久對比

十六世紀上半葉馬丁．路德成功挑戰教廷之後，喀爾文等人修正了基督教的商業倫理，尤其是樹立了「用錢賺錢」的道德正當性。那次宗教改革將基督教歐洲分成兩大派系：一派是繼續緊跟羅馬教廷的保守派，後來通稱為「天主教」；另一派是「新教」，包括信仰馬丁・路德教義的「路德宗」、信仰喀爾文教義的「喀爾文宗」等等。在地理分布來看，義大利、法國、西班牙、葡萄牙、奧地利等歐洲南部國家，基本上都繼續信天主教，他們也把天主教帶到之後在南美、亞洲和非洲開發的殖民地，也因此南美、菲律賓等地今天還是以天主教為主；而德國和北歐國家選擇了路德宗新教，荷蘭、英格蘭、蘇格蘭以及英國後來的殖民地美國、加拿大、澳大利亞等選擇喀爾文宗新教。新教國家，尤其是喀爾文宗新教國家都得到了金融解放，新教徒從事有息放貸等金融活動不再有道德障礙，不用擔心下地獄，從此加入與猶太人的競爭。

回頭來看，基督教等宗教創立的初衷是建立基於「義」的人際互助，但在後來的實踐中，一旦宗教體系完備、凝聚力強了，具體的組織和運行難免會受到世俗利益的侵蝕，尤其在沒有競爭壓力的情況下，既得利益會不斷綁架宗教本身。走到一定地步時，改革壓力必然會大。十六世紀的宗教改革就在壓力下發生的，並就此改變西方的歷史，長期影響延續至今。

在解釋宗教改革為什麼重塑西方文明之前，我們不妨先對比新教國家與天主教國家自十六世紀以來的發展差異。史丹佛大學的克里斯托巴・楊（Cristobal Young）教授將西歐國家分為兩組[118]，並列出一八七〇年新教／天主教的人口佔比。新教國家組包括丹麥（九九％）、瑞典（九九％）、挪威（九九％）、芬蘭（九八％）、英國（九一％）、德國（六二％）、荷蘭（六一％）、瑞士（五八％）；天主教國家組包括愛爾蘭（八八％）、法國（九五％）、奧地利（九一％）、義大利（九七％）、西班牙（九七％）、葡萄牙（九七％）和比利時（九五％）。圖七・五顯示一五〇〇至一八五〇年這兩組國家的人均GDP表現：在宗教改革之前的一五〇〇年，天主教國家的人均GDP為八百一十七美元（以一九九〇年美元計），高於新教國家的六百九十二美元，前者為後者的一・二倍；到了宗教改革之後的一六〇〇年，天主教國家還是略高一點，

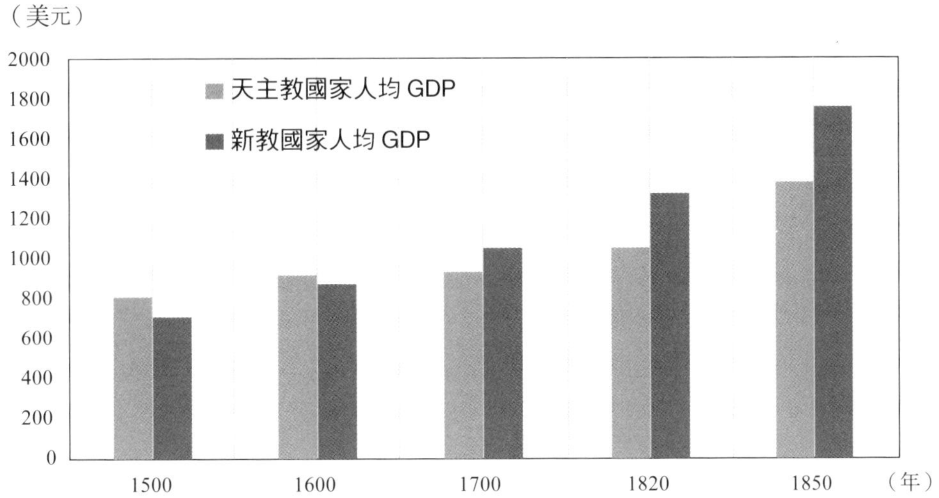

圖七・五　一五〇〇至一八五〇年新教國家與天主教國家的人均 GDP 對比[119]

注：圖中人均 GDP 以一九〇〇年美元為基礎。

但兩者已經很接近；一七〇〇年，天主教國家人均GDP為九百五十一美元，明顯落後於新教國家的一千零八十八美元。再往後，新教國家就更是領先。從圖七・六可見，這個趨勢一直持續到一九四〇年左右，那時天主教國家的人均GDP降到新教國家的〇・六倍。二戰結束之後，通訊與交通技術快速發展，歐洲重建，特別是一九五七年歐洲經濟共同體的成立以及一九六〇年歐洲自由貿易聯盟的形成，弱化了國界的含義，打通了天主教與新教國家之間的經貿聯繫，使資本和勞動力的跨國流動阻力極小，促成兩組國家之間的人均GDP快速趨同。到二〇〇〇年前，新教國家的人均GDP只高出五%左右，但還是領先。

天主教國家的成長速度從十六世紀開始落後新教國家，這令人極為震驚，因為一四九二年，熱那亞人哥倫布在西班牙皇家的資助下發現了美洲大陸，讓西班牙得到資源豐富的墨西哥等拉丁美洲殖民地，並從那裡運回大量的金銀財寶；緊接著，葡萄牙人發現了巴西，開闢

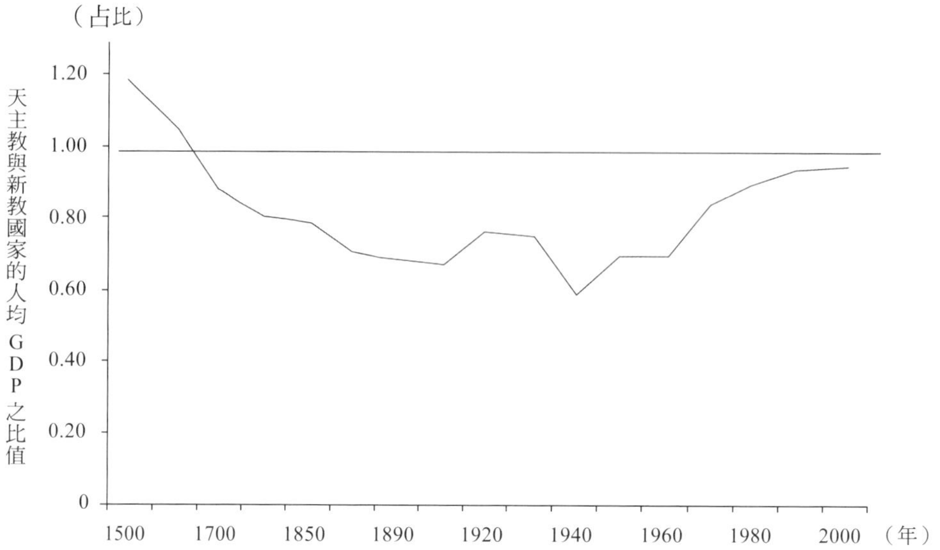

圖七・六　一五〇〇至二〇〇〇年天主教與新教國家的人均 GDP 之比[121]

了沿著非洲繞過好望角進入印度洋的海上商路，並稱霸印度洋一個多世紀（第九章會更詳細討論）。在十六世紀大西洋貿易興起中，葡萄牙和西班牙是主角，理應在接下來的幾個世紀中引領歐洲。文藝復興發源地義大利在一五〇〇年時為歐洲首富，人均GDP為一千一百美元，比排名第二的比利時高出二五％，比當時的荷蘭高出四五％。可是，在之後的兩個世紀裡，義大利的經濟停滯不前，到了一七〇〇年，人均GDP被荷蘭、英國和比利時超過，一八二〇年時，多數的西歐國家都比義大利富有。[120]為什麼這些歐洲南部國家從十六世紀開始落後？這與它們緊跟羅馬教廷有什麼關係？

關於十六世紀中期後歐洲國家的分流歷史，當然也別有解釋。其中，戴倫・艾塞默魯（Daron Acemoglu）、賽門・強生（Simon Johnson）與詹姆斯・羅賓森（James Robinson）三位教授在他們二〇〇五年發表的量化歷史研究中[122]，從是否參加「大西洋貿易」和是否為「強君主國」兩個層面區分歐洲國家，例如：西班牙和葡萄牙都參與了大西洋貿易，也都是強君主國；荷蘭與英國雖然參與了大西洋貿易，但君權很弱。他們的分析表明：參與大西洋貿易的國家在一五〇〇年後比沒參加的國家成長得更快，但如果像荷蘭和英國那樣，既參加大西洋貿易又是弱君主國，那麼經濟成長就會最快。原因在於，君權很弱的國家給市場和民間社會更大的發展空間，市場受到權力的干預少，有更多機會自發形成良性制度，因此弱君權更有利於經濟發展。可是，對他們的樣本國家做進一步的考察就會發現，那些弱君權的國家都是新教國家，而強君權國家都是天主教國家，所以他們的「強君主國」變數基本上可以由天主教取代，他們的分析其實也是基於天主教與新教的區分。

除了人均GDP，新教國家的優勢也體現在其他指標上。都市化是經濟史學者用以判斷經濟與社會發展進程的指標之一。人口密度反映一個社會的都市化程度，不僅體現經濟成長，也體現社會的組織與治理能力、對資源的使用效率。比如，人口密度愈高，對基礎設施與社會秩序的要求就更高，資源使用效率也必須更高，否則容易引發治理危機。一六〇〇年前後，西班牙平均每平方公里有十二人，十七世紀增加到十七人，二十世紀初增至三十九人，三個多世紀裡人口密度翻了兩倍多。[123] 義大利在一六七二年的人口密度為每平方公里三十六人，到一九一一年升至一百一十五人，也翻了兩倍多。法國的人口密度從一六五〇年每平方公里三十一人成長到一九二一年的六十九人，翻了一倍多。在此期間，葡萄牙的人口密度變化不大。相形之下，新教國家經歷的變化要大得多：一六〇〇年時英國每平方公里三十人，到了二十世紀初為一百八十四人，翻了五倍多。同一期間，荷蘭從每平方公里四十五人上升到二百零五人，成長將近四倍。德國人口密度由十七世紀末的每平方公里十七人，增至一九一〇年的一百七十八人，翻了九．五倍。因此，在都市化和人口密度指標上，新教國家也勝過天主教國家。特別是到二十世紀早期，英國、荷蘭、德國等新教國家的人口密度，都遠超葡萄牙、西班牙、義大利、法國等天主教國家。

從諾貝爾獎得主人數來看，新教國家也更加突出。一九〇一年至一九六〇年的六十年裡，按各國平均每百萬人口得諾貝爾獎的人數計算，瑞士排名第一，有二·六二位得獎；丹麥排第二，有一·四三位得獎。榜單排名前十的國家中，有八個為新教國家，包括瑞士、丹麥、荷蘭、瑞典、英國、德國、美國、芬蘭。以天主教為主的奧地利排名第三，因為二戰期間，一些猶太科學家逃離德國，落戶奧地利，法國的情況也類似。總之，在諾貝爾獎、體育競賽獎項方面，新教國家仍有顯著的優勢。[124]

金融市場發展程度方面區別更大。根據阿蘭·佩雷菲特（Alain Peyrefitte）《信任社會》（*La Société de confiance*）的介紹，從十三世紀到十六世紀，義大利的民間借貸市場（世俗地下借貸）比歐洲其他社會更加發達，利率最低，其次是西班牙、葡萄牙、法國等歐洲南部國家，而同期荷蘭和英國的借貸利率較高。但宗教改革後，從十七世紀初期開始，情況則完全逆轉，荷蘭和英國的利率變為最低，金融市場發展領先天主教國家，包括超越義大利。而到一九九九年，新教國家的資本市場更加發達，股市市值與GDP之比平均為一·五左右，而天主教國家的股市市值平均不到GDP的七〇%。[125]因此，宗教改革之後的四個世紀裡，天主教國家的金融發展顯然落後，尤其與英國、美國等喀爾文宗新教國家相比，相差甚遠。

為什麼新教國家發展更好？

那麼，在十六世紀宗教改革後，到底是什麼造成新教國家跟天主教國家的顯著分流呢？這個問題的回答可以幫助我們進一步理解宗教在文明化進程中的作用。

首先，當然是喀爾文對「有息放貸」的解放。正因為荷蘭、英國在十六世紀接受了喀爾文宗，並在殖民擴張時期將喀爾文宗新教帶到美國、加拿大等殖民地，讓這些國家也能自由發展各類的金融創新；相較之下，選擇繼續緊跟羅馬教廷的天主教國家，對有息放貸的態度還是很負面，甚至比改革之前更排斥。於是，十六世紀之後，新教國家的金融水準逐步超越天主教國家。金融工具的多元化發展提供大眾教會之外的避險與跨期互助選擇，也就是說，在新教社會裡，「宗教」與「金融市場」之間不再是排斥性競爭關係，而是合作互補關係，這就提升了他們應對風險與解決融資的能力，由此，金融解放也促進了新教社會其他方面的發展[126]，包括使經濟、科學和文化不再受到之前那樣的束縛。

理查．亨利．陶尼（Richard Henry Tawney）在他的名著《宗教與資本主義的興起》（*Religion and the Rise of Capitalism*）中強調[127]：在宗教改革之前，世俗世界裡商業和金融都在教會的陰影下進行，而宗教改革帶來的最大差別，就是把商業活動和金融交易從宗教管控中解放出來，讓商業與金融完全歸世俗世界，不再屬於教會過問的事情；是商業與金融的世俗化讓資本主義先在新教國家興起，而不是其他。陶尼談到，商業與金融從教會解放經歷了一段過程：改革之初，許多改革者也痛恨有息放貸和商人逐利，比如前文就引用了馬丁．路德對放貸者的深惡痛絕，但是稍晚一些，經過喀爾文的詮釋，情況開始發生變化，宗教跟商貿金融領域漸漸分離開來，商業歸商業、宗教歸宗教；到十七世紀中期，商業倫理已不再是新教教會干預的事，市場和金融已經非常自由。相形之下，天主教要等到一九六二至一九六五年的梵蒂岡第二次大會才正式大幅放鬆對商業與金融倫理的管制。[128]

韋伯在《新教倫理與資本主義精神》中指出，喀爾文教義是新教國家成功的主因[129]，他認為喀爾文的「宿命論」（predestination）啟動了資本主義的火車頭，使新教國家與天主教社會拉開距離。喀爾文教義稱，上帝早就選擇讓一些人上天堂永生、一些人下地獄永死[130]，而這些先決是教會或任何其他組織和個人所無法改變的，連德行與善行也改變不了，只是我們不知道誰被選中永生、誰被選中永死。那麼，要怎麼找到「我是天選之人」的信號呢？喀爾文說，如果你在日常生活與工作中經常成功並發財致富，那就是你被安排進入「永生」的證據！在物質方面是否成功就是驗證自己是否遵循上帝意旨、是否被選中、得永生的信號。他強調，經濟成功本身不能保證上天堂，但被上帝安排永生的人必然會獲得經濟成功，成功就是信號！與此對比，如果一個人不願努力、不願工作，就是被安排下地獄的信號。

喀爾文教義給他的新教信徒帶來巨大的資訊挑戰。為了儘快知道自己是否被選中，新教徒一方面要遵循教義生活、工作，另一方面必須加倍努力發財致富，探求預測自己是否被安排上天堂得永生，同時也必須勤儉節約、優化投資，使自己的財富不斷積累擴大。在一五六〇年出版的《基督教原理》（*Institution de la religion chrétienne*）第三卷第十四章中，喀爾文說道：

> 那些富有的人、現在心有慰藉的人、喝得酩酊大醉的人、開懷大笑的人、睡在象牙床榻上的人、財富應有盡有的人，他們的宴會有豎琴、詩琴、鈴鼓伴奏，還有玉液瓊漿，這些人為何要遭詛咒呢？誠然，象牙、黃金和財富皆為上帝的美麗造物，允許甚至是專供人享用的。開懷歡笑、一醉方休、購物置產、奏樂助興、暢飲美酒，在任何地方都不遭禁。這是確實的。但是，一個大富豪，倘若沉湎於尋歡作樂，醉心於及時享樂，並無休止地追求新的享樂，那麼他離健康、正當使用上帝的恩賜就相去甚遠了。[131]

喀爾文的口號是：讓上帝的所有恩賜都產生效益，包括個人的天賦（即人力資本），但不能濫用上帝的信任。韋伯認為，喀爾文的新教倫理不僅解放了金融，更是激勵信徒發奮努力，追求物質財富的最大化，資本主義精神也因此在新教社會誕生，讓這些國家走在天主教國家前面。

關於新教國家領先的第四種解釋，乃是基於伊拉斯謨（Desiderius Erasmus）和馬丁・路德對自讀《聖經》的主張。早在一五一六年二月，伊拉斯謨就宣導應結束教會對《聖經》闡釋權的壟斷，他挑戰道：「為何把屬於所有人的共同信仰侷限在少數幾人身上？將教義交由神學家或僧侶等少數人，是不合邏輯的。」「那些想禁止無知者閱讀譯成通俗文本《聖經》的人，我與他們的意見強烈不同……我期望所有的女子都能閱讀《聖經》。」[132] 前面談到，馬丁・路德在挑戰教廷並開啟宗教改革時，告誡眾人不要聽信教廷是上帝在人間的代言人，呼籲信眾自己閱讀《聖經》並直接與上帝對話，而不是經過教會這些中間人！那麼，信眾自己怎麼讀《聖經》呢？這就要求每個人要會讀書識字。因此，由於改革的影響，新教社會的文盲率應該很低，受教育程度應該普遍高。與前文談到的猶太人的經歷一樣，西元七〇年第二聖殿被摧毀，猶太教被迫要求每人自讀《妥拉》，並因此延伸出每個猶太男孩必須從小讀書的傳統，投資了人力資本。

在新教主張教徒自讀《聖經》之後，天主教會則推出「反宗教改革」（Counter-Reformation）的舉措，包括燒書、禁止獨立思考、打壓科學和科學家，把讀書行為看成對教廷的背叛。這些反應使天主教徒不敢讀書，也不敢自讀《聖經》，甚至不讓子女上學。按照大衛・藍迪斯（David S. Landes）教授的評論，正由於南歐社會的反改革舉措，「讓地中海歐洲完全錯過了科學革命的列車」[133]，天主教國家因此落後了。

新教和天主教這兩種截然不同的主張，一個要求信徒自讀《聖經》，一個反對自讀《聖經》，是否真的造成新教國家與天主教國家之間的教育大分流，並使它們之間的人力資本差別懸殊

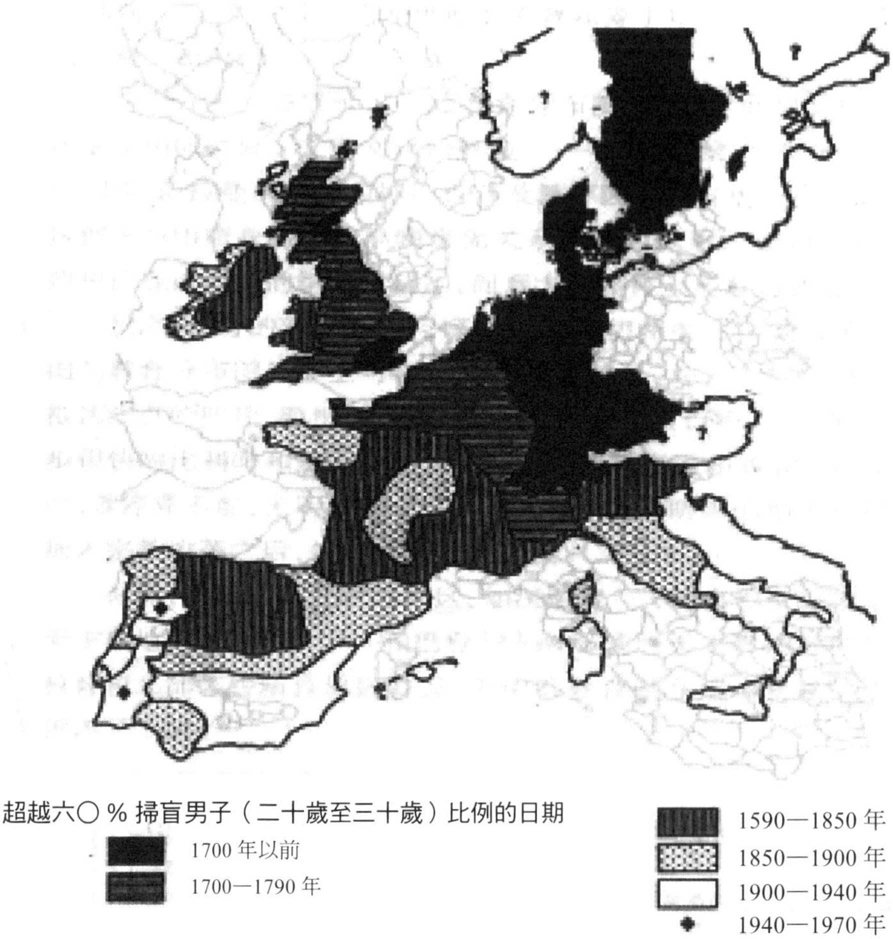

圖七・七　歐洲各地區達到半數年輕男子識字的時間

呢？為了回答這個問題，量化歷史學者將研究集中在比較兩組國家之間的識字率上。歷史學者查閱了歐洲各社會的結婚書約檔案，看個體在結婚書約上是正式簽名，還是只畫了個「十」字，或乾脆聲明「不會簽字」[134]——這跟中國人以前文盲畫押簽字一樣。如果能簽名，就認為他能讀書；否則，就是文盲。圖七．七引自佩雷菲特《信任社會》，該圖顯示了在歐洲，每個國家在哪個時期實現了過半的二十到三十歲男子識字。從圖中可見，以新教為主的瑞典、丹麥、荷蘭、德國以及英國一些地方在一七〇〇年以前就達到半數男性識字，英國北部、法國北部、比利時、奧地利則是十八世紀完成半數男性識字，義大利、西班牙、法國南部這些天主教社會，則要等到十九世紀甚至二十世紀才實現過半男性識字！

以瑞典為例，瑞典以路德宗新教為主，教會在十七世紀發動了多次消除文盲運動，到了一七〇〇年，超過八〇％的青年能讀書寫字。[135]而另一個極端是義大利，義大利是文藝復興的發源地和中心，於十四、十五世紀翻譯、印刷了大量的古希臘著作。在宗教改革運動之前的一四八〇年，義大利比任何其他地區都擁有更多活字印刷機，書籍出版領域活躍，引領著歐洲的文化潮流。可是，在十六世紀的宗教改革中，義大利效忠羅馬教廷，讓教育倒退。結果，直到十九世紀末期、二十世紀上半葉，義大利才實現過半年輕男人識字的目標。[136]西元八〇〇至一六〇〇年，西方科技發明中有二五％到四〇％是義大利人的貢獻，而在一七二六年後，他們的貢獻率下降到三％。[137]可見，在宗教改革後，義大利倒退嚴重。

圖七．八顯示，一八五〇年，歐洲國家的文盲率與新教徒占比之間有顯著的負相關關係：新教人口占比愈高，文盲率就愈低。也就是說，由於新教反對教會壟斷《聖經》的解釋權，主張教徒自讀《聖經》，新教社會必然會重視教育。到了一八九〇年，整體而言，以小學教師占人口比例算，新教國家的小學老師占比更高，天主教國家則不及。[138]

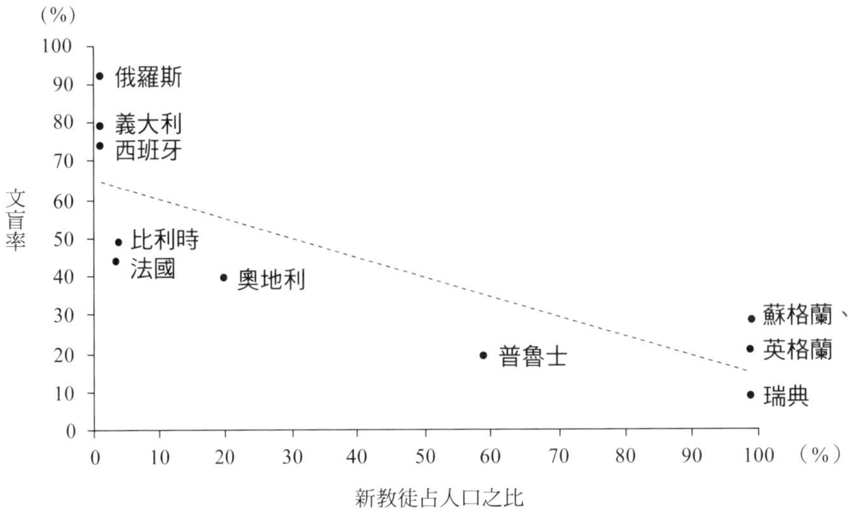

圖七・八　一八五〇年時歐洲國家文盲率跟新教徒人口占比的關係[140]

正因為教育決定一國的人力資本高低，新教因為要求自讀《聖經》而重視全民教育，天主教反之，十六世紀後期以來，新教與天主教國家之間的人力資本差距不斷擴大，造成前文所述新教國家發展更快、天主教國家落後的結局。這是基於人力資本對一六〇〇年以來兩組國家分流的解釋。[139]

在歐洲政治制度發展方面，議會於十二世紀首先在西班牙出現，隨後從歐洲南部往其他城邦擴散，但從十六世紀開始出現嚴重分化。在一本量化歷史著作中，三位學者比對了天主教和新教國家的議會制度發展史，發現[141]：如果以議會每年實際開會的次數和對國王的權力制衡程度評估，那麼到十八世紀末，西班牙等天主教國家的議會基本上已沒什麼作用，而英國、荷蘭等新教國家的議會對王權構成實質性制約。議會權力的差別也導致新教和天主教國家後來出現分流。

白營和龔啟聖在二〇一五年發表的論文中[142]，基於一千一百七十五個縣的資料，研究了基督教在中國傳播兩個世紀後所帶來的影響。他們發現，截至一九二〇年，新教徒愈多的縣，其都市化率和總體發展的程度愈高；相對而言，天主教徒的數量多少對一個縣的發展影響並不顯著。而新教的影響之所以很顯著，主要也是因為他們在當地辦學校、開醫院，既為人治病又傳播知識，影響當地的人力資本發展，此影響甚至持續到今天。因此，不同宗教倫理和傳教方式給歐洲帶來的差別，也得到中國經驗資料的支援。

經歷了十六世紀的改革後，基督教世界發生了巨大的變化，時至今日，雖然天主教和新教之間還存有實質上的區別，但邊界已經模糊許多。相較之下，其他主要宗教如印度教、佛教、伊斯蘭教等，至今還沒有經歷類似的商業倫理改革，以致於在以這些宗教為主的國家，金融市場尤其資本市場的發展程度不僅遠遠低於新教國家，甚至落後天主教國家。

結語

自軸心時代以來，佛教、猶太教、基督教和伊斯蘭教在全球擴散，一方面透過信仰在各社會建立跨期誠信秩序，幫助信眾化解風險，另一方面減少信眾對死亡的恐懼，借助天堂與地獄的差別體系規範行為，以威懾支撐道德秩序。但是，帶來這些積極價值的同時，宗教在歷史上也造成高昂的代價，尤其是為了強化信仰社群的內部凝聚力，一神教不斷將「我們」（信眾）與「他們」（非信眾）的識別邊界明確化，甚至敵對化，包括採用排斥金融這樣的替代互助方式。所以，就有了上一章談到的十一至十三世紀的十字軍東征、基督教與儒家的「禮儀之爭」，而這一章以基督教禁止有息放貸和宗教反猶作為起點，進一步介紹宗教對金融的長久抑制，以及由此激化基督徒對猶太人的仇視。基督教、伊斯蘭教之所以那麼早就禁止有息放貸、排斥金融市場，是因為如果個人可以自由借貸，那麼他們對教會的依賴就會大大下降。道理在於，宗教提供的服務可以視為俱樂部商品：每人從中獲取的風險保障，取決於其他成員在這個俱樂部中投入的資源多少；當一些成員有外部保障時，投入俱樂部的資源必然因此下降，損害教會對新加入者的吸引力，降低已有成員抵抗風險的能力。於是，唯有排斥外部金融，教會才能維持自己的地位、獨顯光彩。[143] 在認識宗教的保險作用和其他正面貢獻的時候，也不能忽視其背後的代價，否則難以有全面的認知。也正由於這些負面代價，傳統上由宗教實現的保險作用已經逐步被金融市場、政府福利所取代，後續章節我們會再回到這些話題。

十六世紀喀爾文的新教商業倫理改變了基督教與市場之間的關係，二者從原來的排斥性競爭轉變為互補合作。尤其將金融議題留給世俗社會，「凱撒的物當歸給凱撒；神的物當歸給神。」(《新約．馬太福音》第二十二章二十一節)，使「利息」和「用錢賺錢」不再背負倫理枷鎖，新教徒也可以成為銀行家、金融家，不必擔心下地獄。然而，拒絕接受新教、繼續緊跟羅馬天主教的社會，對金融市場的限制仍然存在(儘管因為新教的影響，這些社會也在慢慢放鬆限制)，到二十世紀才完全鬆綁。[144] 十六世紀宗教改革之後，在新教國家裡，民眾的彼此尊重與信任程度顯著高於天主教國家[145]，社會穩定度高，普通人識字率也高。總之，由於喀爾文的「宿命論」和金融解放，十六世紀後，新教國家在金融發展、收入水準、科技創新，甚至體育場上，都走在天主教國家前面。[146]

以往的著作只從精神信仰和文化角度討論、解釋宗教的發展，很少顧及宗教背後的經濟，尤其是金融邏輯。如果基於非經濟框架，我們可能難以理解宗教跟儒家、金融市場及政府福利之間的競爭張力。從化解風險以提升安身立命能力的視角解讀之後，我們看到，宗教、宗族、市場和政府代表解決人際跨期互助、跨期信任的四種不同願景，每種願景在不同社會和不同歷史時期都有堅強的支持者，而每種願景的支持者都希望自己熱衷的解決方式成為主流，於是就有了相互間的排斥性競爭，而不是相互補充。這一章的討論讓我們看到，雖然基於宗教解決風險挑戰的方案有其可取之處，但代價也大，犧牲了眾多發展的機會。

過去近五個世紀裡，新教和天主教國家之間的大分流顯示：率先擁抱市場、解放金融的宗教，在長期發展中勝出。從長遠看，市場應該是最高效的應對風險方式，也是人類文明化進程中持續的推動力。接下來的三章，我們將分別討論人類如何透過發展商品市場與金融市場，更妥善應對風險、降低暴力。

第二部

第八章 貿易帶來和平

商業市場與文明化

貿易帶來的自然結果是和平。相互貿易的兩個國家，因此互惠且相互依存。原因在於：一方有購買的利益，且另一方也有出賣的利益，而所有的同盟都是基於彼此需要的。[1]

——孟德斯鳩

不管是在當代中國，還是縱觀歷史，總能看到這樣的現象：歷來商業發達的江浙地區，往往秩序井然，規則意識強，民風平和，命案率、暴力率低，搶劫事件少，歷史上人食人的情形少有發生；市場欠發達的內陸省分則不然。[2]一般的看法是，那些「魚米之鄉」生活富有，所以違法犯罪少，規則與秩序當然更好。這在一定程度上當然正確，但這些地方之所以富有並文明有序，不僅僅是「魚米之鄉」的緣故，還因為那裡的地勢相對平坦，遠在火車、汽車和飛機運輸技術到來之前，就建立了河流運輸，甚至到處修建人工運河，讓跨區商業四通八達，是商業造就了那裡的規則與秩序。

那麼，商業貿易真能促成規則秩序，降低暴力，帶來和平嗎？這正是孟德斯鳩和本書緒論所引潘恩的論述要點。他們講的大意是：因為商業交易基於互需、互補、互惠，所以貿易中的兩人甚至兩國之間不會發生暴力，相互依賴成為其行為的制約，促使雙方選擇「文明」。故而，正如亞當．斯密在《國富論》中論述的一樣，每個社會都應當崇尚並發展商業。只是在亞當．斯密之後，關於市場交易的價值，基本都集中在「市場交換促進專業分工，進而促進生產力」這一要點上，忽視了商業市場的避險備災價值，而這正是本章和第九章希望補上的一課（本章和第九章注重跨地區的商業貿易，第十章則著墨跨時間的金融市場）。

談到商業時，我們不可避免會面臨道德的指責。正如第六章、第七章所論，各個社會、各宗教在歷史上都曾否定追逐「利潤」的「黑心」商人，進而否定商業的社會價值。《論語．里仁》中寫道，「子曰：君子喻於義，小人喻於利」；朱熹曾說，「義利之說，乃儒者第一義」[3]；司馬遷在《史記．孟子荀卿列傳》中寫道，「利誠亂之始也！夫子罕言利者，常防其原也。故曰『放於利而行，多怨』。自天子至於庶人，好利之弊何以異哉」，意思是說，一旦放行追求利益最大化的商業，社會將多怨亂序。

孔子所言與孟德斯鳩、潘恩的觀點當然相悖。到底哪一方經得起實證檢驗呢？基於江浙「魚米之鄉」的觀察是否站得住腳呢？接下來，我們就從商業市場的「救災」「救急」價值這一維度，對此做出回答。根據第一章所談，意外風險事件是人際暴力和群體戰爭的催化劑，而如果商業貿易能緩和風險事件對個體、群體或國家的負面衝擊，勢必也有助於減少人類暴力、推動文明進程、帶來和平。如果這一邏輯推論能得到實證支援，那麼儘管商業追逐利益最大化，也不應該在道義上遭到否定，因為提升民眾福祉、實現文明良序才是第一要義。

前面幾章已經論證過家庭、宗族與宗教在文明化進程中的作用。可是，基於家庭宗族的互助互保有其局限性，畢竟族人往往居於同村或互為鄰里，共用共當難以對沖肆虐全區的風險；

宗教的地域局限性雖少，但一般來說，教友中的核心信任網絡也集中於本地。此外，這些社會組織亦有弊端：無論是宗族間的械鬥，還是宗教派系間的衝突，都是人類歷史中重要的內容。當信任與互惠限於一隅，文明化進程未必總能一帆風順。所以，人類還需要其他的避險安排——商業市場便是其一。

當災害發生，救急的辦法之一是人口遷移，即從受災地遷往無災地區。或者，人不流動，讓物品流動，由商人將物資從非災區販運至災區，亦可緩和生存挑戰——此即跨地區商貿緩解災情的機理。根據馬克·羅森智維（Mark R. Rosenzweig）等針對印度農村的研究[4]，兩村之間的距離愈遠，它們同時遭遇同樣風險的機率就愈低，這個規律在其他社會也成立。因此，在本章我們將看到，跨地區商品流動往往能降低災害的負面衝擊，是重要的化險手段。無論是早期的以物易物商業，還是之後基於貨幣化交易的市場，都可緩和風險事件的破壞性。熟悉湖南糧食市場的人可能會說，廣東缺糧時，商販從湖南運走大米，造成湖南米價上漲；雖然幫了廣東，但害了湖南本地人。[5]這一邏輯常被用來為湖南設置路障、為禁止大米出湘找理由——但這未必站得住腳，因為禁運不僅犧牲了湖南農民和廣東消費者的利益，而且湖南境內的消費者在其他省分糧食短缺的情況下，本應為稀缺資源支付更高的價格，否則就有悖道義原則。

從齊曼內人的經歷談起

關於文明化與商業的關係，人類學者做了大量田野調查。直到今日，玻利維亞邊境的亞馬遜雨林中，原住民齊曼內人（Tsimane）仍然與外界保持相當程度的隔絕。[6]不過，他們與外界，或者說與商業市場的接觸正在逐漸增加：有時齊曼內人會在雨林中遇到外部社會的伐木工和農人，並與他們進行商品交換；此外，齊曼內人也逐漸習慣了定期外出、到附近集鎮購買少量商品的生活模式。根據里卡多．戈多伊（Ricardo Godoy）等學者的田野統計[7]：在調查前的一個月中，大約有一半的齊曼內人接觸過伐木工人，接觸過外界市場的人數占比也在五〇%左右。不過，當地人從外界購買的商品種類相對單一，大多是需求迫切的食品。按價值計算，肉類占當地人買入食品的五五%，蔗糖約占二〇%；非必需類商品的占比很小，糖果占購買價值的比例不到一〇%；食品以外的消費比重更低，以奢侈品為例，調查中只有一人曾外出購置奢侈品，其價值與食品相比可忽略不計。

在過去數十年，人類學家仔細觀察了齊曼內人逐步接觸市場的過程。[8]和其他保持原始生活的社會一樣，該地原住民面對的場景相當不確定：捕獵行動一無所獲的機率為四〇%至六五%。[9]正如之前的章節所述，如何確保食物供應的安全穩定，是齊曼內人時刻需要思考和解決的問題。除了饑餓，傷病也屬於普遍存在的風險因素：根據邁克爾．古爾文（Michael Gurven）等學者的測算[10]，在接受學者調查前的三個月中，七五%的齊曼內人曾遭遇過「需要臥床療養」的疾病，病情持續時間平均為八天。也就是說，每一時刻有大致一〇%的原住民處於暫時不能勞動的狀態。此外，盜竊等犯罪現象也普遍存在。為了化解這些負面衝擊，齊曼內人建立了廣泛的物資分享和互助網絡：親戚間相互分享獵獲，就算非親屬之間也會彼此幫工。[11]正如前文所談，在商業市場進入他們的生活之前，當地人更多倚賴類似家族的組織安排，來實現相互保險的目的。

許多學者認為，接觸商業市場會給原始社會帶來負面影響。代表人物之一是涂爾幹，他認為，市場在重塑社會的集體意識（common consciousness）的同時，無法完全替代集體意識在維持社會平衡方面的作用。[12]因此，市場在破壞原有的信任網絡與分享鏈結的同時，它所提供的保險可能無法完全彌補破壞過去體制後所造成的損失。[13] 然而，進一步觀察轉型中的原始社會後，學者們否定了這個「源遠流長」的思辨。戈多伊等學者透過分析從多次田野調查中蒐集的資料，得出以下結論：參與商業市場確實降低了原住民的消費風險，使消費波動率下降。居住地離市場較遠的齊曼內人與離市場較近的同族相比，飽一頓饑一頓的波動性更大，其身體質量指數（ＢＭＩ）對收入的彈性大致要高出二十倍！[14] 首先，難以利用市場的原住民，其營養狀況對負面衝擊的敏感度要高得多，這說明商業交易的確對降低生存風險有所幫助；其次，原有的人際分享網絡並未因商業市場而「土崩瓦解」——實際上，因外部市場獲得高收入的齊曼內人，不僅自己的消費得到更好的保障，還會比其他人更頻繁援助同族人，平均而言，援助的金額也更高。[15]

不過，物質層面的指標未必能完整刻畫幸福感的變化，相比前者，我們可能更加看重後者。市場帶來更豐富的物質與更穩定的營養的同時，也會通過其他途徑影響並裹挾個體的情緒。佛洛伊德寫在《文明與缺憾》中的觀察堪稱這類分析的經典[16]：人類確實因相互合作而擁有了前所未有的力量——以科技改造世界，使人類免受自然力量的侵害；以法治取代暴力，作為調節人際關係及社會關係的總和。這兩點貫穿歷史，構成人類文明化進程的核心。分工、合作與交易，是達到這兩點的重要手段。道理在於：為了順利合作，人類必須建立起心理上的反作用結構，以抑制所謂「人對人是狼」的進攻性本能[17]；按照佛洛伊德的說法，合作抑制進攻性這項「人類本性中不可摧毀的特點」，將「始終跟隨著文明的發展」。如果這種相互攻擊的本能無法得到滿足，人就會感到「不舒服」。一言以蔽之，「文明人已將自己部分幸福的可能性，換成了部分的安全。」

儘管後來這個分析被反覆引用[18]，針對齊曼內人的實證研究並未發現接入市場會降低當地人的幸福感。人類學家記錄了當地居民微笑和放聲大笑的次數，藉此反映當地人的幸福感。[19]同時，他們還統計了齊曼內人在外工作獲酬的數量，以及在市場上購置貨物的總金額。分析顯示：與上一段中的預測相反，幸福感與這些反映市場化程度的指標都沒有負相關的關係。此外，市場化既不會導致憤怒的情緒上升，也不會為當地人帶來更多的焦慮。[20]

因此，通過分析齊曼內人的市場化案例，我們看到：商貿市場在提升原住民應對風險的韌性的同時，並沒有顯著損害傳統的互惠網絡，也沒有降低當地人的幸福感。老子在《道德經》中寫道，「天之道，損有餘而補不足」，市場交易是一種基於自願實現「損有餘而補不足」的方式，這裡的「不足」既可以是因勞動分工產生的主動結果，也可以是因風險所致的被動結果。在這個意義上，市場提供的是跨空間的人際交換，這本身就是一種避險救急功用。

我、彭凱翔和朱禮軍在二〇一七年發表的研究中[21]，根據中國第一歷史檔案館清代刑科題本以及學者對清朝命盜重案的歸類統計，估算了清代的一般命案率：一六六一年每十萬人有〇．六人死於非命，一八二一年每十萬人有一．五人死於非命，到了一八九八年，這個數字再度降回至〇．六人。清朝期間，各省的命案率差別較大：四川命案率最高，每年每十萬人有一．七人死於非命；貴州第二，一．五人；山西一．四人；陝西一．二一人；直隸〇．九八人；廣東〇．八八人；廣西〇．八七人；福建〇．八一人；雲南〇．七八人；湖南與湖北都為〇．七七人；江西〇．七人；河南〇．六七人；山東〇．四九人；安徽〇．四八人；甘肅〇．四五人；浙江〇．四四人；江蘇的命案率最低，為〇．三九人。為了找到跨省命案率差距的驅動因素，我等基於一七四四年至一八四九年的面板資料做了進一步分析，發現災害事件是最重要的驅動因素，受旱災等風險衝擊的地區更可能發生命案和其他暴力；但是，如果當地的商業網絡發達、跨區貿易暢通無阻，從而使一省之內的糧食市場高度一體化（而不是相互隔離），那麼即使這些地區遭逢災害衝擊，暴力命案率也未必會上升很多，至少這些市場發達的省分，當災時的暴力升幅會低於遭遇同樣災害的其他省。這說明市場整合度高的地區更有能力應對風險衝擊。這也是為什麼市場歷來更發達的江蘇、浙江和安徽，社會和諧度高、暴力衝突少、人際關係更文明。

我們注意到，即使在全國層面，市場整合度的變化也會影響總體命案率。在乾隆初期的一七四〇年，全國各府的糧價變異係數（coefficient of variation）大約為〇．八；但乾隆掌權期間，各級政府的權力不斷擴張，干預市場的行為增加，尤其是在地區之間設立路卡，懲罰「投機倒把」者，甚至沒收商人跨地販運的糧食，導致各地市場相互隔離；到了十九世紀初，府際糧價變異係數上升到一．二。也就是說，與一七四〇年相比，全國糧食市場的整合度大幅下滑，這個期間，全國的命案率從一七四〇年的每十萬人中不到一人死於非命，上升到一八二〇年清代的最高水準。[22]從十九世紀初開始，清政府的權力不再擴張，反而不斷削弱，使得跨區糧食販運逐步恢復，府際糧價變異係數下降，跨區市場一體化的程度回升，結果全國命案率呈下滑趨勢。這些量化歷史分析說明，商貿自由有助於暴力下降、帶來社會良序。

我們也可以從另一個角度審視商業市場的避險作用。薛華教授在她二〇〇四年發表的論文中，[23]將清朝的災政分為事前儲糧（常平倉、社倉）和事後政府救濟（第十一章會再更詳細討論這個話題）。她發現，一七四九年至一八三一年，中央政府以往給予救濟愈多的省分，當地事前備災的積極性就愈低，人均儲糧愈少，也就是說，政府的救濟明顯減少了當地人的自發避險激勵，擠出了民間動力；同時，糧食市場整合度愈高、跨地區商業愈發達的省分，人均備災儲糧也愈少，這充分表明：如果一個地區跟其他地區的糧食市場高度整合、跨區糧食販運暢通無阻，那麼即使該地區發生災害、出現糧食和其他物品短缺，當地人也可以依靠商人的「投機倒把」來彌補不足，和緩災害衝擊，在商業市場發揮的避險作用之下，當地人不必靠大量的儲糧來防患未然。

商貿市場的避險作用與「永久和平」

對於今天的多數國家來說，一場旱災、水災或其他自然災害在一個地區發生，我們不用擔心那裡是否會發生暴動、大規模搶劫或其他暴力，更不用擔心人相食。原因倒不一定是現代人比古人好，而是因為今天的商業網絡四通八達，鐵路、公路、航空和海路運輸容量大、成本低而且速度快，商品的異地運輸不再是挑戰。商貿的跨地區、跨國界發展給人類帶來前所未有的「共患難」能力，市場邊界的延伸提高了人類應對風險的能力，促使文明發展、暴力下降。

這一命題的最好證據之一是印度鐵路帶來的深刻變化。歷史上的印度跟中國十分相似，超過八〇%的人口務農為生[24]，因此農業產出穩定與否，對社會的穩定至關重要。而農業又依賴自然的「恩賜」，以至於當地人稱農業為「面對季風的賭博」[25]：風調雨順，就有飯吃；氣候異常，就是饑荒。僅僅在一八六〇年至一九三〇年間，饑荒就導致一千五百萬印度人死亡。[26]在第一章中，我們已經仔細討論過暴力與生存危機間的密切聯繫：如果在自然面前連基本生存都難以保障，我們就無法期待暴力止息，文明化進程只會阻塞。但是，鐵路系統的建立改變了印度的歷史。

十九世紀中期之前，印度人的運輸手段與當時的中國農村一樣：如果靠海或河邊，就依賴水運，否則，就靠馬車、驢車、牛背。可是，絕大多數的村莊不靠海、也不傍夠大的河，而馬車和驢車又要求修足夠寬的道路，這個條件是多數地區難以滿足的。所以，他們主要靠公牛運輸，由牛拖小車，或靠牛馱運貨物。[27] 如果碰上比較好的天氣、路況也比較適宜，那麼牛車一天能走二十公里至三十公里，跟農民肩挑貨擔能走的里程差不多。遺憾的是，那時期印度好的泥路不多，尤其是季風雨季每年持續四個多月，驢車、牛車幾乎走不動。所以，當地人一般用小牛或人工扛貨，速度慢、距離短、容量小，由此形成的商貿網絡規模小、覆蓋範圍窄，對人民的幫助很有限。在印度，有三條河流水系——印度河、恆河以及布拉馬普特拉河（Brahmaputra）——用作長途水運，但水運也存在顯著不足：氣候好時，順流也許一天能航行六十五公里，但逆流而行一天十五公里就不錯了；在季風雨季期間，遠途水運基本上停擺。由於印度沒有像中國一樣從秦漢時期就實現大一統，所以也不存在長途運輸漕糧的必要，也就不必修築長途運河（下一節再談這個問題）。印度在英殖民時期的十九世紀初修建了一些地方運河，但也受到雨季和速度的限制。因此，歷史上的印度商貿網絡有限，當一地發生災害，即使其他地區的物資充沛，也未必能及時運到災區，所以饑荒頻發。

相比之下，鐵路對印度而言更加可取：一天可行駛六百公里或更遠，一年四季風雨無阻，盜匪威脅小，貨物損壞率也低；從成本看，火車的每噸運輸費分別比路運、河運、海運運費便宜八〇％至八三％、六七％至八〇％、六〇％至七五％。[28] 雖然早在一八三二年就有人建議印度修建鐵路，但直到一八五三年，印度的第一條鐵路才在孟買建成通車，當時主要是為了因應英殖民統治的軍事需要，而非異地貿易。之後，印度的鐵路建設一發不可收拾，一八六〇至一九三〇年全印度鐵路網線的變遷歷程如下：一八六〇年，除少數城市周邊的短途鐵路外，全印度可以用「一片空白」來形容；一九〇〇年前後是重要分界線，各主要區域間都建成了互相連接的路線；至一九三〇年，當地的鐵路網已經發展到相當密集的程度，全網有六萬七千多公里的鐵路。如今，印度有七千多個火車站，七萬多個火車頭，每日運送一千八百萬人次的旅客、兩百多萬噸的貨物，鐵路雇用一百四十餘萬名員工，鐵路網與一九三〇年時幾乎一樣。[29]覆蓋面如此廣的鐵路網打通了各地間的貿易聯繫，形成了跨印度的統一市場，關鍵是速度快、容量大、成本低，大大提高了商品市場的普惠性。按理說，印度農民生活對大自然恩賜的依賴程度應該要降低很多，饑荒死亡率跟自然災害的關係應當顯著削弱。實際是否如此呢？羅賓・布格斯（Robin Burgess）與戴夫・唐納森（Dave Donaldson）的研究表明[30]：印度饑荒死亡率的確因鐵路運輸網絡的完善而明顯下降——在全境通車後，幾乎再也沒有在和平時期發生過大規模的饑荒（唯一的例外是一九〇六年）。詹森（J. Johnson）如此總結鐵路（即商業市場）對提升印度人應對風險能力所做的貢獻：

> 鐵路在運輸物資並滿足受饑荒衝擊地區民眾的生存需要方面，做出了至關重要的貢獻。拋開鐵路對運輸成本的影響不談，一旦人人知道，只要發生物資短缺，幾天內火車就可從外地把貨物運到，這種信心和預期本身就可以幫助避免物價過分飆漲，價格稍漲一點就可以吸引外地供貨的到來。比如，一八八四年，印度北方遭遇嚴重饑荒，遠在幾百公里外的南方火車站就有不少火車裝滿糧食，快速運往北方，到那裡去賣個好價。哪裡有物資短缺，引發價格上漲，就足以通過火車把物資從相對豐裕的地區吸引過來。[31]

當然，前提是沒有「打擊投機倒把」制度限制物資的跨地區流通。所以，只要跨地區貿易不受阻，鐵路就可以幫助提升市場的救災救急作用。

具體而言，根據印度兩百三十九個地區在一八六一至一九三〇年的歷史資料，布格斯與唐納森從幾個角度深入分析了鐵路接入市場對這些地區抗風險能力的影響。[32]首先，他們以糧價波動來度量鐵路接入市場的影響：如果一地區與其他地區的糧食市場隔離，那麼當地歉收勢必會導致糧價飆漲，糧價必然對降雨量高度敏感；反之，如果該地區與其他地區市場因鐵路而一體化了，只要不是各地區同時都遭遇旱災，糧價就不會再像從前那樣對本地降雨量敏感。根據布格斯與唐納森的估算，鐵路接入外部市場之前，降雨量對糧價的影響係數大致為負〇．四二八，也就是說，種植季節的累計降雨量每減少一公尺，糧價就多漲四二．八％，此即「靠天吃飯」的含義；但是，鐵路通入一地之後，糧價對降雨量的敏感度就下降到之前的三十分之一，只有負〇．〇一四！進一步的統計檢驗顯示，鐵路接入外部市場後，當地降雨量的多寡不再對糧價有顯著的影響。換句話說，就算有旱災或水災，當地的糧價也不再跟正常氣候時期有統計上的顯著差別，這代表鐵路帶入外部市場幾乎完全弭平了各地與氣候相關的糧價風險、糧食供應風險。[33]以我們熟悉的香港為例：如果香港與中國、臺灣和其他市場都完全隔離，那麼假使香港發生乾旱，糧食與蔬菜勢必會短缺、糧價必漲，如果大豐收，糧價必然大跌，由此帶來極高的糧價波動；而如果香港與廣東、湖南等市場皆通過鐵路連在一起，即使香港發生天災，糧食的供應也不會成問題，糧價未必會大漲，年復一年的糧價波動不會太大。這也是亞當．斯密在《國富論》中所講的道理。

就這一維度而言，基於非洲的檔案資料也得出類似結論：市場貿易在災害等風險事件發生時，發揮了彌補物資短缺、降低糧價波動進而平抑風險的重要作用。諾貝爾經濟學獎得主阿馬蒂亞．森（Amartya Sen）曾與讓．德勒茲（Jean Drèze）針對非洲國家在旱災期間的糧價波動做過研究。[34]他們發現，在允許糧食自由貿易、市場相對發達的波札那，在一九八二至一九八七年的旱災期間，由於商品市場活躍且充滿競爭，糧食會通過商人販運流入受災地區，使得不同區域間的食物價格基本相當，災區食品價格上升相對溫和，大型饑荒沒有發生。也就是說，從前有災害就有饑荒，在跨地區市場一體化後，一地就算有災害歉收，也未必會帶來饑荒，一體化的市場把災害跟饑荒的關係削弱，甚至隔斷。反之，肯亞在一九八四年的旱災中，由於國內不同區域間的糧食貿易被嚴格限制，儘管政府嘗試從國外購買糧食直接供應災區，災區糧食價格仍然劇烈上漲，東部省分的漲幅甚至高達二七二%，引發暴亂，而非受災區（如西部省分）由於無法通過市場出售多餘的糧食，甚至在東部饑荒的同時出現了食品價格下降的情況。從這裡我們看到，只要運輸手段夠有效、異地貿易夠開放，自由市場帶來的信號就可以使糧食從充裕低價地區自發地流向短缺高價地區，從而緩解災害帶來的糧食短缺風險，避免饑荒及相關的暴力衝突。正如上一節中薛華基於清代中國資料的發現，跨地區商貿市場的抗災救急作用甚至超過了政府的社會保障機制。

其次，布格斯與唐納森以當地人口的死亡率來度量鐵路對印度的影響[35]，他們發現，在鐵路帶進外部市場之前，印度各地的死亡率對降雨量頗為敏感——種植季節的累計降雨量每減少一公尺（旱災），因歉收導致的當地死亡率就會升高〇．一一八%（每一萬人口多死一一．八人）；但有了鐵路之後，與降雨量有關的氣候災害對當地死亡率的影響不再那麼顯著，死亡率對降雨量的敏感係數比之前降低了八四%，減小到〇．〇二%。[36]就某種意義上來說，有了前面關於「跨地區市場降低氣候災害對當地糧食供應的衝擊」的結果，鐵路使旱災對死亡率的影響下降，這一結論不出所料。

另外，布格斯與唐納森也發現，鐵路引入後，當地農民每公頃土地的實際收入顯著上升，而且在全國層面，鐵路覆蓋的地區愈多，農產品的淨出口量就愈大。因此，鐵路帶來的市場一體化，不僅通過跨地區交換使風險得以在更廣泛範圍內分攤平抑，也提供了大量的就業機會、提高人均實際收入，由此再一步增強人民自身的抗風險能力，減少暴力發生的可能性。前面的章節談到，在工業革命前的農業社會，可獲取生存資源的成長速度遠低於人口增速，當由此導致的生存資源匱乏積累到一定程度，極容易引發動亂、戰爭等暴力事件，落入「馬爾薩斯陷阱」。而市場擴大帶來的勞動力分流，雖然不能像技術進步那樣從根本上提升資源開發的利用效率，但也可在很大程度上緩解人口壓力，讓人通過正常生計就能解決生活所需，使暴力行為的主觀成本上升、收益下降，從事暴力的意願自然削弱。正所謂「謀生有術」，誰願「為賊」？在清代的康乾盛世時期，經過人口繁衍以及乾嘉道年間的西部移民浪潮，巴蜀地區的人口大增，與之相隨的是人口壓力日益成長。然而，在接下來的十九世紀，一方面是運河沿岸地區的「大盜不止」（見下一節），另一方面是巴蜀地區在人口壓力之下並沒有爆發激烈動亂。龔義龍經過研究發現[37]，商業市場的發展，包括小商小販、手工業等「移民的行業經營」擴大，對勞動力進行了自然分流，從而有效緩解了當地的人口壓力。可見，市場為人民提供了謀生手段，對抵禦風險、減少暴力具有重要意義。

當然，從十九世紀開始，鐵路不只在印度出現、廣布，在美國、英國、中國、日本、韓國、非洲和拉丁美洲等各國和地區相繼被廣泛採用。十九世紀的鐵路運輸和蒸汽輪船，加上二十世紀初開始的汽車運輸、二戰開始的飛機運輸，將世界各國的多個角落納入一個全球化的貿易市場，在更廣闊的範圍內、更多人群之間進行市場交換，更有效地實現以有餘補不足，增強了各社會應對風險的能力。

除了運輸技術，近年許多研究發現，新的通信技術也深化了市場的跨地區整合，進而削弱了各地物資供應與當地自然條件、氣候災害的關係，以至於今天不管走到哪裡，基本的生活品供應，甚至連各種品牌都相當雷同，減少了商品價格的地區差異，壓低了同一地區的商品價格波動。比如：電報的出現將各地的棉花市場緊密整合在一起，顯著降低了棉花價格的波動，讓棉花生產者和消費者都面對更小的風險，能更妥善安排未來，為市場參與者帶來了約一〇%的福利改進[38]；手機的引入降低了各地熱帶魚市場的價格波動，同樣也顯著提升了參與者的福利狀況[39]；網際網路的到來把更多邊緣地區納入全球化的商業市場，顯著提升了非洲等各國企業參與全球市場的程度，在增加企業利潤的同時，降低民眾的收入風險，改善勞動就業安全。[40]

過去，許多國家以國家安全、社會穩定為由，禁止一些物品的進口或出口，對此民眾也覺得合情合理。只是沒什麼人問：對貿易自由的限制會幫助提升社會穩定，還是會降低社會穩定、使社會更加無序呢？阿馬蒂歐等三位學者基於以色列資料的研究[41]，幫我們找到了答案。由於以色列人與巴勒斯坦人衝突多年，自二〇〇八年起，以色列禁止一系列軍民兩用的物資出口到巴勒斯坦的約旦河西岸地區，理由很簡單：防止這些物資用於武器製造，威脅以色列安全。為了研究出口限制到底帶來何種結果，三位學者蒐集了三萬多家製造業等企業在一九九九至二〇一四年的資料，包括不同社區的政治暴動與經濟指標。由於這些受禁物資對某些製造業的影響很大，導致大量的相關企業倒閉，對其他行業的影響則相對有限，所以各社區遭受的就業和收入衝擊大不相同。研究發現：二〇〇八年的出口新政，使那些受衝擊較大的社區在此後發生更多的政治暴動，包括大規模的暴力遊行、與員警發生武裝衝突、暗殺以色列或巴勒斯坦政客。他們的研究表明，本意是保護社會秩序的貿易限制政策，使商品貿易不再自由，導致一些行業企業破產，增加了失業，結果事與願違：社會秩序反而會崩潰。

商貿市場以及自由貿易促進文明有序的案例還有很多，這裡就不多舉例了。[42]不過，前文探討的是商業市場對個體應對風險能力、人際暴力的影響。我們也可將視線拉遠，宏觀審視貿易市場對國家之間暴力的影響。既然跨區域貿易對社會個體有積極價值，這種好處也應該在國家之間成立，即能制止國家間的戰爭，因為戰爭會中斷貿易互惠的關係，讓雙方付出高昂的代價。最早注意到這一點的是康德。在《永久和平論》中，他寫道：「人類從無拘無束的獵人、漁民及牧人生活過渡到農業生活之後，加上此刻各民族之間，也許是第一批搶手的貿易商品——鹽與鐵——已然發現，藉由這些商品，他們被帶入一種和平的關係，如此一來，就連更遠的人，也被帶入了互相同意、成為共同體以及彼此和平的關係。」[43]按照康德的邏輯，大自然本來就讓人類得以在世界的每一個角落生活，先是通過戰爭等手段將人類驅逐到各個方向，甚至「最不堪的角落」，然後再迫使人類彼此之間進行互通有無的交換，被迫建立或多或少的和平關係。而各民族間的這種貿易交換，是保障持久和平、推動文明秩序的手段之一。

早在春秋時期，中原華夏人面對戎狄的威脅，就曾通過經濟交易實現和平。戎狄人以遊牧為生，偏好現貨，不在意土地類的不動產，而中原人以農耕為生，更在乎可用於耕種的土地。於是，晉國大臣魏絳建議：由晉國給戎人和狄人現貨，供其吃喝，他們給華夏農民土地，由其播種，各盡所需（《國語．晉語．卷七》）。在晉悼公採納並委託魏絳與戎狄談成交易後，晉國得到多年和平，不再擔心戎狄挑戰，專心致力內政和往南擴張，以至於《左傳．襄公十一年》對悼公評價道：「夫和戎狄，國之福也；八年之中，九合諸侯，諸侯無慝，君之靈也……」早在春秋時期，貿易就被當作控制北方民族的政策工具，而到了戰國時期、漢代，跨國貿易不僅是獲得邊疆和平的武器，也是實現對外擴張的主動手段。[44]在最近的一項研究中，何石軍、欒笑揚注意到明代「隆慶和議」的影響[45]，那次和議帶來的變化可謂「貿易促進和平」命題的完美試驗。也就是說，在朱元璋打敗元朝、建立明朝之後，蒙古人退居北方草原，重過遊牧生活，在秋季和乾旱年分遇到食物問題挑戰時，還會被迫向南進攻中原漢族，以獲得生存物資（見第一章）；到了隆慶五年（一五七一年），明朝與蒙古右翼領袖達成開放邊境貿易、制止暴力入侵的協議，但「隆慶和議」只適用於蒙古右翼地區，蒙古左翼地區不在轄區範圍。通過整理《明實錄》和《萬曆武功錄》中的軍事衝突記載，何石軍等人發現：與「隆慶和議」之前的二十年相比，蒙古右翼地區在一五七一至一五九七年入侵南部漢族的次數從原來的一百六十七次下降到四十二次，尤其在生存挑戰高的秋季和旱災年，下降的幅度更大，而沒有得到邊境貿易權的左翼地區，蒙古人入侵南部漢族的次數從原來的八十二次上升到兩百四十次。[46] 因此，開放貿易為蒙古右翼和與其相鄰的漢族地區帶來和平。

近代現實是否確實如此呢？為了驗證貿易與和平之間的關係，菲力浦・馬丁（Philippe Martin）等三位學者蒐集了一八七〇至二〇〇〇年間的資料[47]，包括每年世界貿易總額與全球GDP之比（反映世界範圍內貿易深化的程度）以及國與國之間暴力衝突的頻率次數。如圖八・一所示，在一九二〇年以前，世界範圍內貿易額占全球GDP的比重與戰爭（定義為導致一千人或更多人死亡的武裝衝突）頻率之間未有顯著的關聯；不過，一九二〇年之後，二者明顯呈「分道揚鑣」之勢——一方面各國之間的貿易依存度愈來愈高，另一方面戰爭的頻率不斷下降。在本書的緒論裡，我們引述了平克教授等學者的分析：一八〇〇年以來，主要國家之間的戰爭頻率整體而言愈來愈低，十六世紀以來，每年死於戰爭的人數逐步下降（雖然不是每年都更低，但趨勢如此），尤其在二十世紀的二戰之後，這兩個趨勢更加顯著，二十一世紀初達到人類歷史上最和平的境界，這一時期可能也最接近康德所稱的「永久和平」時期。然而，之所以有如此大的文明化進步，顯然與十九世紀的第一輪商貿全球化、二十世紀中期以來的第二波全球化有關，歐盟的建立也發揮了關鍵作用。一九五七年歐洲國家簽署的《羅馬條約》奠定了歐洲經濟共同體的基礎；一九九一年的《歐洲聯盟條約》（亦稱《馬斯垂克條約》），正式建立了我們熟悉的歐盟一體化市場，至今涵蓋二十七個成員國，允許各國之間的勞動力、商品、服務和資本完全自由流動，並要求各成員國接受一致的貿易與財經政策及法規，一九九九年開始使用的歐元使其中十九個成員國採用同一貨幣，由此也使它們的財政與金融政策

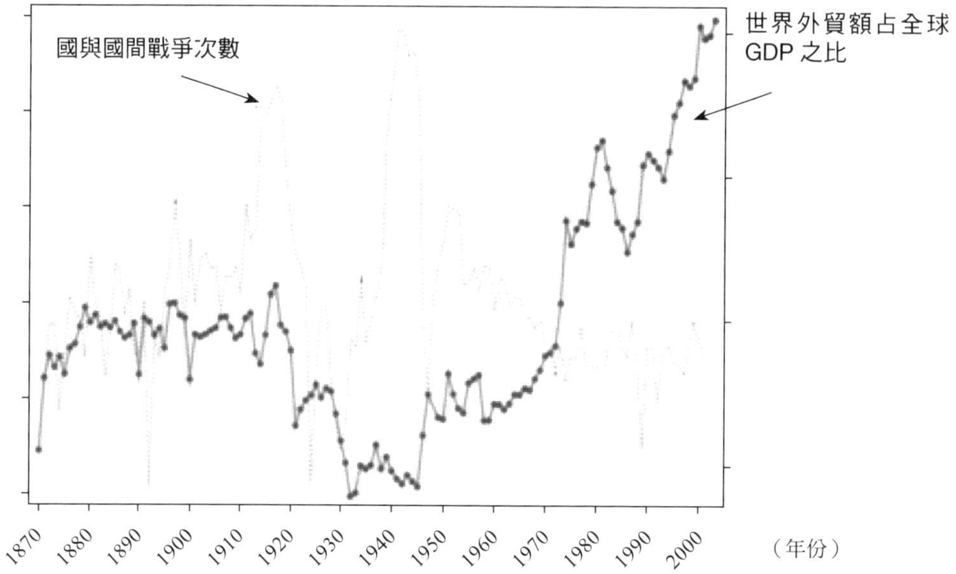

圖八・一　1870-2000 年世界外貿額占全球 GDP 之比與國際戰爭頻率[48]

趨向一致，將歐洲統一市場整合到新高。歐盟建立的初衷是從一戰、二戰中汲取教訓，通過多國市場的一體化來強化彼此之間的依賴度，增加成員國發動戰爭的潛在代價，以此威懾、制約各成員國的暴力衝動。從圖八・一可以看到，康德「永久和平」的經濟邏輯得到了各國實際經歷的支援。

馬丁等三位學者的深入分析，揭示了貿易與戰爭間的關聯：首先，戰爭確實會打斷貿易的發展。如圖八・二所示，兩國之間開戰前三年，彼此間的貿易額就開始下降，開戰次年更會比它們之間的正常貿易額低三六%。此外，戰爭對貿易關係的負面影響會一直持續到十五年以後。因此，在貿易依存甚深的兩個國家間，戰爭的代價將尤為高昂——貿易的銳減會在十年內減損兩國國民的福利，給彼此的就業、收入和應對風險能力構成實質性的傷害。其次，和這一推斷一致，雙邊貿易和「永久和平」之間確實存在密切的聯繫。

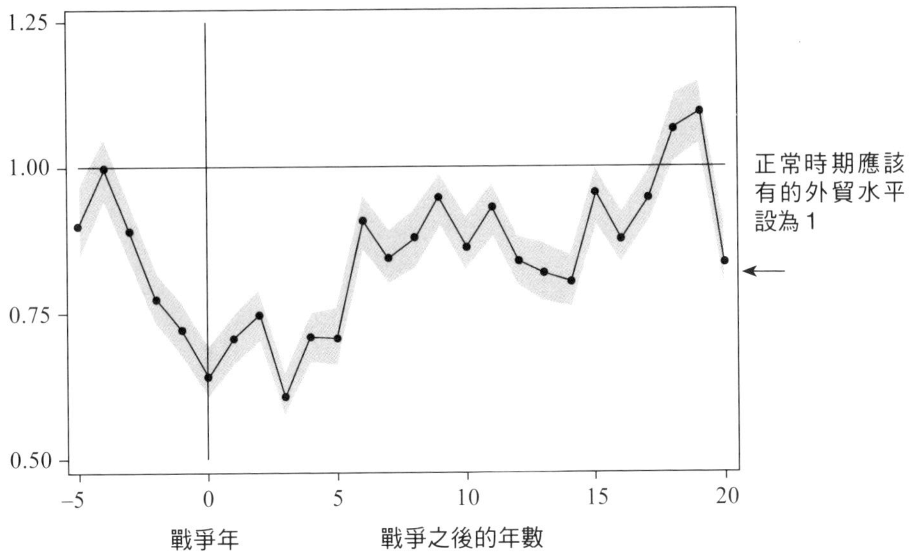

圖八・二 戰爭前後對外貿易額與其 GDP 之比的變動 [50]

具體而言，兩國貿易額占各自GDP的比重之和（反映雙方依賴對方的程度）每增高一%，四年後雙方發生戰爭的機率會因此多降九%。[49] 在控制附近區域是否有戰爭在進行、是否有共同語言、是否有共同宗主國、是否積極對外殖民，以及是否屬於同一自由貿易聯盟等諸多因素之後，貿易額比重之和對未來戰爭機率的影響很顯著：貿易相連度愈高，兩國間未來戰爭的機率就愈低。

其他學者從多個側面檢驗了以上結論，總體還是支持康德的論述：貿易與和平二者確實顯著關聯。以霍華德・黑格勒（Håvard Hegre）等學者二〇一〇年發表的研究為例[51]，他們在前人的基礎上，控制了更多干擾因素——兩國間的距離、人口數量、民眾滿意度、是否為社會主義國家、民主指數、公民組織數量等，同時除了實際導致傷亡的戰爭這一指標，還分析了國家間貿易依存度對「武力使用」（未必導致傷亡）的影響，結果和之前一致：貿易依存度每上升一個百分點，兩國之間發生暴力衝突的可能性就會下降八至九個百分點。一言以蔽之，當民眾無法借助跨區、跨國市場來對抗風險時，暴力會上升；當民眾能充分利用市場時，暴力會下降，就業與收入機會也會增加，這些好處對一國的領導階層決定是否對另一國發動武力攻擊甚為關鍵，因為戰爭會傷及貿易關係，進而衝擊國內民眾的利益，甚至引發國內動亂。正如康德所言：為「永久和平」提供保證的因素並非微不足道，而恰好是大自然這偉大的藝術家自身。[52]

接下來我們將看到，雖然從唐朝開始的海上絲綢之路為跨亞洲市場一體化打下了一些基礎（見第九章），歐洲從西元十世紀以來的商業革命也推動了跨歐亞市場的逐步形成，但工業革命以來的兩百多年裡，從蒸汽輪船到鐵路、汽車、飛機等一波接一波的運輸技術變革，大大加快了商業市場跨區、跨國的拓展和深化，帶來更高層級的全球化；藉此，一方面把一國自然災害對民眾生存的挑戰壓縮到前所未有的低水準，使國內暴力持續下降，另一方面也大大提升了一國對他國發動戰爭的代價，借此抑制戰爭衝動。就這樣，過去幾個世紀，文明化進程得以加速。商業市場當然不是文明進步的唯一因素，但一定是根本推動力之一。

既然商貿網絡這麼重要，它們又是如何形成的？在下一節和第九章，我們將借助幾個案例，進一步闡明商業在文明化進程中的作用（市場退則暴力起，暴力起則文明衰；反之，市場進則暴力息，暴力息則文明興），也藉此了解今天我們習以為常的跨地區商貿市場的由來。

大運河及其備災價值

大運河家喻戶曉，在中華文明發展史上地位非凡，雖然是為了官方漕運而建，但在跨地區商貿的發展史中發揮了關鍵作用。對於身居運河兩岸的民眾而言，運河可能是一個飽含酸甜苦辣的歷史遺產，尤其是一八二六年之後，這個遺產帶給他們數十年的「多事之秋」——運河商業的傾頹引發了連綿不絕的暴力和內戰。

運河的起源與發展

往昔，大運河全長兩千七百公里，地跨北京、天津、河北、山東、河南、安徽、江蘇、浙江八個省市，通達海河、黃河、淮河、長江、錢塘江五大水系。自春秋戰國，各政權修建地區性運河，目的是利用水運運量大、成本低的優勢，運送漕糧軍需；即使到了隋唐系統地連接大運河，也不是為了商業便利。實際上，不只是中國大運河，縱觀世界歷史，大多數長距離商貿網絡都是因其他動因而意外形成的。

春秋時期，多國並立，競相爭霸，戰火連綿。吳王夫差意圖北上伐齊，稱雄中原，可是江淮之間水路不通，只有經長江入海再北上。在時人看來，如此繞道，航程既長風險又高，難有勝算。但在當時，為了縮短路程並增加北伐的勝算，吳王決定人工開鑿連通江淮的水道。《左傳》記載，哀公九年「秋，吳城邗，溝通江、淮。」也就是說，西元前四八六年，吳國在今揚州附近興築邗城，連通長江和淮河，全長近四百公里。[53] 兩年後，吳國大敗齊國，又欲與晉國爭霸，增修了黃溝運河，連通泗水與濟水，組成中原東西往來的主要軍事航道。戰國時期，魏惠王於西元前三六〇年至前三五二年，在黃河與淮河之間挖建鴻溝，形成了黃淮平原上以鴻溝為幹流的水運交通網。[54]

秦始皇為南征百越，於西元前二二一年開鑿溝通湘、漓二水的靈渠，打通長江和珠江兩大水系。從此，黃、淮、江、珠四大水系都有運河相連，黃河流域的船可經水路抵達嶺南。西漢有更多修河舉措，包括漕渠由長安引入渭水，直通黃河。[55] 班固在《西都賦》中說，漕渠「泛舟山東，控引淮、湖，與海通波。」東漢建都洛陽，開通「陽渠」運河，讓東方漕船直抵洛陽城。東漢末期，曹操為了北上消滅袁氏殘餘勢力，在黃河以北開挖了白溝、平虜渠、泉州河與新河四條運河。[56]

到隋朝之前，全國已開鑿了大量的地方性運河，覆蓋大半個中國：北達華北平原，西達關中，南到廣東，東達江蘇，都有運河。這些運河與天然河流一起，通達全國多數縣府，只是水路未必順暢。但是，根據全漢昇等學者的研究[57]，大一統帝國都定都北方，比如長安、洛陽或汴京（開封），而「魚米之鄉」則集中於南方，尤其東南方，造成政治中心與經濟中心分離。到隋朝時期，朝廷為了打通經濟中心與政治中心，將工作重心放在連通地方的運河上，尤其是貫通南北的大運河。隋文帝疏浚古運河（漕渠和邗溝），隋煬帝致力修通四條運河（通濟渠、邗溝、永濟渠、江南運河），唐朝又在隋代的基礎上繼續拓展南北大運河，這些運河連接後，史稱「隋唐大運河」，流經今八個省市。[58]

北宋為了靠近隋唐大運河，定都汴京，之後還以汴京為中心，增修汴河、惠民河、金水河、廣濟河與大運河打通。如果說大運河在「隋唐水道交通上的地位，比江河等水運要居較高的地位」，並成為國家支柱，那麼到了北宋，則「成為建國之本」。[59]南宋行都定於臨安（杭州），政治中心與經濟中心重合，這時期長江以北的運河因宋金對峙不能使用，基本上遭到廢棄。一個多世紀後，元朝定都大都（今北京），又需南方漕糧，故再次重整大運河。一二八二年起，元廷先後對山東、河南境內的運河改道，避開河南，截彎取直，縮短九百多公里，形成如今縱貫南北約一千七百九十四公里的大運河格局。

明初建都南京，漕糧北運的任務變輕。但永樂年間遷都北京後，大運河的意義再次凸顯，一四四一年二月起，朝廷進行大整修。明代對大運河百餘年的治理，為明清大運河的繁榮奠定了基礎。明代後期，每年漕運糧食約四百萬石，運河上有漕船三千餘艘、各類商船萬餘艘。[60]清代定都北京，基本上沿用明代的方法治理大運河，靠南方的漕糧維護帝國。

大運河時代的商業繁榮

雖然修建大運河的出發點是強化統治，但也帶來「意外收穫」：客觀上促進了沿途商品貿易的發展。水運容量大、成本低的特點，不僅便利朝廷，也有利於「投機倒把」，使本來無法實現的長距離貿易變得可行。宋以前的商人奉行「千里不販糴」，因為運糧千里之外，成本高得不合算；但是，隨著大運河的網絡四通八達，「千里販糴」變得有利可圖，「富商大賈，自江淮賤市粳稻，轉至京師，坐邀厚利。」（《續資治通鑒長編．卷六三》）起初，朝廷時有禁止私貨上運河，但運河那麼多，距離那麼長，短途民船怎能管控！沿線的商貿促進了杭州、嘉興、揚州、淮安、濟寧等沿岸城市的發展。[61]宿州在唐代設州時才八千多戶人家，十世紀後期增加到十三萬戶，在全國州府中僅次於汴京，以至於蘇東坡在《南鄉子．宿州上元》中稱宿州為「淮南第一州」。

日本漢學家宮崎市定論述道：中國從古代至中世紀，是內陸中心的時代；從宋代開始，變為「運河中心」的時代。也就是說，運河大大推動了沿岸商品貿易的發展，進而帶來「運河時代」。在《宋史．地理志》收錄的人口超過十萬的近五十個宋代城市中，位於運河沿線的有十五個，幾乎占三分之一，其中處於運河網絡中心的汴京，人口達百萬之巨。宋代孟元老在《東京夢華錄．卷五》中如此描述當時的汴京：「人煙浩穰，添十數萬眾不加多，減之不覺少」；「自州橋南去，當街水飯、熝肉、乾脯……肚肺、鱔魚、包子、雞皮、腰腎、雞碎，每個不過十五文……香糖果子、間道糖荔枝、越梅、鏂刀紫蘇膏、金絲黨梅、香棖元，皆用梅紅匣兒盛貯；冬月，盤兔、旋炙豬皮肉、野鴨肉、滴酥水晶膾、煎夾子、豬髒之類，直至龍津橋須腦子肉止，謂之雜嚼，直至三更。」州橋夜市顯然繁華熱鬧，一派繁榮景象。當時，這一帶建有許多倉儲庫房（時稱「塌房」），汴河上貨船駛至碼頭後，在此靠岸卸貨、入倉儲，後將物資集散出去，由此就有了人來人往的場景，而這一切的功勞，非大運河莫屬。

北宋張擇端的《清明上河圖》更是展現了運河帶來的繁華，背景也是開封。畫中的汴河，大小船隻二十九艘，要麼縴夫牽拉，要麼船夫搖櫓；有上有下，有的停靠碼頭，正在卸貨，好是忙碌。運河虹橋下，船夫們忙著讓船隻安全穿過，或用竹竿撐河岸，或用長竿鉤橋梁，或放慢划船槳，都為不讓船撞橋；橋上岸邊，不乏好事者等著看意外，但更多的是忙碌的商販行人，有腳夫、車夫，還有轎夫、馬夫，或肩扛貨物，或鞭策馬車，趕往集市；還有車轎裡的富豪、馬背上的官宦，各自在河岸或路上奔波。畫卷中，街邊滿是香料店、醫藥鋪、茶水館、飯菜堂，顧客進進出出，畫面甚至能讓人聽到商販的叫賣聲，或是討價還價，可能還有人爭吵。《清明上河圖》將運河時代的商業革命生動地展現在我們眼前。

史念海在《隋唐時期運河和長江的水上交通及其沿岸的都會》一文中談到，因運河而繁榮的都市還包括商丘、邯鄲、徐州、淮安、揚州、鎮江等。尤其是揚州，當地物產豐富，包括糧食、海產、鹽、鐵、銅器等，又為運河與長江匯合之處，是古代的水上交通樞紐，大半個中國的漕運和商旅經揚州前往長安及北方其他地方。到了唐代，長江航運最上游可達今天的成都，沿途各地貨物可船運至揚州，再由揚州經運河運至北方；而南至廣州的貨物，可經今北江船運而上，過韶關，至湖南郴州，經湘水再轉長江，也可由江西贛州，經贛水轉入長江，再運至揚州。因此，粵湘贛沿線區域都在揚州可達之範圍；至於蘇南、杭州、越州以及閩中福州、建州等，就更能經江南運河或長江支流輕鬆到達揚州了。水運覆蓋如此廣泛的揚州，繁榮昌盛，不成為古代經濟中心也難。唐人說「揚一益二」[62]，即揚州的繁榮全國第一，益州（今成都）因長江貿易排第二。王賡武說[63]，唐之前，中國以都城經濟最為繁榮，但自唐開始，揚州雖不是首都，其繁榮度甚至超越長安和陪都洛陽。到了明清，還有臨清、德州、聊城、濟寧等城鎮的商業也因運河而起。

四通八達的運河將相互分隔的各地連在一起，意外形成了覆蓋大半個中國的一體化商業市場。在明代，長江航運和海運尚不發達，運河是全國最主要的商品流通幹線，比如全國八大鈔關中，除了長江上的九江關外，其餘七個都在運河上，萬曆年間，這七關的商稅收入占朝廷總商稅的九二．七%。[64]清初，運河七關仍然保留，並大體沿襲明代的稅額。據許檀統計，康熙年間，運河關稅占全國關稅總額的比例過半；十九世紀上半葉雖有下降，但仍占三〇%左右。[65]至少到十九世紀二〇年代之前，運河沿途始終在區域經濟中舉足輕重。[66]這些數字說明運河承載的商品貿易量極為驚人，遠超官方的漕運量。據廖聲豐統計，乾隆二十五年，僅計到達滸墅、揚州、淮安三個關口的船隻，便有米船、麥船、豆船五萬四千七百二十二只，雜貨船六萬六千七百四十一只；若計沿途船隻總數，當不下三十萬之巨。[67]在運河時代，「舟行附載南省百貨，若遇行走迅速，貨物流暢，商賈居民咸資其利」[68]，「若停運一年，將南方之貨物不至，北方之棗、豆難消，物情殊多不便。」[69]

跨地區商業網絡不只帶來繁榮，在非常時期，如一地遭遇旱災等風險衝擊時，商販可從無災區低價進貨，批量運至災區，雪中送炭，救濟災民。這種販運當然帶來「投機倒把」的利潤，但其社會效果是救命，讓災民不至於靠暴力求生，此即商業市場的避險價值。

運河廢棄導致商業網絡敗落

在中國歷史上，跨地區商貿真的推動了文明化進程嗎？我們可以通過運河的經歷驗證這個命題，即當既有的跨地區商貿發生中斷時，習慣依賴該網絡應對風險的社會在之後會經歷什麼變化？

運河廢棄帶來的後果可以幫助回答這個問題。十八世紀後期，黃河連年決口氾濫，衝擊相連的運河河段，並帶入大量泥沙，日積月累之下，運河河床漸漸抬高，甚至把河水倒灌回黃河。至道光初期，因年久失修，運道明顯太淺，一些河段甚至接近「死河」。一八二四年冬更是雪上加霜，中國第四大淡水湖洪澤湖大堤決口，湖水漫溢，使運河水量大降、水位過低，漕運與商貨持續受阻停頓，威脅皇城的生命線。次年，為解決漕運挑戰，協辦大學士、戶部尚書英和呈奏《籌漕運變通全域疏》，指出解決漕運危機的唯一辦法是「暫雇海運，以分滯運，酌折額漕，以資治河」，並建議雇用民間商船運送漕糧，也准許船商攜帶私貨，意思是漕糧運輸應該國營民營皆可行，同時通過允許私貨，給船商更多激勵。這一建議得到安徽巡撫陶澍的支持，陶澍在《籌議海運摺子》中說，英和之議是「誠識時之要著，目前籌運之策，無逾於此。」[70]

在緊迫情況下，道光皇帝權衡眾議，決定試點海運，並借機調換江南要員，由主張海運的陶澍和琦善分別接替江蘇巡撫、兩江總督。接著，陶澍、琦善等人推出《海運兌收章程》和《大通查米章程》，並在上海設海運總局，在天津設收兌局，允許應募船商免稅載運私貨二成，調動商船的積極性。海運試點從一八二六年初開始，限於江蘇蘇州、松江、常州、鎮江與太倉四府一州的漕糧，共召集一千五百六十二只商船，分兩批從黃浦江經吳淞口駛向大海，將一百六十三萬石漕糧海運至天津，再轉運北京通州。[71] 試點歷時八個月，所有船隻安然抵達，途中漕糧「顆粒無損」，運輸效率高、速度快，比漕運節省銀米各十萬，皇帝也滿意。[72]於是，一八二六年，陶澍再呈奏《海運章程》，建議擴大漕糧海運規模並常態化，但戶部並未積極回應。次年，兩江總督也奏請朝廷加大海運，但皇帝另有想法。在道光帝看來，當時認可海運只是個「權宜之計」，運河多處不暢，只好試試海路；一旦河道淤塞清除，就應回到以漕運為主的路線，不打破王朝慣例。同時，海運也受到漕運既得利益集團的阻擾，尤其是飯碗受到威脅的漕運官員和兵丁極力抵制。

一八二六年成功試點後，一直等到一八四六年，道光才正式將海運作為南糧北運的輔助性政策。一八五二年，咸豐帝將漕糧海運的範圍擴大到整個江蘇和浙江；由於江浙漕糧占全帝國總量的比例過半，代表運河的官方重要性全面下降。[73]次年，咸豐把湖南、湖北、江西、安徽的漕糧改折，也就是說，老百姓不用以糧作稅，而是繳納銀兩或其他等值物即可，進一步減低漕運的重要性。加上一八五五年黃河改道北上，不再南下奪淮入海，使江蘇境內運河水量不足，漕船運行艱難。那時期，蒸汽輪船技術開始引入，提升了海運優勢，讓漕運缺乏繼續存在的理由。至一九〇一年，清廷正式廢棄漕運總督職位，結束了大運河漕運歷史。

雖然一八二六年後的二十年間，道光帝沒有進一步放寬海運，但客觀上，那次成功試行增強了民眾對海船的興趣，使得一些船商轉向帆船海運，導致大運河地位持續下降。這可從兩方面看到：首先，一八二六年後，漕運量逐年下跌。據曹一鳴和陳碩的整理[74]，從乾隆初到一八二六年之前，每年漕運量在三百萬石左右，一八二三至一八二五年每年近三百三十萬石，但自一八二六年起下滑，到一八四〇年下降到約兩百七十萬石，一八五〇年進一步降到兩百四十萬石左右。其次，由於漕運對朝廷的貢獻在下降，官方每年用於河道清淤的費用也愈來愈少，漕政漸漸收縮。據倪玉平從時任兩江總督陶澍的奏報中所查[75]，江南「河工用銀」在一八二六年（道光六年）為八百六十九萬兩，一八三二年為六百七十三萬兩，一八三三年為三百一十四萬兩，一八三四年為兩百二十六萬兩，一八三五年為兩百九十四萬兩，一八三六年為兩百七十五萬兩。雖然河工用銀不只是維護運河，但顯然以此為主。

正由於漕運從一八二六年開始衰落，曹一鳴和陳碩以一八二六年為「廢棄運河」的起點，基於浙江、江蘇、安徽、河南、山東、河北共六省五百七十五縣的資料，研究了運河時代的逐漸終結對沿線社會所帶來的影響。最直接的後果應該是，昔日與運河連在一起的商貿網絡因河道淤塞的增加而漸漸瓦解，數百年因運河而發展的沿途城市與鄉村被逐步冷落。據曹一鳴和陳碩統計[76]，一八二〇年時，與當時中國境內的其他地區相比，運河沿線的人口密度要高出四五%；但在一八二六年後，伴隨運河城市衰落的是人口的流失。以臨清關所在的臨清州為例，十八世紀末，當地有二十萬左右的常居人口；至二十世紀初，人口下降到先前的四分之一不到。而有「中國運河之都」之稱的蘇北淮安市，遭遇更慘，由於其擁有全國第四大淡水湖洪澤湖，位於古淮河旁，早在吳王夫差開鬫第一條運河時就選擇以此為起點，後來在各朝漕運中淮安向來是要衝，歷史上與揚州、蘇州、杭州並稱運河沿線「四大都市」，明清駐有漕運總督府、江南河道總督府等；運河時代結束後，其他三個都市因長江和海運繼續保留發達的地位，淮安卻興於運河、終於運河，在十九世紀中期後逐漸衰落。與淮安經歷形成鮮明對比的是上海、天津等地，這些城市因海運的興起而欣欣向榮。[77]

運河商業網絡的衰落也帶來許多其他問題，包括社會變得不穩定，動亂或民變數量大幅增加。圖八・三顯示曹一鳴和陳碩的樣本中五百七十五縣每年加總的動亂次數。從一六五〇年到一八二五年，平均每年發生一・三七次暴動、起義或民變；一八二六年至一九一一年，這個指標翻了近六倍，達十・四七次。一八六一年，六個省的動盪創造了清代峰值，共發生了六十五

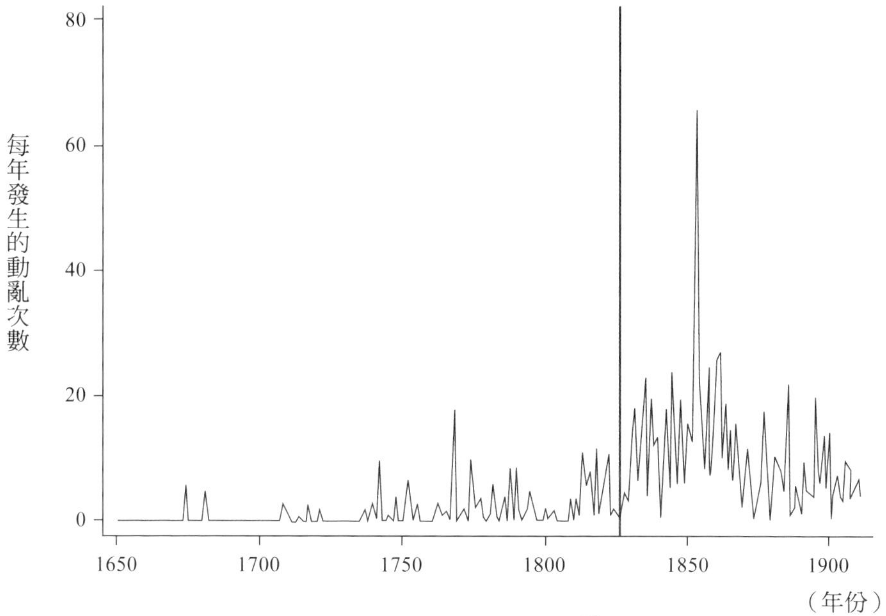

圖八・三 清時期運河沿岸地區歷年的動亂次數[79]

注：1826 年大運河正式廢棄（圖中的分隔線）。

次動亂，也正值中國歷史上傷亡規模最大的動亂之一：太平天國運動。[78] 應該說，太平天國以及捻軍的興起跟運河廢棄有著相互推動的關係，稍後我們再回到這一點。

前面是六省的總體趨勢。圖八・四顯示樣本中各縣在一八二六年之前和之後的動亂次數，顏色愈深代表動亂次數愈多（最深顏色的縣至少有六次，最淺的為零次）。首先可以看到，一八二六年後大多數縣的顏色變深，說明動亂增加是普遍現象。其次，除了河南東南部縣域以外，主要是運河沿線地區的顏色加深，這大致告訴我們：從一八二六年開始，運河沿線的動亂增幅比遠離運河的地區更大。當然，不排除個別縣因為當地的特殊因素而表現例外，但這並不否定一般性規律。運河廢棄後，沿線的商業和社會生態受到衝擊，在找到新的均衡之

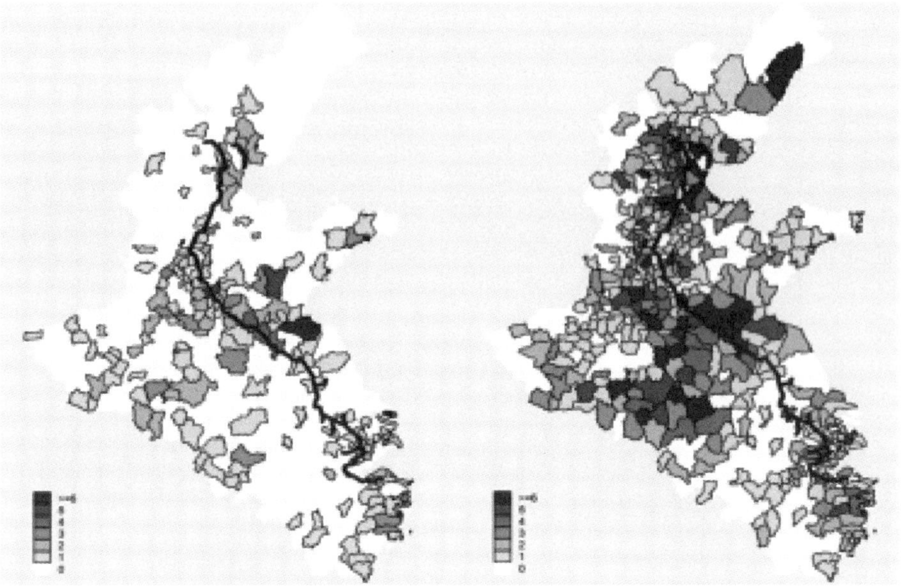

運河廢棄之前　　運河廢棄之後

圖八·四　廢棄運河之前後各地的動亂次數對比[80]

注：圖中黑色線為大運河；周邊各縣中，顏色愈深，說明動亂次數愈多；左圖為一八二六年廢棄運河之前年分的動亂次數，右圖為廢棄之後的動亂次數。

前，動亂難以避免，或者說，頻繁動亂是尋求新的經濟與社會平衡點過程中的必然。

在進一步的細化研究中，曹一鳴與陳碩對比了運河沿岸縣域跟其他縣所經歷的變化：一八二六年以前，運河沿岸縣平均每年每縣有〇·〇〇四八次動亂，不在運河沿岸的縣平均每年有〇·〇〇二次；而在一八二六年後，這兩個頻率分別上升到〇·〇二八八、〇·〇一六六。也就是說，沿岸縣平均每年多發生了〇·〇二四次動亂，非沿岸縣只多發生了〇·〇一四六次。[81]當然，或許因為歷史、地理、氣候等原因，沿岸縣和非沿岸縣在一八二六年之前就有所差別，所以為了排除這些因素對兩組縣在一八二六年後帶來的影響，他們

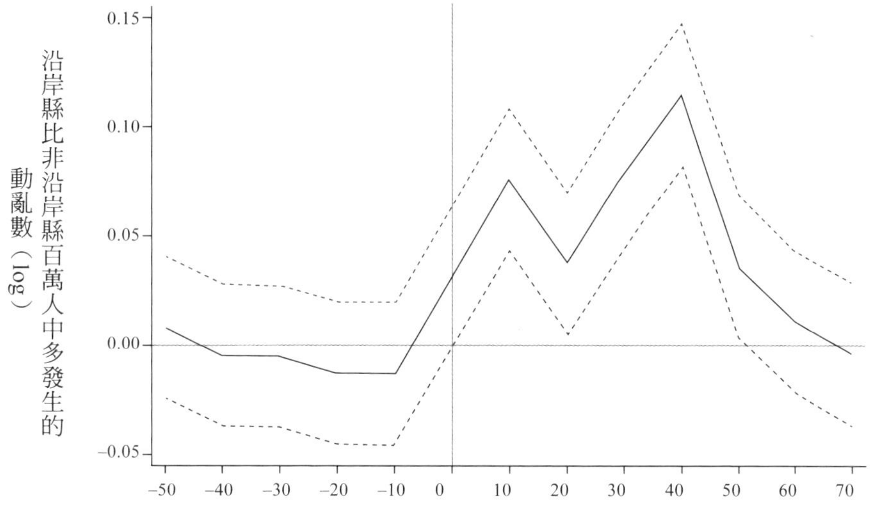

圖八・五　運河沿岸縣每年動亂次數超出非沿岸縣情況[84]

注：被解釋變數為各縣每百萬人中起義數量的對數值。O點為運河廢棄的起點一八二六年。實線反映的係數以十年為單位估算而得。比如，與橫坐標「40」對應的係數為0.11，指的是一八二六年後的四十年，即一八五六至一八六六年這十年間沿岸縣每年比非沿岸縣百萬人中多發生的叛亂次數。虛線代表的是九五%可信度的係數值。

進一步扣除了這些「固定效應」。控制了各縣的氣溫、旱澇、地形、距黃河距離等諸多因素後，曹一鳴與陳碩發現：大運河的逐步棄用對沿岸縣的影響遠大於對非沿岸縣的影響，前者的動亂頻率升幅顯著更高。[82] 此外，在改用「每個縣跟運河的距離」或「每個縣內的運河長度」（而不是沿岸縣和非沿岸縣的二元分類）來度量每個縣跟大運河的關係之後，結論不變：縣內運河長度愈長以及距運河愈近的縣，運河廢棄後受衝擊就愈大，動亂頻率上升更多！[83] 一個縣離運河的距離每多一百公里，運河廢棄的影響就愈小，每年動亂數就會少〇・〇一次。

前面談到，一八二六年開始嘗試漕糧海運，運河重要性逐漸削弱，一八四六年清廷進一步把海運作為正式政策，一八五二年漕糧改折，但到一九〇一年才完全放棄漕運，因此運河是逐步放棄的，對沿線地區的影響也應該是逐步上升的。為了實證檢驗這一邏輯，曹一鳴與陳碩還是以一八二六年為基點，看運河沿岸縣相對於非沿岸縣的動亂增幅是否愈往後愈大。圖八・五顯示他們的估算結果：沿岸縣的動亂頻率增幅，從一八二六年至一八三六年的十年間開始顯著超出非沿岸縣，到十九世紀五〇年代後，在一八五六年至一八六六年這十年間超出量達到峰值，估計係數為〇・一一，表示沿岸縣百萬人中每年的動亂數比非沿岸縣多增加〇・一二（$e^{0.11}-1$）次！運河廢棄對距離近的地區影響最大。

運河廢棄減少沿線民眾的避險手段

那麼，為什麼沿岸縣受運河廢棄的衝擊最大呢？過去，「漕河全盛時，糧船之水手，河岸之縴夫，集鎮之窮黎，藉此為衣食者不啻數百萬人。」[85]「各丁於開運時多帶南物，至通售賣；複易北貨沿途銷售，即水手人等攜帶梨、棗、蔬菜之類，亦為歸幫時糊口之用。」[86]——運河對沿途生計之重要性可見一斑。可是，一旦運河被廢，正如臨清、淮安、徐州等運河城鎮的衰落所示，與其相連的商貿網絡必然敗退：沿線民眾的商貿收入與就業機會減少，苦難增加，不滿上升。時人對此總結：「自咸豐初年河徙漕停，粵氛猖獗，無業遊民聽其遣散，結黨成群，謀生無術，勢不得流而為賊。」[87]「無業」與「為賊」間，勢必有直接的因果聯繫。這印證了暴力水準跟市場發達與否之間千絲萬縷的聯繫：「謀生無術，勢不得流而為賊」；反之，商貿市場發達的地方或時期，創業與就業機會愈多，百姓更安居樂業，社會秩序愈發井然。這印證了犯罪經濟學的預測：一旦無業者增多或者收入機會減少，犯罪的機會成本就下降，相對收益增加，選擇犯罪的激勵上升，此時社會動亂就會增多。[88]

運河廢棄也削弱了當地人應對風險的能力，這個道理與布格斯與唐納森基於印度鐵路、阿馬蒂亞·森與德勒茲基於非洲跨地區市場的研究結論類似。[89] 漕運廢棄後，河工逐減，河道淤積增加，一些舊有的水利灌溉設施被迫廢棄，衝擊沿線糧食生產[90]，這部分解釋了為何一八二六年後長江以北（尤其山東）糧食歉收的頻率增加。[91] 在運河廢棄導致收入機會減少、無業人數增加的同時，饑荒頻率又上升，兩相重疊，「揭竿而起」的風險自然增加。以當時在山東地區活躍的幅匪為例，時人有言：「運道便阻，南漕改折，或由海運，遊民益無可仰食；又逢北黃河連歲潰決，饑民亦累萬，轉相勾結，則幅度又漲。」[92] 此外，原來在運河商貿網絡還存在時，即使一地發生歉收，也可通過異地販運糧食，救濟災民，免得饑民得靠搶劫或動亂求生存[93]；但運河廢棄後，這條市場救急通道被堵死，進一步削弱了百姓對抗風險的能力，提升了動亂頻率。曹一鳴與陳碩的分析證明，運河廢棄後，尤其在旱災等風險發生時，沿岸縣的動亂頻率比非沿岸縣上升更多。

通過對比濟南府齊河縣與泰安府東平州的經歷，我們可以更具體地看出區別。兩縣都位於山東，但齊河縣不在運河邊，雖然一六五〇至一八二六年間有過四十一次糧食歉收，但只在一八一八年發生過一次民變，動亂與歉收次數之比為一：四一；而在一八二六至一九一〇年間的八十五年中，有七十二年出現糧食歉收，幾乎年年遭遇災害，可只分別在一八三六年和一八六二年的災害下有過動亂（共兩次）[94]，在其他七十個災害年裡，齊河縣能相對平安地度過。也就是說，因齊河縣離運河比較遠，運河廢棄對齊河人應對風險的能力幾乎沒有影響。而東平州的情況卻不同，它正處大運河上，區內擁有戴村壩——京杭大運河的心臟工程，俗稱「中國第一壩」，歷來受益於大運河。一六五〇至一八二六年間，東平州有三十年遭遇糧食歉收，只在一八一八年經歷了民變；而在一八二六至一九一〇年間，有六十三年發生了歉收，但經歷了七次動亂。也就是說，東平州動亂與歉收次數比由運河廢棄前的一：三〇上升到七：六三，增加三倍多。值得注意的是，不管是齊河縣還是東平州，發生動亂的年分多為災害年，並非每次歉收都會帶來民變，關鍵取決於當地人是否有足夠多的應對風險手段：異地運輸通道是否受阻，宗族網絡是否可靠，收入機會是否充裕，財富積累是否充足等等。對於不在運河邊的齊河縣，一八二六年前後在風險應對能力上無明顯差別，可是對於東平州，運河廢棄帶來多方面的衝擊，減弱了當地人應對風險的能力。

從備災避險以及犯罪經濟學角度看，如果不是先前開始廢棄運河，或許太平天國和捻軍起義不會那麼聲勢浩大，挑戰清帝國的統治。一八五一年，太平天國和捻軍分別在廣西、河南發動起義，起因與運河無關。但由於運河廢棄讓蘇、魯、豫地區產生眾多饑民，許多人加入太平軍或捻軍，讓起義隊伍得以壯大。以捻軍為例，一八五一年，張樂行不負流亡饑民之眾望，牽頭組捻，後稱「捻軍」（在淮北方言裡，「捻」是「一股一夥」的意思，「入捻」如同入股）。剛開始，捻軍只是類似會員制的搶劫或勒索幫夥，不成氣候；不過，一八五二年皖北大旱，大批饑民入捻，勢力頓時壯大。次年，太平天國北伐軍路經安徽、河南之際，與捻軍聯盟，更多饑民揭竿而起，加入起義隊伍。一八五五年黃河決口，更是讓大量蘇北、魯南、皖北民眾成為饑民，入捻人數一下超過十萬，以至於捻軍不得不建立青、紅、黑、白、黃「五行旗軍制」，以便於指揮調動。一八五六年，捻軍首領張樂行接受太平天國天王洪秀全冊封，讓捻軍與太平軍融為一體，一方主戰黃河與運河流域，一方主攻長江流域，並駕齊驅，共同對付清廷。之後幾年，捻軍攻占蘇北、魯南等多個地區，尤其是一八六〇年奪下蘇北清江浦（淮安），搶占戶部皇倉和工部四大船廠，同年攻打山東濟寧、河南開封，威脅清帝國的統治。一八六四年太平天國被鎮壓後，捻軍合併太平軍餘部，重新組成十餘萬人的騎兵部隊，繼續跟清軍作戰到一八六八年，其間多次攻破數萬湘軍、淮軍的圍剿，以致曾國藩被朝廷撤免欽差大臣一職。捻軍之所以在極盛之時有二十萬之眾，與各地有大量饑民高度相關，可以說無饑民就難有捻軍。張樂行的家鄉渦陽張老家村當時的捻軍歌謠就唱得很清楚：「亳州城子四方方，捻子起手渦河旁；殺財主，打官府，大戶小戶都有糧。想老樂，盼老樂，老樂來了有吃喝；他打仗，咱跟著，一齊同把清妖捉。」因此，雖然捻軍的出現跟運河廢棄無關，但正如前文所述，運河廢棄使沿線地區失去收入與就業機會，包括過去有助於當地人救急的商貿網絡也隨之衰落，讓更多自然災害轉為製造大量饑民的饑荒。饑民愈多，捻軍就愈容易壯大，捻軍愈壯大，運河就愈受阻，接下來又產生更多饑民，如此惡性循環下去。捻軍充斥著運河廢棄所致的饑民，這就不足為奇了：「因漕運不行，身皆失業，故此作敵，一號為捻匪。」[95]雖然太平天國和捻軍加快了「漕運轉海運」的速度，但若不是早在一八二六年就開始的運河廢棄過程，太平軍和捻軍勢力是否能如此浩大，還真的難說，歷史難以假設。[96]

從十九世紀後半期洋務運動開始，現代技術陸續進入中國，漕運轉海運、鐵路、公路甚至空運是必然，轉型無可避免。但是透過運河廢棄帶來的後果，我們也看到市場在化解風險、減少衝突中所扮演的角色。與齊曼內人、印度人、非洲人得到更多跨區商貿的支持不同，運河沿岸民眾被朝廷從互惠商貿中切割出來，失去了既有的避險手段，於是自然災害比從前更容易演變成饑荒。十九世紀中後期，淮安以北的運河沿線饑民頻增，起義造反、暴力搶奪成為更多民眾的唯一選擇，太平天國、捻軍、小刀會等就有了廣泛基礎。脫離市場，即是疏離文明化進程。[97]這些結果跟基於印度、非洲的資料一起，驗證了西漢桑弘羊在《鹽鐵論》「義利之辯論」中關於商業的精闢論述（當然，他關於國營壟斷鹽鐵與工商的論點，則另當別論）：

管子云：「國有沃野之饒而民不足於食者，器械不備也。有山海之貨而民不足於財者，商工不備也。」隴、蜀之丹漆旄羽，荊、揚之皮革骨象，江南之楠梓竹箭，燕、齊之魚鹽旃裘，兗、豫之漆絲絺紵，養生送終之具也，待商而通，待工而成。故聖人作為舟楫之用，以通川谷，服牛駕馬，以達陵陸；致遠窮深，所以交庶物而便百姓。[98]

民眾所需「養生送終之具」，要「待商而通，待工而成」，靠商「服牛駕馬，以達陵陸」。否則，就算土地肥沃、平常物豐貨足，一碰到突發風險，照樣民不聊生。

交易與美德

本章一開始就談到，「市場退則暴力起，暴力起則文明衰；市場進則暴力息，暴力息則文明興。」通過分析市場興衰與暴力落漲間的關聯，我們已經驗證了這個因果鏈條。然而，市場在文明化進程中發揮的作用，可能更加微妙：在減少社會和國家層面衝突的同時，互惠互利的交易本身也在改變人，內化行為倫理。典例之一是山謬·里卡德（Samuel Ricard）的論述：

透過互惠，商業將不同的人連接在一起；是商業，用利益替代了道德和體魄方面的激情……是商業，讓人學會深思熟慮，學會遵循禮儀，學會審慎行事，且在言語和行事中把握尺度。知曉成功的必備條件是智慧與誠實後，人會因此遠離罪惡。即使做不到這一點，也會盡力展現出體面與認真，以免他人對現在或將來的自己做出負面的判斷。[99]

商業交易不僅僅是冷冰冰的計算和算計。反覆的接觸與交流，會顯著改變兩個或更多群體間熟悉彼此的程度與開展互動的方式。在前面的章節中，我們從多個角度分析了類似家族或宗教的組織如何在個體間建立信任，市場的機理亦與之相似：如果雙方經常交易，彼此都會更加熟悉對方，阻礙合作的資訊不對稱問題會因此減輕；此外，如果交易帶來的福利改進對大家都重要，每個人就會如里卡德所推崇的方式行事，並內化到個體的價值系統，盡力展現出「體面與認真、智慧與誠實」。如此一來，互惠互利的交易才能一直維持下去。儘管家庭和宗教也可以實現類似的目的，但市場卻能在更廣闊的範圍內樹立信任——能夠享受這個制度「紅利」的，不再限於具備明確的血緣、譜系或教派標記的少數成員內。此外，市場還可讓人容忍多樣性，在分配利益時更加注重其他人的感受。甚至在更宏觀層面上，正是在市場交易中，人民逐漸形成了公平、誠信、自由、法治等精神，為民商法及法治發展奠定了基礎。在這個意義上，無論是社會還是個體層面，市場發展都推動了文明化進程。

這些理論是否切合實際？為了驗證這一點，約瑟夫．亨里奇（Joseph Henrich）等學者在十五個不同形態的社會做了一系列的實驗[100]，這些社會中既有仍然保持隔絕、較少參與市場交易的齊曼內人（就是第一節講到的齊曼內人）和哈薩達人[101]，也有高度市場化的美國密蘇里州居民。對於前一類參與者，他們每日攝入的所有熱量中，不到一〇%來自市場購買；而對於後一類參與者而言，他們的食物幾乎百分之百來自市場。從孑遺的狩獵－採集社會到最發達的資本主義國家，這組實驗跨越的社會類別非常廣闊。在十五個社會中，學者們做了兩種實驗：一是獨裁者博弈，這個實驗已在第六章介紹，主要衡量當地居民的利他程度；二是公共品博弈，每個參與者要麼選擇「搭便車」（即自己不出力，享受他人的合作成果），要麼選擇積極合作（即奉獻自己手上的資源，其他人也因此得利）。如果只有一個人選擇搭便車，他的收益會因此增加；然而，如果大部分人都如此行事，所有人只能得到很低的收益。

實驗結果顯示：市場整合程度更深的社會，居民的表現更接近我們對「文明」的定義。也就是說，當地居民從市場購買的食物熱量占比愈高，他們將資源與他人共用的比例就愈高——儘管他們本可以「一毛不拔」，將錢全部留給自己。市場整合程度更低、幾乎不依賴外界生存的齊曼內人和哈薩達人，分出去的資源平均只占總額的四分之一，在十五個社會中處於最低水準；市場化程度居中的社會，如斐濟，參與者平均將三分之一的資源分給他人；最依賴市場的美國密蘇里，當地參與者並沒有「見錢眼開」，恰恰相反，他們選擇與他人分享接近一半的資源！[102]這個發現與世界慈善基金會「世界慈善捐助指數」(World Giving Index)的評估結果一致，該指數根據各國捐贈資料進行評分，二〇一九年發布的報告指稱，「美國連續十年排名第一，是世界上最慷慨解囊的國家[103]」，而美國又是全世界最市場化的社會。在另一組實驗中，研究者重點觀察每個人是否選擇與他人合作（而不是獨裁者博弈中的是否與他人分享資源），結果發現：商業市場愈發達，參與者選擇「合作」——而非「搭便車」——的人數愈高（相較於平均值）。齊曼內和哈薩達這兩個部落的人，平均只有三五％的參與者選擇合作；而市場相當發達的洛杉磯人，比例則是四八％。[104]

實驗只能覆蓋數量有限的個體。為解決這一局限，尼可拉斯·貝爾格倫（Niclas Berggren）等學者借助定量方法，進一步探查了世界範圍內商業市場化程度與信任、節制等特質之間的關聯。[105]他們以常用的「世界經濟自由度」指數來度量「商業自由程度」：若一國對信貸和勞動力市場的管制相對寬鬆，外匯交易也相對自由，且私有財產保護及相關法律得到有效貫徹，那麼該國在商業自由程度上的得分會相對更高。信任指標依據一國居民對世界價值觀調查中直接針對信任的問題——「你是否贊成以下看法：大部分人都值得信任？」——給出

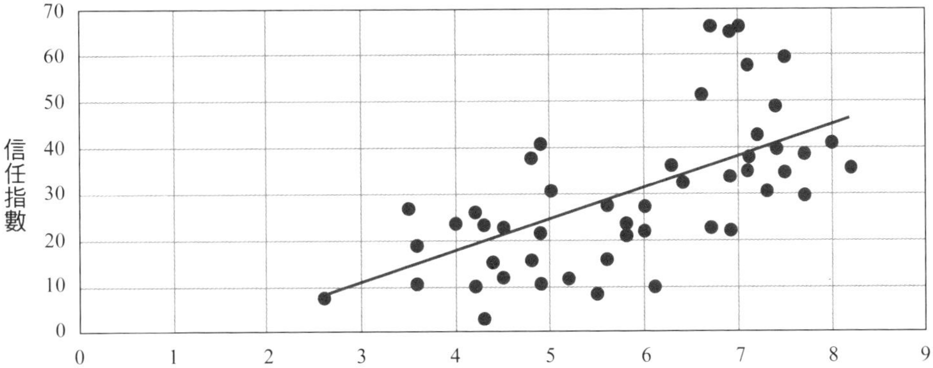

圖八・六　商業自由與信任指數[108]

注：橫軸指的是各國商業（經濟）活動自由程度（0 至 10，10 為最自由），縱軸為各國信任指數（100 為最高）。

肯定回答的人數占比，反映當地整體信任水準；節制指標則依據對世界價值觀調查中的三個問題——「你是否能容忍不同性取向的人？」「你是否能容忍其他種族的人？」「教育下一代學會容忍，是否非常重要？」——給出肯定答案的人數占比，同樣反映了當地社會的容忍水準。

統計分析顯示：一國的商業市場自由度對社會的總體信任度、容忍水準皆有顯著影響。以信任為例：一國商業自由度每提升一個單位（即圖八・六中的橫軸數值每增加一），該國居民認為「大部分的人都值得信任」的占比會提高五個百分點。由圖八・六可以看出，烏干達等市場發育尚不充分的國家，社會信任也處於較低水準，而丹麥、挪威、瑞士等市場相當發達的國家，人民相互信任的程度也較高。對容忍的分析亦有類似結論：商業自由的社會，居民對「他者」的寬容程度也相對更高；一國商業自由指數每提升一個單位，該國居民中寬容同性戀的占比相應增加七個百分點。無論是信任還是寬容程度，都是導致暴力下降的重要驅動因素：從中世紀到近代歐洲，仇殺多因不寬容而生！[106] 商業市場通過提高這兩種特質在社會中的「存量」，亦催化文明社會的降臨。[107]

因此，儘管傳統學者認為商業腐蝕道德，「對自利的強調，使得提供公共品與合作更為艱難[109]」，而實驗結果卻恰恰相反：相比於甚少依賴商業市場的社會，身處發達市場的居民不僅更為利他，而且在面臨更多回報誘惑時，更可能選擇合作。這兩種傾向都促成人類暴力的長期下降。一方面，如果個體更加關注他人的福利，更不會施暴於別人，也厭惡別人這麼做。在利他程度很高的社會，如傅柯所描述的「表演式行刑」中的殘酷暴力[110]，很難為大眾所接受。另一方面，合作頻率的上升會減少暴力所帶來的收益，因為啟動暴力需要承擔合作破裂的代價。當社會普遍合作時，這個代價相當高昂，就如格雷夫研究的「多邊懲罰機制」一樣（第九章會就此做更詳細討論[111]）。這些認知表明，從印度鐵路到中國大運河商貿網、海上絲路、印度洋和大西洋貿易網絡，再到當今的全球化體系，兩千多年的商業發展都對人類暴力的下降做出了貢獻。

結語

在這一章，通過分析不同歷史時段、不同地域的各種案例，我們系統闡釋了商業市場在增強風險應對能力、削減暴力、促進文明化方面的積極作用。齊曼內人在接觸到市場交易後，在更大範圍內互通有無、平抑風險，逐漸擺脫了完全受制於自然的被動生活。印度人因為鐵路網線的拓展，從不斷跨區整合的貨物貿易中，過上愈來愈風雨無妨的穩定生活。而隋唐以來的大運河府縣，因為運河帶動的商業革命，既能分享到更好的收入機會，又能在遭受災害衝擊時透過跨地區運輸物資，更妥善規避饑荒。歷史上，決策者也不乏反市場的舉措，結果是刺激了暴力上漲。在清代的運河沿線漕工和居民被迫從市場互聯中脫離後，生活變得更加動盪，尤其是災害時期得不到相應的跨區貿易支持，結果就是一些人被迫舞刀弄槍，走向社會暴動。

回頭看來，不管是明代末期李自成起義的前後，還是十九世紀的清代、二十世紀的民國時期，之所以旱災、水災和其他造成糧食歉收的風險事件容易引發動亂，甚至朝代更迭，原因之一還是跨地區商貿市場沒有形成，或者是政府干預、設置路障使異地販運無法進行，使商業的救急作用無法發揮。十九世紀的英國外交官在記載他們在晚清中國的經歷時談到，當時從天津到北京的兩百四十里路程，就算在好季節按最好的路線走，即先坐船到通州，後乘馬車完成剩下的二十公里，也要花上四天的時間；如果願意辛苦連夜趕路，也許三天就能抵達。[112] 而每年十一月後的四個月裡，河水凍結不通，只能全程走泥路，那就需要更多時日。當然，這還是當時首都北京跟重鎮天津間的情況。在更廣闊的中國大地，即使短短一百公里、兩百公里路程，路上的時間也可能會漫長得難以逾越，尤其外地道路和溝渠時常失修，經常中斷。在那樣的交通條件下，如果還要載重糧食和其他生存物資，運輸會是無法承受之重。由此可見，在現代鐵路和公路交通出現之前，一旦一些地區發生災荒，即使其他地方糧食充裕，糧商也未必能在幾天甚至十幾天送到救急，更何況還可能有官府設置路障、禁止糧運的政策。在這個意義上，歷史上暴力搶劫和動亂頻繁，也就不足為奇了，所以關鍵還是要保證貨物暢通、商業無阻。換個角度看，現代交通的發展從根本上提升了商業市場的範圍和流通速度，市場的救急治災能力達到空前程度，這也解釋了為什麼人類暴力在近代下降得特別快。

在個體層面，商業交易讓人變得更加文明、平和：商業社會中的個體更加慷慨，信任度更高，也更寬容與己不同之人。商業歷來發達的江浙，與市場欠發達的內陸省分在規則秩序與民風素養方面的差距，也足以佐證這些結論。在人類文明化進程中，商業市場扮演了無可替代的角色。

行文至此，我們主要從「暴力下降」的維度來定位文明這個概念。然而，無論是作為學術概念還是日常用語，「文明」包含許多其他含義。比如藝術的創作與發展，也常常被視為人類文明進步的重要標誌之一，說明人在脫離蒙昧粗野，開始追求美。儘管常有諸如「金錢玷汙藝術」一類的言論出現，泰勒・科文（Tyler Cowen）發現[113]：無論是藝術發展還是藝術中心的形成，都與商貿繁榮進步密切相連。換句話說，即使從更廣義角度理解文明，「商業市場帶來文明」這個論點依然成立。更何況，即使從「藝術發展等同文明進步」這一維度判斷，商業的效果最終也會從促成「暴力下降」得以體現。

第九章
四海為家
海上絲路與全球化的興起

死於異鄉者，即為壯烈之死。[1]

——西元一三〇三年泉州阿拉伯裔墓碑，伊斯蘭教《聖訓》

這天國的福音要傳遍天下，對萬民作見證。

——《新約．馬太福音》第二十四章十四節

達利暾出生於紐約，是一位對沖基金富豪。一年前，他跟我說，現在關於中國的書籍雖然很多，但沒有一本從長歷史角度解釋中國經濟為何在短短四十年改革開放中取得輝煌成就，所以他在寫宋代以來的中國經濟史，以期回答這個問題、填補研究的空白。他接著問：「為什麼十六世紀西方出現荷蘭東印度公司、英國東印度公司，去探險海外貿易，而中國卻固守本土？」——極好的問題！我回答：「因為中國人不信一神教，沒有唯一的神激發他們遠離故鄉、四海為家，去探尋、征服未知的世界；也因為中華文明源自農耕、根於土地，對海洋沒有興趣；甚至即使參與了海洋貿易，也缺乏唯一的神幫他們建立跨期信用體系，分攤航海風險。」對於這個回答，許多人可能難以理解，達利暾也不例外。在這一章，我們就借助海上絲路的演變史來具體解釋這個回答背後的邏輯，從中折射出儒家文明、伊斯蘭文明和基督教文明的各自特色，也藉此了解今天人人習以為常、幫助世界各地互通有無並分攤風險的全球化體系是如何來的。

中西方的差別跟文明，尤其跟一神教有什麼關係？簡單來說，本章的討論會告訴我們：若要進行海外探索或發展遠洋貿易，首先要有「自己人」願意遠離家鄉，移居異國他鄉，四處拓展信任網絡。就這一點，穆斯林沒有障礙，伊斯蘭教的《聖訓》鼓勵信徒到遠方定居傳教，「死於異鄉者，即為壯烈之死」（元朝泉州阿拉伯裔墓碑），「學問，雖遠在中國，亦當求之[2]」，在這種激勵下，阿拉伯人於唐朝初期就冒險來到廣州、泉州，既傳教又經商；基督教也號召信徒四海為家，傳播上帝的福音，「這天國的福音要傳遍天下，對萬民作見證」（《新約·馬太福音》第二十四章十四節），「你們要去，使萬民作我的門徒，奉父、子、聖靈的名給他們施洗。凡我所吩咐你們的，都教訓他們遵守，我就常與你們同在」（《新約·馬太福音》第二十八章十九至二十節）。相較之下，儒家不鼓勵個人遠行，禮制非宗教，即便說我們祭拜祖先為神，這些神也只是我們陳家、王家、李家專有的神，與他家無關；同時，儒家鼓勵「千年歸故土」，「父母在，不遠遊」。更何況，伊斯蘭教的唯一神在清真寺祭拜，基督教的唯一神在教堂祭拜，不管天下何方，穆斯林只要到清真寺就找得到精神歸宿，基督徒到教堂也找得到精神家園，天下教堂一樣；而儒家人的「祖先神」和宗祠只在故鄉，異國他鄉無法複製，更無法圓華人的「精神夢」。中華文明跟一神教文明的這些關鍵區別，決定了早期華人對海外探險、僑居異國他鄉無興趣，以至於鄭和下西洋這樣的航海探索必然是曇花一現，華人在二十世紀以前不會主動參與組建世界秩序。

如前章所論，今天的全球化貿易體系已四通八達，人類不再擔心物資短缺，即使一地發生災害，也不用恐慌，因為全球供應鏈體系幾乎能使各國跨期合作、實現風險互助。可是，對於這個世界體系是怎麼來的，不同文明在其間發揮了哪些作用等這樣的問題，以前少有從宗教（尤其一神教）的角度進行解讀，所以本章希望通過聚焦海上絲綢之路的發展歷程，來補上這一課。在我看來，要對比不同文明的場景，海上絲路實為首選：長程海上貿易所需的資金量大、風險高、規模效應突出，因此對資源彙集能力、風險分攤能力、跨期信用網絡的依賴度極高；哪個文明能最有效組織調配資源、化解風險及解決人際的信任挑戰，哪個文明就能在海上絲路中勝出。如果說海上絲路起步於春秋戰國，那麼一直到唐朝初期為止，海道主要還是由南越人、閩越人、甌越人、於越人以及東南亞商人主導。可是，等到阿拉伯穆斯林商人於西元七世紀後期來到南海，他們一下子就取代了華商，成為海上絲路的主角，這個局面一直維持到十六世紀初天主教葡萄牙人到來之時。而自十六世紀初開始，葡萄牙人基於國家出資模式和槍炮優勢，戰勝了穆斯林商人，成為印度洋、南海、東海的主導者；到了十七世紀中期，代表新教文明的荷蘭人以私營股份有限公司的股份發行融資與風險分攤的模式，戰勝葡萄牙的國營模式，奪取了海上絲路的主導權；稍後英國人也以同樣的方式來到海上絲路，並與荷蘭人一道主宰了印度洋、太平洋和大西洋。在古代海上絲路近兩千年的發展過程中，不同文明分別在不同時期加入，相互競爭較量，各期以不同文明勝出。因此，分析海上絲路的主導權幾次易手背後的原因，不僅可以回答達利暾的問題，也可以幫助我們加深對當今世界體系的認知。

海上絲路之初

我們還是從中國海上貿易的源頭——或者說早期阻力——說起。第二章談到，華夏人在九千年前放棄原始生活、進入定居農耕時，生活在黃河中下游，也就是所謂「中原」，今河南一帶。在古代中國，「外貿」關係都是相對中原帝國而言的，且以陸路運輸（包括河運）為主，跟古希臘、古羅馬不同：地理決定了古希臘的「外貿」必然基於「海路」。從這個意義上來講，中國古代的「海上絲路」實為外部驅動，並非農耕中原人的主動行為。這種「外部驅動」也在於華夏文化不認同商業的道德價值、排斥商業，如前引《論語・里仁》中孔子所說的「君子喻於義，小人喻於利」，司馬遷在《史記・孟子荀卿列傳》中所寫的「利誠亂之始也！夫子罕言利者，常防其原也。故曰『放於利而行，多怨』。」在抑商的價值取向下，朝廷不會主動挖掘海路的商業潛力；即使有商業，也是不情願的。

但是，由於人類的自然需要，現實中的商業不可能根除。到了春秋戰國時期，中原與戎狄的陸路商貿達到一定規模。「匈奴處沙漠之中，生不食之地，天所賤而棄之[3]」，獨立生存艱難；尤其在旱災年分，戎狄更是別無生路，要麼攻打他族[4]，要麼依靠跟盟國的跨空間交換。由此，外貿為戎狄所需，反過來看，則是華夏牽制戎狄之手段，是外部驅動的貿易。例如，西元前五六九年，晉國以商貿實現與戎狄的和平，確保疆域完整；到戰國時期，特別是後來的漢武帝時期，外貿不只是中原王朝實現邊疆和平的工具，更是往外擴張的策略。戰國時期的陸路貿易跟戎狄很近，甚至拓展到東胡（今朝鮮）[5]；近年東北地區發掘的戰國墓葬遺物中[6]，有來自中原的青銅器。那個時期，中原帝國跟西南蠻夷的經貿往來也應該不少，在反映戰國時期四川的考古證據裡，不但發現了中原風格的產品、銘文和鐵器，而且發現了秦國的銅錢，這是土著蠻夷人與外部的漢族之間有貿易交換的可靠標誌[7]；另外，雲南和湖南的西漢墓葬以及內蒙古漢時期鮮卑人的墓葬遺物裡，都找到像銅印、銅鏡、銅燈、漆器這樣的純中原物品。[8]到西元三世紀末之前，卓氏、程鄭等中原商人壟斷了與西南蠻夷的貿易，而今甘肅境內的商人烏氏則通過跟北方戎王的絲綢貿易建立了富商的地位；漢代史學家班固的祖先也是靠北方邊境外貿發財，不一而足。這些足以證明中原國家早期陸上外貿的存在和發展，使其嘗到商貿之甜頭。

自漢代，始於長安、沿塔里木盆地和帕米爾高原，經今伊朗、伊拉克和敘利亞到達地中海的「陸上絲綢之路」簡稱（「陸上絲路」）逐步出現。但值得一提的是，首先，雖然陸上絲路發揮了連通歐亞商業與文化的重要作用，但即使到了唐宋，也並沒有想像中那種從長安直達土耳其或羅馬的「大馬路」，也沒有中原與西亞間的直接商業往來，而是像接力賽一樣在中間存在漫長的交易鏈，靠一環扣一環的中間媒介；其次，由於古代陸地運輸容量小、絲路交易鏈條長，以至於除了像絲綢這樣體積小、品質輕且價值高的奢侈品外，能上路的商品種類很少，貼近大眾生活的日常用品難以加入陸上絲路，即所謂的「千里不販糴」。再次，正如韓森（Valerie Hansen）所言[9]，陸上絲路貿易的總量小，斷斷續續，且以小規模本地貿易為主，長途貿易占比低，對沿線民眾生活影響有限。粗略想像一下，商販手牽載貨駱駝，夏天走過攝氏四十幾度高溫的吐魯番火焰山，冬天穿過氣溫攝氏零下四十度的帕米爾高原，除了奢侈品外，有多少物品值得如此辛勞！古代陸地外貿，在規模上無論如何都無法跟如今的火車、汽車或飛機相提並論。

所以，如果要發展更具規模的外貿，就必須靠海路。可是，對於「以農為本」的中原國家而言，一來對海沒感覺、甚至談海色變，二來「貴五穀而賤金玉[10]」，輕視商業，即使為了邊疆安全、出於對外關係需要而做些陸路貿易，也是規模有限。[11]這些文化觀念與價值取向基本上預示了之後華商在海上絲路的競爭中難以保持主動權的結局。

那麼，海洋元素最終是如何進入中華文明的呢？這個過程當然漫長。據王賡武的研究[12]，在周朝中期以前，中原人對海或海洋產品缺乏商業興趣；改變這一歷史的是西元前六世紀的齊國，當時管子不僅主張與東南吳越做河運貿易，包括交易青銅器、鐵器和絲綢，而且激勵民間開發海鮮和海鹽產業，此舉的結果之一是齊國都城臨淄在之後兩個世紀裡一直是重要的貿易中心。西元前五世紀，齊國與吳國、越國出現海上貿易，開啟了北方王國參與海貿的歷史。西元前四世紀後，由於相信東海有長生不老仙人地，燕王、齊王相繼派遣船隊尋找，之後秦始皇也痴迷追尋東海不死之藥[13]，刺激了一定的航海探索，但沒有帶出更大規模的海上貿易，也未推演出尚海文化。

不過，就算是當初齊與吳越的海上貿易，主要也是由東南越族人推動，算是早就熟悉海洋的越族文化的延伸。到了春秋戰國時期，南方沿海都屬華夏帝國外的「南蠻」之地，包括吳國和越國（於越，今江蘇南部和浙江北部）以及其他越族部落或王國：甌越（浙江南部）、閩越（今福州一帶）、南越（今廣東、廣西東南）和雒越（今越南、廣西南部），史稱「百越」。因地理位置，越族人亦農亦漁亦商，海也是越族文化的根基，這與基於農耕的華夏文明形成對比。在陸路開發有限的古代，海路給越族帶來天然的優勢：早早就打通南至越南、北到江蘇與山東的跨區貿易網。經由海道，他們給北方人運去象牙、珍珠、龜甲、翡翠等奢侈品，回程時，再帶回越人喜歡的絲綢和其他手工品。西元前三三四年楚國大敗越國，並將於越人併入版圖，從此戰國「七雄」之一才有以海文化為特色的民族融入，啟動海洋元素進入華夏文化的歷程。

王賡武談到，一直到春秋戰國，南海王國作為蠻夷，都不在中原人的視線之內。古代中國史書基本上由北方的史官所著，對於南蠻事務著墨不多，對他們的海上貿易更是漠視；就算提及南蠻屬地，也只是因為某個行為影響到中原王朝的治理或利益。因此，雖然百越與中原之間老早就有海上貿易，但除了考古證據外，也難有史料記錄，更別說貿易規模資料了。這種局面到一直西元前二二一年才改變，那年，秦國擊敗六雄、創立秦朝，隨即秦始皇派五十萬大軍兵分五路，征伐甌越、閩越、南越和雒越；到了西元前二一四年，百越王國被攻下並納入秦版圖。於是，司馬遷在《史記．貨殖列傳》中寫道：「番禺，亦其一都會也，珠璣、犀、玳瑁、果、布之湊」；班固在《漢書．地理志》中也顧及南海：「粵地處近海……中國往商賈者多取富焉」，激發了華夏人對南海的好奇。此後，南海事務在史書的出現頻率增加，也因為秦朝修通靈渠運河，連通長江和珠江兩大水系，南疆與中原的商業往來增加，海洋文化與農耕文化間相互影響的機會也就變多了。

秦征服百越後，兵駐南海尉、桂林尉等四處，但各越族社會繼續自治。西元前二一〇年，秦始皇病逝，秦帝國陷入混亂，甌越、閩越、南越等紛紛獨立。西元前二〇六年，漢取代秦，但並未立即討伐越族王國，而是發展與它們的貿易關係，變相激勵航海事業；西元前一一一年，漢武帝收復南越國等沿海疆域，擴展漢帝國版圖。王賡武注意到[14]，春秋以來，越族跟中原漢族的融合斷斷續續，至此已進行了三個多世紀，產生了幾個方面的影響：第一，《史記》、《漢書》、《淮南子》等著作提到南海事務的頻率增加了，但都不直談商貿，只是有些內容間接反映商業交往，說明官方擴張版圖的目的不在於商貿，也不在於海外貿易；其次，由於早年的吳國、越國等被納入華夏帝國，它們帶入的海洋文化元素開始對中原產生影響；第三，漢朝此時的航海能力已比較強，比如西元前一三八年，漢軍船隻從長江口出發，運送士兵和軍需前往今浙江溫州，幫甌越攻打閩越，隨即把大量甌越人遷徙至長江以北和黃河平原；二十幾年後，漢艦又從杭州灣出發到福州，攻下閩越都城，尤其在西元前一一一年漢軍攻下番禺時，南越王帶領殘餘數百人上船，南逃安南（越南古稱），遭漢軍組織艦隊緊追，最後在東京灣（今廣西以南的北部灣）被擒。不過，雖然那時商船可達馬來半島或更遠之地，海上貿易潛力不小，但朝廷因抑商價值導向，無意挖掘這種潛力。如今，還未發現當時越族或漢族商船到過安南以南的證據。

到了漢武帝時期，雖然海上絲路並沒有拓展到如今的越南以南，但沿海與內地貿易還是有所發展，刺激了對一些奢侈品的需求，各地長途商貿網也在延伸，以至於堅持「以農為本」的儒家精英大為不滿。西元前八七年，漢武帝離世後，針對其政策的反思討論緊接而來，於是就有了《鹽鐵論》。《鹽鐵論》涉及幾乎所有的國家治理話題，可就是沒談及海洋戰略、南海貿易、南越政策等事務。最後，陸地農耕思維勝出，難有海洋觀念影響朝政的空間，海洋元素無法深入華夏精英內部，中國錯失了走向海洋帝國之路的機會。

不過，民間的海上探索仍在繼續，至西元前最後幾十年，海上絲路已延伸到印度洋，到達印度南部。西元二年，印度派使節來漢朝納貢[15]，雙方正式建立商貿關係；從王莽時期到東漢初期的幾十年裡，西域陸上絲路中斷，海路成為外貿的唯一通道。有記載表明，西元二世紀，印度兩次經由海路來漢納貢。[16]

三國時期，吳國疆域覆蓋今江蘇、浙江、福建、廣東至安南。由於北邊是魏國，吳國無法由陸路與西方外貿，只能經海路；加上吳王孫權出身浙江富春，對航海並不陌生，所以西元二二〇至二八〇年間的六十年成為海上貿易的黃金時期，不僅海上絲路拓展到印度洋東岸多國，甚至到達西亞，印度人、馬來人、扶南（今泰國、柬埔寨和越南南部）人、錫蘭人紛紛來交州、廣州買賣，商品種類也增加。可是，吳國沒多久便被西晉征服，中原農耕文化再度成為主角，航海事業又告一段落。之後三個世紀裡，戰爭不斷，王朝頻繁更替，海貿艱難前行。

海上絲路興盛與阿拉伯商人的到來

西元五八一年，隋朝建立，定都長安，並於五八九年攻下南朝陳，將分裂近三個世紀的中國再次統一。此時，又有一個選擇機會：發展海路商貿，還是繼續依附陸地？本來南朝在一百六十年的時間裡，積累了豐富的漁業與海貿經驗，留給隋朝充分的海洋強國基礎。可是，隋文帝生於西魏（今陝西、甘肅），自幼與海無緣，其選擇不需多想。如前章所述，隋文帝出於軍事和漕糧運輸目的，而在五八四年啟動運河改造，其子隋煬帝繼續。短短二十六年內，他們開浚了西抵長安、北達涿郡、南至餘杭的大運河，將中國深深套入內陸河運的軌跡，培植出依附運河的各類利益群體，以至於此後多次有關漕運還是海運的爭論中，總是漕運勝出，於是有了第八章談到的運河史。

以農為本的偏好不只讓隋文帝選擇運河，還讓他積極阻擋海運。征服南朝之後，隋文帝對南方船民甚不信任，並於開皇十八年（五九八年）下了諭旨：「吳、越之人，往承弊俗，所在之處，私造大船，因相聚結，致有侵害。其江南諸州，人間有船長三丈以上，悉括入官。」（《隋書．卷二．帝紀第二．高祖下》）限制民船長度，抑制航海貿易，以企收編南方商民。可是，海貿受限導致洋貨短缺，物價飆漲。西元六〇四年，隋煬帝繼位，偏偏熱衷奇珍異物，意外帶動了海貿發展；次年，他命官員四處徵收奇珍，交予皇室，「課天下州縣，凡骨角齒牙，皮革毛羽，可飾器用，堪為氅毦者，皆責焉。」（《隋書．卷二十四．食貨志》）在官府搜尋壓力下，百姓即使到處找尋無果，也得以高價從富商那裡購買存貨，供皇帝欣賞！據《續世說．第九卷》記載，隋煬帝對南海名香很是痴迷，「每至除夜，殿前諸院，設火山數十，盡沉香木根也，每一山焚沉香數車……以甲煎沃之，焰起數丈，香聞數十裡。一夜之中，用沉香二百餘乘，甲煎二百餘石，房中不燃膏火，懸寶珠一百二十以照之，光比白日。」皇帝的喜好引至上下效仿，洋貨奇貴，激發商賈前往他國求貨，航海事業蓬勃興旺。

但好景不長。西元六一一年開始，起義四起，閩粵等地極不平靜，西北、東北邊疆也戰事不斷，先是對付吐谷渾人，後又應對突厥、高麗人的討伐。西元六一八年，李淵推翻隋朝，建立唐朝。

唐初，海洋貿易曾短暫停頓，但在平亂之後的百餘年裡，社會持續穩定，人口成長，大量的土地得以開發，商貿不斷上升。雖然唐在隋的基礎上進一步完善了大運河，使海運的重要性再次下降，但由於唐代經濟繁榮，運河經濟尤為昌盛，使得長安、洛陽、揚州和江南城市對南海奢侈品的需求大增。因此即使朝廷漠視海洋貿易，海上商業照樣興旺。這一時期的海上絲路見證了許多新發展：一些從前沒來過中國的中南半島國家和印度洋國家首次來唐納貢，包括爪哇訶陵國（Ho-Ling）、盤盤國、婆利國、丹丹國，而多個印度邦國、錫蘭等亦恢復了與中國的正式商貿關係，貢納訪問頻繁。[17]

至西元八世紀，海上絲路已相當發達，蕃船、蕃商時常雲集廣州、揚州等港口，南海、印度洋、阿拉伯海沿線的各類商品能經海路到達中國各地市場。西元八世紀初，鑒真大和尚看到的廣州港是這樣一幅圖景：「江中有婆羅門、波斯、崑崙等船，不知其數，並載香藥珍寶，積載如山，其舶深六七丈。師子國、大石國、骨唐國、白蠻、赤蠻等往來居住，種類極多。」（《唐大和尚東征傳》）據說，師子國（斯里蘭卡古稱）的商船最大，阿拉伯船的航程遠。這裡，婆羅門、崑崙、大石國、骨唐國、白蠻、赤蠻，分別是印度、南海諸國、阿拉伯（唐宋時期稱「大食」、「大石」）、南海洲島蠻夷、歐洲白人國、非洲黑人（或印度紅種人）國。

西元七一三年前後，唐在廣州設市舶使，專門管理海洋貿易事務，職責與當今的海關相似，包括「納舶腳」，即征關稅：「南海舶，外國船也，每歲至安南、廣州……至則本道奏報……市舶使籍其名物，納舶腳，禁珍異，蕃商有以欺詐入牢獄者。」[18]市舶使的設立雖然帶來行政管制、限制貿易自由、增加蕃商交易成本的負面影響，但也有積極的意義：一方面說明朝廷正式重視海上貿易，特別是「納舶腳」為朝廷增加收入，帶來官府和蕃商間的利益相容；另一方面，市舶使提供蕃商一個對口的服務機構，方便他們進出口岸、居住廣州。之後，唐又在泉州、杭州設立市舶使。

該時期另一個突出的變化，是阿拉伯人和波斯人來到中國，並逐步取代南部沿海的諸國商賈，主導海上絲路。波斯人至少在西元六七一年由海道抵達廣州，據《大唐西域求法高僧傳》記載，那年義淨大和尚「隨至廣府，與波斯舶主期會南行」，即搭波斯商船，前往印度取經；而阿拉伯人早在六五一年就來唐朝貢，那年「八月乙丑，大食國始遣使朝獻」（《舊唐書・卷四・高宗本紀》），《舊唐書》和《冊府元龜》有三十九次大食國朝貢記載，但無論如何，阿拉伯人最晚於七五八年前數年已乘海船至廣州。[19]這可從七五八年阿拉伯人和波斯人發動廣州叛亂證實：「癸巳，廣州奏大食國、波斯國兵眾攻城，刺史韋利見棄城而遁」（《舊唐書・卷十・肅宗本紀》），「大食、波斯圍州城……二國兵掠倉庫，焚廬舍，浮海而去」（《資治通鑑・卷二百二十》）。那次劫城並非大食和波斯國派兵所為，而是居住、來往廣州的阿拉伯與波斯海商不滿其待遇而發動，或許是市舶使的「納舶腳」太猛、官員太惡劣，逼他們叛亂，這些海商完事即「浮船」，逃往安南。這次叛亂可能也與安史之亂（七五五至七六三年）有關。無論如何，廣州叛亂證明，至八世紀中期，阿拉伯與波斯海商在華時間應該已經很久，社群也發展得夠大。當時在廣州和其他港口，設有穆斯林商人居住的「蕃坊」，這些區由市舶使管理，給蕃商足夠的空間保留生活習俗，包括置房定居、娶妻生子，其子弟還可入「蕃學」，也能去懷聖

圖九・一　廣州懷聖寺

注：懷聖寺為中國最早的清真寺之一，具體建成時間仍有爭議，大約首建於唐朝，後修於元朝和清朝，位於今廣州越秀區光塔路，為當年蕃商居住地「蕃坊」的中心。

寺（圖九・一）禮拜；發生糾紛時，則按治外法權處理。唐律《名例律》第四八條規定：「諸化外人，同類自相犯者，各依本俗法；異類相犯者，以法律論。」意思是：如果穆斯林商人間發生糾紛，就遵照伊斯蘭法律解決；而如果是穆斯林與華人起衝突，則依據唐律究辦。

阿拉伯與波斯商人的反抗並沒有讓朝廷調整政策，其遭遇也未得到改善。西元七六〇年，江蘇與浙江發生「劉展之亂」，起因是：朝廷命令原都統李垣設法除掉時任淮南、江南和浙西三道節度使劉展，劉知悉後與其弟發動兵變；之後，兵馬使田神功率部前往平叛，其間田神功部隊趁亂打劫揚州，屠殺阿拉伯、波斯蕃商數千。「田神功，冀州人也，家本微賤……上元元年……至揚州，大掠百姓商人資產，郡內比屋發掘略遍，商胡波斯被殺者數千人」[20]，說明該時期揚州有許多波斯與阿拉伯海商常年居住。

此後，唐朝由盛而衰，從北到南叛亂不斷，商人安全感不再，海上絲路衰退嚴重。為啟動海貿，七九二年宰相陸贄批復嶺南節度使奏疏，說道：「遠國商販，惟利是求，綏之斯來，擾之則去。廣州地當要會，俗號殷繁，交易之徒，素所奔湊，今忽舍近而趨遠，棄中而就偏，若非侵刻過深，則必招懷失所。」[21]大意是：蕃商是來逐利的，待遇合適則來，騷擾過多則去；廣州是眾商嚮往之地，如今他們卻捨近求遠，不來廣州而去安南，若不是你們刁難過多、課稅太重，或其他關照不周，怎會如此！針對地方官虐待蕃商問題，西元八三四年唐文宗有類似的諭旨：「南海蕃舶，本以慕化而來……深慮遠人未安，率稅猶重，思有矜恤，以示綏懷。其嶺南、福建及揚州蕃客，宜委節度觀察使常加存問，除舶腳收市進奉外，任其來往通流，自為交易，不得重加率稅。天下諸州府，如有冤滯未伸，宜委御史臺及出使郎官察訪聞奏。」[22]海貿下滑帶來經濟壓力，朝政被迫調整，之後從九世紀初期開始，廣州、揚州、泉州有了新的通商自由，賦稅下減，蕃商權益有所保障，海上絲路再現活力。

可是好景沒能持久。西元八七五年，鹽商黃巢在山東菏澤發動民變，隨後掃遍河南、湖北，再沿長江南下，攻打浙江、福建；到了西元八七九年九月，起義軍攻克廣州，接下來又奪下桂林，控制嶺南與安南。在攻打廣州的過程中，黃巢軍焚燒房屋，搶劫財寶，濫殺無辜。對此，西元九世紀阿拉伯商人旅行記《中國印度見聞錄》介紹說「……最後，他終於得勝，攻破城池，屠殺居民。據熟悉中國情形的人說，不計落難的中國人在內，僅寄居城中經商的伊斯蘭教徒、猶太教徒、基督教徒、拜火教徒，就共有十二萬人被他殺害[23]」，而當時廣州總人口大約二十萬。那次屠殺的多為阿拉伯與波斯商賈及家屬，海上絲路主力遭到致命的打擊，海路貿易在一個多世紀裡難以翻身。起初，黃巢軍隊準備立足廣州，但一場大瘟疫導致三分之一的起義軍死亡，餘軍只好北伐；此後幾年，黃巢攻下都城長安和洛陽，濫殺世家豪門，使得唐朝國力大傷。最後，唐帝國於西元九〇七年滅亡。

阿拉伯商人何以主導海上絲路

前文已述，阿拉伯商人（以下「阿拉伯商人」或「穆斯林商人」統稱「阿拉伯波斯商人」）唐初來華，到了十世紀末，已遭遇數次洗劫甚至屠殺。那時期，由阿拉伯和波斯到中國一趟來回，歷時兩年多，海上風雲莫測，海盜頻現，貨價漲跌，無論途中還是在廣州等地居住，都是生命危險和財產風險並存。這自然帶出疑問：首先，他們為什麼願意冒這麼大的風險來中國，甚至定居異國他鄉？答案肯定不是唐文宗所說的「南海蕃舶，本以慕化而來」那麼簡單，也不完全是宰相陸贄的「遠國商販，惟利是求」。其次，七世紀後期阿拉伯商人來華之前，安南、扶南、馬來等傳統蕃商已與南越、閩越、雒越商貿，在將近一千年裡一直與華商一道主導南海貿易，可是阿拉伯商人（包括他們在華出生的後裔）在短短一個世紀後就取代華商，成為海上絲路的絕對主角[24]，他們是如何做到的呢？再者，如果把海上絲路貿易分成三段業務：阿拉伯（或其他國）與廣州間的海運、廣州港貨物集散、廣州與內地間的水運加陸運；那麼，據王賡武所言，至少到宋代前，海運業務是由阿拉伯商人主導（海上絲路段），華商則主要從事港口貨物集散和國內運輸業務。當然，海運比港口業務及內陸河運的風險更大，利潤又不一定匹配，那為什麼華商要將海上絲路讓位給阿拉伯人呢？這些問題涉及中華文明、伊斯蘭文明以及早期東南亞文明的比較特質，因此，在進一步討論海上絲路後續發展之前，本節先回答這些疑問，這也是理解朱元璋十四世紀決定禁海、停止華商參與海上絲路的關鍵。

我們可以先從貿易融資和風險分攤的角度，對比不同文明來回答上面的問題。以廣州－阿拉伯間的貿易為例，這當中至少有兩種做法。其一是「自有資本」模式：張三用自己的五萬貫資本，在廣州買下絲綢、青瓷，運至阿拉伯賣掉，用所得現金買進當地象牙等洋貨，返回廣州再賣，依此來回迴圈。在這整個過程中，只要貨真價實，就不存在與其他商家的跨期承諾（即合約執行問題），但海上的氣候風險、海盜風險、價格風險全由張三承擔。當然，張三也可以和其他船員合夥，每人出資一部分；由於出資人都一同出海，全程參與海運經營，因此沒有委託代理風險的問題。

其二是「集資貿易」模式，包括賒帳經營、連財合夥：李四自出資本五萬貫，從廣州的供應商那裡進價值二十五萬貫的絲綢、陶瓷（即賒帳二十萬貫，相當於先借貨而非借現金），並保證兩年後從阿拉伯回來時，返還所賒的二十萬貫（外加利息）；李四到阿拉伯賣掉絲綢、陶瓷，得到售金，後用其中五萬貫從阿拉伯象牙商處得到價值二十萬貫的象牙（也賒帳二十萬貫），運回廣州賣出，依此往返重複。當然，自出資本不一定為二〇％，也許是四〇％、八〇％或其他，取決於跨期信用環境：信用環境好、賴帳機率低，李四自有資本的占比要求就愈低；反之，則愈高，像張三那樣就是一〇〇％的自有資本。李四也可以不賒帳，而是跟其他人合夥，其他富人只出資給李四，但不參與出海貿易，等李四團隊回程時一起分紅，這種安排帶出許多委託代理等跨期承諾問題。另外，北宋朱彧說：「海舶大者數百人，小者百餘人，以鉅賈為綱首、副綱首、雜事。」[25]由於李四的貿易規模是張三的五倍，需要大海舶，還要雇用數百位經理、夥計、雜事、保安，人數比張三多三四倍，張三或許雇族人即可，但李四無法只雇血親，這就涉及大量的委託代理、利潤分成、風險處置、勞資合約等契約關係；如果李四在廣州和阿拉伯都自雇團隊做庫存、分銷，那麼員工規模就會更龐大，契約關係更多維複雜，需要的資本也更多。

長期而言，張三難以跟李四競爭，因為在集資貿易模式下，即使李四自有的資本有限，貿易規模照樣可以通過槓桿放大，單位貿易成本低，同時由於風險由多方分攤（賒帳方、多個出資方），李四自己所擔風險可控；長程海貿風險高，尤其需要集資貿易模式[26]，而自營模式只適合短途小規模貿易；而且集資貿易模式不僅讓自有資本少、海貿能力強的人大有作為，也讓有資本但無經驗、無時間的人能參與分攤海上貿易風險並分享利潤。

可是，集資貿易模式需要可靠的契約執行與信用環境，因為這些跨期賒帳、長期融資、風險分攤、雇用關係、委託代理等安排，都是契約關係，高度依賴跨期信用；而自有資本模式並不依賴太多與他人的跨期承諾，在家族內部處理即可。這也是為什麼跨期信用保障體系愈差的社會，就愈是只能像張三那樣從事短距離、小規模的貿易。在古代海上絲路上，華商和南洋商人多採用自有資金模式，阿拉伯商人則以集資模式為多，他們以伊斯蘭教做後盾，比靠佛教、道教、儒家親緣及地緣同鄉會做後盾的華商與南洋商人，有更強的商幫網絡提供跨期信用及契約執行支援。也就是說，伊斯蘭教在其中的鏈結作用甚為關鍵，這跟格雷夫研究的中世紀馬格里布猶太商人網絡十分類似。[27]

朱彧在《萍洲可談》中，這樣介紹一一一九年的廣州海洋貿易：「廣人舉債總一倍，約舶過回償，住蕃雖十年不歸，息亦不增。富者乘時畜繒帛陶貨，加其直與求債者，計息何啻倍蓰。」[28]從他的描述看來，當時的廣州海洋貿易一是為長期出海貿易借錢（十年不歸），二是借的不是現金而是貨物，即賒帳，三是由蕃商經營。穆斯林蕃商有這樣經營長途貿易的傳統。烏多維奇說，在伊斯蘭傳統中，賒帳買賣很早就有了（即李四的集資貿易模式），而且也是《古蘭經》允許的，「賒帳銷售絕對是貿易的特點之一，這可從先知穆罕默德的陳述中找到證據：『除非你們在本地相互間做貿易』，否則，如果是長途貿易，你不賒帳賣貨就難以做成。」[29]因為先知穆罕默德是經商出身，《古蘭經》對此類交易安排所言，實屬經驗之談。當然，李四式的賒帳貿易比較原始，而朱彧介紹的蕃商做法還涉及一種叫「結會合夥」（commenda）的融資安排，這是阿拉伯穆斯林商人、中世紀猶太商人和義大利商人都採用的一種模式。[30]也就是說，如果還以李四為例，在遠洋貿易之前，從其他投資者（結會合夥人）處融資二十萬貫，加上自己的五萬貫，付給供應商二十五萬貫並直接進貨「畜繒帛陶」，而不是向供應商賒帳二十萬貫，這等於由李四和結會合夥人承擔所有海上貿易風險，供應商不承擔風險；整個海上貿易行程由李四負責，結會合夥人不參加，等李四從阿拉伯回廣州，再與他們按比例分配利潤；而如果發生虧損，結會合夥人就得承擔損失（沒有分紅）。相比之下，這些貿易融資和風險分攤手段，給阿拉伯商人帶來極大的優勢，因為華商未能做到。

蘇基朗說，在跨區貿易還不繁榮、商業資本不發達的古代中國，華商一般採用自有資本模式，亦即家族貿易模式，最多只有簡單合夥（各出資合夥人同時也是貿易經營者，沒有控制權與資本權的分離[31]）；即使到了宋朝，內河貿易模式也大致如此。斯波義信提出了十二世紀末的多個合夥貿易範例：在湖南湖北的河路上，有著廣泛的合夥米商網絡，業務範圍包括大米運輸、加工、批發和分銷產業鏈；杭州茶販跟三十多位常熟人和蘇州人合夥，做運河貿易；福建長樂人與浙東人合夥，從事東海沿線的布料貿易等等。[32]在海洋貿易中，到宋後期，一些華商也逐步從阿拉伯商人那裡學會集資貿易模式，只是華商結會合夥人不願意承擔海貿風險，並讓經營方只有有限責任（即如果海路上發生翻船或貿易出現虧損，作為經營者的李四必須賠償結會合夥人蒙受的損失，這等於去掉了結會合夥的關鍵內涵，說明信用環境欠發達）。[33]儘管如此，無證據支持宋元時期的「槓桿」集資經營成了華商的主流海貿模式。由於蘇基朗、斯波義信所舉的宋元案例多源於泉州、廣州[34]，而這些港口的長程海貿主要又是由阿拉伯波斯商人及其後裔所為（下一節再回到此點），所以這些學者的集資貿易案例或許不是宋元時期的華商所為，而是穆斯林商人所做。

讓我們回到前面的問題。之所以在海上絲路，阿拉伯商人、華商和東南亞商人表現出不同的競爭優勢，是因為對於長程海洋貿易而言，跨期承諾是否可信、可靠是決定性的挑戰：誰解決得好，誰就能利用集資經營模式做大規模並分散風險，勝出的機率就高。在現代法治和正式國際法出現之前，各社會都嘗試過推出民間治理秩序，找到非正式強化跨期信用的辦法，但成效各異。

首先，在跨洋貿易中，為了建立集資經營模式所要求的信用體系，就必須在中國、阿拉伯甚至沿途港口都有自己信得過的人或牢靠的商幫網，且商幫成員最好人眾面廣，畢竟當李四從供應商那裡賒帳二十萬貫，供應商又要從他們的供應商那裡賒帳，供應鏈上一環扣一環，都得倚賴跨期承諾支持。也就是說，如果華商要在海上絲路占上風，商幫網不僅要遍及廣州及內地港口，還必須有夠多的華商在阿拉伯、印度、馬來等貿易港扎根，熟悉當地風俗，有當地的人脈資源。同理，如果穆斯林商人想主導海上絲路，他們也必須要有夠多同幫成員長久扎根廣州、揚州、泉州等地，形成中國港口、印度洋港口與阿拉伯港口間的同幫互動互助。於是，挑戰就來了：阿拉伯人於七世紀來到中國傳教，在廣州、揚州、泉州、長安等地落戶扎根，建立當地的穆斯林社會；但直到宋元之前，即使有華商到訪過南洋、印度洋，也沒有僑居阿拉伯、印度甚至南洋的華商（極少數因戰爭逃亡南洋的除外），也沒有海外華人商幫網。

這個差別源於宗教。第六章談到，如果把儒家祖先崇拜看成宗教，那麼這是多神教：每個宗族祭拜多個祖先，且族族各異，家廟宗祠即為每個宗族的神廟。比如，中國今天有十四億人口，假如每個宗族平均一百四十人，分別祭拜十位祖先神，那麼全國就有一千萬個宗祠神廟（「文革」期間「破四舊」時大部分被毀）、一億位祖先神。這些神和廟是各宗族專有，而非共用，所以中國人今天就算僑居美國、歐洲、阿拉伯，他的心和精神歸屬仍在老家，因為作為他宗教信仰的物理媒介祖墳和宗祠只在老家有，是獨一無二的，不可在僑居的他鄉複製。所謂「落葉歸根」的道理就在於此：只有眼見祖墳、身至家祠，心才圓夢。徐承堯在《歙風俗禮教考》一文中寫道：「歙俗之美，在不肯輕去其鄉，有之則為族戚所鄙，所謂『千年歸故土』也，可見歙人安土重遷。」[35]正因為「眾神」均在故鄉，所以不能移民遷徙，即便移民，也心留故鄉，無法在僑居社會扎根立命；在戀土情結下，至唐末，還無華人遷居阿拉伯、波斯、印度或東南亞的記載。賈志揚談到，宋代史料多處記錄華商去馬來半島等南洋港口之事，但唐史檔案卻無處提到，說明在十世紀之前華人不願遷徙那麼遠。[36]唐早期雖有法師去印度、斯里蘭卡取經，但只是旅行，沒有定居扎根。根據朱傑勤的《東南亞華僑史》，海外最早的華人居民記載是阿拉伯旅行家馬素提的九三四年的旅行記：在蘇門答臘（今印尼）見到華人耕種[37]，他們是黃巢起義失敗後逃亡至此的華僑，算是海外華僑史的起點。此外，由於每個宗族的祖先神各異，也就不存在能召喚所有華人的唯一神，社會凝聚力自然低；即使秦始皇試圖以暴力將國人凝聚在一起，也會如漢代陸賈所言：「居馬上得之，寧可以馬上治之乎？」（《史記・酈生陸賈列傳》）。

但是，穆斯林阿拉伯人就無此障礙，真主阿拉是他們唯一敬拜的神，不管到哪裡都去同樣的清真寺祭拜，這與儒家的多神多廟形成鮮明對照。因此，穆斯林無論遷徙至何處，只要當地有清真寺，就有精神上的「安土」。也就是說，對於一神教信徒（穆斯林、基督徒、猶太教徒）而言，至少在精神上能「四海為家」，移民他國後更容易在新地方找到精神歸屬。這就是為何阿拉伯人到廣州後建了「懷聖寺」（圖九・一），到泉州修了「清淨寺」（圖九・二），揚州有仙鶴寺，杭州有鳳凰寺，等等。清真寺既是禮拜之場所、精神之家園，也是處理伊斯蘭教事務、聚集信眾之堂。[38]因而，穆斯林商人比華商更具流動性，能生根他鄉，建立由自己人布局的跨全球商業信用網。這是一神教文明區別於「祖先神」文明的關鍵維度之一。

其次，在一神教的框架下，聖訓具有至上的號召力，甚至能激勵信徒做出超乎想像的行動。斯

圖九・二　泉州清淨寺

注：泉州清淨寺，初名聖友寺，也稱艾蘇哈卜大清真寺，始建於西元一〇〇九年北宋時期，後於元、明、清和二十世紀多次整修、擴建。該寺不僅見證伊斯蘭教進入中國的途徑，而且表明穆斯林商賈早期在泉州定居生活以及在當地的影響。

塔克說：

多神教社會也許能武力征服他國，但是在一神教之前，人類社會，比如羅馬帝國、朝代中國甚至古代埃及，都沒有透過上帝聖旨鼓動過軍隊，所以它們無法像伊斯蘭軍隊或像在教廷號召下的十字軍東征那樣，做出那麼轟動的創舉。當然，不少東征十字軍以及伊斯蘭的征服者帶有非宗教意圖，甚至有些根本不信教。但是，若不是受到唯一神聖旨的召喚，信眾一致的大規模創舉根本就不可能發生。只有真正的唯一神，才能通過宗教聖旨激發出超乎想像的創舉，其中最突出的莫過於不遠萬里為上帝傳教！傳教義務是一神教所固有的。[39]

古代海上絲路上，阿拉伯人於唐初冒險來廣州、揚州、泉州[40]，既非「本以慕化而來」，又不完全是「遠國商販，惟利是求」，主要則是回應先知穆罕默德《聖訓》的召喚，來華傳播伊斯蘭教。近年，大量葬於泉州的宋元時期阿拉伯人墓碑被發掘出來，逝者要麼自己是移民，要麼是移民蕃商之後裔，從碑文便可以看出來華動因之一二，其中一個修建於一三〇三年的墓碑上寫道：「至高無上的真主說：『凡在大地上的，都要毀滅；唯有你的主的本體，具有尊嚴與大德，將永恆存在……』先知（願他平安）說：『死於異鄉者，即為壯烈之死』……」[41]其他墓碑也有類似的表述。顯然，穆罕默德之《聖訓》召喚信徒去異國他鄉傳播伊斯蘭教——「死於異鄉者，即為壯烈之死」，於是阿拉伯人不遠萬里，冒險來華定居。這種聖訓，與儒家鼓勵固守故土的「父母在，不遠遊」，對照鮮明。另外一組相關聖訓「學問，雖遠在中國，亦當求之」[42]也激發阿拉伯人來華，至少增加他們的好奇心。傳統中國沒有宗教鼓勵人們移民他鄉，所以到明朝之前，華商缺乏跨越南海、印度洋和阿拉伯海建立信用網絡的華僑基礎。[43]

再次，由於伊斯蘭教、儒家禮制和佛教的不同，阿拉伯商人、華商和東南亞商人在解決契約執行的效果上差異較大，伊斯蘭的禮儀與規制更妥善地解決了逆向選擇、搭便車和道德風險問題。對於長程海上貿易，除了海運風險外，最大挑戰在於跨期承諾的可靠性（利潤共用、成本分擔、借貸賒帳、遠期交易等），即另一方是否「跑路」違約的問題。格雷夫談到[44]，在中世紀的地中海，馬格里布猶太商人通過商人聯盟（traders' coalition，或叫「商幫」），輔以猶太文化和猶太教規制，建立多邊懲罰機制，有效解決跨期承諾問題。其中，多邊懲罰機制指的是當跨期承諾關係中一方違約時，商幫的其他成員今後都不會相信違約者，不再與之交易，實施集體懲罰；相較之下，雙邊懲罰機制的威懾力有限，畢竟如果張三跟李四進行跨期交易，就算李四違約，也只有張三今後不再跟李四交易，其他人可能照樣與李四交易。因此，多邊懲罰機制更為有效。可是，多邊懲罰機制難以建立或執行：張三指控李四違約，其他成員如何相信張三呢？如果其他成員參與懲罰李四，他們的激勵在哪？如果李四賄賂部分成員，該如何處置？諸如此類。猶太商人基於共同的宗教，較妥善解決了這些挑戰，阿拉伯與波斯的穆斯林商人也是如此。

歷史上，華商跟阿拉伯商人一樣，也建立過商幫、同鄉會，只不過是基於血緣、地緣或道教、佛教；東南亞商人也有過自己的商業聯盟。組建商幫並不難，難的是建立真正有效解決跨期承諾的商幫團體。我們可從組織方式和文化觀念兩方面做對比。

對於阿拉伯商人，他們利用與伊斯蘭教連在一起的組織化資源建立商幫，以《古蘭經》、《聖訓》等教規為基礎，信教是加入商幫的前提：成員能利用穆斯林商圈做貿易，得到穩定的貿易流量、優惠的賒帳信用、更低的交易成本等等。[45] 第六章講到的宗教邊界識別、週期儀禮、頻繁聚集，尤其是每天面朝麥加禮拜五次、每週五到清真寺聚禮一次、每年大型會禮兩次、按教規著裝和淨身，使信教門檻和成本極高、信徒識別清晰、違規懲罰威嚴。斯塔克說：信教成本愈高（包括物質、時間、社交和精神付出），宗教團體的凝聚力就愈強，教友間的互助（包括物質與精神互助）、互信與友情就愈深。[46] 嚴密的組織與頻繁的活動將逆向選擇、道德風險降至極低。也就是說，如果只是為穆斯林商幫的好處，去「假裝信伊斯蘭教」，代價太高，而穆斯林商幫借助清真寺的高頻聚集、持續交流，說明降低成員間的資訊不對稱，便於較早識別搭便車行為。同時，《古蘭經》、《聖訓》對商業合夥、交易契約等的具體規制，本身就強化了穆斯林商人間的跨期承諾可靠度。所以，在教義和具體組織行為的雙重保障下，阿拉伯商人在海上絲路的成功，跟之後猶太商人在地中海和大西洋貿易中的成功異曲同工。在商業文化上，當年的穆斯林也有優勢：伊斯蘭教的發源地阿拉伯半島西臨地中海，東邊是波斯灣海岸，南邊又是紅海，至少自西元前一〇〇〇年當地居民就開始海上貿易[47]，伊斯蘭教創始先知穆罕默德以經商起家[48]，所以伊斯蘭教比其他宗教、農耕文化更加鼓勵並保護商業[49]，與抑商的儒家對比鮮明。

華商也利用自己的文化資源結幫，如商幫、會館、公所。[50]相比之下，由於華人商幫缺乏嚴密組織的宗教做支撐，頂多靠道教、佛教或迷信支起，可是道教、佛教和迷信只有教義，缺乏具體的嚴密組織，也沒有強制性的高頻禮拜聚集要求（如每天、每週或每月禮拜），信教成本低或無成本，導致華人商幫的逆向選擇和搭便車風險比較嚴重，至少比穆斯林商幫、猶太商幫更加滋生機會主義。泰蘭達通過研究南洋華僑案例發現[51]，基於血緣和地緣鏈結的商幫最為關鍵：在缺乏正式法治的社會裡，商業契約難靠司法體系保障，只能倚賴商幫提供的非正式執行體系，也就是格雷夫所稱的多邊懲罰機制。由於這些華僑商幫、同鄉會是基於利益「需要」，而非基於宗教或其他「非功利」信念組成的聯盟，必然的結果就是：有需要的人才會參加，一旦無此需要，就選擇退出，故逆向選擇嚴重。此外，這些幫會沒有每天每週必須做禮拜與聚集的要求，「做會員」的成本低，導致成員間資訊不對稱嚴重，不利於提前發現搭便車者，也使得「多邊懲罰」難以執行。蔡洪濱、周黎安、吳意雲應用商幫「多邊懲罰機制」的框架[52]，研究了明清徽商和晉商商幫治理的異同與效益，結果發現：徽商以血緣宗族關係為基礎，主要在宗族子弟中選拔經理夥計，靠族規家法、儒家禮制治理企業和商幫內部的跨期承諾關係；而晉商側重地緣關係，遵循避親舉鄉原則聘用經理夥計，以正式的號規約束雇用關係，靠獎金和股俸激勵商幫成員；為了支援這兩種不同的商幫治理模式，徽商祭拜孔子、朱子，興建文公祠，推崇儒家文化，而晉商朝拜關公，多修關廟。有意思的是，他們發現，儘管兩組商人群體的信仰不同，規則與做法各異，他們總體上在明清時期都很成功。

實際上，華僑商幫、徽商、晉商等都融合了儒家、道教、佛教的教義，也因此保有了後者的局限性。宋代李昌齡在道教經典《太上感應篇》中言：「禍福無門，惟人自召；善惡之報，如影隨形。」而商人借取不還、以次充好、缺斤少兩等獲取不義之財的行為，則「取非義之財者，譬如漏脯救饑，鴆酒止渴，非不暫飽，死亦及之。」「凡人有過，大則奪紀，小則奪算。其過大小，有數百事，欲求長生者，先須避之。」第三章談到，對中國人最具威懾力的契約條款是：「如果違約，天打雷劈。」[53] 這些「因果報應」觀是傳統中國契約秩序的基礎。蘇基朗說：「在現存上千計的中國古代契約中……與其說是契約，還不如說是契據……因為交易契約類檔是用來證明所有權的。」[54] 比方說，一般的土地買賣交易格式是「今恐人心無信／無憑，立此……為照」[55]，重點在於見證交易發生了，但對被賣的土地狀況，以及雙方的承諾細節都隻字不提。在商業合夥契約中，也有類似基於迷信的威懾條款：「立合約人某某……是以兩人商議，合本求利……所獲利錢，每年面算明白，量分家用，仍留資本以為淵源不竭之計……不許扯動本銀，井亂帳目。故特歃血定盟……如犯此議，神人共殛。」[56] 其中，「歃血定盟」是經典的跨期承諾儀式，「如犯此議，神人共殛」是合夥承諾的神聖性所在，兩者都是靠喚起對超自然報應的迷信，來確保合夥合約的執行。可是，這樣的契約秩序基於道教的「報應論」，而道教提供的只是一套教義，並沒有具體的定期禮拜與高頻聚集等組織化要求，並不能有效解決逆向選擇和搭便車問題，也沒有具體的「組織」去懲治違教行為，如此一來，對於不迷信這些「雷公」、「報應論」的成員，這種契約秩序就無實質上的約束力。總體而言，道教、佛教等多神教過於鬆散、缺乏組織、信教成本低，所以以其為基礎的商幫就難以達到「多邊懲罰機制」的效果，機會主義和搭便車行為必然盛行。

雖然徽商、晉商以及南洋僑商都「因地制宜」內生出適合本地的商幫模式，這些模式對於解決短距離、小範圍的跨期承諾，肯定比沒有儒家禮制與道教文化資源的早期社會有效，雖可解決一些跨期承諾問題，但一旦擴展到長程海洋貿易並與一神教文明競爭，其競爭力就顯得有限，難以與穆斯林商幫相比。第一，基於血緣宗親的信任體系，人數範圍有限，畢竟沒有哪個宗族的成員人數可與伊斯蘭教、基督教和猶太教的信眾數相比，地理分布也窄；第二，依靠抑商的儒家文化來組織商幫，本身就是矛盾，在道義上排斥商業的文化怎麼能通過商會組織就達到商業的最大化發展呢？

古代東南亞商人所能依賴的文化資源，比華商、印度商人的選擇更少，所以在唐宋時期，他們更不是阿拉伯商人的競爭對手。早期跟雒越、南越人進行海上貿易時，東南亞商人主要採取類似上述張三的自營小販模式，做小本生意：在本地市場買進少量海貨，由小船運到安南，賣給安南小販，再由後者散銷到其他地區。即使到了十六世紀，印尼、馬來海商基本上也還是從親戚、朋友或當地有錢人那裡借小額本金，做小販生意。[57]在商幫組織上，東南亞社會既沒有像中國那樣在漫長歷史中演進出類似儒家禮制那樣的社會組織體系，也沒有像印度那樣建立一套種姓制度。安南是個例外，安南自漢代開始就接受了儒家，並以此組織社會和商業。在宗教方面，西元三世紀，也是因為與印度和中國南海的貿易，佛教逐步傳到今日的泰國、柬埔寨、寮國、馬來半島、瓜哇島等地；至西元八世紀，佛教才傳遍那些社會，建起許多佛寺。[58]但如前文所說，佛教雖對多邊懲罰機制商幫的形成有些幫助，但效率十分有限。或許正是由於東南亞社會在古代缺乏商業所需要的文化資源，華人從元代開始逐步移民到泰國、馬來、印尼、菲律賓之後，很快就控制了它們的商業[59]，局面至今不變。

出於以上原因，自西元八世紀始，海上絲路基本是阿拉伯與波斯商人的天下，其次是華商。這個局面一直維持到十五世紀末葡萄牙人來到印度洋時才結束。[60]而此格局也預示了唐代以來的中國歷史演變。

宋元海上貿易與蒲壽庚世家的興起

北宋初年，朝廷試圖直接管控海上貿易，一方面官方自己從事外貿，另一方面關稅納進朝廷，而不是留給地方官府。西元九七一年廣州市舶司設立，對進口品徵收一〇%的關稅，此外，官方對進口品有優先購買權，只有官府沒興趣的進口貨品才可轉賣私人商販。[61]九八五年，朝廷禁制華商出海貿易（《宋史．卷五》），但不禁蕃商進出中國；兩年後，朝廷甚至遣派官員多次造訪南洋諸國，說服它們加入貢納貿易體系，九六〇至一〇二二年間，南洋國總共來宋貢納八十八次[62]，其中，三國朝貢次數最多：阿拉伯（大食）二十一次，蘇門答臘島（三佛齊）十六次，印度（天竺）十次，次數多少基本反映了其海商與宋的貿易分量，以阿拉伯商船為最多。在朝廷限制性舉措下，華商的海上貿易參與度進一步下降。不過，九八九年朝廷改變了政策，「自今商旅出海外蕃國販易者，須於兩浙市舶司陳牒，請官給券以行，違者沒入其寶貨」（《宋會要輯稿．職官．卷四四之二》），准許民間「商旅」出海貿易，前提是必須先得到官方許可證（「券」），而且只能由指定港口進出。一一六七年，朝廷再規定華商船舶出海不得超過一年。[63]不過，禁令實效有限，正如紹興七年宋高宗言：「市舶之利最厚。若措置合宜，所得動以百萬計。」（《宋會要輯稿．職官．卷四四之二》）利益之下，官方限制阻擋不住民間海商。

宋期間，海上貨運的主角是阿拉伯商人，但參與者比之前更加多樣，不僅有三佛齊商人和印度商人，華商也直接參與長途海運，這是區別唐及以前的一大變化。當然，一一六七年後，為了把出海時間控制在一年內，華商通常會避免去印度洋，尤其不會去阿拉伯、波斯港口。此外，華商的發展也得益於中國造船能力的加強，特別是十一世紀後期開始，宋廷面對北方金人的巨大威脅，加大造船產能，最多時全國有四十三個造船廠[64]，雖然是為了擴大水軍實力，但也給海商帶來溢出效應，使華商船舶的容量增加，遠洋能力提升。這時期，與朝鮮、日本的海上貿易也得到空前的發展。

隨著宋代經濟走向繁榮，貿易貨物的種類結構也發生了變化。之前以奢侈品為主，從中國出口的主要是絲綢、陶瓷，從南洋、阿拉伯進口的是象牙、珍珠、龜甲、翡翠等；但到了宋代中期，出口品擴展到包括食品飲料和金屬製品，進口商品則包括香料、香木、香水、藥品、布料等普通日用品。海洋貿易跟大眾生活貼近許多，走向平民化。

宋代之所以比其他朝代更鼓勵海上貿易，一是因為北方陸上絲路不通，二是因為財政開支的需要。特別是南宋時期，疆域比北宋少了三分之一，戶口更少，開支卻超過北宋。其間，除了最早設立的廣州市舶司外，其他市舶司或市舶提舉司包括杭州（九八九年設）、明州（九九二年設，今寧波）、澉浦（一〇七四年設，今浙江海鹽）、泉州（一〇八七年設）、密州（一〇八八年設，今諸城）、秀州（一一一三年設，今上海）以及南宋高宗增加的溫州和江陰市舶司，它們都為官府創收。北宋前期，關稅歲入五十萬貫上下，占朝廷開支的三%左右，一一〇二至一一一〇年間升至一百一十萬貫，南宋早期關稅歲入更是達兩百萬貫，相當於朝廷歲出的一〇%。[65]各市舶司中，廣州貢獻最大，南宋紹熙年間的《備對》言：「三州市舶司所收乳香三十五萬四千四百四十九斤，其內明州所收惟四千七百三十九斤，杭州所收惟六百三十七斤。而廣州所收者則有三十四萬八千六百七十三斤。是雖三處置司，實只廣州最盛也。」占比九八%！所以，宋高宗說：「市舶之利最厚……豈不勝取之於民？朕所以留意於此，庶幾可以少寬民力爾。」（《宋會要輯稿．職官．卷四四之二》）拓展海洋貿易增加財政收入，這不勝過向百姓徵稅嗎？

也正由於關稅收入如此重要，宋廷對海上絲路的主角阿拉伯商人特別關照。據《宋會要輯稿．職官．卷四四》記載，紹興七年，宋高宗詔令廣州知州連南夫好好解決「市舶之弊」，後「南夫奏至，其一項，『市舶司全藉蕃商來往貨易。而大商蒲亞里者，既至廣州，有右武大夫曾納利其財，以妹嫁之。亞里因留不歸。』上今委南夫勸誘亞里歸國，往來幹運蕃貨，故聖諭及之。」可見，為了保障關稅收興旺，皇帝令知州勸蒲亞里不要因中國妻子而留在廣州，應返阿拉伯海運貨物。蒲姓是阿拉伯名 Abu 或 Abdullah 的中文音譯，當時在廣州、泉州有許多蒲姓阿拉伯商及後裔，包括鉅賈蒲希密[66]（船王，多次獻給宋太宗大禮）、蒲羅辛[67]（香料海商）。皇帝過問蒲亞里之事，足以表明阿拉伯商人在當時外貿地位之重。西元一一七八年，周去非著《嶺外代答．卷三》：「諸蕃國之富盛多寶貨者，莫如大食國。其次，闍婆國。其次，三佛齊國。其次，乃諸國耳。」白壽彝云：「宋時，在中國的鉅賈，不限於大食商人。但就鉅賈有名可考者之多及其地位之重要來說，不能不說以大食商人為第一。這一點，也可以使我們看出大食商人在蕃商之中居有領導的地位。」[68]

宋元時期，最出名的阿拉伯裔海商莫過於泉州的蒲壽庚。他生於一二〇五年，卒於一二九〇年，先祖自阿拉伯到南洋定居經商，一段時間後遷至廣州。因經營成功，蒲氏在宋代成為廣東最大的香料海商，富甲兩廣。南宋定都臨安後，泉州比廣州更靠近都城，海洋貿易逐步轉向泉州。到了十二世紀中後期，泉州取代廣州，成為東方第一大港。一一六五年至一一七三年，泉州市舶司的收入已經超過廣州。[69]許多定居廣州的阿拉伯商人也將經營中心移至泉州，使永久居住泉州的穆斯林大增，並陸續修建了聖友寺、清淨寺等七處清真寺[70]，還有一處供阿拉伯裔安葬的公墓。[71]那時期，蒲氏家族的一支——蒲壽庚之父蒲開宗，也舉家遷到泉州，繼續從事海上香料貿易。

蒲氏雖然祖上來自阿拉伯，但到蒲開宗時已相當漢化，成為世家。兩個兒子中，大兒子蒲壽宬「厭銅臭而慕瓢飲」，其詩作作品包括《心泉學詩稿》。他履歷不凡，先是在臨安御林軍中任指揮官，享有威望；之後，宋末一二七一年，任梅州知州，政績突出，尤其在一二七四年抗擊海盜的過程中貢獻突出，在朝廷內外都獲得良好聲譽，使他在閩南士大夫圈的人脈大漲。[72]

次子蒲壽庚從小耳濡目染父親經營，長大後接過祖業，並進一步發揚光大。時人在十三世紀是這麼評價的（《桐江集．卷六》）：「泉之諸蒲，為販舶作三十年，歲一千萬而五其息，每以胡椒八百斛為不足道。」蒲壽庚經營三十年後，年貿易量做到千萬貫，可見其業務地位之高。王磐在《槁城令董文炳遺愛碑》中說：「泉州太守蒲壽庚者，本西域人，以善賈往來海上，致產巨萬，家僮數千。南海蠻夷諸國莫不畏服。」其家產規模也可從一九七三年考古挖掘的商船見得，那年在泉州灣後渚港發現一艘沉船，長三十四公尺、載重兩百餘噸，船艙遺存大量藥材、銅鐵錢、陶瓷，以及四千七百多斤的貴重香料：降真香、檀香、沈香、沉香、龍涎香等。考古學家將此船鑒定為宋代貨船，大約一二七六年前後從南洋回航沉沒，並認為船主是蒲壽庚。[73]

南宋末年，泉州一帶海盜作亂，劫掠往來船舶，政府水軍左翼軍抵擋不力。為保商路暢通，蒲壽庚兄弟組織私人武裝船隊，擊退海寇。因此功勞，一二七四年朝廷任命蒲壽庚為泉州提舉市舶使，掌管海上貿易。兩年後，蒲壽庚又升任福建廣東招撫使，總管東海與南海的海船事務，真可謂掌控海上大權。至此，蒲氏有財、有勢、有官，又有私人武裝和廣泛的交際網，以至於執掌泉州的不是南宋官府，而是蒲氏家族。

就在蒲氏蒸蒸日上之際，南宋則在風雨飄搖之中。一二七六年，元軍南下攻占都城臨安，俘獲五歲的小皇帝趙恭宗。文天祥和張世傑等大臣護送另立的小皇帝及皇族，匆忙逃往福建，打算建都泉州。這時，掌控泉州的蒲壽庚極為關鍵，流亡政府特別籠絡他，讓他掌握福建與廣東的軍事、民政和海貿權。元廷也早已熟悉蒲家在泉州的勢力，一二七六年二月，元軍統帥伯顏派遣使者到泉州招降蒲壽宬、蒲壽庚兄弟。

蒙古人長於陸戰，水軍不如宋。而蒲氏的私人船舶武裝強大，無論對南宋朝廷，還是對短於海戰的元軍來說，蒲家都是必須爭取的關鍵物件。對於蒲家而言，元軍南下氣勢洶洶，如果負隅頑抗，結果只能是自己家財散盡，讓泉州陷於兵亂，且會讓新王朝打擊海外貿易。蘇基朗認為[74]，蒲壽庚在考慮是否降元時，背後地方精英集團的支持，尤其是同為阿拉伯裔商人的支持，特別關鍵，畢竟一二七六年他才剛剛被任命為福建廣東招撫使，對當時官府和軍隊的實際控制應該相當有限。那時泉州地方精英分為兩個陣營：一是保宋派，主要是皇族宗室、士大夫和一些權勢人士；另一陣營是數量更大的權勢和富商家族，他們要麼是阿拉伯等外族後裔，要麼與外裔群體關係密切，願和蒙元合作。如果不是後一陣營，包括泉州知州田真子及其掌控的左翼軍的支持，蒲壽庚難以單方面投奔蒙元。蒲壽宬及盟友的支持在中間也起了關鍵作用。

權衡之下，蒲壽庚於一二七六年投降蒙元，並將蒲氏海船武裝及泉州地方軍交於元軍，幫元攻下宋軍餘部。在抵抗投降軍的過程中，保宋派「受到了毀滅性打擊，他們沒有毀滅在蒙古人手中，而是毀在了外國裔泉州人和第二陣營的地方精英手中。當保宋大軍圍攻泉州城時，降元軍隊屠殺了數千皇族宗室、其他支持南宋政權的地方精英。」[75]，這筆賬深深地影響了明代開國皇帝朱元璋，這是後話。

對於蒲壽庚的選擇，元帝忽必烈給予重賞，授予他閩廣大都督、兵馬招討使和泉州市舶使的頭銜；一二七七年，蒲壽庚任江西行省參知政事（相當於副省長）；之後，他還出任過一系列省長級職務，直到一二八四年升任泉州行省平章政事（省長官）為止。在眾多投降蒙元的人物中，蒲壽庚是唯一被持久重用的人，差不多直到他離世前。其子蒲師文歷任正奉大夫宣慰使、左副都元帥、福建道市舶提舉，蒲師武做到福建行省參知政事，蒲師斯任過翰林太史院官，蒲崇謨於一三一三年中進士，後任中書院平章政事。兩位阿拉伯裔女婿中，那兀納任過地方要職，另一位叫佛蓮，「泉南有巨賈南蕃回回佛蓮者，蒲氏之婿也。其家富甚。凡發海舶八十艘……見在珍珠一百三十石。」（《癸辛雜識．續集卷下》），擁有八十艘海船、一百三十石珍珠，財富非同小可。

元朝期間，外裔穆斯林在泉州的社會、政治與經濟中的權力地位得到進一步提升，更是成為主角。除蒲氏家族和親戚外，泉州還有其他阿拉伯、波斯、印度等規模龐大的外裔居民。元政府稱阿拉伯和波斯裔為「色目人」，即「有色眼睛之人」，並特別重用他們（地位僅次於蒙古族，高於漢族）。《元史．成宗本紀》記載：「各道廉訪司必擇蒙古人為使。或缺，則以色目世臣子孫為之，其次參以色目、漢人。」《元史．武宗本紀》寫道：「……甲戌，以宿衛之士比多冗雜，遵舊制，存蒙古色目之有閥閱者，餘皆革去。」《元史．選舉志》有言：「蒙古、色目人，願試漢人、南人科目，中選者，加一等注受。」意為色目人如果考漢族人科舉試題，則優先一等；《元史．刑法志》書：「諸色目人犯盜，免刺。」元廷對穆斯林色目人的偏袒顯而易見。白壽彝對《元史．宰相表》、《新元史．宰相年表》做統計發現[76]，元時阿拉伯裔任右丞相者一位、左丞相者三位、平章政事者十一人，加上另外右丞和左丞者各一人，在中央政府任宰執職位者總共十六位色目人，占中央高官之比遠超阿拉伯波斯裔占全國人口之比；而地方政府宰執級別的色目人（如丞相、平章政事、參知政事等）共三十二人，也是占比超常高。尤其在閩南，地方官府中色目人占據絕大多數的要職，據羅香林的研究[77]，元代大多數的泉州市舶使為色目人，包括蒲氏、陳江丁氏、榮山李氏、燕山蘇氏、清源金氏，都是當地穆斯林政要世家。[78]

有了蒲壽庚等阿拉伯裔掌管泉州市舶使，元朝很快便恢復了跟東南亞諸國、阿拉伯與波斯的海洋貿易關係。若說源於農耕、依附土地的漢族文化排斥商業、畏懼海洋，那麼以草原遊牧為生的蒙古人當朝後，是否對海洋更無感覺，比漢族朝廷更加抵觸海上貿易呢？其實未必。原因在於，元廷可能反倒不像農耕漢族那樣對海上貿易明確反對，尤其是當初元軍在說服蒲壽庚投降時，可能曾給出支援海洋貿易的承諾；再者，元廷需要海上貿易帶來的財政收入。於是，海上貿易在元代超過南宋，達到鼎盛，泉州更是鞏固了東方第一港之地位。馬可・波羅一二九一年在旅行日記裡寫道：「刺桐（今泉州）是世界最大的港口之一，大批商人雲集於此，貨物堆積如山，買賣的盛況令人難以想像。」[79] 泉州之所以能鞏固海上絲路的地位，蒲壽庚和泉州其他阿拉伯後裔世家扮演了關鍵的角色，而這也預示了海上絲路後來的結局：明代海禁。

以往，文獻中談到蒲壽庚家族以及其他泉州、廣州阿拉伯後裔世家的案例時，多從「本以慕化而來」或者「遠國商販，惟利是求」的角度一筆帶過，認為阿拉伯人和其他外族當然應該嚮往中國、來華定居扎根，而少有問道：為何在宋代和更早的時候，沒有華人定居南亞、西亞甚至非洲、並在異國他鄉像蒲氏那樣出人頭地？從前文的討論中可以看到，一旦這樣提問考究，就可折射出不同文明之特質，尤其宗教在其中的作用。

明朝禁海與海盜襲擊

經過十六年的奮戰，一三六八年，朱元璋推翻蒙元，建立封建時期最後一個漢族大一統王朝——明朝。他生於安徽農家，家境赤貧，從小務農，深受儒家禮制教化，包括重農抑商的偏好。起初，明廷恢復明州（寧波）、泉州和廣州市舶司，協調海上事務，但三處市舶司實際上更似外交機構，接待朝貢使團，而不是促進以往的海船貿易；到了一三七四年，朝廷乾脆撤銷了三處市舶司。其間，一三七一年，朱元璋發出禁令：「禁瀕海民不得私出海」、「申禁人民無得擅出海與外國互市」[80]，只有市舶司管控的朝貢貿易才算合法；明代王圻在《續文獻通考》中解釋：「貢舶者，王法之所許，市舶之所司，乃貿易之公也；海商者，王法之所不許，市舶之所不經，乃貿易之私也。」在之後近兩百年裡，皇帝每隔幾年又推出禁海細則[81]，包括要求將海船改為不宜深海航行的平頭船，《大明律》規定：「若奸豪勢要及軍民人等，擅造三桅以上違式大船，將帶違禁貨物下海，前往番國買賣，潛通海賊，同謀結聚，及為嚮導劫掠良民者，正犯比照已行律處斬，仍梟首示眾，全家發邊衛充軍。其打造前項海船，賣與夷人圖利者，比照將應禁軍器下海者，因而走洩軍情律，為首者處斬，為從者發邊充軍。」一三九四年，明太祖甚至禁用蕃香蕃貨：「禁民間用番香、番貨……敢有私欲番互市者，必置之重法。」[82]法律還對沿海地區的大家族有特別規定，哪怕僅以貨物入股、並未親身參與貿易，也要判以流放重刑。海禁被明太祖定為基本國策，後續皇帝不得變改。

至此，朱元璋終結了自春秋戰國以來斷斷續續發展的海上絲路歷史——至少讓中國不再參與海外世界的發展，走向閉關鎖國。他為什麼要這樣做呢？這個問題一直困擾著歷史學者。以往的解釋包括：明初百廢待興、糧食短缺，需舉國之力興辦農業，以農為本；為了社會穩定，必須防範沿海百姓和陳友諒、張士誠、方國珍等流亡殘餘與蒙元海外勢力聯合攻明[83]；禁民出海，但不禁官方，是為了讓官方壟斷海貿利潤、增加軍費；為防範倭寇騷擾等等。[84]在朱元璋的決定中，這些原因可能都發揮了作用，但有一項原因往往被忽視，就是他對蕃商，尤其對蒲壽庚所代表的色目海商的不信任，甚至仇視。前面我們花很大的篇幅介紹了阿拉伯與波斯海商是海上絲路的晚來者，但由於伊斯蘭教的組織方式與凝聚力使商幫的「多邊懲罰機制」更為有效，阿拉伯商人快速成為西元八世紀以來海上絲路的主角。阿拉伯人、波斯人及其在華後裔透過海洋的優勢積累財富，在泉州、廣州等地的社會地位炫耀招眼；十三世紀中期和十四世紀，東方第一港泉州的經濟與武裝都掌控在蒲壽庚和其他色目世家之手，在一二七六年的關鍵時刻，蒲壽庚和同盟決定降元，使宋帝國的最後希望化為泡影。加上色目人是蒙元統治的堅強同盟、享盡政治與社會特權，這些因素造成朱元璋等人對色目人的憎恨，刺激他們也揭竿而起、紛紛反抗蒙元政權。

朱元璋對「傾宋倒元」的蒲壽庚尤其深惡痛絕，建立大明王朝後，他詔令蒲氏子孫不得讀書入仕。[85] 皇帝對近百年前離世之人如此詔令懲罰，歷史上並不多見，足以證明朱元璋對蒲氏及異族痛恨之深。詔禁的結果是，蒲氏族人遷移他鄉，改姓埋名另謀生計。一三五七至一三六六年間發生於泉州，並蔓延閩南的「亦思巴奚」叛亂（最後四年，蒲壽庚的女婿那兀納為叛軍首領），先是以波斯裔為主的伊斯蘭軍幫助元朝官府平息民變，後來轉變為穆斯林派系之間的衝突[86]，最終被福建副平章政事陳友定的軍隊平定。那次戰亂不僅加劇了漢族對外裔的仇恨，還將泉州穆斯林商人群體幾近毀盡，所以在明太祖詔禁蒲氏子孫後，泉州的穆斯林商基本上被清光，海上絲路所依賴的跨國穆斯林海商網絡遭到摧毀。

那麼，朱元璋禁海與他對外族的態度有何關係？如前所述，從唐到宋，尤其到元時期，海上貿易和阿拉伯穆斯林商人幾乎畫上等號，他們是海上絲路的絕對主角。第七章談到，達昆托等三位教授研究中世紀黑死病期間德國各地的反猶暴力資料發現[87]：七〇〇年前屠殺過猶太人的地區，至今還排斥金融。原因就如《尚書大傳．大戰》所言：「愛人者，兼其屋上之烏」，反義就是「恨屋及烏」；到了中世紀中期，歐洲人已把金融跟猶太人畫上等號，恨猶太人轉變為仇視、懷疑金融，而且至今如此。同理，在唐宋元時期，阿拉伯商人跟海洋貿易畫上等號，明太祖因憎恨阿拉伯裔而禁海。

當然，海上絲路連通東海、南海、印度洋和阿拉伯海沿途各國之市場，讓跨區域跨國界互通有無、共擔風險達到頂峰，其效果應該超出印度鐵路網對改善民眾應對風險能力的貢獻。[88]明太祖終止海上貿易之後，其影響是否和清朝廢棄大運河一樣，帶來當地暴力上升呢？尤其是明代猖獗的海盜衝突現象，到底是「倭寇」所為，還是禁海政策所致？前面說到，歷史學者一般認為，明太祖禁海是為了堵截倭寇入侵，這個解釋本身也需進一步驗證。下面就簡單介紹這類研究。

龔啟聖和馬馳騁透過統計《明實錄》歷年的海盜襲擊記載[89]，研究了明代的真實海盜襲擊歷史。從圖九．三可以看出，一五五〇年至一五六七年是厲行海禁的時期，也「恰好」是海盜高峰期。為什麼會這樣？背後的邏輯是什麼呢？其實，這還是「壓迫」和「反壓迫」力量較量的反映，也是第八章說到的商路斷絕與暴力上升間密切關聯的另一表現。在海禁時期，海商們被迫走私（不能光明正大從事海洋貿易），甚至暗中聯合官紳一起走私。[90]一五五〇年前後，朝廷嚴格執行海禁，在沿海掀起清剿運動；官軍頻繁在海上巡邏，攻占港口島嶼，拆除貿易設施，逮捕或殺害中外海商。一五四八年末，在浙江雙嶼島上就發生了葡萄牙史書所稱的「血浴」事件，數千人死亡。[91]尤其在嘉靖年間（一五二二至一五六六年），海禁為史上最嚴，逼得海商按捺不住，與地方官府相聯合，武裝反抗緝私官軍，發起了一場海禁與反海禁的戰爭。

從圖中可以看到，無論是一五五〇年之前，還是一五六七年之後，每年海盜襲擊都在二十次以下；然而，在十六世紀五〇、六〇年代，尤其是十六世紀五〇年代後期與十六世紀六〇年

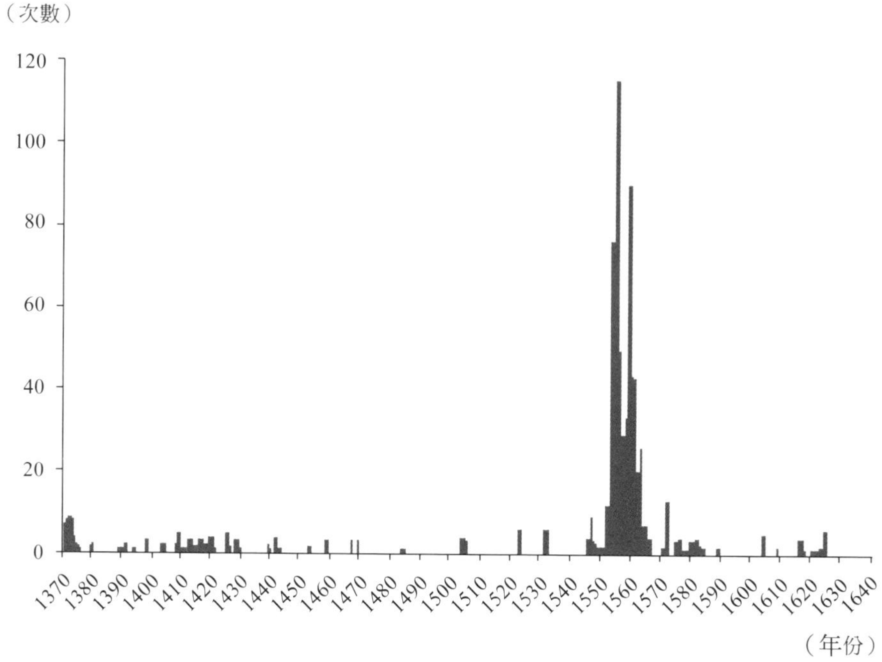

圖九・三　明代歷年海盜襲擊次數[92]

代前期，每年有四十次以上的海盜襲擊；最極端時，一年有一百二十起海盜劫掠記錄！這二十年左右的時間，另一值得注意的現象是，海盜襲擊多發生於貿易中心周圍。以當時跨國貿易中的主要大宗商品絲綢為例[93]，與其他城鎮相比，絲綢生產城鎮周邊的海盜襲擊頻率顯著更高。圖九・四顯示，一五五〇年前和一五六七年後，兩類城鎮被海盜襲擊的頻率次數並無顯著區別；但一五五〇至一五六〇年，產絲城鎮被海盜襲擊的次數陡然上升到其他城鎮的兩倍以上；兩類城鎮間的差距最高時，甚至達到六倍。

借助量化歷史方法，龔啟聖和馬馳騁估算了海禁與海盜襲擊間的關係：持續近二十年的高壓海禁，顯著提高了以下三類城鎮遭受海盜襲擊的頻率：一是如前所述，出產絲綢的城鎮；二是歷史上曾充當過

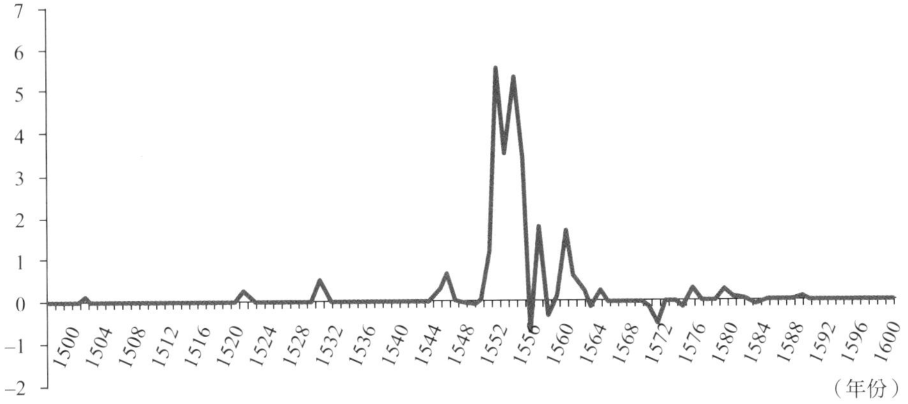

圖九．四　產絲城鎮與其他城鎮每年海盜襲擊次數之比值[94]

貿易港角色的城鎮；三是城市化程度較高的地區（在二十世紀五〇年代以前，這往往也指的是經濟更發達的地區）。[95] 以城市化指標為例，在控制地理環境、有無饑荒、海軍守備、人口密度等諸多因素後，當地城市人口占比每多一%，海禁導致的海盜進攻次數就增加一三%——在市場愈發達的地區，長途商貿因海禁被中斷後，所遭遇的經濟衝擊就愈重，反抗強度也愈高。這些證據表明，海盜暴力上升是因為受海禁政策衝擊的海商失去生路所致，這些人主要是沿海本地商人，而非「倭寇」或其他外國人。[96] 在明朝強硬執行海禁政策、暴力清海之前，「海盜」首領的身分幾乎全是商人。

在談論海域暴亂成因時，有明朝官員認為「其事主於朝廷而不主於蠻夷」（此處蠻夷指的是日本），「乃中國自為寇也」。[97] 所謂「寇與商同是人也，市通則寇轉而為商，市禁則商轉而為寇，始之禁禁商，後之禁禁寇」（《籌海圖編．卷十一》），嚴酷的海禁斷絕了商業市鎮裡人民的生計，阻斷了百姓賴以平滑物資短缺風險的途徑，當地人被迫群起為盜——商業市場的通道被剝奪後，這些人赤裸裸地暴露在生存風險之前，反抗成了唯一活路。按照犯罪經濟學的話來說，被海禁斷絕生計後，時人犯罪的機會成本極低，而犯罪的總收益又高，因此暴力抗爭自然增多。[98]

嚴厲禁海表面上是終止海上商路，實則斷送了民眾生路，引發暴力上升。[99]之後，隆慶帝（西元一五六七至一五七二年）放開海禁，讓海上貿易合法化[100]，於是盜轉而為商，暴力消退，印證了「市通則寇轉而為商[101]」，凸顯了商業市場的價值。遺憾的是，一六四四年改朝為清，新朝廷重新推行朱元璋的海禁政策。到了乾隆二十二年，清廷下令關閉沿海各口岸，僅留廣州一口通商，讓中國再次與海外世界無關。等到十九世紀，道光帝被迫再談海運話題，中國已經錯失近五百年的海上主動發展機會，西方海洋大國已經來到國門口，逼迫天朝開門。

大航海時代與現代跨國貿易體系

十六世紀初，葡萄牙人來到印度洋和太平洋，沒多久就取代了阿拉伯商人，成為海上絲路的主導者。這就帶出一個疑問：既然穆斯林商人具備那麼多組織優勢，為什麼到了十六世紀，他們的身影在海上絲路消失？尤其十七世紀後，信奉天主教的葡萄牙商人和西班牙商人也不再主導海洋貿易，改由信奉新教的荷蘭人與英國人主導，後者與以新教為主的美國一道建立起我們今日熟悉的全球化體系，這個演變過程又折射出不同文明的哪些特色呢？正因為今天的全球貿易網絡對解決人類生存挑戰、提升各社會的風險應對能力、降低暴力等貢獻甚巨，這一節將聚焦海上絲路的後續演變。

伊斯蘭世界的轉型

伊斯蘭教於西元七世紀初創立後，信眾不僅在海洋貿易上表現出色，在科學與技術等領域也引領世界[102]，包括數學、物理、化學、天文、生物、醫學等等，創造出伊斯蘭文明的黃金時期。應該說，在西元七五〇年之前，伊斯蘭社會的科學貢獻還不突出，可是在之後的一個世紀裡，阿拔斯王朝遵循教義召喚，「我的主啊！求你增加我的知識。」（《古蘭經》第二十章一百一十四節），出資將能找到的各國哲學與科技著作譯成阿拉伯文，四處興建圖書館，創辦研究機構，鼓勵信眾探索科學知識。於是，八至十二世紀，在政府和民間商人的雙重資助下，伊斯蘭科學創作達到鼎盛，超越其他文明[103]，與穆斯林商人引領海上絲路的時期同步。

那為什麼伊斯蘭文明從十二世紀開始由盛轉衰呢？根據錢尼（Eric Chaney）教授的量化研究[104]，主要原因在於伊斯蘭教的「遜尼派復興」改革，也就是說，西元一〇五五年，遜尼派的塞爾柱土耳其人征服了白益王朝的巴格達，啟動史稱「遜尼派復興」的改革運動，這場運動一直進行到兩百年後，核心是強化宗教領袖對社會的政治控制權。在那次改革中，爭論主要發生在傳統派和理性派之間，傳統派認為：伊斯蘭信徒必須信仰真主是唯一神和《古蘭經》，不能用理性去質疑，強調宗教信仰的目的在於為社會建立秩序，尤其是道德秩序、樹立統治者的地位[105]；當初，先知穆罕默德引領了麥加、麥地那社會，之後由他的追隨者治理社會、帶來秩序，所以應該回歸那種宗教領袖即政治統領的狀態。而理性派認為：信徒應該基於理性去反思、質疑一切，不能盲目迷信宗教領袖所言，而是自己與上帝直接對話[106]——就如十六世紀基督教宗教改革時馬丁．路德所推動的一樣（第七章）。其中一位理性派代表拉齊（Abu Bakr al-Razi）就強調：所有像伊斯蘭教、基督教這樣的「天啟宗教」（revealed religion）都說，上帝透過在人類中挑選的唯一代言人，即「先知」（基督教的耶穌，伊斯蘭教的穆罕默德），將福音（倫理規則、人際秩序、神明旨意）傳於人間；但這種信念沒有道理，因為如果上帝真的要將祂的本意完整傳至人間，祂不該只選一個代言人，理應直接講給天下所有人聽，避免唯一代言人的扭曲、甚至濫用特權[107]——所以在這位理性派看來，那些基於天啟論的宗教都不可信。針對這些挑戰，傳統派回應道：天下萬民在食物營養和生育權利上人人平等，但在知識和能力上則因天賦不同而各異，所以上帝要挑選具備特殊天賦的先知，透過先知代表祂建立秩序、治理社會、引導文明，否則人間會混亂無序、暴力叢生。由此，傳統派將宗教等同於社會治理手段，認為宗教不該成為人民用理性科學方法攻擊的物件。傳統派對伊斯蘭教的這種解讀，強化了宗教領袖在世俗政治中的權力，並弱化了世俗精英的影響。[108]

「遜尼派復興」運動以傳統派的勝利告終，理性派被壓倒[109]，開啟了重構伊斯蘭社會的歷程。西元一〇六四年，尼札姆．穆勒克（Nizam al-Mulk）成為塞爾柱王朝的宰相，掌控帝國行政大權近三十年，他利用國家資源修建大量伊斯蘭學校、編撰伊斯蘭法典等；更重要的是，這些學校以宗教研究與宗教教育為重心，取代了聚焦科學研究的舊學校。這樣，一方面削弱了基於科學方法質疑宗教的理性派影響，打擊了獨立思考，另一方面強化了對民眾的宗教教化，給他們灌輸正統教導和世界觀，使他們順服宗教領袖的政治統治。建立伊斯蘭學校的初衷並非從事原創性的研究或發現新知識，而是注重對《古蘭經》、《聖訓》及各類神學經典的詮釋[110]，鞏固統治者之權力，作用類似於漢代以來的儒家私塾，重點在於為統治者詮釋儒家經典，而非發現新知。

錢尼教授以量化的方法研究了「遜尼派復興」運動對伊斯蘭文明的影響[111]，由於哈佛大學圖書館藏的歷代伊斯蘭書籍是全球各大學中最豐富的，他將其館藏穆斯林作者的著作按出版

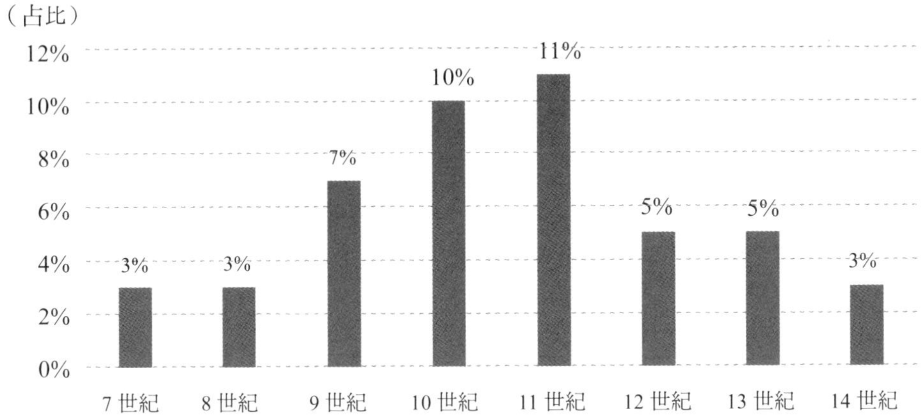

圖九・五　伊斯蘭出版書籍中科學類著作占比[113]

年分、類別（科學類、宗教類還是其他）做劃分，然後計算各時期的科學類書籍占比、宗教類書籍占比。從圖九．五中可以見得，西元七世紀期間，科學類書籍占三％，八世紀也為三％，九世紀上升至七％，十世紀為一〇％，十一世紀為一一％，之後逐步下降，十二世紀降為五％，十四世紀再回歸之前的三％，這個占比一直持續到十八世紀末。所以，伊斯蘭文明的科學研究從十二世紀開始由盛至衰。另一方面，在哈佛圖書館的收藏中，西元九世紀出版的宗教書籍占一一％，十世紀占一二％，十一世紀為一六％，十二世紀為二三％，十三世紀上升到二八％，十四世紀為二五％，而其中大量的宗教書籍只是對之前經典的詮釋，屬於衍生品。[112]由此可見，遜尼派成功將伊斯蘭世界從追求理性與經濟繁榮，轉型為追求宗教信仰的正統，強化教義教規對個人和社會的規範。

那次改革對伊斯蘭世界的學術傷害延續至今。據莫基爾教授的研究[114]，僅二〇〇五年一年，十七個阿拉伯語的伊斯蘭國家所發表的科學論文總數，低於哈佛大學一所大學當年發表的科學論文總數；雖然伊斯蘭國家人口在二〇一〇年占世界人口的二三％，但他們在全球發表的一千一百五十萬篇學術論文中，只貢獻了二．五％。

「遜尼派復興」運動的結果，不只是伊斯蘭文明從人類科學的領航者位置退下，也逐步使穆斯林商人不再是南海、印度洋和地中海上的佼佼者[115]，而是拱手讓給了信奉基督教的歐洲商人。就此意義而言，到了明太祖十四世紀後期禁海之際，伊斯蘭文明的競爭力已經在走下坡。此外，世俗政治體制的品質也逐步退化，錢尼教授以君主執政時間的長短度量一國政體之品質[116]，發現十二世紀以來，伊斯蘭國家政體動盪的程度上升，君主平均執政時間持續下降；之所以如此，一是「遜尼派復興」使政教合一，二是九世紀以來，伊斯蘭政權普遍從中亞雇用「馬木留克」奴隸兵來維護統治[117]，因為奴隸兵來自異國他鄉、本地並無根基，他們對國王忠誠耿耿，幫王收稅、打仗、維護秩序，這些都使宗教領袖作為統治者的權力更加集中，增加了其他人政變奪權的激勵。

歐洲人來到印度洋

就在伊斯蘭世界走下坡路之際，基督教的歐洲走向強盛。第六章談到，《新約．啟示錄》第二十章告訴信眾，西元十一世紀耶穌受難千年日即為世界末日，天地毀滅，人人將面對基督的終極審判。教會說，朝聖幫助贖罪，參與聖戰更能贖罪，於是歐洲各地基督徒從西元十世紀開始，踴躍前往耶路撒冷朝聖，甚至加入十字軍東征。這些朝聖運動帶來了意外的收穫：啟動了歐洲的商業革命，因為眾多信徒的長途朝聖旅行一方面帶來各種服務需求，使沿途經濟得到發展，另一方面讓他們體驗到沿途的異鄉異物，激發跨區域貿易。這些經歷進一步印證了斯塔克所言：「只有真正的唯一神，才能通過宗教聖旨激發出超乎想像的創舉。」[118]羅伯特．洛佩茲（Robert Lopez）稱，至十三世紀初，因朝聖而激發的歐洲跨區商貿網已如此廣泛，互通有無程度之高，即使一地區發生自然災害，也鮮有大規模的饑荒出現。[119]

另一影響歷史進程的事件是一二七五年，威尼斯人馬可·波羅跟隨父親、叔叔一同到中國傳教（參見第六章），周遊中國十七年後，一二九五年回到義大利，寫下《馬可·波羅遊記》，生動講述了在中國和印度的所見所聞。此書相當暢銷，成為西方人系統了解東方的第一本書，也從此影響歐洲的大眾文化，激發了無數西方青年對中國的嚮往。

由此，至中世紀後期，許多西方青年渴望前往東方探險。可是，當時打通東西方的陸路太遠、要費時好幾年，而從地中海經陸路到紅海、印度洋的海道又被阿拉伯穆斯林海商控制，十字軍東征後，基督教與伊斯蘭教之間的仇恨使得傳統海道對歐洲人禁行，他們必須探索新的航路。怎麼辦呢？西元十五世紀末期，義大利熱那亞人哥倫布有個猜想，他認為從大西洋往西航行可以更快到達東方。在西班牙王室的資助下，哥倫布帶著三艘船組成探險隊，於一四九二年八月由西班牙啟航，在大西洋上向西航行兩個月後，抵達美洲大陸。他喜出望外，以為真的快速到了印度，甚至把當地人叫作「Indians」（印度人，也因此中文如今還稱他們為「印第安人」）——雖然這個驚喜是個錯誤。但無論如何，他們發現了新大陸，開啟了大西洋貿易史。

一石激起千層浪，這個消息很快傳遍歐洲，使西班牙的勁敵葡萄牙深感壓力，擔心落伍。一四九七年七月，葡王室派遣達伽馬（Vasco da Gama）組織四艘船、一百七十名水手，朝另一個方向尋求通往印度的海路：由里斯本出發，沿著大西洋海岸線向南，繞過非洲好望角，入印度洋，經莫三比克等地，於一四九八年到達印度西南部的卡利卡特（半個多世紀前，鄭和下西洋停泊過的地方，現稱科澤科德）。這次航行途中，葡萄牙船隊受到穆斯林商人的敵意排擠，但達伽馬清楚自己人數有限，儘量避免正面衝突。在卡利卡特三個月後，眼看就要與穆斯林發生衝突，他選擇趕緊返回葡萄牙。一四九九年九月，船隊回到里斯本時，只剩下兩艘船、五十四名活著的水手，其他三分之二的水手死於病毒感染和沿途武力衝突。

第一次成功航行後，葡萄牙王室於西元一五〇〇年派出由十三艘海船組成的第二支探險隊，以卡布拉爾（Pedro Alvares Cabral）為領隊，勢力比之前龐大許多。這次，船隊火炮裝備精良，盡是亞洲人難以應對的熱兵器：

> 每艘葡萄牙大帆船乘載三十人，下有四門重型火炮，上有六門舊式小炮，其後甲板和艦首共放置了十座旋轉炮，當中兩門舊式小炮向船尾發射。各貨船的武裝中，甲板下裝有六把槍、在尾樓甲板裝有兩把手槍，上面還有八門舊式小炮和多座旋轉炮，桅杆前再裝有向前發射的兩門小炮，而主要貨船的火炮裝備還會更重。[120]

出航前，國王給了卡布拉爾幾項指示：一是奪取海上見到的所有阿拉伯商船及其貨物，因為他們是天主教的敵人；二是問候卡利卡特國王，不要傷及印度人的船和物；三是要求卡利卡特國王將所有穆斯林趕走；四是運回大量香料。[121] 武裝船隊一到印度卡利卡特港，就立即遭到阿拉伯穆斯林商人圍攻，五十名葡萄牙水手被打死。憤怒之下，卡布拉爾下令回擊，燒毀十艘阿拉伯貨船，打死船上六百餘名商人與水手，戰鬥進行了兩天兩夜。等他的船隊滿載香料返回里斯本時，獲利豐厚，葡萄牙王室歡喜不已！

接下來的二十年，葡萄牙全面布局印度洋，建立從東非海岸到波斯灣與印度要港、中國澳門、日本長崎港的海防要塞網。一五〇五年，葡王派遣法蘭西斯科·德·亞美達（Francisco de Almeida）帶船隊去非洲，先是炮轟索法拉港（Sofala），從阿拉伯商人手裡奪下關鍵的商業港，再進攻基爾瓦港（Kilwa），這兩個港口曾是阿拉伯商人在東非經營金銀、珍珠、香水、陶瓷的重鎮。德・亞美達在那裡建立海防要塞，然後前往印度康坎海岸（Konkan）、阿拉伯紅海亞丁港（Aden）等地建立要塞，控制海域。葡王對於控制亞丁港尤其重視，他在寫給德・亞美達的信中說：「沒什麼比在紅海出口附近建立要塞更重要了……關閉紅海出口，讓阿拉伯人再也無法運入香料，也讓印度人知道，除了跟我們做貿易，別無選擇！」[122] 西元一五一〇年，阿爾布克爾克（Afonso de Albuquerque）帶領的武裝船隊在印度奪得果阿（Goa），建成葡萄牙在印度西海岸的最主要殖民地港口，負責處理印度與非洲、波斯灣的馬匹及其他商品貿易；一五一一年，奪取麻六甲海峽，控制印度洋和南中國海間的關鍵要道；一五一五年，進一步搶占波斯灣的出海口荷姆茲港，建立海防要塞，掌控波斯商船進入阿拉伯海、印度洋的必經海口。至此，葡萄牙人通過武力，將印度洋最有價值的港口都囊括手中。一五一六年，佩雷斯特羅（Rafael Perestrello）從麻六甲啟程去中國，做試探性的貿易之旅，獲得豐厚利潤後，次年再度組建正式的葡萄牙船隊前往廣州，希望打通與明帝國的貿易關係，但葡萄牙船員在廣州的粗暴行為招致武力衝突，雙方各死傷數人，葡萄牙人被趕出廣州；一五二二年他們轉往泉州、寧波及周邊諸島，一方面定居傳教，另一方面開闢絲綢茶葉商道，但與明廷的關係一直相當緊張，一五四八年還在雙嶼島上發生清剿葡萄牙人的「血浴」事件，數千人死亡。[123] 最後，明廷於一五五七年做出妥協，同意將澳門作為葡萄牙人的商貿與居住基地。[124]

努力進一步鞏固和擴張後，如圖九・六所示，到了一五八〇年，葡萄牙人建立的海洋帝國網已經覆蓋阿拉伯海、印度洋、南太平洋和西太平洋。一個人口不到一百四十萬、經濟資源貧乏、在歐洲歷史上被邊緣化的小國，卻能在兩大洋的海道稱雄，連當地的海商也不得不年年繳費，購買商船通行證，否則會被禁止入海，連贏利最好的香料貿易也多半留給葡萄牙人專營。為什麼葡萄牙能征服這麼多傳統古國，就連阿拉伯和波斯這等海洋強國也被迫屈服呢？首先，

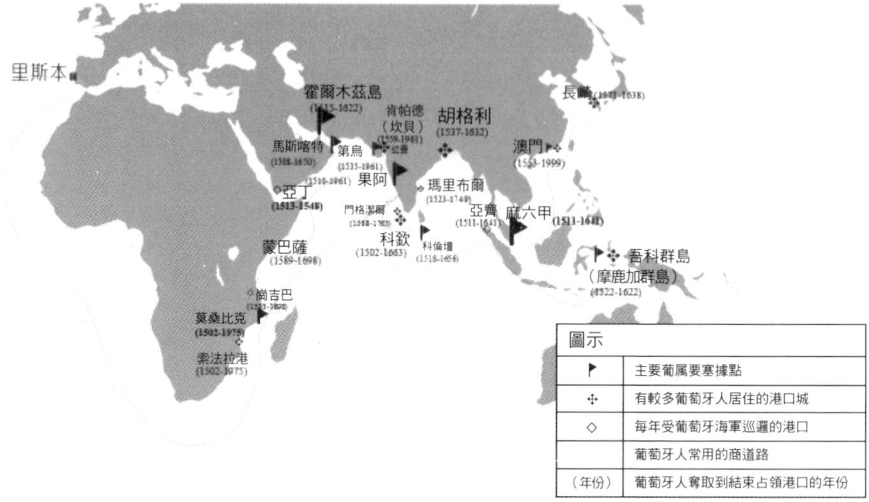

圖九・六　葡萄牙海上帝國布局（1580 年）[127]

印度、中國等這些傳統亞洲帝國都是依附土地農耕而起，對海洋、海戰不屑一顧，給歐洲人留下巨大空間。其次，雖然西亞的阿拉伯和波斯人長於海運，曾經稱霸海洋，但在葡萄牙人到來之前，印度洋和太平洋的海道不在任何國家的主權控制之下，也無海軍巡邏，海洋完全開放，商船自由航行，除防範海盜外，船員不用擔心與其他商隊的武力衝突。因此，過去的海商武裝準備不多，然而葡萄牙人一到，就與穆斯林商人開戰，武力強奪港口和海道，終結了先前無武裝的海洋貿易時代。再者，葡萄牙人有熱兵器的槍炮優勢。雖然中國在西元九世紀發明火藥、十三世紀發明火槍，但這些技術於十四世紀傳到歐洲後，得到快速改進[125]，至十六世紀初葡萄牙人來到印度洋、南海時，其槍炮實力已然太強。按照加雷特（Richard J. Garrett）的說法，到亞洲的葡萄牙人這麼少，若不是槍炮優勢，他們怎麼可能不被擊敗，更別說占據兩大洋之海道了。[126] 炮艦差距不僅讓亞洲國家難以防守自己的海岸與港口，也無法護衛本國出海的商船。

葡萄牙人信奉天主教，阿拉伯商人信奉伊斯蘭教，雙方在組織力和凝聚力方面不相上下。但是，穆斯林商人的海上貿易是私人行為，非君主或國家所為，所以他們需要依賴商幫提供的跨期信用，通過貿易金融做大規模；葡萄牙船隊航行則是國王派遣、由王室出資的國家行為，是軍事擴張與商業利益的組合。比如，一五〇〇年卡布拉爾船隊、一五〇五年德·亞美達船隊都由王室出資，而不是從里斯本商人之間做貿易融資。正因如此，葡萄牙人來到印度洋，其背後的融資能力、風險分攤範圍和武裝支持力度，都強於私自而為的阿拉伯商人和其他亞洲民商群體。一五〇五年，葡王宣布印度洋香料貿易由葡萄牙皇家專營[128]——也就是說，印度洋及西太平洋貿易的豐厚收益基本上由葡萄牙王室獨享。

荷蘭人與英國人何以後來者居上

十六世紀初，葡萄牙人取代穆斯林商人，成為阿拉伯海、印度洋與西太平洋海路的新主人。一六四一年，荷蘭人從葡萄牙人之手奪取麻六甲海峽的控制權，標誌著海上絲路易主。那時，荷蘭人口約一百五十萬。

荷蘭人的長程海運技能源於地理因素。荷蘭地處北海南岸，天然資源缺乏，土地貧瘠不利種植，很早就被迫以海上捕魚和水陸貿易謀生。一五八六至一五九三年間，義大利托斯卡尼經歷多年旱災，饑荒不斷，出生率大降[129]，導致托斯卡尼君主花了百萬金幣從當時歐洲最大的糧食市場阿姆斯特丹購置大量小麥、黑麥及其他穀物，但是數萬噸的糧食要從波羅的海港口出發，穿越波羅的海，繞進北海，經大西洋南下，入地中海，才能到達托斯卡尼，光是一五九三年就海運了一萬六千噸的小麥、黑麥，這在當時可不是一項小工程。但這種運輸量對荷蘭海商不是問題[130]，在他們的努力下，托斯卡尼的災害衝擊得以緩和，出生率重新回升。那次經歷再次佐證了跨區商貿提升人類應對風險能力的命題。

災荒之下，運費再高，托斯卡尼也不得不支付，使得荷蘭海商賺得盆滿缽滿，而且他們將糧食運往義大利卸貨，回程時從托斯卡尼或里斯本購進二手亞洲香料，轉銷阿姆斯特丹等北歐市場可再賺一筆，由此獲得亞洲香料的高利潤。托斯卡尼災情過後，從波羅的海往地中海運糧的利潤率下降，迫使荷蘭海商重找出路。雖然荷蘭人之前沒有直接去印度洋進行長途貿易，但他們打聽到，從歐洲進皮革、羊毛、棉紡等商品銷往東方，回程再載上亞洲香料，賣到歐洲市場，會比來往波羅的海與地中海更賺錢！[131]於是，從一五九三年開始，荷蘭商人借助從地中海貿易積累的利潤，相繼參股組成不同的股份有限公司，分別探索前往西非、然後東非、進而往東印度群島的海道，挑戰葡萄牙人對印度洋香料貿易的壟斷。

一五九五至一六〇二年，荷蘭各地冒出多家東印度貿易公司，共組織了十六批船隊，帶著發財夢前往印度洋。其中，僅一五九八年就有二十二艘商船離開荷蘭，但後來只有十二艘回來，其餘毀於途中。[132]早期嘗試中，除個別公司贏利外，其他都損失慘重，如果算上犧牲的船員性命，更是血本無歸。在荷蘭王子和政府的干預下，一六〇二年多家公司合併為一，組建為後來赫赫有名的「荷蘭東印度公司」（VOC）。[133]這家公司在政治和軍事上，代表荷蘭國家利益，得到武裝支持，但它又是一家商業企業，完全由享有有限責任的股東出資，由管理團隊經營，目的是賺錢分紅和股價升值；公司的出資方和管理方不是同樣的人，而是按照所有權和經營權分離的方式運營。

荷蘭東印度公司隨即派船隊前往印度洋，船隊得到的指示是「不管在哪裡，只要看到葡萄牙人和西班牙人就攻擊[134]」，挑戰葡萄牙對海上絲路的壟斷。荷蘭東印度公司的第一場勝仗是一六〇五年在印尼攻下葡萄牙的駐地安汶島（「香料群島」之一），成立該公司的第一個亞洲總部；次年，進攻葡萄牙的麻六甲要塞，但遭遇大敗，死傷慘重；在東非也未能攻下葡萄牙的重要海港莫三比克等。經過三十餘年的重整後，至一六四一年一月，荷蘭東印度公司終於攻克麻六甲這個關鍵要塞，一六五六年、一六六三年再分別奪取印度南部的葡萄牙屬可倫坡港和科契港。至此，荷蘭人取代了葡萄牙對印尼群島、錫蘭以及除果阿以外的印度港口的控制，全面壟斷香料、糖料、胡椒貿易。其間，荷蘭東印度公司還陸續在波斯、莫三比克、孟加拉、泰國、印尼、模里西斯、柬埔寨、越南、日本長崎、臺灣大員建立殖民地或貿易據點。其中，臺灣於一六二四年被荷蘭人占領，後於一六六二年被鄭成功收復。

這樣的結局自然引出一個問題：同是西歐小國，同為海洋強國，皆有堅船利炮，荷蘭人為何能勝過葡萄牙人和西班牙人，稱雄阿拉伯海、印度洋與西太平洋？其中的經驗與教訓不僅能幫助我們理解如今的世界秩序和全球化商業網的來歷，也能加深我們對制度文明的認知。尤其是考慮到在十六至十七世紀中期葡萄牙與西班牙分別從亞洲、美洲運回大量金銀財寶，但從十七世紀中期開始，兩國每況愈下，先是讓位給荷蘭，後來由英國、美國接連稱雄，這些映射出的背後規律都值得了解。我們可從兩大方面剖析：一是貿易融資與風險配置，這又涉及跨期承諾問題；二是治理結構，即分權還是集權治理。

第七章談到，十六世紀正值宗教改革時期，葡萄牙與西班牙繼續緊跟天主教，而荷蘭、選擇喀爾文新教，英國則是脫離教廷，另立英格蘭教會，這個宗教差別影響了這兩組國家的海洋貿易模式選擇。天主教文化歷來以教廷集中控制一切為特色（所以才導致馬丁・路德的宗教改革），於是如前所述，葡萄牙和西班牙都由君主出資進行海上擴張，利潤全歸王室，風險也由王室承擔。但新教文明下的荷蘭人從一開始就是自下而上地從事海上貿易，不指望王室或政府出資，而是商人自籌，即當初阿拉伯穆斯林商人碰到過的集資問題。當然，荷蘭商人也可以像穆斯林商人那樣，通過賒帳或結夥模式融資、分攤風險；但穆斯林商人先前敗給葡萄牙人，已經證明那種融資模式的競爭力不如國營模式。尤其是，當初的穆斯林商人不需要重型武裝，但葡萄牙控制海上絲路後，熱兵器武裝成為必備，所以荷蘭商人必須找到規模更大的融資手段。十六世紀後期，荷蘭商船主要穿越於波羅的海與地中海之間，路途來回幾週的時間，小船加少數船員即可，所需資金少、風險低；但是亞洲貿易來回時間至少也要一年半，風險大，需要大船和眾多船員，每艘船的資金投入得多三倍左右。[135]

荷蘭人的創新在於推出「股份有限責任公司」及股票交易市場（第十章再談古羅馬時期的早期股份有限公司及股權交易[136]），即私人可出資參股，股東責任以所出資本為上限，利潤由股東分享。股份有限責任公司跟傳統合夥企業組織的區別，分為以下三個方面。

第一，傳統企業一般是無限責任，而股份有限公司是有限責任。也就是說，即使公司經營失敗、虧損巨大，股東的損失最多不超過已注入公司的資本。「有限責任」這一點至關重要，是現代公司制度的核心原則之一，因為這等於把公司跟股東在人格上、財務上、責任上進行隔離，既保護了股東，讓股東個人不至於受累於公司，也保護了公司，使公司不受累於股東的債務和行為。「有限責任」派生出公司在法律面前作為獨立法人的身分，使公司跟自然人一樣，享受法律的保護。相比之下，傳統企業因為與自然人股東綁在一起，沒有獨立的法律人格，企業的生命力有限、跟創始自然人的生命連在一起，所以有「富不過三代」之說。

第二，正因為在有限責任下，公司具有獨立的法律人格，所以它能有獨立的章程和各種行事規則，聘用職業經理人，實現經營權與所有權的分離，股東享有財產權和收益權，但掌握經營權的可以是跟股東無血緣關係的職業經理。如此一來，公司經營團隊可以大範圍招聘人員，應聘者不一定與股東有血緣關係，讓公司更可能找到最稱職的管理人。

第三，傳統家族企業或合夥企業的股權一般不能自由買賣，而股份有限公司的股份可以在自然人或法人之間進行交易轉讓。有了股權交易，股東就可選擇「用腳投票」，產生股權價格，這種股權交易定價等於對公司經營決策的外部評估：好的決策會受到投資者歡迎，股價會上漲；糟糕的決策會立即招致拋售、受市場懲罰，股權交易就成了公司決策及前景的晴雨錶。相較之下，傳統家族企業的股權因為不被交易，也就沒被評估定價，即使管理者出現嚴重錯誤，也沒有機制迫使其糾正。

綜觀以上特點，公司制度讓大量的外部投資者得以放心出資，擴大融資範圍和規模。有了這種創新，荷蘭東印度公司能達到的融資規模可超過葡萄牙王室與西班牙王室，更遠超之前的穆斯林商幫。無怪乎二十世紀初美國著名經濟學家、哥倫比亞大學前校長尼古拉斯·巴特勒（Nicholas Murray Butler）教授說：「股份有限責任公司是近代人類歷史中單項最重要的發明。如果沒有它，連蒸汽機、電力技術發明的重要性也得大打折扣。」[137]錢德勒認為，正是由於股份有限公司這項工業組織創新，美國從十九世紀開始才發展出非人格化的工業資本主義，法人公司帶來技術革命，將生產與銷售的規模和範圍推向新高。[138]早在十九世紀晚清洋務運動時期，薛福成就在《論公司不舉之病》中評論道：

西洋諸國，開物成務，往往有萃千萬人之力，而尚虞其薄且弱者，則合通國之力以為之。於是有鳩集公司之一法。官紳商民，各隨貧富為買股多寡。利害相共，故人無異心，上下相維，故舉無敗事。由是糾眾智以為智，眾能以為能，眾財以為財。其端始於工商，其究可贊造化。盡其能事，移山可也，填海可也，驅駕風電、制禦水火，亦可也。有拓萬里膏腴之壤，不藉國帑，藉公司者，英人初辟五印度是也；有通終古隔閡之途，不倚官力，倚公司者，法人創開蘇彝士河是也。西洋諸國，所以橫絕四海，莫之能禦者，其不以此也哉？[139]

可見，薛福成體認到，西方之所以強大，在於他們有彙集大量資本、「集中力量辦大事」的方式，即股份有限公司。他說：「公司不舉，則工商之業無一能振；工商之業不振，則中國終不可以富，不可以強。」兩位學者分析荷蘭東印度公司的檔案及其股票交易資料後[140]，發現荷蘭東印度公司股票的持續活躍交易（二級股票市場）對公司的規模融資需求至關重要，因為在荷蘭東印度公司股票流動性極高的情況下（即不需支付高額交易成本也能隨時出手），眾多投資者願意將大量資本投於荷蘭東印度公司，也可將股票作為抵押進行衍生貸款融資等，股票流動性愈高，所能帶來的融資面愈廣、融資量愈大。

通過發行股份有限責任公司的股票融資，不僅提升集資量，還有助於在眾多投資者間分攤風險，這也是荷蘭東印度公司成功的關鍵，其股東遍及荷蘭，甚至遠至德國漢堡和科隆、比利時安特衛普。[141]股權融資，即「募資」模式，帶來的「總體風險大，人均風險小」的分攤效果，乃王室獨攬一切的國家融資模式所不及，更超越了穆斯林商人的貿易金融模式。雖然王室可以比任何個人和家族都富有，但還是難以勝過眾人財富之和，更何況集權在手的君主難以避免腐敗和決策失誤，也受國與國戰爭的衝擊。荷蘭人來到印度洋之前，西班牙國王菲利普二世於一五八〇年征服葡萄牙，將其歸於西班牙治下，因此一直到一六四〇年葡萄牙恢復獨立以前，葡萄牙控制的阿拉伯海、印度洋和西太平洋實際在西班牙控制下，西班牙王室的財政狀況直接影響葡萄牙對印度洋的掌控程度。而在此期間，西班牙王室分別於一五七五年、一五九六年、一六〇七年、一六二七年、一六四七年、一六五二年和一六六二年多次國債違約[142]，財政破產，甚至在一五九九至一六二八年多次往銀幣中摻假，以給王室創收。[143]在歐洲「三十年戰爭」期間（一六一八至一六四八年），西班牙耗資巨大，結果大敗於法國手下[144]（一六三六至一六五九年），無暇顧及印度洋事務。這些狀況凸顯了國家經營海外貿易的風險，為荷蘭奪取印度洋與西太平洋的制海權提供了可乘之機。當資金來源過於集中，哪怕出資方是皇家王室，也未必能源源不斷，其中的風險未必是單方面能承受的。「募資」分攤風險是荷蘭戰勝葡萄牙的關鍵優勢之一。此外，眾多股東參與股份有限公司的重要投資決策，可以減少賠本投資決策的頻率，降低虧損風險；而由君主出資並集權決策的模式更容易犯錯誤，加大失敗風險。

英國加入大西洋、印度洋和西太平洋貿易競爭的方式跟荷蘭類似，不是由皇家出資發起，而是民間通過股份有限責任公司股權融資進行。第一個這類公司是一五五五年成立的「莫斯科公司」[145]（The Muscovy Company），設立目的是組建船隊，探索從大西洋往北穿過俄羅斯、走向中國與印度的航線，最後以失敗告終。一五八四年成立的「維吉尼亞公司」（The Virginia Company），從七百多個股東那裡融到大量資金，招股書聲稱，公司成立的目的是開發北美，展開橫跨歐洲、非洲、亞洲與北美間的貿易，並擴大英國在美洲的勢力，與西班牙抗衡。該公司後來建立了今日美國的維吉尼亞州等殖民地。其他諸如「麻塞諸塞公司」（The Massachusetts Company，開發了今天美國的麻塞諸塞州）、「賓夕法尼亞公司」（開發了今天美國的賓夕法尼亞州）、「非洲公司」等海洋探險公司，均是那個期間在英國成立的，在發展北美殖民地中唱主角。其中最成功的，當屬一五九九年成立的「英國東印度公司」（The East India Company），創始股東八十人，選舉十五人組成董事會。但公司總裁人選，伊莉莎白女王堅持要由一位她信得過的公爵擔任，但股東們堅持：「我們不要一位紳士，而是要一位跟我們同類的人擔任總裁。」結果，商人股東贏了。到一六〇〇年十二月，英國東印度公司股東增至兩百一十八人，並正式得到了印度洋和太平洋貿易的專營權；一六〇一年二月，公司第一批船隊駛向印度，兩年半後回到倫敦時，為投資者帶來豐厚的回報，也為公司之後的多次增資擴股奠定了基礎。[146]一六三九年，英國東印度公司奪取印度東岸港口馬德拉斯（現名清奈），後來拓展成歐洲人在印度所控制的最重要貨物港口。一六六一年，在壓力之下，葡萄牙將孟買的控制權移交給英國東印度公司。到十八世紀初，該公司所代表的英國勢力取代荷蘭，稱霸印度洋，並成為印度國內最強的政治與經濟勢力。此後的一個多世紀，英國東印度公司繼續在印度洋和太平洋大顯身手，與法國和葡萄牙的力量較量，一直到一八七三年該公司被英國政府解散為止。

當然，荷蘭和英國依賴「股份有限公司」募資及股票交易為海上探險分攤風險，但問題在於，這些跨期承諾靠什麼執行？尤其是由大眾交易的證券是非人格化金融契約，對執行機制的要求遠比人格化金融契約來得高。正如我在其他論文中所談到的[147]，這涉及憲政對權力制衡的問題，為了保證證券發行方和投資方的權利平等，立法、執法和司法必須是中立的；而如果像葡萄牙、西班牙那樣，君主是海上貿易的最主要受益者，並通過參與的公司發行股票融資，那麼代表國家權力的立法、執法和司法機構就難以中立公允，作為個體的投資人就會對自己的權益感到不安全。這也是為什麼由君主經營海上貿易的葡萄牙和西班牙難以模仿荷蘭、英國，改為由股權金融為海外擴張融資。拉斐爾・拉・波塔（Rafael La Porta）等基於現代國家的證券市場發展經歷[148]，研究發現：新教國家（司法一般按判例法）的資本市場比天主教國家（司法基於成文法原則）的更發達。這個發現跟本書第七章的結論一致，道理在於，新教國家的權力分散度高，立法、行政和司法的相互制衡多，彼此干涉少，而天主教國家沿襲了教廷控制一切的文化傳統，讓權力集中掌握在君主之手，尤其在現代民主法治體系建立之前的十六至十九世紀，這些國家的君主普遍享有絕對的權力。也因為這種差異，荷蘭、英國的海上貿易由民間通過股權融資自發而為，葡萄牙、西班牙由君主出資按國營模式進行。

這種差異不僅導致荷蘭和英國在印度洋、太平洋和大西洋後來居上，也對兩組國家的後續發展影響深遠。圖九・七顯示這四個國家自一五〇〇年以來的人均GDP變遷（按一九九〇年美元計）。一五〇〇年，英國、荷蘭、西班牙和葡萄牙的人均GDP不相上下，到了一八七〇年，英國的人均GDP是葡萄牙的三・二倍、西班牙的二・三倍，荷蘭的人均GDP也為後者的二倍以上。對此，傳統的解釋是，從哥倫布一四九二年發現美洲大陸後，歐洲國家從美洲、印度洋和太平洋殖民地掠奪，靠炮艦維持的壓榨模式使歐洲崛起，但實際上並沒有那麼簡單。如果說西班牙與葡萄牙如此，會更為貼切，西班牙搶先占領墨西哥等地自然資源豐富、氣候溫和的中美洲和南美，並殖民該地，為歐洲種植棉花、蔗糖，奪走金銀礦藏，葡萄牙則占下巴西、東非、波斯、印度和馬來半島，致力於為王室牟取財富，而不是發展當地社會，這就是《國家為什麼會失敗》的兩位作者戴倫・艾塞默魯（Daron Acemoglu）和詹姆斯・羅賓森（James Robinson）所謂「攫取式」（extractive）的殖民模式。[149] 等英國人、荷蘭人於十六世紀後期趕到美洲時，只能到氣候相對惡劣、資源缺乏的北美，他們無法靠採礦金銀奪取財富。這兩組國家的海上貿易治理模式也不同，西班牙、葡萄牙船隊都為王室效勞，由王室集權治理，但王室身在歐洲，對各殖民地社會本身的興趣有限，所以榨取財富是首務；而英、荷由商人以股份有限公司方式運作，各公司經營屬地，分權治理，他們為了股東利益而有動機開發當地社會，更呈現「包容性」（inclusive）的發展。也就是說，在一定程度上，天主教與新教在集權與分權治理理念上的差別，加上王室出資與股權融資的不同做法，帶來上述長期發展結果的分流。

為進一步解釋這些長期分流的起因，艾塞默魯、西蒙・詹森（Simon Johnson）和羅賓森

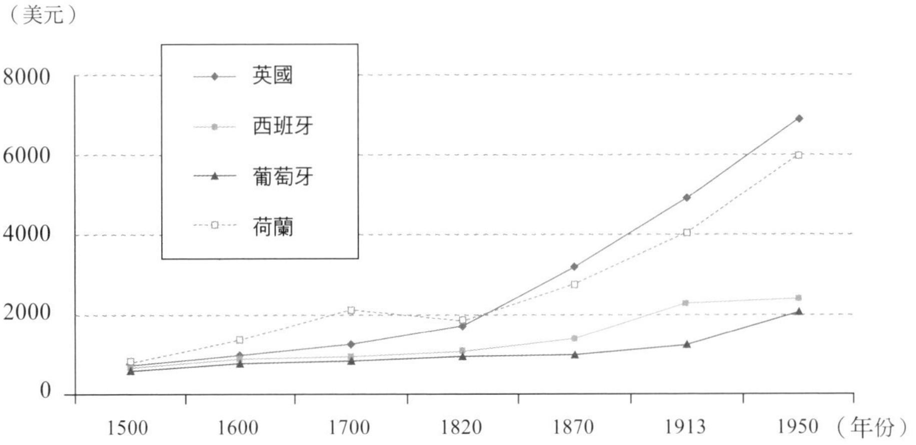

圖九・七　大西洋貿易國的人均 GDP 變遷 [150]

三人在二〇〇五年發表的研究報告中[151]，對比了西歐、北歐、東歐和亞洲國家自一五〇〇年以來的經歷，發現以下幾點。第一，西歐國家人均GDP成長高於東歐和亞洲國家。第二，在西歐國家中，哥倫布地理大發現之後，參與大西洋或印度洋貿易的國家，成長幅度高於沒有參加海洋貿易的國家（比如義大利、德國、瑞士、比利時、瑞典、丹麥、挪威）。一五〇〇年時，大西洋貿易國的平均城市化率為一〇・一%（低於其他西歐國家的一一・四%），但到了一八五〇年升至二四・五%，遠高於其他西歐國家的一七%。以人均GDP做對比，結論一樣：一五〇〇至一八二〇年，大西洋貿易國人均GDP翻了兩倍，而西歐其他國家則只累計成長三〇%！第三，在參與大西洋或印度洋貿易的歐洲國家中，君主權力在一五〇〇年前就受到一定制約的國家（英國、荷蘭），在之後的發展速度高於君主享有絕對權力的國家（西班牙、葡萄牙、法國），前者的海上貿易靠民間股份有限公司進行，後者由君主操控，靠國家經營。

在熟悉第八章關於跨區市場促進收入成長並改

善風險應對力的證據之後，前兩個結論屬預料之中。但對於第三個結論，艾塞默魯等人給的解釋是這樣的：由於英國、荷蘭的君主權力在西元一五〇〇年前就相對受制約，參股大西洋、印度洋貿易公司的股東眾多（包括次級證券市場買股票的投資者），這種包容性模式讓非貴族的中產階層也能分享海上貿易利潤，培養新富，而這個群體珍惜私人財產，不希望被王室隨意徵稅，或以其他方式變相剝奪、侵占。因此，包容性發展海貿的結果是增加君權制約，促成良性制度創新，使行政和司法更加中立，提升跨期承諾的可靠性和可信度。具體到英國的場景，艾塞默魯等人估算，一五七五年前的海貿公司平均獲利甚微，一五七六至一六〇〇年間，每家公司年均獲利四萬英鎊，一六〇一至一六五〇年上升到二十萬英鎊，一七〇一至一七五〇年增至年均一百七十萬英鎊。對於當時的英國人而言，擁有一萬英鎊個人財富就算相當富有，新富階層主要通過對議會的影響來跟王室進行博弈。一六二九年，當時的國王查理一世一氣之下解散議會，由他在無議會的約束下統治英國。隨即，他開始加稅，引發商人階層的不滿；一六四二年爆發英國革命。一六六〇年查理二世復辟，一六八五年他的弟弟詹姆士二世繼位，試圖恢復王室的各種專制特權，包括掌控貿易專營權，隨後引發一六八八年的光榮革命。其間，除了詹姆士二世被趕下臺以外，議會還得以恢復，並由新議會請荷蘭籍王子威廉三世與妻子瑪麗二世（詹姆士二世的女兒）聯合成為英國國王，從此王權被關進籠子，王室財政與國家財政分離，徵稅權等由代表公民利益的議會掌控。[152] 世界第一個憲政法治國家就此誕生，為大眾證券市場的深化發展奠定了更好的制度基礎。

相較之下，大西洋與印度洋貿易並沒改變葡萄牙、西班牙的政治格局。如果有，那也是因為從北美運回的財寶和從亞洲貿易帶來的利潤都歸王室，強化了王室的集權，而不是催化良性的制度變革。於是，從十八世紀開始，世界貿易秩序和海上商路由大英帝國主導，這個格局持續到二十世紀初美國稱霸世界為止。

海上絲路歷史的啟示

第八章的齊曼內人、印度鐵路、清代中國等例子，佐證了一個基本道理：跨區商貿市場有助於收入成長，也有利於平滑民眾的消費風險，使災害不至於造成動亂。中國古代海上絲路是一個「不情願」發展起來的南海貿易網絡，於戰國時期啟動，但到西漢才出現於正史記載中，之後的漢族王朝罕有主動推進；海上絲路在元朝達到鼎盛，但在明初朱元璋時退出。這些「不情願」和海禁，導致在二十世紀之前中國沒能參與世界秩序的組建。

再回頭看，古代海上絲路在當時提供了互通有無的通道與平臺，為時人帶來福利，但給後世留下的長久影響是什麼呢？相對而言，可能留給中國的比較多，比如伊斯蘭教、基督教、阿拉伯航海術、伊斯蘭科學、扶南樂，都經海上絲路來到中國，至今還影響深遠，佛教也因海路在中國擴散得更廣更深。而對於沿途國家，古代海上絲路給朝鮮、日本和越南留下了儒家文化、佛教，但相比之下，中國給印度洋、阿拉伯與波斯、東非的沿途國家留下的似乎有限。也就是說，如果把明代之前基於海上絲路的貿易網絡叫作古代中國的「朝貢帝國體系」，把哥倫布發現美洲大陸之後發展的大西洋與印度洋貿易網絡叫作近代西方的「市場帝國體系」，那麼我們今天所生活和依賴的世界，基本上來自後者，而非前者；海上絲路給中國留下的影響，多於中國給沿線其他國家的影響。我們可從幾方面理解古代海上絲路帶來的經驗和教訓。

其一，從古代中國的角度看，海上絲路只是商品交換，其他行為不多。華商在廣州、泉州把絲綢陶瓷賣給阿拉伯商人、波斯商人等，也在中國港口從蕃商那裡購進舶來品，至於他們怎麼運來，又如何將絲綢陶瓷運走、賣到哪裡去，都是蕃商之事，華商在宋代以前似乎介入甚少；「南海蕃舶，本以慕化而來」，在這種「外商來華、有求於我」的心態下，海上絲路往往是「單邊的」，由外方主動、主導，中方不過是被動回應，並無興趣認知、了解對方。這個特點至今仍然存在，當下一些中國公司去非洲、拉丁美洲、中亞、西南亞，員工多居住在自建的社區，甚至封閉式自居，說中文，食中餐，不與當地社會來往，也漠視他們的文化。如果只是純商品交換與投資交易，而無其他交流，那麼最終難給當地社會留下文化等非物質維度的影響。以往，學者根據甲國商品在何時已經賣到了乙國，就判定甲國文化在那時就影響了乙國，這種判斷顯然未必總成立，畢竟如果物品是乙國商人去甲國買進，甲國人從沒直接去乙國，那麼甲國輸出的只有物品，而物品只有工具價值，甲國未必對乙國有文化等維度的影響，甚至也不了解乙國的文化風情。韓森教授說，有位學者檢查了一千件製於七世紀至十三世紀、且至今還留存在歐洲的絲綢品，雖然都注明「中國製造」，但實際上只有一件真正從中國進口，其他都產於拜占庭帝國[154]——難以想像這些絲綢品因為有「中國製造」的標籤就能將中華文明帶到歐洲。

其二，儒家文明源於農耕、立足宗族，所以強調安土重遷，免居異國他鄉；伊斯蘭教則反之，《聖訓》強調「死於異鄉者，即為壯烈之死」，鼓勵信眾外出傳教。由於這項儒家文明與伊斯蘭文明的差異，一直到九世紀末期黃巢起義失敗、餘部逃亡東南亞之前，沒有華人定居南亞或更遠的異國，即使到了元朝，主要也只有少數因為朝代更迭而被迫逃亡的華人居住東南亞，在阿拉伯、波斯、印度或東非都無「唐人街」。[155]根據王賡武的研究，在十五世紀初期之前，官方史料從沒提到過海外華僑社區，十五世紀初提到兩個華僑社區：一個在爪哇島的東北海岸，居住著一些明初逃離泉州的穆斯林商人（包括已經漢化的阿拉伯裔）；另一個在蘇門答臘，主要是來自廣東和福建的華商。而這兩個華僑社區都是因為朱元璋禁海之後出海經商，不能或是不敢再回鄉，只好定居海外。儘管到了十六世紀末，海外華僑社區已經不止這兩個，但王賡武認為，當時的華僑村最多幾百華人，規模不會更大。[156]如果禁海之前，華商幾乎都避免移民他鄉，就無中華文明的媒介去影響其他國家，是以古代海上絲路的興盛期間，中國只給沿線社會留下有限的長久影響，就不足為奇了。相比之下，蕃商早就經海上絲路來華安家定居，至唐宋，阿拉伯裔、波斯裔人數眾多，蕃坊旺，清真寺多；其子孫後代不僅在宋元時期成為泉州等地的精英，他們所帶來的宗教與文化至今影響如故。[157]以往的習慣說法是，蕃商後裔都被漢化，但這種說法只講了一半，另一半是穆斯林蕃商及後裔透過融入中國社會，也深深影響了中華文明[158]，反倒因為華人沒能利用海上絲路移居中東、西亞、非洲、印度、錫蘭，未能在那裡留下中華文明的影響。這個基本事實決定了海上絲路的長久影響格局。[159]

其三，從隋唐開始，中華帝國強盛，長安、洛陽、開封、杭州以及大運河的沿線城市經濟繁華，奢侈品需求旺盛，而東南亞及印度、錫蘭甚至阿拉伯、波斯的需求相對較少。經濟實力的不對稱也造成了更多蕃商來華，而不是華商移居他鄉，這使基於地位差序的貢納貿易體系成為可能，中華帝國朝廷高高在上，蕃國在下，故有唐文宗「南海蕃舶，本以慕化而來」之姿態。在地位不對等的貢納體系下，華商對他國社會不屑一顧，他國居民也難以了解中華文明，更無法受其影響，所以海上絲路一旦結束，除了已舶去之物，很難留下其他的中國痕跡。

古代海上絲路的結局如此，除了農耕文明對商業和海洋的排斥外，缺乏組織嚴謹、獎罰分明的一神教也是核心原因。比如，鄭和在一四〇五至一四三三年七次下西洋，一直是學者、政客的熱門話題。但關於鄭和歷史性創舉的動因，至今眾說紛紜。七次下西洋顯然與海洋貿易、商業無關，明憲宗時兵部車駕郎中劉大夏說：「三寶下西洋，費錢數十萬，軍民死且萬計，縱得奇寶而回，於國家何益？」[160]《明史．鄭和傳》列出的正式理由也值得懷疑：尋找建文帝和宣揚大明威德。其背後的宗教原因一般很少被談到。[161]作為穆斯林，鄭和的祖父和父親都去過麥加朝聖，按伊斯蘭教規，只要身體和經濟條件允許，每個成年穆斯林必須一生中去麥加朝聖一次，這也是鄭和的畢生夢想，抑或他下西洋的核心驅動力。從這個意義來說，正因為傳統中國社會沒有一神教，要等到一個伊斯蘭化的鄭和才做出這種歷史性創舉，就如斯塔克所言：「只有真正的唯一神，才能通過宗教聖旨激發出超乎想像的創舉。」[162]雖然西元七世紀前期玄奘法師、七世紀後期義淨大和尚去印度取經，他們的創舉可能不如鄭和下西洋宏大，但也是宗教驅動而為。這些因宗教信仰引發的創舉，的確與缺乏宗教傳統的中華文明形成對照，也讓受後者薰陶的歷史學者難以理解。

唐初以來，海上絲路曾經是中華文明與伊斯蘭文明的競爭場，凸顯了新興的伊斯蘭教在建立跨血緣跨時空的信任體系、解決長程信用挑戰方面，比聚焦血緣的儒家文明更有優勢，能更妥善解決貿易金融發展難題。朱元璋實行海禁後，儘管中國人口多、市場大，但貢納貿易體系不再有生命力。也由於中國選擇閉關，世界體系在此後的發展基本上就與中華文明無關了，以至於一八四〇年鴉片戰爭迫使中國打開國門以來，中國人還難以影響外部世界體系。

結語

經過兩千餘年的建設，海上貿易網絡到二十世紀已經跨各大洋、各大陸，滲透到地球的各個角落，將商業市場的救急價值與資源整合能力推到前所未有的高度。由於海洋貿易的路程長、風險高，規模又大，在過去兩千年裡，也成了中華文明、印度文明、伊斯蘭文明和基督教文明相互磨合與競爭的最主要場所：先是阿拉伯穆斯林商人從西元七世紀後期開始，因為貿易金融與跨期承諾體系的優勢戰勝華商、東南亞商人和印度商人，成為後來居上的海貿主導者，後是天主教葡萄牙人因為國家出資模式和槍炮優勢，擠走穆斯林商人，稱霸阿拉伯海、印度洋和西太平洋；再後來，新教徒荷蘭人以私營股份有限公司的「募資」股權金融，既能大規模融資，又能大範圍分散風險，戰勝了葡萄牙的國營模式，後來與新教徒英國人一道趕走西班牙人，主宰印度洋、大西洋和太平洋，建立新的世界體系。多輪更迭中，西方船堅炮利的光影頻頻出現，但同樣重要的是融資手段的一步步創新，不僅提升了融資容量與實力規模，亦強化了大航海風險的分攤能力，哪個文明能在解決這些挑戰方面走在時代尖端，就會在海道競爭中勝出。

海上絲路上的競爭結果是各文明的內在體制潛力的表現。從這個意義上看，雖然猶太教、基督教和伊斯蘭教因不同初衷而立，但這些一神教通過嚴密組織和儀禮規範所建立的信仰共同體，為信眾較妥善地解決了跨期承諾與跨期信任的挑戰，這種凝聚力是多神教或無宗教社會所難以比擬的，於是就有了這些文明在過去一〇〇〇多年分別引領航海時代、建立全球化秩序的歷史。尤其與基於祖先崇拜的社會鼓勵「留守故土」相對比，一神教文明督促信眾真正「四海為家」——「死於異鄉者，即為壯烈之死。」（伊斯蘭《聖訓》）或者「這天國的福音要傳遍天下，對萬民作見證。」（《新約．馬太福音》第二十四章十四節）——以宗教的力量驅動全球貿易網絡的擴張。正因為宗教的這些貢獻，人文歷史、宗教教義等等並非「無用知識」，因為研習這些「非生產性」的知識所獲得的人力資本雖然不直接影響生產力，但可以幫助強化人類社會的風險化解能力，這種風險調適人力資本照樣助推文明化進程。[163]

如果說第一次世界大戰前是第一輪全球化，那麼二戰後，基於規則的世界秩序出現，第二輪全球化就此展開，使各國貿易依存與風險互助程度更上一層樓，促成康德所謂「永久和平」的國際社會的到來。二戰以後的大半個世紀或許是人類歷史上最為平和的時期：大規模的戰爭罕有，死於戰爭和一般暴力的人數占比更是創了歷史新低。這個結局跟跨區跨國商業市場的充分發育之間，可謂「焦不離孟，孟不離焦」的關係。

從第八章到本章，我們關注的是商品市場的建立及其避險價值，還未涉及專注跨期交易的市場——金融市場，那將是第十章的焦點。

第十章

價值的跨時空交換

金融市場與文明化

單純地譴責土地所有者或即使是高利貸者為邪惡的人是不夠的。當農村需要外界的錢來供給他們生產資金時，除非有一個較好的信貸系統可供農民借貸，否則地主和高利貸是自然會產生的。如果沒有他們，情況可能更壞。

——費孝通[1]

費孝通先生講出一個常識：哪怕是看起來可恨的高利貸金融，實際上也可能帶來不可替代的社會價值，包括金融的救急救荒作用。一九八五年至二〇〇二年間，美國參議院有位議員叫菲力浦·格拉姆（Philip Gramm），他來自德克薩斯州，一生致力於為窮人推動普惠金融，推動了許多放鬆金融管制的法律頒布。他之所以為窮人呼籲放鬆金融管制，就是因為小時候的經歷：格拉姆出生在美國南方的喬治亞州，家境很貧困，父親殘疾沒收入，母親同時做兩份工作，才有錢既照顧到殘疾丈夫，又勉強撫養三個孩子。當時他的家境那麼艱難，生活風險高，正規銀行都不願意給他母親貸款買房子，到最後，高利貸金融是唯一選擇。就這樣他母親買下了自己的房子。格拉姆後來自嘲[2]：

「我母親得到貸款，利率比一般水準高出一半，這是多麼殘酷的剝削呀！可是，據我所知，自從亞當夏娃以來，在母親的家族裡，她是第一個擁有自己房子的人！」意思是，大家當然可以去指責高利貸金融，罵放高利貸的人剝削、心黑，但是他母親知道：雖然要支付高利息才能借到錢買房，但至少她還能借到錢，能買上自家的房！

像格拉姆這樣的家庭，收入低，在正常情況下勉強能過，一旦有短暫失業或突發性的開支（風險事件），他們就需要臨時性的「過橋」貸款來度過難關，這就是金融的價值之一。而如果教會或者監管者為了方便，禁止「非正規」金融、禁止高利貸，受害的就是這些中低收入的老百姓。抑制金融供給，不等於解決了社會面對的挑戰，社會需求還在，最後只是斷絕了中低收入階層的出路。

第七章談到，借貸金融至少在五千年前的古巴比倫、三千年前的周朝中國就有了，可是在軸心時代各文明對「如何組織社會」做出選擇後，除了古希臘和古羅馬，其他文明基本上都停止發展金融，即使古羅馬也在進入中世紀後停止發展金融。從那以後，圍繞金融的爭議一直不斷，甚至到西元二〇〇八年的金融危機後，包括美國在內的社會還是對金融口誅筆伐。這說明整個社會對金融的認識還不全面，尤其對金融在扶貧、救急、解放個人、解放婦女這些方面的作用還認識不足。

在本章，我們先通過歷史案例和當代研究，探討金融的避險價值和社會作用，然後再回到第五章介紹的格雷夫與塔貝里尼的論斷[3]：至少過去一千多年，中國人主要靠宗族，歐洲人則更多依賴「法人公司」（教會、市政、公司、行會等註冊法人）實現跨期合作。在實踐中，這種中西差別又體現在中西金融大分流上，本章第五節至第七節的討論會告訴我們，中國社會對儒家宗族的過度依賴遏制了對金融發展的需求，影響至今猶存；而西方從古希臘、古羅馬開始就發展金融，靠銀行、保險和股份公司等金融工具實現社會化合作。通過對比不同的金融演變路徑，我們將進一步深入對儒家文明和西方文明的解讀。

金融的救急與扶貧價值

第二章談到，哥倫布發現美洲大陸後，玉米、番薯、馬鈴薯等新世界作物傳到歐亞大陸，帶來普遍的人口成長。其中，最典型的受益者也許莫過於愛爾蘭。到十八世紀至十九世紀，愛爾蘭人還相對貧窮，經濟高度依賴農業；當時，關於愛爾蘭的遊記中，反覆出現「乞討的貧民及衣衫襤褸的農民」這樣的表述。[4] 在他們的食物結構中，美洲作物馬鈴薯占了三分之一，這也是近四〇％愛爾蘭人的唯一口糧！[5] 在愛爾蘭，之所以從中產階級到「衣衫襤褸的農民」，食物都以馬鈴薯為主，是因為同樣獲取一卡路里的熱量，馬鈴薯的價格只是其他穀類作物的三分之一。[6] 馬鈴薯的幫助這麼大，以至於雖然愛爾蘭人很窮，但人口在一七五〇至一八四五年間照樣年均成長一．三％，高於同期西歐其他國家，英國與芬蘭成長率為一％，法國只有〇．四％！[7]

當然，食譜如此單調也蘊含極大的風險，與「多樣化分散風險」的原則背道而馳：一旦馬鈴薯歉收，個體就難有替代性食物。一八四五年開始的疫病造成馬鈴薯廣泛減產，給愛爾蘭帶來極大的災難。當時，農人對馬鈴薯晚疫黴（Phytophthora infestans）造成的晚疫病束手無策：真菌的孢子隨風飄揚至薯株葉片，隨後深入植株內部；等植株本身呈現症狀時，就會快速枯萎，收成無可挽回。[8] 晚疫病憑藉每天五十英里（約八十公里）的速度[9]，一下子便傳遍愛爾蘭全境：一八四五年，馬鈴薯因此減產三〇％至四〇％；一八四六年的災情最為慘重，減產幅度達七五％。這直接導致愛爾蘭大饑荒，其中一八四七年最慘，被歷史學者稱為「黑暗的一八四七年」。直到一八五一年，「惡魔」才逐漸銷聲匿跡，馬鈴薯產量恢復到災前的水準。[10] 這次饑荒導致愛爾蘭人口減少了四分之一，其中

圖十・一　反映愛爾蘭大饑荒慘狀的繪畫[14]

一半是由於死亡，另一半則是向外逃荒。[11]

在那次災害期間，家庭和親緣固然起到一定的扶助作用，但由於左鄰右舍都種植馬鈴薯，親緣避險途徑無法應對衝擊範圍如此廣泛的災害。在跨區域市場方面，儘管愛爾蘭的黑麥、燕麥等大宗糧食在平常情況下與附近其他的糧食市場整合密切，價格波動的方向及幅度都很相似，但愛爾蘭經濟學家科馬克・奧・格拉達（Cormac Ó Gráda）指出：一旦發生災情，那裡的糧商就「對風險厭惡過度」，加上到處大罵「發國難財」的道德指責，進口糧食難賣好價，販糧的積極性受壓，難有大量外地糧食及時運抵災區。[12] 在宗教及國家救濟方面，調撥的開支亦不敷大災之急。以當時的主要賑濟手段「以工代賑」的工坊為例，大部分的工坊都面臨資金缺口，工人連滿足基礎營養的工錢都拿不到，相當部分人死於頻發的傳染病。[13]

在災荒面前，遍布愛爾蘭的小額貸款

機構起了「解燃眉之急」的作用。[15]十九世紀四〇年代，愛爾蘭有三百多家這類的金融機構在各地開展業務：每年放出近五十萬筆貸款，覆蓋三十萬名客戶。按比例計算，從這類機構借貸的家庭占當時愛爾蘭總家庭數的約五分之一。這些貸款數額小、借期短，因此許多低收入農人依靠借款，購買種子及牲畜。泰勒．古德斯皮德（Tyler Beck Goodspeed）提出實例如下：按時人記述，購入一頭幼豬只需二十先令，出售成豬的價格則是四十五先令，因此即使手上完全沒有資財，農民也可先向小額金融機構借款四十五先令，其中二十先令購置幼豬，剩餘的資金足夠購買種子、飼料，滿足日常開銷與還款需求。[16]最終，出售成豬的得利，即使在還清債務之後，也足以讓一個成年人生活一個月。當然，一家可以養多頭豬。這些小額金融機構通過發放生產性貸款，可為出資人帶來五%的年回報。災荒來臨之際，農民被迫改種其他作物，抑或將生產重點轉向養豬畜牧，但前提是有資本支援。在糧食沒有著落的情況下，能否獲得及時貸款援助以購買糧食、籌資生產，攸關農人性命。這是金融救急救荒的方式之一。

金融機構的紓解幅度有多大？為估計這一點，古德斯皮德蒐集了兩方面的資料[17]：首先，當時的愛爾蘭政府設立了針對小額貸款機構的監管部門，其年報記載了借貸機構的基本資訊；其次，饑荒暴發後，政府成立了專門的救荒委員會，匯纂各地災情及救援資訊。根據這兩類歷史資料的統計分析顯示，借貸機構確實發揮了救援災民、恢復生產的作用。[18]第一，相比不存在小額貸款機構的地區，有貸款機構經營的地區在一八四一至一八五一年人口減少的幅度要低四〇%，而之所以有這個效應，一方面是因為貸款使災民免受饑饉，度過難關，另一方面是因為貸款使災民沒有必要逃荒他鄉。第二，災荒後，有金融借貸的地區比無貸款機構的地區，在禽畜保有量上顯著更高[19]，其中在家禽一項，有金融供給的地區要高出四〇%至六〇%，每家養豬數高一倍多。第三，廣泛存在的金融機構便於農民改變以馬鈴薯為主的生產方式。古德斯皮德對前述資料的分析還發現，一八四五至一八四六年災荒肆虐期間，有金融借貸的地區能更快調整糧食種植結構，這些地區種植馬鈴薯以外作物的耕地面積，平均比無金融支援的地區高五％至八％；至一八五一年，這個差距更加顯著，達到二八％至三九％！實際上，一八四五至一八五〇年，當地貸款機構的放貸總額每增加一％，馬鈴薯以外作物的種植面積相應增加約三％。也就是說，金融市場不僅幫助更多人在大災中倖存，還增強了他們在災荒之後面對未來風險的韌性——多樣化經營需要資本。若不是這些小額金融機構的支持，大部分愛爾蘭農民都掏不出購置豬崽所需的二十先令。如果當時沒有這些金融機構的幫助，當地可能會出現更加嚴重的暴力，包括人食人的頻率會更高[20]，更多人會逃荒移民。金融的普惠性對社會穩定起到支柱性作用。

十九世紀中期的愛爾蘭大饑荒，具體展示了金融的救急避險價值，尤其是當一個社會受到系統性風險衝擊時，基於血親、基於宗教的人際跨期切換式網絡，甚至跨區域商貿網絡，可能都難以單方面解決個體的生存挑戰，還需要定位於跨期交換的金融發揮關鍵作用。

愛爾蘭大饑荒中金融的作用並不獨特，而是歷史上和當下的普遍規律。胡金焱、張博和范辰辰研究了一四七〇至一九〇〇年中國的經歷[21]，看各省的金融發達程度是否影響居民應對氣候災害的能力。他們首先蒐集了這四百三十年內，各時期各省的當鋪數量，以此度量各省的金融供給度。在近代金融業發展之前，去當鋪典當是最重要的融資手段之一，發揮了類似愛爾蘭小額貸款、後面講到的美國「領薪日貸款」的作用：通過提供抵押，農民或手工業者可獲取借款，以度過青黃不接或本金不足的困難時期。此外，他們還蒐集了其間各省逐年的旱澇程度與農民起義次數的資料。如果金融業確實幫助當地紓解了負面衝擊，那麼在當鋪數量多的地區，農民起義跟旱澇災害之間的關係應當更加微弱：既然農民可以通過典當借貸度過災害難關，他們就不必冒著身亡的風險發動起義。

三位學者的統計分析驗證了這一假說：在控制並排除當地人口密度、都市化率、進士數量、農業適種程度及美洲作物比例等社會與地理因素後，旱災的出現確實增加當地農民起義的頻率，而澇災對起義頻率的影響並不明顯；但是，若當地有較多的當鋪，則旱災對起義頻率影響的增幅會顯著更小，證實了金融提升抗災能力的效果。[22] 為什麼金融可以起如此作用？當旱災來臨，糧食短缺，糧價上漲會超出普通人的支付能力，威脅農民生存，迫使他們揭竿而起。胡金焱等學者還發現：在當鋪分布較為密集的省分，旱災來臨時，糧價漲幅更小。原因在於，雖然旱災使糧食總體稀缺，但如果當地人透過典當行能直接當回口糧，糧食市場的價格就會少漲，緩和災害帶來的衝擊。[23]

倫敦政經學院的伯吉斯教授等人對印度的研究亦有類似的結論[24]：一九五七至二〇〇〇年，印度各地異常高溫會導致當地農民的死亡率顯著上升；然而，如果當地農村有商業銀行並提供金融支援，那麼異常氣溫導致的死亡率升幅就明顯更低。他們發現，銀行服務之所以有這個效果，是因為在作物種植季節的高溫天數愈多，收成就會愈少，歉收與饑荒的機率也會增加，而如果有銀行提供過橋貸款等金融支援，歉收未必導致眾多家人餓死，或迫使他們暴力偷搶。因此，這個效果還是歸結到金融幫助攤平意外衝擊帶來的短期影響上。

在今日的美國，有一種叫「領薪日貸款」（payday loans）的業務，與當年愛爾蘭的小額金融類似，但誠如前面格拉姆議員講的那樣，這種金融的救急價值至今仍被忽視，時常引發社會和政客的謾罵。[25]「領薪日貸款」一般是個人在離領薪日還有十天左右時就沒錢了，需要借錢度過難關才發生的借貸，所以這種貸款的期限一般在十天到十五天，金額在三百美元左右，但放貸機構會收費五十美元。此收費如果折算成年化利率，相當於四〇〇%以上的年利率。儘管如此，由於這類貸款的借款金額通常不多、期限極短，借款人支付的利息絕對數額不大。借貸過程比較簡單，借款人無須提供諸多證明財產的文件，也無須出具抵押，只要帶上近幾月的工資單、個人支票和最近的銀行帳單（當然，前提是借方有工作，也有銀行帳戶，否則不行），到「領薪日貸款」店，寫上三百五十美元的個人支票、支票簽名日寫成十幾天後的領薪日，即可借走三百美元。如果到領薪日還不了錢，借款人就必須再回到貸款店辦理續貸，並再付五十美元收費，以此類推。

仰賴「領薪日貸款」的人有很大慣性。據美國「責任貸款中心」(Center for Responsible Lending）的統計[26]，這些人平均一年貸款八至十三次，九一%的領薪日貸款是給一年借貸五次以上的人。美國全年領薪日貸款總額在四百億美元左右，為四千多萬名美國人提供服務，占美國總人口的一五%。類似「領薪日貸款」的金融服務在英國也扮演著重要角色，著名的領薪日貸款公司 The Money Shop 在英國有好幾百間連鎖分店；二〇〇九年，有一百二十萬名英國人共借過四百一十萬筆領薪日貸款，平均每筆額度兩百九十三英鎊，總額十二億英鎊。[27]

正因為領薪日貸款所含的利息很高，即使在今日資本主義最發達的美國社會，要求禁止領薪日貸款、打倒黑心商人的呼聲仍然相當普遍，全美五十個州中有十五個州的法律禁止領薪日貸款及其他高利貸業務，其中有四個州是在二〇〇六至二〇一二年收緊高利貸法律的。[28] 即使是金融市場發達的紐約州，政府對此類貸款仍是厲行禁止[29]：《紐約刑法》規定，在沒有法律授權或允許的情況下，收取超過二五%的利息即構成重罪。此外，二〇一〇年美國國會授權建立的消費者金融保護局，還鉅細無遺地監察了這個貸款市場：從申領、發放及歸還貸款的程式，到之後催收的步驟及手段，都在強管之列。這個現象本身值得思考，既然有一五%以上的美國人有時不得不依賴領薪日貸款，說明這種金融對社會有貢獻，但大眾又同時支援禁止領薪日貸款。為什麼會這樣？這似乎像流行的一個說法：「端起碗來吃肉，放下筷子罵娘。」（注：形容沒有良心、貪得無厭，對現狀不滿。）

我們可以簡單分析為何禁止領薪日貸款會導致犯罪率上升。假設張三的工資都是月底才發，可是由於意外開支，這次到月中就青黃不接了，怎麼辦呢？第一種辦法是找親戚朋友借，但這樣會攪亂親情友情關係，何況借一次或許還行，借兩次或更多次就另當別論了；第二種辦法是去銀行借過橋貸款，但如果張三的收入或信用記錄不好，經常需要月中借款，正規金融機構就不會搭理他，此路不通；第三種辦法是找領薪日貸款公司；但如果領薪日貸款業務被法律禁止，在做守法人的三種途徑都不通的情況下，張三為了活下去就只剩第四條路，即搶銀行或偷盜打劫。簡單的分析告訴我們，金融可以幫助老百姓搭橋救急，減少犯罪的收益，此即金融導致暴力犯罪下降的作用機理。

這個邏輯推論也得到阿代爾・莫爾斯（Adair Morse）教授的研究支持。[30] 她蒐集了加利福尼亞州一千三百零一個社區的個人借貸、收入、偷盜、搶劫、疾病及房屋貸款法院拍賣等詳細資料，樣本期為一九九六至二〇〇二年（共七年），這些社區中，有的允許領薪日貸款業務，有的不准；然後，她對比了這兩類社區在受到洪水、颶風、土石流、森林大火、山崩、地震等自然災害衝擊時，在住房貸款的違約率、偷盜率、疾病發生率等方面的差別，看哪一組表現更好。分析發現：一個社區受到自然災害衝擊後，其房屋抵押貸款違約率會上升七二％，但如果社區內有領薪日貸款等高利貸服務，違約率會少增一半，只比平時高出三六％，每千戶人家要少一・二二戶申請住房貸款破產，因此在本來會因為災害破產、失去住房的人家中，有一半因為能借到貸款而保住了自家房子。領薪日貸款對犯罪率等指標亦有類似的效應：遭遇災害的地區，如果沒有高利貸服務，偷盜等犯罪率會相應增加一三％；然而，如果當地有高利貸機構提供服務，犯罪率只會提高一〇％（少增約三〇％），每千戶人家中要少三戶發生偷盜。因此，在面臨風險衝擊時，靈活的金融選項讓部分居民免於陷入極端貧困以致鋌而走險的境地。再者，雖然自然災害會增加社區的發病率、死亡率、吸毒酗酒率，但在有高利貸服務的社區，這些比率的增幅都更小。

面對自然災害以外的風險，金融市場同樣具有緩衝作用。在哥倫比亞當地的一場龐氏騙局破滅後，受波及地區的搶劫及盜竊發生率顯著上升。儘管如此，如果當地有數量較多的金融機構，或小額貸款的成本較低，都會顯著削弱騙局破滅引起的犯罪率增幅。[31] 近年有諸多經濟學家合作，在發展中國家開展小額貸款試驗。他們向窮人提供低成本的少量貸款，資助他們興辦實業、接受教育或應對疾病等衝擊。一系列實驗結果顯示：這些貸款顯著提升了當地人的消費、健康等福利指標，也減少了焦慮等負面現象的發生頻率。[32]

為什麼像領薪日貸款這樣看起來這麼「吃人」的高利貸會有這種社會價值？這涉及金融產品的主要功能之一，即幫助個人平攤短期衝擊所帶來的壓力，將短期大額開支平攤到未來更長時間去分別支付，使個人或家庭度過難關、繼續正常生活，而不必偷盜或行暴搶劫。高利貸就是這樣減少犯罪，讓好人在面對生活挑戰時，也有機會繼續做好人。健全的金融市場之於社會穩定，就如空氣之於飛鳥。

金融缺失導致農民賣地

在過去沒有金融供給的社會裡，不只是有更多的偷竊、搶劫、暴力，苦難的形態還有許多種。其中一個經典的例子就是窮苦人家被迫賣地或者鬻妻賣女，導致土地往富人集中，土地分配結構惡化，帶來更多的農民暴動起義。為了從金融缺失的角度解讀古代農民的苦難，我們先看看一些流行的傳統說法。早在西漢時期，晁錯在《論貴粟疏》中寫道（出自《漢書・食貨志》）：

> 今農夫五口之家，其服役者不下二人，其能耕者不過百畝，百畝之收不過百石。春耕夏耘，秋獲冬藏，伐薪樵，治官府，給徭役；春不得避風塵，夏不得避暑熱，秋不得避陰雨，冬不得避寒凍，四時之間，亡日休息……勤苦如此，尚複被水旱之災，急政暴虐，賦斂不時，朝令而暮改。當其有者半賈而賣，亡者取倍稱之息，於是，有賣田宅、鬻子孫以償責者矣。

也就是說，在水旱災之際，有農人被迫賣地、賣子女求生。

五口之家，治田百畝，自戰國以來，就是百姓看到的農民生計基本圖畫。那「耕者不過百畝，百畝之收不過百石」該如何理解，所反映的情況有多富裕呢？據魯西奇介紹[33]，漢武帝以前的「畝」相當於今〇・二八八二畝，過去的百畝大約是今天的二十八・八二畝。漢代一石相當於今天的三十一公斤左右。五口之家，種田百畝，畝產一石，年收成相當於今天的三千一百公斤。如果人均口糧每月一石半（今四十六・五公斤），五口之家全年則需要口糧九十石。田賦以三十稅一計算，這五口之家需要交稅三・三石，外加人頭稅賦十石（每人兩石）。這樣算來，該家庭就已經入不敷出了，其他如穿衣、節令祭祀、人情來往、疾病喪葬、結婚生育之類開支，就無從說起了。這裡講的是正常年分，剩餘不多，碰到災害衝擊就難了。所以，就有了以往將農民苦難跟被迫賣地連在一起。

黃仁宇說：「東漢之覆亡，『兼併』占一個重要的因素。兼併一行，失田的農民若不成為流民，即為富家大室之『奴』之『客』，甚至整個家庭成為『部曲』，地方官員對其富室大戶無法應對。」[34]錢穆認為：「正因為土地私有，耕者有其田，才有了自由買賣，才開始兼併，才使貧者無立錐之地。」[35]

那麼，到底是土地可以買賣本身，還是其他因素導致農民苦難？亦即，如果在特定的情況下連土地都不可以賣，農民的福利會更高，還是更低呢？這是值得思考的問題。人類在進入定居農耕之前，連土地、房屋這樣的避險資產選項都沒有（因為原始遊牧社會，土地不屬於私人財產，原始人沒有「地產房產」這種跨期投資工具可用，也沒有私有產權體系），於是一旦出現災害，苦難可想而知。進入定居農耕社會後，雖然保險等正式金融並沒有馬上出現，但私有產權開始建立，從前不是投資品的土地變成了跨期儲存價值、甚至還可能升值的投資媒介，這時土地既是消費品，可用於生產糧食，又是投資品，可帶來長久收益；房屋也如此，既可以住（消費品），又可以之後在需要資金時轉賣（投資品）。因為土地可交易買賣，農耕社會的人比原始遊牧人幸運。

隨著土地交易市場的出現、土地變現方法的增多，土地也同時成了避險資產，即通過擁有土地，未來如果遭遇災害衝擊，可以將部分或全部土地變現，求得一家人存活所需的資金。同理，住房可作為避險資產使用。糧食也有類似的三種屬性：作為消費品供人食用，作為投資品（種子）用於下一期生產，也可作為保險品囤積起來，供災荒時使用。由此可見，在定居農耕出現後，消費品、投資品、保險品得以豐富，選擇多了，農人可更主動地跨期配置資產和規避風險。從進化的意義上說，土地、房屋甚至金銀財寶增加了人類避險工具的選擇，讓農人根據需要賣地求生，這是好事，是巨大的進步，福利因此提升了。

必須強調，土地可買賣是其具備避險資產屬性的前提。也就是說，禁止土地買賣（因為認為土地買賣導致農民苦難），等於廢掉土地的避險價值。農民苦難源自收入低下以及避險工具的缺失，而非土地的自由買賣本身。傳統的認知需要糾正。

在分析支援證據之前，我們可以看看金融產品設計對避險成本的影響。換句話說，如果金融市場發達、金融產品設計得精準，甚至低收入群體也有財力買好自己的保險組合，精準規避未來風險。假如每人在一年中染上某種疾病的機率為一億分之一，且一旦罹禍需要花一億元醫藥費，那麼每人每年的期望損失是一元（即一億分之一的機率乘以一億元損失）。如果一家保險公司在全國範圍內銷售這種疾病的精準保險產品，那麼每人一年的保費為一．〇五元，一家三口人只需付三．一五元，就能為全家得到保險。與之相比，如果沒有這種精準保險，而是靠銀行存款達到保險效果，那麼一個三口的人家需要存夠三億元，才能實現高枕無憂。這一方面說明，如果金融產品不發達，只有銀行，那麼整個社會就會不敢消費，必須不斷存錢；另一方面說明，金融產品的精準設計極其重要，可以大大降低避險的成本。土地作為避險品在效率上甚至低於銀行儲蓄，因為後者的流動性更好，而如果在沒有金融市場的條件下，連土地也禁止買賣，農民就更無法事先規避未來風險了。

從一些案例可大致看出農民賣地的原因。基於《清代廣東土地契約文書彙編》中蒐集的土地契約[36]，急賣土地主要有以下四種情況。其一，是生活所迫，應急賣田。如乾隆八年（一七四三年）香山縣孫梅景斷賣田契，稱「因無銀爭山米飯應用」；乾隆四十年（一七七五年）東莞縣陳廷瑪斷賣田契，稱「因家務緊迫，無銀應用」；嘉慶十五年（一八一〇年）新會縣李瑀基絕賣田契，「因急湊用」；道光十七年（一八三七年）高州縣張作楫賣田契，「因歲荒，口糧謹逼，無錢使用」；咸豐五年（一八五五）朝應活賣田契，「因為年月凶荒，家計無算。」其二，應付官府賦役。如雍正十年（一七三二年）寶安縣何明仞賣田，「因錢糧緊迫，無銀應納」；嘉慶十年（一八〇五年）東莞縣衛平齊斷賣地，「因需銀應納糧務」；道光十四年（一八三一年）新安縣陳觀英等斷賣田契，「因糧務緊迫，無銀應用」；光緒八年（一八八二年）東莞縣李平翰斷賣田地，「時歲虧歉，並糧務緊迫，無銀應納」；光緒十五年（一八八九年）東莞縣羅愛棠斷賣田，「因此田近在海邊，洪水沖沙壓，無銀修築，並糧務緊迫需銀急用。」其三，因婚喪或疾病，需款急用。康熙三十一年（一六九二年）寶安縣張鳳祥活賣地，「因弟聖元身故，無銀應用」；道光二十一年（一八四一年）樂昌縣李沉禎斷賣水田，「因祖妻病重」，需銀治病；光緒十七年（一八九一年）東莞縣莫氏斷賣田，「因丈夫茂英去世，無銀殯葬，需銀急用，掛借銀兩未還。」其四，因經商需本或虧本，需要出賣土地。嘉慶十五年（一八一〇年）東莞縣劉茂瀾賣田契，「因生意淡泊，填賬項需銀應用」；道光二年（一八二二年）東莞縣植溢林斷賣田，「因生意無本」，賣田取錢做生意。

如果金融發達，可以避免為生意本錢而賣地。而其他三種賣地場景基本都屬於應急需要，在金融發達的社會裡，這些要麼可通過專項保險產品更妥善解決，要麼利用過橋貸款平攤支付壓力，避免賣地。但是，由於這些清代家庭無法得到金融支援，只好賣地。將土地作為避險資產使用，至少讓他們能度過難關（優於鬻妻賣女，見下一節）。

當然，比起金融保險和過橋貸款，田地作為避險資產的不利之處在於容易出現擠兌。因為一旦眾人主要依賴土地來規避未來不測風雲，當災害發生時，可能眾多家庭同時要賣地變現，即擠兌，導致地價大跌，損害土地的避險價值。一八七七年四月十六日《申報》載，山東青州「地畝尚有得主，然值錢百千僅出十千。」第六章說到的傳教士李提摩太那時正在青州，他曾記載，山東災區的田地即使只賣原價的三分之一，也很難找到買主，部分地區只能按原價的四分之一賣出。歷史上這類例子太多，可見災荒之年，太多家庭被迫賣地，供過於求，造成地價低賤，還不一定有買家。

正因為饑荒之年難找買家，如果富裕之戶願意買進土地、為貧戶提供土地變現機會，這無疑為貧戶帶來福利，提升土地的避險價值。否則，如果連富人也不願買、或被限制購地，災民們在為了免於餓斃而賣地時，所能得到的地價只會更低。清道光時期，周天爵說：「饑年田畝必賤，民以田易命，安問貴賤。而有力殷戶，往往以此大富。」[37]趁災荒之年發大財，激勵富有之戶出面增加對土地的需求、為土地提供流動性，幫助修正供求不平衡，穩住甚至抬高土地價格。董傳嶺對晚清山東的研究發現[38]，章丘縣東磯硫村的太和堂，在一七六一至一八三七年，共積累土地一百九十．二四畝，平均每年買進二．六二畝；一八五四至一九〇五年，因災害與動亂頻率高，平均每年增持六．三畝，每年購持土地量是清前期的二．四倍，共積累三百一十六．六八畝。因災荒導致的賣地行為加劇了土地向少數家庭集中，這是不好的結局；但從另一方面看，在沒有其他救急求生手段的情況下，有人出面作為土地交易的買方，使患難家庭能夠賣地（而不是無人問津），這也是增加福利的舉措。

農民被迫賣土地跟災害的關係緊密，而歷史上偏偏災害又不少。據鄧拓《中國救荒史》統計[39]，自西元前一七六六年（商湯十八年）至西元一九三七年，在中國，水、旱、蝗、雹、風、疫、地震、霜、雪等大災害共發生過五千兩百五十八次，平均每六個月一次，其中旱災一千零七十四次，平均三年多一次，水災一千零五十八次。災害之間時常相互關聯，交叉危害，如大旱之後，常有蝗災，水旱災後常有疫病肆虐。據鄧拓介紹，一九三一年江淮大水災後，便有大疫病接著到來，國民政府救濟水災委員會報告書曾言：「水災之後又有疫病，且因疫而死者其數比較淹餓而死者為眾。」一九三四年，華北、華中各省曾一度受水旱大災侵襲，隨後又有蝗災的致命損害。在缺乏避險手段的情況下，天災、瘟疫和疾病風險是將農民打入赤貧困境的主因。

那麼，如果有了更多金融支持，農業社會真的可避免被迫賣地嗎？基於印度與孟加拉的比較研究幫我們做出回答。米德．凱恩（Mead Cain）在印度選擇了三個村莊（Aurepalle、Shirapur、Kanzara）作為研究對象，其中六一．六％至七一％的家庭都是務農為生，人口規模在九百三十人與兩千七百一十一人之間，旱災是當地的最大風險；他在孟加拉選了一個對比村（Char Gopalpur），人口規模為兩千零四十三人，五九％的家庭務農，水災對該村的莊稼危害最大。[40]這些村莊都以農業為主，土地至關重要，超過八〇％的家庭為自耕農。凱恩分別蒐集了各村在二戰結束後分出來的新家庭之起始土地擁有量，以此計算各村的起始土地分配基尼係數（不平等程度）：印度三村二戰後的土地基尼係數分別為〇．七六、〇．六一和〇．七二，平均為〇．六九，而孟加拉村莊為〇．六〇。接著，凱恩蒐集了一九八〇年前各戶的土地擁有量，據此算出一九八〇年前的土地分配基尼係數：印度三村分別為〇．六二、〇．四七和〇．六〇，平均為〇．五六，而孟加拉村莊為〇．六九。也就是說，以二戰結束後新分出的家庭作為起點，到一九八〇年前，印度各村的土地分配變得更加扁平，不平等程度下降，而孟加拉村莊反而惡化，土地分配不平等程度上升。

表十．一顯示一些細節。在孟加拉村莊裡，二十世紀五〇、六〇年代的無地貧農中，只有四三％到一九八〇年前成為有地戶，五七％繼續無地；而在印度農村，當初的無地貧農中有五六％變成有地戶，四四％繼續無地。同時，在孟加拉的自耕農中，當初的小農（擁有土地〇．〇一至〇．九二公頃）和中農（擁有土地〇．九三至二．一八公頃），有超過一半在一九八〇年前失地，分別只有二六％、四二％增地；但在印度，只有一五％的小農和中農失

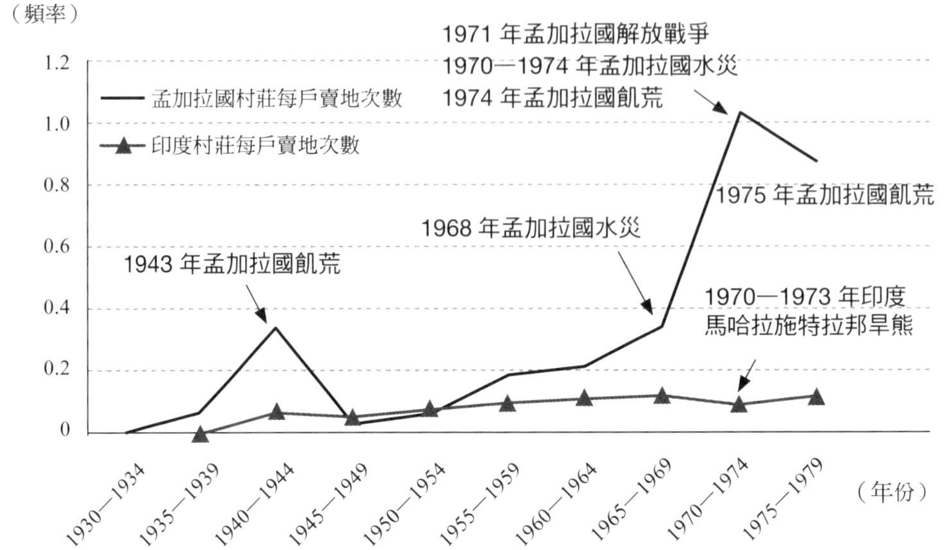

圖十・二　印度與孟加拉農村平均每戶每五年的賣地頻次[43]

地，分別有四四%、五九%保持小農和中農地位。僅就無地農和小農的經歷看，印度農村的土地分配結構在二戰後的幾十年裡顯著改善，無地農民占比減少；孟加拉則兩極分化加劇：有六五%的小農、五五%的中農失地，與印度的情況形成反差。

孟加拉農民之所以遭遇更差，主要在於受到災害衝擊時，印度農民得到的金融支援相對更多，應對衝擊的能力更強，被迫賣地的局面少有發生；孟加拉的情況相反，每次災害都會引發農民失地。圖十・二指出兩國農村在各時期的平均每戶賣地次數跟災害的關係，印度三村莊農戶的賣地頻次在二戰以後基本沒有變化：儘管在一九五二至一九五三年、一九五七至一九五八年、一九六〇至一九六一年、一九六三至一九六四年、一九六五至一九六六年間，尤其在一九七〇至一九七三年分別經歷了大旱災，但並沒有逼迫更多農戶賣地。[42]可是在孟加拉農村，當地人在一九四三年經歷大饑荒、一九六八至一九七四年經歷多年大

表十・一 二戰後至一九八〇年前印度與孟加拉農村土地分配的變遷[41]

	二戰後土地擁有量變動	二戰後的農戶類型		
		無地貧農	小農	中農
孟加拉農村	增地	43%	26%	42%
	不變	57%	10%	3%
	失地	0%	65%	55%
印度三村莊	增地	56%	41%	26%
	不變	44%	44%	59%
	失地	0%	15%	15%

表十・二 印度與孟加拉農民賣地所得之用途對比[44]

賣地用途	孟加拉村莊		印度村莊	
	賣地次數	占比	賣地次數	占比
食物或治病	155	65%	11	18%
生產投資	33	14%	17	28%
子女婚禮	6	3%	9	15%
子女教育	1	0%	8	13%
還父親債務	2	1%	2	3%
還其他債	4	2%	4	7%
其他用途	38	15%	10	16%

水災、一九七四至一九七五年經歷大饑荒，這些災害每次都導致農戶賣地次數高升。表十．二將兩國農民的賣地用途做了對比。其中，孟加拉農民賣地時，六五%是為了買糧求生或治病而為，一四%是為購買生產資料或其他投資，很少是為了子女的婚姻或教育賣地；相比之下，印度農民賣地時，占比二八%，即最多的用途是生產性投資，只有一八%是為解決吃飯等生存所需，為子女婚禮、子女教育的賣地行為分別占一五%和一三%。由此可見，兩國農民賣地決策背後的動因大為不同：孟加拉農民更是因災荒所迫，而印度農民則多因正常的資源配置所為。

金融可否獲得，對印度和孟加拉農民的土地分配影響很大，這也系統驗證了上面基於清代中國的個案結論。印度農村金融並不高度發達，但相對而言，比孟加拉村莊要好。首先，印度這三個村莊都信仰印度教，不禁止有息放貸，這些村附近都有正規的信貸機構，包括信用合作社、土地開發銀行、國家銀行分支[45]，在關鍵時刻提供農民「過橋貸款」。據一項對印度農村的調查[46]，一九七二至一九七三年旱災時，五五%的貸款來自正式金融機構，正常年分這個占比達八三%；然而，孟加拉九〇%的居民為穆斯林，伊斯蘭教禁止有息放貸，金融機構在農村不能合法經營，農民在遭遇災荒時得不到過橋貸款。其次，正因為有息放貸在印度村莊合法，貸款利率更低；而在孟加拉，放貸者只能在地下進行，即使農民偶爾能找到放貸者，利息也非常高（信貸資金因禁止而稀缺，風險溢價高）。據凱恩的調查[47]，在印度三村莊，貸款年利率在三六%至六〇%之間，而在孟加拉村莊，地下借貸年利率為一二〇%至二四〇%之間，是印度農村的二至六倍。

在孟加拉農村，有一種貸款不違反伊斯蘭法，即土地種植權抵押貸款。其做法是：張三從李四處借款一百孟加拉塔卡，同時把一塊地的種植權臨時給予李四，由李四去種植，等到張三還完一百塔卡本金（不能多於本金），才能把種植權從李四那裡收回。在這種借款安排中，種植權的價值相當於貸款利息，算是「以貨易貨」，但這種交易安排會讓借款人在一段時間內失去種植機會，等於降低了借款人走出災荒衝擊的機率。對於擁有大量土地的農民來說，種植權抵押貸款的負面影響可能較小，然而對於土地不多的農民，此種安排威脅甚大，會迫使他們選擇賣地。由於伊斯蘭教義的限制，一些孟加拉農民還是使用這種抵押貸款，其中，用於種植權抵押的土地占小農土地持有量的一六%，中農的八%，富農的六%。[48] 在印度，由於法律禁止，土地種植權抵押貸款並不存在，農民們能幸運地使用效率高、利率低的借貸市場。

通過對比印度和孟加拉的經歷，我們看到，土地私有和兼併買賣並非必然導致土地分配過於集中，因為這兩國都是土地私有，也都允許土地兼併買賣，是否存在緩解風險衝擊的金融市場才是問題的關鍵。那麼，假如在孟加拉連土地買賣也被禁止，苦難衝擊下的農民會如何活下去呢？

從金融缺失看舊社會鬻妻賣女

在討論如何發展金融市場以改善金融可得性之前，我們再講一種因金融缺失而帶來的苦難：農業社會的鬻妻賣女現象。理論上，在農耕社會，除了土地、房屋這些跨期價值媒介之外，金銀器皿、玉器珠石、古董賞玩、書法字畫、綢緞布料也都可以作為避險資產，因為這些有價財物今天有市場，今後也可交易，具備了跨期的金融屬性。可是，這些奢侈品對普通農家可望而不可即，太貴重了，而且針對天災瘟疫風險的避險精準度低。在沒有更精準便宜的金融保險品的舊社會，貧苦人家無法事先安排保險，只好聽天由命，等著災害到來。潘光旦說：「荒年來了，家裡的輩便向全家打量一過，最後便決定說，要是媳婦中間最年輕貌美的一個和聰明伶俐的十一歲的小姑娘肯出賣的話，得來的代價就可以養活其餘的大小口子，可以敷衍過災荒的時期。」[49]由此可見，女性被用作災期求活路過程中可變現的資產，成為傳統中國應對風險的一種工具。[50]

現代人難以接受以女性作為避險資產，清代法律也明文禁止妻妾買賣[51]，但在現實中，不僅中國長期有買賣妻妾、租妻典妻的傳統[52]，而且早在西元前一七七六年，古巴比倫的《漢摩拉比法典》就明確規定「為了歸還丈夫欠債，可以賣妻[53]」；著名的古希臘歷史學家希羅多德（約西元前四八四至前四五二年）在《歷史》中談到古巴比倫（西元前一八九四至前七二九年）拍賣新娘的事情[54]，當時市場的廣場舉辦了一次盛會，拍賣年輕女子，誰出價最高就賣給誰。在最早步入現代社會的英國，賣妻習俗一直持續到十九世紀末，最晚近的例子發生在一八九二年。[55]在非洲，買妻賣妻的現象也不陌生。[56]近在二〇〇九年的印度，有些人還是因為長年旱災、歉收而負債累累，被迫賣妻。[57]傳統男權社會似乎都曾有、甚至至今還有這種習俗。

據湯普森介紹[58]，在十九世紀末之前的英國，「買賣妻子……是高度儀式化的，必須公開並用公眾認可的禮節來操作。」過程大致上分成兩個步驟：第一，用韁繩紮在妻子身上，帶她到公開市場上，吆喝有興趣的買家前往，然後公開競價拍賣，出價最高者得；第二，價格確定後，到市場旁邊的公共酒吧中，在證人的見證下交錢、簽署買賣合約，之後由買方牽著韁繩，把買到手的妻子帶回。[59]湯普森強調，在這個過程中，最為關鍵的是韁繩、公開拍賣和付錢，否則就不合法，買主甚至會被指控強姦。程式和儀式是合法性的關鍵。

至於中國歷史上買賣妻妾的流程，十九世紀二〇年代流傳於河北定縣的秧歌戲《耳環記》，以戲劇形式再現的流程是這樣的[60]：第一，有一個公認的賣妻市，買賣雙方及當地人都知道位置；第二，賣主一般會大聲吆喝：「你們誰買媳婦來！」；第三，被賣者身上插著一根黃白草棍或類似物品，作為待售的標記；第四，買賣雙方經過一番激烈的討價還價，談好價格；第五，賣方把草棍和妻子交給對方，收到財禮，交易完成。

由此可見，中國北方賣妻的儀式與當年的英國相似得令人吃驚。為什麼過去在沒有相互交流的情況下，相距如此之遠的中國和英國能推演出類似的模式呢？當然，退一步講，為什麼東方、西方、非洲等地曾經有、甚至至今仍然有賣妻的傳統呢？從本書的討論中我們可以看到，傳統社會之所以幾乎都曾經有這種「風俗」，甚至連流程都大同小異[61]，背後必然有共同的深層需求驅動，即在缺乏金融市場的情況下，兒女、妻妾是傳統貧苦階層的避險工具。而鬻妻賣女模式則是婦女作為資產的轉讓過程，財禮即資產價格。

為了實證檢驗以上推論，最理想的情況是蒐集歷年各地的妻妾買賣量和交易價格資訊，然後直接研究妻妾交易量與價在正常年和災害年之間的差別，判斷「女性被用作避險資產」的實際程度，但到目前為止，沒有學者找到任何社會的全樣本妻妾交易統計資料，尤其是找不到各地每年的妻妾買賣量的資訊。所以，在陳志武、何石軍、林展與彭凱翔的研究中[62]，他們以妻妾價格作為妻妾買賣量的代理變數。具體而言，他們搜索了中國第一歷史檔案館保存的清代刑科題本檔案，這些檔案記錄了清代各地的要案細節（通常是命案），其中涉及男女婚姻的題本有七萬三千兩百一十六件，包含財禮或妻妾價格資訊的樣本為三千一百一十九個。他們借助價格測度妻妾市場上的供求關係，以兩種指標——各府每年的降雨量和平均糧價——測度災害程度：風險事件發生時，糧食供應短缺，糧價上升，也就是說，糧價反映了災害的衝擊程度。

基於他們蒐集的妻妾買賣案例，表十．三對比了旱災年分與非旱災年分的價格。首先，每石糧價在旱災年分的確更高，比在其他年分高了〇．三四兩銀（二〇．四八％），而妻妾價格低了三兩銀（一四．五六％），說明旱災一般會迫使更多家庭賣妻賣女，跟前文的推斷一致。

表十・三　旱災對各府糧價和妻妾買賣價格的影響[64]

	項目	非旱災年分均值	旱災年分均值	旱災年價差
買賣妻妾樣本	糧價（銀兩）	17 [1.58]	2.04 [1.74]	0.34
	買賣妻妾價格（銀兩）	20.6 [14.6]	17.6 [12.4]	-3
	樣本量	969	74	
買賣妻妾與寡婦再嫁樣本	糧價（銀兩）	1.66 [1.53]	2 [1.72]	0.34
	買賣妻妾價格（銀兩）	21.2 [15.3]	17.3 [11.1]	-3.9
	樣本量	1583	101	

注：妻妾價格基於刑科題本記錄的財禮，中括號內是中位數，「非旱災年分」指澇、偏澇、正常和偏旱年分。

其次，如果把寡婦再嫁的題本案例也加進來，那麼旱災年分的妻妾價格比其他年分低三・九兩（一八・三九％），表明在清代法律禁止寡婦再嫁的情況下（見第四章），還再嫁寡婦並非易事，只有在生存受到嚴重威脅時才會如此。

在控制其他影響因素做系統回歸分析後，他們發現：基於全樣本（包括正常婚嫁的財禮），糧價對妻妾價的影響係數為負三・六，說明災荒愈嚴重（由高糧價反映）的年分，妻妾價格愈低；而如果將樣本縮小到妻妾買賣和寡婦再嫁的案例，那麼糧價對妻妾價格的影響係數為負五・四；如果進一步將樣本縮小到只包括妻妾買賣交易，那麼糧價的影響係數為負六・二，妻妾買賣的價格對糧價最為敏感，也就是說，賣妻妾賣女兒的決定跟災害衝擊的關係最緊密。因此，在缺乏其他避險救急工具的傳統社會，女性除勝任其他角色外，還在現實中被當作避險資產使用。[63] 也正是這個原因，在金融等跨期工具發達之前，農耕社會都有賣妻的傳統。

如果一旦發生風險事件就只好透過賣出家庭成員獲得「救命錢」，那為什麼必須是賣妻妾或女兒，而不是賣丈夫或兒子呢？這涉及交易成本、交易是否確定的問題。首先，在第四章談到，自從人類進入農耕、男人不再外出遊獵謀生，特別是鐵犁使用後，生產勞動中男女地位變得不對稱，男人體力優勢突出，導致母系社會解體、父系社會形成；而在父系社會裡，家庭裡的男性長者是主人，擁有家內各成員、資產和大權，以至於賣丈夫無異於賣掉所有者自己；特別在傳統中國的「三從四德」儒家規則下，婦女「在家從父，出嫁從夫，夫死從子」，妻子是丈夫擁有並支配的「資產」，婚嫁的過程就是作為資產的婦女的產權轉讓過程。[65] 其次，如果被賣掉的是男人而不是婦女，那麼交易的成本、交易的不確定性會遠高於賣妻女；也就是說，在父系社會裡，兒子一出生就被告知「你是王家人，永遠只為王家的一切」，周圍社會也不斷對他灌輸強化這種觀念，以至於如果他被賣到李家做兒子，或做上門女婿，就會覺得自己是失敗者、是恥辱，不會饒恕自己，一有機會就逃回王家，即這個「賣兒」交易隨時會破裂，交易不安全；相較之下，女孩打從出生開始，就被不斷灌輸「長大後要嫁到別人家，會是他家人」，長此以往，她對被轉移或被賣給他家不會強硬反抗，所以，嫁女賣妻安排中反悔、違約的機率較低，交易成本也低。當然，這些交易成本與不確定性差異，都是父系社會內生的文化所致。於是，一旦發生生存危機，更可能是「女性被用作避險資產」，而不是「男性被用作避險資產」賣掉。我與同仁在刑科題本檔案中看到過幾起兒子被賣的案例，其價格都遠低於妻妾或女兒被賣的情況，原因在於潛在買方「不敢買」、「要不起」。

從這個意義來說，儒家要求婦女「三從四德」，使女性在家順從父親、出嫁順從丈夫，明確了女性作為資產的產權歸屬，降低了轉讓交易中的不確定性，使其成為更理想的避險資產。[66] 這也是為什麼非洲部落、傳統中國、印度、英國等男權社會，都推演出了男娶女嫁、妻妾買賣的細則：子女初婚由父母包辦，妻子買賣由丈夫包辦[67]，寡婦再嫁由婆家掌控等等。[68] 這些交易規則都是產權歸屬安排所推演而來。

由此可見，傳統社會的許多苦難、性別歧視和不當習俗，是因缺乏應對風險挑戰的工具而致。一旦金融市場發達，信貸和保險產品等都豐富可得，個人尤其是女性就可以從這些工具角色中得到解放，相應的文化習俗也能被改變。為了終結男女不平等，金融市場必須發展到位。

如何發展金融市場以降低借貸成本？

金融對於消除百姓苦難這麼重要，就把我們帶回「為什麼各社會沒有更早發展金融」這個問題。關於金融市場所需要的制度與文化環境，這裡不打算詳細討論，但我們可以從一個視角探討：如何發展金融，降低借貸利率，同時讓借貸資金更容易取得？這涉及金融發展的基礎問題，因為跨期借貸是最原始也是最基本的金融，如果連借貸金融的發展都挑戰重重，更高級的金融發展就必定會更加困難。在第七章我們看到，基督教出於「天下皆兄弟姐妹」而禁止有息放貸，聖利奧教皇曾言：「金錢的利息，就是靈魂的毀滅。」[69] 結果金融市場發展艱難，一直到十六世紀宗教改革之後，金融才甩開包袱，在荷蘭、英國領先發展。

傳統社會「解決」高利貸問題的慣用辦法是：由官方設定借貸的法定利率上限。思路大致是這樣：如果借貸利率太高，官方就運用強制力自上而下設置上限。[70] 中國歷史上，類似美國禁止「領薪日貸款」的管制性政策幾乎從沒停止過，各朝不僅設置利率上限，也在文化上打壓放貸人。比如，漢代規定「一本一利」，即利率不超過一〇〇%，並禁止「以利為本」，即反對「利滾利」的高利貸行為。表十．四列出隋唐以來的官方放貸和民間放貸利率的法定上限和實際水準。

表十・四　西元六世紀以來中國官定利率上限與實際利率[71]

年分	官方放貸		民間放貸	
	法定上限	實際利率	法定上限	實際利率
600—650 年	84%	96%	72%	72%—120%
650—728 年	84%	84%	72%	72%—120%
728—960 年	60%	60%	48%	72%—120%
960—1260 年	60%		48%—60%	50%—70%
1260—1368 年			36%	36%—60%
1368—1644 年			36%	60%
1644—1700 年			18%—36%	36%—60%
18 世紀			10%—36%	24%
19 世紀			24%	

從表中可見，民間放貸的實際利率基本上都高於法定上限。也就是說，一方面，不切實際的利率政策會阻礙金融發展，因為如果一廂情願的法定利率低於市場均衡水準太多，民眾就算有資金也不會放貸；如果官方認可的金融交易是市場參與者所不願做的，而市場參與者願意做的交易又只能在「地下」進行，正規金融市場就無法起步。另一方面，民眾只好想方設法違規，比如貸方只出借八十元，但在借款合約上寫成借一百元，最後共還一百一十元，於是名義上只有十元的利息（一〇%），沒有違規，但實際利息為三十元，利率為三七．五%，這樣做既避免了法律風險，又能確保拿到回報。這種「地下錢莊」的方法在當今中國，尤其東南沿海的民間借貸中，仍然廣泛使用。這說明一廂情願的利率上限並不能解決高利貸的問題。

利率上限政策的初衷是保護窮人和其他借款方，但實際效果可能是犧牲他們的利益，並將金融打入地下。對貸款機構而言，利率不是影響最終利潤的唯一因素。既然無法收取高利息以彌補風險，金融機構為了維持收益，只好通過精選借款人來降低貸款風險：更嚴格的借款人資格審查、要求更多抵押資產、縮短放款期限、減少放款金額等，都是可能的選項。然而，貸款條件變嚴，所損害的恰恰是窮人的利益：他們常常貸款資格不佳，缺乏抵押資產，還款能力差，難以讓放貸人放心。就如本章一開始引用參議員格拉姆所言，低收入群體（或者中小企業）之前本來可以透過支付較高的利率得到借款，但限制利率等監管政策出爐後，反而堵死了這條救命管道；同理，廢除宗教對有息放貸的限制，反倒改善了低收入群體的金融可得性、提升了他們的福利。[72]

十九世紀秘魯獨立前後的經歷也佐證了這個道理。在這之前，秘魯是西班牙的殖民地：信奉天主教的宗主國禁止貸款取息，相應的法律在殖民地亦有效力。秘魯於一八二一年獨立，並於三年後建立統一國家，於一八三三年廢除宗主國的禁止有息放貸法律，放開借貸業務，後於一八三五年設置一%的月息上限，一八三七年將月息上限調高至二%，到一八三八年十一月則完全解除利率上限的相關法律，全面放開金融。秘魯國家檔案館現藏一千一百六十九份簽訂於一八二五至一八四九年、經過公證的借貸合約，路易士·澤加拉（Luis Felipe Zegarra）對各筆借貸的細節做了整理，包括借貸雙方資訊、借款數額與期限、有無抵押等內容，並將借款人的身分分為「精英」和「非精英」，其中「精英」需滿足兩個條件：一是納稅量必須超過一定數額，二是任公證員、律師、醫生、軍官、官員等高收入職位。[73]他的量化分析顯示：雖然廢除利率限制使得利率水準比之前上升一七%，但管制之前的借貸交易中，精英占借款人的比例超過四〇%，而之後精英占比下降到五%左右，低收入普通人成為金融服務的主要受益方；此外，從借款總額來看，普通人的占比也比之前上升二〇%。換句話說，放貸管制解除後，普通人得到金融服務的機會顯著改善：得到所需貸款的可能性上升，貸款條件也不再像以前那麼苛刻。因此，儘管宗教和監管者常以保護普通人之名插手金融，但實證結論是，讓金融市場自由生長才是對邊緣人群更優、更普惠的安排。[74]

早在西元前六世紀的古希臘，就有過值得深思的歷史教訓。西元前八世紀，雅典就進入奴隸社會，即使有些人起初不是奴隸，也因債滾債，逐步淪為奴隸。到了西元前五九四年，貴族與平民間的矛盾已異常尖銳，眼看隨時會爆發革命，推翻貴族統治。在那種背景下，貴族出身的梭倫（Solon，西元前六三八年至前五五九年）出任雅典行政長官，並於西元前五九四年推出一系列改革，緩和社會矛盾[75]，其中第一項就是廢除所有舊債，通過法律禁止借款人以自身為抵押借錢，也禁止賣身為奴，讓此前因無法還債而成奴隸者恢復自由。此後，為了改變世襲貴族獨霸國家領導權的局面、給平民一些話語權，梭倫將雅典公民依照財富分為四個等級：擁有大量土地的巨富貴族為第一等，擁有中等規模土地的富人為第二等，沒有太多土地、但收入足夠高的中產者為第三等，所有其他貧困人口為第四等。他還推出法律，讓第一等、第二等的公民有機會當行政官員，改變之前只有世襲貴族才能做官的傳統，擴大做官資格的範圍；但第三等、第四等公民仍無權做官。同時，繼續保留貴族院（相當於參議院），唯有一等公民才有權參與，此外，成立新的「四百人議會」（相當於眾議院），負責審批需要交由公民大會討論的議案，這四百名議員分別由各部落抽籤選出，任何公民都有資格，不設等級限制，以抽籤凸顯公平；再者，各級公民都有權作為司法審訊的陪審員，每年從公民中抽籤挑選六千人，以此進一步擴大公民的參與度。梭倫改革對人類民主發展貢獻巨大，從亞里斯多德到恩格斯都認為他是「民主之父」，為人類社會建立文明秩序開闢了新路。[76]

但梭倫改革也帶來許多意外的後果，為後來雅典重回暴政埋下種子。一方面，雖然梭倫把各種債務一筆勾銷，給窮人立即帶來好處，他們不必再為還債擔憂，但在雅典政府開啟以權終結跨期契約的先河之後，借貸承諾不再可信，人民有錢也不願借出，貸款供給大減、借貸利率大增，而與此同時，平民可能遭遇的天災風險並沒減少，應急借貸的需求一如既往，導致平民總體福利不升反降。另一方面，從前窮人借債時，就算沒有地產，也可以透過以人為擔保借貸，但法律禁止以人擔保後，雅典平民就像十九世紀的秘魯人一樣，要麼無法借到貸款，要麼就要以土地抵押或支付很高的利息！[77] 不久，希臘人群起抗議這項看似保護窮人的政策，背後的邏輯與前文介紹的案例何其相似。[78]

既然管制利率的政策在效果上適得其反，那麼該如何發展金融，使借貸利率「自然」下降、並真正惠及百姓呢？首先，正如前文多處強調過的，無論是借貸還是其他金融，交易的標的是金融契約，是一種跨期承諾，而不是有形有色有味的商品；金融交易的契約本質決定了它對法治、誠信、資訊環境的高度依賴。[79] 實物商品的物理屬性可說明減少其交易風險，而金融契約不具備這些便利，所以金融交易風險比實物交易風險更高。如果契約得不到法治保護，金融產品就一文不值，無人願意放貸，借貸利率必然奇高；如果資訊環境異常混濁、缺乏起碼的誠信，出資方就無法判斷金融契約的真實價值，即使有錢也不願意放貸或冒險投資，利率也必然高。按此邏輯，解決高利貸、增加借貸資金供給的出路不是自上而下設立利率上限，而是強化法治，增加契約執行的可靠度，發展金融交易的制度與文化環境，保護投資人的權益——唯有如此，才能讓投資者有安全感，願意投資放貸，風險溢價才會低，借貸利率才會下降。

我們可借助一九三四年民國政府中央農業試驗所蒐集的資訊來解析上面的推斷。[80] 當時該所對全中國二十二省八百七十一縣幾萬戶鄉村家庭的經濟狀況做問卷調查，包括有無借貸、借貸金額、利率、資金來源、合約種類等。調查結果中，各地沒有年利率低於一〇%的借貸發生。整體看來，借貸利率大多分布於二〇%至四〇%，平均借貸利率為三三．六%，超過一半的借貸利率高於三〇%。從地域分布來看，沿海省分的利率普遍較低，在二七%左右；中部和西南地區高出不少，均值為三三%；西北地方最高，借貸利率平均為四〇．六%。在第一類和第三類省之分間，最極端的對比是浙江與寧夏：前者的金融較發達，平均利率只有二一%，而後者的平均利率高一倍多，達四九．六%。尤其寧夏樣本中，沒有一筆借貸的年利率低於三〇%，而浙江九八．九%的民間借貸利率落在一〇%到三〇%之間，只有一．一%的借貸有高於三〇%的利率。

為什麼寧夏的借貸利率全國最高？部分原因是收入低，以生存必需的消費借貸為主，另一原因是，寧夏以回民占多數，而伊斯蘭教明確禁止有息借貸，所以如果某人願意放貸並要求利息，就會被其他回民譴責，社會壓力與宗教懲罰抬高了借貸交易風險：債務方受到社會的保護多，賴帳的可能性增加，且賴帳時放貸方還難以正面討債（如果去討債，周圍人更可能譴責放貸人）。從放貸方的角度講，如果所處的社會偏袒借款方、敵視放貸方，進而提升貸款血本無歸的機率，他們當然會選擇回避放貸；只有在一種情況下放貸會發生：交易風險的溢價補償格外高，即利息非常高。也就是說，在當地社會對出資方極為不利、甚至懷有敵意的環境下，借貸市場只會出現這樣的情況：要麼沒有借貸發生，要麼利率格外高（風險溢價高）——過去的寧夏、陝西大致如此。蒂莫爾．庫蘭（Timur Kuran）等人對土耳其伊斯坦堡一六〇二至一七九九年的借貸研究也佐證了這一點。[81]他們發現，由於伊斯坦堡的伊斯蘭法院偏袒地位高者和穆斯林，所以放貸方以變通的辦法借資給地位高者時，利率平均為二二．七%，而貸給普通人時只收一五．二%的利率；如果貸給穆斯林借款人，利率為一九．六%，貸給非穆斯林則收一七．一%的利率；貸給男士收一九．五%的利率，貸給女士收一六．六%的利率。放貸人很清楚，一旦發生債務糾紛並起訴到法院，如果借方是普通人、非穆斯林或女士，他們得不到法院的偏袒，用不著通過高利率彌補貸方的額外敗訴風險。

我們可進一步分析各省利率高低的決定因素，以此尋找解決問題的切入口。首先，可以把各省人均耕地面積的多少作為間接度量商業文化發達程度的代理指標。一個省的人均耕地面積愈多，當地的社會環境更可能重農抑商，金融市場會愈受排斥；反之，諸如徽州這樣的地區，耕地相對於人口而言頗為稀缺，經商成為無奈的選擇；商業發展後，對金融的需求相應上升，金融交易的環境也得到改善。圖十．三顯示一九四三年各省平均利率與一九一四年人均耕地面積間的關係，該圖表明，人均耕地面積愈多的省分，借貸市場愈不發達，借貸利率更高。對於這個結果，我們大致可這樣理解：判斷一個地方的商業文化是否發達的指標之一，是看該地人對「投機倒把」的價值是否認同——民眾愈是能理解「投機倒把」對社會的貢獻，該地的商業文化就愈發達。當商人以每斤兩元的價格在湖南衡陽買進大米，運到廣州以五元賣出時，湖南人可能沒辦法接受，認為那種暴利是不勞而獲，且不認同這種商業對衡陽和廣州兩地的貢獻。以是否生產了看得見、摸得著的「物質」來判斷經濟活動是否創造了價值，是農耕社會最為經典的價值觀：商業是跨空間、跨時間配置物資，但不生產商品，因此所賺利潤為不義之財；即使這種異地貿易促使衡陽農民收入增加、廣州居民糧食充裕，增加兩地人的效用價值和幸福感，也不算。當然，如果一個地區連商品貿易所創造的價值都無法接受，那麼對更抽象的金融交易的價值創造就會更無從談起，保護金融投資者所要求的法治秩序也缺乏建立的基礎，於是借貸的利息回報就更被認定為不勞而獲。當一個社會的商業文化不發達時，整個社會反而會更同情、保護不還債的人，而不是保護投資者——放貸者這一方。在農耕文化環境下，借貸契約的違約風險必然很高（因社會更偏袒債務方），就如同十七世紀、十八世紀伊斯坦堡的經歷一

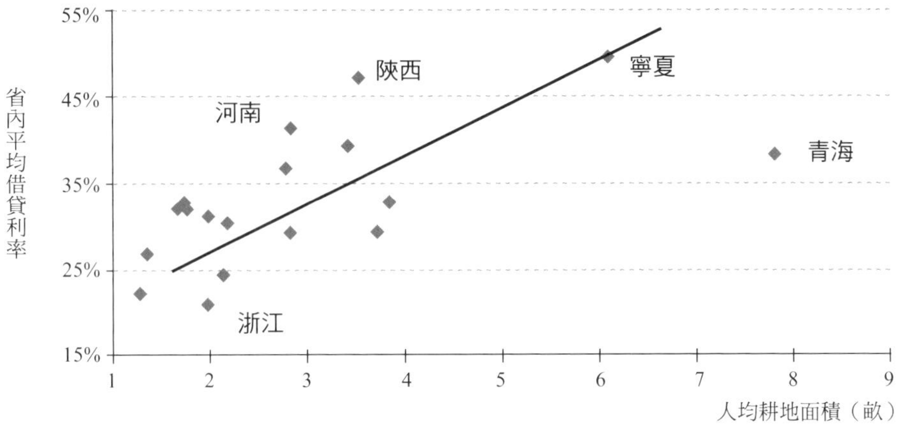

圖十・三　中國各省人均耕地面積與平均借貸利率（1934 年）[83]

樣。[82]故而，人均耕地面積多的農業省，商業文化難以發展，借貸利率會更高。

在另一項研究中，我與彭凱翔、袁為鵬一道，以各省在一九一四至一九一八年間的兇殺、盜竊與搶劫案（以下簡稱「殺盜劫案」）占全省刑事訴訟案的百分比，度量當地私人財產與契約權益的安全度（或說，契約秩序的好壞），估算對之後民間借貸利率的影響。[84]圖十・四顯示兩者的關係：一省的殺盜劫案占比每上升一%（民風與契約秩序更差），那裡在一九三三至一九三四年的借貸利率會因此高二二・八六%，因此財產權益是否安全、產權是否可靠，對借貸利率水準的影響高度顯著。[85]此外，當地正式金融機構的多寡也對借貸利率影響顯著：前者每增加一個，後者就多下降〇・三%。因此，發展金融市場所需要的制度與文化、增加競爭，才是引導借貸利率和其他資金成本下降的根本辦法，而諸如設置利率上限那樣的政策則是一廂情願，治標不治本。

路易吉・古伊索（Luigi Guiso）、寶拉・薩皮恩紮（Paola Sapienza）和路易吉・津加萊斯（Luigi Zingales）三位學者基於「社會資本」研究了義大利

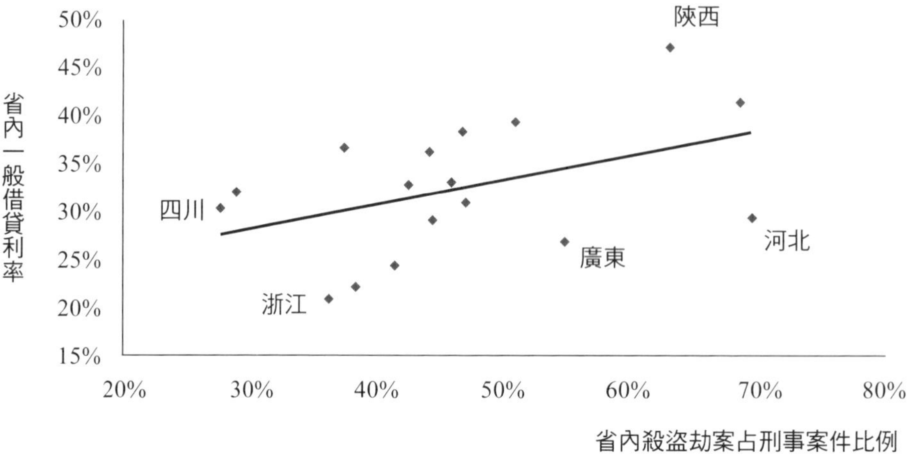

圖十・四　中國各省殺盜劫案占比與通行借貸利率（1933-1934）[87]

各地區的金融發展差別[86]，分析表明：在義大利不同地區，賣方是否願意接受買方的個人支票（還是只認現金）、民眾投資安排中的股票等證券占比多高（還是更認銀行存錢和投資房產），差別很大。為什麼各地金融發展程度差異這麼大呢？他們注意到，在不同的義大利社區，「社會資本」，即社會關係牢靠度、人際互信程度，高低不一；尤其義大利南部，在血緣親情網絡之外，人與人之間幾乎沒有互信，這對於本質為跨期價值交換的金融應該十分不利。在研究設計中，三位學者以各地區參與諸如「是否建核電站」、「是否允許離婚」等公共政策公投的選民占比，來度量社會資本水準：參與公共政策或公益專案投票的人數占比愈高，說明那裡的人更在乎社會公益（或「集體利益」），社會資本就愈高。基於一九八九至一九九五年對義大利不同地區兩萬三千三百三十個家庭的問卷調查，他們發現：當地的法治愈可靠，賣貨方就更會接受個人支票、投資組合中股票等證券投資就愈多、財富中現金的占比愈低，金融就愈發達；但是，如果聚焦法治不可靠、司法效率低的地區，那麼一地區的社會資本、人際信任度愈高，則當地人對個人支票和證券金融的接受度也會愈高。

也就是說，發展金融的上策是建立好的法治體系，降低金融契約的違約機率，確保交易安全；如果一個地區還沒有建立好可靠的法治體系，那麼社會資本水準高也有一定的替代作用，因為社會資本作為「非正式制度」，也能幫助降低跨期承諾的違約風險，為金融交易提供替代制度土壤。從這個意義來說，高社會資本就如同格雷夫講的「多邊懲罰機制[88]」：當社會中各成員都在乎「集體利益」，把不守信的行為看成對公共秩序的威脅，那麼整個社會的監督就如同多邊懲罰機制，可發揮對正式司法的替代作用，金融也可以有一定的發展。

前面介紹的都是基於一國之內不同地區間的對比，研究利率和金融發展的決定性因素。以跨國資料為本的研究結論也類似：可持續的均衡利率和金融發展水準的高低，不是自上而下一廂情願決定的，而是取決於基礎制度和社會文化是否有利於保護投資方的權益。在金融交易中，一旦資金投放出去，投資方就處於額外被動地位，承受血本無歸的風險，包括所投專案的經濟風險和交易契約的執行風險。世界銀行和哈佛大學的四位學者發現[89]，如果以私人領域債務總額與ＧＤＰ之比度量一國的金融發展程度，那麼根據一九九九至二〇〇三年八十八個國家的資料做分析，在控制人均ＧＤＰ和ＧＤＰ規模因素後，投資者權益（債權人權益）保護好、對債務違約的司法處置效率高、辦案所需天數少、違約處置成本低的國家，金融市場就更發達。[90]為了進一步解釋這個結論，他們聚焦債務市場，而發展債務市場的關鍵在於債務契約的執行機制是否可靠並有效，這既涉及司法公正與司法效率，也涉及行政權力是否被關進了籠子。對這八十八個國家所做的詳盡分析表明，英國及保留了判例法傳統的前英國殖民地國家（同時也是保留新教的國家），在債務違約司法的處置效率、債務破產案件的處置速度與成本、債權人權益保護等各項指標上，都優於繼承了德國成文法和法國成文法系的國家，也因此，前者在債務市場、證券市場等金融發展維度上都更加領先。這些規律都值得金融市場設計者及政策制定者關注。

金融在西方的興起

雖然非正式制度可以起到彌補性作用，但正式制度是金融發展的關鍵，契約執行制度的優劣決定金融發展潛力是否得以實現。那麼，這類制度為什麼在西方先演變出來，而在中國等傳統社會沒有做到呢？這個問題只有回到更早的原點才能回答。第五章介紹了格雷夫與塔貝里尼的論點[91]，即至少在過去一千多年裡，西方與中國在實現人際合作的方式上存有根本上的區別：中國人主要靠宗族，歐洲人則更多依賴「法人公司」實現跨期合作，包括教會、市政、公司、行會等註冊法人，使無血緣關係的人也能做到社會化互助。這種差別可以通過對比中國的「堂」與西方的「公司」看到。

對於中國社會，源於祭祖祠堂的「公堂」（簡稱「堂」）相當於西方的「法人」，既持有土地與房產等族產、經營管理企業，又可以在法律意義上簽約、起訴或被訴，而族人都是堂的「股東」，有權分享族產所生利益。[92]因此，堂是族人彙集資源、跨期合作、分攤風險的具體媒介，在功能上與西方以法律及契約做支持的「公司」相似。曾小萍（Madeleine Zelin）注意到，四川自貢的清代鹽商，企業基本都建立在宗族之上，以至於她乾脆稱之為「作為公司的宗族」（lineage as corporation）。[93]在西方人於近代來到亞洲之前，這兩種合作媒介間的對比並不明顯，可是在十九至二十世紀英國治下的馬來西亞和香港，圍繞華人的「堂」是否可像英人公司那樣擁有財產、傳承利益、享有「法人」身分，曾經發生過一系列訴訟案。由於英人法院不承認華人之「堂」等同「法人公司」，最後在一九二〇至一九三七年，香港的「堂」被迫註冊為英國法律下的「公司」，合二為一。[94]

中國選擇宗族，西方選擇社會化合作——實際上，這種「分流」的起點比格雷夫等人講的早了一千多年，在軸心時代就開始不同。第五章談到，早在周朝初期，周公就著手建立禮制、選擇靠血緣家庭與宗族建立基礎秩序，解決人際風險互助和資源分享問題；後來到孔子、孟子時期，尤其到漢朝等代，更是不斷鞏固禮制，普及家族秩序，讓儒家成為官方正統，發展以血緣為本的狹義倫理秩序。在將近三千年裡，中國哲人與士大夫把注意力、創造力幾乎都用在禮制的建設與完善上，包括姓氏體系和名分關係，「禮」與「法」之間以「禮」當先，無暇顧及超越血緣的一般性法治制度建設。到了十九世紀後期引進現代金融市場時，中國本土仍然缺乏支援金融交易的正式制度，尤其是沒有足夠可靠的契約執行體系。

在我與馬馳騁、安德魯·辛克萊（Andrew Sinclair）的研究中[95]，我們以中國各地區的資料為基礎，檢驗以下假說：受儒家禮制影響強的地區，宗族內部關係和順、凝聚力強，族人間透過「堂」即可實現風險互助、資源分享，對外部金融的需求不高，金融發展的動力不足，長此以往，金融所需的制度就難以內生。也就是說，金融市場跟發達宗族之間是排斥性的替代競爭關係，至少在二十世紀後期工業革命技術深入中國、帶來規模生產與規模商業、使得融資量大增之前，基於宗族這個「內部金融市場」就足以解決多數避險和融資需求。[96]按照這個邏輯，儒家影響強的地方，即使在現代金融引進以後，他們對金融也未必有那麼大的需求。在具體研究中，我們用一九〇〇至一九二七年間全國各地區的現代銀行數量、二〇一〇年時家庭是否從銀行貸款以及貸款金額，來度量現代金融在這些地方被接受的程度和發達程度；此外，用清朝時期各地的族譜數量度量禮制文化在當地的影響強弱（族譜愈多，影響愈深）。分析發現：在控制了很多其他地方因素的影響後，儒家禮制影響愈強的地區，一九二七年時的現代銀行數量顯著更少，二〇一〇年時人均貸款額以及當地私人貸款總額占GDP比重都顯著更低，說明即使到了今天，這些地區的居民利用現代金融的程度仍然偏低。因此，近三千年前中國選擇宗族並長期琢磨儒家禮制，結果使宗族與名分等級秩序得以發達，讓中國人借助血緣信任體系解決族親間的跨期互助，這個體系對工業革命前的社會是成功的，但代價是超越血緣的契約執行制度和其他正式制度失去了發展機會，金融市場就缺乏演進的基礎。

而在軸心時代的古希臘，西元前八世紀開始便逐步形成獨立的城邦（polis），基於平民大會、參議院（貴族院）、法律和民選行政長官管理公共事務。這些早期的經歷與東方的中國如此不同，柏拉圖、亞里斯多德等西方文明的開道者，朝著與孔孟完全不同的方向尋找建構人類社會的答案：他們把注意力集中在超越血親的公共事務、社會治理與政權制衡問題上。西元前四世紀，他們探討的是不同政體——君主制（Monarchy）、貴族制（Aristocracy）、共和制（Polity）、僭主制（Tyranny）、寡頭制（Oligarchy）與民主制（Democracy）——的利弊優劣，關注的是個體之上的公共秩序與社會關係。[97]也就是說，孔子是從父與子、夫與妻、君與臣的「正名」這種微觀層面開始，自下而上構建社會秩序：只要父親與兒子都做好與自己名分相對應的事，丈夫與妻子也做好自己名分所要求的事，那麼因為天下每位男人肯定是別人的兒子，甚至還是父親，而婦女則在「三從四德」下既有名分又總有歸屬，社會在名分等級的安排下就必定井然有序[98]，「國家」只是血緣家秩序向社會的延伸。相比之下，柏拉圖、亞里斯多德是自上而下構建社會秩序：只要選擇合適的政體，將公共事務治理好，包括個人權利、社會資源、公共產品、權力來源、權力制衡問題，那麼在統一的公共秩序下，社會便可能井然有序，也有望內生出陌生人間跨期交易所需要的正式制度。這是兩種全然不同的出發點。

在亞里斯多德之後的一段時期內，西方跟中國在風險互助方式上的分流還不明顯。即使到了西元前三世紀馬其頓治下的埃及托勒密王朝，一位臣民啟奏國王，抱怨中國人也熟悉的「不孝子女」問題。他寫道：

> 尊敬的托勒密（*Ptolemy*）國王：
>
> 先請接受來自科太希科留斯（*Ctesicles*）的問候！我深受狄奧尼修斯（*Dionysius*）和我女兒尼克（*Nike*）之害！因為雖然我以前嘔心瀝血把她撫養長大……到如今，我已視力衰退、重病纏身，她卻不關照我，不給我基本生存必需。當我在首都亞歷山大港告她，希望找回正義時，她卻拿來一份國王閣下簽署過的書面保證，承諾每個月給我二十塊德拉克馬錢幣的生活費……現在，我女兒受那個畜生狄奧尼修斯的壞影響，不顧我年老病重，不再兌現她對我的贍養承諾！……[99]

這說明，到那個時期，西方人規避生老病死風險的方式和中國人差不多，對「養兒防老」的依賴度也相當高，孝順也很重要。只不過從那以後，中國往禮制和宗族的路上愈走愈遠，西方則往另一條路邁進，在大社會中建立人際合作互助體系。

這種差距在地中海另一岸的古羅馬尤其明顯。大約從西元前八世紀後期開始，許多希臘人移居西西里島及其他義大利南部地區，帶去希臘城邦的治理模式與文化思想。[100]在這些影響下，羅馬共和國自西元前五〇九年建立後，逐步發展出基於羅馬參議院（Senatus Romanus）、平民大會（Concilium Plebis）和行政長官的政體，前兩者負責立法與部分司法，後者負責行政，沿襲古雅典的權力制衡模式。起初，羅馬人之間也常有非正式的熟人間借貸交易，協助救急或支援親友擴大生產、或從事海上貿易[101]；但古希臘於西元前四世紀有了銀行後[102]，到西元前三世紀中期，古羅馬也出現私人銀行，使借貸業務走向專業化[103]：眾多儲戶將資金存放於銀行（相當於借給銀行），然後由銀行家（argentarii）彙集在一起，分別放貸給需要資金的個人或企業，銀行從中賺取放貸與存款之間的利率差。這裡，由於銀行家是存款方與貸款方的仲介，他們不僅承擔其中的放貸風險，為虧損負責，也讓存款與貸款兩方不必直接接觸，不需要相互認識。換句話說，從實際效果看，透過銀行這個仲介，存款方與貸款方儘管彼此不認識、不接觸，但卻在進行跨期合作，實現風險分攤、資源分享。其中，「存款」與「貸款」是具體的金融工具，「銀行」則是格雷夫與塔貝里尼講的促成跨期合作的具體「法人」。[104]到西元前一世紀、羅馬帝國（西元前二七年至西元四七六年）初期，從首都羅馬到其治下的希臘、埃及等地，已經有大量吸收存款並從事放貸的商業銀行，業務高度關聯，以至於當時的作家、哲學家兼政治家馬庫斯．西塞羅（Marcus Cicero，西元前一〇六年－前四三年）提出警告：

> 許多人在亞洲投資血本無歸的同時，羅馬也因停止支付而出現了信貸崩潰。事實上，如果一個國家中許多人失去了財產和財富，不可能沒有更多人深陷財產毀滅境況中……如果我告訴你們，就如你們親眼所見——信貸和金融體系在羅馬廣場上運營，卻把這麼多資本投放在亞洲，收益也取決於來自亞洲的回報；只要一個出現虧損，必定會牽連其他，並導致整個信貸金融體系崩潰——你們相信我嗎？[105]

西元前一世紀的羅馬銀行體系顯然已經比較複雜，涉及的大眾和地理範圍極廣，如果沒有相應的契約法治和公共治理體制支持，難以穩定有序。

商業公司及有限責任股份是古羅馬發展出的另一種實現人際跨期合作的典型方式。烏爾莉克・馬爾門迪爾（Ulrike Malmendier）注意到[106]，在羅馬共和國期間，羅馬人保留了古希臘的傳統——不允許政府官僚體系太過龐大。他們認為官僚體系愈龐大，自我的持續性就愈強，權力擴張的衝動也愈大。政府職員少，導致一些公共事務外包給私人企業，比如在西元前五世紀，徵收稅款、軍隊供給（馬匹、軍械等）、建築工程、樓房維護、禮儀服務甚至公園天鵝的餵養等，都外包給「公共合夥公司」(societas publicanorum)。[107]由於有些外包業務需要雇用大量員工、投入大量資金（比如收稅、軍需服務），就需要在血緣網絡外彙集大量的資本進行合作，成功後一起分享果實。可是，這種大範圍融資合作需求碰到法律障礙，因為正式的羅馬法律只允許合夥企業（societas）存在，不僅合夥人享受不到有限責任，企業的債務同時也是合夥人的債務，而且一旦有合夥人離世、或者合夥人之間出現糾紛，企業就要解散，這些特點對於跨越血緣彙集大量資本並長期合作極為不利。[108]好在古羅馬法律基本上與後來英國的判例法類似：成文法律不多，也不注重抽象觀念，而是根據手頭的具體問題，由審判官和陪審員邀請法學家組成法學專家團，針對具體問題提出專家意見；專家意見日積月累，成為之後具有法律效果的慣例。[109]正是出於這樣的「判例法」背景，古羅馬法學界於西元前五世紀在合夥企業基礎上，推出「公共合夥公司」，並做了以下調整：第一，公共合夥公司可以發行股份，股份持有人不一定是公司的「合夥人」，因此股份是有限責任證券，是實現人際合作的具體工具，持有人最多損失所投入的資本（責任到此為限）；第二，股份可以在二級市場轉讓買賣，擁有流動性，發展出公眾股票市場[110]；第三，就算股份持有人離世或發生其他變化，公司也照常繼續；第四，公司由執行總經理全權代表，以公司名義簽署契約、決策業務、管理運營。到西元前三世紀的古羅馬，以公司這個媒介實現人際跨期合作已經相當普及，時人馬庫斯・加圖（Marcus

Cato，西元前二三四年至前一四九年，軍人、參議員、史學家）曾言：如果任何人想找人合作融資從事海洋貿易，就應該先組建一個公共合夥公司，等公司股東數達到五十人時，他也會出資認股，作第五十一個股東。[111]當然，跨期合作融資的範圍愈是廣泛，參與的股東愈眾，所引發的糾紛與問題頻率也會愈高，治理體制就必須同時發展，否則公眾證券交易就難以邁進。古羅馬股權融資市場與判例法傳統之間的關係，也協助驗證上一節所述基於當代資料得到的結論[112]：判例法內在的靈活性讓法律與時俱進，解決現實社會遇到的新問題，包括金融市場帶來的問題。

保險金融是社會化合作避險所不可或缺的工具。人類最早的保險品也源於古希臘[113]，當時海商推出「船舶抵押借貸合約」(Bottomry contract)，意思是海商以其商船「自船底以上的船身和貨物作抵押擔保」借貸，合約規定：如果發生大浪或其他不可控風險導致翻船且貨物流失，那麼作為借方的海商不需償還債務，風險由貸方承擔；否則，海商必須還款付息。顯然，這種合約不只是讓海商借款融資，還有兩層跨期合作：普通借貸加海運保險，其效果還是實現不同人之間的資源分享和風險分攤。大約在西元前六世紀或五世紀，這種金融契約傳到羅馬共和國，包括針對這類金融交易的規則也被納入羅馬判例法，之後羅馬人對其中一些細節做了調整，比如：如果借方損失是由於貨物折舊、商品貿易虧損、船員違法導致商品沒收等所致，那麼損失不在所保範圍之內。[114]到西元前二一五年，攻占西班牙的羅馬軍隊需要供給，負責承運的民營合夥公司只需支付一定的保費，即可從政府那裡買到運輸保險。根據西塞羅的記述，至少到西元前五〇年，私營保險公司就已經存在，所交易的保險契約包含了今天保險合約的三大要素：所保全的標的、觸發賠付的風險事件、需支付的保費，都得明確無誤。[115]

除了運輸保險，其他保險也在古羅馬演變發展。至西元一世紀初，古羅馬有各種互助會或俱樂部，在功能上跟前述清朝南海黃氏的「長壽社」、「墓祭會」、「鄉飲社」類似，要麼在成員離世時支付其親屬送終費用甚至生活費，要麼資助其他大額開支或者退休金等。[116]當然，二者的區別在於，南海黃氏的各種社只對黃氏族親開放，建於血緣信任之上，而羅馬的這些互助會不限於族親，是社會化的互助社。至少不晚於西元二世紀，由這些互助社演變出正式的人壽年金（life annuity）和其他壽險產品，包括「定期壽險」（即如果投保期限內受保人不幸離世，其受益人就能得到一筆保單中約定的投保額）和「終身壽險」（沒有固定的保險期限，到受保人離世時，受益人得到投保額的支付，保險期才結束），古羅馬壽險產品的發達程度幾乎與今天無區別。這些保險產品是極為重要的金融創新，尤其是人壽年金，由於一般人很難知道自己到底會活到哪年，這種不確定性為存錢投資帶來挑戰：如果按自己活到七十歲規劃儲蓄投資，萬一活到一百二十歲，那麼剩下的五十年難有經濟保障；而如果按活到一百歲規劃，萬一只活到六十歲，會造成存錢太多的結局。人壽年金較妥善地解決了這個挑戰：在退休之前逐年支付保費，退休之後每年從保險公司獲得年金，一直到受保人離世為止。也就是說，壽命風險由保險公司承擔，而保險公司通過對千千萬萬人出售類似人壽年金產品，將個體受保人風險進行分攤。保險產品雖然是投保人跟保險公司做的交易，但本質上保險公司只是一個仲介，為社會不同個體間的風險互助提供交易工具，是促成陌生人跨期合作的又一個「法人公司」。

西元二〇〇年左右，羅馬法學家烏爾比安（Ulpian，一七〇—二二八年）推出壽命預期表[117]，列出各年齡男人與女人的壽命預期，比如三十歲的男人預計還能活三十年、三十一歲的能活二十九年等等，依此預期表為人壽年金保險產品做定價。例如，張三今年三十歲，如果所買的人壽年金從五十歲開始每年支付十萬元，那麼保險公司預計支付他十年、共一百萬元的年金（當然，實際中，他可能活到八十歲，也可能活到四十歲，這是保險公司承受的風險），在羅馬帝國時期，張三大概會為保險產品先付一百萬元保費。烏爾比安推出的人壽年金定價方法雖然在今天看來過於簡單，但在當時無疑推動了羅馬帝國保險業的發展，畢竟如果沒有壽命預期表，與人壽有關的保險品就難以定價，其作用跟第七章提到的漢代《九章算術》中的金融數學類似，區別在於，《九章算術》關注的是借貸引發的金融定價問題，而烏爾比安關注的是更深化的保險金融。

到西元三世紀，羅馬帝國不僅在商業銀行、人壽保險、資本市場和其他金融已經有相當的發展，提供羅馬人靠「法人公司」實現人際合作的許多選擇，而且這些社會化的合作方式也催生了相應制度的演變，包括契約法則、商業規序等市場制度及法治體系，使西方朝著與中國完全不同的方向邁進。特別是在基督教於西元四世紀成為羅馬帝國的國教後，超越血緣的廣義道德秩序更是得到推進，為西方人走向社會化合作奠定了更強的基礎。

不過，西元四七六年，西羅馬崩潰，歐洲進入中世紀，教會開始主導社會，各類金融市場被停止（如第七章談到，教會排斥靠貨幣化解決人際互助），包括銀行也因教會禁止有息放貸而萎縮。在接下來的幾個世紀裡，歐洲的人際合作主要透過教會這個仲介。比如，古羅馬時期的人壽年金保險，由修道院間接提供（而不是保險公司）：信徒張三退休時跟修道院簽約，承諾自己離世時，房產將轉讓給教會，同時修道院承諾在張三有生之年每年給予生活費，為其養老，也承擔送終的費用。[118] 在功能上，這個安排等同於人壽年金。如第六章所述，教會也透過其他方式促成信眾間的風險互助與資源分享。

到十二世紀，在威尼斯、佛羅倫斯、熱那亞等義大利城邦，金融重新復興。背景是這些城邦政府經常財政短缺，需要靠負債維繫。以威尼斯城邦為例，為了向有錢的家庭借債，市政府於一一五七年出資五百尼斯里拉萬，成立「威尼斯銀行」，負責處理發行債券、支付年息和其

圖十・五 中世紀的威尼斯城邦開辦債券市場

注：一二六二年，威尼斯城邦組建了一隻長期基金，取代眾多短期公債，然後將基金的份額以證券方式分售給投資者，這種證券（債券）可自由交易，由此形成早期的公眾證券市場。

他債務服務。[119]這算是羅馬帝國之後歐洲第一家公立銀行，到一七九七年法國拿破崙入侵才停業。十三世紀中期，威尼斯、佛羅倫斯等地已有不少商業銀行，這些銀行既吸收公眾存款、提供跨區信用匯票，也從事商業放貸[120]，再現古羅馬基於銀行的社會化資源整合。當時，這些銀行為了繞開教會對有息放貸的禁止，推出了創新手法。比如，一項貸款分為兩份合約完成：一份是零息貸款合約，另一份是保險合約，以規避債務投資帶來的損失或還債延期風險，因此利息透過保險費來實現；又如，「租金出售」合約：銀行付千萬元給房主，簽約買斷其房屋未來十年或永久的月租收入，或從地主手裡購來其地產數年或永久的地租收益，這種交易表面看是收入買賣，不是簡單意義上的有息放貸，儘管本質上與有息放貸無異。[121]在中世紀的義大利，最有名的銀行是第七章談到的梅迪奇銀行[122]，梅迪奇銀行與教廷關係緊密，並成為教廷的服務行，帶來兩方面的好處：一是教會對梅迪奇銀行「用錢賺錢」的業務網開一面，不一定會按教義嚴格要求（什麼交易為所禁的有息放貸、什麼不是，由教會認定）；二是由梅迪奇銀行負責從倫敦、巴黎、馬德里等各歐洲城市蒐集「教區稅」（Tithes），然後運往教廷所在地羅馬，梅迪奇銀行再從中賺取大量貨幣套利與商品差價利潤，比如梅迪奇銀行在倫敦拿到一萬英鎊教區稅後，立即在當地購買等值的羊毛，運到羅馬後，再出售並換成羅馬本幣，由此賺到的利潤一般在二〇％以上。[123]

一一六七年，威尼斯政府根據各居民家庭財富的多寡，對九十戶強行攤派短期公債；一一七六年又按五％的年利率強行發債等等。[124] 多次做下來，他們發現，靠短期債務到期再借、一次次借新還舊的做法，不僅成本高，而且難以奏效，因此必須推出長期債，把利息和本金歸還的壓力平攤到未來許多年，逐年支付。一二六二年，威尼斯城邦政府把眾多短期公債合到一起，組建了一支義大利文稱 Mons 的長期基金，然後將基金的分額以證券的方式分售給投資者，這種證券的義大利文名字叫 Prestiti，可以在公眾市場上自由轉手交易。[125] 這個創新本質上是將城邦政府未來的稅收流進行證券化，基金分額相當於長期債券，算是現代資產證券化、公眾證券市場及公眾基金的前身。當然，第七章說到，十六世紀宗教改革前，基督教會禁止有息放貸，於是 Prestiti 證券推出後引發神學界的爭議：證券投資者賺得的回報是否為有息放貸所得，甚至是高利貸？爭議持續多年，但由於城邦政府的財政赤字，又不能終止公債融資，一些神學家在技術細節上找到理由：有息放貸都有還本付息的期限，而 Mons 發行的證券沒有到期日，持有人可以隨時在市場上賣出，因此這種證券投資不是有息放貸，不在《舊約》的禁止之列；或者，把購買公債基金證券的行為看成付稅，而還本付息只是「退還預付之稅加成本」（repayable taxes），因此這種投資收益也不違反《聖經》。[126] 這些解讀雖然為公眾債券市場的出現開道，但爭議一直持續到宗教改革時期，反映了當時金融發展之艱難。

起初，威尼斯城邦的公債證券只有本地人可以買賣，到了十四世紀中期，外國人也可參與交易，成為受西歐人歡迎的投資品項。類似的政府融資手法也在佛羅倫斯、熱那亞出現，不久便傳往西歐其他城邦。

大約在一二六〇年，法國北部加萊（Calais）等城邦也出於公共設施及戰爭融資的需要，向公眾發行人壽年金、有期年金。也就是說，古羅馬時期由保險公司發行的年金保險產品，到了中世紀，因城邦財政吃緊，由政府重新推出，變成城邦的融資工具。至十五世紀，這些工具也被德國和西北歐洲的其他城邦廣泛採用。[127] 一四八九年，西班牙王室因戰爭開支所迫，向法人和個體發行「永續年金」（perpetual annuity），每年按本金的一〇%支付持有人酬金。該次的發行量如此大、永久支付負擔如此重，以至於女王伊莎貝拉下令：從此以後，禁止王室接班人發售任何永續年金。[128] 人壽年金作為融資手段之所以對那些城邦有吸引力，部分原因在於雖然受保人到底能活多少年是不確定的，給定價帶來挑戰，但這恰恰使人壽年金跟有息放貸區分開來，所以這類保險與投資品不存在違反《舊約》的嫌疑，教會難以指責。

一四二五年，佛羅倫斯城邦出於財政壓力，開始發行「嫁妝基金」（Monte delle Doti）：居民去市政機構登記女兒的年齡等資訊，並付現金（或以市政公債作為支付），為女兒買下嫁妝基金分額，待女兒出嫁即可領取嫁妝費。[129] 這項創新從兩方面幫市政府減輕債務負擔：一是由於父母可用手中持有的市政公債支付嫁妝基金的買價，而一般女兒都是十幾年、二十幾年後才結婚，等於讓城邦輕易延長公債期限；二是由於二〇%至二五%的女兒未來不會結婚，等於幫政府減免同樣比例的債務責任（女兒不結婚，政府就不需付嫁妝費）。到十五世紀七〇年代，佛羅倫斯市政債務總量超過一千萬金元，而嫁妝基金負債占其中的六〇%。

在股份發行和交易方面，第九章已經介紹，十六世紀中期，由於大西洋和印度洋航海貿易的催化，荷蘭人、英國人分別推出私人股份有限公司，發售股票為海洋貿易融資及分攤風險，進一步還原古羅馬留下的社會化合作工具，重啟股票市場的發展。有了這樣的人際合作手段，「由是糾眾智以為智，眾能以為能，眾財以為財……盡其能事，移山可也，填海可也，驅駕風電、制禦水火，亦可也。」[130]一五三一年，期貨和期權交易分別在荷蘭的阿姆斯特丹交易所和比利時的安特衛普證券交易所出現，為時人提供農作物和外匯價格走向的投機或避險工具，擴大民眾配置資源、規避風險的工具選擇。[131]

從這些簡史中我們看到，雖然自中世紀初開始，歐洲人放棄了金融市場，改為以教會為主要媒介來實現社會化互助，但到了十二世紀，各城邦由於戰爭及公共開支不斷增加，被迫在教義裡找漏洞，為了恢復金融尋求教會放行。於是，至十五世紀，從商業銀行到人壽保險、嫁妝金融、大眾債市，都一一恢復，股票交易到十六世紀也再現。雖然中世紀金融的復興是政府推動的結果，古羅馬金融是民間私人所為，但在效果上，都提供了個體實現社會化合作的各類工具。據兩位歷史學者的研究[132]，在一四二五年的佛羅倫斯，最富有的二十分之一家庭大約把三六%的財富投資於市政公債（包括人壽年金、嫁妝基金、送終基金），而其最富有的十分之一家庭所持有的公債占佛羅倫斯公債總量的八五%。由此可見，十五世紀初，佛羅倫斯人透過金融工具實現的社會化合作已經達到相當的程度，財富的金融化程度也相當高。

設計並推出這些金融工具固然重要，但更重要的是，將這些工具推向社會之後，必然會引發一系列制度的創新，因為金融交易只有在相配的體制支援下，才可以避免招致社會危機。至中世紀末，一些西歐城邦的公債規模已相當高，為投資者帶來極大風險，甚至威脅金融工具作為人際合作媒介的可信度。比如：在一四七〇年，佛羅倫斯的公債是國內生產總值的三倍，之後引發了公債危機；幾十年後，威尼斯也遭遇公債崩盤。[133]這些金融危機加上第十二章將談到的西歐國債問題，迫使各城邦進行體制改革，一方面約束政府的財權與稅權，另一方面改善金融市場所需要的信用環境與契約執行體系，強化跨期承諾的可靠度、降低交易成本、擴大市場能力。持續的體制革新為此後西方金融的進一步深化發展鋪路，自然也使西方與中國的金融大分流愈走愈遠。

美國的金融革命

作為十七世紀初才開始建立的殖民地，北美十三州基本上沿襲了宗主國英國的做法，人際合作多借助法人公司，比如哈佛大學（一六三六年成立）、耶魯大學（一七〇一年成立）、銀行、教會、市政、公路和運河，這些公益事務實體都是註冊的公司，營利性商業多由個體戶經營，公司化商業組織出現較晚。一七七六年，美國從英國獨立，與英國奮戰多年後，於十八世紀八〇年代開始建國，商業企業由個體戶向股份有限公司的轉型到後來才開始加快。

美國社會的金融化過程堪稱「金融革命」，因為近兩百年連續不斷的金融創新，使美國成為史無前例高度依賴金融媒介實現人際風險互助、資源分享的社會。我們先看一些量化指標的變遷。一八〇〇年時，美國人口五百三十萬，全社會流通的貨幣大約為兩千八百萬美元（相當於當年四億八千萬美元GDP的五．八%[134]），也就是說，人均流通貨幣五．二八美元，足以說明那時美國的貨幣化程度之低。原因在於美國在建國之初，人口稀少但幅員遼闊，九八%的人居住於自家農場，生活自給自足，需要與他人交換的極少物品以貨易貨即可，貨幣需求極低。百年之後的一九〇〇年，全美流通貨幣成長了八三．五倍，上升至二十三億六千六百萬美元（等於兩百零六億美元GDP的一一．四六%），人均貨幣三十一美元，其間普通人生活的貨幣化程度翻了五倍。到二〇一〇年，美國流通貨幣升至九千四百五十一億三千八百萬美元（為當年十九兆九千九百億美元GDP的六．三%），人均三千零五十八美元，比一九〇〇年增加約九十八倍，說明美國人的生活離自給自足已經很遠，高度依賴市場交換、社會化合作。由此看到，建國後的兩個世紀裡，美國貨幣化的程度顯著上升，如今，美國人的生活如果沒有貨幣，真可謂寸步難行。一九五〇年，信用卡問世之後[135]，雖然總體貨幣化的水準持續加速，但支付手段被快速電子化，物理貨幣逐步退出[136]，所以流通貨幣占GDP之比從一九〇〇年的一一．四六%下降到最近的六．三%。

當然，流通貨幣是最基礎的金融資產，除此以外還有銀行匯票、借貸、債券、股票、基金、保險等金融資產。實際上，美國建國後所經歷的廣義金融化變遷，比貨幣化更加突出。圖十．六顯示一九〇〇年以來各時間點的全美金融資產規模（不含金融衍生品資產）。其中，一九〇〇年時金融資產規模約六百億美元，到一九四五年超過一兆美元；二戰後，美國金融資產規模差不多每十年翻倍，至次貸危機之前的二〇〇六年底，達到一百二十八兆五千億美元。如此大規模的金融資產說明，金融市場作為美國人之間，甚至美國人與國際社會之間實現資源彙集和風險分攤的仲介，使社會化合作互助的廣度和深度都達到前所未有的水準。

金融資產規模的上升本身未必代表金融化的提升，畢竟只要經濟規模增加，即使金融化水準沒變，也會有更高的金融資產規模。所以，圖十．七將每年的金融資產總值除以當年的GDP，以度量相對金融化水準：每創造一美元GDP，有多少美元金融資產在經濟體內存在和流轉。從圖中可以看到，一九〇〇年時，與一美元GDP對應的是三．二美元的金融資產，到一九二九年美國的金融化水準升到四．一；從二戰結束一直到一九七九年，金融化水準基本維持在四．二左右，但是新一輪全球化於一九八〇年開啟之後，美國的金融創新又進入快

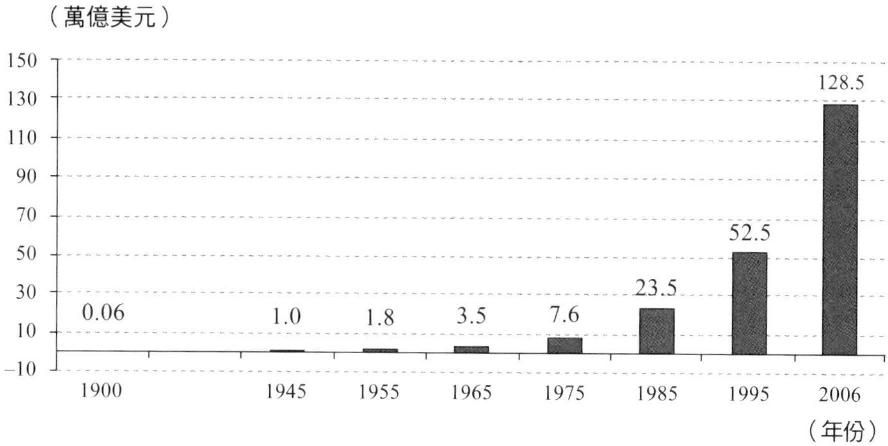

圖十・六　美國歷年金融資產規模（不含金融衍生品）[137]

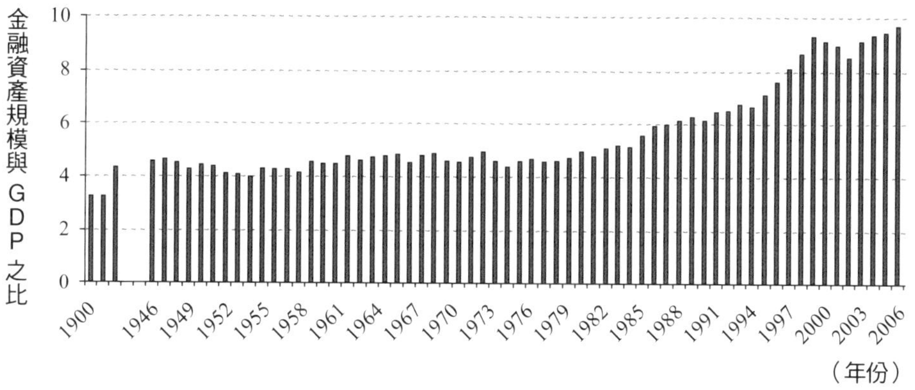

圖十・七　美國歷年金融化變遷[138]

速通道，到了二〇〇六年，與一美元ＧＤＰ對應的是九．七美元的金融資產，美國人工作與生活的金融化程度達到歷史新高。

那麼，是什麼催化了美國金融業的發展呢？在此，我們只介紹幾個突出的方面。一開始，美國從歐洲（尤其是英國）傳承了已相當成熟的銀行和保險業，其公眾證券市場跟當年的古希臘、古羅馬以及中世紀後期的義大利城邦的情況類似，也因政府負債太多而興起：獨立戰爭時期，各州及華盛頓的大陸軍欠債太多，以至於美國第一任財政部長亞歷山大．漢密爾頓（Alexander Hamilton）不得不借用英國的國債融資經驗，於一七九〇年推出著名的債務重組計劃，將所有債務換成可自由交易換手的三項國債，開啟了美國的公眾證券市場（第十二章再回到國家融資話題）。[139]

有了公眾證券市場，股份公司就有途徑發行股票，彙集社會財力並在大範圍內分散企業發展風險。到一八〇〇年，全美有三百五十五家商業股份有限公司，大約三分之二在新英格蘭地區。其中有兩百一十九家付費橋梁、付費馬路、付費河道公司，三十六家水利和救火公司，六十七家銀行和保險公司，只有六家製造公司。這說明美國起初的股份公司以公用事業為主[140]，而且到十八世紀末工業革命還沒來到美國。這些公司的股票在紐約、費城等街頭交易。不過，到一八九九年，全美製造業產出的六六．七％為股份公司所創造，到了一九一九年，這個比重升到八七％，一九三〇年更是達到九四％；採礦、批發、零售、餐飲、娛樂等其他行業也經歷了類似的公司化轉型。在美國，物品的生產與銷售、服務的供給從前都是由無數默默無聞的小作坊提供，到二十世紀早期轉變為主要由少數人嚴格管理的現代股份公司代替，足見股份有限公司這個合作媒介在十九世紀對美國經濟轉型的影響之深。[141]

早期的上市公司規模有限，股權分散度也不高。一八一三年成立的代表性製造業公司

圖十・八　美國獨立早期的華爾街

注：一七九〇年，漢密爾頓將各類零零散散的政府債務置換成三支國債，將債券交易的資源都聚焦於三支國債之上，由此做出高流動性的「公眾證券市場」，啟動「美國金融革命」的歷程。從此，債券、股票和其他金融證券成為創業創新公司募集資本並分散風險的工具，也是社會化跨期合作的主要載體。

「波士頓製造公司」(Boston Manufacturing Company) 創立時有十一位股東，到一八三○年，股東數升至七十六位，持股比重最多的為八．五%，董事們一共持股二三%，股權已相當分散；二十年後，股東數升至一百二十三位。[142]發展至一九○二年，在主要上市公司中，美國電話電報公司、賓夕法尼亞鐵路公司和美國鋼鐵公司的股東數分別為一萬兩千、兩萬八千和兩萬四千，到一九三二年分別上升至六十四萬兩千、二十四萬一千和十七萬五千，股權分散度達到新高；而全美股東數在一九○○年為四百四十萬，到了一九二八年上升為一千八百萬。[143]像美國電話電報公司，

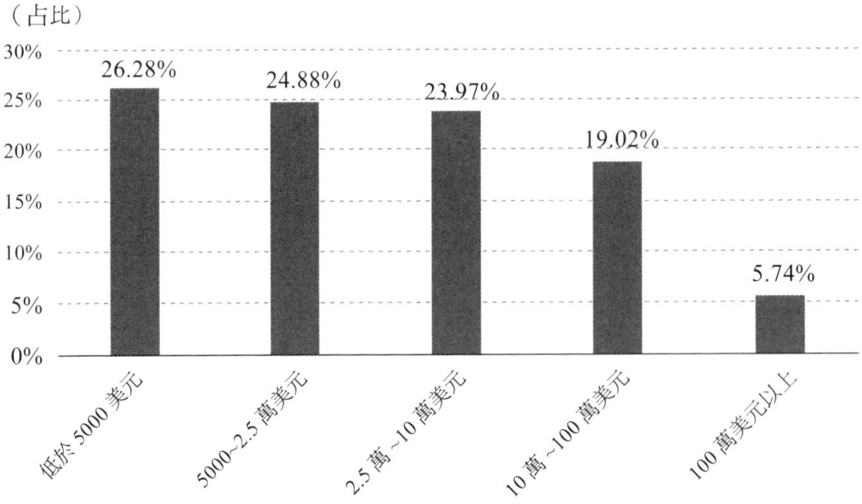

圖十·九　一九二九年美國股票分紅總額在各收入組的分配[145]

居然有六十四萬兩千名互不相識的人願意將自己的本錢投放在一起，做跨期合作，由公司管理層全權支配，資源彙集與風險分攤的範圍達到前人無法想像的程度，也是基於血緣宗族的體系永遠做不到的。在這個意義上，到了二十世紀初，美國真正實現了薛福成所言的股市「糾眾智以為智，眾能以為能，眾財以為財」的境界。

股市的效果不只在聚集資金和分散風險上，其普惠性和促進平等的特點也很明顯。我們可以從股東職業背景的分散程度審視這一點。以一八四二年的「魅力邁克」(Merrimack)公司為例，其三百九十位股東中，有八十位從事行政管理（精英），其餘股東分別為六十八位女性、五十二位退休商人、四十六位商人、四十五位製造業主和機械工程師、四十位學生和一般員工、二十三位律師、十八位醫生、十五位農民、三位機構投資者[144]，幾乎代表了社會各個職業和階層。為了顯示全美股權投資者的背景全貌，圖十·九根據聯邦稅務局的報稅資訊，將納稅人按年收入高低分成五組，然後計算各收入組在一九二九年的股票分紅所得占全美上市公司股息分紅總額之百分比。從圖中可以看到，年收入超過一百萬美元的最富有組（五百一十三人），總共得到那年股票分紅總額的五·七四％，而最低收入組得到股票分紅總額的二六·二八％。也就是說，股市不是富人獨享的投資場所，上市公司透過將股權細分成百萬股甚至數億股，讓普通收入群體也能參與認購、當股東。這一方面讓公司從千千萬萬投資者處彙集財力、將風險分攤於他們之中，另一方面也讓他們分享公司發展帶來的收益。

在第九章我們看到，股份有限公司和股票交易於十六世紀在荷蘭和英國復興。可是，在十八世紀初期，英國和法國出現股市泡沫。一七二〇年，英國的「南海公司」(South Sea Company)、法國的「密西西比公司」(Mississippi Company) 股票泡沫相繼破滅，結果法國股市崩潰，英國則因議會通過的一七二〇年《泡沫法案》，使任何新公司幾乎都不能向公眾發行股票[146]，英國股市從此沉寂，這個局面一直等到一八五六年議會通過《股份有限公司法案》才結束。[147]也正是這個原因，英國和其他歐洲國家在十八世紀上半期就把發展股市的大好機會留給了後來的美國（儘管不是有意而為），以至於到一八五六年英國重啟股市時，美國的資本市場早已遙遙領先，包括工業革命的引擎也已經從英國轉移到美國。

除了證券市場、銀行和保險外，美國也在退休基金、公募基金等行業做出諸多創新，尤其與大眾生活息息相關的消費金融，更是凸顯美國特色。前文談到，金融提供的是一系列促成人際資源合作與風險分攤的工具，那麼對於低收入群體、年輕人而言，他們可能未來收入充裕，但今天缺錢（因為年輕時收入低或者突發風險），而一些長者可能為養老準備了積蓄，希望有較高但可靠的投資回報，這兩個群體間可協調出一種理想的合作安排：長者將積蓄存於銀行，銀行作為仲介給他們保證回報，同時將積蓄貸款給年輕人與低收入群體，由後者「先用後還」，提前消費。在美國，最早推出「借錢消費」或「賒帳消費」的大概是紐約的一家零售公司Cowperthwaite & Sons，它於一八一二年左右開始讓客戶只支付部分首付即可拿走傢俱，之後再分期付款。[148]據倫德爾・卡爾德（Lendol Calder）的研究[149]，由於社會文化對「借錢消費」的抵制，看似理想的消費金融經歷了漫長的演變，至二十世紀二〇年代末才被美國社會普遍接受，「借錢消費」才成為美國文化的一部分。

讓多數美國人體認到借錢消費之好處的是縫紉機。這是第一件進入美國家庭的工業革命產品，發生在十九世紀的五〇年代。在那之前，美國人家裡一般有木製傢俱、金屬餐具、廚房用具、古董裝飾等，沒有所謂的現代工業品，更沒有今天人人熟悉的電話、電冰箱、電烤箱、微波爐、電扇、電視、汽車、電腦等，這些都是十九世紀後期或更晚的發明。在家用縫紉機出現之初，衣服都是婦女手工製造的，一件襯衣需要縫兩萬針，大約需要一天半時間。為了給四口之家的每個人做好多件衣服，做母親的經常被搞得雙眼發花、腰痠背痛。有了縫紉機之後，一件襯衣不到一小時即可縫好，生產力提升十二倍左右。[150]可是，起初每台縫紉機的價格為三百美元，當時一般美國家庭年收入為五百美元左右，只有有錢家庭才買得起這種奢侈消費品。到了一八五五年，一台縫紉機要價六十五至一百五十美元，相當於普通家庭年收入的七分之一至三分之一。尤其是那時候，妻子一般在家裡不外出工作，在丈夫看來，雖然縫紉機減少了九〇%做衣服的時間，但讓妻子節省時間後，多餘的時間做什麼呢？所以，一般家庭都不願花那麼多錢去買這麼大個家用商品。

一八五六年，最大的縫紉機製造商勝家縫紉機公司（I. M. Singer & Co）的市場行銷總監愛德華・克拉克（Edward Clark）想出一招：「我們為什麼不讓美國家庭先用上縫紉機，然後分期付款呢？」[151]最初，頭款為五美元；然後，每月付三至五美元，直到付完為止。克拉克的金融創新今天看來很簡單，但這麼簡單的想法在執行之後，使該公司當年的銷售翻了三倍，該公司在之後的二十年共銷售了二十六萬多台縫紉機，遠遠超其他縫紉機公司的銷售總和。接下來，鋼琴公司等製造商也按分期付款的金融手段促銷，讓本來只有富有家庭才消費得起的鋼琴、小提琴等，進入許多中低收入家庭，其子女也能從小學鋼琴、小提琴。

在這些消費金融安排中，有積蓄的長者、有盈餘的富有家庭以及機構投資者把錢存在銀行，他們不用知道銀行將資金委託給勝家公司、鋼琴公司等，由這些製造商和零售商將這些彙集的資金支持「先買後付」的消費者。由此帶來的變革之一，在於金融不只是為遭遇風險衝擊的家庭「救急」、「救難」（見第一節至第三節），也有助降低了高收入跟中低收入家庭的消費差距，使大型消費品不再由富人獨享，促進消費機會平等。一八五〇年時，美國人只有二%的收入花在耐用消費品上，隨著分期付款模式的推廣，到了一八八〇年，這個占比提升至一一%；從那以後，耐用消費品的生產每年按四．七%的速度成長，遠高於耐用工業品的成長速度。[152]到了二十世紀初，私人汽車蓬勃發展，一開始也只有富人才買得起，一九一七年出現了十家左右的汽車抵押貸款公司，一九一九年通用汽車公司也推出了自家的汽車銷售貸款公司，專門為客戶提供「先買後付」的分期付款購車服務；到了一九二五年，銷售貸款公司增加到一千六百多家[153]，大大促進了汽車業的發展，讓普通家庭都能買得起汽車。後來，私人飛機、遊艇等也都有過類似的成長經歷。

消費金融（或說家庭金融）的社會價值也可透過一個簡單例子看到。假如張三今年二十八歲，剛拿到金融博士學位並在紐約找到一份好工作，未來四十年每年的預期收入為三十萬美元，這些未來收入的折現總值就是張三的人力資本，即一千兩百萬美元。那麼，即使張三今天沒有流動資產，有了這一千兩百萬美元的人力資本，也應該很富有了。可問題在於，他出身草根，手頭無錢，如果沒有金融幫他將一些未來的收入提前變現，他依舊很窮，碰到風險衝擊也會束手無策。由於人力資本不能直接用於抵押（因為人不能被變賣），所以就需要借助其他物品變現，如縫紉機、鋼琴、汽車「先買後付」的金融，還有住房抵押貸款。儘管實際上張三是靠未來的收入來支付抵押貸款的月供，但因為房產可以抵押，他透過抵押可立即在紐約買下價格兩百五十萬美元的房子，等於將人力資本的二〇％多先用上。而如果沒有住房抵押貸款，張三可能得月月存錢，等上至少十五年才能買到房，到自己年長、子女大了才住上自己的房子，就如本章開始時參議員格拉姆講的那樣。

從張三的例子可以看到，在沒有消費金融的社會裡，年輕時是一輩子中收入最低、流動財富最少、卻最需要花錢的時候，年長時則正好反過來：最不需要花錢，花錢得到的效用低，但偏偏是收入高、流動財富最多的時候。消費金融就是透過給年輕人、年長者、資金稀缺者、資金充裕者，提供社會化合作的工具，去改變這種局面。其效果是縮短未來收入跟今天收入的差距，讓張三方便配置一輩子中不同時期的收入，平滑各年齡段的消費，使他不至於在最能幹、也最需要花錢的時候沒錢花，而到年長了、花錢需求低的時候卻偏偏錢又多了。

金融發展對美國社會和經濟有哪些影響呢？十八世紀後期到十九世紀末，既是銀行等金融機構在全美各地擴張、開枝散葉的時期，又是美國城市化進程最快的一段時間。兩位學者蒐集了一七九〇至一八七〇年全美各州的金融發展與人口成長資料[154]，以檢驗一州的城市化速度是否曾受惠於金融業的廣泛滲透。作者選取了以下兩個指標度量當地金融市場的發達程度：有無銀行，銀行資本金總值。他們的量化分析顯示：十八世紀末，一州的銀行資本金總值每增加一〇％，一八一〇至一八七〇年當地城市人口的年增速度因此會加快約〇・一％。因此，金融市場的發展與城市的崛起之間確實存在顯著的聯繫：城市化進程部分受益於金融機構的擴張。

類似的結論在同時期的英國也得到支持。亞歷克斯・特魯（Alex William Trew）與合作者以「本地銀行職員數」衡量當地金融的發達程度[155]，分析發現：在英國不同地區之間，一八一七年金融市場發達的程度愈高，那麼一八八一年時，當地的城市人口密度就愈高，而且一八一七年時當地就職於金融機構的人口占比每上升一〇%，一八八一年時那裡就職於工業部門的人口會因此上升一一%。也就是說，當地經濟在後來六十四年的工業化轉型會加快，工業產值的占比會上升更多。金融的深入發展，也與當地總要素生產力的提高存在顯著關聯：一八一七年時當地金融從業者愈多，一八八一年時各產業的生產力都會因此顯著提升。他們還發現，十九世紀初金融從業人口占比高的地區，不僅會加快當地在之後幾十年的工業化進程，還會加快臨近城鎮的工業化速度，為後者帶來顯著的溢出效應。一言以蔽之，金融不僅促進城市的崛起，也助推了催生近代文明的最重要變革——工業革命——的起飛。

總之，美國從建國以來，先是繼承了西歐的傳統金融行業，然後逐步將資本市場、消費金融、保險金融和銀行金融都推向新高。一方面豐富了企業發展的資本支援，讓創業創新風險分散在千千萬萬投資者之中，為美國成為創新型國家奠定基礎[156]，正如熊彼得所言：「信貸的本質功能，在於幫助企業家將經濟納入創新的軌道。」[157]另一方面，個體間的社會化合作和風險互助因此達到前所未有的深度與廣度。在金融得到全面發展之後，個人和社會應對風險衝擊的能力自然今非昔比，這也是暴力在十九、二十世紀持續下降的主因之一。

現代金融來到中國

美國雖然十八世紀八〇年代才開始建國，但由於它傳承了古希臘、古羅馬和基督教文明的文化資源和制度基礎，金融在美國不僅沒有水土不服，還很快就被發揚光大，抬升了個體應對風險的能力。反之，現代金融進入中國的經歷遠遠沒有那麼順利。前文談到，早在軸心時代中西方的選擇大不相同，中國選擇靠血緣宗族解決風險互助與資源分享，從西漢開始，專注發展儒家禮制和血緣為本的倫理道德，到了十九世紀四〇年代，中國被迫打開國門時，西方人看到的是一個幾乎所有人際合作都依賴血緣網絡的社會，在後來的洋務運動時期，即使引進現代金融，也是水土不服。[158]

中國早就有基於集市的商業市場網[159]，但如前文所述，由於在軸心時代選擇依賴血緣建立社會關係，造成中國的法律傳統一直側重刑事和行政（即公法），以維護朝廷的統治為中心，輕民事商事（即民法）。[160]以清代為例，彭凱翔與林展針對《大清律例》做統計後發現，在總共兩千三百五十四條律例中，只有一百二十條涉及民事、三十一條涉及商事，兩類加總只占六．四％，主體則在行政（八百一十四條）、刑事（六百六十九條）、用刑和司法（四百四十六條）等[161]，足見中國法制傳統中以公法為主、民法甚微的特點，即使法律涉及個人間的合約糾紛和契約權利，一般也是因為這些事務影響到帝國的政治。所以，《大清律例》基本上是一部執政法，與西方法律淵源《羅馬法》相反。鐘斯（William C. Jones）說：「羅馬法主要關注的是民法，而在中國，只有民法影響到皇帝的利益時才會被考慮。」[162]容閎是第一位留美中國學生，一八五四年一從耶魯大學畢業，很快便回中國投入洋務運動，一八六五年著手翻譯派森（Theophilus Parsons）的《契約論》（*On Contracts*），後來他在回憶錄中說：「予以為此書與中國甚有用也。此時予幸得一中國文士，助予譯事……彼旋勸予勿譯此書，謂縱譯畢，亦恐銷路不廣。因在中國法庭中，因契約而興訴訟者極少。」[163]此外，在中國歷朝金字塔式的治理體系中，知縣是皇權最底層的代表，職權包括行政和司法，判案只是其諸多權力之一，沒有專職法官——這一特色注定了晚清金融洋務運動的宿命。

在傳統中國，如果張三買羊肉後發現得到的是狗肉，以欺詐違約將賣方「告」到縣太爺處，縣太爺對商事「細故」會顧不上。民事糾紛一般由宗族解決，商事主要由風俗習慣、禮制道德規範，或由行會商幫解決，再來就是個體自我防範，或訴諸暴力；如果是跨地區糾紛，可能會求助於武林鏢局。在那種社會環境下，人民為了降低交易契約的不確定性、降低交易成本，只好依賴「關係」，包括血緣、朋友、熟人關係，以關係作為信任基礎，減少糾紛。如果交易價值不大，聲譽壓力足以規範交易行為，特別是在人口流動少的社會裡，「關係」和習俗能達到相當於契約的執行效果。

可是，如果市場的地理範圍不斷擴大、交易價值超過一定規模，聲譽與習俗機制能發揮的作用就會不足。就得要有獨立的外部契約執行機制，靠正式、非人格化的法治保障交易契約，否則就難以為繼。

由於金融交易買賣的是跨期承諾，因此對執行機制的要求會比一般商品交易更高。在鴉片戰爭打開國門、中國重啟遠洋貿易之前，由於生產規模與市場廣度都有限，上述「關係」的金融，即「關係金融」（relationship finance）或「人格化的金融」（personalized finance）基本上夠用，交易以及契約執行的基礎是「關係」。[164] 傳統社會的「熟人」借貸，還有後來的錢莊、當鋪和票號，都屬於關係金融：金融機構規模小，從本地吸收存款或投資，然後又投放到本地居民和企業，各方都為熟人，甚至世世代代都在同一地方生活。由於禮制支持下的宗族互助和關係金融就夠用，對外部金融的需求有限，因此對支持外部金融的法治體系的需求也低，「非人格化」的民商法體系難以發展。

一八四二年五口通商開埠後，長途外貿快速上升，不僅帶動了上海等口岸城市的經濟發展，也促使通商口岸與內地貿易成長，市場的地理範圍不斷外延，加快各地區的行業分工。山西第一家票號「日升昌票號」創辦於一八二三年左右[165]，但更多票號及各地分號在十九世紀後半期出現，一八五〇年後全國新建的分號有五十四家，為一八五〇年前的兩倍[166]，票號行業顯然受益於通商之後內外貿易的上升。跨區貿易從根本上推動了票號、錢莊等關係金融的發展，但很快也暴露了其侷限性，因為票號業務的規模與範圍擴大到一定程度後，東家與掌櫃之間、票號與分號之間、分號與客戶之間的委託代理或契約執行問題，就變得愈來愈複雜，不是只靠「關係」就能解決，也超出清朝正式司法的能力。

開埠後一段時間內，貿易宗族讓山西票號受益，但前提是設在租界、並以租界司法規制的外資銀行還不是太多，來自它們的競爭壓力還不算大。可是，十九世紀後半期，隨著外資銀行的增加，票號與錢莊愈來愈難應對它們的競爭：票號與錢莊受關係金融和清朝商法不到位的制約，難以做出規模，畢竟非正式的契約執行架構無法支持愈來愈長的委託—代理鏈；而外資金融有來自租界司法體制的支持[167]，能做出規模，也能應對來自長距離海外貿易的風險挑戰。因此，票號與錢莊在晚清的衰敗，主因在於清朝契約執行制度上的缺陷，或者說是因為祖先在軸心時代選擇聚焦發展禮制與宗族，忽視了公共領域的法治建設。

除了貿易上漲這個因素，十九世紀六〇年代開始的洋務「強國」運動也挑戰關係金融的能力。洋務運動旨在追趕西方工業技術，仿造洋槍洋炮，實現富國強兵夢。[168]但洋務專案需要大量資金，而且風險高，關係金融難以勝任。「公司一事，乃富國強兵之實際。」[169]薛福成說，股份有限「公司不舉，則工商之業無一能振；工商之業不振，則中國終不可以富，不可以強。」[170]洋務派引進「股份有限公司」這一新型企業組織，通過向大眾售股，廣泛集資並分攤風險。一八七二年成立的輪船招商局是首次嘗試，目的在於模仿西人自辦輪船運輸（見第八章關於河運與海運的討論），其股份可在民間自由轉讓，認股不認人。實際上，不只是跟西方技術有關的洋務需要彙集大量資本，在傳統的「無限責任」票號和錢莊受到衝擊後，華商需要建立現代的「股份有限制銀行」，才能跟西方銀行在同一平臺上競爭，可是這也要大量資本，少則五百萬兩銀，多則數千萬兩。[171]

但問題是，對於不習慣西方法治的中國社會來說，這種公司股權的安排帶來了挑戰：一方面，外部股東如何放心讓公司管理層支配控制他們投在公司的資產？另一方面，在一個習慣「無限責任」，即「老子還不了，兒子還」的社會，從前沒有發展出與「有限責任」相配的司法與行政體系，要怎樣保證公司股東的責任是「有限的」？當初金融進入美國時，他們沒有這種挑戰，水土不服不存在，而現代金融在十九世紀後期出現於中國時，局面完全不同，面對的是一個缺乏商法傳統的社會。雖然股票和其他現代金融是讓千千萬萬陌生人實現人際合作互助的完美工具，但晚清不具備所需的契約執行體系和高效公正的法治生態。

證券市場上的投資者（出資方）和證券發行公司（用資方）之間，一般來說互不相識、相隔遙遠，就像平安集團的總部設在深圳，而其百萬股東有的在深圳、上海，有的在黑龍江、新疆，他們之間以及他們與平安集團之間的交易是「非人格化的」（impersonal），不以「關係」為基礎，這種金融在英語裡有時被稱作「arm's-length finance」（「正常交易關係金融」），意思是投資者和用資方之間保持距離，無直接的熟人關係。[172] 當出資方和用資方間有距離時，公正的產權保護和契約執行架構就至關重要；否則，「正常交易關係金融」就無法發生，或即使短期內能夠發生，也無法長久持續。「有限責任」是「正常交易關係金融」的普遍特徵，是外部投資者願意參與的基本條件（如果外部股東對公司的虧損或「惹的禍」有無限責任，他們不會願意投資做股東），但是這也帶來道德風險：萬一用資方不負責任亂用錢或者隨意決策，怎麼

圖十・十　輪船招商局的貨輪

注：股票作為社會化跨期合作的工具，在傳統中國缺乏所需的法治體制，眾人無從置信，以至於逼出「官督商辦」，由官府隱形擔保，開啟剛性兌付先河。一八七二年，李鴻章領頭建立中國第一家「官督商辦」股份有限公司「輪船招商局」，向華商發股融資、分攤風險。雖然認購商人無幾，但也是金融洋務運動的里程碑。

辦呢？所以，「有限責任」需要多方制度加以制衡。

洋務運動時期，清朝沒有相應的證券法、公司法、契約法或商法。為了讓社會對「正常交易關係金融」有足夠的信心和信任，洋務官員採用「官辦」、「官督商辦」等[173]，以官政信用做隱性擔保——這可能是當時唯一可行、能解近渴的辦法，否則投資者不會參股，金融市場難以發展，追趕西方的「富國強兵」效果無法達到——由官府給金融交易做隱形擔保，從晚清洋務運動開始，至今還沒結束，現在被稱為「剛性兌付」。[174]在容閎的建議下，直隸總督李鴻章於一八七二年推出中國第一個現代公司「輪船招商局」[175]，他在奏摺裡寫到，用蒸汽船海運米糧是最小目標。該舉措將為帝國帶來榮耀，亦為未來數百年奠定商業、財政和軍力基礎。[176]創辦之初，李鴻章從直隸軍費中撥付十三萬五千兩白銀，以年息七%貸款給輪船招商局。但是，儘管有官府貸款墊底、且給外部股東保證每年一〇%的股息回報，民間商人當初承諾認購至少十萬兩白銀的股本，可實際只有一萬兩入股；結果，李鴻章自己投入五萬兩白銀。[177]一八七三年到一八八三年，官府每年向輪船招商局貸款八萬兩到十萬兩的資金，所給予的貸款總額是其間股本總額的二・二倍多。[178]在另一個代表性案例中，一八九六年盛宣懷的中國通商銀行規劃從私人手中籌資七百萬兩白銀，以修建北京至漢口的鐵路，但那個計劃沒多久便失敗了；盛宣懷和張之洞最終意識到，像這樣的大項目，如果官府不拿出建設資金，除了借外債就別想從民間融到所需資金，私人投資者是不會相信他們的。一八九八年，盛宣懷在給皇帝的奏摺中寫到，鐵路局當初計劃從民間籌資修建鐵路。但華商往往只在項目已經建成、並有實實在在盈利之後才願意投資……華商以及百姓購股之事，實屬少見。他們或許會在完工之後購股投資，但別指望他們在新專案之初就投資。[179]

在輪船招商局和其他晚清「官督商辦」的股份有限公司中，「官督」意表管理階層的主要總監由官方任命撤換，對企業運行和財務、甚至是日常管理都可能干預。在輪船招商局的例子中，李鴻章對公司的日常管理做了超過四百項書面指令[180]，使公司既非一〇〇%官府衙門，又非真正的商業企業。因為官府授予的特權，輪船招商局在十九世紀八〇年代早期開始贏利，導致一些官員呼籲將招商局國有化，但呼聲被李鴻章駁回。在這個意義上，有官府介入股份有限公司的確給私人投資者產權保護，使其他人不能輕易剝奪贏利的公司資產。在缺乏獨立司法保障時，私有產權（無論是投在公司的，還是在個人或「堂」的名下）只好依賴官權保護。[181]遺憾的是，官府權力又恰恰是私有產權的威脅所在，形成矛盾。

輪船招商局成立後的十年內，十五家股份有限公司分別上市（圖十・十一顯示每年新發行

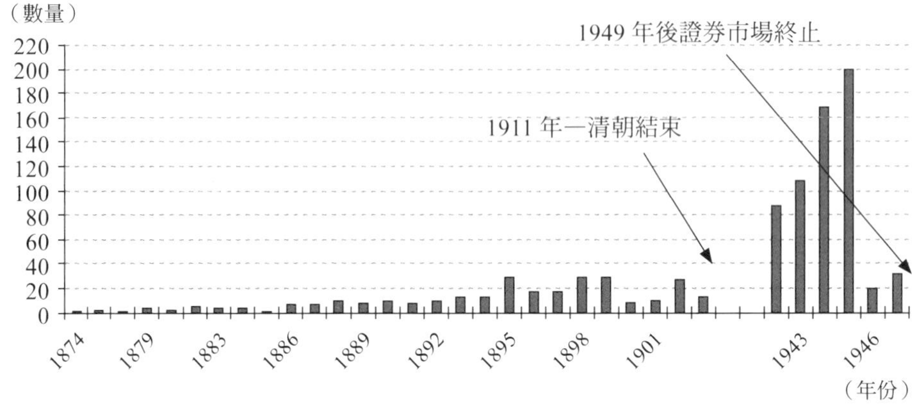

圖十・十一　晚清到民國時期歷年新上市公司數量[183]

股份的公司數），包括採礦、製造和交通等產業，股票在上海街頭和茶樓交易。由於缺乏資訊披露和配套的會計規則，關於這些公司的財務盈虧和事業發展的資訊極少，故而股民缺乏甄別公司好壞的基本依據。時人在《申報》描述道：「今華人之購股票者，則並不問該公司之美惡，及可以獲利與否，但有一公司新創，糾集股份，則無論何如，競往附股。或十股、廿股、數十股、數百股，唯恐失之。其有派股不及者，則悻悻然見於其面。」[182]在缺乏充分且可靠資訊的條件下，加上監管和司法的空缺，股票市場成了完全的投機場所，無基本面可供參照。

一八八二年，投機狂熱製造出清朝第一次股市泡沫。那年，許多股票價格翻倍[184]，時人形容當時股市之繁榮道：「氣運之轉，機會之來也。」[185]「上海近來公司之多如此，則將來隆隆日上夫豈讓於泰西哉？」[186]就在泡沫接近頂點之時，第一家股票交易所公司「上海平准股票公司」於一八八二年九月成立，將股票交易從街頭和茶樓轉移到交易所內，同時將股票交易的程式、結算和槓桿等規則明確化。

伴隨股市泡沫而來的是一八八三年的股災，一八八三至一八八四年股價平均下跌七〇％有餘。[187]一些藍籌公司如輪船招商局、開平煤礦、平泉銅冶廠，其股價比一八八二年的高點至少暴跌八〇％。股災如此嚴重，以至於為投機者提供槓桿配資的許多錢莊和銀行紛紛倒閉，在上海和其他口岸城市引發重大的金融危機。[188]股災之下，廣大商民對股票和現代股份公司的狂熱激情，快速轉變為恐懼厭惡，也引發了一場關於公司制度和證券金融是否「水土不服」的大檢討。「泰西公司之賬公而顯，中國公司之賬私而隱……其收支各賬則惟公司之司事諸人知之，各股友皆渾然不知也。」[189]「夫公司之設，學西法也，（中國）乃學其開公司，而不學其章程……但學其形似，而不求夫神似。」[190]傳統中國的企業會計實踐側重現金收支記帳，忽視資產折舊等成本，適合於東家監督夥計，以及少數合夥人間的相互監督，不適合股東數量多、股權分散且股權頻繁換手的股份公司[191]，以至於韋伯認為：中西方在會計規則上的差別，尤其是十五世紀義大利發明的複式簿記法，使資本主義出現在西歐，而不是中國。[192]另外，晚清的股份公司高層多有官府背景，「官督商辦」的體制下，公司跟官方有許多說不清的關係，讓「保持距離」的外部股東難以放心自己的權益會被排在首位，造成股份公司模式移植中國後不再有效。由於行政權力不受制約、私人權益保護不到位以及資訊披露無規範，「正常交易關係金融」難以推進。

中國證券市場的下一波發展出現在一八九四至一八九五年間中日甲午海戰之後，那次戰敗衝擊了國家信心，引發一輪對中國文化和國家前途的大討論，再次探尋富國強兵之路。這一回，因為戰爭賠款使政府資金短缺，甚至難以支付國防開支，所以要靠私人資本唱主角，創辦新型工業企業，純粹的私營股份公司開始出現。這時期，也有官商合辦的公司：官府直接入股而不是給予貸款。比如，一八九八年成立的戶部銀行就採用這種模式（一九〇八年更名為大清銀行），一九〇三至一九〇七年一些鐵路公司也採用這種模式。圖十・十一顯示，一八九五年有二十九家、一八九八至一八九九年分別有二十八家新股份公司上市售股。這種勢頭在一九〇〇年義和團運動後被中斷。

義和團運動後，愛國知識分子又討論了一個核心問題：為什麼中國辦不好股份有限公司和一個能為洋務提供資本的股票市場？討論的結果把癥結歸到法律制度上，包括沒有公司法和破產法。湖廣總督張之洞在《勸學篇．農工商學》中寫道：「商非公司不巨，公司非有商律不多。華商集股設有欺騙，有司罕為追究，故集股難；西國商律精密，官民共守，故集股易。」[193]

壓力之下，清廷於一九〇四年頒布了中國歷史上第一部公司法《公司律》。當然，對習慣以禮制道德為商業契約執行主體的中國人來說，運作並接收「非人格化的」法治，自然不是一兩天就能做到的事。《公司律》頒布之後的四年間，全國只有兩百二十七家公司正式登記註冊，其中九十九家在江蘇和上海。[194]可見，儘管用意是以《公司律》為華商公司融資經營提供便利，但並沒有多少人把這部法律當一回事，水土不服仍是現實。[195]如果沒有相配的政體和司法，單單一部《公司律》顯然不夠。不過，這是朝正確方向邁出的重要一步。

到一九一一年清朝結束，儘管路途坎坷，但中國有了近四十年股份有限公司和股票市場的實踐經驗，超過四百八十家公司公開發行了股票（圖十．十一），涉及行業涵蓋了製造、電力、採礦、紡織、鐵路、輪船運輸、銀行和其他金融服務。這段試錯經歷讓精英體認到將官府與商業分開的必要性，也了解到洋務不只是機器設備，而且股市也不只是一個交易場所，軟性制度同樣重要。曾任兩江總督的鄭觀應說：「華商公司不能振興，由於有剝商之條，無保商之政……當道不知商情，不恤商艱。若是公司擅請當道設立，稍得利益者，即委員督辦，歲須報效。」時人陳熾有言：「商律者，保商之政也。」「不定商律，何以護商？」[196]回頭看，透過「官辦」、「官督商辦」、「官商合辦」為洋務公司提供政府信用，可能解決了當時的近渴，否則，洋務工礦企業難以獲得社會的信任和資本。但是，官府信用的存在也同時扼殺了民間自發產生信用機制與契約執行機制的動力，讓民間社會注意力不是放在建立並執行民間行規上，而是放在如何打通官府權力上，結果是滋生腐敗。

有意思的是，一九一一年清朝結束，民國成立。之後近二十年裡，中國軍閥林立，國家權力衰弱，而這段期間恰恰是中國近代證券發展史上的「黃金年代」。一九一二至一九二七年，社會興辦的資金萬元以上的新式工礦公司一千九百八十四家，投入資本總額達四千五百八十九萬元；這也是新型現代銀行出現的黃金期，新建銀行三百一十一家，投入資本總計一億一千九百四十三萬元。[197]一九二一年，通泰鹽墾五公司成功發行中國第一筆公司債券，價值五百萬元。這期間也發展出一大批專營股票、債券的證券公司，上海福州路、漢口路、九江路旁證券公司林立。這些金融仲介是實現社會化跨期合作的中流砥柱。

為什麼「無政府狀態」的北洋政府時期反而使金融發展得最快？原因很多，其中之一是那期間政府信用低，「官辦」或「官督商辦」的路走不通，官府也顧不上管制市場或干預經濟。在那種環境下，一方面華商必須自發形成行規，組建行會為市場交易創建制度環境，比如上海錢業公會、上海股票商業公會、銀行公會、信託業公會等對相應行業的准入、退出和處罰都有詳細規則，維護市場的誠信秩序。另一方面，當時的不同租界均有自己的法院或仲裁機構，因此除了民國法院外，金融交易雙方還可選擇其他法院作為裁決機構，反過來促使各法院相互競爭，結果就是為上海等地提供了愈來愈可靠、公正的契約糾紛解決機制。馬德斌教授尤其談到[198]，上海公共租界在當時尤其突出，它幾乎和中世紀威尼斯城邦一樣，貌似一個以納稅人為股東的有限公司，「工部局」是它的小政府，稅收財源堅實，其下市政機構包括員警、監獄、衛生、教育等，提供方方面面的公共服務，還有「上海公審會廨」解決契約糾紛、處理刑事案件。馬德斌通過分析發現，正是這個二十三平方公里的高度自治小社會及其中立的執法體系，使它成為北洋時期多數金融機構的所在地，帶動全國的金融發展。從圖十．十二可以看到，二十世紀四〇年代每年新上市的公司數量空前高漲。一九四九年後，證券市場很快便中止了，到改革開放後的一九九〇年才重新啟動。

保險金融在中國的經歷也不輕鬆。中國原來沒有保險業，第一家保險公司是一八〇五年來到中國的英國「諫當保安行」，由於那時清廷只允許外國人在廣州經商，所以那家保險公司設在廣州，專為來往廣州的外國商船提供運輸保險。第一家出現在中國的人壽保險公司是英國的「標準人壽保險公司」，一八四六年進入，也是為住在廣州、上海等口岸城市的外國人服務。早期只有洋行保險公司，一直到一八六五年才出現中國人創辦的保險公司「上海義和公司保險行」，經營的是水運保險；一八七五年，在李鴻章的支援下，輪船招商局推出仁和保險公司。在之後的幾十年裡，更多華商保險公司相繼成立，但發展較慢，到一九四九年也只有六十幾家國內保險公司。[199] 保險自十九世紀進入中國以來，一直受到文化上的挑戰，因為中國人歷來不願談及不幸之事，認為那不吉利。比如，沒人願意聽保險銷售員說「如果你家發生火災」、「如果你明天出車禍」，不吉之語會嚇跑客戶，更別說銷售了，尤其是人壽險，「如果你哪天死了……」這樣的話是絕對大忌。[200]

從洋務運動以來的經歷可以看到，現代金融進入中國並不是一帆風順，不能像一七九〇年後的美國那樣為金融提供發揚光大的制度與文化土壤。但是，試錯與摸索還是帶來進展。這裡，我們不妨回到前面談到的「高利貸」問題，以利率變化作為評判的尺碼。從表十．四中，我們已經看到，唐末以前，民間借貸利率一直維持在一〇〇％左右，宋明下降至六〇％上下，清初進一步降至五〇％，到十八世紀下降到二七％，而十九世紀至二十世紀中期，民間借貸利率

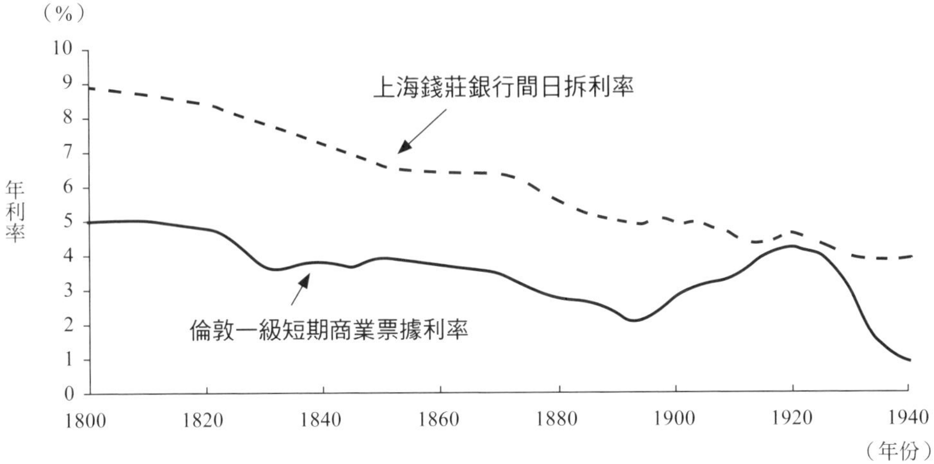

圖十．十二 上海錢莊日拆利率與倫敦銀行貸款利率比較 [206]

在二四%至二六%[201]，這說明十九世紀開埠甚至洋務運動之後，非正式的民間借貸市場沒有顯著改善。相比之下，西歐的民間借貸利率在十七世紀一般都在一〇%以下，到了十八世紀甚至降至八%以下。[202]

不過，正式金融還是有改善明顯。在十八世紀，銀行給最好商戶的貸款利率在荷蘭大約為三%，英國為四%至五%[203]，而同一時期，中國錢莊票號的商業利率平均為三九．二%[204]，與西歐相距甚遠。圖十．十二對比了一八〇〇至一九四〇年上海與倫敦的正式金融市場，展示其利率變化趨勢。其中，上海選擇的是錢莊及後來銀行間的日拆利率，反映風險相對最低的錢莊或銀行間隔夜借貸利率（借貸期限最短），而倫敦選擇的是銀行貸給最好商戶的三月期貸款利率。如果兩國的金融發達程度一樣，那麼上海錢莊日拆利率應該顯著低於倫敦一級商貸利率，可是實際情況相反，前者一直更高，說明倫敦的正規金融一直比上海更發達。[205]可是，十九世紀初期以來，上海錢莊銀行日拆利率呈顯著下降趨勢，向倫敦一級商貸利率逼近，甚至在一九二〇年前後兩者幾乎重疊，說明儘管到二十世紀四〇年代中國金融市場還沒能完全達到「糾眾智以為智，眾能以為能，眾財以為財」，尤其在實現民間普惠金融方面，還有漫長的路要走，但洋務運動的確促進了正規金融的進步。

從資本化體制看中西大分流

在結束探討金融對文明化進程的貢獻之前，我們最後談一下這些年流行的話題：中西大分流。二〇〇〇年，彭慕蘭（Kenneth Pomeranz）出版著作《大分流》（*The Great Divergence*）[207]，此書的核心命題為：在工業革命之前，中國和以英國為代表的西歐社會之間不存在本質區別，但以十九世紀初為起點，出現人均收入等維度的「大分流」（the great divergence），英國等先行工業化國家的生活水準發生騰飛。「大分流」命題引發了大量的跟進研究，因為分流既大又猛，以至於人口剛過千萬的英國在一八四〇年鴉片戰爭中戰勝人口四億之眾的中國：這種分流是發生於一夜之間，還是長期「微分流」的累積？彭慕蘭解釋，由於中國和英國都受人均土地制約，而之所以工業革命發生在英國，是因為英國有大量便宜的煤炭和多處殖民地帶給它的土地，得以種植諸如棉花等農產品，分流與兩國的經濟、政治與產權制度無關。[208]此後，彭慕蘭與加州學派的同仁列舉了「工業革命前中西無本質區別」的個案證據，說明市場經濟的主要特徵到十七、十八世紀的中國已逐步形成：勞動力流動於地區之間和城鄉之間，不受官府管制[209]；土地既能作為生產要素，又能作為資產流動，被買賣或抵押借債；資本能跨行業、跨地區投資，入股銅礦、煤礦、鹽井[210]，或購買土地房屋；在管理安排上，也有所有權和經營權的分工，委託代理造就百年老店[211]；明清中國，官府對私有財產、商業契約有明確的保護，包括解決借貸與商貿糾紛等等。[212]

加州學派從史料中挖掘明清個案現象，啟發新的研究，對明清歷史研究貢獻很大。他們發現的現象也印證了本書一開始就談到的人類共性，即只要是人的社會，就有激勵去鑽研各種新策略，包括體制變革和商業創新，將自己和親人活下去的機率最大化。中國社會也不例外，商人會充分利用有利可圖的機會（不管是進行商業貿易，還是投資創業），也會努力推演出各種促進人際合作、增加交易安全的機制（包括習俗、商幫、行會）。從這個意義來說，如果從工業革命前的中國和西歐社會找不到共同元素，那反倒奇怪。從方法論角度來看，重要的不是能否在中西找到相同的現象，而在於「量」和結果：在中國和英國都有勞動力、資本和商品跨地區流動，不等於兩個社會無本質上的區別；在中國和英國都有官員腐敗，不等於它們同等地腐敗，因為任何一個社會都有腐敗。以「個案等於全部」為準則（例如，「只要玉堂醬園妥善解決了所有權與經營權分離的問題，就證明清代解決了委託代理問題」），去論證中西在工業革命前的異同，這種方法值得商榷。一八〇〇年後中西出現「大分流」本身說明，它們在這之前就應該存在本質上的區別，只是那些區別的後果從前還沒能凸顯。格雷夫與塔貝里尼說過[213]：至少在過去一千多年，中國人主要靠宗族，而歐洲人則更多依賴「法人公司」來實現人際跨期合作，這就是本質區別之一。從上一節我們看到，在十八世紀，荷蘭的銀行給最好的商戶貸款利率為三%，英國為四%至五%，而同期中國錢莊票號的商業利率平均為三九．二%；到十八世紀末，上海錢莊間的日拆利率幾乎是倫敦銀行給最好商戶貸款利率的兩倍（圖十．十二）。這些對比表明，兩方到十八世紀的金融發達度、跨期信用體系和資本化能力乃天壤之別，由此折射出截然不同的制度背景。由於金融在現代經濟（即工業革命以來的經濟）中發揮核心作用，解釋大分流的答案理應在金融發展所需要的制度之中。

彭慕蘭說，雖然十八世紀或更早的時候，中國的利率遠高於西歐，但中國「不太可能存在資本嚴重短缺，或缺乏調動資本所需要的制度。即使在英國，多數早期工業項目是靠創業者自己和親戚的資金啟動的，而不是靠金融機構支持；中國二％最富群體得到的社會總收入之比，跟英格蘭、威爾斯的情況幾乎無異。所以，難以想像中國企業的融資途徑會跟英國相差甚遠。」[214]也就是說，儘管英國的資本成本低、資本市場更發達，但未必對英國的創業與創新有實質上的影響，英國人像中國企業家一樣靠親戚融資創業、發展。彭慕蘭和加州學派同仁的這種猜測，是基於對資本市場的狹義理解，尤其是對資本化的認知不足。熟悉資產定價理論的學者都知道，利率作為資本的價格，是資本供給與需求關係的反映，也是資本調動能力的總結：利率低說明資本的調動能力強，資本供給相對於需求更加豐富。而之所以英國、荷蘭的利率在十八世紀比中國低那麼多，原因在於第五節到第七節談到的：由於中西方在軸心時代的不同選擇，西歐國家在工業革命之前就推演出增強陌生人之間跨期信用的制度體系，通過不同金融工具實現大範圍內的資源互助合作[215]；而中國因為過度專注禮制宗族，忽視了民商法等資本化所要求的體制發展。也就是說，中西在體制上的大分流早在軸心時代就開始了，只是在農業時期，基於血緣宗族的人際合作基本上夠用，體制大分流的影響還不明顯，但到了長距離貿易和技術變革改變資本的重要性之過程中，超血緣的人際合作體制對生活水準的後果才得到凸顯，於是有了十九世紀以來的人均收入大分流。也正因如此，如果想認清中西方在十八世紀或更早時期的本質差別，就不應該把對比的重點放在農業上，而應該放在資本化生態體制上。

為了更澈底理解資本化的作用，我們需要區分財富、資本和貨幣。其中，貨幣是流動性最好、用作支付工具的通貨，所有有價物及收入流都是財富；而資本是流動的、能增值的產權。一般而言，財富量多於資本量，資本又多於貨幣，三者間的差距取決於體制環境，尤其是跨期信用和法治體制。各農業社會都有貨幣和財富，但由於制度缺陷，不一定有很多資本。資本化能力差的社會裡，除了貨幣之外，沒有其他資本。以今天的房地產為例，中國城市裡現在每一套房都對應著房產證，即產權證，上面記錄所有者的名字、身分證號等資訊。張三的房產證所代表的產權當然是財富；如果法律禁止房屋買賣，那麼房產證只代表財富，不能變成資本，也不能成為貨幣；而如果房子可以買賣，但不能做抵押資本化，那麼房產證所代表的財富可以變成貨幣，但資本價值有限。當然，如果國家推行新法律，讓每份房產證只標明所對應的房產，不需寫明所有者名字和身分證號，誰持有房產證誰就是房子的主人，那麼房產證就完全等同貨幣了，甚至在房地產吃香的時期，房產證會是比貨幣更受歡迎的支付手段。近些年在中國，許多創業者和朋友以房產證作為入股公司的資本，這麼一來，房子自己照住，但房產證成了流動的資本，幫助公司抵押借貸或做其他交易——這就是財富被資本化的具體方式之一，不是只有公司股權上市交易才是資本化（未來收入流的資本化）。[216] 此外，土地、廠房、收藏品、未來收入流等，都可以用類似方式變成產權，流動起來成為資本。

但是，財富和未來收入流的資本化，不是把產權證和交易契約設計好了就大功告成，因為房產證作為產權，只有得到相應保障才能流動起來；如果缺乏體制保障，這種產權不會有人願意接受，不可靠的產權就不是資本。比方說，如果房產開發商經常一房多賣，張三付完房款、得到房產證後，發現李四、王五也有同一房的房產證，發生糾紛，他們上法院起訴。這時候，法院是否會受理訴訟，受理後是否會有公正法律和公平司法程序保護各方權益，舉證規則是否合理，法官是否會受到權力干預、是否會受賄等等，都至關重要。如果人民對民商法和司法沒有信心，那麼房產證就如同廢紙，即使可以買賣流轉，也不會有資本價值，因為人民不敢把房產證接受為資本。這就是十九世紀以前中國和英國之關鍵區別所在，資本化能力不只表現在英國有上市交易的股份有限公司、中國沒有股票市場。當然，資本化能力強的社會，資本供應會多，資本成本（即利率）就會低。前面說到，彭凱翔與林展的統計表明，《大清律例》的兩千三百五十四條律例中，只有一百二十條涉及民事、三十一條涉及商事，兩類加總只占六．四%，足見清代民商法還不到能支持各類財富與未來收入流資本化的程度，更何況到十九世紀的中國還沒有專門法院和專職法官，民商訴訟也由肩負多項職能的知縣判案。

明清官府判案的公允性和可信度也多受爭議。邱澎生道：「至少自十六世紀以來，有些商業書籍勸商人避免興訟，甚至還勸商人出門在外要減少自己的好奇心，儘量別旁觀衙門審案，以免遭受無妄之災。」[217]時人如此擔心官府對私人身家財產和契約權益的威脅，以至於明清商業書籍奉勸商人「是官當敬，凡長宜尊」；成書於十六世紀的《買賣機關》解釋道，「官無大小，皆受朝廷一命，權可制人，不可因其秩卑，放肆慢侮。苟或觸犯，雖不能榮人，亦足以辱人。」[218]從商業書中的告誡，可見商人對明清司法所可能給予契約權益的可靠保護度，鮮有信心。從而，產權的流動以及人際跨期交易範圍就難以超出血緣網絡，資本化無法在廣泛範圍實現。

近年引起大家普遍興趣的是哥倫比亞大學曾小萍教授對晚清自貢鹽商的研究。[219]她發現，在十九世紀初期的四川自貢，官府不干涉商業，營商環境相當自由，商人們自己通過商幫、會館建立並執行契約規則。起初，鹽商基本上靠族人間集資，成立以「堂」命名的宗族企業，比如「王三畏堂」、「李四友堂」、「胡慎怡堂」等，經營規模有限。一八五〇年太平天國起義，割斷了湖廣等地區與華東海鹽的通道，迫使湖廣另謀鹽路，於是為自貢鹽商帶來黃金發展期，鹽產量從一八五〇年的一億一千兩百磅（約五千萬克）成長到光緒年間的三億九千萬磅（約一億八千萬克），增加近三倍。[220]然而，雖然機會來臨，但擴大生產規模並非易事：一方面需要大量資本，但鑿井風險大，資金投入往往四五年不回本，甚至一些鹽井因產量稀少而關閉，使投資血本無歸；另一方面需要技術革新，否則難以達到規模效應、提升產出。令曾小萍驚喜的是，自貢鹽商接受了挑戰，依靠中國文化元素解決了集資擴張與風險分攤的需要，而且在鑿井技術上實現了奇妙突破。首先，宗族堂是各主要鹽商企業的基礎，持股人以族親為主，只有少量外部資金參股；如前所述，這種堂的功能與西方的公司類似，區別在於股東有「無限責任」，契約保障以禮制和族規為基礎。其次，具體的鹽井開採和銷售管理透過一種叫「大關」的合股企業承擔，這裡「大關」類似現在的控股公司，旗下可針對每口鹽井專案再設「子大關」等；每個大關在股東中或從外面雇用「職業經理人」（包括總經理「承首人」），以薪酬和少許股份為激勵，由職業經理人管理旗下業務，並按季報或年報向股東提供財務和運營情況[221]；因此，在融資與運營安排中，資產的管理權與所有權是分開的。再者，大關和其他無限責任合股企業的股份，可在不同人之間轉讓，一般情況下，股權出售前其他股東有優先認購權，只有其他股東無購買意願時，才可賣於他人。

在一個世紀左右的發展歷程中，自貢鹽商的融資範圍以族親為主，但也通過以上安排，從血緣網絡之外，甚至跨省融資擴張，廣泛分攤風險，其管理結構也接近現代公司。故而，曾小萍說，這些融資與管理創新都在中國傳統文化的框架下發生，說明之前關於現代公司及資本主義跟儒家不相容的論斷站不住腳。她的研究與彭慕蘭關於山東玉堂醬園的案例一樣[222]，得到加州學派的歡呼，也加深我們對中國商業史的認識。但是，有幾個細節值得思考，因為在我看來，自貢鹽商的例子恰恰表明加州學派關於「工業革命前中西無本質區別」的論斷不成立。第一，自貢鹽商興於十九世紀初期，並在一八五〇年太平天國之後快速發展，在時間順序上是工業革命起步之後。如果說自貢鹽商的融資與管理創新是中國歷史上的首次，這本身就說明了工業革命之前，中國與西歐存在本質上的差異：早在西元前五世紀，古羅馬就推出「公共合夥公司」，其融資、管理與股權交易的安排跟西元十九世紀自貢鹽商的做法幾無差別[223]；而十六世紀的荷蘭東印度公司、英國東印度公司、維吉尼亞公司等，則是更近代的對照。[224]第二，無限責任的好處是讓外部股東不得不關注公司的決策和運營，不足在於使企業過於保守、不願冒險，也減少外部投資者的興趣，抑制資本供給；到二十世紀初，自貢鹽商的企業組織與融資模式漸漸式微，被洋務運動時期引進的股份有限公司取代。第三，不受制約的權力是清代中國與西歐更根本的區別，迫使自貢鹽商自十九世紀末逐步走向衰敗。一八七七年丁寶楨任四川總督，將井鹽產出全部改由官府統一收購、統一運輸、統一銷售；到一八八〇年，官運壟斷川鹽在雲貴、湖廣的全部市場，奪走大量鹽商的業務，小鹽場尤其難以為繼。相比之下，英國自一六八八年光榮革命之後，商人不再面對這類權力威脅。[225]最後，與彭慕蘭研究的山東玉堂醬園一樣，曾小萍蒐集的成功案例也有一特點：需要子孫科舉成功或買官，為「宗族堂」的身家財產和契約權益提供保護，這又回到邱澎生教授談到的商人「是官當敬，凡長宜尊」的問題。道光年間，王朗雲始創「王三畏堂」，鼎盛時資產過百萬銀兩，為鹽場首富；在丁寶楨任總督期間，王朗雲因反對川鹽官運而入獄；坐牢期間，王朗雲只好捐款七萬兩，清廷隨即給他加封按察使二品官，他不僅出獄，且買得身家安全。李四友堂、胡慎怡堂、顏桂馨堂等都靠捐官，獲得財產與契約權益的保護傘。

這些案例表明，設計股份融資結構和委託代理安排，應該是商人在面對發展機遇時能自然想到的，但這些設計能否得到所在社會的體制支援，或者即使能自發發展幾十年，最後能否持續下去，此即區分中西社會的關鍵所在。玉堂醬園、自貢鹽商等案例恰恰折射出工業革命之前中西社會的本質區別，而不是佐證它們本質上無異。中西大分流不是等到十九世紀才發生的。

結語

從本章可以看得，金融的救荒救急作用不僅在現代社會重要，對傳統社會更加重要，可以為人民提供救命的途徑。表面上來看，似乎是土地私有讓舊時的地主富農有機會在災害時大量收購土地，引發農民憎恨，進而導致起義。深入探討小農被迫賣地背後的具體境況會發現，是金融等避險工具的缺乏造成農民只好把土地、房屋、妻妾、子女當成避險工具，在遇到風險威脅一家生存時，不得不靠賣地、賣房或賣妻女求生。從這個意義上來說，地主富農在災荒時願意出錢買地，對社會有益，因為這些購買抑制土地價格暴跌（否則災荒時只有賣方但無買方）。土地私有不是罪魁禍首，缺乏應對風險事件的金融市場才是問題的關鍵。如果農民擁有更有效的保險和跨期調配資源的手段，風險挑戰不必靠賣地賣妻解決，就像二戰後的印度農村一樣，災荒也不一定帶來土地的進一步集中，農民起義也可以避免。

按照這個邏輯，我們能更透澈理解傳統社會的其他行為，比如，辛巴威農民為何靠變賣牲畜應對旱災衝擊。[226] 辛巴威是撒哈拉非洲諸國中市場功能較發達的國家，自然風險較大，常年遭受旱災。一九九二年，辛巴威發生了二十世紀以來最嚴重的旱災，在通常會降雨的時節，河流與水庫悉數乾涸，農作物和牲畜大量死亡，城市裡的食物供應也嚴重短缺，價格飆漲。儘管政府提供了賑濟計劃，但遠遠不能達到平滑消費的效果，農民必須通過私人避險機制獲得現金，購買食物。變賣牲畜是當地人應對旱災衝擊最為重要的方法，那年，超過三分之二的家庭變賣了牲畜。調查顯示，自一九八三年以來，辛巴威平均每戶擁有的耕牛數總體呈成長趨勢，而一九九二年旱災期間，耕牛損失和變賣的數量卻很大。這顯現了牲口作為避險資產的局限性，因為旱災期間本是牲口發揮避險價值的時候，不少耕牛卻會在那時死亡，多數農民同時變賣耕牛也會使牛隻市場價格下跌。不過，由於他們沒有金融工具可供選擇，加上耕牛市場在平常年分也交易活躍，使得耕牛作為避險資產有了一定的流動性。一九九四年，一次調查以那些在一九九二年受旱災衝擊較小的農戶為對象，研究了他們所具備的共同特徵，結果發現：約三〇%的被訪者是因為不靠農業獲得收入，其次有二三%的被訪者是因為擁有大量牲畜儲備，遠超過因子女少而受影響小的被訪者，只有五%的被訪者靠存款抵禦旱災風險。因此，除了離開農業就業外，變賣牲畜是辛巴威農民應對旱災風險的主要方式。不過，對其他一些發展中國家的農民而言，養育牲口可能過於昂貴，以此規避災害風險不太現實。例如，坦尚尼亞超過半數的農戶沒有牲畜，因為養一頭耕牛的花費占全年穀物收入的五分之一。[227]因此，對於農戶而言，發展正規金融和保險市場才是避險上策。

金融市場增強了個體應對風險的能力，使風險發生時個人從暴力中能得到的主觀收益降低，因此促使暴力下降，進而推進文明化。此外，前文談到，傳統社會之所以鬻妻賣女，也通行包辦婚姻等，是因為在缺乏金融的條件下，個人尤其是女性、婚姻被當作避險工具，而有了發達的金融之後，女性和婚姻得到解放，個人權利得到伸展。總之，無論是從削弱暴力衝突這個維度，還是從更加廣義的維度定義文明，金融市場都蘊含了推動文明化的邏輯。金融市場和家庭、宗族、宗教以及上兩章談到的商品市場一樣，其存在與發展都是文明化進程的推動力。

當然，金融雖是好東西，但發展起來卻不容易。在軸心時代，西方選擇注重公共秩序和社會化合作的建設，使他們逐步建立的法治體系和契約執行架構極有利於陌生人之間的跨期互助，而金融只是促成人際跨期合作的具體工具。西歐從古希臘、古羅馬時期就開始發展各類金融，並於中世紀後期重啟金融市場；美國雖然到十八世紀後期才獨立，但很快便引領了人類的金融革命，豐富了人際社會化合作的金融工具選擇。然而，由於兩千多年前中國選擇了不同的道路，所建立的社會秩序和體制更多是基於血緣禮制，因此到了十九世紀後半期主動引進現代金融和其他洋務時，不具備這些人際互助工具所需要的體制土壤，結果是水土不服。其他發展中國家在引進並發展金融市場的過程中，經歷與中國大致類似，都在繼續探索之中。

伴隨著宗族與宗教的逐漸後退，市場在避險和其他人際互助中扮演的角色愈發重要。與市場並駕齊驅的還有國家：尤其是跨入二十一世紀後，國家在個人與社會生活中扮演的角色愈發重要。在討論利息的過程中，我們已經看到了金融與政府之間可能存在的張力；在接下來的兩章中，我們則會從「福利國家」和「金融治國」的角度，分別剖析國家角色演變背後的避險邏輯：第十一章將闡明國家如何協助個體規避風險，實際上，這既是國家起源的誘因，亦是近現代福利國家崛起的原因；第十二章將側重討論金融市場對於國家履行職能的重要作用，包括金融市場在大國興衰與朝代更替歷史中所扮演的角色。

第十一章 國興亡之繫

風險、福利與國家的起源

近十年的長者，不僅沒分享到該有的勞動果實，也沒得到該有的就業之分。由於多年遭遇經濟衰退，加上舉國冒險投機帶來的銀行倒閉、保險公司破產，結果連他們的終生積蓄也成泡影，宗親也無力以助。[1]

——美國國會議員查爾斯·科登（*Charles Colden*）在國會的發言

一九三五年美國經濟大蕭條期間，眾議員科登在國會如是說，立意是要求通過《社會安全法》（*Social Security Act*），為長者提供退休養老保障，即史稱「羅斯福新政」的創舉之一。該立法標誌著美國聯邦政府往福利國家邁出了一大步。他的發言雖然不長，但指出至關重要的一點：雖然誠如前面各章所述，人類歷史上發明並將三類應對風險的方式精益求精：宗族、宗教與市場，其中，市場又分為商品市場與金融市場——但在面對諸如一九二九年金融危機引發的大蕭條（一九二九至一九四一年）這種風險衝擊時，可能不僅金融和商品市場的救急賑災效果大打折扣，就連血親與教會網絡也「心有餘而力不足」，原因在於大蕭條期間，銀行擠兌頻繁，全美九千多家銀行破產，其他資本市場也幾乎停止供血，造成大量公司因缺乏資本而倒閉，失業率一時超過二五％。在如此大規模的風險衝擊下，族親、教會和各類慈善機構大多自身難保，救助親朋教友成為難以實現的奢求。所以，當時的美國社會呼喚第四類避險救急機制——國家福利[2]，即羅斯福新政的實質。由於國家壟斷的合法強制力，政府不同於市場，也不同於教會和族親，可利用徵稅等強制手段在不同群體間進行轉移分配，包括救急、扶弱、濟貧等——至少理論上可以這麼做。

當然，如此定位國家或「政府」，在人類歷史上不是什麼新發明。無論是中國還是西方，建立國家以庇佑民眾福利的思想可謂源遠流長。早在《周禮》中，便記有「大司徒」一職，其職責是「保息六，養萬民」；大司徒的六項具體職責是：「一曰慈幼，二曰養老，三曰振窮，四曰恤貧，五曰寬疾，六曰安富[3]」，幾乎覆蓋此前談到的各類負面衝擊。在西方，早在古希臘時代，各城邦已形成了一套慣用的應對饑荒等危機的方案。[4]近代以來，國家在這個領域的作用愈發突出，比如直到十九世紀末，經濟合作暨發展組織（OECD）國家投入社會安全（包含工傷殘疾、社會保險、醫療保險、養老保險等多類）的資金占GDP比例均接近〇％，而至二十世紀末，這項比例通常達到二〇％，許多國家甚至超過了三〇％。[5]學術界普遍稱這一趨勢為「福利國家的興起」。[6]

為何國家會在福利方面下這麼大的功夫？以西歐為例，據馬可・范萊文（Marco Van Leeuwen）總結，政府開啟廣泛濟貧運動——常被視為近代福利體系的濫觴——背後有多重動因。[7]首先，濟貧可以穩定社會秩序。直至工業革命早期，歐洲社會仍然視通行的社會分層為神聖諭令：既然社會分工由上帝指派，那麼階層劃分自有其合法性，不應人為變更。不過，在那之後，政府透過給予窮人財貨，增強了他們對現行秩序的認同；給予孩童成長及醫療護理保障，出資讓他們就讀公辦學校，則可強化下一代對現有秩序的認可。而對於富庶、地位顯赫的家庭，援助也可讓他們避免地位過快下滑。其次，每逢物價上漲，輿論都會擔憂中下層是否將發起暴動。從前流行一句話：「勞動的階級，即是危險的階級。」[8] 在前面的章節中，我們也談到糧價波動與暴力間的密切聯繫。因此，政府援助幫助減少價格波動，等同於緩解社會衝突的誘因，這對政府顯然有吸引力，尤其政治家可借國家的財力為自己獲得政績，多得選票，何樂不為？最後，天花、鼠疫等疾病的廣泛流行，也迫使政府採取措施，以應對草根民眾受到的健康威脅。[9]

從建立福利國家的動機來看，無論是意求減少暴力衝突、增強社會穩定，還是防控疾病，都與風險應對密切相關，而不是為了提升生產力。也就是說，如果只從生產力的角度解讀，就會難以理解現代福利國家興起的意義，而從風險應對能力看，結論就大不相同。接下來，我們先追溯歷史，探究早期的氣候災害如何促成國家形成，避險賑災是國家起源的主要催化劑之一。換句話說，從相對平等、但秩序鬆散的狩獵—採集社會走向階層分明且秩序森嚴的國家，本身就是對抗風險使然：如果沒有規矩，何成方圓？如果不能秩序化，就難有文明化。其次，具體到政府在避險賑災中發揮的作用，據《周禮》記載，早在三千年前的周朝，就有泉府具體承擔這種職責，這將是第二節關注的話題，我們會借助古代中國的政府救荒賑災實踐，探討國家履行福利職能的具體方式和經歷。第三節把我們從古代拉回近代，探討現代福利國家如何在西方興起，尤其從兩個角度分析福利國家的形成過程：工業化給人類帶來的新風險、宗教改革所產生的再認識。在中世紀的歐洲，社會資源由教會掌控，避險賑災主要由教會承擔；宗教改革之後，則出現了扶貧救災從教會主導轉向政府主導的過程，尤其在德國和其他路德宗新教的社會更為突出，那次福利的世俗化轉型改變了世界。第四節則聚焦國家與宗教間「此消彼長」的競爭關係：當金融市場興起，教會抨擊利息，阻擋金融發展；當國家要提供福利時，宗教也對世俗力量「滿臉不快」。這背後的邏輯是什麼？在實證經驗上，又能找到哪些證據呢？認清國家與教會間的張力，對於理解文明化發展軌跡和當今世界格局極為重要。[10] 如果說在新石器時代後期，國家因應對氣候風險、解決水利挑戰而興起，那麼在近代歐洲，是戰爭風險加上教會淡出扶貧救急，造就了現代國家。也就是說，不管遠古還是近代，國家皆因風險而塑造。

國家因應對風險而產生

每種組織通常承載著多重功能，而哪一種才是其核心功能呢？追溯起源才可幫助我們找到答案。國家也是一種組織，國家之所以特殊，是因為它壟斷合法暴力，可以此制止其他暴力威脅、建立秩序，也可借助強制力調動人力、物力，「集中力量辦大事」，或按照某種規則在居民間配置資源、分攤風險等等。針對人類國家的起源，眾說紛紜。比如，有學者認為國家的起源與農業密切相關，理由在於：首先，農耕作為一種新技術，在滿足已有人口的基本生存需求之外，還創造了剩餘產品，並從兩方面促進社會分化。首先，剩餘產品為形成更加精細的分工提供了基礎。除了單調的狩獵採集或種植外，社會還可供養紡織者、工匠、藝人。為了協調不同職業與行業間的合作與交換，社會需要少數精英充當領導階層，國家的雛形由此而生。[11] 其次，剩餘產品的存在，孕育了相關的暴力衝突。倉儲的存在，代表搶奪有利可圖；潛在搶奪者的出現，意指部落需要持有武力，以維持一定的財產秩序。儘管武力可以保護自己的收成，通過相互威懾形成秩序，但在同一部落內部，居民也會因為掌控暴力的程度差異而發生分化。掌握最強武力並最敢使用暴力的人，也因此成為新興國家的統治者[12]，即所謂的「叢林法則」。最近，有學者在這個基礎上進一步深入研究[13]，提出並非所有發明農耕或採用農耕的社會都推演出秩序，即文明、建立國家形態，還得取決於當地的農作物是什麼屬性；如果像非洲馬達加斯加那樣產出易腐爛、不能跨期儲存的農作物，那麼那種農業社會未必能催生文明秩序和國家。也就是說，在以穀物為主要農作物的社會裡，穀物易存易運的特點導致穀物剩餘容易被掠奪，因此跨期儲存的可能帶來對財產保護的需求，就需要由精英收稅並建立維護私有財產的秩序，從而產生基於複雜等級次序的國家。反之，以根莖為主食的部落（比如馬達加斯加），由於根莖一旦收割很快便會腐爛，且根莖含水量高、重量重，跨區運輸的成本高，由此獲得能量的效率太低，因此強權者掠奪的興趣不大，建立產權秩序的必要性低，那些社會就沒什麼動機建立國家形態。這四位作者根據全球各社會所產農作物的屬性和建立國家的時間做研究，發現農作物易腐爛的社會的確很晚才進入文明化、組建國家。

然而，這些基於農耕的解釋未必站得住腳。至少有三方面的反駁：第一，儘管農業確實可能催生國家的興起，但能解釋這個相關性的理論不止一種。在第三章中，我們談到氣候季節性的波動增加後，催生了農業的發明，也促使農業往他處擴散。因此，有可能是氣候的異常波動同時導致農業和國家的興起。[14] 第二，倒果為因也是個頗有說服力的假說：不是農業造就了國家，而是國家選擇了農業。穀物的生產期相對固定，成果易於觀測，產出亦便利度量和運輸。因此，在位的精英傾向強迫轄區內的民眾，以農業生產替代狩獵採集。[15] 第三，這也是更根本性的批評：剩餘是否會在農業替代狩獵－採集之後自然產生，很值得懷疑。與狩獵－採集的生產方式相比，農業在生產力方面並不優越。根據馬歇爾．薩林斯（Marshall Sahlins）的估算，儘管狩獵－採集社會的生產中確實不存在多少剩餘，但他們平均每天只工作兩個多小時。[16] 因此，只要這些居民願意，他們還是可以產出更多，製造剩餘。即使農耕帶來生產力的提高，也未必會導致剩餘。根據馬爾薩斯理論，增加的生產力會被更快增加的人口吸收。[17] 第三章說到，考古學者近年發現，進入農業後，居民的生活指標（比方說反映生活水準的身高）反而遭遇了普遍的下降[18]，說明農業並沒有提升生產力，不一定有實質性的剩餘。因此，將國家興起與農業及剩餘產出關聯的傳統說法並無根據。

試圖解釋國家起源的其他早期學說也經歷了類似挑戰。[19]這方面的學說很多，最終需要蒐集地球上各個社會的樣本，透過系統的量化歷史分析，才可以分清哪一種或幾種學說站得住腳。羅伯特・卡內羅（Robert Carneiro）較早注意到，能夠在早期孕育出國家的地域都是「農業發展受限制」的地區，比方說尼羅河谷、底格里斯—幼發拉底河畔和秘魯沿岸。如何定義「受限制」呢？山脈、海洋或沙漠的存在，都制約了當地以農維生的人類開墾耕地的程度；相反的例子是南美亞馬遜，廣袤的原始叢林幾乎為農業的發展提供了無限的空間。對於前者，生存面臨著現實的威脅，無論是人口增加、耕地不足，還是遭遇天災、口糧告急，狹窄的地形都限制了他們的避險手段：可供遷移的去處有限，可去的地域多被其他部落占據，而集約耕種及多樣化種植等手段，所能提供的保障亦有限度；因此向外發動戰爭、搶奪他人的領土成為應對生存危機的主要手段。相較之下，在農業發展幾不受限的亞馬遜，應對生存危機的手段無須如此複雜：採擷森林中的多類果實，借助刀耕火種開啟新的耕地，即可滿足食物需求。[20]卡內羅在這個基礎上提出假說[21]：動員與組織的要求，使領導權和資源開始向少數人集中，催生了最早的國家。

卡內羅的學說是否正確？馬丁・索利齊（Martin Solich）和馬歇爾・布拉德莫勒（Marcel Bradtmöller）選取了多個典型的狩獵—採集部落遺址，對其社會內部的歷史變動做了全面比較分析。[22]在距今一萬六千年至三萬六千年前那段時期，這些社會內部的變動與氣候變遷間呈現密切的關係。例如，在兩萬八千五百年至三萬一千五百年前，這些社會遭遇了很長一段的冰期：與最高點相比，氣溫平均降低將近攝氏三度。同一時段裡，不同部落的居民墓葬開始分化：少量墓主的墳塋中開始出現繪畫等複雜裝飾。同時，相對複雜的小飾品亦出現了，典型代表之一是蚌或犬骨製作的小珠子。無論是墓葬的分化還是裝飾品的現身，都與社會內部的階層分化有密切聯繫，或者說讓社會分層有更多表現的方式。[23] 在同一時期，這些狩獵—採集社會的生產方式，也愈發「趨近」農業社會：一方面，當地居民愈發傾向於定居生活而非頻繁遷徙，待在同一地點的時間延長、遷移頻率下降；另一方面，多樣化、用途專業化的建築比例也在上升。儘管他們對比研究的物件主要限於歐洲，其他考古學者對非洲的研究亦發現：氣候的劇烈變化、災害風險的上升，可能導致社會內部分工複雜的程度增加；同一時期，帶有赭色染料的石器也開始在遺址中出現，表明社會內部可能出現了地位的分化。[24]

實際上，與卡內羅的學說相比，基於風險框架的解釋更加全面，也就是說，國家的起源是為了強化居民應對風險的能力，讓受眾更能「抱團取暖」。前面已經談到，氣候季節性風險的增加能清楚解釋農業的發明和擴散。從狩獵採集邁向農業，未必是先民有意的選擇。然而，由於自然環境惡化（即風險波動增加），原本的狩獵採集或遊牧產出不再穩定，口糧波動不斷，他們向適宜生存的地區聚攏移民，增加搜尋範圍、拓寬可食種類的同時，也開始向原始農業發展：儲存並嘗試栽培種植、改良土壤、發展灌溉等等。[25] 因此，在氣候波動較大的地區，我們既可看到石器類型的拓展以及覓食方式的多樣化（比如，開始嘗試捕魚），也可以觀察到原始農業的痕跡。[26] 伴隨生存手段多樣化而來的是職業的多樣化，以及建築設施的多樣化。與此同時，無論是倉儲的建設與保護，還是集中捕獵季節性強的畜群或魚群，都要求社會形成更加緊密的組織與互助合作，也就是更為複雜的規則與秩序。[27]

人類最早的城邦在美索不達米亞南部興起的歷史，就是這樣的一個過程。[28] 距今八千年到九千年前，美索不達米亞平原上已經出現人類部落的活動蹤跡。那時的氣候非常適宜人類生存：溫和潮濕，夏季颱風帶來穩定的降雨和廣布的湖泊，今伊拉克北部的乾谷和烏爾－斯查特河沿岸的沖積平原，為當地帶來豐富的魚類資源。當時，居民在採集、放牧、農耕之間來回切換，小規模分散定居在今天的波斯灣南部和整個阿拉伯半島。到了距今約六千三百年至三千八百年的歐貝德時期（Ubaid Period），全球海平面上升，加上季節性降雨增加，造成海水往內陸入侵兩百公里以上[29]，低地被淹沒，理想的淡水居住環境向內陸退縮，導致人口和土地的關係緊張，產出風險提高。在這樣的情況下，各部落劃分領地、爭奪資源，競爭升級。

灌溉農耕技術的進步應該是這場競爭的關鍵。勝出者往往掌握了更好的農田灌溉技術，從而產出平穩、吸引更多居民的部落。這些部落因人多勢眾搶占了更理想的位置，之後進一步吸引有野心的人加入，如此延展下去。對於沒那麼有野心的人而言，由於大部落掌握的農耕技術和生產管理方式帶來穩定的產出，加入大集體的收益高於屈居人下的損失，因此他們也會加入。如此一來，部落就像雪球一樣愈滾愈大，人口從之前平均五十至兩百人，漲到兩千至三千人。同時還產生了更複雜的社會管理層級，從上到下，一層管一層，一個標誌就是在埃利都地區出現了象徵秩序和等級的層疊式寺廟。

到了距今約五千年至六千三百年的烏魯克時期（Uruk Period），人類第一個國家形態的城市社會在美索不達米亞誕生。這個時期的人口和灌溉農業一同擴張，出現了密布的水利系統。社會層級變得更複雜，出現了管理者、手工業者和其他專業人員。由巫神精英們組成的統治階級掌控著經濟、社會、文化的各個方面。海洋運輸的進步也提高了百姓交換資源的便利性，而舶來品成為地位的象徵（買得起就是本事），進一步加強了社會等級感。在文明的中心烏魯克瓦卡地區（Uruk-Warka），城市人口上萬，文字伴隨著交稅欠稅、跨期賒帳、倉儲記帳而在人類歷史上第一次出現。[30]防衛著烏魯克城的城牆高高矗立，一方面象徵著城邦在擴大、人口在湧入、社會組織變得複雜，另一方面也表明城邦內外之間的財富差異、生存差距在擴大，被進攻掠奪的風險也在增加。[31]發生在距今三千五百至五千五百年前的另一次全球乾旱期，除了繼續造就美索不達米亞之外，也催生了其他主要文明，包括非洲撒哈拉中部利比亞費贊地區的加拉曼特文明（Garamantian civilization）、在尼羅河谷興起後產生古埃及王國的涅伽達文明（Naqada civilization）、印度河薩拉斯瓦蒂河流域的哈拉帕文明（Harappan civilization）、中國的龍山文化、秘魯沿海的小北文明（Norte Chico civilization）大致都在這一時期形成，且發展的軌跡都如出一轍：在氣候風險的逼迫下，人口向河流沿岸集中，放棄遊牧或狩獵採集，社會從扁平結構走向等級分層結構。[32]

人類學家曾這麼描述巴西南部的一個原始部族：一年中，他們平常分散成小團體，過著接近狩獵—採集的生活；待雨季來臨，他們聚集成規模較大的部落，在酋長的指導下照管土地、種植作物、修建房屋。哪些成員能擔任酋長呢？就是在風雲莫測的世界裡，過去預測和指點相對準確的人！[33]按照兩位學者的說法：酋長充當的角色，類似一個小型「福利國家」的首領。[34]

中國夏朝建立的故事也類似。史書充斥著「大禹治水」的神話，講述禹如何把困擾中原人半個世紀的水災治好，以此為禹建立夏朝這個國家並作為首王找到合法性。這說明國家的第一功能是為民除災賑災，降低居民的風險挑戰。也就是說，至少在中國的傳統觀念中，政府為民消災、救災，打從一開始就是國家存在的理由。

如果窮盡各種已知的避險手段都無濟於事，風險還是威脅生存，那麼卡內羅說的將變成現實：部落轉變為國家，國家發動戰爭。[35]從這個意義上來說，戰爭也可被視作最後的避險手段。就中國國家的起源，亦有學者將四千年前的小冰期與之相連，認為戰爭是連接二者的管道。[36]具體來說，在夏朝建立之前，整個北半球經歷小冰期，極端天氣頻發，中原南部洪水不斷（故「大禹治水」），西部和北部低溫缺水，導致五大新石器文化迅速衰落（包括馬家窯文化、齊家文化、龍山文化、良渚文化等）。[37]只有第二階梯和第三階梯交接的中原地區是理想家園，於是人口向中原中心地區遷徙，導致人口壓力大增，只能透過戰爭緩和；在戰爭的刺激下，以夏朝的建立為標誌的中華文明形成。

雖然這個解釋強調了暴力作為有組織的避險手段的作用，但結合前面美索不達米亞南部國家的故事和其他資料，會發現這與其他避險手段可以歸入同一個框架下理解，因為戰爭也是做出利弊評估決策的結果。在不同部落的競爭中，戰爭能力高的族群往往也有更強的手段規避風險，避險技術伴隨攻城掠地的勝出而積累下來，帶來穩定的經濟產出、更大的人口規模和複雜的社會組織，最終促成國家的形成。

植物考古學家也發現，中原文明在各大文明中脫穎而出，不僅是因為相對優越的地理位置，還由於品種多樣的農作物減輕了自然災害帶來的生存風險，使農業產出更趨穩定。對十五處考古遺址的採樣發現，與通常只種植一兩種作物的其他文明不同，黃河中游地區百姓的主食包括粟、黍、水稻、小麥、大豆。[38]社會組織形態的演變與應對風險的挑戰高度相關。

當然，正如我們在本書中一再強調，戰爭應是無可奈何的選擇，因為儘管戰爭能幫助一個部落或國家降低風險對生存的衝擊，然而另一個部落卻可能因此遭受暴力死傷和苦難，這與文明化進程互斥。這也是為什麼從前面各章節可以看到，從原始社會走到現代，其他避險的手段逐漸成熟，需要以暴力求生存的場景逐漸減少，暴力頻率也不斷下降。

關於國家的起源，查爾斯・蒂利（Charles Tilly）曾提出著名的「戰爭說[39]」，即「戰爭締造國家、國家製造戰爭。」他的學說和我們在此強調的「風險說」有矛盾嗎？蒂利講到，統治精英為了發動戰爭，需要管控社會、動員大量財力與人力，這種需求催生了現代國家機器：透過建立更加複雜高效的國家動員機制，為戰爭提供持續保障，因此戰爭與國家之間是相互依賴、互相成就的。

在分析中，蒂利創造性地將國家這個政治組織與其他人類組織（如黑幫、海盜等）進行類比，認為這些組織間只存在暴力使用程度的區別；統治精英起初透過暴力占有一定疆域之後，為了維持疆域，會不斷改進初級暴力機構，形成功能細分、權力集中的政治形態，目的在於進一步發動戰爭，尤其是持續性的戰爭；這就需要長期且穩定的財政支持，迫使政府一方面擴張官僚組織與徵稅機構，創造新的財政、審計與會計工具，以強化稅收的汲取能力，另一方面也要與資產擁有者合作，獲取信貸資源；因此，發動戰爭、汲取資源和累積資本三者的交互作用，塑造了現代國家。

當然，在發動戰爭對外擴張、締造國家以及汲取資源的過程中，政治精英對內也盡力剷除地方武裝，形成對暴力的壟斷，由此還派生出政府對社會規則與秩序的管理功能，建立司法和員警，保護民眾，以免民眾受到其他武裝力量的騷擾，解決內部衝突。國家出售「保護」這個公共服務，而民眾給政府資源（稅賦），現代國家的運轉就這樣得以制度化。

蒂利進一步分析道，由一個組織（國家）壟斷暴力對民眾而言也是一種福利提升，因為民眾與其同時向不同暴力組織購買「保護」，不如集中從一家購買，因為暴力的產生具有規模效應，單一組織對暴力的壟斷愈高，提供暴力的成本就愈低，民眾需要支付的「保護費」也愈低；當然，這也取決於民眾與政府的討價還價，甚至是武裝對抗，如果民眾沒有討價還價機會，結論就未必再成立。

蒂利基於現代歐洲國家的起源與演變佐證其理論，看起來似乎有別於我們這裡關於國家起源的風險學說，但實際上並不矛盾，因為「風險」對於農業社會可能是氣候風險，對於中世紀後期的歐洲可能是戰爭風險，到了工業化時期是經濟週期風險（後面第三節討論），而幫助民眾事前提防風險、在民眾受到衝擊時給予保護，都是國家回饋民眾的福利品。

夏朝的故事或許離我們太遙遠，一個更近的案例發生在十九世紀的巴基斯坦北部、喀喇崑崙山腳下的罕薩（Hunza）地區，[40]那裡的主要作物是小麥。由於降水稀少、可耕地不多，村落的糧食安全幾乎全靠季節性冰山融化下來的雪水。十九世紀，一位名叫米爾（Mir）的人透過改進設計和材質，成功建設起複雜而有效的灌溉網。由此，不少之前無法耕種的土地也可產出糧食。建設的過程中，米爾要求當地勞動力，要麼定期參加建設，要麼為勞力提供食物。完工後，米爾既掌控了水利中樞，又得到新耕地的分成，並用其中的一部分賞賜自己的追隨者，建立起一支武裝力量，維護統治秩序。也由於他壟斷了水權，當地居民再難違背他的意志——否則性命攸關的灌溉隨時可能中斷。此外，掌控水利網讓他完全清楚每戶農田的產出資訊，可精準徵稅。就這樣，米爾透過修建灌溉工程解決水利風險、為民消災，讓他空前強化了統治權力，將鬆散的社會整合成階層森嚴的專制國家。之後，他帶領罕薩向外擴張，征服了附近多個地區。[41]米爾的經歷證明：國家作為壟斷暴力的組織一旦成形，的確更能發動戰爭；但是，這個國家是為了消除旱災風險而興起，不是因為戰爭而生。

在原始的狩獵—採集時期，人類完全靠天吃飯，生存難以自控，所以逐步改為定居農耕。但是，農耕使得人類依賴雨水或雪水，除非水源安全穩定，否則生存照樣受風險刁難。這提供了少數精英修建水利、掌控水權的機會。水利灌溉網通過跨空間、跨時間的再分配，將農業用水的供給與不穩定且季節性強的雨水分隔開來，使得農作物的產出順利穩定。可是，水利建設和管理需要投入大量的人力物力，也需要平衡協調各方的利益，這就呼喝具備集體動員及協調力的組織介入，對國家的需求由此而生。巴基斯坦的米爾就是利用了這種需求。

當然，這種需求也可作為鞏固殖民統治的機會。同樣是十九世紀，荷蘭政府從荷蘭東印度公司接管東印度群島（今印尼）後，由於淡水供應極不穩定，一八四八年至一八五〇年間爪哇發生嚴重的饑荒。為了穩定水稻產出，一八五四年殖民政府成立了專管水利系統的「公共工程局」，從荷蘭找來一大批水利工程師，於十九世紀九〇年代開始修建包含十九個大型工程、覆蓋四十萬公頃農田的水利灌溉網，該灌溉網於一九二〇年全面完工。荷蘭殖民政府透過這些舉措，建立起相對穩定的「現代殖民國家」(modern colonial state)，管理部門龐大，與宗主國相對獨立運行。[42]

前述的討論似乎給人這樣的印象：國家建設灌溉工程、防範旱災的舉措，使農人的命脈更牢牢掌控在政府手中，權力過度集中於當權者。這是個別的現象，還是放之四海皆準的規律呢？

古代資料比較難找到，但讓內特・本特森（Jeanet Bentzen）等三位學者借助現代資料來驗證這一假說。[43]具體而言，他們借助聯合國糧農組織的資料庫，計算全球各地的「灌溉農業適種指數」：如果以灌溉農業代替當地原有的雨水農業（從被動農耕轉變為主動農耕），作物產出會增產多少？這一指標衡量以強制力調動資源、修建供水風險管理系統所可能帶來的收益：在像巴基斯坦罕薩這樣的地區，這一指標值應該較高。[44]接下來，他們從 Polity IV 資料庫獲取全球各國政體的「民主程度指數」，指數愈高說明該國民主程度愈高、集權程度愈低。在控制離赤道距離、海拔高度、氣溫、降水量、油氣儲藏量、最近可通航河流的長度等諸多因素後，他們發現灌溉農業指數與民主程度之間呈顯著的負相關；在進一步控制一五〇〇年時各國的人口數量、二〇〇〇年時人均 GDP、是否曾為殖民地、瘧疾易感染的程度後，統計分析結果基本上不變。因此，為民除災、應對風險的水利工程需求的確影響了原始社會向國家的轉型歷程，是國家起源重要的催化劑，也塑造了當今各國政體的權力分配模式：在集體動員帶來避險收益高的社會，權力的分配直到今天仍然更集中。一個社會面對的種植風險不僅影響了宏觀政體的選擇，還帶來微觀層面上個體觀念的差異。

在同一研究中，本特森等人借助「世界價值觀調查」中涉及集體主義及個人主義的相關問題的答案，分析發現：適宜發展灌溉農業的國家，當地居民在觀念上更傾向於集體主義。[45] 在第三節、第四節，我們會看到，工業化帶來的經濟風險（人造的非自然風險）和由此要求的政府避險濟貧福利，進一步塑造了現代國家，使國家在提供福利公共財上走得更遠。

治災之道

既然國家的起源與應對風險密切相關，除了水利工程之外，國家還以什麼手段實現備荒救災呢？古代中國王朝對此十分清楚，為臣民避凶排險是自身合法性的重要來源，也是檢測是否順「天意」的指標。《禮記．王制篇》的標準是：「國無九年之蓄，曰不足；無六年之蓄，曰急；無三年之蓄，曰國非其國也。三年耕必有一年之食，九年耕必有三年之食，以三十年之通，雖有凶旱水溢，民無菜色。」《禮記》的備災標準雖然沒有朝代做到過，但對各代朝政影響匪淺。

在實踐中，《周禮．地官．泉府》介紹了周朝的做法：「泉府掌以市之征布、斂市之不售、貨之滯於民用者。」意思是，政府由泉府這個部門負責徵稅理財，同時在貨物供給過盛、物價太低時，泉府從市場購入並儲存；等到貨物短缺、供給不足時再出售，以此跨期穩供給、平物價。據《越絕書》記載，春秋戰國時期，吳在國都修建倉庫儲存糧食備荒，而楚國勝越國之後，春申君在吳邑增修東、西二倉儲糧，也是為災荒而備；《孟子．盡心篇》說，「孟子勸王發棠邑之倉，以賑貧窮。」從漢宣帝大規模興建常平倉開始，各朝代都有建倉備災之政。[46]隋朝開始設社倉，從大城市到各州縣都建，開皇五年（五八五年）工部尚書長孫平奏請建立社倉，以備水旱凶饑：「請令諸州百姓及軍人勸課，當社共立義倉。收穫之日，隨其所得勸課出粟及麥，於當社造倉窖貯之，即委社司執賬檢校，每年收積，勿損敗。若時或不熟，當社有饑饉者，即以此穀賑給。」[47]而由朝廷維護的常平倉，主要功能在於穩定糧價，「穀貴則下價出賣，物賤則加價收糴」，與社倉相配合。據記載，唐代貞觀年間，洛陽常平倉有三十二座倉窖，窖口直徑達十五公尺、深十公尺，共儲存糧食高達兩千一百二十七萬八千四百公斤。[48]到了唐代，中國已建立了對民眾開放的全國性倉儲系統。[49]

北宋王安石針對常平法進行改革，放棄呆板的「穀貴則下價出賣，物賤則加價收糴」，並於一〇六九年推出「青苗法」（亦稱「常平新法」），即在每年夏秋兩收前，農民可從官府借貸現錢或穀糧，以對沖「青黃不接」之挑戰，至夏收或秋收時還本，另取息兩分[50]；借貸金額按借戶資產分五等，一等戶可借十五貫，五等戶一貫；為了降低違約機率，也要求借戶貧富搭配，以十戶為保，相互監督檢查。王安石的「青苗法」相當於第十章所談及、由官府從事的金融救急作用，實現政府為民救急的角色。推行後，不僅增強了農民度過凶荒年月的能力，也讓貧困戶不至於在青黃不接的季節受高利貸的盤剝，為民解困。可是，在全國推廣後，民怨四起：要麼是地方官員強行攤派借貸任務，讓不需要者也向官府借貸，要麼是隨意抬高利息，取息三四分，甚至外加其他勒索。一〇八六年朝廷宣布停止「青苗法」，重回傳統的常平倉制度。[51]

實際上，縱觀中國歷史，王安石不是推動官府放貸救助平民百姓的第一人，周朝泉府做過，漢文帝、漢和帝等人也做過，唐太宗貞觀二十二年，因各州水旱，官府實行「貸種糧」，唐玄宗、唐德宗也分別做過，只是失敗的原因與「青苗法」類似，故一直沒成為可持續的制度[52]，也因一旦收息兩分，必有抱怨（只要付息，必有不滿），而不收又無以持續。

在後來的朝代裡，預防風險和賑濟災害的「荒政」一直是國家（尤其地方治理）的要項，至清代達到效率和完備度的頂峰。十七世紀，清朝有一套中央嚴格管控的常平倉、社倉和義倉三位一體的備荒體系，全國一千三百多縣每年需上報常平倉的儲備和分發詳情，由各省巡撫匯總，上報戶部奏銷；各縣令必須每十天記錄糧食最高與最低的價格，上報省府，由省府每月匯總送至戶部；一旦出現大範圍的糧價異常波動，皇帝可迅速了解情況，組織賑濟。[53]

至少自周朝開始，歷代朝廷都致力備災救荒。基於兩千多年經驗的積累，清代的荒政體系實際運行的效果如何呢？我們先看一個實例。丁戊奇荒是清代最嚴重且影響最廣的災害，也因發生時間較近，資料最為豐富。第六章我們曾從基督教進入中國的角度談過那次經歷，但這裡我們從政府作為「風險最終管理者」的角度，再做一次審視。一八七二年始，山西遭遇異常氣候，一些地區六月逢旱，一些地區冬季無雪。[54]之後的三四年裡，情況並無好轉。至一八七六年，山西全境遭逢大旱，部分地區「自秋至冬無雨雪」；乾旱之後，又接連遭遇「隕霜殺稼」，作物遭災嚴重，一些地區「夏無麥，秋禾半」，有些地區「夏無麥，秋薄收」。據郝平統計，那年山西全境共有三十九個縣遭災，占總數的三九%。一八七七年，情況更嚴重，有些地區自三月或五月後，再沒見過雨雪；相較之下，作物絕收已屬次要，人丁飲水都難保，「許多村缺水喝，旱乾井水……十一月無雨雪，臘月天凍餓斃，人死千萬。」同樣依據郝平的統計，這一年，山西有九十二個縣遭災（各年分的遭災縣占比，見圖十一．一）。一八七八年的收成仍然不佳，直到一八七九年、一八八〇年，史籍中才批量錄得「歲稔」、「歲大熟」的記錄，災情才逐漸消退。

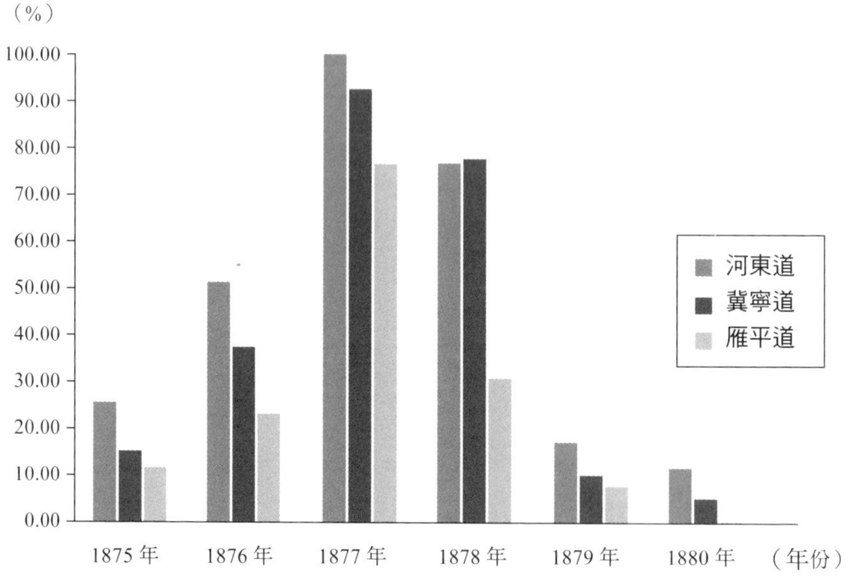

圖十一・一　光緒元年至光緒六年（一八七五年至一八〇〇年）間山西各縣受災的比例[55]

伴隨罕見大旱而來的是糧價飛漲。以山西永濟地區的糧價為例：一八七六年春，每斗麥價約三百文，與災前水準相仿；寒霜糟蹋莊稼後，市場很快就對此做出反應，一八七七年春，每斗麥價從三百文漲到五百文，再從五百文漲到七百五十文，比災前翻了一倍有餘，夏季收成慘澹之勢已成，糧價繼續飛漲，達到每斗一千兩百文，是災前的四倍，到了冬季更是飆升至每斗三千文，是之前的十倍；一八七八年糧價到達頂峰，春季時每斗三千六百五十文，為災前的十二倍以上；到了一八七九年，糧價開始逐步回落，降至一千三百文左右，但仍是災前的數倍。附近的遼州，米價經歷了相似的變化：災前，每斗大致四百文，到受災最重的一八七七年、一八七八兩年，上漲至最高時的三千三百五十文，為之前的八倍多。對糧價的這番走勢，郝平評道：「光緒四

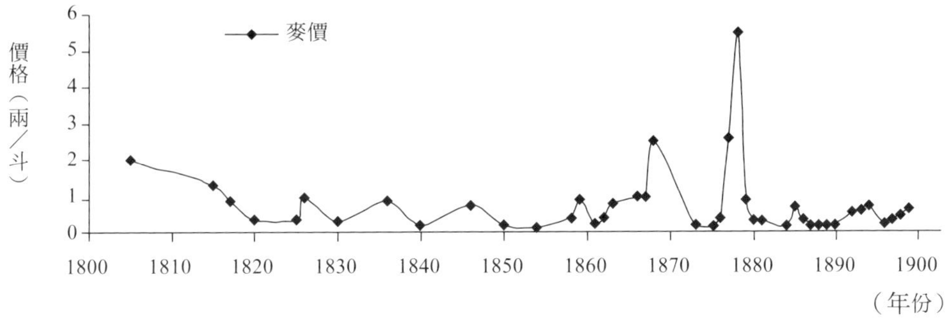

圖十一・二　整個十九世紀山西滎河縣的糧價走勢（一八七八年附近是「百年一遇」的高點）[57]

年（一八七八年）的糧價實屬罕見，可算作百年一遇或更長。」[56]對當時的社會而言，這是一場非常劇烈的負面衝擊。

糧價飛漲的背後是糧食短缺和百姓饑荒。早在一八七七年，山西當地已是「多數百姓斷糧。餓殍遍地，兼之瘟疫、蟲蝗等災害，人民無以為生，多數逃亡。」到一八七八年，英國大使在報告中如此描述：「……如果大家能目睹那些無以數計的逃荒者奄奄一息躺在京城城門口或大街上，如果大家能夠親歷京城肆虐的流感，就一定會相信：報導的所謂災荒慘狀絕不是誇大其詞。」據傳教士記載，當時的山西居民，食譜竟如此「豐富」：「蒲根、麥秸、高粱、黍、玉米、榆樹皮、蒺藜、胡藜、蒿子、伯牙、段葉、楊、桃、梨、杏、桑、柿子樹的樹葉、馬茨、茨代、苦苣、甜苣、乾泥巴。」另一份記載則說：「村莊之口糧，大半皆系柿樹皮、柳樹皮、果樹皮、麥糠、麥稈、穀草、草根。與死人之骨、騾馬等骨碾細食之。雜有微攪米麵者，不上十分之一。更有食屍骸者，且有畏官嚴究，不敢食他人之屍骸，而暗食同氣連枝者，亦複不少。」[58]

之所以叫「奇」荒，在於其規模和嚴重性遠非一般避險手段所能緩解。除了糧食，各種資產的價值也大幅縮水。原本在傳統社會最保值的土地，平均貶值到原來的三分之一，「田畝銀三錢，綺衣一襲，不能易一飽」，更不用說器皿、奢侈品了。[59]《李提摩太在華回憶錄》中記載了一位沂源縣的小地主，他擁有五百畝田地，原本每畝實價為五十銀元到一百銀元，但在一八七六年七月想賣田換糧時，每畝只能賣二．五銀元；他萬念俱灰，全家服毒自殺。還有家庭把房屋拆下來當廢柴出售，每斤賣一兩文錢。[60]還有人把家藏的古籍字畫像廢紙一樣賣給收荒人，換取食物。[61]賣兒鬻女是窮人常見的避險手段（見第十章），奇荒中有成千上萬的女子被賣到南方，然而在當時的漢口市場上，十八歲至二十八歲的妙齡女子價格也不過六千至九千文。如果是男孩，則可能根本沒人肯出資購買。與之相對應的是瘋漲的糧價。按賣一女兒得六千文、每斗糧價兩千文計算，只夠四口之家吃半個月[62]；而根據統計，清代平均妻妾價格在二十兩銀左右，按平時糧價來算，夠四口之家吃一年。[63]

出現這個狀況的原因之一是旱災波及的區域太廣，時間太長。除了山西，這次旱災還波及山東、直隸、河南、陝西等多個省分，幾乎整個華北都深陷其中。河南有些地方長達四五季顆粒無收，陝西孝義廳「秋收十不獲一」。[64]在直隸，某些府縣的死亡率高達四〇％、五〇％；順德府唐山縣還由於饑荒發生了教案。[65]這表示靠著商貿市場近距離調配糧食難以奏效。災荒剛開始時，山西、河南的災區還可以依賴陝西販運供應，但到了第二年，乾旱蔓延至陝西，而此時陝西農民早已將餘糧高價賣給山西與河南，於是陝西也出現糧荒，糧價飆升。即使附近有些省分有糧食，但在當時的交通和治安條件下，內陸運糧通道也並非坦途。從奉天、江蘇等地海運來的糧食到達天津，「從天津經由獲鹿、穿過固關到山西的道路難以通行。道路上車輛縱橫，又使得無數載有商糧或救濟糧的手推車、牲畜舉步維艱。」山西境內的陸路運輸完全中斷。[66]加上途中充斥乞丐盜匪，運糧要冒生命危險。[67]於是，災民只能外出逃荒、長途流徙。「許多山東人逃到滿洲，山西難民逃到長城以北，直隸和河南的流民逃往江蘇、安徽和山東。

史料記載，數十萬難民奔走於途中。自殺和痍斃不絕於途。」[68]

從前文可以看到，在奇荒的衝擊下，家庭、宗族的保障機制難以發揮作用，因為族人都遭遇同樣的衝擊；而基督教教會還沒滲透夠廣，佛寺資源有限，也無法提供大量賑災物資；市場運輸也受阻。所以，責任就落到作為「風險最終管理者」即政府的肩上，一場由國家協調全國資源的救災行動勢在必行。一八七七年中，曾國荃就任山西巡撫，代表朝廷全方位賑災。首先是調撥財物，他先奏請截留京餉二十萬兩[69]，後又經反覆拉鋸，成功調來江鄂漕米六萬石救饑。在山西得到允准後，河南援例截留京餉十萬兩。之後，曾國荃又廣泛蠲免各地應納的錢糧。

捐輸是清廷在賑災中常見的籌款手段。由於災害洗劫了山西大部分的財富，這次捐輸的任務落到其他省分。曾國荃在直隸、安徽、江西、四川、浙江、湖南、兩廣設立捐局，幾乎涵蓋當時所有具備經濟實力的省分，由捐局出售數千個虛職官銜，也就是通常說的「賣官」，為賑災籌資。江浙兩省加收商業釐金用作賑款，抽稅對象從漕運到茶肆，不一而足。江西和湖廣貢獻的賑捐都在四十萬兩以上。福建巡撫丁日昌是廣東揭陽人，揭陽是著名的僑鄉，他從南洋、香港、新加坡、小呂宋、暹羅、越南的僑商那裡募集數十萬捐款和借款。最終，透過各類手段，曾國荃共得到捐輸款項約三百二十八萬兩。此外，來自其他省分的物資還有糧食近五萬石、棉衣兩萬五千萬餘件、牲畜一千兩百多隻等等。藉著這些物資，曾國荃在山西各地展開賑濟：設立粥廠供粥，發放大米、麥和錢物。當地若有常平倉、社倉、義倉，則開倉救濟；若沒有或倉儲已空，則迅速調配糧食入庫。從這些細節可以看到，在大災衝擊之下，國家調動資源的能力是宗族、宗教和市場都難以比擬的。[70]

此外，由官府組織從沒被旱災波及的地區大量購入糧食。曾國荃派專人到河北、雲南、內蒙古、遼寧等地採購糧食。「奉天的錦州、牛莊，寧夏的中衛，山西北部的包頭、歸化，河南南部的賒旗鎮及東部的周家口、三河尖，河北的樊城，安徽的潁州等處，都是當日各災區廣購糧食的地點。」為了解決運輸問題，在李鴻章的主持下，各省建立籌賑局和轉運局，山西糧供由浙江、江蘇和奉天的籌賑局負責運至天津，再由直隸的轉運局分水陸二路層層接力入晉。省與省之間也不乏協作，如陝西和山西相鄰，雖然同樣被旱災波及，但山西災情遠甚陝西，兩地糧食差價高達六〇%。「所有船隻都被徵用，向山西和直隸河沿地區運送物資，手推車和馬車也加入了運輸。」除了解決饑荒，曾國荃還得控制瘟疫的橫行：一方面，分散設立賑濟點，並區隔領取賑濟者，以防疫病交叉傳染；另一方面，向基層廣泛發放醫藥，醫治染病者。災情緩和之後，曾國荃又透過多項政策鼓勵生產，包括打井拓寬水源、向農人發放銀兩，供他們購買種子。[71]

「丁戊奇荒」的賑災舉措在中國歷史上是否具有代表性？鄧拓將救荒政策分為兩大類[72]：第一類是消極的救荒政策，包括「治標」（分賑濟、調粟、養恤、除害）和「災後補救」（分安輯、蠲緩、放貸、節約）；第二是積極的救荒政策，包括改良社會條件（分「重農」及「倉儲」）和改良自然條件（分「水利」及「林墾」）。曾國荃的救災舉措幾乎涉及了鄧拓分類中的每一個層面。在另一項研究清代救荒實踐的經典著作中，魏丕信將救濟政策大致歸為調配賑濟、增加供給、調控價格與加強生產四類[73]，這些也是曾國荃的做法（除了有意不干預價格外）。因此，規模空前的「丁戊奇荒」可看作歷史上國家救荒策略的「剪影」。[74]

曾國荃的救荒行動對紓解山西災情、拯救生命，貢獻巨大。儘管如此，截至一八七八年，旱災仍造成約七百萬人死亡。之所以如此，原因很多，包括前述的朝廷及地方財力不足、備荒不夠。以常平倉為例，一八七五年的山西儲糧遠遠不夠，無法應對災荒救濟需要；同時，山西地勢險峭、路途遙遠，造成商品市場整合程度低下，限制了市場及時發揮作用[75]，也因此曾國荃才這般積極注意，不去挫傷糧商。

那麼，為什麼災荒之前常平倉等糧倉會儲糧不足呢？這涉及國家福利政策帶來的道德風險問題，也是為什麼雖然國家透過強制力能夠大規模調動資源賑災，但並非每個國家、每個朝代都選擇大力推動政府福利。在一份富有啟發性的研究中，薛華分析了清代一七四〇至一八二〇年中央賑災、省內商品市場整合度和各省人均糧食倉儲量之間的關係。[76]她發現，在十八個省分中，過去朝廷給予一個省的賑災援助愈多，該省的常平倉、社倉和義倉的總體人均糧食倉儲量就愈低，道德風險顯著。也就是說，既然災害來臨時國家會救濟，當地努力預防災害的動力就不高。薛華注意到，各省得到朝廷救助的頻率不完全取決於該省災害發生頻率或人均田畝稅水準。比如，直隸人均田畝稅在十八個省中排第十一位，但得到中央的救災援助次數卻排第一位（在一七四〇至一八二〇年間得到過四百七十七次）；而山西、甘肅人均稅賦分別排第三位、第十八位，但得到中央的救助次數分別排第十位、第四位；只有江蘇在兩項指標上都排第二位，相對一致。[77]既然得到朝廷賑災支持的次數不完全取決於稅賦貢獻多寡，地方官府在決定本地備災倉儲時自然有很大的權衡空間，與其花力氣儲備，還不如在朝廷公關下功夫。一旦政府能下撥援助，就會改變荒政的遊戲規則，降低地方自救的積極程度。

此外，跨區商貿市場也會影響地方官府的倉儲備荒選擇：市場發達、整合較好的地區，政府備災的積極程度較弱。薛華以兩個指標度量各省的跨區市場整合度：十八世紀中期至十九世紀初省內各府之間的糧價相關係數，以及「臨近運輸河流的轄區數多少」。在現代公路、鐵路和空運出現之前，水運是主要的規模運輸工具，因此靠近運輸河道的府縣愈多，或跨府糧價相關係數愈高，說明那個省的跨區糧食運輸愈暢通、市場整合度愈好，依賴市場的救荒能力

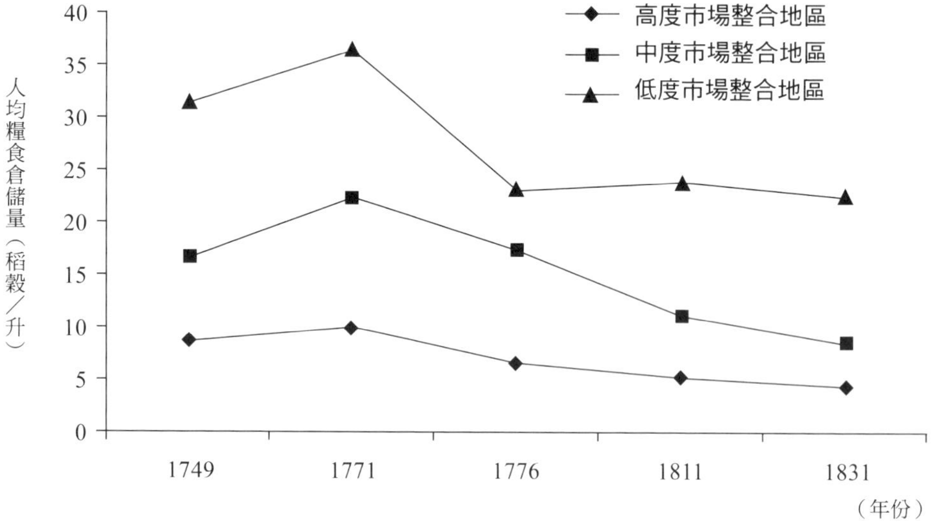

圖十一・四　市場整合度高低與人均倉儲量[78]

愈強。在圖十一・三中，薛華根據跨區市場整合度高低，將保有相關歷史資料的十個省分成三組，然後計算每個省在每個時間段的人均糧食倉儲量。從圖中可以看到，在一七四九年到一八三一年間的任何時間點上，跨區市場整合度最高的省（包括江蘇、安徽與江西），人均倉儲量平均最低；市場整合程度居中的湖北、廣東、浙江、廣西，人均倉儲量亦居中；市場整合度最低的福建、湖南及貴州三省，人均倉儲量最高。這證明了市場與政府在應對風險職能上的彼此替代作用：如果災情發生之際，商人能便捷快速地從其他地區運來糧食，本地政府就不必儲糧備荒太多。當然，前提是災害不能太猛烈、道路安全不能失控，像「丁戊奇荒」這樣的大旱，打擊面廣，災情時間長，異地運輸也不安全，市場就解決不了災荒的挑戰；然而，如果太過依賴政府救助，又會帶來道德風險、官府腐敗等後患。所以，對任何社會而言，理想的安排還是多維度、多角色的：家庭、宗族、宗教、市場和政府福利都齊全，相互競爭，也相互補充。

實際上，不只是政府和市場之間在應對災害風險上存在著競爭和替代的關係，政府與宗教之間也彼此競爭，這一點我們將在下兩節詳細討論。此外，宗族與政府在備災救荒角色上也有相互競爭替代的張力。周致元總結了明朝徽州宗族組織的備災救荒經歷，包括建立倉儲、減免租金、賑濟災民、掩埋遺骨、捐購糧食以及施醫放藥。[79]對比前述政府備災救災的實例，可以發現：宗族和政府採取的措施相當一致。周致元總結道：「在徽州這樣一個山高林密的地區，由於宗族制度的逐步完善，宗族社會保障功能的加強，很大程度上彌補了官府社會調控功能的欠缺。因而，宗族在明中後期的徽州的社會救濟方面，有著很獨特的作用。」而至明朝中後期，隨著官僚體系的腐敗加深，官府救荒體系也逐漸喪失調控功能，宗族的避險角色更加凸顯，各地大興祠堂建設，使百姓的生活在明中期後走上全面宗族化的軌道。當然，周致元論述中的偏差之處在於把宗族救助和政府救助的優先順序搞混，因為在正常的社會裡，政府福利應是宗族互助的補充，作為民間自救的宗族互助應當在先，政府福利在後，先靠自己，然後才靠其他。

工業化催生福利國家

在原始社會時期，人類生存風險源於自然，沒有「金融危機」、「經濟危機」這些人造風險；進入定居農耕後，因為跨期儲存技術、婚姻家庭、血緣宗族以及宗教的發明和演進，許多天災可以逐步應對，特別到了新石器後期，為了更主動治理旱澇風險，需要水利灌溉，從而催生國家形態；等到國家逐步完善，大規模動員資源的能力上升，更是將多數自然風險對人類生存的衝擊加以控制。這就是為什麼在平克總結的眾多研究裡，國家形態的社會在暴力命案率上遠低於不具備國家形態的原始社會（本書緒論和第一章），國家形態下既有更好的規則與秩序，也具備更強的資源調配能力，就像前面介紹的清代中國一樣。但是，那些風險應對措施都是針對自然風險，是前工業化時代的創新；就如農業革命深深改變了人類生存狀況一樣，工業革命也在多個層面再造人類社會，帶來全新的生存風險。

在工業革命以來的發達社會，民眾關注的似乎不再是天災風險，部分原因是在前述宗族、宗教、市場和政府福利的多重防護之下，一般的天災衝擊基本上能快速被制止；現代人更擔心的是「人禍」風險，包括一九二九年金融危機後長達十餘年的經濟大蕭條、一九八七年股災、一九九七至一九九八年亞洲金融危機、二〇〇〇年網際網路泡沫破滅、二〇〇八年金融危機、二〇一〇至二〇一二年歐債危機。即使像二〇二〇年新冠病毒疫情危機，或許最可怕的不是病毒本身，因為其殺傷力遠不如一九一六至一九一八年西班牙大流感，但網際網路和全球化下的各國政府聯合救市行動、超乎常規增加貨幣供應，為全球經濟埋下巨大的隱患，深藏新的金融危機和經濟危機風險。新的生產方式、新的市場、現代的全能政府，帶來古代人類沒有經歷過的全新風險[80]，「人造風險」成為主要挑戰，促使各國在避險手段上進行創新。其中，最為突出的是國家避險救災的角色不斷擴張，推演出更加萬能的福利國家，但由此又帶出更新的風險，這個迴圈仍在進行。在這一節，我們將重點探討現代福利國家興起背後的風險邏輯。

由於現代福利國家在十九世紀起源於西歐，我們這些聚焦西歐。表面上來看，「扶貧」可能被認為是推出福利國家的主因，但實際上，在十九世紀之前，貧困是歐洲和其他社會的普遍現象，或者說貧困歷來就有，甚至更嚴重。可到那時或者更早，西歐社會並沒有政府推出的社會保障[81]，即使有也極少。原因之一在於，西歐原來也是以農業為主的社會，農人雖然經不起瘟疫、災害、戰爭等風險的衝擊，容易被打入貧困，但只要他們有土地種植，或自有或租佃田地，就沒有失業的挑戰，多數情況下還可以繼續種植養殖、勉強活下去。也就是說，土地本身就是一種保障。但是，工業化發展改變了這項傳統生產和生存方式，工人不再有地，因此不再有土地的保障屬性給予基本支援。一五〇〇年時，歐洲僅有三〇%的人受雇於他人，靠薪酬吃飯（不像自耕農、佃農或自雇者那樣自己是生活的主人），到了一八〇〇年這個比例上升至六七%。[82]在英國，農人占勞動就業之比在一七〇〇年為五六%，一八二〇年下降到三七%，到了一八九〇年更是降到一六%；美國的經歷類似，一八二〇年農業占整個勞動就業的七〇%，到一八九〇年降至三八%。[83]人民從農村移往城市、從以農業為生改為以工業謀生之後，生存風險雖然不再跟四季氣候迴圈，不再與天災緊密關聯，但靠薪酬吃飯的風險在於失業：工業週期或經濟週期的迴圈風險，以及金融市場的瘋狂波動，都有可能造成企業倒閉或是大量裁員；尤其與有地農民不同，在城市靠薪酬謀生的無產者，一旦失業，全家便斷絕生路，沒有自留地提供最後的保障。也就是說，工業革命帶來的後果不只是農業社會看天吃飯、工業社會靠市場吃飯，前者是天然風險，後者是人為風險，而且農民可以透過土地得到一定的避險保障（第十章），但靠薪酬吃飯的工人無產者失業後則無保障。[84]正是在這樣的背景下，馬克思出版了經典著作《資本論》（*Das Kapital*）。

一八八三年，公理會牧師安德魯．默恩斯（Andrew Mearns）和威廉．普勒斯頓（William Preston）走訪了倫敦的貧民窟，並做了記錄：

……我們進門看到一個約莫十二歲的女孩。「你媽媽呢？」「在精神病院。」「她在那兒多久了？」「十五個月。」……「你爸呢，在工作嗎？」另一個坐在桌前糊火柴盒的孩子

> 答道：「他三個星期沒有工作了，但今早他得到了一份兩天的短工。」……這裡有個小廚房，但完全沒有煙灰，他們沒有吃的，也幾乎沒有衣服可穿。[85]

關於城市赤貧階層的類似調查陸續湧現[86]，引起英國社會的廣大討論，迫使民眾從之前經濟快速成長的沾沾自喜中醒悟過來。工人運動風起雲湧，高失業率震驚了統治階層，他們首次承認失業並不是懶惰所致，而是因為經濟或行業的下行壓力，同時現有的失業保障等濟貧體系並沒有做到位，需要國家提供更多說明、著手干預政策。一八八五年皇家專門委員會成立，調查貿易與經濟蕭條問題；一九〇〇年英國工黨成立，一九〇五年第一個《失業工人法案》推行，同年另一個皇家專門委員會成立，調查原濟貧法案是否合理。[87]當然，工人面對的不只是失業風險，還包括勞動過程中產生的工傷風險，因為動力機械下的工作環境比農業更容易產生工傷，於是英國於一八八〇年推出《雇主責任法》，一八九七年通過《工人補償法》，一九〇八年通過《養老保險法》，為老年人提供保障，等等；一系列的法案使英國走上政府解決民眾風險的挑戰之路，直到二十世紀六〇年代建成完整的福利國家。[88]荷蘭的情況類似，一九〇一年推出《社會保障法》，包含工傷保險、失業保障等內容；其他西歐國家，至少部分是因工業化轉型，從十九世紀後半期開始建設福利國家。

工業化帶來的變化遠遠不只是機械化生產和工人大軍的興起，更是將規模化生產和公司化商業帶向新高，把大量有產者轉變為無產者、使他們加入薪酬勞動者的行列。錢德勒談到十九世紀末、二十世紀初期在美國製造業發生的規模化趨勢[89]，競爭與吞併的結果是各行各業都只剩少數寡頭，贏者通吃。由於後來的電視、電腦技術的變革，這個新現實在二十世紀後半期顯得尤其突出。沃爾瑪（Walmart）、麥當勞這些美國公司就是典型的案例。本來在歐洲、亞洲、美洲，夫妻雜貨店是各社會的傳統零售形態，雜貨店雖然不會讓創業的夫妻成為富豪，但至少讓他們成為小規模的有產者，不必靠別人發薪酬謀生，但這個局面被山姆．沃爾頓（Sam Walton）改變了。一九六二年，在美國阿肯色州的小鎮，沃爾頓開了第一家「沃爾瑪超市」，以「天天平價」為基本立足點。隨即，沃爾瑪開始在其他小鎮擴張，到一九六九年共開了十八家規模相當大的分店，全部都在人口低於兩萬五千的小鎮；到了二十一世紀初，全球有將近一萬兩千家大型沃爾瑪超市，每週有一億多名顧客光顧。[90] 在沃爾瑪的擴張過程中，它把千千萬萬的夫妻雜貨店全數擊垮，迫使那些夫妻進入就業大軍，原因在於沃爾瑪的公司化規模實在太大，進貨時的砍價能力太強，夫妻雜貨店沒法與之相比；另外，這種規模促使沃爾瑪從一九六四年開始建立自己的物流體系，避開中間批發商，直接和生產廠商談價、進貨，牢牢穩住「天天平價」的優勢。同樣地，麥當勞於一九五三年成立之後，透過千篇一律地複製、遍地開花開分店[91]，今天在全球有近四萬家分店，其規模優勢給它帶來兩種結果：進料價格比任何其他餐館都低，單位收入的運營成本也更低。結果也是：把眾多傳統餐飲業的業主擊垮，讓他們轉變為無產者，加入工薪就業大軍。

麻省理工學院的大衛．奧托（David Autor）等五位學者針對一九七〇年以來各個已開發國家的主要行業做了深入研究[92]，他們發現：從日本到美國、英國、奧地利、義大利、法國、德國、西班牙等，各國的勞動收入占 GDP 比重都在逐步下降，資本收入占 GDP 比重在上升。為了解釋這種趨勢，他們發現：具體到行業層面，並購重組愈多、業務往少數大公司集中的行業，其員工工薪支出占銷售收入之比就下降得愈多。也就是說，透過並購重組，最後各行業勝出的贏家愈來愈少，所剩的就業機會也愈來愈少，因此所節省的勞工成本就愈多，行業收益更加往資方傾斜。

雖然上述研究反映的是二十世紀的變遷，但生產、銷售和服務的公司化與規模化後果在十九世紀時就已經出現，只是顯現程度在那時還沒達到頂峰。由此可見，工業化帶來的變化不僅表現在更多人進入城市變成無產者，從事工業就業，經歷更高的失業與工傷風險，而且民眾面對愈來愈窄的就業前景，尤其對於人力資本偏低的個體而言，工業化加全球化使他們的競爭力格外低落，這些趨勢隨著人工智慧的推進可能會更加突出。早期工業化社會在十九世紀推出福利國家，算是對這些變化的一種反應，為不斷失勢的老百姓提供一種避險補償。

一般來說，工業化促使人口都市化，而都市化帶來人口密度上升，提供流行病溫床，因此健康風險也成了新的挑戰。[93]工業革命之前，儘管會有鼠疫等流行病，但對於像英國這樣的歐洲國家，除了倫敦和幾個大區的商業中心外，絕大部分人口稀稀疏疏分布在鄉村，人口密度極低，各地交流也不頻繁，疫病的傳播規模往往比較有限，但工業化改變了這個局面。一八〇一年，倫敦有八十萬人口，整個英格蘭和威爾斯只有十三個市鎮人口超過兩萬五千人；而到了一八四一年，倫敦人口增加到百萬，人口超過兩萬五千的市鎮增加到四十個，其中兩個市鎮的人口超過二十五萬。[94]湧入城市的男男女女擠在各式貧民窟，這些貧民窟往往缺乏流暢的下水道系統或清潔的供水，衛生狀況可想而知。當時沒有什麼市政服務，全靠私人募捐資金清潔街道，所以富人區比較清潔，但貧民區的衛生問題嚴重。由此產生的結果是，十九世紀三〇年代英國鄉村死亡率約為每千人一八．二，城市則為每千人二六．二，造成這個反差的主因是城市的衛生和流行病。[95]其中，一八三一至一八三二年、一八四八至一八四九年、一八五三至一八五四年、一八六六年分別暴發霍亂病毒[96]，對城市的衝擊遠高於鄉村。

一八三一年，英國政府設置中央衛生署，之後建立了一千兩百多個地方分局；一八三二年通過了《霍亂法案》，支持地方衛生局推出防疫措施。一八四二年濟貧法委員會委員愛德溫·查德威克（Edwin Chadwick）發表了著名的《英國勞動人口衛生狀況報告》（*Report on The Sanitary Condition of the Labouring Population of Great Britain*），蒐集並分析了城市平民生活環境的資料，公共健康被正式提上政治議程。由於這個報告，英國在一八四八年推出《公共健康法》。雖然建立現代公共衛生系統是個既漫長又艱辛的過程，但英國在十九世紀取得了巨大的進步：一八六一年英國的死亡率大約是二二％，人均壽命為四十歲；至一九〇一年，死亡率降至一五％，人均壽命延長至五十歲。除了霍亂，肺結核和感冒也是當時常見的流行病，對這三種疫病的公共衛生投入算是當時政府福利的重要組成部分，為死亡率的下降貢獻了四分之一至四分之三。[97]

從以上分析可以看到，新的生產方式工業化雖然大大提升了生產力，不斷豐富人類的物質供應，解決了人類的一般溫飽，但也帶來新風險，即烏爾里希·貝克（Ulrich Beck）所言的「風險社會[98]」。這些威脅生存的風險與傳統風險的不同之處在於：第一，不再是天然的外生風險，而是人類社會自生的；第二，傳統農業社會的風險通常是局部的、地區性的，比如不可能全國各地同時發生地震、旱災、水災，但諸如金融危機、經濟危機、環境汙染、水源短缺、大流行病這樣的人為風險，是影響全社會甚至全球的系統性風險，以至於傳統的避險手段如家庭、家族、市場或宗教組織並不能系統地解決這些風險帶來的問題。在這個背景下，最早工業化的西歐社會，也是最早透過推出福利國家做出回應的社會，是生產方式的轉型催生了福利國家。

出於前述原因，西歐開啟了世俗政府介入民眾經濟生活、為個體承擔諸多風險之先河[99]，到了二十世紀，世界其他國家也陸續效仿，由此促使各國的暴力發生率下降。二〇〇六年印度政府推行的《鄉村就業保證法案》可以幫助我們理解這一點，該法案雖然不是針對工業化帶來的影響，但政府福利的道理是一樣的。法案規定：當災荒發生，政府必須雇用村民修築工程，工資不得低於法定標準，雇用時間最長為一百天。一旦農業收成不佳，農民即可憑此法條，向政府尋求雇用機會。蒂莫．費策爾（Thiemo Fetzer）的研究發現[100]，法案有效幫助村民解決了氣候風險的衝擊：對於地處季風氣候區的農民，農業產出高度依賴「季風氣候是否正常」；法案執行後，儘管農業產出依然跟季風季節的氣候顯著相關，但農民的收入受「季風季節是否正常」的影響顯著下降，家庭消費額與季風氣候間的相關性也因法案而大幅下降。最後，他也發現，有了印度政府的福利項目後，季風氣候風險增加暴力頻率的程度大為削弱，尤其是暴力頻率不再與收入波動顯著相關。這表示，在政府提供的收入保險降低農民受災害風險干擾之後，就算有災害發生，村民也不必透過行暴、搶劫等犯罪行為來找活路，社會秩序因此改善，助推了文明化進程。

國家與宗教間的張力

前文談到，工業革命之前，貧困和災害早就是各個社會的普遍現象，但一直到十九世紀中後期，歐洲政府基本上並不承擔濟貧救災的角色，這與古代中國、美索不達米亞等傳統農業文明的做法不同。讓中國人難以理解的是，中世紀歐洲並沒像同期的宋朝、明朝政府那樣，把荒政作為首要責任之一。為什麼呢？答案主要在於宗教，源於教會與國家的競爭關係，這也是歐洲跟中國截然不同的地方。如第六章所述，李提摩太知道，去災荒之地傳教、讓清朝人直接感受上帝福音之善，是最有效的傳教方式；同理，教會早就明瞭濟貧救災對於鞏固宗教地位、凝聚信眾的重要性。所以，在十九世紀以前的歐洲，濟貧救災一直是教會的領地，世俗政府不得介入。試想，如果政府利用強制力大舉徵稅，用稅收救助貧困個體和遭災民眾，那麼世俗政府不就能快速消耗宗教組織的俱樂部產品價值，奪走信眾嗎？當然，各個教派有所不同，但我們可以從這個邏輯解讀不同社會走上福利國家的順序先後和路徑差異。

基督教傳統裡扶貧救急不是政府的事

在十六世紀宗教改革之前的歐洲，「貧困」被教會神聖化：貧窮是光榮，財富是負罪；窮人是耶穌基督的摯友，在上帝面前具有優勢，而富人是上帝要懲罰的對象。因此，只有透過教會在兩者之間調劑，給富人奉獻、救助窮人的機會，藉此得到上帝的拯救、死後上天堂得永生，而窮人則在得到救助以及施者離世時，為其靈魂祈禱，回報施者，將施者得到拯救的機率最大化。「因為我餓了，你們給我吃；渴了，你們給我喝；我作客旅，你們留我住；我赤身露體，你們給我穿；我病了，你們看顧我……我實在告訴你們：這些事你們既做在我這弟兄中最小的身上，就是做在我身上了。」（《新約．馬太福音》第二十五章三十五至四十劫）。在教會的解說下，幫助貧困、不幸的人是神聖且仁慈的，上帝樂見，不應由世俗政府或其他組織進行，非教會莫屬。[101] 當然，這種信念也與第六章的宗教避險作用吻合，由教會壟斷濟貧救災，凸顯信仰的價值。R．H．陶尼（Richard Henry Tawney）概括道：

在公眾感受中，貧窮以及教會救貧的方式具有幾近半神話的魅力，認為窮人是上帝的朋友。說得好聽一點，窮人被認為更像最後殉難的耶穌基督……說得難聽一點，人人覺得窮人的禱告更管用，所以，雖然有罪者知道會被詛咒，但還是願意施捨一點麵包給乞丐，由乞丐替其禱告，以期免於下地獄：今天付出一點，未來回報千倍！[102]

貧困被如此神聖化之後，一些歐洲人甚至選擇捐出全部財富，「自願貧窮」。[103]最為經典的是天主教的修道會方濟各會（Franciscans），該修道會由方濟各（St Francis）於一二〇九年創辦。方濟各出生於商人家庭，但放棄所有家產、斷絕親屬關係，全心投入修道和傳教事業。建立方濟各會後，每位入會的修道士也必須將所有的財物捐給窮人，像耶穌基督一樣靠布施行乞，過著貧窮生活。方濟各相信，唯有這樣才能脫俗，專心信仰並投身基督的事業。[104]方濟各會對西歐社會影響巨大，且於一二八九年受羅馬教廷的派遣，派會士來到當時的元朝傳教（第六章）。

由此可見，宗教改革之前的基督教（之後的天主教）強調貧富之間透過教會實現轉移支付、互通有無，但不強調工作的義務，與新教截然不同。有了將貧困神聖化的故事，加上方濟各會等修會的造勢宣傳，中世紀的歐洲自然不會施壓世俗政府推出社會福利，濟貧救災成為教會的專屬。當然，歐洲人的生活也因此離不開教會，教會地位得到穩固。甚至到十九世紀初還不乏保守的聲音：「在救濟窮人方面，最好的機構是教會而非國家。基於對當地環境的了解，教會救濟結合了生活援助與謀生教導。教會不會用在公開場合給予救濟的方式來羞辱受援者……教會既可保持給予者的利他熱情，又可以讓受施者感受到溫暖。」[105]

回到十六世紀，在宗教改革後，西歐在「世俗政府是否該提供濟貧福利」上出現分化。選擇不接受新教、繼續忠誠於羅馬教廷的天主教國家包括義大利、西班牙、葡萄牙和法國南部，在濟貧救急的立場上繼續反對政府介入，堅持由教會主導，並認為施捨窮者、不幸者是富人修行贖罪的方式，不能堵住罪人的救贖之路；即使大街、教堂滿是行乞之人，只要他們不擾亂秩序，就不應阻止；而如果流民乞丐威脅公共安全，應該做的是通過立法維持秩序，而不是去消除貧困。方濟各會的信仰方式一直在一些天主教的社會流行。另一個極端則是法國國王路易十三（Louis XIII，一六〇一至一六四三年）時期，首席大臣黎希留（Richelieu）曾說：「如果人民活得太舒服的話，就不可能規規矩矩地完成他們的職責。」[106] 這也代表政府不干預貧困的一種立場。

工業革命到來之後，迫於工業化所帶來的新風險（第三節），法國於十九世紀逐步推出政府福利，但其他天主教國家，包括西班牙和葡萄牙在南美洲的前殖民地社會，一直要到二十世紀才推出。[107]

喀爾文新教國家也不積極濟貧

十六世紀宗教改革後，接受喀爾文新教（喀爾文宗）的西北歐國家，包括英國、荷蘭、瑞士以及後來的英國殖民地美國、加拿大、澳大利亞、紐西蘭等，也反對政府介入福利，但原因與天主教不同。天主教將貧窮神聖化、正面化，而喀爾文教義強調勤奮工作，把貧困歸因於個人努力不足，是個人失敗的表現。第七章談到，根據喀爾文的「宿命論」，人生前已被上帝安排好，有的被安排最終上天堂得永生，有人被安排下地獄，而努力工作是提前發現自己的安排的具體方式，所以，應該努力工作；如果勞動帶來成功、使自己富有，那就是被安排上天堂的信號，而如果工作帶來失敗、貧困，就更應加倍努力，想方設法證明自己不是被安排下地獄，或者勞動本身就是對被安排下地獄的人的懲罰。[108] 所以，在喀爾文新教看來，努力工作是第一要義，只有勞動才能取悅上帝，貧窮不是光榮，世俗政府不應透過福利救濟去改變上帝的先決。[109]

勤奮才能得到救贖、上天堂，個人對自己負責，而不是靠他人施捨或者政府救濟——這與天主教靠施捨修行才能獲得拯救的概念大不相同。在喀爾文教義下，不管是基於宿命論還是工作論，貧窮要被處罰（要麼因先決有罪所以貧困，要麼因懶惰所致），政府不應救助。這就是為什麼從十七世紀初到十九世紀中葉，信奉喀爾文宗的英國推出的《濟貧法案》(*Poor Law*)，出發點不是讓政府解決貧困或替民眾避險賑災，而是借助法案規範制約窮人的行為，讓滿街乞丐不至於造成亂序，且這些法律主要由教會督促執行，國家不提供資金或以其他方式直接參與。在喀爾文看來，濟貧應該只是教會的私人行為，不應是政府行為，因為既然上帝已選擇一些人上天堂，就應該給這些人證明自己被選的機會，有財富施予他人本身就是證明。

美國的經歷可以讓我們具體看到教義對政策的影響，也就是說，以喀爾文新教為主的社會是否真的會抵制政府福利。打從英國人於十七世紀初來到北美開始，直到十九世紀初，來自英國、荷蘭、德國等地的歐洲移民基本上都是新教徒，尤其以喀爾文新教為主。[110] 二〇一二年美國社會新教徒人口占比首度低於一半，但也有四八%。[111] 由此足見新教對美國一直以來的深刻影響，個人奮鬥、自我責任，這些文化元素為美國帶來創業創新活力，奠定了資本主義的基礎。二十世紀初以前，美國沒有工傷、失業、養老、醫療等政府福利。由於是聯邦制，即使聯邦政府不推動福利，各州政府也有權自己推出，但問題是如何推出，如果沒有夠多選民的支持，州政府也很難通過福利法案。整個十九世紀的美國，工業化進程極快，機械化生產擴展到眾多行業，工傷事故頻率也愈來愈高。

但在一九一〇年之前，聯邦和地方政府都沒有提供工傷保險。一旦發生工傷，工人可以去法院起訴，要求雇主賠償，前提是必須能舉證證明是雇主的過失造成工傷。可是，法庭舉證要求有三道關卡：第一，如果造成工傷的機器或生產環境在工人簽約受雇時就如此，那麼簽約等於接受了工傷風險，工資中已包含了對這些風險的補償，雇主不承擔額外責任；第二，如果工人不按程式操作，由此對工傷事故有所「貢獻」，雇主也無須賠付責任；第三，如果是工友過失造成工傷事故，每位工人負有責任，但雇主無過失，不負責賠償。[112] 所以，當時的法院判決邏輯和舉證要求對工人十分不利，根據一九〇七年伊利諾州州長的一份統計報告，當時法院判給工傷死亡的礦工平均賠償為兩百九十四美元，其中大部分用於支付律師費。[113] 一九一三年前發生的一次工傷案引起美國社會的轟動，一位叫莎拉・尼斯利（Sarah Knisley）的女工手臂被研磨機的齒輪割斷。事發之前她已告訴雇主，按照州法律，研磨機齒輪必須封住，可雇主還是不作為，齒輪繼續暴露。尼斯利手臂割斷事故後，雇主拒絕付賠。於是，她一狀告到法院，而法院判她敗訴、雇主無責任，理由是尼斯利在接受雇用時就知道有齒輪割臂的風險，且雇主無動於衷後，還繼續工作，說明她甘願接受了這個情況。[114]

類似案例充斥著那時期的美國媒體，給各州的政客帶來採取行動的壓力。其中談到，工傷事故很多時候並非工人的過失，而是機器故障或者工廠條件欠佳、燈光不明，若要要求傷者提供證據，往往不是那麼容易；況且，就如法官對尼斯利案的判決，讓雇主反而有激勵拒絕投入資源改善工作條件，因為只要工人不離職、繼續工作，那麼就算他們接受了這種風險，就算出現事故，雇主也無責任。這種逆向激勵讓美國大眾十分憤慨，由此帶來的政治壓力改變了美國歷史，催生出美國第一種政府福利：一九一〇年紐約州最先推出工傷保險，本州工人都可享有；一九一一年，加利福尼亞州、伊利諾州、堪薩斯州、麻塞諸塞州、新罕布什爾州、紐澤西州、內華達州、俄亥俄州、華盛頓州和威斯康辛州也分別立法推出；隨後其他州也陸續跟進，最晚推行的幾個州為佛羅里達州（一九三五年）、南卡羅萊納州（一九三五年）、阿肯色州（一九三九年）和密西西比州（一九四八年）。有意思的是，在愈晚推出政府工傷保險的州，即便最後有了這種福利，遭遇工傷的工人平均能得到的補償也很低：比如，紐約州的補償平均為工傷發生前工資的二・一八倍，加利福尼亞州和麻塞諸塞州為傷前的一・五五倍，而阿肯色州、密西西比州、南卡羅萊納州、佛羅里達州，補償分別只是傷前工資的〇・一三倍、〇・

二三倍、〇・一五倍、〇・二七倍[115]，表現相當不情願；在今日的美國政治中，這些州基本上都是堅定的共和黨州，選民普遍反對大政府，反對政府福利。

那麼，是什麼因素導致各州這麼大的差異呢？肯尼斯・思科伍（Kenneth Scheve）和大衛・斯塔薩維奇（David Stasavage）的研究發現[116]：虔誠信教的人口占比愈高，尤其是新教人口占比愈高的州，通過立法推出工傷保險的年分就愈晚，就算後來推出了，給予工傷補償的金額也不會太多；天主教人口占比愈高的州則相反，因為美國天主教會認為工人不應該為工傷負責，應該無條件得到工傷福利，這與強調自我責任的喀爾文新教的主張大不相同。不同教派的主張帶給美國各州十分不同的工傷保險發展歷史。

一九二九年的股災引發了金融危機和此後的大蕭條，給已經經歷了工業化重造的美國社會進一步加壓，生活安全感在壓力測試之下跌至新低，國家替民眾避險解困的要求再次浮上檯面。一九三三年羅斯福上任總統之後，大舉推動「羅斯福新政」。其中，一九三五年的《社會保障法案》為公民提供失業保險、退休保障以及低收入戶保險，建起美國社會的經濟安全網。由此，雖然美國不像傳統農業國家那樣因「治水」工程（規避氣候風險）而起源，但到二十世紀三〇年代，還是補增了國家的避險功能。不過，教會對此未必認同。一九三六年，《文學文摘》（*Literary Digest*）雜誌對兩萬一千名美國人做了問卷調查，結果發現：七〇・二二%的新教牧師都反對羅斯福「失業保險」等政府福利。那次調查結果顯然與前述兩位教授的結論一致[117]，新教徒反對政府干預個體的經濟生活。對此，羅伯特・米勒（Robert Miller）解釋道：「三〇年代跟二〇年代一樣，最強有力的論點在於：教會應該拯救個體靈魂，協助他們上天堂，而不是支持政府把天堂帶到地球人世間。」[118]

而在實際效果上，羅斯福新政開始之後，美國的命案率從一九三三年的每十萬人口有九人死於暴力，逐步下降到一九五五年的每十萬人口有四．五人死於暴力。[119] 世俗政府提供避險解困後，的確促使暴力下降、文明化提升。

路德新教主張政府福利

路德新教對待政府扶貧救急的態度跟喀爾文新教大不相同，與天主教更是正好相反：窮困並不光彩，行乞應該禁止，施捨不是尋求救贖之道；勤奮勞動才是光榮，也是義務，但政府有責任救濟值得救濟之人。德國和北歐國家（瑞典、丹麥、挪威）都以路德新教為主（馬丁．路德是德國人），也是歐洲最早推動福利國家的社會。

第七章談到，馬丁．路德發動宗教改革時強調，基督徒「因信稱義」，因信仰耶穌基督為唯一神、守其教義，所以能得到上帝的恩賜，而不是靠聽從教會禮儀或善行施捨得到拯救。他尤其認為，像天主教之前宣導的有罪之人可透過慈善奉獻減免在煉獄的時間，快快入天堂，就跟贖罪券一樣毫無作用，這些教導是教會被世俗利益腐蝕的表現；乞丐也不比其他人靠近耶穌，行乞與「勒索」無異！尤其那些身強力壯還行乞的人，那些因欺詐、懶惰而貧窮的人，就更不值得憐憫，更要被處罰。馬丁．路德主張禁止行乞的同時，認為社會（尤其是世俗政府）有義務援助那些值得救濟的窮人，比如與教會合作建立並管理扶貧救急系統。一五二一年，馬丁．路德提出了方案：由地方政府在教會設置捐款箱，每週匯總捐款，然後根據標準識別「值得救濟」和「不值得救濟」的窮人，按小孩數量、行為規範、節儉程度以及開支預算，發放援助給申請救助者。馬丁．路德的扶貧原則是：「任何人都不可靠他人的血汗勞動活著，而自己閒置懶惰！」[120] 一五二二年，紐倫堡推出扶貧法案，並執行馬丁．路德的方案，其他市政也陸續效仿。德國市政在提供濟貧福利的同時，也建立「濟貧院」（Arbeitshaus），安置身強力壯的窮人，讓他們以勞動換取吃住，培養自食其力的習慣。此後，政府把自願捐贈改為扶貧稅，由納稅居民共同承擔扶貧的責任。到十六世紀末的德國，世俗救急扶貧專案由市政上升到領地王國層面；一七九四年，普魯士王國通過立法，確保所有無法自足的公民都能吃飽喝足、營養充沛。一八〇八年，普魯士中央政府要求各市政按照統一的方式組建社會福利機構。一系列舉措使普魯士政府的福利覆蓋面不斷上升：一七五〇年時，柏林每八十二位居民有一位享受福利；至一八〇一年，每十四位居民有一位得到政府福利。[121]

一八七一年，俾斯麥統一德國後，當上首任宰相，他按照路德教義建立全面的福利國家。先是將原來的普魯士福利體系與其他邦國做統一化調整，之後於一八八三年通過《工人健康保障法案》，為因病失去收入的工人提供工資保障；一八八四年推出《工傷保險法案》，補貼因工受傷的工人；一八八九年又推出《老年與殘疾保險法》，為工人提供養老與殘疾風險保障。一八九〇年俾斯麥離任之後，繼任者繼續完善福利體系，並於一九一一年推出《全國保險法》，把從前針對藍領工人的福利保障推廣到白領員工，達到全民福利，另加寡婦養老保障等等。[122]這些福利推出後，德國人的經濟安全有了顯著的改善，比如《工人健康保障法案》使死亡率下降、城市人均壽命上升。[123]

在路德新教國家中，不只是德國比其他國家更早推動社會保險福利，丹麥也不落人後。一八三四年，丹麥憲法中寫明：政府對貧困人口負有最終的責任，國家有義務救濟貧困、解除風險對公民的衝擊。路德新教國家的做法不僅與天主教會的主張相悖，且遭到天主教精英的批評。[124]

宗教與國家之間的競爭

進入現代以來，有個趨勢較為明顯：宗教在歐洲（尤其是北歐）逐漸式微，而美國、南美、南歐甚至英國則照樣虔誠信教。美國總統選舉時期，如果候選人不公開表明自己是虔誠的基督徒，勝選的機率將微乎其微。圖十一．四顯示一些國家一九九五年每週至少去教堂一次的人口占比，以此度量宗教信仰在各國的重要程度。其中，路德新教國家每週去教堂做禮拜的人口比例分別為丹麥三．一%、芬蘭三．九%、瑞典四．一%、挪威五%、德國一三．五%，喀爾文新教國家則分別為美國四三．九%、英國三三．二%、荷蘭二八．三%；另一端是天主教國家，每週去教堂做禮拜的人口比例分別為愛爾蘭七六．八%、菲律賓七〇%、墨西哥四六．四%、哥倫比亞四五．八%、秘魯四二．九%、義大利四〇．七%、葡萄牙三七．五%、巴西三六．三%、西班牙三五．九%。對比之下，三組基督教社會如今虔誠信教程度差別很大，尤其是，雖然基督教歷經了近兩千年，主要在歐洲發展起來，可是時至今日，反倒是十六世紀才逐步開發的新世界國家，遠比曾經的歐洲宗主國更加虔誠信教，更多人頻繁到教堂禮拜。這該如何解釋？這與福利國家的興起有何關係？

前文說到，天主教和喀爾文新教雖然緣由不同，但都反對世俗政府替個體避險濟貧，路德新教則相反，從十六世紀開始，他們鼓勵世俗政府提供社會福利。因教義帶來的政策差異，是否長久影響了教會的社會地位？也就是說，回頭來看，天主教、喀爾文宗與路德宗之間，誰的主張保住了教會的影響力，誰的主張使其逐步喪失信眾？

為了釐清這些問題，我們還是回到國家與宗教的競爭關係上。既然前幾章談到，宗族、市場在促進個體避險上都可與宗教相互替代，同為避險提供方的政府，同理，宗教與政府之間應該也有「此消彼長」的關係——在個體遭遇災害時補償財物，失業時給予援助和安慰，罹患疾病時提供醫療資源等等。那麼，投入更多資源的一方，勢力將會擴張；資源少的一方，受眾和影響力將因此萎縮。在宗教與政府的競爭中，至少在中世紀歐洲，教會一直是贏家，世俗政府

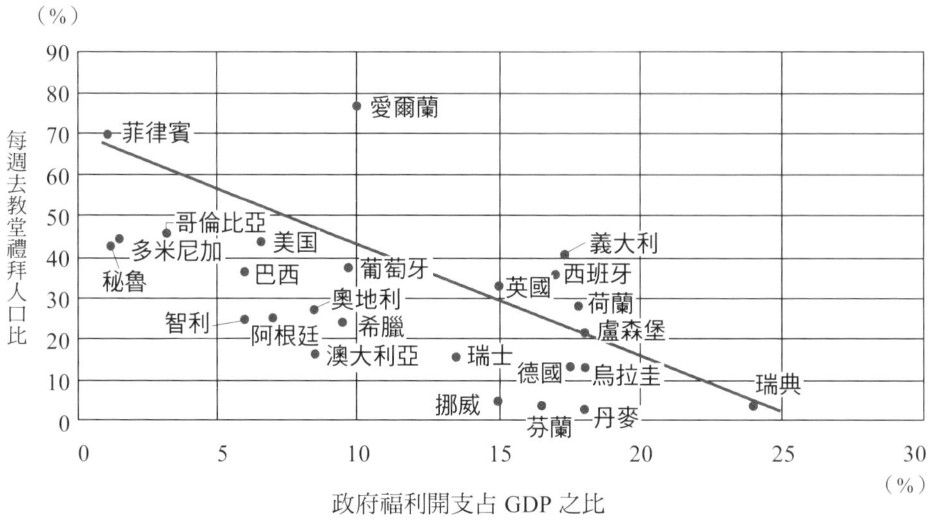

圖十一．四　各國福利開支占 GDP 之比與每週去教堂禮拜人口比[125]

幾乎沒有提供避險濟貧的空間。但從路德新教開始，特別是近代工業化之後，福利國家逐步抬頭，兩者的地位發生轉變。

圖十一．四顯示截至一九九五年各國福利開支水準與宗教虔誠度之間的關係：政府福利開支愈多的社會（相對於GDP），每週去教堂做禮拜的人口占比愈低，教會影響力就愈小；反過來，虔誠信教的居民愈多，世俗政府對福利開支的投入就愈少，政府就「愈小」。[126] 政府福利與信教虔誠度之間「此消彼長」的負向關係，得到多位學者嚴謹分析的支持，已成為相關學術研究的共識。[127] 這說明，從維護教會地位的角度來看，中世紀基督教會、十六世紀後的天主教、二十世紀的美國新教徒對政府福利的排斥，是有道理的。如果天主教和喀爾文新教不阻止政府福利的擴張，那麼這兩大教派就會重複路德新教在北歐的歷程，眼睜睜失去影響力。也就是說，德國和北歐國家大力推動政府福利的結果，就是個體的經濟風險都被政府規避，那麼宗教的避險價值就成為多餘，信教的必要性消失。因此，至少

從經濟角度看，大政府是對教會的威脅。

除了政府福利會削弱百姓對宗教的依賴之外，政府其他方面的開支也有可能減少個體對宗教的需求。比方說，二十世紀許多國家推出公辦教育，由政府出資辦學、免費或者低學費，讓各階層的子女上學、獲得人力資本，這是積極的貢獻。可是，丹尼爾・漢格曼（Daniel M. Hungerman）基於加拿大義務教育法的量化研究發現[128]：公辦教育的法定年限每延長一年，個體信奉宗教的機率便下降四%。無怪乎，部分神職人員對政府充滿警惕——以英國為例，教會「幾乎永不停息在批評政府所做的每件事。」「他們對英國政府保有持久的敵意……對政府懷著幾乎是下意識的反感。」[129]在美國，三位神學家在著作中斷言：「《聖經》反對大政府。人類政府的角色是有限的——它不是我們面對的所有問題的萬靈丹。當嘗試解決人類面對的每個問題時，政府就是在想法取代上帝。指望政府解決我們所有的問題（貧困、醫療、教育等），那只能是偶像崇拜（拜錯了神），不會有好結果。」[130]由此可見，美國和英國之所以能長期維持「小政府、大市場」，並非市場派經濟學家努力的結果，而是因為教會領袖持續的警惕和行動。相較之下，西歐，尤其是路德新教占統治地位的北歐，在國家和宗教的競爭過程中，國家自十九世紀便逐步占了上風[131]，尤其是政府可以不斷加稅，資源遠多於教會，結果是：教會和市場逐漸讓位給政府。北歐的經驗一直影響著美國的宗教領袖。

當然，圖十一・四和其他相關研究都是基於大樣本，難以看到教會與國家間競爭的具體過程；同時，負相關不等於因果關係。下面，我們不妨看看三個案例的經歷：美國、烏拉圭和德國。就美國而言，之前已介紹了思科伍和斯塔薩維奇基於四十四個州的工傷保險樣本的研究[132]，這裡我們再探討一下大蕭條期間政府救助和教會救助之間的關係。

前面談到，二十世紀三〇年代初大蕭條到來時，失業人口暴增、生活水準劇降，迫使新上

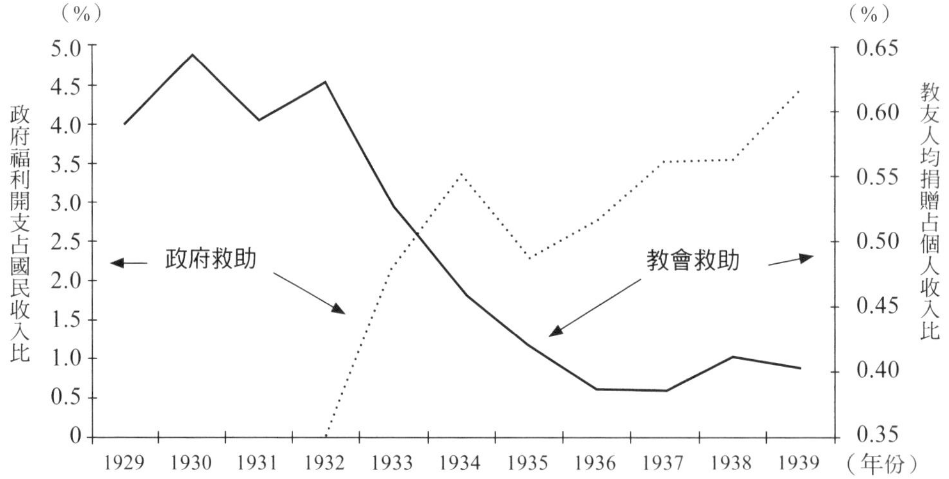

圖十一・五　大蕭條期間美國政府救助與教會救助的變遷[134]

任的羅斯福總統推出「新政」。如圖十一．五所示，一九三二年後，政府福利開支占國民總收入之比從起初幾乎為零上升至一九三九年的四．五%，為困難民眾提供賑濟，為孩童、長者和傷殘人士提供援助，政府還推行眾多「以工代賑」專案，緩和失業的影響。漢格曼整理新政時期的歷史資料發現：在美國各州，政府為實施「新政」所投放的資源每增加一美元，當地教友向教會的奉獻就減少二．九美分。[133]儘管這個系數值看起來不大，但考慮到政府開支的數量級，可解釋大蕭條後期宗教在美國暫時衰微的相當部分。實際上，新增加的政府福利開支幾乎可以解釋其間宗教捐款下降了一〇〇%！圖十一．五中，政府福利救助與宗教救助幾乎完美地「此消彼長」，前者替代了宗教的避險職能：有了更多政府救助後，每位教友便減少了教會的奉獻，教會進而無法在救助方面發力。

「羅斯福新政」之後，「此消彼長」關係依然成立。如圖十一．六所示，漢格曼蒐集的一九四〇至二〇〇〇年的資料表明[135]，政府福利占國民總收入之比與教友人均奉獻之間，仍然呈顯著負相關：二

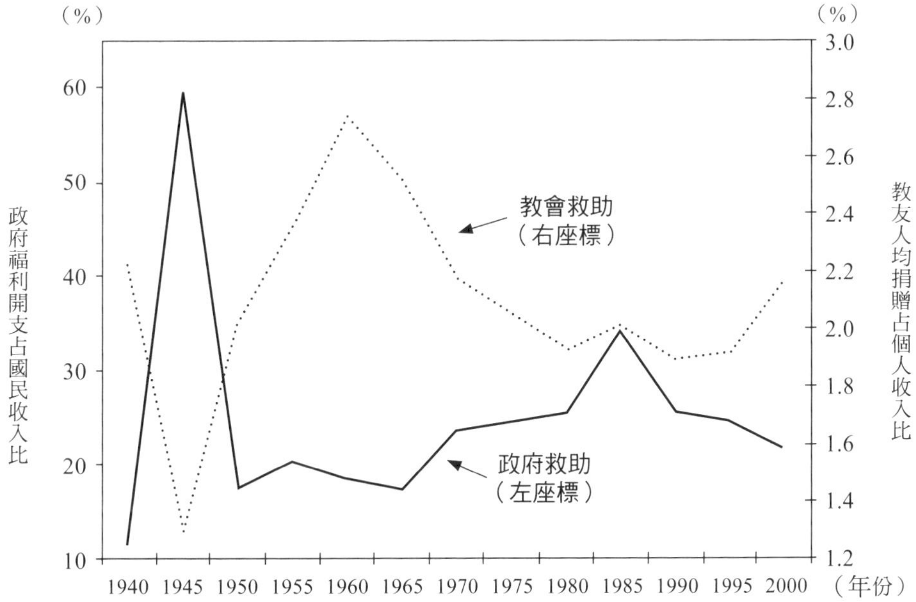

圖十一·六 美國政府福利與教會奉獻的變遷[137]

戰結束時，聯邦政府為撫恤老兵、恢復經濟，將福利開支增加到接近國民收入的六○%，同一時期教會人均奉獻亦為歷史最低；一九五○年之後，政府福利長期居於低位，在國民收入的二○%上下徘徊，同期的教友人均奉獻則翻了一倍多，從一·三美元增加至最高點的近二·八美元。當然，以一九五六年為例，國民總收入為三千兩百四十億美元，其中二○%，即六百四十八億美元用於政府福利，人均福利開支達三百八十三·四美元，遠高於教友人均二·八美元的奉獻，這也足以解釋教會對福利國家的恐懼，難與後者競爭。一九九六年，聯邦政府改革了福利法[136]，縮限享受福利政策的範圍：之前，食品券、醫療保險以及為低收入群體提供的保障項目不僅覆蓋所有滿足條件的公民，還覆蓋非公民的外國居民；改革之後，只有公民才能享受這些福利。對各州資料的分析顯示：當地政府福利開支因改革削減的幅度愈大，那裡的人均教會奉獻就增加愈多。這個變化在對風險最為敏感的年齡群體年長者當中最為顯著：他們的教會奉獻增幅最大。

我剛開始研究人類如何應對風險的課題時，本以為只要金融市場夠發達，各種風險就可以透過金融工具的組合得到解決，可是後來看到美國的情況，似乎令人費解，因為美國有最發達的金融市場，但在已開發國家中，美國的宗教信仰程度又幾乎最高，尤其遠高於北歐，並且教會與政府之間的競爭還一直很激烈。我後來進一步分析發現，整體而言，發達的金融市場讓中高收入群體能充分規避未來風險，但低收入群體可能望塵莫及，他們要麼依賴宗教避險（見第六章的實證研究），要麼依靠政府福利。這個群體難有剩餘的收入利用金融避險，因而暴露在風險之中。也就是說，在國家與宗教的角力中，低收入群體是雙方爭奪（或說救助）的關鍵受眾。一旦福利國家全覆蓋了這個群體，宗教的受眾會所剩無幾，只剩下那些需要或希望從教會得到精神支援的個體；這就是為什麼教會感到福利國家是最大的威脅[138]，北歐的經歷證明了這一點。

基於美國的社區調查顯示：收入在貧困線以下的人群中，約有六五%接受了某種形式的政府救助；有意思的是，在低收入人群中，雖然接受教會救助的人數占比（二二%）低於接受國家福利的占比（三六%），但低收入群體還是認為宗教救助比國家福利更有用。[139]低收入群體之所以倒向宗教這一邊，而非偏向國家，是因為宗教提供福利的方式更人性化[140]、更具排他性，也就是教會一般只給教徒提供援助；反之，國家並不會篩選受益者，只要滿足援助條件的公民都能得到（於是，沒人感激國家）。這麼一來，在既定的福利資源條件下，窮人信教所能分到的福利更多（能同時得到兩份——國家福利和教會福利）。在政府福利和宗教福利分開的國家裡（如美國），窮人對教會的偏好更加突出。[141]當然，前提是政府福利不能太高：政府福利愈高，教會福利的邊際價值愈低。

還有一些證明宗教與政府間「此消彼長」關係的證據。二十世紀九〇年代，美國媒體報導了部分教會的性醜聞，導致這些教會的信眾人數大大減少，其中一部分投靠其他教會，更多教眾因此變得不再虔誠信教，轉向世俗化。比起醜聞流布之前，各地民眾更願意投票給主張增加政府福利的民主黨，從依賴教會避險轉向「大政府」。[142]

烏拉圭是另一個有意思的案例。跟多數其他拉丁美洲國家一樣，烏拉圭也是西班牙的前殖民地，到二〇〇六年，烏拉圭三百萬公民中，四七・一%信奉天主教，一一・二%是新教徒[143]，但這些年信教的人口不斷下降。安東尼・吉爾（Anthony Gill）和艾瑞克・倫斯加德（Erik Lundsgaarde）指出[144]，烏拉圭人中自認為不信教的人占二八%，每週去教堂做禮拜的人口只占一三・二%，遠低於其他拉丁美洲國家（墨西哥四六・四%、哥倫比亞四五・吧%、多明尼加四四・三%、秘魯四二・九%、巴西三六・三%、阿根廷二五・四%）。之所以如此，正因圖十一・四所示，烏拉圭的政府福利開支占GDP的一八%，遠高於其他拉丁美洲國家（其他拉丁美洲國家都不到七%）。也就是說，雖然烏拉圭很早就以天主教為主，但由於二十世紀烏拉圭與北歐路德新教國家一樣，大舉實施國家福利，政府代替教會提供民眾安身立命的經濟保障，烏拉圭人對教會的興趣也就逐漸下降，教堂禮拜頻率明顯低於其他拉丁美洲人。吉爾與倫斯加德認為，政府福利開支奇高是烏拉圭有別於其他拉丁美洲國家的關鍵，這個差異導致烏拉圭人不如其他拉丁美洲人那麼虔誠，除此之外難以解釋烏拉圭的與眾不同。

國家福利的興起，不僅因為世俗政府在為民避險上取代了宗教組織，造成教會地位萎縮，也因為這導致多種社會資源的重新配置，從原來以教會為中心轉變為以政府和世俗社會為中心，使得教會的勢力進一步收斂。前面提到，在歐洲，福利國家源於馬丁・路德的新教教義。

比如，宗教改革之前，天主教會是溝通塵世和神明的唯一仲介，天下都掌於其手，連世俗國王也只有經教會加冕後才獲得合法性，所以世俗國家必須向教會減免稅收、讓渡資源，甚至分享一部分的政治權力，教會對關鍵職位的任命有發言權甚至否決權。宗教改革後，天主教會本身的合法性遭到質疑，同時又有來自新教的競爭。在新教與天主教的較量中，世俗國王的選邊變得十分重要，國家的議價能力大大提高，尤其對於新教這個需要拓展自己地盤的後起之秀而言，它得給世俗國王更多實際的利益，才能求得支持和結盟。[145] 為此，新教甚至支持世俗領主接管天主教的修道院財產，認為這樣可以防止天主教職員私吞教產等等。[146] 而馬丁・路德宣導的世俗政府取代教會、為大眾提供濟貧救急福利，便進一步把社會資源轉向政府，對教會的長久地位不利。

傑瑞米・迪特馬爾（Jeremiah Dittmar）和拉爾夫・梅森哲（Ralf Meisenzahl）的研究精彩闡釋了這個過程。[147] 他們談到，從十六世紀早期開始，一些德國城邦響應馬丁・路德的號召，陸續採納「教堂條例」法，要求世俗政府擴大社會福利，將原來被天主教會控制的公共物品轉移到政府手中，這些公共物品既包括學校、救濟所、醫院等，也包括原本為教會服務的人員轉到世俗職業（比如由傳教士、僧侶改做市議員、行會領袖），固定資產投資從興建教堂改為多建行政大樓、辦公室等等。這些轉變打破了世俗精英和宗教精英之間的舊平衡。「教堂條例」還要求政府建立公費教育系統，提供所有人免費義務教育，一方面使更多人可以像馬丁・路德號召的那樣，自讀《聖經》、直接與上帝對話，另一方面也大大提升了世俗公務員的人力資本，培養更多世俗精英，強化政府官員管理監督行政機構的能力，提升政府福利和其他公共物品的水準。據達維德・坎托尼（Davide Cantoni）等人的研究，那些公辦大學畢業生更願意投入世俗工作當中，分布在政府部門、教育界、商界、藝術界、醫學界等，而不再把教會神職作為首

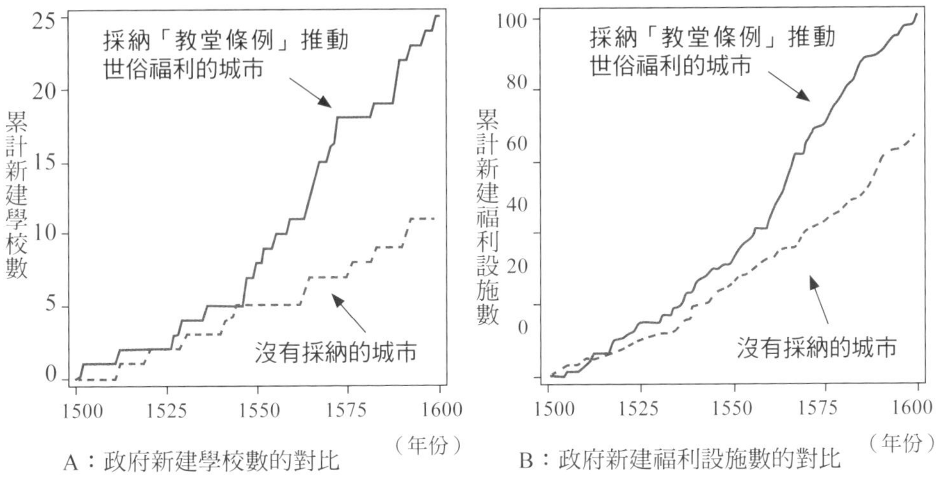

圖十一・七　世俗政府權力的變遷——世俗福利強化政府勢力[149]

選。[148]福利國家的興起就這樣造成教會勢力多方面的衰退，社會的整體格局不再以教會為軸心。圖十一・七對比了十六世紀初期採納「教堂條例」的城市和沒有採納的城市，展現了它們在公費新建學校、新建福利設施的差別：採納「教堂條例」的城市，政府掌控的資源顯然成長更多，政府的職能也大大加強。

通過對大蕭條期間與之後的美國、當代烏拉圭、宗教改革以來的德國的細節分析，我們看到，圖十一・四所反映的國家與宗教之間的「此消彼長」關係並非單純的相關性，而是背後因果關係的表現。歷史上，一直到十六世紀宗教改革前的歐洲，宗教包攬一切，勢力強大，世俗國家處於相對被動甚至微弱的地位；然而在這之後，隨著福利國家的興起，世俗政府的力量逐漸占了上風，教會在競爭中漸漸讓位，尤其在路德新教國家中被邊緣化。

結語

在這一章中，我們介紹了國家在協助個體應對風險上發揮的作用：上溯至遠古社會，氣候風險、外敵風險催生了國家的起源；近代以前，國家已經透過多種方式來紓解國民受到的負面風險衝擊。中國周朝以來的「荒政」即是一個典型的例子。步入近代的歐洲，工業化帶來全新的風險，即人造的經濟風險和健康風險，致使社會資源的配置權和控制權從傳統的以教會為中心，轉變到以世俗國家為中心，具體表現為福利國家的興起，使政府所承擔的為民避險濟貧功能更為多樣。正因為國家的起源和發展由風險挑戰所驅動，其效果豐富、亦改善了民眾應對風險的能力，降低了個體遭遇風險時的損失，減少了靠暴力求生存的必要。這就具體解釋了為什麼「有國家組織」的社會的暴力死亡率遠低於還沒建立國家的原始社會[150]，國家的發明是人類文明化進程中邁出的關鍵一步。

不過，隨著政府避險角色的擴張，不僅道德風險增加，搭便車現象變得嚴重，其他傳統的避險安排也受到威脅，包括取代家庭、宗族、市場和教會的角色，人類的社會格局因此被再度塑造。以宗教為例，政府福利開支與宗教信奉程度之間，呈顯著「此消彼長」的規律，而且國家與教會間的這種競爭，至今還在美國、南美、歐洲和世界的其他地區進行。

當然，福利國家集資源於政府之手，擴大政府的職能後，也帶來全新的風險，即國家財政風險、國債風險和貨幣貶值風險。這樣的風險雖然在政府福利擴大之前就有，但其程度和影響力早已今非昔比，在西歐和拉丁美洲國家尤其明顯。因此，在個體的部分風險挑戰轉由政府承擔後，國家如何化解風險就成了新挑戰。那麼，國家該如何規避風險、當風險出現時又該如何應對？國家跟個體相比較，個體可以透過婚姻、家庭、宗族和宗教組織分攤風險、互通有無，而國家之間可以合併（類似婚姻），也可以形成某種風險互助體（類似個體的宗族），比如歐元區（貨幣與一定程度的財政聯盟）或者基於共同價值觀的多維度聯盟（類似個體的宗教），比如當年的華沙公約組織，還可以像個體那樣，利用金融市場發債融資，所以國債市場至關重要。但是，在現代國家主權體系下，國家資產（如領土、國寶、文物、建築）都不能作為發債的抵押資產，雖然稅收流可以作為還債的基礎，但債權人不能在發生債務違約時奪得稅收流的控制權。基於同樣的道理，國家間的風險互助聯盟也大打折扣，就像歐元區，由於財政權在國家主權保護之下由各成員國自主把握，使貨幣聯盟隨時面對解體風險。由此可見，正如人類文明化歷史中其他創新所展示的，世俗國家透過福利專案替個體解決一些風險挑戰之後，的確消除了困擾眾多個體的部分問題，使整體社會效用增加、暴力減少、文明進步，但剩下的問題只是從眾多個體轉移到政府手中，疊加成國家層面的新風險挑戰，所以，文明化進程有待繼續。

第十二章 文明進程走向何方

天下沒有白吃的午餐。

——無名氏

從工業革命到現在，一代代的科技創新已大大提升了生產力，使人類的生存狀況煥然一新，物理距離不再是一種障礙，整個地球就像一座緊密相連的村莊。也正因為工業革命以來的技術成功如此全面、深入地改造了世界，以至於克拉克等歷史學者對西元一八〇〇年之前人類兩千餘年的努力不屑一顧，因為在此期間勞動生產力並沒有發生根本的變化，人類社會一直未能走出馬爾薩斯陷阱。可是，透過本書的各章節我們看到，從迷信、宗教、婚姻、家庭、宗族、市場到國家等都有過顯著的完善發展，這些創舉雖然沒有直接提升生產力，但卻改進了人類應對風險的能力，時至今日，大多數自然風險已經不再能威脅人類生存。就像空調技術把人類生活的室內氣溫跟外部環境隔離開，室外或許高溫酷熱，但室內可以調節到讓人體感到舒適的任何溫度，自然風險對人的生存衝擊也可降至極低。由於風險應對力的改進如此之大，如今，暴力的收益顯著低於代價，讓文明不斷戰勝野蠻，成為人類的首選。

但是，正如第十一章所言，自工業革命以來，在技術、商業和金融發展到基本上解決了自然風險挑戰之後，金融危機、經濟危機、貧富差距、失業貧困等新型人造風險不斷浮上檯面，困擾現代社會，並催生出以三管齊下為特色的現代政府——福利國家、貨幣干預（中央銀行）、財政干預（財政國家）。可是，天下沒有白吃的午餐，本書所關注的這些創舉在解決了自然風險衝擊的同時，也給文明化進程帶來全新的挑戰。

人類婚姻的未來走向

第四章說到，婚姻不是因為愛情而發明的，而是定居農耕社會為了促進男女勞動分工、實現資源分享、風險分擔以及生子傳承所演變出來的。可是，到了今天，各類市場尤其是金融市場已經非常發達，國家福利和契約制度也日益完善，人不再需要藉助婚姻實現避險或達到資源分享。二〇一〇年，《時代》週刊報導[1]，一九六〇年時，美國十八歲以上的成年人中，有二七%過著單身生活（包括從未結婚、喪偶和離婚），七三%過著結婚生活，家庭平均有三．三人，五%的小孩由單身母親扶養；但到了二〇一〇年，四八%的成年人是單身，也就是未婚人數接近一半，而一家平均有二．六人，超過四一%的小孩由單親所養！一九六〇年時，二十幾歲的青年中，已婚的占三分之二，但到了二〇一〇年，已婚的青年占比不到四分之一。一九六〇年時，八七%的小孩跟父母住，到二〇一〇年，只有六四%的小孩跟親生父母住，單親家庭愈來愈多。這種趨勢並非美國獨有，瑞典五四．七%的小孩由單身母親所養，這個比例在立陶宛、義大利分別為二九．二%、二〇．七%。中國也有類似的趨勢，根據民政部的資料，一九七八年時，全國每天有八百對夫妻離婚，而到二〇一七年每天有一萬一千九百八十對夫妻離婚。

婚姻的性質在改變。尤其是二〇一七年五月，美國最高法院判定同性婚姻在全美合法，任何州都不可以禁止。根據蓋洛普（Gallup）的民意調查，一九九六年時二七%的美國人支持同性婚姻，到二〇一八年支持率上升到六七%！[2]西歐也是這種趨勢，同性婚姻在荷蘭、比利時、西班牙、挪威、丹麥、瑞典、葡萄牙、英格蘭、法國、芬蘭等國都合法；在巴西、阿根廷、哥倫比亞、烏拉圭等南美國家，在澳大利亞以及紐西蘭，同性婚姻也合法。[3]

為什麼這麼多社會對結婚的興趣日益淡化，並支持同性婚姻？沒有婚姻的人類世界是我們想要的嗎？這些新趨勢讓各國的保守派感到恐慌，深感危機。前文說過，在人類早期到農耕社會，金融市場與其他市場並不發達，國家福利和宗教互助組織也還沒出現，人類只好依賴血緣和姻緣這兩個體系解決風險挑戰，尤其是依靠「養兒防老」。而這兩個體系中，子女是關鍵，愈多愈好，但子女必須是血緣純正的「親骨肉」！所以，婚姻約束裡必須包括性關係的壟斷權，妻子不僅必須能生育，還必須絕對貞潔，所謂「不孝有三，無子為大」、「餓死事小，失節事大」。也就是說，在沒有金融和其他血緣外避險工具的時期，婚姻的第一要務是生子，因此利益婚姻只能在異性男女之間，同性違背婚姻的本意，必須禁止。男女性關係也只為生育，不以生育為目的之情欲不被倫理規則制定者所接受。百姓對單身、不結婚就生子、性生活不為生子、婚後不生子或者結婚後離婚，都不能容忍。

但是，今天不一樣了。如今，可選擇的金融產品豐富，基於市場配置資源的手段眾多，政府福利保障愈來愈可靠，宗教團體也提供最後的救濟保障，現代人不僅不再需要「養兒防老」，婚姻也不再是安身立命的唯一選擇。換句話說，風險保障、經濟功能正在從傳統的婚姻與家庭中剝離，交由市場和政府去實現，這就解放了婚姻，使婚姻從側重經濟利益轉型為側重感情，讓愛情戰勝婚姻。同理，一旦市場與國家福利取代了婚姻家族的風險保障功能，生育就不再是婚姻的第一要務，甚至結婚也可以選擇不要小孩，因此，在利益婚姻轉型為感情婚姻之後，婚姻就不必限定在異性之間。也正因為這個邏輯，許多異性戀、同性戀伴侶只是同居，不尋求結婚，或單身一輩子。

而之所以同性戀者要求同性婚姻合法，是因為美國有一千多種婚姻權利（第四章），婚姻權利在其他國家也不少。那麼，既然異性戀者和同性戀者都一樣遵照法律交稅、盡到公民義務，他們從政府得到的公共服務和福利保障也應該相同，不能因性偏好不同而各異，否則就有失公平正義。換言之，由於歷史遺留的「婚姻利益」太多，就不得不給同性戀者一組源於異性婚姻的「婚姻權利」。

在一次電視訪談中，曾經聽一位上海女士說：「以前要丈夫，一是為了有收入保障，但我的收入比老公高；二是為了有未來風險保障，但我有金融保險和投資；三是為了有人幹體力活，搬煤、搬東西什麼的，但現在什麼都可以網上下單、送貨上門；四是為了穩定的性生活、生孩子，現在還非要通過結婚才有嗎？」人類婚姻看來將繼續演變，這讓許多人憂心忡忡。

如果婚姻在變化，家庭、宗族的內涵也必然跟著改變，規模變小，凝聚力變弱，使得宗族的風險互助與資源分享能力每況愈下。正如第五章談到的，縱觀歷史，各社會透過家族、宗族的嚴密組織與維護，家族勢力的傳承延續能力一直很強。一項研究發現[4]，在義大利的佛羅倫斯地區，一四二七年富有的姓氏在歷經五百八十四年後，到二〇一一年仍然更可能富有，從事高收入的銀行等金融職業；世家的長久延續力說明從前的家族凝聚力必須很強，否則跨代的傳承能力就不明顯。但是，那種延續力以過去人口跨區流動少為前提，而工業革命以來，尤其是二十世紀的交通和資訊技術發生根本變化後，在全球範圍內，人口跨地區、跨國界的流動大

圖十二・一　范仲淹（宋代世家）紀念館

注：歷史上不乏著名世家，曾經影響極盛，但如今多以博物館、紀念館的形式留存。本照片中，范參議公祠原為蘇州范氏族人祭祀祖先之地。第五章介紹過，該宗族的發起人范仲淹（九八九至一〇五二年）為北宋官員、思想家、文學家，歷任知縣、知州、參知政事等職，但更以創建「范氏義莊」而流芳百世，為強化宗族建設奠定基礎。范仲淹也因《岳陽樓記》「先天下之憂而憂，後天下之樂而樂」留名至今。

大增加，族人分住在不同國家、不同地區的現象日益普遍，從根本上瓦解了血緣互助網絡；加上城市化帶來的城鎮地產價格奇高，昔日的宗祠和其他凝聚族人的物理符號都難以為繼。有些學者基於佛羅倫斯的歷史資料還發現，今天收入的代際相關係數比一四二七年時降低了近一半。所以，雖然家秩序還在發揮一些效能，但趨勢顯然漸漸式微。

公司的力量

從第五章、第十章可見，在中國，一直到十九世紀鴉片戰爭之前，宗族是僅次於國家的第二大力量，佛教等宗教組織頂多是排名第三的社會力量，而企業這樣的商業組織不過是宗族的附屬，甚至連企業也以祠「堂」命名（如清代自貢鹽企「王三畏堂」、「李四友堂」、「胡慎怡堂」，這些既表示宗族，又表示相連的共同企業[5]），根基於宗族，不是獨立的存在。在法治不健全的其他傳統社會，由於缺乏獨立於血緣網絡的信任體系，商業組織也基本上與血緣關係網相連。[6]

可是，在今天中國社會，家族、宗族已幾乎名存實亡的背景下，洋務運動以來的商業、尤其是金融市場的發展逐步推演出全新的市場主體：股份有限公司（第十章）。這些公司既不依附於血緣宗族，又不依附於國家，而是具有自己獨立法律人格的商業組織，且有些公司的規模和權力是任何當代和傳統宗族無法比擬的，甚至真的是「富可敵國」，這是古代人做夢也想不到的。比如，騰訊雖然是馬化騰與同仁一起創辦的企業，也被許多人看作馬化騰的延伸，但實際上騰訊既非馬化騰家族擁有，也不是國有企業，又非任何其他個人或宗族擁有，而是屬於千千萬萬個人、家庭和機構投資者的共有公司。根據二〇二一年一月十八日的股票收盤價，騰訊公司市值為六兆三千億港元，相當於八千零二十億美元，只低於世界上前十八個經濟大國的ＧＤＰ，排在印尼、土耳其、荷蘭之後，但超過沙烏地阿拉伯、阿根廷等一百七十幾個國家和地區。即使以騰訊二〇一九年的收入三千七百七十三億元人民幣為參照[7]，也只低於七十四個國家和地區的ＧＤＰ，高過其餘一百多個國家和地區的經濟規模。此外，阿里巴巴集團的市值為六千五百八十七億美元，也是民營公司，富可敵國。因此，與古代相比，今日的中國是一幅完全不同的場景：力量最大的當然是國家（國有企業也是其中一部分），力量次之的是這些民營現代公司，而宗族、宗教等其他傳統組織的影響力在繼續消退之中。

當然，中國經歷的變遷只是人類總體趨勢的體現，而非特例。第九章談到，至少自中世紀開始，商業市場不斷跨地區拓展，提升市場實現人際風險互助與資源分享的能力。在這個

圖十二・二　騰訊公司位於深圳的全球總部大廈

注：在中國，今日醒目的不是曾經的宗族祠堂，而是一棟棟高樓大廈。與之相應的是，現代法人公司取代昔日依附於血緣網絡的家族企業。

長距離貿易的演進過程中，荷蘭人、英國人於十六世紀加入海洋貿易行列，但他們的做法與眾不同：採用股份有限公司，向千千萬萬投資者發行股票融資、分攤長程貿易風險。只是在推出此創舉時，他們可能沒想到，公司這種跨血緣的商業組織將來會成為市場主體，全然改變世界。在此，不妨再回顧晚清薛福成在《論公司不舉之病》中所言：「西洋諸國，開物成務，往往有萃千萬人之力，而尚虞其薄且弱者，則合通國之力以為之。於是有鳩集公司之一法。官紳商民，各隨貧富為買股多寡。利害相共，故人無異心，上下相維，故舉無敗事。由是糾眾智以為智，眾能以為能，眾財以為財。」[8]也就是說，有了鳩集公司這個辦法，不管官紳還是商人、普通百姓，都可根據貧富適當出資入股，這麼一來眾人的利益都捆綁在一起，就人無異心、上下相維了。

不過，在薛福成感嘆公司之厲害的十九世紀末，西方公司「糾眾智以為智，眾能以為能，眾財以為財」的能力其實還沒達到他講的程度。到十九世紀中期，在美國公司裡，股東數量最多也就是兩千五百個左右；至一九〇二年，股東數量最多的三個上市公司美國電話電報公司（AT&T）、賓夕法尼亞鐵路公司（Pennsylvania Railroad）和美國鋼鐵公司（United States Steel Corporation）分別有一萬兩千、兩萬八千和兩萬四千名股東，到了一九三一年分別上升到六十四萬兩千、二十四萬一千和十七萬五千名，股權才真正高度分散。[9] 一九〇〇年，全美有四百四十萬名股市投資者，一九二九年有一千八百萬股民，而時至今日，五二%的美國家庭直接或間接持有股票、股權基金[10]，也就是將近一億五千萬居民與股市的利益有關。所以，今天，公司集「眾財以為財」的能力真是史無前例。

在集「眾智以為智，眾能以為能」方面，十九世紀的公司最多雇用上萬員工，而今天的沃爾瑪在全球有兩百二十萬萬名員工[11]，亞馬遜雇用一百多萬人[12]，富士康雇用的工人則更多，皆是古代人想像不到的商業組織規模。

截至二〇二一年一月十五日，蘋果公司市值為兩兆一千億美元，只低於全球前七大經濟體的GDP，亞馬遜和微軟的市值都是一兆六千億美元、臉書市值為七千一百五十九億美元。這些公司的力量不僅在於經濟規模與社會影響，更在於其獨立性，甚至可以與總統較勁。美國敗選總統川普煽動支持者於二〇二一年一月六日衝擊美國國會後，臉書、推特等社交媒體公司決定停掉川普的帳號，禁止他發布言論，對此連總統也無法應對。[13] 而在二〇二〇年十二月七日，川普召集相關公司高層參加白宮的「新冠病毒疫苗峰會」，但邀請立即被領頭開發疫苗的兩家公司輝瑞（Pfizer）和莫德納（Moderna）的執行長拒絕[14]，之後兩家公司也未因此受到白宮的報復，足見現代公司的力量。

國家作為人造組織，至少在五千多年前就出現（第三章、第十一章），而股份有限公司作為人造的商業組織，才出現不到五百年——這麼短的時間內，公司的力量就在向國家靠攏。原因有多個層面。首先，公司創立的目的比國家單純，就是透過商業贏利賺錢，以利潤最大化為目標。正因為這一點，發展公司比發展國家容易，世界上成功的公司遠多於成功的國家。其次，公司可以跨越國界到處投資、經商，改變眾多社會的生活，而在現有的主權體系之下，國家之間不能跨界滲透，因此跨國公司在全球的影響力比多數國家來得更大。最後，雖然主權國家的政府掌握立法權、司法權和行政權，理論上可以隨便壓制公司，權力大於後者，可是公司可以選擇從一個國家遷往他國，以此平衡國家權力。

自中世紀商業革命以來，市場與金融逐步發展的結果，不僅是以非人格化的市場交易取代了本來基於血緣和其他社會關係實現互助的方式，還推演出股份有限公司這種超越血緣的市場主體，並以此大大改變了人類景觀。今天，在美國、中國及許多社會，兩種人造組織的資源調配能力最強，首先是國家，其次是公司，而家族和其他社會組織的力量正持續衰退。

金融市場帶來危機風險

金融工具增加、金融市場深化發展，為人類提供了更豐富的避險選擇，讓人類可以精準安排可以想到的未來風險，這當然是好事。不過，這也帶來金融市場內在的問題。自然風險的特點在於，兩地相隔的距離愈遠，同時發生同樣風險事件的機率一般來說愈低。比方說，湖南跟河北相距甚遠，不太會同時遭遇旱災、水災，而中國、中東、歐洲和美洲同時經歷同一旱災衝擊的機率會更低。相較之下，金融市場所隱含的系統風險是人造的，具有截然不同的屬性，特別是在現代資訊技術和交通技術之下，各地、各國的金融市場緊密相連，一地區的銀行或保險公司發生破產，透過其交易對手的關係可以快速傳導至全國、甚至全球的金融體系。二〇〇八年源於美國次貸危機的金融危機就衝擊了世界各國的各類金融市場，影響幾乎所有的經濟與社會。金融風險不僅傳導性強，而且由於金融交易的標的是看不見、摸不著的跨期契約，這種跨期性和無形性既帶來巨大的「逃跑」違約空間，又給各參與方巨大的想像空間，提供造謠者、誤導者、欺詐者機會，致使金融市場容易發生疊加式（cascading）恐慌，也就是金融學裡講的「跟風式」交易行為和連鎖反應所導致的市場崩盤風險。[15] 金融危機這種純粹的人造風險雖然不是源於大自然，可是它重創實體經濟和人類社會的能力不亞於自然風險。從這個意義來看，金融市場的發明和發展或許解決了自然風險對生存的挑戰，但同時製造了一個全新、殺傷力也不低的魔鬼：金融危機。

第十章說到，古羅馬先於中國和其他社會發展出銀行與公眾證券市場[16]，靠外部金融交易實現人際合作。而目前所知的人類最早的金融危機也在那裡發生，這似乎不足為奇，因為沒有金融的其他社會當然不會有金融危機。在羅馬帝國第一任皇帝奧古斯都的執政期（西元前三〇年至西元一四年），尤其是前半期，他揮金如土裝潢都城羅馬，包括建造阿波羅神廟、朱利烏斯神廟、龐貝大劇院，取悅羅馬市民，並完成四通八達的帝國公路網（即所謂的「條條大路通羅馬」）。朝廷不但到處挖金礦銀礦、加鑄貨幣、擴大流動性，銀行及其他金融機構也大量低息放貸[17]，在高高的金融槓桿下，土地與房價暴漲，經濟一片繁榮。可是，從西元前九年至西元三二年間，金幣銀幣的發行量大約只有之前的二十分之一，加上大量金屬貨幣隨著占領軍外流至羅馬帝國的各屬地，造成羅馬本土的流動性嚴重緊縮，信貸利率高漲，地價持續下跌。在這樣的局面下，西元三三年，羅馬參議院通過議案，要求所有放貸者（包括銀行及其他金融機構）在十八個月內調整放貸結構，必須有不低於三分之二的資金投放於土地，並為貸款利率設置上限。[18]該法律的用意當然是為了保住地價，但實際效果卻是迫使放貸者加速抽回先前的貸款，包括土地、商業和個人貸款；至於那些無錢還債的借方，銀行甚至去法院訴訟，逼迫借方賣地還貸。[19]在抽銀根的壓力之下，借方別無選擇，只好變賣土地和其他資產，或終止商業投資，導致土地和其他資產價格暴跌，各類資金鏈凍結，甚至有錢在手的富人也變得格外保守，不再願意放貸。抽銀根危機造成羅馬社會一片慌亂，經濟收縮嚴重。

當然，古羅馬的信貸危機與以金融資產暴漲暴跌為特色的現代金融危機有些不同，因為那次金融恐慌主要是羅馬參議院的決議所致，以抽銀根為導火線。但那次的危機對社會的打擊面同樣較大，據彼得．特明（Peter Temin）的判斷：「到西元一世紀，從地位高貴到底層的羅馬人都參與了一對一的放貸和借貸。」[20]當金融服務面非常廣泛時，金融的普惠性得以體現，但代價是一旦發生金融危機，打擊面也會很廣。

十七世紀初荷蘭的鬱金香泡沫是金融史學者較為關注的歷史案例。一五九三年，鬱金香傳入荷蘭，由於當地的土壤和氣候特點，荷蘭很快成為鬱金香的主要栽培地之一，並培育出各種新奇珍品。一六三四年開始，市場對鬱金香的需求逐漸增加，尤其珍品的價格上漲更快，最貴時一株鬱金香球莖相當於一百一十盎司黃金，按今天的金價換算等於二十二萬美元。[21]一六三六年十月，新一季栽培入土之後，次年春季才開花交割的鬱金香以「期貨」的形式一直持續進行交易。其中，期貨合約的賣方承諾次年三、四月鬱金香花開時交貨，而期貨買方承諾那時將付款取貨，兩方發生交易時不支付現金，但都有義務在期貨到期時進行交割，而未來交割的價格（即期貨價）會每天根據行情的變化調整。因此，鬱金香期貨是典型的金融合約，在到期交割鬱金香之前提供投機者廣闊的想像與炒作空間。在一六三七年一月初至二月初這一個月時間裡，某些鬱金香品種的期貨價格飆升三十至一百倍，而到一六三九年初，同類價格跌回到高點的一%不到。[22]不過，由於參與投機鬱金香的人數比較少，泡沫破裂所衝擊的人數不多，對社會和經濟的打擊有限。[23]此外，由於鬱金香的培植期有限，幾個月之後總能知道真實結果，所以不管有心人士如何炒作鬱金香期貨，也難以長久疊加，將泡沫無限吹大。

一七二〇年在英國發生的「南海泡沫」（The South Sea Bubble）是歷史上影響更廣的金融危機。其間炒作的是股票，因為股票沒有期限，未來需要兌現的承諾十分模糊（發行公司即使賺錢，也不一定必須分紅；如果沒獲利，就無義務分紅），所以這類金融證券的不確定性大，想像空間遠超鬱金香，也因此更容易造成疊加式泡沫和擠兌危機。第十章談到，英國十六世紀後期開始有股票市場，為海上貿易融資。一七一一年，「南海公司」創立並發行股票，目的之一是讓投資者以英國政府債券換取南海股票，藉此增加政府公債的吸引力、降低政府融資成本[24]；二是從事英國與南美洲間的貿易，特別是後來獲得從非洲販運黑奴賣往南美的專營權。由於創立之際正值英國與西班牙打仗，而西班牙和葡萄牙又控制了整個南美，南海公司因此在南美貿易業務上難有贏利機會，但南海公司還是透過不斷製造假新聞和賄賂政客得到一些特權，製造了一個個題材故事，把股價愈炒愈高，尤其是公司高層想出一招：給議員和官員或者他們的關係戶一些股權，由他們持有，等股價上漲後可以隨時賣回給公司，賺取利潤，這麼一來，政客就有動機特別關照南海公司。到一七二〇年一月初，南海公司的股價為一百二十八英鎊，三月底升至三百三十英鎊，五月底超過五百英鎊，七月一日達到最高點九百五十英鎊[25]，在六個月裡翻了六．四二倍。南海泡沫不斷膨脹之際，眾多其他股票也跟著飆漲。一方面吸引創業者建立公司並發行自己的股票，另一方面使從紳士到農民各個社會階層普遍捲入炒股運動，形成十足的羊群效應！[26]就在社會享受股市繁榮之際，英國議會為了制止金融欺詐和虛假繁榮，於一七二〇年六月底通過著名的《泡沫法案》（準確來說，應該叫《反泡沫法案》），要求任何新的股份有限公司在成立之前，必須先由議會立案通過，或由皇家特批。法案一出，眾多投資者便拋售股票，造成股價掉轉方向，開啟持續下跌的歷程。到了一七二〇年底，南海公司等股票跌回到年初的價位以下。由於南海泡沫、法國密西西比公司（Mississippi Company）股票泡沫和荷蘭股票泡沫發生在同一年，這些國家的公司股價漲幅均在一倍至八倍之間，接著也都在兩三個月之內跌回原位[27]，所以一七二〇年的泡沫算是人類第一次全球性金融泡沫。正因參與炒股熱潮的不只是英國人，還有法國人、荷蘭人等歐洲居民，於是股價大跌造成的財富損失衝擊了歐洲多國的經濟與社會，致使眾多股民傾家蕩產。

當然，一七八〇年工業革命以來，各類金融市場在美國、英國、法國、德國等西方國家快速發展，也被中國、日本、印度等傳統社會引進，使金融市場在各經濟體和社會中更加舉足輕重，金融解決風險挑戰與資源配置的方式也逐漸取代血緣網絡、宗教網絡的角色。但是，與此同時，金融危機的頻率和滲透面也不斷走向新高。[28]以中國為例，現代金融於十九世紀引入中國之後，作為新型風險的金融危機也跟著到來，精準印證了「金融並非白吃午餐」的判斷。第十章談到，一八四〇年鴉片戰爭後，先是英國公司將保險業務引入中國，接著是洋行股票於十九世紀六〇年代在上海問世，零散的股票交易在茶館進行，但並沒有立刻引起主流社會的注意。之後，在洋務運動的大趨勢下，第一支華商股票輪船招商局於一八七二年底在「官督商辦」的安排下開始交易[29]；緊接著是江南製造局、開平煤礦等更多現代工業企業與礦業企業相繼成立，並向大眾發行股票，成為洋務運動的新型融資手段，股票交易愈來愈熱門。到了一八八二年，「炒股」成為上海等現代城市居民的熱潮，九月二日《申報》評論道：「今華人之購股票者，則不問該公司之美惡，及可以獲利與否，但有一公司新創、糾集股份，則無論如何，競往附股。」[30]時人不管公司類型或好壞，見股就炒，展現了典型的疊加式羊群效應。一八八三年，上海經歷了中國歷史上第一次現代意義上的金融危機——股市崩盤，股民血本無歸，眾多提供投機者槓桿炒資的錢莊與票號相繼倒閉，也導致清代首富胡雪巖破產。在金融恐慌下，產業企業的資金供給嚴重不足，給剛剛嘗試洋務的中國經濟和社會帶來動盪。[31]那次股災帶來一段時間的反思和探索，洋務派還是看到，儘管金融市場有風險，仍需要發展證券市場，改變中國企業的資源配置和家庭規避風險的手段。一九一八年第一個股票交易所在北京成立，一九一九年上海證券物品交易所成立，一九二〇年上海股票商業公會改組為上海華商證券交易所；到一九二一年底，僅上海開設的各種交易所就有一百四十幾家，在漢口、天津、廣州、南京、蘇州等城市也設立了五十二家交易所。[32]然而，銀錢業看到當年的交易所泡沫以及信託公司泡沫如此瘋狂，為了自己的資金安

圖十二·三 股票交易於 1872 年引入上海

注：股份有限公司及股票交易作為洋務運動的舉措之一，試圖改變華商創業融資的方式，藉此走出對宗族彙集資源、分攤風險的依賴。而在股市等現代金融引入後，一八八三年上海迎來中國歷史上第一場金融危機。

全，開始收縮貸款，抽緊銀根，迫使許多投機者拋售股票，造成股價狂跌，進而致使大量錢莊倒閉、交易所關門、信託公司破產，一波比一八八三年影響更深遠的疊加式金融危機再度發生。

而在十九世紀初以來的美國，大大小小的金融危機每隔十年左右發生一次，加上歐洲和其他國家的歷次金融泡沫，實在太多，這裡不一一列舉，有興趣的讀者可以細讀查爾斯・金德伯格（Charles Kindleberger）關於人類金融危機史的著作[33]，以及萊茵哈特與羅格夫針對過去兩個多世紀政府公債危機與銀行危機的詳細統計分析。[34]其中，影響最深的莫過於一九二九年股災引發的大規模金融危機。那次危機之前，美國及西方社會透過資產泡沫製造了一波波繁榮的假象，金融槓桿帶來虛假的繁榮，繁榮進而刺激更高的槓桿，就這樣一層疊一層推高泡沫，直到一九二九年十月泡沫破滅為止。遊戲一旦踩了剎車，就導致銀行擠兌，大量的銀行倒閉，進而造成企業資金鏈斷供，眾多企業被迫關門，大量工人失業。危機開始後，美國經濟持續衰退了四年，到了一九三九年經濟規模才恢復到危機之前的水準。[35]由於那次金融危機不只是衝擊美國，還將整個西方社會、甚至遠在東方的中國也一起拖下水，多國的失業率超過二五%，眾多家庭收入中斷，全球進入大蕭條。[36]在政治上，危機為希特勒在德國建立法西斯體制鋪墊了基礎，最後將全人類推向第二次世界大戰，給各社會帶來重創。[37]

從南海股票泡沫到一九二九年金融危機等多次金融危機，都因股市而起，尤其是二〇〇八年金融危機源於次級房屋信貸及相關的金融衍生品市場，便引發不少質疑：股票交易、金融衍生品市場與透過保險、銀行、基金等金融工具實現的人際合作互助與資源分享有什麼關係？如果剔除股市和金融衍生品，只保留保險、銀行這些傳統金融業務，不就能減少金融危機風險嗎？且不說羅馬帝國在西元一世紀經歷的金融危機與銀行體系的關聯，我們必須看到，包括股票、債券、銀行、基金、保險和金融衍生品在內的金融體系是一個整體，互為支持。金融衍生品雖然不一定會被個人、家庭或企業直接使用，但可以幫助銀行規避風險、優化貸款期限，擴大金融機構所能提供的信貸資金，也可降低它們所要求的貸款利息，讓個人、家庭和企業受惠。同理，不同的衍生品市場方便保險公司優化風險結構，增加產品種類，降低保險價格。也就是說，今天金融市場之所以在許多方面取代了傳統迷信、宗教、婚姻、家庭、宗族以及其他社會關係所發揮的化險作用，是因為幾百年的金融創新（包括進步的金融衍生品）豐富了金融市場。因此，只要我們接受以金融手段取代基於社會關係的傳統化險安排（例如「養兒防老」、宗族互助、教友互助），由此衍生出的金融危機可能是一種不可避免、時有發生的新型風險。這等於說：金融工具讓人類更妥善化解自然風險，卻製造出金融危機這種人造風險。那麼，除了盡可能降低金融市場的人造風險外（工業革命以來的經歷表明，金融危機不可能完全消除），人類該如何應對呢？

現代國家之能量

早在西元三三年的金融危機時，羅馬皇帝應對的答案是：在錢荒高峰時，政府抽調一億金元，由五位參議員組成放貸委員會，向急需流動性的銀行和其他放貸者提供三年期零息貸款。[38]也就是說，由國家提供大量流動性，讓大家不致於競相賤賣拋售土地資產，止住金融恐慌。那次的政權干預很有效，危機快速得到制止。等到一七二〇年南海股票泡沫時，不是英國王室干預，而是議會的《泡沫法案》導致眾投機者拋售股票，引發金融恐慌；儘管那次議會戳破泡沫的過程為社會帶來震盪，但結果整體而言還是積極的，促成一場投機性金融泡沫的終結。

早期金融危機的終結過程中似乎都有政府的身影。只是在工業革命之前，各社會對金融的依賴度不高，金融危機不經常發生，所以金融危機風險並沒有重塑國家權力。但是，從十九世紀開始，特別是一九二九年大蕭條以來，金融危機變得愈加頻繁，國家權力不斷往金融和經濟領域擴張。如果說自然災害風險和戰爭風險在古代催生了國家的起源，工業化帶來的失業風險促成福利國家的出現（第十一章），那麼金融危機風險就強化了現代國家的經濟管制權力。這主要體現在兩方面：中央銀行作為「最後貸款人」（lender of last resort）管控金融風險（貨幣國家），財政部作為投資者和消費者管控經濟蕭條風險（財政國家）。

對絕大多數國家來說，中央銀行甚至連商業銀行都是二十世紀的事情，所以在二十世紀以前，它們既沒有中央銀行發揮最後貸款人的角色穩定金融市場，也沒有把貨幣發行和金融監管權集中在政府之手，傳統的政府並沒有中央銀行和貨幣政策這些工具。英國是最早推出中央銀行的國家之一，一六九四年，英格蘭銀行成立之初，目的是幫助英國政府發行國債，為國家融資。但是，隨著英國金融（尤其是銀行）在十八世紀不斷發展，金融資產價格的大幅波動常常導致商業銀行擠兌或倒閉，於是從業者愈來愈感到有必要建立「最後貸款人」的機制，以便在關鍵時刻由最後貸款人挺身而出，消除擠兌恐慌。他們看到，金融恐慌之所以導致金融危機，是因為民眾都知道流動的貨幣是有限的，一旦商業銀行和其他放貸人都感到前景不妙或害怕承擔風險、決定收緊錢袋，守住手裡的資金不放，市場上還流動的資金必然會急遽減少，而偏偏此時很多機構和個人又需要資金（因為被討債或其他原因），於是只能被迫賤賣資產，否則得不到貨幣現金，進而造成擠兌的惡性循環；此時，如果有一個機構能像羅馬皇帝那樣願意無條件提供資金，讓資金斷鏈的銀行都能得到支持、避免賤賣，惡性循環不就可以停止嗎？湯瑪斯・艾希頓（Thomas Ashton）這樣描述當時的看法：「早在經濟學家寫下危機處置規則之前，民眾就認識到，應對金融危機的辦法在於由某個權威機構（英格蘭銀行或者政府自己）發放銀行家、商人和大眾都認可的救急貨幣。一旦這樣做了，恐慌也就沒了。」[39]

在十八世紀，英格蘭銀行最後貸款人角色還不顯著，但在亨利．桑頓（Henry Thornton）對最後貸款人的邏輯做了初步闡述之後[40]，英格蘭銀行在十九世紀上半葉逐步勝任這個角色，在金融恐慌時投放大量的流動性，也就是貨幣。只是因為沒有更系統的理論支援，英格蘭銀行還是羞答答地執行穩定金融系統的責任。[41]一八二五年、一八五七年、一八六六年和一八九〇年，英國經歷了多次銀行擠兌潮，沃爾特．白芝浩（Walter Bagehot）於一八七三年出版了著名的《倫巴底街》（*Lombard Street: A Description of the Money Market*），強調英格蘭銀行應該更積極發揮「最後貸款人」角色，並奠定現代中央銀行的理論基礎：

> 金屬貨幣的重大缺陷在於發行量不能應急多造……如今紙幣可以無限量地印刷，而且要多急，就可以供應多快，原則上我們看不出會有人反對在關鍵時刻急速印刷大量紙幣，以滿足應急的需求……印紙幣的權力的確容易被濫用……這種權力只有在罕見又很特殊的時刻才能行使。[42]

白芝浩的「最後貸款人」理論後來廣泛影響了學界、議會和政府階層，但是否真的要給英格蘭銀行這種干預權，各方一直爭論到一八九〇年，其間經歷過幾次金融恐慌，都是靠英格蘭銀行放寬貨幣才穩住。從此，英格蘭銀行贏得了利用貨幣管控金融體系的道德基礎，其他國家也紛紛效仿，成立中央銀行，這為現代政府提供了干預經濟、管控市場的關鍵手段：由中央銀行調節貨幣的鬆緊。為了防範道德風險，避免商業銀行從此不再避險、隨便放貸（因為它們會認為「反正有中央銀行保護」），桑頓和白芝浩提醒，中央銀行解救金融危機時，必須做到以下六點：[43]一、目的是保護總貨幣存量，而非拯救單個金融機構；二、讓無償還能力的金融機構破產；三、只支持健康的金融機構；四、對貸款加以懲罰性利率；五、要求好的抵押品；六、在危機發生之前，就先公布什麼情況下央行會通過流動性救急，讓市場形成準確的預期。英格蘭銀行對「最後貸款人」的職責執行得如此牢靠，透過流動性干預，使英國自一八九〇年至二〇〇八年免於銀行危機衝擊。

雖然白芝浩針對央行的行動指南如此周到，但在具體執行中，央行「何時」寬鬆（即貨幣）、寬鬆多少、針對誰寬鬆、懲罰性利率該是多少等等，並非那麼好掌握，而這些恰恰是出現問題、導致爭議的地方。在美國建國初期，雖然美國第一銀行是名義上的「最後貸款人」，但在實際上一旦碰上錢荒，主要卻是財政部出來救急，由財政部把資金存放在受擠兌衝擊的銀行，供給流動性並穩定信心，比如一八〇一年、一八一八年、一八一九年就是如此。[44]可是，除非聯邦政府有大量財政盈餘，或能快速發行大量國債（該權力受國會立法的限制），財政部能提供的緊急流動性支持十分有限，不如能印刷貨幣的中央銀行來得方便。也是因為一系列的金融恐慌所迫（尤其是一九〇七年的危機），國會在一九一二年制定法案，並於一九一三年參照英格蘭銀行建立自己的中央銀行：聯邦儲備銀行（簡稱「聯準會」），責任是穩定物價（穩定貨幣）、最大化就業和調控長期利率。

美國聯準會運行不久，就在二十世紀二〇年代面臨巨大考驗，當時美國股市、債市和房市投機盛行，一片繁榮的假象。一九二九年十月二十八日，股市暴跌一三％，次日再跌一二％。由於很多股民透過槓桿配資炒股（即自己只出投資額的一部分，剩餘的從券商或銀行借款），大跌之下，貸款方立即向投機者討債，逼迫後者拋售股票或其他資產，造成股價進一步下跌，形成疊加型恐慌，整個金融體系出現資金凍結。此時，業界需要「最後貸款人」提供大量應急貨幣。可是，由於聯準會內部的矛盾，總部不允許紐約聯邦準備銀行投放太多流動性。經過不斷的談判，紐約聯準儲備銀行在十月投放一億六千萬美元，十一月投放兩億一千萬美元，十二月投放一億五千五百萬美元。[45]雖然在聯準會的干預下，金融體系到年底暫時穩定了下來，但公認的看法是，由於一九二九年聯準會出手太晚、投放的流動性太少，股市危機才演變為不可收拾的金融危機，進而帶來經濟與社會大蕭條。多年後，彌爾頓·傅利曼（Milton Friedman）等人的權威研究估算[46]，那次股災引發美國三分之一的銀行倒閉，總貨幣存量緊縮了三五％。他們認為，如果聯準會當初放水更多並更早，大蕭條完全可以避免。[47]

或許由於大蕭條的教訓，一九八七年股災再次發生時，剛上任兩個月的聯準會主席艾倫·葛林斯潘（Alan Greenspan）毫不猶豫寬鬆救市。當年十月十九日股市大跌二〇％，次日一大清早，聯準會就聲明：「隨時準備提供流動性，支援經濟與金融體系。」[48]實際上，聯準會立即給市場提供了巨量的流動性，兩天之內，標準普爾五百指數回升到二五八點，比股災之前的二八二點只低八．五％，對於在前五年翻了兩倍多的股市來說，這只算是小調整。在聯準會的干預下，股市很快便平靜了下來並恢復到從前水準，因此實體經濟並沒有受到實質性的衝擊。等到一九九八年長期資本管理公司倒閉，產生新一輪金融市場恐慌時，葛林斯潘治下的聯準會一方面大放流動性穩住市場，另一方面召集華爾街各大金融機構高層，聯合救助長期資本管理公司，結果也是快速平息了一場金融危機。從那以後，民眾真切相信，自金融取代家庭、家族和宗教等傳統風險分攤與資源互助方式以來，終於找到了治理金融危機風險的辦法——碰到金融恐慌就由中央銀行緊急印鈔票，擴充總貨幣存量。這個信念一直持續到二〇〇八年、更大的金融危機發生之際才被動搖。[49]

在進一步探討二〇〇八年金融危機之前，有必要了解一下現代政府處理危機的另一種創新：凱因斯革命，意就是以財政刺激經濟的政策工具。從第十一章介紹的中國歷朝災政、歐洲近代興起的福利國家可以見得，古代政府最多是在災害時期對貧困家庭提供援助，是反應性的舉措，而不是主動去操控經濟或市場。但一九二九至一九三三年金融危機帶來的惡果改變了歷史，這四年間，美國的工業生產下降了四六%，英國下降了二三%，德國下降四一%，物價普遍下跌三〇%左右，失業率也大幅惡化。[50]看到這種局面，凱因斯給出的解釋是：這是因為私人部門（包括企業、個人和家庭）的總需求不足，所以才有企業停產關門、解雇員工，失業大增，個人與家庭收入下降；而要改變這種局面，就要讓經濟進入高生產與高就業的新均衡，必須由政府進行「逆週期」的干預，即在私人部門總需求下降時由政府大幅增加財政開支（哪怕是由政府負債為之，也在所不惜），而市場需求旺盛時，政府就按兵不動。也就是說，政府不能在此時無所作為，而是要積極以「財政國家」的姿態出場，發揮平穩總需求的作用。這些理論可參閱凱因斯一九三六年出版的經典著作《就業、利息和貨幣通論》（*The General Theory of Employment, Interest, and Money*）。[51]由於凱因斯的學說形成於大蕭條中期，沒能對早期的美國和其他國家政府產生影響。一九三三年，羅斯福就任美國總統，著手推動著名的「羅斯福新政」，新政包括建立全國社會保險基金和其他福利，同時啟動大量基礎設施建設，透過政府投資與開支提振總需求，開啟由政府之手刺激經濟的先河。在凱因斯看來，羅斯福政府的投資力度還做得不夠，否則，大蕭條不會持續到二戰之前才結束。

在聯準會干預型貨幣政策和凱因斯主義積極財政政策雙管齊下的護航下，美國自二戰結束以來，特別是葛林斯潘擔任聯準會主席後，經濟運行的確更加平穩，金融恐慌引發經濟危機的傳導機制被卡住。根據美國國家經濟研究局（NBER）的模型[52]，一八五四至一九一九年的

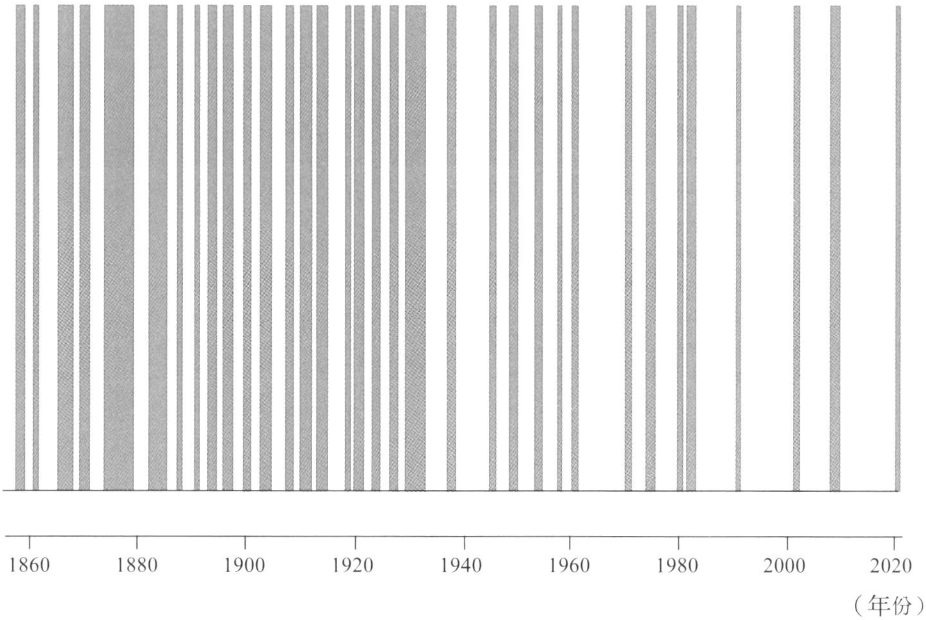

圖十二・四　美國自一八五五年以來的經濟衰退發生歷程[54]

注：每一柱形代表一次經濟衰退，柱形的寬度代表美國GDP從峰值走到低谷的月數（衰退持續時間）。經濟衰退指數基於美國國家經濟研究局的模型。

六十五年間，美國經歷了十六次經濟衰退（平均每年〇．二五次），平均每場衰退時間（從經濟產出峰值下降到低谷的歷程）為二十二個月，接著的復甦擴張平均持續二十七個月；一九一九至一九四五年衰退六次（平均每年〇．二三次），每場平均衰退十八個月，之後復甦擴張三十五個月；一九四五至二〇一九年衰退十一次（平均每年〇．一七次），每次十一個月，復甦擴張期成長到六十三個月。由此可見，從十九世紀後期到二十一世紀初期，經濟衰退的頻率一直在下降，衰退時間在縮短、衝擊愈來愈小，而復甦擴張時間持續延長[53]，圖十二．四也展示了這個結論。因此，十九世紀以來的創舉似乎為人類找到了解決金融危機風險的辦法。

遺憾的是，天下沒有白吃的午

餐。在葛林斯潘擔任聯準會主席期間，以貨幣放水解救金融恐慌很快成為慣例手法，比如：在二〇〇一年九一一恐怖襲擊事件發生後，聯準會將利率從三．五%降到三%[55]；次年安隆（Enron）財務欺詐事件發生後，又將利率從一．二五%降到一%[56]，諸如此類。就這樣，貨幣政策成了解決各種挑戰（不只是金融危機）的工具。但是，這些干預也帶來代價。由於葛林斯潘低利率的政策時間維持太久，醞釀了極大的房價泡沫。[57]在二〇〇七年達到頂峰後，泡沫開始破裂，引發「次級貸款」危機（subprime mortgage crisis）。次年三月，華爾街第五大投資銀行貝爾斯登（Bear Stearn）因為涉足的房屋抵押貸款證券太多，出現流動性告急，聯準會當即給予援助，但幾天後該公司還是難以為繼，被迫低價出售給摩根大通（JPMorgan Chase）。至二〇〇八年九月初，先是兩家最大的國有住房抵押證券化公司房利美（Fannie Mae）、房地美（Freddie Mac）因流動性危機被聯邦政府接管；九月十五日，華爾街第四大投資銀行雷曼兄弟（Lehman Brothers）破產倒閉，是美國歷史上最大的破產案，把金融恐慌推向頂峰，演變成全方位的全球性金融危機。這次危機規模如此之大、打擊範圍如此之廣，單靠聯準會降息（實際上當時已經把基準利率調降到零）、無針對性地發放流動性已經無法緩解危機。十月三日，國會通過美國史上最大的七千億美元「問題資產紓困計劃」（Troubled Asset Relief Program，簡稱TARP），用於購買銀行等大型金融機構的無流動性、沒人願買的「壞資產」。等到二〇〇九年一月底歐巴馬就任總統，馬上根據凱因斯主義的方針，再推出八千三百一十億美元的財政救助計劃，除了提供許多家庭直接的援助以外，還透過大量基礎建設等政府投資擴大內需，提振經濟。在聯準會和財政部史無前例的雙重干預下，金融危機不僅平息了下來，而且所謂的經濟「大衰退」（Great Recession）也只持續了十八個月。

可是，救助成功的前提是巨大的代價，除了直接救助的成本外，也帶來極大的道德風險，使從業者和市場參與者今後更不擔心風險（反正遇到挑戰時有政府保護）。同樣嚴重的是，這些救助舉措拉大了美國社會的貧富差距。[58] 從一九八九年第三季度開始，聯準會每季度對美國家庭金融與財富狀況做抽樣調查，然後計算各組家庭占全美家庭財富的百分比。圖十二・五分別顯示歷年各季度裡財富最高的一〇%美國家庭和其他家庭的變化情況，在一九八九年時最富組家庭財富占總財富的六〇・八%，而剩下九〇%的美國家庭的財富占總財富的三九・二%，到二〇一九年底，最富組家庭財富占六九・七%（歷史最高點），其他家庭財富一共占三〇・三%。也就是說，自葛林斯潘積極干預政策以來（繼任者都沿用了類似的貨幣手段），雖然干預舉措削弱了金融危機對社會造成的衝擊，使經濟衰退的頻率變低、持續時間變短，但卻使富人更富的趨勢得以加強，占人口九〇%的大眾從財富蛋糕分享到的比重愈來愈低。由此，如果說二〇一一年「占領華爾街」運動（Occupy Wall Street）、二〇一六年川普利用民粹主義當選總統等都是貧富差距惡化所致的話，聯準會和聯邦財政刺激政策顯然是重要的推動力。

從圖十二・五的細節可以看出這一觀察背後的邏輯。一九九八年長期資本管理公司危機發生於第三季度，當季使最富組的財富占比從危機之前的六二・七%下滑到六二%，而其他九〇%家庭的財富占總財富之比從三七・三%上升至三八%，但這個短暫變化迅速被聯準會的救市行動扭轉，沒多久就回到富人更富的軌道。二〇〇八年金融危機發生後，最富組的財富占比在第四季度受挫，從之前的六七・九%下滑到六六・八%，但在聯準會和財政部大刀闊斧的干預後，其占比在次年一季度又回升為六七・五%。二〇二〇年二月下旬，新冠病毒疫情在美國爆發，引發金融市場的全面恐慌，到了三月下旬，股市最低時比二月高點損失將近三五%，導致最富組的財富占比從二〇一九年底的六九・七%跌至六八・五%。此時，一方面，聯準會於三月三日將基準利率降到幾乎為零，承諾透過「量化寬鬆」（quantitative easing）提供市場無

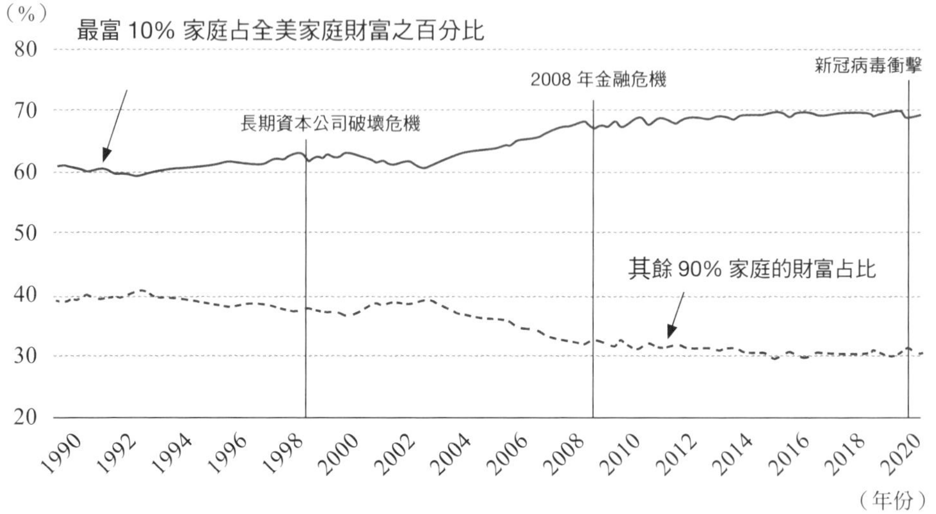

圖十二・五　美國最富一〇%家庭與其他家庭的財富占比變遷[59]

上限的流動性支援，從三月到十二月共寬鬆兩兆七千億美元，還史無前例推出多項幫助家庭、企業和地方政府的優惠貸款計劃[60]；另一方面，國會於三月通過了兩兆四千億美元的兩項新冠病毒疫情救助法案，包括發送中低收入群體每人一千兩百美元、增加失業救濟金額並延長救濟期限、給中小微企業提供無息貸款等等。[61]按照麥肯錫的估算，美國在二〇二〇年十一月前的疫情救助總投入為GDP的一二．一%，是二〇〇八年金融危機救助計劃的二．五倍[62]，且到了年末還在協商新一輪的大規模救助舉措。在這些史無前例的救助，特別是聯準會超常寬鬆的貨幣政策下，最大的受益者是金融市場，美國股市在二〇二〇年三月中旬探底之後，幾乎是不回頭地回升，從八月十日到年底，各項股票指數不斷創新高。[63]股票和其他金融資產價格因政策干預不斷走高，這使那些持有大量金融投資的個人和家庭尤其受益，而手中沒有、或少有金融資產的群體就難以分享這些好處——此即聯準會貨幣干預和財政刺激政策導致富者更富的機理。

據聯準會的問卷調查，一九八九年美國最富有的一%家庭，其財富的一七．八%投入股票和共同基金，二〇一九年底這個投資占比為四三．二%；而對於財富較少的一半美國家庭，其財富的五〇%以上在住房，二〇一九年底股票和共同基金只占他們財富的二．四%。可見，當股市和其他金融市場創新高時，主要受益的富有家庭。由於聯準會以金融市場是否存在恐慌性暴跌作為干預決策的判斷標準，而金融資產主要又由富有家庭持有，於是聯準會的貨幣干預政策在制止金融危機蔓延的同時，也重點保住了富有階層的利益，低收入群體只是間接受益者。由於在二〇二〇年新冠病毒危機中，貨幣干預和財政刺激雙管齊下，雖然財政救助比無限量化寬鬆更直接地針對中低收入群體，因此不如聯準會的行動那麼造成富者更富。可是，由於病毒的流傳規律不以貨幣與財政政策的變動而變動，過度的量化寬鬆與財政救急照樣改變不了病毒的擴散，只有疫苗和保持社交距離才可制止病毒傳播，但如今美國政府和聯準會還是不斷加碼干預，使金融資產的價格持續膨脹。按照沃特．席代爾（Walter Scheidel）的總結，在人類歷史上，大瘟疫是拉平貧富差距的四騎士之一[64]（其他三騎士是大規模戰爭、暴力革命和朝代更迭），因為每次大瘟疫都造成資產價格暴跌，傷害擁有資產的富人，而資產貧乏的普通人家則受損有限。但在二〇二〇年，聯準會和美國政府的行動改變了這個規律，使金融資產價格反倒在疫情中不斷創新高，繼續讓富者更富。

雖然前文藉助美國的經歷介紹了現代政府如何回應金融危機風險，但二戰結束後，白芝浩的中央銀行模式和凱因斯財政干預方略也被其他國家廣泛採用，尤其是二〇〇八年金融危機期間，各國央行行長和財政部長一致行動，跨國界同時降息或推出財政刺激方案。像是英國、加拿大、義大利、德國、日本、韓國等國家，央行都從金融機構購買大量流動性低的資產、放鬆流動性，或由政府接管破產銀行，通過發行國債增加政府基礎建設投資以擴大內需，其間已開發國家的國債增量平均為GDP的二五・一%。[65]到二〇二〇年新冠病毒危機時，央行降息、貨幣寬鬆和財政刺激是全球各國的普遍行動。據麥肯錫估算[66]，僅新冠病毒在全球擴散的頭兩個月內，各國就推出了總計十兆美元的財政救助，是二〇〇八至二〇〇九年金融危機期間全球救助額的三倍，其中德國、法國、英國等西歐國家提供四兆美元的財政救助，相當於當年馬歇爾計劃的三十倍，而這些金額還不包括各央行的貨幣政策救助。這些史無前例的政府舉措在緩解短期危機衝擊的同時，也帶給各國後遺症，比如貧富差距進一步擴大，民怨上升，為民粹主義政治火上澆油。

如前文所述，商業市場、金融市場和福利國家取代傳統的家庭、宗族和宗教，讓人類不再受自然風險困擾之後，由此產生的金融危機、經濟危機、失業貧困等人造風險，如今透過央行放水、財政干預和政府福利三管齊下得到緩解，甚至被有效控制。當然，二十世紀的這些創舉將帶領人類走上全新的歷程，即國家權力不斷擴大的歷程，從原來的「福利國家」(welfare state)擴展到包括「貨幣國家」(monetary state)、「財政國家」(fiscal state)。在這個擴展過程中，無論是傳統的市場經濟國家，還是新型的社會主義國家，一方面，各社會將有更多資源集中在政府手中，由國家部門調配，而不是由市場配置；另一方面，連一向以「小政府」定位的美國和英國，其政府權力與規模比它們在自己歷史上的任何時期都更多、更大。隨著三管齊下的推動，人類在一條陌生的道路上持續探索。

宗教之前景

如果婚姻、家庭和家族漸漸式微，而國家和作為市場主體的公司走向強勢，那麼宗教遵循何種趨勢呢？根據美國皮尤研究中心的調查[67]，相對於二〇一〇年的信教人口，到了二〇五〇年，全球基督教信徒將從二十一億七千萬（占世界人口的三一．四％）成長到二十九億兩千萬（占世界人口的三一．四％不變），穆斯林人數從十六億（占世界人口的二十三．二％）上升至二十七億六千萬（占世界人口的二九．七％），而佛教等其他宗教人口要麼保持穩定，要麼有少許成長。也就是說，未來幾十年裡，基督教和伊斯蘭教兩大群體的總人口占比會從二〇一〇年的五四．六％上升到六一．一％，信教人口的絕對數和相對數都會增加。對於宗教領袖來說，這個趨勢肯定讓他們感到欣慰。

不過，我們可以看看細節，這些細節會預示一個稍微不同的長久趨勢。在二十世紀五〇年代加拿大的魁北克省，九五％的居民每週會去教堂，而到近年只有五％的人每週到教堂做禮拜，尤其年輕的一代更會選擇遠離宗教。[68]之所以半個多世紀裡，魁北克經歷了如此巨大的變化，一方面受益於二戰以來金融市場的深化發展，可供選擇的避險風險與投資工具愈來愈精細，金融取代了宗教的避險作用，這與第六章所談一致[69]；另一方面，魁北克政府從二十世紀五〇年代以來，大力推動政府福利、社會保障、公辦醫療、公辦教育，由世俗政府勝任這些以前由教會提供的公共服務。結果教會對居民生活的影響快速減少，居民去教堂的必要性、對信教的需求自然下降，就如第十一章談到的那樣：政府在福利、社會保障、扶貧方面的財政開支愈多，居民的信教虔誠度就愈低，兩者呈現此消彼長的關係。[70]由此帶來的直接後果之一，就是截至二〇一八年四月止，魁北克一共關了五百四十七家教堂，它們被改造為商店、餐館、會堂，甚至健身會所、美容中心。[71]

雖然美國比西歐國家、加拿大在宗教和政府福利方面更加保守，但美國人的宗教虔誠度也在下滑，在二〇〇〇年至二〇一九年間，一一％的教堂關門，自稱為「基督徒」的人口減少了一千三百萬，占總人口之比從七七％降低到六五％；信教比例的世代差距也很明顯，七十五歲以上的美國人中，有八四％稱自己為基督徒，五十至七十五歲的群體中，七六％的人為基督徒，而二〇〇〇年以後出生的人，只有四九％的人說自己是基督徒，四〇％說自己「什麼宗教都不信」。[72]二〇〇〇年以來，明尼蘇達州的路德宗教堂大約有一百五十家關門，剩下的一千零五十家教堂中，有三分之一的信徒人數不到五十個；那裡的天主教教堂則從二〇〇〇年的七百二十家減少到六百三十九家。[73]在美國不同的天主教區，紐約二〇一四年宣布要關掉三分之一的教堂[74]，芝加哥計劃在二〇一六年後的十五年裡關閉一百家教堂[75]，波士頓二〇〇四至二〇一九年關閉了七十家教堂[76]，各地的許多教堂都因禮拜人數的持續下降而難以為繼。由此可見，自二十世紀三〇年代羅斯福新政以來，加上從一九八七年開始的葛林斯潘貨幣新政，美國政府的社會福利和貨幣救急舉措使其權力空前強大，對美國人生活的滲透與援助也達到歷史新高，這在本質上也帶來世俗政府取代教會的作用，減少居民的信教需求，儘管美國的宗教界呼籲「《聖經》反對大政府。人類政府的角色是有限的——它不是我們面對的所有問題的萬靈丹。當嘗試解決人類面對的所有問題時，政府就是在想法取代上帝。指望政府解決我們所有的問題（貧困、醫療、教育等），那只能是偶像崇拜（拜錯了神），不會有好結果。」[77]但由於上兩節談到的人造風險（金融危機和經濟危機）以及美國政府做出的回應，「大政府」似乎也是美國難以扭轉的趨勢，勢必會造成宗教的持續衰退。實際上，加拿大、美國在大蕭條以來的經歷只是重複了馬丁．路德宗教改革時期開啟的先例，為了贏得世俗領主和國王的支持、讓宗教改革走向成功，他主張由世俗政府取代教會向社會提供扶貧、救災服務（第十一章）。[78]這樣做的後果之一，便是多種社會資源的重新配置，從原來由教會掌控資源變為由政府掌控，使政府權力擴大、教會勢力縮小。[79]最終，許多信眾必然離開教會。

英國是現代政府管制金融與干預經濟的雙重工具——中央銀行和凱因斯主義——的發源地，宗教信仰的衰退比美國要早幾十年，自二十世紀初就已開始。[80] 近年來，基督教的影響力急遽下滑，乃至大主教在二〇一四年稱英國為「後基督教國家」(Post-Christian country)，如今聖誕平安夜時只有四%左右的英國人會去參加英格蘭大教堂的聖誕彌撒。[81] 荷蘭、瑞典、丹麥、德國、法國等西歐國家以及澳大利亞、紐西蘭等已開發國家[82]，都因居民能透過金融市場和政府福利應對各類風險，不再需要教會的避險互助功能，因而導致教眾人數、信教虔誠度持續下降。根據皮尤研究中心的預測，二〇一〇至二〇五〇年，歐洲的基督教人口會從五億五千萬減少到四億五千萬（其中兩千三百八十二萬是因為不再信教），所占人口比重從四分之三下降到三分之二，而美國的基督徒占比將從七八%降至六六%（其中，兩千七百七十萬是因為不再信教）。[83]

既然已開發國家的趨勢是宗教逐漸式微，那為什麼前面說到全球的信教人數與占比至少在二〇五〇年前會繼續上升呢？這主要是因為人口占比極大的開發中國家所致，即撒哈拉以南的非洲、中東及北非、拉丁美洲和亞太國家（其中，只有少數國家如日本、韓國屬於已開發國家），這些地區的人口占世界人口的八五%，而歐洲、北美和大洋洲已開發國家人口只占一五%。由於開發中國家在金融、商業、政府福利等多方面都還不夠進步，因此依照第五章、第六章的結論，這些社會中的個體還必須在金融與政府福利之外尋求安身立命的保障。也就是說，他們對家族和宗教的避險需求依然很高：一方面，他們依舊需要靠家庭與家族網絡實現風險分攤、資源分享，「多子」才能多福；另一方面，他們仍然需要廣大的教友群，才可拓展風險互助範圍、提升風險應對力。所以，在這些社會加入已開發國家行列之前，對宗教的需求依舊很高。圖十二・六更是具體展現了這個結論（基於二〇一五年一百八十二個國家和地區的

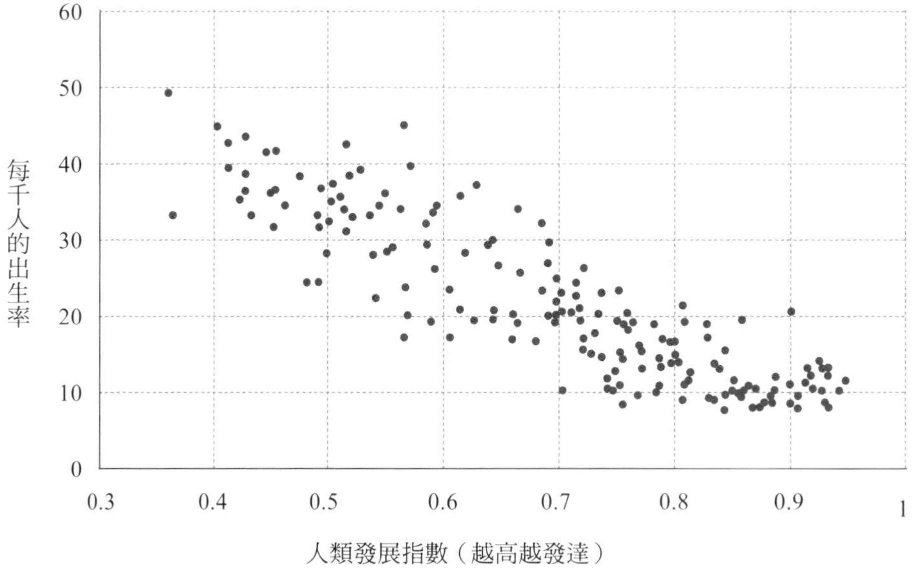

圖十二・六　出生率與人類發展指數間的關係[85]

資料）：一國的「人類發展指數」(human development index）愈低，出生率（每千人口的新生小孩數）則顯著愈高。其中，由聯合國開發計劃署推出的人類發展指數度量了一個社會的市場、金融、法治、福利、社保等多個層面的發展水準。皮尤研究中心按地區探究而得的資料也支援這個結論：撒哈拉以南的非洲平均每位婦女生育四．八個小孩，中東與北非平均每位婦女生三個，拉丁美洲國家平均每位婦女生二．二個，亞太國家平均每位婦女生二．一個，而北美和歐洲平均每位婦女分別生二個、一．六個。[84]

換句話說，由於世界人口的大多數生活在市場發展有限、政府福利少的社會，而他們偏偏既需要信仰宗教，又需要多生小孩，因此，在未來幾十年裡，人類信教總趨勢還會繼續走強。皮尤研究中心報告也認為，儘管亞洲、非洲、拉丁美洲的總人口是歐洲與北美的五倍多，但將來，那裡脫離宗教的人數遠低於歐洲，更低於北美。

我之所以認為世界更長久的趨勢是信教人口下降，是因為開發中國家最終也會發展好金融和其他市場、推出政府福利，重複歐洲和北美之路，用市場和福利取代基於血緣和宗教的避險互助方式，並且在人口的「數量」和「品質」之間，更傾向選擇品質。第七章、第九章、第十一章所剖析的歐洲歷程說明，一旦在血緣之外找到提升風險應對力的更好方式，社會結構和生育決策通常會發生變化。這是文明化邏輯所決定的。已開發國家的今天會是開發中國家的明天，它們人口增加的速度與信教的強度最終也會雙雙下降。一般來說，現代世俗化教育使愈來愈多的人退出宗教[86]，但這只是部分原因，質疑迷信、排斥宗教的世俗化觀念不是放棄信教的充分條件。世人只有在找到宗教之外的避風港後，才會將質疑宗教的觀念付諸實踐、轉變成放棄宗教的行動；在生存風險的挑戰被解除、未來不確定性被規避之後，才能實現不從屬於迷信的選擇。

當然，在本書中，包括這裡對未來的展望，是基於對宗教「功能主義」的解讀。也就是說，我們的視角集中在風險分攤與資源互助的效果上，不談及宗教的精神價值以及終極的關懷意義（死後是上天堂還是下地獄的問題）。雖然宗教對精神世界的作用不是本書關注的內容，但是毫無疑問，宗教在豐富信眾的精神世界、增加精神安全，尤其是幫助教徒坦然面對無法回避的死亡等問題上，功不可沒；在人類文明化歷程中，宗教提供的「道德化神」（moralizing gods）對於建立規則秩序、道德秩序的作用，更是不可替代。[87]只是，我們也可以反過來看宗教過往的成功，藉此理解過去成功背後的關鍵推動力以及當下宗教式微的原因。

首先，如果我們將宗教定義為「組織化的迷信」（organized religion，organized superstition），以此區別一般迷信（第六章），那麼正如第三章所述，在宗教出現之前和之後，迷信實際上也提供了很多神（雷公、天王、太陽神、雨神、土地公、媽祖等），幫助人類社會建立秩序、樹立倫理道德（就如在中國引入佛教之前，並沒有組織化、定期禮拜的宗教，但那些五花八門神的迷信也促成了社會秩序的形成，包括國家組織的建立）。所以，組織化的宗教並非社會秩序、倫理道德的必要條件，甚至暴力威懾也足以建立秩序（儘管那樣做的成本太高）。更何況，宗教對社會秩序的這種貢獻可能不足以激勵個體信教。

其次，組織化的宗教豐富了個體的精神世界、提升了個體的精神安全，但參加大規模社會化的宗教未必是實現精神價值的最優方式。如第六章談到，組織化宗教提供的「俱樂部產品」包括風險分攤、資源互助和跨期信用，因此清規戒律必須嚴密苛刻，清晰識別俱樂部邊界，同時信眾人數愈多、範圍愈廣，俱樂部的價值就愈大，跨期信用網絡也愈廣泛。比方說，溫州的基督教商人去非洲、歐洲、南美做生意[88]，只要當地有基督教信眾圈子，他們就可以依靠當地教友的信任、支持，將溫州商業網擴大到那裡。從物質利益角度來看，這就是「俱樂部愈大愈好」的含義。可是，從教會提供的精神援助與歸屬角度看，雖然商旅他鄉的溫州信徒可以從非洲、歐洲信眾社群中得到歸屬感與精神慰藉，但吸引人的精神網絡可能更應該是基於坦誠交往與深度互信，基於包容理解，而非冷冰冰的清規戒律。換句話說，個體在尋求精神與心理支援時，可能需要的不是眾多一面之交，而是幾個深交摯友。一個最有代表性的例子就是近年出現的「世俗」宗教組織，比如「週日聚堂」（Sunday Assembly）於二〇一三年一月在倫敦成立，立意就是為那些已經退出組織化宗教、但又希望得到傳統宗教提供的社群歸屬感的人，提供一種替代性的「精神家園」，透過週日的聚會，會員在不受清規戒律和上帝信仰的約束下，也可獲得同樣的精神歸屬。[89]到了二〇一九年底，「週日聚堂」在英國、美國等不同國家建立了四十八個分堂。按照宗教學者琳達・伍德赫德（Linda Woodhead）的說法：「一股新力量在摒棄全球普遍性宗教，由適合自己的新宗教取代……新創之神是你自己的神，而非他人替你造的神。」[90]也就是說，在個體摒棄傳統組織化宗教後，個性化的神才利於重塑他們的精神家園，伍德赫德稱此轉型為「精神革命」（spiritual revolution）。不過，判斷這場革命是否會長久成功，還為時尚早，就像「週日聚堂」在起初幾年熱過之後，目前只剩一些餘溫。不過，這至少代表一種新方向。

在現代金融和現代政府到來之前，組織化宗教之所以持久不衰，在世界各地成功不斷，不只是因為宗教提供信眾精神世界裡的「俱樂部產品」，更是在生存風險、信任網絡的物質世界裡提供了看得見、摸得著的實在好處。對此，十九世紀傳教士李提摩太說得中肯：「中國人也許沒看見過關於基督教真理的書面證據，但遇難時得到的幫助，會明確無誤地向他們證實宗教的宗旨為何。」[91]伍德赫德說：「無論是過去還是將來，如果宗教的好處對信眾的主觀說服力十分充足——讓你感到上帝的確在幫你成事——那麼，這種宗教必勝。」[92]也正因如此，自從基督教、伊斯蘭教這些開放性一神教創立以來，它們為信眾提供的風險分攤、跨期互信這些物質性利益，易於識別，這對於擴大信眾人數與範圍起到了關鍵作用。而在現代金融與現代政府取代組織化宗教、接手這些互助與共用功能之後，宗教的功能就聚焦在精神世界與社群歸屬這些層面上。可是，這些層面上的貢獻不如生存物質上的貢獻那麼容易度量，災害時期「雪中送炭」的教會令人終生難忘，精神上的幫助即使有也難以衡量。所以，在現代之前，人類文明化需要的是「大眾」宗教，地理範圍愈廣、人數愈眾，俱樂部產品也就愈具吸引力；在現代金融與現代政府高度發展後，以精神產品（spiritual goods）為重心的宗教更會走向「小眾」，至少會淡化清規戒律、放鬆宗教的組織化程度。實際上，歐洲和北美退出基督教會的人，除了少數之外，大部分人並沒有成為「無神論者」，他們只是退出基督教「組織化」的部分，不歸屬於教會（unaffiliated），即不再參加教堂禮拜、讀經和教會的其他儀式與活動，不受清規戒律約束，但他們還是相信上帝的存在或感受到神的威懾力，在行為上繼續自覺遵守某些基督教倫理。在某種意義上，他們是從組織化宗教轉向一般迷信，放棄教會提供的世俗利益，但保留基督教的部分精神世界。這樣做的結果，就是傳統宗教組織的衰落。

結語

在人類上萬年的文明化探索中，生存風險經歷了多次轉型，而每次又因風險挑戰催生出新的創舉，為文明秩序添磚加瓦。先是自然風險開啟早期文明化，氣候風險迫使人類放棄狩獵採集的原始生活，發明各類迷信與定居農耕；接下來，也是自然風險催生了婚姻、家庭、私有財產、國家，還有家族、宗族，並將無組織的鬆散迷信轉型為組織化宗教，這些創舉加在一起，大大提升了人類應對風險的能力，促使暴力持續下降。而到了中世紀後期，特別是歐洲宗教改革之後，金融市場終於加速發展，提供人類更多分攤風險、實現人際合作的工具，逐步取代過去基於婚姻、家庭和宗教的避險互助安排，但由此也開啟了人造風險，也就是金融危機風險的時代；工業革命發生後，更多的人造風險也隨之而來，例如失業風險、經濟危機風險，重構人類社會的生存場景。為了應對人造風險，十九世紀人類發明了「福利國家」和作為「最後貸款人」的中央銀行（貨幣國家），二十世紀三〇年代演變出以凱因斯主義為指導的「財政國家」。二戰之後，尤其是葛林斯潘的貨幣新政以來，現代政府三管齊下（福利國家、貨幣國家和財政國家）的措舉堪稱成熟，被多國複製，這一方面讓金融危機、經濟危機等人造風險似乎得到抑制，另一方面又衍生出不斷惡化的貧富差距、收入差距等新挑戰，製造政治動盪風險，包括民粹主義政治在美國、英國、法國、義大利、巴西、墨西哥、印度等國家盛行，威脅世界既有的體制，呼喚新的創舉。

與此同時，婚姻、家庭、宗教等傳統組織與生活方式逐漸式微，世人也在探究新的出路。這些新挑戰又會引發哪些創舉呢？如今，無論在北美還是亞洲、歐洲，打開電視和其他媒體，或者參加論壇研討會，看到、聽到的建議多以「政府應該……」，而不是以「民間應該……」的句子開頭，把責任和出路都推向政府[93]，而不指望民間自做創舉。長此以往，文明化進程只會延續工業革命以來的趨勢——資源與權力更加集中於現代政府手上。這對人類文明化進程和風險應對能力是禍還是福？

後記

本書的構思大約始於二〇〇五年，到二〇二二年出版，中間的準備、寫作和完稿經歷了十六年多。當初，寫這部書的念頭源自幾個方面的觀察。首先是文化，人人都談文化、談歷史、談習俗，也談文明，但包括文化研究學者在內，一般只描述現象，比如禮制、孝道、家文化、養兒防老、四世同堂、鑼鼓迎親、新婚鬧洞房、風水迷信、八字算命等，強調這些文化習俗如何如何，可就是沒去追問這些文化背後的邏輯是什麼，更沒有認知到一旦這些文化習俗所解決的問題有了更好的現代解決方式，傳統文化的意義可能就不復存在等等。無論在中國、印度，還是在歐洲、非洲、美洲，不僅文化內涵一直在改變，文明化也在邁進中，關鍵在於我們是否找到了適當的分析範式，去解構文化與文明的歷史邏輯。

其次就是以往的歷史學者，包括經濟史和文明史學者，都習慣以「生產力」判斷人類各種所作所為的價值，也用這把量尺判斷人類是否在進步；這種「唯生產力」的視角如此根深柢固，以至於如果任何舉措不能帶來生產力的提升，那就是沒有功用。可是，另一方面，在學者們討論儒家文化、基督教文化、印度教文化等各大文明體系的時候，雖然這些文明在工業革命之前的近兩千年並沒能從根本上提升勞動生產力，他們又說這些文明的貢獻是如何如何的大——這顯然充滿邏輯矛盾。

或許是因為過去那麼多年，我一直從事金融的研究、教學和實踐，所以，我習慣性地關注風險，畢竟不管是金融學術研究還是具體實務，處處都需要考慮到風險這個層面，課堂上我也不斷提醒學生：「不能只顧投資回報而忽視風險。」實際上，經濟學裡的「生產力」與金融學裡的「投資回報」相對應，「產出風險」跟「回報風險」相對應。如果在金融學裡我們接受「回報和風險」是同一有機體的兩個面向，那麼，在評估文化和物質創新舉措的文明化價值時，我們就不應該只看這些舉措是否提升了生產力，而是也要看這些作為是否有助改善風險應對力——金融強調風險的這個背景與前面的兩種觀察互相結合，就有了本書的分析框架以及由此而生的「文明的邏輯」，也就是基於風險層面的文明變遷邏輯。人類的許多創新雖然對生產力沒有直接貢獻，卻改善了人類應對風險的能力。此即貫穿全書的基本命題。

當然，由於以往從生產力解讀文明進程的著作很多，本書就不重複，而是專注討論驅動人類文明進程的風險邏輯，意在彌補缺失的重要一課。正因為人類的許多創舉（包括儒家文化、基督教、伊斯蘭教、猶太教和許多迷信以及福利國家）如果不從風險的角度去解讀，就難以看到其貢獻。我希望本書能提供各位認知人類文明變遷更全面的邏輯框架，尤其是讓各位了解到，正是這些提升風險應對力的創舉，才使得人類一般暴力和戰爭暴力長久持續下降，走向文明。

在寫作的過程中，我得到過許多同仁與同學的幫助。特別是朱悅、畢然、林展、李利明、郭靖琦幫我整理了書中的不同章節，或蒐集相關的參考文獻、提出各種建議和意見，或協助完善文字和圖表。袁為鵬、彭凱翔、馬馳騁、馬德斌、何石軍、陳衡、王永欽、陳純菁、William Goetzmann、Andrew Sinclair、Jared Rubin、Norm Yuchtman、Luigi Pascali 等各位同仁提供了很多寶貴的意見，或幫我修正文稿。此外，張曉鳴、陳景舒、李亞倫、宿家瑞、王怡瓔、趙宇恒、段理、陳英偉等同學，也給我大量的幫助，查找文獻，協助充實書中內容。在此一併感謝！近年來我先後在耶魯大學、香港大學任教，以及在北京大學、清華大學兼職，其間與許多同仁進行過交流討論，感謝他們的貢獻。

在本書的出版過程中，中信出版集團的黃維益作為總協調人，聯繫責任編輯、美術編輯和其他編審，精心策劃方方面面，使本書最終能順利出版；中信出版集團商業家的編輯團隊花費了好幾個月的時間細心編輯各章各節。其間，我也得到姪女陳琳的全程協助。這裡特別感謝！

最後，感謝一直與我同行的愛妻王蓓，是她一如既往的支持，才使本書成為可能！

本書參考文獻

2050: Why Muslims Are Rising Fastest and the Unaffiliated Are Shrinking as a Share of the World's Population." *Pew Research Center Report.* April 2, 2015.

84. Pew Research Center. "The Future of World Religions: Population Growth Projections, 2010–2050: Why Muslims Are Rising Fastest and the Unaffiliated Are Shrinking as a Share of the World's Population." *Pew Research Center Report.* April 2, 2015.
85. 來源：https://www.gapminder.org/data/。
86. Paul Silas Peterson. "Causes of the Decline: Historical, Empirical and Theoretical Perspectives." In: Paul Silas Peterson, ed., *The Decline of Established Christianity in the Western World Interpretations and Responses.* New York : Routledge, 2018: chapter 2.
87. Norenzayan, Ara. *Big Gods: How Religion Transformed Cooperation and Conflict.* Princeton: Princeton University Press, 2013.
88. 曹南來《建設中國的耶路撒冷：基督教與城市現代性變》，香港：香港大學出版社，2013。曹教授在著作中透過案例和田野調查，介紹了溫州商人走出去背後的宗教支持，他們借助遍及全球的基督教網絡以及各地教友群給予的幫助，在世界多處落戶並建立自己的商業網。
89. Faith Hill. "They Tried to Start a Church Without God. For a While, It Worked." *The Atlantic.* July 21, 2019.
90. 譯　自：Sumit Paul-Choudhury. "Throughout History, People's Faith and Their Attachments to Religious Institutions Have Transformed, Argues Sumit Paul-Choudhury. So What's Next?" *BBC Future.* August 2, 2019。伍德赫德的更系統論述，見其合作著作：Paul Heelas and Linda Woodhead. *The Spiritual Revolution: Why Religion is Giving Way to Spirituality.* London: Wiley-Blackwell, 2005。
91. Timothy Richard. *Forty-five Years in China.* New York: Frederick A. Stokes, 1916: 125.
92. 引譯自：Sumit Paul-Choudhury. "Throughout History, People's Faith and Their Attachments to Religious Institutions Have Transformed, Argues Sumit Paul-Choudhury. So What's Next?" *BBC Future.* August 2, 2019。
93. 最近的兩個例子來自：湯瑪斯・皮凱蒂《二十一世紀資本論》，巴曙松、陳劍、余江、周大昕、李清彬、湯鐸鐸譯，北京：中信出版社，2014；Anthony B. Atkinson. *Inequality: What Can Be Done?* Cambridge: Harvard University Press, 2015。他們都是從政府的角度尋求解決收入差距擴大問題的方案。這種思維模式已經是近代文明化進程中的典型範式。（注：托瑪・皮凱提《二十一世紀資本論》，衛城出版；安東尼・阿特金森《扭轉貧富不均》，天下文化出版。

the Indonesian Financial Crisis." *Journal of Political Economy* 118, No. 2 (2010): 300–354. 此外，本書第七章專門討論宗教與金融此消彼長的競爭關係。

70. Daniel M. Hungerman. "The Effect of Education on Religion: Evidence From Compulsory Schooling Laws." *Journal of Economic Behavior & Organization* 104 (2014): 52–63; Jonathan Gruber and Daniel M. Hungerman. "Faithbased Charity and Crowd-out During the Great Depression." *Journal of Public Economics* 91.5–6 (2007): 1043–1069.
71. Dan Bilefsky. "Where Churches Have Become Temples of Cheese, Fitness and Eroticism." *The New York Times*. July 30, 2018.
72. Daily Kos. "U.S. Decline of Christianity Continues At Rapid Pace." *Church and State*. February 9, 2020.
73. Jean Hopfensperger. "As churches close in Minnesota, a way of life fades." *Star Tribune*. July 8, 2018.
74. Religion News Service."One Third Of New York Catholic Churches Will Merge Or Close As Fewer Attend Mass." *HuffPost*. November 5, 2014.
75. "Archdiocese May Close Nearly 100 Churches in Next 15 Years." *Curbed Chicago*. February 9, 2016.
76. Ottolini, Meghan. "Closed Churches Become Condos, Dollar Tree, Hockey Rinks." *Boston Herald*. November 28, 2019.
77. Phil Fernandes, Rorri Wiesinger, and Eric Purcell. *God, Government, and the Road to Tyranny: A Christian View of Government and Morality*. Camarilo, CA: Xulon Press (2003): 20.
78. Sascha O. Becker, Steven Pfaff, Yuan Hsiao, and Jared Rubin. "Ideological Entrepreneurs and the Diffusion of Radical Innovation Martin Luther's Personal Ties and the Spread of the Early Reformation." *Monash University working paper* (2019).
79. Davide Cantoni, Jeremiah Dittmar, and Noam Yuchtman. "Religious Competition and Reallocation: The Political Economy of Secularization in the Protestant Reformation." *The Quarterly Journal of Economics* 133.4 (2018): 2037–096.
80. S. J. D. Green. *Religion in the Age of Decline: Organisation and Experience in Industrial Yorkshire, 1870–1920*. Cambridge: Cambridge University Press (1996): chapter 9, 351.
81. Paul Silas Peterson. *The Decline of Established Christianity in the Western World: Interpretations and Responses*. London: Routledge (2017): chapter 1, 1–30.
82. 一份針對歐洲二十二個國家十六至二十九歲青年的調查發現，沒有宗教歸屬的占比在捷克為九一％、瑞典為七五％、英國為七〇％、法國為六四％，而每週去教堂做禮拜的青年占比在比利時為二％、匈牙利與奧地利為三％、德國為六％、法國為七％、英國為一七％。相關內容參見：Stephen Bullivant. "Europe's Young Adults and Religion: Findings from the European Social Survey (2014–16) to inform the 2018 Synod of Bishops." Benedict XVI Centre for Religion and Society, St Mary's University, Twickenham, UK, Report 2018。
83. Pew Research Center. "The Future of World Religions: Population Growth Projections, 2010–

生。當然，那是兩年多以後的事情。參見：Jonathan R. Laing. "The Bubble's New Home." *Barron's*, June 20, 2005。

58. Mike McIntire. "Bailout Is a Windfall to Banks, if Not to Borrowers." *The New York Times*, January 17, 2009.
59. 資料來源於聯準會自一九八九年第三季度以來的消費者金融調查（每季度一次），圖中兩組家庭占總財富的百分比以每季度末為准。資料來自：Federal Reserve Board of Governors. Survey of Consumer Finances and Financial Accounts of the United States January 2021. https://www.federalreserve.gov/releases/21/dataviz/dfa/。
60. Jeffrey Cheng, Tyler Powell, Dave Skidmore, and David Wessel. "What's the Fed Doing in Response to the COVID-19 Crisis? What More Could It Do?" *Brookings Institution Report.* December 11, 2020. https://www.brookings.edu/research/fed-response-to-covid19/.
61. William G. Gale and Grace Enda. "More Economic Relief and Stimulus: Why and How." *Brookings Institution Report.* December 16, 2020. https://www.brookings.edu/research/more-economic-relief-and-stimulus-why-and-how/.
62. Ziyad Cassim, Borko Handjiski, Jörg Schubert, and Yassir Zouaoui. "The $10 Trillion Rescue: How Governments Can Deliver Impact." *McKinsey & Company Monthly Highlights.* June 5, 2020. https://www.mckinsey.com/industries/public-and-social-sector/our-insights/the-10-trillion-dollar-rescue-how-governments-can-deliver-impact.
63. Hamza Shaban and Heather Long. "The Stock Market is Ending 2020 at Record Highs, Even as the Virus Surges and Millions Go Hungry." *Washington Post.* January 1, 2021.
64. Walter Scheidel. *The Great Leveler: Violence and the History of Inequality from the Stone Age to the Twenty- First Century.* Princeton: Princeton University Press (2017). 中文版：沃爾特・沙伊德爾《不平等社會：從石器時代到二十一世紀，人類如何應對不平等》，顏鵬飛等譯，北京：中信出版社，2019。
65. Luc Laeven and Fabian Valencia. "Resolution of Banking Crises: The Good, the Bad, and the Ugly." *International Monetary Fund working paper* (August 2012). 見其中的表 A.1–A.3 以及表四。
66. Ziyad Cassim, Borko Handjiski, Jörg Schubert, and Yassir Zouaoui. "The $10 Trillion Rescue: How Governments Can Deliver Impact." *McKinsey & Company Monthly Highlights.* June 5, 2020. https://www.mckinsey.com/industries/public-and-social-sector/our-insights/the-10-trillion-dollar-rescue-how-governments-can-deliver-impact.
67. Pew Research Center. "The Future of World Religions: Population Growth Projections, 2010–2050: Why Muslims Are Rising Fastest and the Unaffiliated Are Shrinking as a Share of the World's Population." *Pew Research Center Report.* April 2, 2015.
68. Dan Bilefsky. "Where Churches Have Become Temples of Cheese, Fitness and Eroticism." *The New York Times.* July 30, 2018.
69. Chen, Daniel L. "Club Goods and Group Identity: Evidence from Islamic Resurgence During

ed. New York: John Wiley & Sons (2000), 163。原文載於：Norman St. John-Stevas eds., *The Collected Works of Walter Bagehot.* Volume 11. London: The Economist (1978): 149。

43. Thomas Humphrey. "Lender of Last Resort: The Concept in History." *Federal Reserve Bank of Richmond Economic Review* (March/April 1989): 8–16.
44. Charles P. Kindleberger. *Manias, Panics, and Crashes: A History of Financial Crises.* 4th ed. New York: John Wiley & Sons (2000): 169.
45. Charles P. Kindleberger. *Manias, Panics, and Crashes: A History of Financial Crises.* 4th ed. New York: John Wiley & Sons (2000): 177.
46. Milton Friedman and Anna Schwartz. *A Monetary History of the United States, 1857–1960.* Princeton: Princeton University Press (1963). 中文版：米爾頓・弗里德曼、安娜・J・施瓦茨《美國貨幣史（一八六七至一九六〇）》，巴曙松等譯，北京：北京大學出版社，2009。
47. Milton Friedman and Anna Schwartz. *The Great Contraction, 1929–1933.* New ed. Princeton: Princeton University Press (2008). 中文版：米爾頓・弗里德曼、安娜・J・施瓦茨《大衰退（一九二九至一九三三）》，雨珂譯，北京：中信出版社，2008。
48. Carlson, Mark. "A Brief History of the 1987 Stock Market Crash with a Discussion of the Federal Reserve Response." Washington, D.C.: Federal Reserve Board report (2006).
49. Jeffrey Sachs. "The Roots of America's Financial Crisis." *Project Syndicate*, Mar 21, 2008. https://www.project-syndicate.org/commentary/the-roots-of-america-s-financial-crisis-2008-03.
50. Jerome Blum, Rondo Cameron, and Thomas G. Barnes. *The European world: A history.* 2nd ed. Boston: Little, Brown and Company (1970): 885.
51. 約翰・梅納德・凱因斯《就業、利息和貨幣通論》，辛怡譯，北京：商務印書館，2005。
52. National Bureau of Economic Research. "US Business Cycle Expansions and Contractions." NBER (2020). https://www.nber.org/research/data/us-business-cycle-expansions-and-contractions.
53. 關於經濟週期的變遷的更多討論，參見：Todd A. Knoop. *Recessions and Depressions: Understanding Business Cycles.* Westport: Praeger Publishers (2004)。
54. Federal Reserve Bank of St Louis, https://fred.stlouisfed.org/series/USREC.
55. Federal Reserve Board of Governors. "Monetary Policy Report to the Congress." February 27, 2002. https://www.federalreserve.gov/boarddocs/hh/2002/February/FullReport.txt.
56. "Economic Outlook Hearing before the Joint Economic Committee, Congress of the United States." U. S. Government Printing Office. November 13, 2002. http://www.house.gov/jec/hearings/11-13-02.pdf.
57. 在二〇〇五年的一篇採訪文章中，耶魯大學經濟學教授、諾貝爾經濟學獎得主羅伯・席勒（Robert Shiller）談到，在二十世紀九〇年代末期網際網路泡沫於二〇〇〇年破裂之後，從二〇〇一年開始聯準會不斷降息，於是把投機風潮轉移到房地產市場，醞釀成持續上漲的房價。雖然那次採訪時房地產泡沫還沒有破裂的跡象，但他預估不久將會發三十年裡，平均每年近兩次危機。

29. 參見第十章以及：李玉《晚清公司制度建設研究》，北京：人民出版社，2002。關於本段接下來話題的更多討論，也見其中的參考文獻。
30. 引自：李玉《晚清公司制度建設研究》，北京：人民出版社，2002：第二十二頁。
31. 關於十九世紀中國股市嘗試的經驗以及對當代資本市場發展的教訓，參見：William N. Goetzmann, Andrey D. Ukhov and Ning Zhu. "China and the World Financial Markets 1870–1939: Modern Lessons from Historical Globalization." *The Economic History Review* 60, No. 2 (May, 2007): 267–312。
32. 張春廷〈中國證券市場發展簡史（民國時期）〉，《證券市場導報》，2001，第五期：45–52。
33. Charles P. Kindleberger, Robert Z. Aliber. *Manias, Panics, and Crashes: A History of Financial Crises.* 4th ed. New York: John Wiley & Sons (2000): 141–144, 211–213. 書中列出歐洲自十八世紀以來的主要金融危機。中文版：查爾斯．P．金德爾伯格、羅伯特．Z．阿利伯《瘋狂、驚恐和崩潰：金融危機史（第七版）》，朱雋、葉翔、李偉傑譯，北京：中國金融出版社，2017。（注：查爾斯．金德伯格、羅伯特．艾利柏《瘋狂、恐慌與崩盤：一部投資人必讀的金融崩潰史》，樂金文化出版。）
34. 卡門．萊因哈特、肯尼斯．羅格夫《這次不一樣：八百年金融危機史》，綦相、劉曉鋒、劉麗娜譯，北京：機械工業出版社，2012。
35. 卡門．萊因哈特、肯尼斯．羅格夫《這次不一樣：八百年金融危機史》，綦相、劉曉鋒、劉麗娜譯，北京：機械工業出版社，2012：圖十四．七、圖十四．八。
36. 卡門．萊因哈特、肯尼斯．羅格夫《這次不一樣：八百年金融危機史》，綦相、劉曉鋒、劉麗娜譯，北京：機械工業出版社，2012：圖十四．七、表十六．二。
37. 關於大蕭條更全面的討論，參見：John Kenneth Galbraith. *The Great Crash 1929.* New York: Mariner Books (2009)。中文版：約翰．肯尼斯．加爾布雷斯《一九二九年大崩盤》，沈國華譯，上海：上海財經大學出版社，2017。（注：約翰．高伯瑞《一九二九年大崩盤》，經濟新潮社出版。）
38. Tenney Frank. "The Financial Crisis of 33 A. D." *The American Journal of Philology* 56:4 (1935): 337. 也參見：M. K. Thorton and R. L. Thornton. "The Financial Crisis of A.D. 33: A Keynesian Depression?" *Journal of Economic History* 12.3 (1990): 655–662。
39. 筆者譯自：Thomas Ashton. *Economic Fluctuations in England, 1700–1800.* Wotton-under-Edge, HK: Clarendon Press (1959): 111。
40. Henry Thornton. *An Enquiry into the Nature and Effect of the Paper Credit of Great Britain.* London: Frank Cass (1962): 38.
41. 這裡關於中央銀行作為「最後貸款人」的演變歷程，主要引自：Charles P. Kindleberger. *Manias, Panics, and Crashes: A History of Financial Crises.* 4th ed. New York: John Wiley & Sons (2000), chapter 10。以下類同。
42. 譯自：Charles P. Kindleberger. *Manias, Panics, and Crashes: A History of Financial Crises.* 4th

(2009), 1076–1108.

17. Tenney Frank. "The Financial Crisis of 33 A. D." *The American Journal of Philology* 56:4 (1935), 336–341. 作者談到，從西元前三〇至前二七年間，大約新發行了十億金元貨幣，並使利率從原來的一二%降到四%（第三百三十八頁）。本段接下來的討論也源自此文。
18. 在羅馬共和國和帝國時期，官方合法利率上限一般為一二%（月息一%），參見：Peter Temin. *The Roman Market Economy.* Princeton: Princeton University Press (2013): 170。
19. Peter Temin. *The Roman Market Economy.* Princeton: Princeton University Press (2013): 141–142.
20. Peter Temin. *The Roman Market Economy.* Princeton: Princeton University Press (2013): 171.
21. Peter Garber. "Tulipmania." *Journal of Political Economy* 97, No. 3 (June, 1989): 535–560. 此處的價格引自第五百三十七頁。
22. Peter Garber. "Tulipmania." *Journal of Political Economy* 97, No. 3 (June, 1989): 535–560, Table 2.
23. 關於荷蘭鬱金香泡沫的經濟與社會影響面，目前還有爭議。最早介紹那段歷史的學者認為鬱金香泡沫的影響面和對荷蘭社會的打擊程度比較廣，因為到一六三六年荷蘭各地都有鬱金香交易所，社會各階層都參與投機，參見：Charles Mackay. *Memoirs of Extraordinary Popular Delusions and the Madness of Crowds.* London: Richard Bentley (1841)。但近年來，學者對歷史檔案進一步研究認為，情況並非如此，鬱金香泡沫的社會參與度很低，只有少數人參加鬱金香期貨投機，尤其是荷蘭當時人口不到兩百萬，參見：Anne Goldgar. *Tulipmania: Money, Honor, and Knowledge in the Dutch Golden Age.* Chicago: University of Chicago Press (2007)；Peter Garber. "Tulipmania." Journal of Political Economy 97, No. 3 (June, 1989): 535–560。
24. 關於南海泡沫的背景細節，參見：Larry Neal. *The Rise of Financial Capitalism: International Capital Markets in the Age of Reason*. Cambridge: Cambridge University Press (December 2010): 89–101。
25. Larry Neal. *The Rise of Financial Capitalism: International Capital Markets in the Age of Reason.* Cambridge: Cambridge University Press (December 2010): 101, Figure 5–3.
26. Helen Paul. *The South Sea Bubble: An Economic History of its Origins and Consequences.* London: Routledge (2010): chapter 5.
27. Rik Frehen, William N. Goetzmann, and K. Geert Rouwenhorst."New Evidence on the First Financial Bubble." *Journal of Financial Economics*, Vol 108, No. 3 (June 2013): 585–607.
28. 關於金融危機的發生頻率，可以參見：卡門・萊因哈特、肯尼斯・羅格夫《這次不一樣：八百年金融危機史》，綦相、劉曉鋒、劉麗娜譯，北京：機械工業出版社，2012。特別之處在於，他們在圖十六・ 五顯示亞洲國家自一八〇〇年以來平均每國每年的危機次數：十九世紀上半期，每國平均每年有〇・三五次金融危機，到了二十世紀初期達到平均每年一次左右，到二十世紀末期還是有〇・六次上下；圖十六 ·六顯示拉丁美洲國家的經歷：十九世紀上半期每國平均一年有〇・六次左右的危機，但到二十世紀最後

Florence 1427–2011." Bank of Italy, *Regional Economic Research Division working papers* No. 1060 (2016). 他們發現，與一四二七年收入處於最低一〇％的窮人後裔相比，那時收入在前一〇％的富人後裔，到二〇一一年時，收入仍然要高出五％；而依據財富指標，類似的差距是一二％。

5. 曾小萍《自貢商人：近代早期中國的企業家》，董建中譯，南京：江蘇人民出版社，2014：第四章。
6. Amore, Mario Daniele. "Social Capital and Family Control." *Explorations in Economic History* 65 (2017): 106–114.
7. 溫婷〈從兩個「破千億」看懂騰訊二〇一九年財報〉，《上海證券報》，2020–03–19。
8. 陳志武、李玉編《制度尋蹤：公司制度卷），上海：上海財經大學出版社，2009。
9. Adolf Berle and Gariner Means. *The Modern Corporation & Private Property.* New Brunswick: Transaction Publishers, (2003): Tables VII and VIII. 中文版：阿道夫・伯利、賈尼爾・米恩斯《現代公司與私有財產》，甘華鳴、羅銳韌、蔡如海譯，北京：商務印書館，2005。
10. Kim Parker and Richard Fry. "More Than Half of U.S. Households Have Some Investment in the Stock Market." Pew Research Center Fact Tank report, March 25, 2020. https://www.pewresearch.org/fact-tank/2020/03/25/more-than-half-of-u-s-households-have-some-investment-in-the-stock-market/.
11. Walmart. "Company Facts," January 2020. https://corporate.walmart.com/newsroom/company-facts#:~:text=Walmart％ 20employs％ 20more％ 20than％ 202.2,million％ 20in％ 20the％ 20U.S.％ 20alone.
12. Jay Greene. "Amazon Now Employs More Than 1 Million People." *The Washington Post.* October 30, 2020.
13. Kate Conger, Mike Isaac and Sheera Frenkel. "Witter and Facebook Lock Trump's Accounts After Violence on Capitol Hill." *The New York Times.* January 6, 2021. https://www.nytimes.com/2021/01/06/technology/capitol-twitter-facebook-trump.html
14. Joe Walsh. "Pfizer And Moderna Steer Clear Of White House Vaccine Summit." *Forbes.* December 7, 2020. https://www.forbes.com/sites/joewalsh/2020/12/07/pfizer-and-moderna-steer-clear-of-white-house-vaccine-summit/?sh=46f435cd46f3.
15. 關於銀行業和金融市場中存在的「一石激起千層浪」風險，經濟學理論和實證研究很多，參見以下論文及其參考文獻：Allen, Franklin and Douglas Gale. "Bubbles and Crises." *The Economic Journal* 110 (2000): 236–256；Calomiris, Charles, and John Mason "Contagion and Bank Failures During the Great Depression: The June 1932 Chicago Banking Panic." *American Economic Review* 87(1997): 863–883；Diamond, Douglas, and Philip Dybvig. "Bank Runs, Deposit Insurance, and Liquidity." *Journal of Political Economy* 91 (1983): 410–419；Hirshleifer, David, and Siew Hong Teoh. "Herd Behavior and Cascading in Capital Markets: A Review and Synthesis." *European Financial Management* 9, No. 1 (March 2003): 25–66。
16. Ulrike Malmendier. "Law and Finance at the Origin'." *Journal of Economic Literature* 47:4

Analysis." *Rationality and Society* 16.4 (2004): 399–436.

145. 對於開啟宗教改革的馬丁・路德來說，挑戰羅馬教廷之後，他是否能成功是完全未知的，關鍵取決於他能得到多少基督教教區和信徒的支持。而要最大化信徒的支持，他必須說服一些城邦領主站到他這一邊並與教廷決裂，否則馬丁・路德就會跟之前挑戰教皇的神職人員一樣被處死。為了得到更多世俗領主的支持，新教在早期不得不讓出一些權力給領主或國王。更多討論見：Sascha O. Becker, Steven Pfaff, Yuan Hsiao, and Jared Rubin. "Ideological Entrepreneurs and the Diffusion of Radical Innovation Martin Luther's Personal Ties and the Spread of the Early Reformation." *Monash University working paper* (2019)。
146. 具體分析見：Davide Cantoni, Jeremiah Dittmar, and Noam Yuchtman "Religious Competition and Reallocation: The Political Economy of Secularization in the Protestant Reformation." *The Quarterly Journal of Economics* 133.4 (2018): 2037–096。
147. Jeremiah E. Dittmar, and Ralf R. Meisenzahl. "Public Goods Institutions, Human Capital, and Growth: Evidence from German History." *The Review of Economic Studies* 87.2 (2019): 959–996.
148. Davide Cantoni, Jeremiah Dittmar, and Noam Yuchtman. "Religious Competition and Reallocation: The Political Economy of Secularization in the Protestant Reformation." *The Quarterly Journal of Economics* 133.4 (2018): 2037–096.
149. Jeremiah E Dittmar, and Ralf R Meisenzahl. "Public Goods Institutions, Human Capital, and Growth: Evidence from German History." *The Review of Economic Studies* 87.2 (2019): 959–996, Figure 1.
150. 見第一章，以及：Steven Pinker. *The Better Angels of Nature: Why Violence Has Declined.* London: Penguin Books (2011), Figure 2–3. 中文版：史蒂芬・平克《人性中的善良天使：暴力為什麼會減少》，安雯譯，北京：中信出版社，2015。

第十二章

1. 《時代》週刊於二〇一〇年十一月刊登了兩篇報導，分析現代婚姻和家庭的發展趨勢，包括：Belinda Luscombe. "Who Needs Marriage? A Changing Institution." *TIME magazine* (November 18, 2010)；Richard Stengel. "All in the Family." *TIME magazine* (November 18, 2010)。
2. Aamer Madhani. "Poll: Approval of Same-sex Marriage in U.S. Reaches New High." *USA TODAY*, (May 23, 2018) https://www.usatoday.com/story/news/nation/2018/05/23/same-sex-marriage-poll-americans/638587002/.
3. 到二〇一八年六月，全球有二十七個國家將同性婚姻合法化，參見：Elisa Tang, "Here Are the 27 Countries Where Same-sex Marriage is Officially Legal." *ABC News* (June 22, 2018) https://abcnews.go.com/GMA/Culture/27-countries-sex-marriage-officially-legal/story?id=56041136。
4. Guglielmo Barone and Sauro Mocetti. "Intergenerational Mobility in the Very Long Run:

132–159.

133. 這裡一個自然的問題是：由於大蕭條時期個體、企業和教會收入普遍下降，是否是這些經濟因素，而非政府福利的增加（競爭擠出效應），導致教會救助減少？就這點，漢格曼等人蒐集了各州主要教會的詳細資料和工具變數，並對因果關係進行檢驗，結果還是支持世俗政府對教會的競爭擠出效應。更多細節見：Jonathan Gruber and Daniel M. Hungerman. "Faith-based Charity and Crowd-out During the Great Depression." *Journal of Public Economics* 91.5–6 (2007): 1043–1069。

134. Jonathan Gruber and Daniel M. Hungerman. "Faith-based Charity and Crowd-out During the Great Depression." *Journal of Public Economics* 91.5-6 (2007): 1043–1069, Figure 1.

135. Daniel M. Hungerman. "Are Church and State Substitutes? Evidence From the 1996 Welfare Reform." *Journal of Public Economics* 89.11–12 (2005): 2245–2267.

136. 對福利法改革的分析細節，參見：Daniel M. Hungerman. "Are Church and State Substitutes? Evidence From the 1996 Welfare Reform." *Journal of Public Economics* 89.11–12 (2005): 2245–2267。

137. Daniel M. Hungerman. "Are Church and State Substitutes? Evidence From the 1996 Welfare Reform." *Journal of Public Economics* 89. 11–12 (2005): 2245– 2267, Figure 1.

138. Phil Fernandes, Rorri Wiesinger, and Eric Purcell. *God, Government, and the Road to Tyranny: A Christian View of Government and Morality.* Camarillo, CA: Xulon Press (2003).

139. 這部分統計見：Robert Wuthnow. *Saving America?: Faith-based Services and the Future of Civil Society.* Princeton: Princeton University Press (2009)。

140. 在二〇〇〇年發表的一份調查研究中，作者發現：六〇％的教堂設有濟貧廚房，為流浪街頭或行乞者供飯；五二％提供舊衣，四四％安排教友去醫院看望住院教友等等。R. Cnaan, G. Yancey. "Our Hidden Safety Net." In: E. Dionne and J. Diioulio eds., *What's God Got To Do with the American Experiment?* Washington, DC: Brookings Institution Press (2000).

141. 而在歐洲，雖然路德新教國家等把福利資源分給地方教會，由教會去派發，表面看這使國家和宗教間相互合作，競爭關係相對不尖銳，但低收入群體都清楚資源來自國家的稅收，不是教會的收入，因此窮人就傾向於支持福利國家，而且他們的政府福利太高，使得教會福利與信教成本相比不划算。關於這些的進一步分析，可見：John D Huber and Piero Stanig. "Church-state Separation and Redistribution." *Journal of Public Economics* 95.7–8 (2011): 828–836。

142. Angela K Dills and Rey Hernández-Julián. "Religiosity and State Welfare." *Journal of Economic Behavior & Organization* 104 (2014): 37–55; Daniel M Hungerman. "Substitution and Stigma: Evidence on Religious Markets From the Catholic Sex Abuse Scandal." *American Economic Journal: Economic Policy* 5.3 (2013): 227–253.

143. 資料來自烏拉圭國家統計局：https://web.archive.org/web/20130927091848/、http://www.ine.gub.uy/enha2006/flash/Flash%206_Religion.pdf。

144. Anthony Gill and Erik Lundsgaarde. "State Welfare Spending and Religiosity: A Cross-national

安雯譯，北京：中信出版社，2015。（注：史蒂芬・平克《人性中的良善天使：暴力如何從我們的世界中逐漸消失》，遠流出版。）

120. 這一段內容主要引自：Sigrun Kahl. "The Religious Roots of Modern Poverty Policy: Catholic, Lutheran, and Reformed Protestant Traditions Compared." *European Journal of Sociology* 46.1 (2005): 102–105。
121. Sigrun Kahl. "The Religious Roots of Modern Poverty Policy: Catholic, Lutheran, and Reformed Protestant Traditions Compared." *European Journal of Sociology* 46.1 (2005): 105.
122. 關於德國福利國家的演變歷史，參見：Michael Stolleis. *Origins of the German Welfare State: Social Policy in Germany to 1945.* Berlin: Springer-Verlag (2013)。
123. Stefan Bauernschuster, Anastasia Driva, and Erik Hornung. " Bismarck's Health Insurance and the Mortality Decline." IZA Institute of Labor Economics discussion paper series, Bonn, Germany (2018). 關於類似舉措對法國巴黎人均壽命的影響，參見：Lionel Kesztenbaum and Jean-Laurent Rosenthal. "The Health Cost of Lving in a City: The Case of France at the End of the 19th Century." *Explorations in Economic History* 48.2 (2011): 207–225。
124. Sigrun Kahl. "The Religious Roots of Modern Poverty Policy: Catholic, Lutheran, and Reformed Protestant Traditions Compared." *European Journal of Sociology* 46.1 (2005): 106.
125. Anthony Gill and Erik Lundsgaarde. "State Welfare Spending and Religiosity: A Cross-national Analysis." *Rationality and Society* 16.4 (2004): 399–436, Figure 1.
126. Anthony Gill and Erik Lundsgaarde."State Welfare Spending and Religiosity: A Cross-national Analysis." *Rationality and Society* 16.4 (2004): 399–436.
127. 關於信教程度與國家福利支出間的負向聯繫的更多跨國分析，參見：Kenneth Scheve and David Stasavage. "Religion and Preferences for Social Insurance." *Quarterly Journal of Political Science* 1.3 (2006): 255–286；Tim Immerzeel and Frank Van Tubergen. "Religion as Reassurance? Testing the Insecurity Theory in 26 European Countries." *European Sociological Review* 29.2 (2013): 359–372。
128. 相關細節見：Daniel M Hungerman. "The Effect of Education on Religion: Evidence From Compulsory Schooling Laws." *Journal of Economic Behavior & Organization* 104 (2014): 52–63。
129. 引自《每日電訊報》對「教會批評英國福利改革」的報導。原連結：https://www.telegraph.co.uk/news/religion/10654828/Church-of-England-bishops-do-not-speak-for-own-flock-on-welfare-study-suggests.html。
130. Phil Fernandes, Rorri Wiesinger, and Eric Purcell. *God, Government, and the Road to Tyranny: A Christian View of Government and Morality.* Camarilo, CA: Xulon Press (2003): 20.
131. 關於西歐不同的福利國家模式，參見：Gosta Esping-Andersen. *The Three Worlds of Welfare Capitalism.* Princeton University Press, 1990。
132. Kenneth Scheve and David Stasavage. "The Political Economy of Religion and Social Insurance in the United States, 1910–1939." *Studies in American Political Development* 20 (Fall 2006):

108. Max Weber. *The Protestant Ethic and the Spirit of Capitalism.* Translated by Talcott Parsons. New York: Routledge (1930): 57.
109. 這裡，在喀爾文教義中，先決論與工作論之間顯然有矛盾，因為既然每個人出生之前就被選定是上天堂還是下地獄，個人的結局就不是由自己是否勤奮工作而定；如果這樣，人活著時就沒有動機去勤奮工作，尤其對於數度努力都以失敗和貧窮而告終的人來說。相較之下，工作論又強調，上帝只看重勤奮工作的人、只讓勤奮者得到拯救，對懶惰者，即貧困者做出處罰，貧困是懶惰的表現，貧困者死後會被打入地獄。也就是說，不管是富人還是窮人，只要不勤奮工作，最後都會被處罰、打入地獄。Sigrun Kahl. "The Religious Roots of Modern Poverty Policy: Catholic, Lutheran, and Reformed Protestant Traditions Compared." *European Journal of Sociology* 46.1 (2005): 106–107。
110. Sydney E. Ahlstrom. *A Religious History of the American People.* New Haven: Yale University Press (1972).
111. 由於不信教人數的增加，美國新教人口占比在近年逐步下降。二〇〇七年，五三%的美國人為新教徒，到二〇一二年降到四八%。參見：BBC News."US Protestants No Longer a Majority–study." BBC News (October 10, 2012). https://www.bbc.com/news/world-us-canada-19892837。
112. Kenneth Scheve and David Stasavage ."The Political Economy of Religion and Social Insurance in the United States, 1910–1939." *Studies in American Political Development* 20 (Fall 2006): 132–159.
113. Howard s. Erlanger, William Roth, Allynn Walker, Ruth Peterson. "Disability Policy: The Parts and the Whole." Discussion Papers #563–79, Institute for Research on Poverty, University of Wisconsin-Madison (1979): 6.
114. James Weinstein."Big Business and the Origins of Workmen's Compensation." *Labor History* 8 (Spring 1967): 158.
115. 這些資料參見：Kenneth Scheve and David Stasavage. "The Political Economy of Religion and Social Insurance in the United States, 1910–1939." *Studies in American Political Development* 20 (Fall 2006): Table 1。
116. Kenneth Scheve and David Stasavage. "The Political Economy of Religion and Social Insurance in the United States, 1910–1939." *Studies in American Political Development* 20 (Fall 2006): Table 2.
117. Kenneth Scheve and David Stasavage. "The Political Economy of Religion and Social Insurance in the United States, 1910–1939." *Studies in American Political Development* 20 (Fall 2006): 140.
118. Robert Moats Miller. *American Protestantism and Social Issues, 1919–1939.* Santa Barbara: Greenwood Pub Group (1958): 126.
119 .Steven Pinker. *The Better Angels of Nature: Why Violence Has Declined.* London: Penguin Books (2011): Figure 3–10. 中文版：史蒂芬・平克《人性中的善良天使：暴力為什麼會減少》，

Social Policy Since the Industrial Revolution. London: Macmillan International Higher Education (1992)。

94. 數據引自：Derek Fraser. *The Evolution of the British Welfare State: a History of Social Policy Since the Industrial Revolution.* London: Macmillan International Higher Education (1992)。
95. 基於十九世紀法國和比利時城市資料的量化分析也表明，從農村到城市的新移民起初死亡率低於城市原居民，但這個優勢會在約十五年後消失；一個地區的工業就業率和人口死亡率呈正相關，原因在於城市擁擠的居住條件和惡劣的工作環境，使健康風險增加，消耗新移民的人力資本。具體可見：Lionel Kesztenbaum and Jean-Laurent Rosenthal. "The Health Cost of Living in a City: The Case of France at the End of the 19th Century." Explorations in *Economic History* 48.2 (2011): 207–225；Tina Van Rossem, Patrick Deboosere, and Isabelle Devos. "Death at Work? Mortality and Industrial Employment in Belgian Cities at the Turn of the Twentieth Century." *Explorations in Economic History* 66 (2017): 44–64。
96. 約翰・斯諾（John Snow）醫生透過分析病例分布地圖，發現霍亂通過水源傳播，成為流行病學的開端。這個著名的事件發生在一八五四年寬街（Broad Street）暴發霍亂的過程中。
97. Jeffrey G. Williamson. *Coping With City Growth During the British Industrial Revolution.* Cambridge: Cambridge University Press (2002).
98. Ulrich Beck. *Risk Society: Towards a New Modernity.* London: Sage (1992). 中文版：烏爾里希・貝克《風險社會：新的現代性之路》，張文傑、何博聞譯，南京：譯林出版社，2017。
99. George E. Rejda. *Social Insurance and Economic Security.* New York: Routledge (2015).
100. Thiemo Fetzer. "Social Insurance and Conflict: Evidence From India." Job Market Paper, November 14 (2014).
101. Sigrun Kahl. "The Religious Roots of Modern Poverty Policy: Catholic, Lutheran, and Reformed Protestant Traditions Compared." *European Journal of Sociology* 46.1 (2005): 91–126.
102. R. H. Tawney. *Religion and the Rise of Capitalism: A Historical Study.* New York: Harcourt Brace & Co (1926). 中文版：理查・H・托尼《宗教與資本主義的興起》，沈漢等譯，北京：商務印書館，2017。
103. Sigrun Kahl. "The Religious Roots of Modern Poverty Policy: Catholic, Lutheran, and Reformed Protestant Traditions Compared." *European Journal of Sociology* 46.1 (2005): 95.
104. Augustine Thompson. *O.P. Francis of Assisi: The Life.* Ithaca: Cornell University Press (2013).
105. Frances Gouda. *Poverty and Political Culture: The Rhetoric of Social Welfare in the Netherlands and France, 1815–1854.* Rowman & Littlefield (1995).
106. 轉譯自：Gaston V Rimlinger. *Welfare Policy and Industrialization in Europe, America, and Russia.* In H. Hauser. *La Pensee et l'Action Economiques du Cardinal de Richelieu.* Paris: Presses Universitaires (1944): 145。
107. Anthony Gill and Erik Lundsgaarde. "State Welfare Spending and Religiosity: a Cross-national Analysis." *Rationality and Society* 16.4 (2004): 399–436.

荒功能〉，《安徽大學學報：哲學社會科學版》，30，No. 1，2006：107–112。對這種替代關係，學界也有理論分析：Gary S Becker and Kevin M. Murphy. "The Family and the State." T*he Journal of Law and Economics* 31.1 (1988): 1–18。

80. 關於工業社會、後現代社會的「新風險」及其對人類存在的再造，參見社會學著作：Ulrich Beck. *Risk Society : Towards a New Modernity.* London: Sage (1992): chapter 1。中文版：烏爾里希・貝克《風險社會：新的現代性之路》，張文傑、何博聞譯，南京：譯林出版社，2017。該書對工業革命以來尤其是二十世紀進步社會的各種風險現象多有描述，但並沒有更深入剖析背後的起因。
81. Sigrun Kahl. "The Religious Roots of Modern Poverty Policy: Catholic, Lutheran, and Reformed Protestant Traditions Compared." *European Journal of Sociology* 46.1 (2005): 91–126.
82. Marco van Leeuwen. "Histories of Risk and Welfare in Europe during the 18th and 19th Centuries." *Europe* 24 (1994): 589–613.
83. 這些資料均來自：Angus Maddison. *The World Economy: A Millennial Perspective.* Pris: OECD (2001), Table 2–24。中文版：安格斯・麥迪森《世界經濟千年史》，伍曉鷹等譯，北京：北京大學出版社，2003。
84. 這部分的分析見：Marco van Leeuwen. "Histories of Risk and Welfare in Europe during the 18th and 19th Centuries." *Europe* 24 (1994): 589–613；Paul Johnson. "Risk, Redistribution and Social Welfare in Britain from the Poor Law to Beveridge." in Martin Daunton (ed). *Charity, self-interest and welfare in the English past.* London: UCL Press (1996): 225–248。
85. 譯自：Andrew Mearns and William C. Preston. *The Bitter Cry of Outcast London: An Inquiry Into the Condition of the Abject Poor.* London: James Clarke & Company (1883)。
86. 影響力較大的類似著作，還包括一八八九年出版的：George Sims. *How the Poor Live and Horrible London.* London: Good Press (1889)。
87. Derek Fraser. *The Evolution of the British Welfare State: a History of Social Policy Since the Industrial Revolution.* Macmillan International Higher Education (1992).
88. 參見上引著作，以及 Marco van Leeuwen. "Histories of Risk and Welfare in Europe during the 18th and 19th Centuries." *Europe* 24 (1994): 589–613。
89. Alfred Chandler. *Scale and Scope: The Dynamics of Industrial Capitalism.* Cambridge: The Belknap Press of Harvard University Press (1990). 中文版：中文版：艾爾弗雷德・錢德勒《規模與範圍：工業資本主義的原動力》，張逸人等譯，北京：華夏出版社，2006。
90. 有關沃爾瑪和創始人的細節經歷，參見沃爾瑪官網：https://corporate.walmart.com/our-story/our-history。
91. 有關麥當勞的發展史，參見麥當勞官網：https://www.mcdonalds.com/us/en-us/about-us/our-history.html。
92. David Autor, David Dorn, Lawrence F. Katz, Christina Patterson, and John Van Reenen. "The Fall of the Labor Share and the Rise of Superstar Firms." *MIT working paper* (2019).
93. 這部分資料主要源於：Derek Fraser. *The Evolution of the British Welfare State: a Fistory of*

每年財政減收一百六十多萬兩，加上這些籌撥賑款至少有兩百五十萬兩、賑糧總數一百多萬石，中央和地方財政都是「多不寬裕，且有陵工、甘餉」。左宗棠西征軍費得到清廷保護，還為他借了外債一千五百萬兩。因為洋務建設被認為「不急」，洋務經費用於救災，以致李鴻章的海防建設在十九世紀七〇年代後期陷入停滯，洋務廠礦遲遲不能投入運營，洋務運動可謂「開高走低」。更多分析，參見：朱滸〈賑務對洋務的傾軋——「丁戊奇荒」與李鴻章之洋務事業的頓挫〉，《近代史研究》，4，2017：60–77 關於國家該如何應對財政衝擊，我們將在本章後續討論。

71. 以上列舉的山西及其他省分採取的各項救災措施，參見：郝平《丁戊奇荒：光緒初年山西災荒與救濟研究》，北京：北京大學出版社，2012；何漢威《光緒初年（一八七六至一八七九年）華北的大旱災》，香港：香港中文大學出版社，1980；對救災政策的梳理，參考：夏明方〈清季「丁戊奇荒」的賑濟及善後問題初探〉，《近代史研究》，2，1993：21–36。
72. 鄧拓對古代救荒政策的歸納，參見：鄧拓《中國救荒史》，北京：北京出版社，1998。
73. 關於魏丕信的分析，參見：Pierre-Etienne Will,. Bureaucracy and Famine in Eighteenth-Century China. Stanford University Press (1990)。中文版：魏丕信《十八世紀中國的官僚制度與荒政》，徐建青譯，南京：江蘇人民出版社，2006。夏明方對中國古代的荒政做了全面歸納，參見：夏明方〈救荒活民：清末民初以前中國荒政書考論〉，《清史研究》，2，2010：21–47。
74. 有關救荒過程中政府力量與其他力量的交互作用，參見：Lillian M. Li. *Fighting famine in North China: state, market, and environmental decline, 1690s–1990s.* Stanford: Stanford University Press (2007)。中文版：李明珠《華北的饑荒：國家、市場與環境退化（一六九〇至一九四九）》，石濤、李軍、馬國英譯，北京：人民出版社，2016。
75. 這並不代表市場在災荒中沒有發揮重要作用。當時北方糧食交易集中於黃河沿岸的各貿易口岸。山西大旱期間，各口岸的糧食價格對災情變動頗為敏感，隨短缺程度而變化。然而，由於山路曲折難行，入晉運輸隊只能白天、夜晚岔開趕路，大大影響速度。相關細節參見：郝平《丁戊奇荒：光緒初年山西災荒與救濟研究》，北京：北京大學出版社，2012。
76. 此處分析的細節參見：Carol H Shiue. "Local Granaries and Central Government Disaster Relief: Moral Hazard and Intergovernmental Finance in Eighteenth-and Nineteenth-century China." *The Journal of Economic History* 64.1 (2004): 100–124。
77. Carol H. Shiue. "Local Granaries and Central Government Disaster Relief: Moral Hazard and Intergovernmental Finance in Eighteenth-and Nineteenth-century China." *The Journal of Economic History* 64.1 (2004): 100–124, Table 1.
78. Carol H Shiue. "Local Granaries and Central Government Disaster Relief: Moral Hazard and Intergovernmental Finance in Eighteenth-and Nineteenth-century China." *The Journal of Economic History* 64.1 (2004): 100–124.
79. 有關徽州地區宗族與政府救災實踐的梳理，參見：周致元〈明代徽州官府與宗族的救

famine in North China: state, market, and environmental decline, 1690s–1990s. Stanford: Stanford University Press (2007)。中文版：李明珠《華北的饑荒：國家、市場與環境退化（一六九〇至一九四九）》，石濤、李軍、馬國英譯，北京：人民出版社，2016。

61. 原文出自《文水縣誌》，轉引自：韓祥〈晚清災荒中的銀錢比價變動及其影響——以「丁戊奇荒」中的山西為例〉，《史學月刊》，5，2014：79–92。

62. 以上資料來源：何漢威《光緒初年（一八七六至一八七九）華北的大旱災》，香港：香港中文大學出版社，1980。

63. 成年人一年口糧大概是二十斗，這部分的統計和估算源於：陳志武、何石軍、林展、彭凱翔〈清代妻妾價格研究——傳統社會裡女性如何被用作避險資產？〉，《經濟學季刊》，18，No. 1，2018：253–280。

64. 何漢威《光緒初年（一八七六至一八七九）華北的大旱災》，香港：香港中文大學出版社，1980。

65. 引自李明珠根據傳教士賑濟委員會資料和縣誌的整理。見前引：Lillian M. Li. *Fighting famine in North China: state, market, and environmental decline, 1690s–1990s.* Stanford: Stanford University Press (2007)。中文版：李明珠《華北的饑荒：國家、市場與環境退化（一六九〇至一九四九）》，石濤、李軍、馬國英譯，北京：人民出版社，2016。

66. 何漢威《光緒初年（一八七六至一八七九）華北的大旱災》，香港：香港中文大學出版社，1980。

67. 伴隨災情的還有日益動盪的治安和加劇的暴力活動。一個極端的例子是，在京城天子腳下，也出現了絡繹不絕的盜竊搶劫，甚至出現局部農民起義。光是一八七七年這年，就有京師城內儲存漕米的太平倉、北新倉、南新倉先後遭到洗劫，有些匪徒攜帶洋槍，內外串通，倉米一到手就運往米店銷贓。更有朝廷大員如工部主事潘國祥、戶部員外郎張汝霖的住宅遭到盜劫。詳見：冬烘剛〈「丁戊奇荒」期間的京師賑濟與治安〉，《北京歷史文化研究》，16，2012。

68. Lillian M. Li. *Fighting famine in North China: state, market, and environmental decline, 1690s–1990s.* Stanford: Stanford University Press (2007)。中文版：李明珠《華北的饑荒：國家、市場與環境退化（一六九〇至一九四九）》，石濤、李軍、馬國英譯，北京：人民出版社，2016。

69. 據郝平論述：之後，因二十萬兩實在不足——攤到山西各縣，每縣平均只有兩千兩，曾國荃又奏請截留二十萬兩的釐金救災。然而，由於經費吃緊，朝廷拒絕了這一主張。朝廷無法給予充足的財力支援，可能也是丁戊奇荒造成慘痛損失的原因之一。造成預算吃緊的根本原因之一是對金融市場的了解與重視不足。對這個長期困擾中國古代政府財政運行的問題，我們會在第十二章中做重點分析。

70. 應當注意到，這場聲勢浩大的全國性救災雖然大大減輕災區負擔、救助災民，但對清廷和其他省分而言，可謂重大的財政衝擊，機會成本巨大，尤其是挪用了北洋和南洋軍費以及洋務運動經費。由於同時期的左宗棠西征（一八七六至一八七八年）也需要大量經費，清財政本來就吃緊。在「丁戊奇荒」的三年（一八七六至一八七八年），災區平均

Provision in the Early Modern Economy: Comparative Perspectives from Japan, China, and Europe. Berkeley: University of California Press (2019)。

50. 為了這兩分息，王安石在〈答曾公立書〉中做了符合現代經濟學邏輯的辯解，這裡不妨回顧一下：「政事所以理財，理財乃所謂義也。一部《周禮》，理財居其半，周公豈為利哉！……然二分不及一分，一分不及不利而貸之，貸之不若與之。然不與之而必至於二分者，何也？為其來日之不可繼也。不可繼則是惠而不知為政，非惠而不費之道也，故必貸。然而有官吏之俸，輦運之費，水旱之逋，鼠雀之耗。而必欲廣之，以待其饑不足而直與之也，則無二分之息可乎？ 則二分者亦常平之中正也，豈可易哉！公立更與深於道者論之，則某之所論，無一字不合於法。而世之嘵嘵者不足言也。」簡單來說，如果不收這個利息，「青苗法」放貸就無法承擔成本，也就無以為繼。
51. 劉德〈青苗法之得失及其原因探略〉，《廣西民族學院學報（哲學社會科學版）》，1993：二期：70–72。
52. 鄧雲特《中國救荒史》，北京：商務印書館，2011：320–323。
53. Pierre-Etienne Will and Bin Wong. *Nourish the People: The State Civilian Granary System in China, 1650–1850.* Ann Arbor: University of Michigan Press (1991).
54. 此處有關清代山西「丁戊奇荒」的論述，如無特別注明，均引自：郝平《丁戊奇荒：光緒初年山西災荒與救濟研究》，北京：北京大學出版社，2012。其中涉及的各處材料，如無特別注明，亦轉引自此書。對「丁戊奇荒」過程的概述，也見於：趙矢元〈丁戊奇荒述略〉，《學術月刊》，2，1981：65–68。
55. 郝平《丁戊奇荒：光緒初年山西災荒與救濟研究》，北京：北京大學出版社，2012。
56. 以上資料及評述，均引自：郝平《丁戊奇荒：光緒初年山西災荒與救濟研究》，北京：北京大學出版社，2012。
57. 郝平《丁戊奇荒：光緒初年山西災荒與救濟研究》，北京：北京大學出版社，2012。
58. 以上對災情的描述材料，均引自：郝平《丁戊奇荒：光緒初年山西災荒與救濟研究》，北京：北京大學出版社，2012。在同一研究中，郝平還從多個角度總結了當地的慘狀，除食用各種「異物、雜物」以外：一是饑民四處逃荒；二是家庭將子女賣為奴隸；三是婦女逃荒中拋棄子女，或婦女自己被出賣，所謂「人命不如雞犬」；四是因擔憂左鄰右裡搶食親人屍體，家中有人去世時，既不敢號哭，也不敢舉行葬禮；五是四處撿拾騾糞等物，以求換取口糧；六是在山西各地的道路上，滿是飄零的頭髮（頭髮不會隨肉體一起腐壞）和橫陳的屍骨；七是村莊中人煙寥落，狼群等凶獸橫行，「搏人而噬」，官府懸賞捕獵，但還有能力獵取的人幾乎沒有。
59. 關於賤賣資產換取糧食的記載，在地方誌中層出不窮，資產貶值程度因各地的災情而不同，但類似程度的貶值在當時並非個案。如王正基《遼州荒年紀》中載：「良田每畝數百錢，崇樓廣廈僅易米一二升而已。轉引自：韓祥〈晚清災荒中的銀錢比價變動及其影響——以「丁戊奇荒」中的山西為例〉，《史學月刊》，5，2014：79–92。
60. 災荒在短期內降低了貧富差距，如當時旅居天津的弗雷澤博士（Dr. Frazer）所言：「曾經富裕美滿的家庭也變得窮困潦倒，朝不保夕。」相關內容參見：Lillian M. Li. *Fighting*

Organized Crime." In: Peter Evans, Dietrich Rueschemeyer, and Theda Skocpol eds., *Bringing the State Back in.* Cambridge: Cambridge University Press (1985): 169–191。更系統的論述見於其著作：Charles Tilly. *Coercion, Capital and European States, A.D. 990–1992.* New Jersey: Wiley-Blackwell (1992)。中文版：查爾斯・蒂利《強制、資本和歐洲國家（西元九九〇至一九九二年）》，魏洪鐘譯，上海：上海人民出版社，2007。

40. 對這此例的詳細書寫，參見：Habib Sidky. "Irrigation and the Rise of the State in Hunza: A Case for the Hydraulic Hypothesis." *Modern Asian Studies* 31.4 (1997): 995–1017. 魏復古最早提出了類似觀點：水利的興修與國家興起間存在密切的聯繫，尤其是管理大型工程需要國家官僚系統的統籌能力，甚至是專制政體。有關這一點，見：Karl August Wittfogel. *The Hydraulic Civilizations.* Chicago: University of Chicago Press (1956)。
41. 在另一個更為極端的案例中，哈納等學者發現：美洲大陸阿茲特克帝國內部高度集中的權力結構與殘忍驚悚的食人儀式，很可能也是應對環境風險的一種手段。藉由相關的制度及儀式，少數精英階層得以在饑荒來臨、社會成員廣泛死亡的情況下食用肉類以維持生命。關於這一點，參見：Michael Harner. "The Ecological Basis for Aztec Sacrifice." *American Ethnologist* 4.1 (1977): 117–135。對此論點的後續討論，參見：George Pierre Castile. "Purple People Eaters? A Comment on Aztec Elite Class Cannibalism a la Harris-Harner." *American Anthropologist* 82.2 (1980): 389–391。
42. 關於這段歷史可見：Wim Ravesteijn. "Controlling Water, Controlling People: Irrigation Engineering and State Formation in the Dutch East Indies." *Itinerario* 31.1 (2007): 89–118。
43. Jeanet Sinding Bentzen, Nicolai Kaarsen, and Asger Moll Wingender. "Irrigation and Autocracy." *Journal of the European Economic Association* 15.1 (2017): 1–53.
44. 此處分析細節，參見：Jeanet Sinding Bentzen, Nicolai Kaarsen, and Asger Moll Wingender. "Irrigation and Autocracy." *Journal of the European Economic Association* 15.1 (2017): 1–53。
45. 另一相關的證據是：適宜發展灌溉農業的地區，當地居民在科研及創造方面的表現相對落後。前述的體制及文化證據是可能的影響管道之一，也可能是這些社會更可能重農而輕視科技等非農項目。有關這一點，參見：Johannes Buggle. "Irrigation, Collectivism and Long-run Technological Divergence." No. 17.06. Université de Lausanne, Faculté des HEC, DEEP, 2017。
46. 對歷史上常平倉制度發展演變的概述，可見：鄧拓《中國救荒史》，北京：北京出版社，1998。對清代常平倉的全面論述，參見：張岩〈試論清代的常平倉制度〉，《清史研究》，4，1993：28–39；Pierre-Etienne Will and Bin Wong. *Nourish the People: The State Civilian Granary System in China, 1650–1850.* University of Michigan Press, (1991)。
47. 載於《隋書・食貨志據》，轉引自：王德毅〈朱熹的社倉法及其對元明的影響〉，《國際社會科學》，33，3，2016：116–123。
48. 考古發掘及測算，參見：趙志軍〈古代倉窖儲糧計量問題研究——以洛陽戰國與隋唐官倉為例〉，《中國國家博物館館刊》，No. 8，2016：29–44。
49. 具體與其他國家的對比討論，可見：Masayuki Tanimoto, and R. Bin Wong. *Public Goods*

古阿卡德王朝和古巴比倫王朝初見曙光。這次發生在距今三千五百至五千五百年前的乾旱期由全球季風變弱所致，早期降水量極不穩定，有學者認為從歐貝德到烏魯克的轉化也受其催化，因為歐貝德的聚落較小而分散，烏魯克時期的大城市則集中在雨量豐沛的高地上。更重要的是，這段乾旱期既奠定了今天各大沙漠的格局，也催生了亞非季風帶上和南美洲北部諸多古國。相關內容見：Nick Brooks. "Cultural Responses to Aridity in the Middle Holocene and Increased Social Complexity." *Quaternary International* 151.1 (2006): 29–49。

32. 具體論述分析，可見：Nick Brooks. "Cultural Responses to Aridity in the Middle Holocene and Increased Social Complexity." *Quaternary International* 151.1 (2006): 29–49。關於新石器時期中國的龍山文化、仰紹文化等聚落遺址靠河岸的分布規律，可見：史念海《河山集·第一集·石器時代人們的居地及其聚落分布》，北京：三聯書店，1963：13–16。
33. 李維－史陀最早記錄了這個部族的物資和權力分配模式。其中細節，參見：Claude Levi Strauss. "The Social and Psychological Aspect of Chieftainship in a Primitive Tribe: The Nambikuara of Northwestern Mato Grosso." *Transactions of the New York Academy of Sciences* 7.1 Series II (1944): 16–32。在很多社會，這些酋長都是有卡里斯瑪魅力權威或有宗教權威的「先知」，國家權力的興起往往與意識形態的「造神運動」交織進行。比芳說，古代營造大型水利工程往往會同時建造廟宇、樹立碑刻，稱頌統治者的豐功偉業，以及樹立在農業管理秩序上的新權威，吸引內陸遊牧者和往來旅客臣服。在第二章，我們談到中國夏朝因「大禹治水」這樣的神話建立，商湯因「桑林祈雨」而建成商朝。對古代葉門的案例分析，參見：Michael J Harrower. "Is the Hydraulic Hypothesis Dead Yet? Irrigation and Social Change in Ancient Yemen." *World Archaeology* 41.1 (2009): 58–72。
34. David Wengrow and David Graeber. "Farewell to the Childhood of Man': Ritual, Seasonality, and the Origins of Inequality." *Journal of the Royal Anthropological Institute* 21.3 (2015): 597–619. 同一研究中，他們指出「（一些史前人類的）遷徙、活動與社會生活都高度依賴氣候與資源的季節性變化。」「文化暴發與社會分層的證據，常密集分布於自然條件出現劇烈變化的時期。」
35. 關於風險衝擊、技術進步與國家興起的統一分析框架，亦見：Ernesto Dal Bó, Pablo Hernández, and Sebastián Mazzuca. "The Paradox of Civilization: Pre-Institutional Sources of Security and Prosperity." *National Bureau of Economic Research working paper* 21829 (2015)。
36. 有關這一點，參見：吳文祥、劉東生〈4000a BP 前後降溫事件與中華文明的誕生〉，《第四紀研究》，21，No. 5，2001：443–451。
37. 這部分古代氣候學的實證分析，參見：Cheng-Bang An, et al. "Climate Change and Cultural Response Around 4000 cal yr BP in the Western Part of Chinese Loess Plateau." *Quaternary Research* 63.3 (2005): 347–352。
38. 趙志軍〈中華文明形成時期的農業經濟發展特點〉，《中國國家博物館館刊》，1，2011：19–31。
39. 蒂利的學說最早發表於一九八五年：Charles Tilly "War-Making and State-Making as

Hunter-gatherer Societies." *Quaternary International* 446 (2017): 109–127. 值得注意的是，另外兩位年輕學者進一步刻畫了原始農業產生的條件。若當地氣候波動程度相對較低，已有的避險手段已足以應對，則推出原始農業的動機不高；若當地的氣候風險相當劇烈，同時又不存在試驗農業的空間，那麼農業也不會在當地產生。因此，原始農業常常發軔於氣候波動適中的地區。有關這一點，參見：Quamrul Ashraf and Stelios Michalopoulos. "Climatic Fluctuations and the Diffusion of Agriculture." *Review of Economics and Statistics* 97.3 (2015): 589–609。

26. 另一支持「氣候風險變化催生國家」學說的證據是：狩獵－採集社會逐步複雜化的時期，通常伴隨著較長距離的商品貿易——第八章、第九章談到的另一種應對風險衝擊的手段——的發展（儘管跟近現代長距離商貿無法比擬）。無論是前面提到的對多個考古遺址的比較研究，還是前引注釋中對非洲地區的探究，都發現了這個現象。有關前一點，可參見：Sarah L. R. Mason, Jon G. Hather, and Gordon C. Hillman. "Preliminary Investigation of the Plant Macro-remains From Dolní V stonice II, and Its Implications for the Role of Plant Foods in Palaeolithic and Mesolithic Europe." *Antiquity* 68.258 (1994): 48–57；對非洲地區的研究，參見：Brooks, Alison S., et al. "Long-distance Stone Transport and Pigment Use in the Earliest Middle Stone Age." *Science* 360.6384 (2018): 90–94。

27. 一個代表性例子是捕獵定期出沒的水牛群的印第安人，酋長僅在此時握有超然的生殺大權；另一例是生活於原始狀態中的因紐特人，在狩獵物件不同的夏季與冬季，部落內部的組織形式存在顯著差異，集權現象在夏季更加普遍。相關的深入分析，參見：David Wengrow and David Graeber. "Farewell to the Childhood of Man': Ritual, Seasonality, and the Origins of Inequality." *Journal of the Royal Anthropological Institute* 21.3 (2015): 597–619。

28. 這一部分資料若無特殊說明，主要來源為：Douglas J. Kennett, and James P. Kennett. "Early State Formation in Southern Mesopotamia: Sea Levels, Shorelines, and Climate Change." *Journal of Island & Coastal Archaeology* 1.1 (2006): 67–99；Frank Hole. "Environmental Instabilities and Urban Origins." *Chiefdoms and Early States in the Near East: The Organizational Dynamics of Complexity* 18 (1994)。

29. 在該地區，海水入侵從距今約一萬五千年年前就開始了，時快時慢，隨著海岸線後退，今天的波斯灣逐漸形成。由於最後那次冰期結束後，海面上升，引發海水入侵，很可能加速了歷史的變遷，成為《聖經》中關於挪亞方舟神話故事的源頭。具體見：James T. Teller, et al. "Calcareous Dunes of the United Arab Emirates and Noah's Flood: the Postglacial Reflooding of the Persian (Arabian) Gulf." *Quaternary International* 68 (2000): 297–308。

30. 關於文字的發明跟跨期記帳、借貸賒帳的關係，參見：威廉・戈茲曼《千年金融史》，張亞光、熊金武譯，北京：中信出版社，2017：第一章。

31. 在這一時期的末尾，一次全球性大旱襲來，許多離河流較遠的地方無法耕作，導致美索不達米亞南部之外的烏魯克聚落都被拋棄，唯有烏魯克瓦卡地區聚落突然以十倍計的速度擴張，致使資源緊張，帶來頻繁戰爭，城市防禦工事升級，進入捷姆迭特・那色時期（Jemdet Nasr Period）。在經歷了又一輪旱災衝擊、生存環境惡化帶來文明競爭後，

August 24 (2012)。

16. 對史前居民「優裕生活」的介紹，參見：Marshall Sahlins. *Stone Age Economics.* Routledge (2017)。中文版：馬歇爾·薩林斯《石器時代經濟學》，張經緯、鄭少雄、張帆譯，北京：生活·讀書·新知三聯書店，2019。
17. 關於馬爾薩斯理論在工業革命前的人類社會是否普遍適用，其實證研究證據，參見：Quamrul Ashraf and Oded Galor. "Dynamics and Stagnation in the Malthusian Epoch." *American Economic Review* 101.5 (2011): 2003–2041。
18. 對此頗具代表性的評述，參見：Jared M. Diamond. *The Worst Mistake in the History of the Human Race.* Oplopanax Publishing (2010)。對進入農業社會前後的身高統計分析，可見：Carles Boix and Frances Rosenbluth. "Bones of Contention: The Political Economy of Height Inequality." *American Political Science Review* 108.1 (2014): 1–22。
19. 對其他早期理論的列舉與駁斥，可見：Robert L. Carneiro. "A Theory of the Origin of the State: Traditional Theories of State Origins are Considered and Rejected in Favor of a New Ecological Hypothesis." *Science* 169.3947 (1970): 733–738。
20. 這不是說亞馬遜的部落間不會發生衝突。實際上，他們經常廝殺：復仇、爭奪女性……都可能成為誘因。然而，卡內羅指出：與農業發展受限的地區不同，在類似亞馬遜這樣的地域發生的衝突中，勝利方幾乎不會掠奪戰敗方的土地；相較之下，農業受限的地區，戰敗方的土地幾乎必然落入勝利方之手。對原始部落間衝突的進一步研究，參見：Lawrence H. Keeley. *War Before Civilization.* Oxford: Oxford University Press (1997)。
21. 值得注意的是，針對這一闡釋也存在相關的批評。例如，羅伯特·艾倫（Robert Allen）指出：類似尼羅河谷這樣的地形，確保了徵稅制度能夠有效運轉，假定周邊全是可耕的平原，一旦統治者壓迫民眾，他們可輕易地逃離；然而，在狹長河谷外，如果全是難以維生的沙漠，民眾只能選擇集中在有限的地域。此時，只需較少的武力，就足以保證稅收的上繳與徭役的徵發。有關分析，參見：Robert C. Allen. "Agriculture and the Origins of the State in Ancient Egypt." *Explorations in Economic History* 34 (1997): 135–154。
22. 此處分析的細節，參見：Martin Solich and Marcel Bradtmöller. "Socioeconomic Complexity and the Resilience of Hunter-gatherer Societies." *Quaternary International* 446 (2017): 109–127。
23. 亦有學者認為：飾品肩負了「發出有能力支付」信號的職能，有助於顯示權勢與武力、威懾對方，在不需訴諸武力的情況下解決部落內部的矛盾。有關這一點，參見：Steven L. Kuhn. "Signaling Theory and Technologies of Communication in the Paleolithic." *Biological Theory* 9.1 (2014): 42–50。
24. 有關這一進展，參見：Richard Potts, et al. "Environmental Dynamics During the Onset of the Middle Stone Age in Eastern Africa." *Science* 360.6384 (2018): 86–90. Alison S. Brooks, et al. "Long-distance Stone Transport and Pigment Use in the Earliest Middle Stone Age." *Science* 360.6384 (2018): 90–94。
25. Martin Solich and Marcel Bradtmöller. "Socioeconomic Complexity and the Resilience of

3. 有關大司徒部分的引用，均見於《周禮・地官・大司徒》。對中國古代類似思想源流的探究，參見：王文素《中國古代社會保障研究》，北京：中國財政經濟出版社，2009。
4. 應對措施主要包括以下五個方面：開闢土地及集約耕作、發動戰爭、強制移民、進口食物、開倉放糧。相關細節可見：Peter Garnsey. *Famine and Food Supply in the Graeco-Roman World: Responses to Risk and Crisis.* Cambridge University Press, 1989。
5. 相關統計及趨勢變動見：Peter H Lindert. *Growing Public*, Volume 1. Cambridge University Press (2004)。.
6. 對相應論點的概括見：Asbjørn Wahl and John Irons. *The Rise and Fall of the Welfare State.* London: Pluto Press (2011)。
7. 此處引用，以及對早期濟貧法案的思想淵源的系統總結，均源自：Marco HD Van Leeuwen. "Logic of Charity: Poor Relief in Preindustrial Europe." *Journal of Interdisciplinary History* (1994): 589–613。
8. Jeffry Kaplow. *The Names of Kings: the Parisian Laboring Poor in the Eighteenth Century.* Basic Books (1927).
9. 值得注意的是，在原論文中，范萊文還提出了濟貧方案背後的道德驅動力。具體而言，時人主要針對以下兩方面譴責窮人：一是生活懶散，二是在家庭生活中不知節制、生育太多。因此，在救濟窮人時，政府通常也會附加其他旨在「改進」這兩方面的措施。有關這一論述，參見：Marco HD Van Leeuwen. "Logic of Charity: Poor Relief in Preindustrial Europe." *Journal of Interdisciplinary History* (1994): 589–613。
10. 由於主題及篇幅所限，本章不討論福利國家與經濟成長的相互關係。這方面的論述，不妨參考：Peter H Lindert. *Growing Public: Further Evidence.* Cambridge University Press (2004)。
11. 有關此類學說的細節，參見：Vere Gordon Childe and Glyn Edmund Daniel. *Man Makes Himself.* New York: New American Library (1951)。
12. 有關此類學說的細節，參見 Carles Boix and Frances Rosenbluth. "Bones of Contention: The Political Economy of Height Inequality." *American Political Science Review* 108.1 (2014): 1–22。
13. Joram Mayshar, Omer Moav, Zvika Neeman, and Luigi Pascali. "The Origin of the State: Land Productivity or Appropriability?" *Hebrew University of Jerusalem Working Paper* (2019).
14. 對這一學說的量化歷史研究，參見：Andrea Matranga. "The ant and the Grasshopper: Seasonality and the Invention of Agriculture." *New Economic School Working Paper* (2017)。
15. 這一學說近年來頗為流行。深入論述可見：Joram Mayshar, Omer Moav, and Zvika Neeman. "Geography, Transparency, and Institutions." *American Political Science Review* 111.3 (2017): 622–636；James Scott. *Against the Grain: A Deep History of the Earliest States.* Yale University Press (2017)。（注：詹姆斯・斯科特《反穀：穀物是食糧還是政權工具？人類為農耕社會付出何種代價？一個政治人類學家對國家形成的反思》，麥田出版。）令人震驚的是：直至十九至二十世紀，這個關聯仍然在統計上保持顯著！關於這一點，參見：Stephen Haber. "Rainfall and Democracy: Climate, Technology, and the Evolution of Economic and Political Institutions." *Stanford University and NBER Working Paper*, Draft of

大學歷史系工作論文》，2020：3。
219. Madeleine Zelin. *The Merchants of Zigong: Industrial Entrepreneurship in Early Modern China.* New York: Columbia University Press (2008). 中文版：曾小萍《自貢商人：近代早期中國的企業家》，董建中譯，南京：江蘇人民出版社，2014。
220. Madeleine Zelin. *The Merchants of Zigong: Industrial Entrepreneurship in Early Modern China.* New York: Columbia University Press (2008): 24. 中文版：曾小萍《自貢商人：近代早期中國的企業家》，董建中譯，南京：江蘇人民出版社，2014。
221. Madeleine Zelin. *The Merchants of Zigong: Industrial Entrepreneurship in Early Modern China.* New York: Columbia University Press (2008): 54. 中文版：曾小萍《自貢商人：近代早期中國的企業家》，董建中譯，南京：江蘇人民出版社，2014。
222. Kenneth Pomeranz. " Traditional' Chinese Business Forms Revisited: Family, Firm, and Financing in the History of the Yutang Company of Jining, 1779–1956." *Late Imperial China* 18.1 (1997): 1–38.
223. Ulrike Malmendier. "Law and Finance at the Origin'." *Journal of Economic Literature* 47:4 (2009): 1076–1108.
224. 見第九章及：John Micklethwait and Adrian Wooldridge. *The Company: a Short History of a Revolutionary Idea.* New York: The Modern Library (2003) . 中文版：約翰・米克勒斯維特、阿德里安・伍爾德里奇《公司的歷史》，夏荷立譯，合肥：安徽人民出版社，2012；Ron Harris. *Going the Distance: Eurasian Trade and the Rise of the Business Corporation, 1400–1700.* New Jersey: Princeton University Press (2020)。
225. 關於光榮革命給英國帶來的影響，參見：Douglass C. North and Barry R. Weingast. "Constitutions and Commitment: The Evolution of Institutions Governing Public Choice in Seventeenth-Century England." *The Journal of Economic History* 49.4 (1989): 803–832；Daron Acemoglu, Simon Johnson, and James Robinson. "The Rise of Europe: Atlantic Trade, Institutional Change, and Economic Growth." *The American Economic Review* 95.3 (2005): 546–579。
226. Bill Kinsey, Kees Burger, and Jan Willem Gunning. "Coping with Drought in Zimbabwe: Survey Evidence on Responses of Rural Households to Risk." *World Development* 26.1 (1998): 89–110.
227. Stefan Dercon. "Wealth, Risk and Activity Choice: Cattle in Western Tanzania." *Journal of Development Economics* 55.1 (1998): 1–42.

第十一章

1. 引自 Congressional Record (House), April 16, 1935: 5804。
2. 關於經濟大蕭條帶來的影響和羅斯福新政的社會背景，更多討論參見：David A. Moss. *When all Else Fails, Government as the Ultimate Risk Manager.* Cambridge: Harvard University Press (2002)。

206. 上海錢莊日拆利率來自：中國人民銀行上海市分行《上海錢莊史料》，上海：上海人民出版社，1960。英國倫敦一級短期商業票據利率來自：Sidney Homer and Richard Sylla. *A History of Interest Rates.* New Brunswick: Rutgers University Press (1996): Table 23 and Table 61, 該利率反映三月期一級商業票據貼現率。
207. Kenneth Pomeranz. *The Great Divergence: China, Europe, and the Making of the Modern World Economy.* New Jersey: Princeton University Press (2000). 中文版：彭慕蘭《大分流：歐洲、中國及現代世界經濟的發展》，史建雲譯，南京：江蘇人民出版社，2004。
208. 關於大分流的研究很多，見綜述文章及其中參考文獻：Loren Brandt, Debin Ma, and Thomas Rawski. "From Divergence to Convergence: Reevaluating the History Behind China's Economic Boom." *Journal of Economic Literature* 52.1 (2014): 45–123.
209. 李中清《中國西南邊疆的社會經濟(一二五〇至一八五〇)》，林文勳、秦樹才譯，北京：人民出版社，2012。
210. 邱澎生《當經濟遇上法律：明清中國的市場演化》，臺北：聯經出版公司，2018：第四章。
211. 前文介紹的玉堂醬園故事就是彭慕蘭重點依賴的案例，參見：Kenneth Pomeranz. " Traditional' Chinese Business Forms Revisited: Family, Firm, and Financing in the History of the Yutang Company of Jining, 1779–1956." *Late Imperial China* 18.1 (1997): 1–38。
212. 邱澎生《當經濟遇上法律：明清中國的市場演化》，臺北：聯經出版公司，2018：第五章、第六章。
213. Avner Greif and Guido Tabellini. "The Clan and the Corporation: Sustaining Cooperation in China and Europe." *Journal of Comparative Economics* 45.1 (2017), 1–35.
214. Kenneth Pomeranz. *The Great Divergence: China, Europe, and the Making of the Modern World Economy.* New Jersey: Princeton University Press (2000): 180. 中文版：彭慕蘭《大分流：歐洲、中國及現代世界經濟的發展》，史建雲譯，南京：江蘇人民出版社，2004。
215. 見前幾節的討論。另外，參考前引著作，例如：John Micklethwait and Adrian Wooldridge. *The Company: a Short History of a Revolutionary Idea.* New York: The Modern Library (2003). 中文版：約翰·米克勒斯維特、阿德里安·伍爾德里奇《公司的歷史》，夏荷立譯，合肥：安徽人民出版社，2012；Ron Harris. *Going the Distance: Eurasian Trade and the Rise of the Business Corporation, 1400–1700.* New Jersey: Princeton University Press (2020)；Avner Greif and Guido Tabellini. "The Clan and the Corporation: Sustaining Cooperation in China and Europe." *Journal of Comparative Economics* 45.1 (2017): 1–35.
216. 赫爾南多·德·索托《資本的祕密》，丁海生譯，北京：華夏出版社，2007。（注：赫南多·德·索托《資本的祕密》，經濟新潮社出版。）陳志武《金融的邏輯》，北京：國際文化出版公司，2009：第五章。
217. 邱澎生〈「是官當敬，凡長宜尊？」明清商業書與十八、十九世紀重慶商人的風險問題〉，《上海交通大學歷史系工作論文》，2020。
218. (明)程宇春編《士商類要·卷二》，〈買賣機關〉，南京：南京出版社，2019。邱澎生〈「是官當敬，凡長宜尊？」明清商業書與十八、十九世紀重慶商人的風險問題〉，《上海交通

194. Albert Feuerwerker. *China's Early Industrialization: Sheng Hsuan-Huai (1844–1916) and Mandarin Enterprise.* Cambridge: Harvard University Press (1970): Table 1 and Table 3. 中文版：費維愷《中國早期工業化：盛宣懷（一八四四至一九一六）和官督商辦企業》，虞和平譯，北京：中國社會科學出版社，1990。
195. William Goetzmann and Elizabeth Koll. "The History of Corporate Ownership in China: State Patronage, Company Legislation, and the Issue of Control." In: William Goetzmann and Geert Rouwenhorst eds., *The Origins of Value, the Financial Innovations that Created Modern Capital Markets.* New York: Oxford University Press (2005). 中文版：威廉・N・戈茲曼、K・哥特・羅文霍斯特《價值起源》，王宇、王文玉譯，北京：萬卷出版公司，2010。還可參見：William C. Kirby. "China Unincorporated: Company Law and Business Enterprise in Twentieth Century China." *Journal of Asian Studies* 54.1 (1995): 43–63。
196. 這裡三句話引自：李玉《晚清公司制度建設研究》，北京：人民出版社，2002：100–101。
197. 杜恂誠〈北洋政府時期的經濟〉，許紀霖、陳達凱主編《中國現代化史・第一卷・一八〇〇至一九四九》，北京：學林出版社，2006：286。
198. Debin Ma. "The Rise of a Financial Revolution in Republican China in 1900–1937: a Survey and New Interpretation." *Australian Economic History Review* 59.3 (2019): 242–262.
199. 顏鵬飛主編《中國保險史》，上海：上海社會科學院出版社，1989；趙蘭亮〈近代中國金融法制演進與市場變遷研究——以保險法規的創制與政府對保險業的監管為中心〉，復旦大學中國經融研究中心編《上海金融中心地位的變遷》，上海：復旦大學出版社，2005：45–59。
200. 更多關於保險業（尤其人壽險）在中國的經歷介紹，參見：Cheris Shun-Ching Chan. *Marketing Death: Culture and the Making of a Life Insurance Market in China.* New York: Oxford University Press (2012): 19–41。中文版：陳純菁《生老病死的生意：文化與中國人壽保險市場的形成》，魏海濤、符隆文譯，上海：華東師範大學出版社，2020。
201. 陳志武、彭凱翔、袁為鵬〈清初至二十世紀前期中國利率史初探——基於中國利率史資料庫（一六六〇至二〇〇〇）的考察〉，《清史研究》，4，2016：表三。
202. Paul Schmelzing. "Eight Centuries of Global Real Interest Rates, R-G, and the Suprasecular' Decline, 1311–2018." *Bank of England Staff Working Paper* No. 845 (2020): Figure VIII.
203. Kenneth Pomeranz. *The Great Divergence: China, Europe, and the Making of the Modern World Economy.* New Jersey: Princeton University Press (2000): 178. 中文版：彭慕蘭《大分流：歐洲、中國及現代世界經濟的發展》，史建雲譯，南京：江蘇人民出版社，2004。（注：彭慕蘭《大分流：現代世界經濟的形成，中國與歐洲為何走上不同道路？》，衛城出版。）
204. 數據引自：陳志武、彭凱翔、袁為鵬〈清初至二十世紀前期中國利率史初探——基於中國利率史資料庫（一六六〇至二〇〇〇）的考察〉，《清史研究》，4，2016：表三。
205 . 陳志武、彭凱翔、袁為鵬〈近現代利率史研究報告〉，《河南大學經濟學院工作論文》，2016。

18.1 (1997): 1–38。
182. 購買股份亦宜自慎說《申報》1882–09–02。這裡引自：李玉《晚清公司制度建設研究》北京：人民出版社，2002：22。
183. 本圖的晚清資料來自：William Goetzmann, Andrey Ukhov and Ning Zhu. "China and the World Financial Markets 1870–1930: Modern Lessons From Historical Globalization." *Yale School of Management working paper*, 2001。民國時期資料來自：朱蔭貴〈抗戰時期的上海華商證券市場〉刊登於吳景平主編《上海金融中心地位的變遷：中國金融史集刊》，上海：復旦大學出版社，2005。
184. 李玉《晚清公司制度建設研究》北京：人民出版社，2002：18–24。還可參見：William Goetzmann, Andrey Ukhov and Ning Zhu. "China and the World Financial Markets 1870–1930: Modern Lessons From Historical Globalization." *Yale School of Management working paper* (2001)。
185. 礦務以用人為最要論，《申報》1882–12–06。這裡引自：李玉《晚清公司制度建設研究》，北京：人民出版社，2002：20。
186. 公司多則市面旺論，《申報》1882–08–24。這裡引自：李玉《晚清公司制度建設研究》，北京：人民出版社，2002：20。
187. William Goetzmann, Andrey Ukhov and Ning Zhu. "China and the World Financial Markets 1870–1930: Modern Lessons From Historical Globalization." *Yale School of Management working paper* (2001).
188. 李玉《晚清公司制度建設研究》，北京：人民出版社，2002：23–29。
189. 中西公司異同續說，《申報》1883–12–31。這裡引自：李玉《晚清公司制度建設研究》，北京：人民出版社，2002：33。
190. 書織布局章程後，《申報》1887–07–30。這裡引自：李玉《晚清公司制度建設研究》，北京：人民出版社，2002：29。
191. 關於中西方會計方法的對比研究，參見：Debin Ma, Richard Macve and Weipeng Yuan. "The Development of Chinese Accounting and Bookkeeping Before 1850: Insights From the Tong Tai Sheng Business Account Books (1798–1850)." *Accounting and Business Research.* 47.4 (2017): 401–430；K. W. Hoskin, Debin Ma, and Richard H. Macve. "Contesting the Indigenous Development of Chinese Double-entry Bookkeeping' and Its Significance in China's Economic Institutions and Business Organization Before c.1850." *London School of Economics/University of Essex working paper* (2015)；馬德斌、袁為鵬〈商業帳簿與經濟史研究：以統泰升號商業帳簿為中心（一七九八——一八五〇）〉，《中國經濟史研究》，2，2010。曹樹基、李錦彰、王國晉〈同一賬，記兩簿：清代豐盛泰號帳本的複式簿記〉，《上海交通大學歷史系工作論文》，2020。
192. 馬克斯·韋伯《新教倫理與資本主義精神》，于曉、陳維綱譯，北京：三聯書店，1987。（注：馬克斯·韋伯《基督新教倫理與資本主義精神》，遠流出版。）
193. 李玉《晚清公司制度建設研究》，北京：人民出版社，2002：101。

174. 朱寧《剛性泡沫：中國經濟為何進退兩難》，北京：中信出版社，2016。
175. Albert Feuerwerker. *China's Early Industrialization: Sheng Hsuan-Huai (1844–1916) and Mandarin Enterprise.* Cambridge: Harvard University Press (1970): chapter 4. 中文版：費維愷《中國早期工業化：盛宣懷（一八四四至一九一六）和官督商辦企業》，虞和平譯，北京：中國社會科學出版社，1990。
176. 這段話不是原文，而是譯自：Chi-Kong Lai. "The Qing state and merchant enterprise: The China Merchants' Company, 1872–1902." In: Jane Kate Leonard and John R. Watt, eds., *To Achieve Security and Wealth: the Qing Imperial State and the Economy, 1644–1911.* Ithaca: Cornell University Press (1991): 142。
177. Albert Feuerwerker. *China's Early Industrialization: Sheng Hsuan-Huai (1844–1916) and Mandarin Enterprise.* Cambridge: Harvard University Press (1970): 99. 中文版：費維愷《中國早期工業化：盛宣懷（一八四四至一九一六）和官督商辦企業》，虞和平譯，北京：中國社會科學出版社，1990。
178. Chi-Kong Lai. "The Qing State and Merchant Enterprise: The China Merchants' Company, 1872–1902." In: Jane Kate Leonard and John R. Watt, eds., *To Achieve Security and Wealth: the Qing Imperial State and the Economy, 1644–1911.* Ithaca: Cornell University Press (1991).
179. 這裡引文非原文，譯自：Albert Feuerwerker. *China's Early Industrialization: Sheng Hsuan-Huai (1844–1916) and Mandarin Enterprise.* Cambridge: Harvard University Press (1970): 237. 中文版：費維愷《中國早期工業化：盛宣懷（一八四四至一九一六）和官督商辦企業》，虞和平譯，北京：中國社會科學出版社，1990。
180. Albert Feuerwerker. *China's Early Industrialization: Sheng Hsuan-Huai (1844–1916) and Mandarin Enterprise.* Cambridge: Harvard University Press (1970): chapter 5. 中文版：費維愷《中國早期工業化：盛宣懷（一八四四至一九一六）和官督商辦企業》，虞和平譯，北京：中國社會科學出版社，1990。
181. 彭慕蘭介紹過清代山東濟寧「玉堂醬園」的故事。該企業由戴玉堂於一七一四年創辦，由於孫輩管理不善，一八一六年賣給冷長連和孫玉庭。冷家和孫家約定雙方親戚都不可以直接參與玉堂醬園的經營，只雇外人掌櫃，即所有權和經營權必須分離。一九〇五年冷氏退出公司，由孫家全資擁有並經營；一九四九年後經公私合營，成為國有企業，運營至今。因此，彭慕蘭認為：中國即使沒有可靠法治和政府權力制衡，也照樣能做到所有權與經營權的分離，而且企業也能百年不死。不過，細節告訴我們，玉堂醬園之所以能經營存活兩個多世紀，是因為孫玉庭很特殊，他父親中舉人做官，他自己一七七五年中進士，在湖南、山西等地做過布政使，在廣西、廣東等地做過巡撫，還任過雲貴總督、湖廣總督、兩江總督以及大學士等職；他的兒子、孫輩有多位進士，任職戶部尚書、兵部尚書等多種職位。正是因為孫家的大官世家背景，在官權的保護下，玉堂醬園才能平步青雲，兩百多年來一帆風順，這是一般商人可望而不可即的。相關內容參見：Kenneth Pomeranz. " 'Traditional' Chinese Business Forms Revisited: Family, Firm, and Financing in the History of the Yutang Company of Jining, 1779–1956." *Late Imperial China*

(2019).

159. William Skinner. "Marketing and Social Structure in Rural China: Part I." *The Journal of Asian Studies* 24.1. (1964): 3–43.
160. Jerome Alan Cohen, Fu-Mei Chang Chen, and R. Randle Edwards. *Essays on China's Legal Tradition.* New Jersey: Princeton University Press (1981). 也參見：瞿同祖《瞿同祖法學論著集》，北京：中國政法大學出版社，1998：403。
161. 彭凱翔、林展〈從例的修訂看清代治理模式：以《大清律例》《會典事例》為主的分析〉，《河南大學經濟學院工作論文》，2020：表四。
162. William C. Jones. "Trying to Understand the Current Chinese Legal System," in C. Stephen Hsu, ed., *Understanding China's Legal System: Essays in Honor of Jerome A. Cohen.* New York: New York University Press (2003): 13.
163.（清）容閎《容閎自傳：我在中國和美國的生活》，石霓譯，上海：百家出版社，2003：153。
164. 在一項有名的研究中，芝加哥大學兩位教授認為：工業革命之前甚至在工業革命早期，由於 契約執行體系不完善、司法效率低且成本高，「關係金融」會是上策；但在技術革命足夠成熟、投資與生產規模都變大之後，情況就不同了，關係金融就不再夠用。Raghuram G. Rajan and Luigi Zingales. "Which Capitalism? Lessons From the East Asian Crisis." *Journal of Applied Corporate Finance* 11.3 (1998): 40–48.
165. 黃鑒暉《山西票號史》，太原：山西經濟出版社，2002：55–56。
166. 黃鑒暉《山西票號史》，太原：山西經濟出版社，2002：55–56。
167. Debin Ma. "The Rise of a Financial Revolution in Republican China in 1900–1937: a Survey and New Interpretation." *Australian Economic History Review* 59.3 (2019): 242–262.
168. Albert Feuerwerker. *China's Early Industrialization: Sheng Hsuan-Huai (1844–1916) and Mandarin Enterprise.* Cambridge: Harvard University Press (1970): chapter 4. 中文版：費維愷《中國早期工業化：盛宣懷（一八四四至一九一六）和官督商辦企業》，虞和平譯，北京：中國社會科學出版社，1990。
169. 引自晚清陳次亮《公司》，重刊於：陳志武、李玉編《制度尋蹤：公司制度卷》，上海：上海財經大學出版社，2009。
170. 引自薛福成《論公司不舉之病》，重刊於：陳志武、李玉編《制度尋蹤：公司制度卷》，上海：上海財經大學出版社，2009。
171. 黃鑒暉《山西票號史》，太原：山西經濟出版社，2002：472。
172. Raghuram G. Rajan and Luigi Zingales. "Which Capitalism? Lessons From the East Asian Crisis." *Journal of Applied Corporate Finance* 11.3 (1998): 40–48.
173. Albert Feuerwerker. *China's Early Industrialization: Sheng Hsuan-Huai (1844–1916) and Mandarin Enterprise.* Cambridge: Harvard University Press (1970): 8–16. 中文版：費維愷《中國早期工業化：盛宣懷（一八四四至一九一六）和官督商辦企業》，虞和平譯，北京：中國社會科學出版社，1990。

147. John Micklethwait and Adrian Wooldridge. *The Company: a Short History of a Revolutionary Idea.* New York: The Modern Library (2003): 49–51. 中文版：約翰・米克勒斯維特、阿德里安・伍爾德里奇《公司的歷史》，夏荷立譯，合肥：安徽人民出版社，2012。
148. Edwin R. A. Seligman. *Economics of Installment Selling*, volume 1. New York: Harper & Brothers (1928): 14–15.
149. Lendol Calder. *Financing the American Dream: A Cultural History of Consumer Credit.* Princeton: Princeton University Press (1999): 中文版：倫德爾・卡爾德《融資美國夢：消費信貸文化史》，嚴忠志譯，上海：上海人民出版社，2010。
150. Lendol Calder. *Financing the American Dream: A Cultural History of Consumer Credit.* Princeton: Princeton University Press (1999): 162–163. 中文版：倫德爾・卡爾德《融資美國夢：消費信貸文化史》，嚴忠志譯，上海：上海人民出版社，2010。
151. Lendol Calder. *Financing the American Dream: A Cultural History of Consumer Credit.* Princeton: Princeton University Press (1999): 164. 中文版：倫德爾・卡爾德《融資美國夢：消費信貸文化史》，嚴忠志譯，上海：上海人民出版社，2010。
152. Lendol Calder. *Financing the American Dream: A Cultural History of Consumer Credit.* Princeton: Princeton University Press (1999): 147. 中文版：倫德爾・卡爾德《融資美國夢：消費信貸文化史》，嚴忠志譯，上海：上海人民出版社，2010。
153. Lendol Calder. *Financing the American Dream: A Cultural History of Consumer Credit.* Princeton: Princeton University Press (1999): 191–192. 中文版：倫德爾・卡爾德《融資美國夢：消費信貸文化史》，嚴忠志譯，上海：上海人民出版社，2010。
154. 此處分析的細節，參見：Howard Bodenhorn and David Cuberes. "Financial Fevelopment and City Growth: Evidence From Northeastern American Cities, 1790–1870." *National Bureau of Economic Research working paper* 15997 (2010).
155. Alex William Trew and Stephan Heblich. "Banking and Industrialization." Forthcoming, *Journal of European Economic Association.*
156. 基於美國當代的資料表明，不同行業對資本的依賴度不一樣，高科技、生物醫藥等都產業高度依賴資本投入。正因為各國金融市場發展的程度不同，那些資本市場不發達的國家就無法跟資本市場發達的國家在高科技行業競爭，至少二戰後五十五個國家的經歷證明了這一點，參見：Raghuram G. Rajan and Luigi Zingales. "Financial Dependence and Growth." *The American Economic Review* 88.3(1998): 559–586。
157. Joseph Schumpeter. *The Theory of Economic Developments: An Inquiry into Profits, Capital, Credit, Interest, and the Business Cycle.* Cambridge: Harvard University Press (1961). 中文版：約瑟夫・熊彼特《經濟發展理論》，何畏、易家詳等譯，北京：商務印書館，2020。（注：約瑟夫・熊彼得《經濟發展理論（創新之父熊彼得・百年經典重譯版）》，商周出版。）
158. 參見第十章第五節開頭的討論以及：Zhiwu Chen, Chicheng Ma, and Andrew J. Sinclair. "Does Confucianism Inhibit Financial Development?" *University of Hong Kong working paper*

段的人口和貨幣資料均來自該出版資料。
135. Christine Layton. "History Of The Credit Card." http://creditcardprocessingspace.com (2013), February 14, 2013.
136. David Evans and Richard Schmalensee. *Paying with Plastic: The Digital Revolution in Buying and Borrowing.* 2nd ed. Boston: MIT Press (2005): 30–31. 中文版：大衛・埃文斯、理查・斯默蘭《銀行卡時代：消費支付的數位化革命》，中國銀聯發展戰略部譯，北京：中國金融出版社，2008。
137. 一九〇〇年的資料來自：R. W. Goldsmith. *Financial Structure and Development.* New Haven: Yale University Press (1969)。一九四五年和之後的資料均來自 Board of Governors of the Federal Reserve System. The Financial Accounts of the United States Z. 1, various years。
138. 一九四五年前的資料來自：R. W. Goldsmith. *Financial Structure and Development.* New Haven: Yale University Press (1969). 一九四五年和之後的資料均來自：Board of Governors of the Federal Reserve System. The Financial Accounts of the United States Z. 1, various years。
139. James Macdonald. *A Free Nation Deep in Debt: The Financial Roots of Democracy.* New York: Farrar, Straus and Giroux (2003): 301–306. 中文版：詹姆斯・麥克唐納《債務與國家的崛起：西方民生制度的金融起源》，楊宇光譯，北京：社會科學文獻出版社，2021。
140. Adolf Berle and Gariner Means. *The Modern Corporation & Private Property.* New Brunswick: Transaction Publishers (2003), 11. 中文版：阿道夫・伯利、賈尼爾・米恩斯《現代公司與私有財產》，甘華鳴、羅銳韌、蔡如海譯，北京：商務印書館，2005。
141. Adolf Berle and Gariner Means. *The Modern Corporation & Private Property.* New Brunswick: Transaction Publishers (2003): 14. 中文版：阿道夫・伯利、賈尼爾・米恩斯《現代公司與私有財產》，甘華鳴、羅銳韌、蔡如海譯，北京：商務印書館，2005。
142. Adolf Berle and Gariner Means. *The Modern Corporation & Private Property.* New Brunswick: Transaction Publishers (2003): 11–12. 中文版：阿道夫・伯利、賈尼爾・米恩斯《現代公司與私有財產》，甘華鳴、羅銳韌、蔡如海譯，北京：商務印書館，2005。
143. Adolf Berle and Gariner Means. *The Modern Corporation & Private Property.* New Brunswick: Transaction Publishers (2003)；Tables VII and VIII. 中文版：阿道夫・伯利、賈尼爾・米恩斯《現代公司與私有財產》，甘華鳴、羅銳韌、蔡如海譯，北京：商務印書館，2005。
144. Adolf Berle and Gariner Means. *The Modern Corporation & Private Property.* New Brunswick: Transaction Publishers (2003)：12–13. 中文版：阿道夫・伯利、賈尼爾・米恩斯《現代公司與私有財產》，甘華鳴、羅銳韌、蔡如海譯，北京：商務印書館，2005。
145. Adolf Berle and Gariner Means. *The Modern Corporation & Private Property.* New Brunswick: Transaction Publishers, (2003): 60. 中文版：阿道夫・伯利、賈尼爾・米恩斯《現代公司與私有財產》，甘華鳴、羅銳韌、蔡如海譯，北京：商務印書館，2005。
146. John Micklethwait and Adrian Wooldridge. *The Company: a Short History of a Revolutionary Idea.* New York: The Modern Library (2003): 28–33. 中文版：約翰・米克勒斯維特、阿德里安・伍爾德里奇《公司的歷史》，夏荷立譯，合肥：安徽人民出版社，2012。

York: W. W. Norton & Company (2006). 中文版：提姆．帕克斯《美第奇金錢》，王琴譯，北京：中信出版社，2007。（注：提姆．帕克斯《義大利紅頂商人：梅迪奇家族的金權傳奇》，時報出版。）

124. James Macdonald. *A Free Nation Deep in Debt: The Financial Roots of Democracy.* New York: Farrar, Straus and Giroux (2003), 73–74. 中文版：詹姆斯．麥克唐納《債務與國家的崛起：西方民生制度的金融起源》，楊宇光譯，北京：社會科學文獻出版社，2021。
125. Geoffrey Poitras. *The Early History of Financial Economics, 1478–1776: From Commercial Arithmetic to Life Annuities and Joint Stocks.* Cheltenham and Northampton: Edward Elgar (2000): 35–36.
126. James Macdonald. *A Free Nation Deep in Debt: The Financial Roots of Democracy.* New York: Farrar, Straus and Giroux (2003):74–76. 中文版：詹姆斯．麥克唐納《債務與國家的崛起：西方民生制度的金融起源》，楊宇光譯，北京：社會科學文獻出版社，2021。
127. Geoffrey Poitras. *The Early History of Financial Economics, 1478–1776: From Commercial Arithmetic to Life Annuities and Joint Stocks.* Cheltenham and Northampton: Edward Elgar (2000): 54–55.
128. Sidney Homer and Richard Sylla. *A History of Interest Rates.* 3rd ed. New Jersey: Rutgers University Press (1996): 108.
129. 這裡關於嫁妝基金的內容，引自：James Macdonald. *A Free Nation Deep in Debt: The Financial Roots of Democracy.* New York: Farrar, Straus and Giroux (2003): 88–90。中文版：詹姆斯．麥克唐納《債務與國家的崛起：西方民生制度的金融起源》，楊宇光譯，北京：社會科學文獻出版社，2021。
130. 引自晚清薛福成《論公司不舉之病》，重刊於：陳志武、李玉編《制度尋蹤：公司制度卷》，上海：上海財經大學出版社，2009。
131. Oscar Gelderblom and Joost Jonker. "Amsterdam as the Cradle of Modern Futures and Options Trading, 1550–1650." In: William Goetzmann and Geert Rouwenhorst eds., *The Origins of Value, the Financial Innovations that Created Modern Capital Markets.* New York: Oxford University Press (2005): 189–205. 中文版：威廉．N．戈茲曼、K．哥特．羅文霍恩特《價值起源》，王宇、王文玉譯，北京：北京聯合出版傳媒公司，2005。
132. David V. Herlihy and Christiane Klapisch-Zuber. *Tuscans and their families: A Study of the Florentine Catasto of 1427.* New Haven: Yale University Press (1985), Figures 4.1 and 4.2, pages 99–102. Originally published in France as *Les Toscans et leurs familles. Une étude du Catasto florentin de 1427.* c1978. p. 103.
133. James Macdonald. *A Free Nation Deep in Debt: The Financial Roots of Democracy.* New York: Farrar, Straus and Giroux (2003): 92–94. 中文版：詹姆斯．麥克唐納《債務與國家的崛起：西方民生制度的金融起源》，楊宇光譯，北京：社會科學文獻出版社，2021。
134. U.S. Bureau of the Census. *Historical Statistics of the United States, Colonial Times to 1970*, Part 2. Washington: U.S. Dept. of Commerce, Bureau of the Census (1975), Series X 420–423. 本

109. Max Kaser. *Roman Private Law.* 3rd ed. Translation by Rolf Dannenbring. Durban: Butterworths (1980); Ulrike Malmendier. "Law and Finance at the Origin'." *Journal of Economic Literature* 47:4 (2009): 1083–1084.
110. Ulrike Malmendier. "Roman Shares." In: William Goetzmann and Geert Rouwenhorst eds., *The Origins of Value, the Financial Innovations that Created Modern Capital Markets.* New York: Oxford University Press (2005): 31–42. 中文版：威廉・N・戈茲曼、K・哥特・羅文霍恩特《價值起源》，王宇、王文玉譯，北京：北京聯合出版傳媒公司，2005。
111. Ulrike Malmendier. "Law and Finance at the Origin'." *Journal of Economic Literature* 47:4 (2009): 1089.
112. Rafael LaPorta, Florencio Lopez-de-Silanes, Andrei Shleifer, and Robert Vishny. "Legal Determinants of External Finance." *Journal of Finance* 52.3 (1997): 1131–1150; Rafael LaPorta, Florencio Lopez- de-Silanes, Andrei Shleifer, and Robert Vishny. "Law and Finance." *Journal of Political Economy* 106.6 (1998): 1113–1155.
113. 關於保險合約在古希臘起源並傳到古羅馬的過程，參見：C.F. Trenerry. *The Origin and Early History of Insurance Including the Contract of Bottomry.* New Jersey: The Lawbook Exchange LTD. (2010): 80–85。
114. 關於古羅馬對保險契約的改進細節，參見：C.F. Trenerry. *The Origin and Early History of Insurance Including the Contract of Bottomry.* New Jersey: The Lawbook Exchange LTD. (2010): 82–84。
115. C.F. Trenerry. *The Origin and Early History of Insurance Including the Contract of Bottomry.* New Jersey: The Lawbook Exchange LTD. (2010): 114–115.
116. C.F. Trenerry. *The Origin and Early History of Insurance Including the Contract of Bottomry.* New Jersey: The Lawbook Exchange LTD. (2010): 137.
117. Geoffrey Poitras. *The Early History of Financial Economics, 1478–1776: From Commercial Arithmetic to Life Annuities and Joint Stocks.* Cheltenham and Northampton: Edward Elgar (2000): 32. 更系統的討論，參見：C.F. Trenerry. *The Origin and Early History of Insurance Including the Contract of Bottomry.* New Jersey: The Lawbook Exchange LTD. (2010): 150–152。
118. Karl Borch, Agnar Sandmo, Knut Aase. *Economics of Insurance.* Amsterdam: North-Holland (1990): 232.
119. James Gilbart. *The History and Principles of Banking.* London: Longman, Rees, Orme, Brown, Green and Longman, Paternoster-Row (1834).
120. Noble F. Hoggson. *Banking Through the Ages.* New York, Dodd, Mead & Company (1926).
121. M. M. Postan. *Medieval Trade and Finance.* Cambridge: Cambridge University Press (1973): 14–16.
122. Richard A. *Goldthwaite. Banks, Places and Entrepreneurs in Renaissance Florence.* New York: Routledge (1995).
123. Tim Parks. *Medici Money: Banking, Metaphysics, and Art in Fifteenth-Century Florence.* New

95. Zhiwu Chen, Chicheng Ma, and Andrew J. Sinclair. "Does Confucianism Inhibit Financial Development?" *University of Hong Kong working paper* (2019).
96. 在一九九七至一九九八年亞洲金融危機之前，「亞洲四小龍」的經濟成長引發學者對儒家文化與經濟成長關係的興趣，畢竟這些儒家社會也能實現快速成長，於是一些學者認為：儒家並不妨礙經濟發展。相關內容參見：Ming-Yih Liang. "Confucianism and the East Asian Miracle." *American Economic Journal: Macroeconomics* 2.3 (2010): 206–234。不過，現有文獻沒有注意到，到亞洲金融危機之前，這些經濟體還沒有今天意義上的大規模現代公司，主要是基於家族、宗族內部融資而創辦的企業，外加外部的銀行融資。我們這裡強調的是，只要公司規模有限、所需資本量不大，那麼作為內部金融市場的宗族（「堂」）所發揮的資源整合能力就差不多夠用。David Faure. *China and Capitalism: a History of Business Enterprise in Modern China.* Hong Kong: Hong Kong University Press (2006).
97. 柏拉圖《理想國》，郭斌、張竹明譯，北京：商務印書館，1986；亞里士多德《政治學》吳壽彭譯，北京：商務印書館，1965。（注：柏拉圖《柏拉圖理想國》，聯經出版；亞里斯多德《政治學》，五南出版。）
98. 趙鼎新《東周戰爭與儒法國家的誕生》，夏江旗譯，上海：華東師範大學出版社，2006：第十章。
99. Peregrine Horden and Richard Smith. *The Locus of Care: Families, Communities, Institutions and the Provision of Welfare since Antiquity.* New York: Routledge Press (1998): 1.
100. Carl Lyttkens. *Economic Analysis of Institutional Change in Anicent Greece: Politics, Taxation and Rational Behavior.* New York: Routledge (2013): 34.
101. Dennis Kehoe. *Investment, Profit, and Tenancy: The Jurists and the Roman Agrarian Economy.* Ann Arbor: University of Michigan Press (1997): 45–54.
102. Carl Lyttkens. *Economic Analysis of Institutional Change in Anicent Greece: Politics, Taxation and Rational Behavior.* New York: Routledge (2013): 10.
103. 考慮到古羅馬的一些其他制度也源自希臘，私人銀行在羅馬的出現比雅典晚一個世紀，這個順序就不令人吃驚了，參見：Peter Temin "Financial Intermediation in the Early Roman Empire." *Journal of Economic History* 64.3 (2004): 705–733。
104. Avner Greif and Guido Tabellini. "The Clan and the Corporation: Sustaining Cooperation in China and Europe." *Journal of Comparative Economics* 45.1 (2017): 1–35.
105. Peter Temin. "Financial Intermediation in the Early Roman Empire." *Journal of Economic History* 64.3 (2004): 724.
106. Ulrike Malmendier."Law and Finance at the Origin'." *Journal of Economic Literature* 47:4 (2009): 1076–1108.
107. Ulrike Malmendier."Law and Finance at the Origin'." *Journal of Economic Literature* 47:4 (2009): 1084–1086.
108. Max Kaser. *Roman Private Law.* 3rd ed. Translation by Rolf Dannenbring. Durban: Butterworths (1980).

Order and Interest Rates in Modern China." *Yale School of Management working paper* (2010)。

85. 將「利率」對「產權糾紛類案件占比」做回歸分析，結果亦顯著，參見：Zhiwu Chen, Kaixiang Peng, and Weipeng Yuan. "Robbery, Social Order and Interest Rates in Modern China." *Yale School of Management working paper* (2010)。
86. Luigi Guiso, Paola Sapienza, and Luigi Zingales."The Role of Social Capital in Financial Development," *American Economic Review* 94.3 (2004): 526–556.
87. Zhiwu Chen, Kaixiang Peng, and Weipeng Yuan. "Robbery, Social Order and Interest Rates in Modern China." *Yale School of Management working paper* (2010): Figure 4.
88. Avner Greif. "Reputation and Coalitions in Medieval Trade: Evidence on the Maghribi Traders." *Journal of Economic History* XLIX (1989): 857–882; Avner Greif. "Contract Enforceability and Economic Institutions in Early Trade: the Maghribi Traders' Coalition." *American Economic Review* 83.2 (1993): 525–548; Avner Greif. "Cultural Beliefs and the Organization of Society: a Historical and Theoretical Reflection on Collectivist and Individualist Societies." *Journal of Political Economy* 102 (1994): 912–950.
89. Simeon Djankov, Oliver Hart, Caralee McLiesh, and Andrei Shleifer. "Debt Enforcement around the World." *Journal of Political Economy* 116.6 (2008): 1105–1149，Table 9.
90. 關於一國金融發展水準的決定因素，有不少經典研究，基本結論跟這裡介紹的一致：司法公正、司法效率、社會文化對借貸的態度、投資者權益保護（債權人利益保護）、行政權力、司法傳統等，都有顯著的影響，參見：Simeon Djankov, Caralee McLiesh, and Andrei Shleifer. "Private Credit in 129 Countries." *Journal of Financial Economics* 84 (2007): 299–329；Rafael LaPorta, Florencio Lopez-de-Silanes, Andrei Shleifer, and Robert Vishny. "Legal Determinants of External Finance." *Journal of Finance* 52.3 (1997): 1131–1150；Rafael LaPorta, Florencio Lopez-de-Silanes, Andrei Shleifer, and Robert Vishny. "Law and Finance." *Journal of Political Economy* 106.6 (1998): 1113–1155；Ross Levine. "Law, Finance, and Economic Growth." *Journal of Financial Intermediation* 8.1 (1999): 36–67。
91. Avner Greif and Guido Tabellini. "The Clan and the Corporation: Sustaining Cooperation in China and Europe." *Journal of Comparative Economics* 45.1 (2017): 1–35.
92. David Faure. *China and Capitalism: A History of Business Enterprise in Modern China.* Hong Kong: Hong Kong University Press (2006): 37–42; David Faure. "The Lineage as Business Company: Patronage versus Law in the Development of Chinese Business." In: Raj Brown ed., *Chinese Business Enterprise, Critical Perspectives on Business and Management.* London: Routledge (1995): Vol. 1, 82–106.
93. Madeleine Zelin. *The Merchants of Zigong: Industrial Entrepreneurship in Early Modern China.* New York: Columbia University Press (2008): 84–94. 中文版：曾小萍《自貢商人：近代早期中國的企業家》，董建中譯，南京：江蘇人民出版社，2014。
94. Stephanie Po-Yin Chung. "Chinese Tong as British Trust: Institutional Collisions and Legal Disputes in Urban Hong Kong, 1860s–1980s." *Modern Asian Studies* 44.6 (2010): 1409–1432.

71. 這裡的利率資料分別來自：Lien-Sheng Yang. *Money and Credit in China: A Short History.* Cambridge: Harvard University Press (1971): 95；Sydney Homer and Richard Sylla, *A history of interest rates.* 3rd ed. New Brunswick: Rutgers University Press (1996): 612–613。
72. 相關的理論分析，可見：Rudolph C. Blitz and Millard F. Long. "The Economics of Usury Regulation." *Journal of Political Economy* 73.6 (1965): 608–619。
73. 此處的分析細節，參見：Luis Felipe Zegarra. "Usury Laws and Private Credit in Lima, Peru: Evidence From Notarized Records." *Explorations in Economic History* 65 (2017): 68–93。
74. 類似的結論在多個歷史場景中都得到了驗證。比如，特明和沃斯藉由霍爾銀行的檔案發現：英國對銀行施加利率限制後，貸款者中擁有爵位的比例顯著上升，參見：Peter Temin and Hans Joachim Voth. "Interest Rate Restrictions in a Natural Experiment: Loan Allocation and the Change in the Usury Laws in 1714." *The Economic Journal* 118.528 (2008): 743–758。
75. 有關這些背景，參見：Carl Hampus Lyttkens. *Economic Analysis of Institutional Change in Ancient Greece: Politics, Taxation and Rational Behaviour.* Routledge (2012)。.
76. 參見：亞里斯多德《雅典政制》，上海：上海人民出版社，2011；恩格斯《家庭、私有制和國家的起源》，北京：人民出版社，2018。
77. Carl Hampus Lyttkens. *Economic Analysis of Institutional Change in Ancient Greece: Politics, Taxation and Rational Behaviour.* Routledge (2012).
78. 歷史上類似的經驗很多。參見：游海華《市場・革命・戰爭》，北京：中國社會科學出版社，2015；李金錚《民國鄉村借貸關係研究》，北京：人民出版社，2003。
79. 關於制度環境決定何種金融可行，參見：Raghuram G. Rajan and Luigi Zingales. "Which Capitalism? Lessons From the East Asian Crisis." *Journal of Applied Corporate Finance* 11.3 (1998): 40–48。就證券金融發展對法治的依賴，參見：Bernard S. Black. "The Legal and Institutional Preconditions for Strong Securities Markets." *UCLA Law Review* 48.4 (2001): 781–855。
80. 這部分內容的更多細節，參見：陳志武《金融的邏輯》，北京：國際文化出版社，2009：第九章。
81. Timur Kuran and Jared Rubin. "The Financial Power of the Powerless: Socio-Economic Status and Interest Rates under Partial Rule of Law." *Duke University ERID Working Paper* No. 175 (2016): Table 4.
82. 更多細節討論，參見：Timur Kuran and Jared Rubin. "The Financial Power of the Powerless: Socio-Economic Status and Interest Rates under Partial Rule of Law." *Duke University ERID Working Paper* No. 175 (2016)。
83. 本圖來自：陳志武《金融的邏輯》，北京：國際文化出版社，2009：圖二。各省人均耕地面積基於一九一四年的數據，引自：苑書義、董叢林《近代中國小農經濟的變遷》，北京：人民出版社，2001。
84. 此處分析的細節，參見：Zhiwu Chen, Kaixiang Peng, and Weipeng Yuan. "Robbery, Social

定。案例見：湯普森《共有的習慣》，沈漢、王加豐譯，北京：商務印書館，2002：第七章。其他關於英國賣妻傳統的介紹，見：Samuel Menefe. *Wives for Sale: An Ethnographic Study of British Popular Divorce.* New York：St. Martin's Press, 1981。

60. 更多細節，參見：夏明方〈「賣一口，救十口」——關於婦女買賣的比較研究〉，《學習時報》，2004–12–20。
61. 關於婚禮過程與婚姻規則，見本書第四章的討論。
62. 詳盡的計量論證過程，參見：陳志武、何石軍、林展、彭凱翔〈清代妻妾價格研究——傳統社會裡女性如何被用作避險資產？〉，《經濟學季刊》，18，No. 1，2018：253–280。
63. 陳志武、何石軍、林展、彭凱翔〈清代妻妾價格研究——傳統社會裡女性如何被用作避險資產？〉，《經濟學季刊》，18，No. 1，2018：253–280，表四。
64. 關於詳盡的計量論證過程，參見：陳志武、何石軍、林展、彭凱翔〈清代妻妾價格研究——傳統社會裡女性如何被用作避險資產？〉，《經濟學季刊》，18，No. 1，2018：253–280。
65. 基於「產權分析框架」對婚嫁過程尤其儒家秩序的解讀，參見：陳志武、何石軍、林展、彭凱翔〈清代妻妾價格研究——傳統社會裡女性如何被用作避險資產？〉，《經濟學季刊》，18，No. 1，2018：253–280；Steven N. S. Cheung. "The Enforcement of Property Rights in Children, and the Marriage Contract", *The Economic Journal*, 82.326(1972): 641–657。
66. Steven N.S. Cheung. "The Enforcement of Property Rights in Children, and the Marriage Contract", *The Economic Journal*, 82.326 (1972): 641–657.
67. 有的社會對妻子作為資產的產權安排不是這樣。比如，在非洲聰加（Tsonga）等部落，賣妻權不在丈夫之手，而是由妻子娘家先將她買回去，然後再由娘家賣於下一丈夫。這樣做對娘家的資金要求比較高，至少需要短期的過橋資金，參見：R. F. Gray. "Sonjo Bride Price and the Question of African Wife Purchase'." *American Anthropologist* 62 (1960): 34–57。
68. 在傳統中國，一般的規則是寡婦再嫁的財禮（價格）歸婆家，但百姓未必遵守這項產權歸屬。在清代刑科題本中，有許多命案是因為娘家要求分享寡婦再嫁的財禮而發生的，參見：陳志武、何石軍、林展、彭凱翔〈清代妻妾價格研究——傳統社會裡女性如何被用作避險資產？〉，《經濟學季刊》，18，No. 1，2018：253–280。
69. 原文為拉丁文（Fenus pecuniac, funus est animae），轉引自：Jacques Le Goff. *Your Money or Your Life: Economy and Religion in the Middle Ages.* New York: Zone Books (1990)。
70. 一些研究表明，缺乏誠信的社會更傾向於政府管制金融（包括借貸利率），但政府管制愈多，會促長社會信任下降、交易風險溢價上升，於是借貸利率反而會更高，參見：Philippe Aghion, Yann Algan, Pierre Cahuc, and Andrei Shleifer. "Regulation and Distrust." *Quarterly Journal of Economics* 125.3 (2010): 1015–1049；Casey Mulligan and Andrei Shleifer. "The Extent of the Market and the Supply of Regulation," *Quarterly Journal of Economics* 120.4 (2005): 1445–1473。

Bangladesh." *Population and Development Review* 7.3 (1981): Figure 2.

44. Mead Cain. "Risk and Insurance: Perspectives on Fertility and Agrarian Change in India and Bangladesh." *Population and Development Review* 7.3 (1981): Table 7 and Table 8.
45. Mead Cain. "Risk and Insurance: Perspectives on Fertility and Agrarian Change in India and Bangladesh." *Population and Development Review* 7.3 (1981): 462–464.
46. N.S. Jodha. "Role of Credit in Farmer's Adjustment Against Risk in Arid and Semi-arid Tropical Areas of India", ICRISAT Economics Program Occasional Paper No. 20, Patancheru, Andhara Pradesh, India (1978): Table 1.
47. Mead Cain. "Risk and Insurance: Perspectives on Fertility and Agrarian Change in India and Bangladesh." *Population and Development Review* 7.3 (1981): 462–464.
48. Mead Cain. "Risk and Insurance: Perspectives on Fertility and Agrarian Change in India and Bangladesh." *Population and Development Review* 7.3 (1981): 463.
49. 潘光旦《潘光旦文集》，第十一卷，北京：北京大學出版社，2010：130。
50. 夏明方〈「賣一口，救十口」——關於婦女買賣的比較研究〉，《學習時報》，2004–12–20。
51. 岸本美緒談到，清代刑律規定在四種情況下可以合法賣妻：一是通姦之妻，二是背夫逃亡之妻，三是情願出賣為婢之妻，四是因貧困而不得已。第四種情況顯然使許多妻妾買賣得到法律上的認可。岸本美緒〈妻可賣否？——明清時代的賣妻、典妻習俗〉，《契約文書與社會生活（一六〇〇至一九〇〇》，2001。
52. 潘光旦《潘光旦文集》，第十一卷，北京：北京大學出版社，2010；夏明方〈「賣一口，救十口」——關於婦女買賣的比較研究〉，《學習時報》，2004–12–20；趙曉華〈晚清饑荒中的婦女買賣——以光緒初年華北大旱災為中心〉，《中國史研究》，5，2008。
53. Etan Levine, "Biblical Women's Marital Rights", in *American Academy for Jewish Research: Proceedings of the American Academy for Jewish Research*, Vol. 63 (1997–2001): 87–135.
54. 希羅多德《歷史》，周永強譯，西安：陝西師範大學出版社，2008。
55. 湯普森《共有的習慣》，沈漢、王加豐譯，北京：商務印書館，2002：第七章。
56. R. F. Gray. "Sonjo Bride Price and the Question of African Wife Purchase'." *American Anthropologist* 62(1960): 34–57.
57. Sara Sidner. "Farmers sell wives to pay debts in rural India." CNN (October 23, 2009).
58. 湯普森《共有的習慣》，沈漢、王加豐譯，北京：商務印書館，2002：第七章。
59. 湯普森提供的案例之一是：「一個叫羅德尼．霍爾的勞動者，習慣於懶散和放蕩……他帶著妻子來到鎮裡，用一根韁繩圍著她的身子，目的是把她陳列在公共市場上，讓出價最高的人來買。把妻子帶進市場並付了人頭稅後，他領著妻子在市場轉，轉了兩圈，遇見一個日子過得和他一樣的人，後者用十八便士和一夸脫淡啤酒買他的妻子。」在另一個發生於一八四七年的例子中，買賣妻子的過程大致是：星期三市場傳呼員宣布說，巴羅的喬治．雷的妻子十一點鐘將放在巴頓市場上。拍賣時間一到，賣妻人與妻子一同出現，一根新韁繩紮在妻子的腰上。在旁觀者的呼聲中，「貨物」開始被拍賣，擊槌賣

(2011), pp. 28–44.
26. 這裡引用的社會責任放貸研究中心的統計資料，來自：Adair Morse. "Payday Lenders: Heroes or Villains?"*Journal of Financial Economics* 102(1) (2011): 28–44。
27. Marie Burton "Keep the Plates Spinning: Perceptions of Payday Loans in Great Britain." *Consumer Focus.* (2010).
28. Neil Bhutta, Jacob Goldin, and Tatiana HomoNo. "Consumer Borrowing After Payday Loan Bans." *Federal Reserve Board working paper* (2014).
29. 有關紐約州政府及聯邦政府下屬消費者金融保護局對領薪日貸款的監管細節，見：陳璐〈美國發薪日貸款監管狀況〉，《金融法苑》，2017。
30. Adair Morse. "Payday Lenders: Heroes or Villains?" *Journal of Financial Economics* 102(1) (2011): 28–44.
31. 有關這一點參見：Darwin Cortés, Julieth Santamaría, and Juan F. Vargas. "Economic Shocks and Crime: Evidence From the Crash of Ponzi Schemes." *Journal of Economic Behavior & Organization* 131 (2016): 263–275。
32. 有關這一點參見：Banerjee, Abhijit, et al. "A Multifaceted Program Causes Lasting Progress for the Very Poor: Evidence From Six Countries." *Science* 348.6236 (2015): 1260799。關於此類發展項目與當地原有借貸市場的交互作用，可參見：Robert Cull, Asli Demirgüç-Kunt, and Jonathan Morduch. "Microfinance Meets the Market." *Journal of Economic Perspectives* 23.1 (2009): 167–92。
33. 魯西奇《編戶齊民：漢代農民的生活與社會》，桂林：廣西師範大學出版社，2015。
34. 黃仁宇《赫遜河畔談中國歷史》，北京：三聯書店，1997：67。（注：黃仁宇《赫遜河畔談中國歷史》，時報出版。）
35. 錢穆《中國歷代政治得失》，北京：三聯書店，2001：18。（注：錢穆《中國歷代政治得失》，東大出版。）
36. 羅志歡、李龍潛《清代廣東土地契約文書彙編》，濟南：齊魯書社，2014。這一段的總結都基於其中的地契案例。
37.（清）周天爵〈周文愚公尺牘（卷上）〉，《與劉次白書》，清道光年間。
38. 董傳嶺《晚清自然災害與鄉村社會研究：以山東為例》，北京：北京文史出版社，2014。
39. 鄧拓《中國救荒史》，北京：商務印書館，2011。
40. 這一段的內容主要引自：Mead Cain. "Risk and Insurance: Perspectives on Fertility and Agrarian Change in India and Bangladesh." *Population and Development Review* 7.3(1981): 435–474。
41. Mead Cain. "Risk and Insurance: Perspectives on Fertility and Agrarian Change in India and Bangladesh." *Population and Development Review* 7.3 (1981): Table 5.
42. Mead Cain. "Risk and Insurance: Perspectives on Fertility and Agrarian Change in India and Bangladesh." *Population and Development Review* 7.3 (1981): 455.
43. Mead Cain. "Risk and Insurance: Perspectives on Fertility and Agrarian Change in India and

16. 一般的借款週期是二十周。在此期間，農民需要每週償還本金的二十分之一。到期之後，農民還需額外償還一筆利息。
17. 關於此處分析的細節，參見：Tyler Beck Goodspeed. *Famine and Finance: Credit and the Great Famine of Ireland.* Springer (2017)。
18. 我們並非主張貸款機構是完美的解決方案——實際上，與救濟及糧食市場相近，借貸機構發揮的作用同樣有限。一八四五至一八四六年間，借貸機構倒閉的概率上升了二四%。倒閉的現象在災前利潤率較低的機構中更加明顯，說明在部分區域，災情已超出了當時的金融市場能夠緩衝的程度。然而，在救亡及興產方面，金融確實發揮了獨特的作用。如果當時愛爾蘭的金融市場更加發達，損失或許可以因此降到更低的程度。有關借貸機構本身在饑荒中面臨的衝擊，可見：Tyler Beck Goodspeed. "Environmental Shocks and Sustainability in Microfinance: Evidence From the Great Famine of Ireland." *The World Bank Economic Review* 32.2 (2016): 456–481。
19. 禽畜不僅可以食用，也有助農民開展種植以外的生產活動，使生產方式多樣化。這一點與我們在第二章展開的分析一致。此外，保有的禽畜數量更多，從側面反映出當地家庭受饑荒衝擊更輕。
20. Cormac O'Grada. *Eating People is Wrong and Other Essays on Famine, its Past and its Future.* Princeton: Princeton University Press (2015).
21. 此處的分析細節，參見：胡金焱、張博、范辰辰〈氣候衝擊、民間金融與農民起義——典當的避險作用〉，《金融研究》，8，2016：68–84。
22. 值得注意的是，原文作者還按「政府是否救災」這個指標對原資料樣本分別進行了分析。結果顯示：當鋪緩解旱災風險的效應，僅在「政府沒有出手」救災的樣本中顯著；政府實施救災的地區，當鋪的這個效應不明顯。這也從側面反映了在對抗風險的角色上，政府與金融市場間彼此替代的關係。有關這一點，本書第十一章會進一步探討，還可參考：胡金焱、張博、范辰辰〈氣候衝擊、民間金融與農民起義——典當的避險作用〉，《金融研究》，8，2016：68–84。
23. 傳統思想一般將高利貸等同於壓迫，認為高利率在很大程度上應歸咎於經濟以外的強制能力。我們的研究卻發現：至少在中國，事實並非如此。首先，在發生命案的清代借貸衝突中，利率愈高，貸方在衝突中被打死的概率愈高。這與超經濟強制力假說不一致——如果這一假說確實成立，高利率的放貸人應該掌控更多暴力，在衝突時身亡的概率也該更低。其次，在旱澇年分，利率的平均值反而比平常年分更低。如果強制力一說成立，在災荒年分，放款人理應有能力收取更高貸款利率，而實證資料卻恰恰相反。有關這些分析的細節，見：陳志武、林展、彭凱翔〈民間借貸中的暴力衝突：清代債務命案研究〉，《經濟研究》，49，No. 9，2014：162–175。
24. 有關這一點，參見：Robin Burgess, Olivier Deschenes, Dave Donaldson, and Michael Greenstone. "Weather and Death in India: Mechanisms and Implications of Climate Change." *London School of Economics working paper* (2017)。
25. Adair Morse. "Payday Lenders: Heroes or Villains?" *Journal of Financial Economics* 102(1)

第十章

1. 費孝通《江村經濟》，上海：上海人民出版社，2006。
2. Eric Lipton and Stephen Labaton."Deregulator Looks Back, Unswayed", *The New York Times* (November 16, 2008).
3. Avner Greif and Guido Tabellini. "The Clan and the Corporation: Sustaining Cooperation in China and Europe." *Journal of Comparative Economics* 45.1 (2017), 1–35.
4. Cormac O'Grada. *The Great Irish Famine.* New York: Cambridge University Press (1995).
5. Austin Bourke. *'The Visitation of God?' The Potato and the Great Irish Famine.* Lilliput Press Ltd (1993).
6. Cormac O'Grada. *The Great Irish Famine.* New York: Cambridge University Press (1995).
7. Joel Mokyr and Cormac O'Grada. "New Developments in Irish Population History, 1700–1850." *The Economic History Review* 37.4 (1984): 473–488.
8. 對此疫病的深入介紹，參見：Maarten J. Zwankhuizen, Francine Govers, and Jan C. Zadoks. "Development of Potato Late Blight Epidemics: Disease Foci, Disease Gradients, and Infection Sources." *Phytopathology* 88.8 (1998): 754–763。
9. 有關「五十英里」這一數字的估計，引自：Tyler Beck Goodspeed. *Famine and Finance: Credit and the Great Famine of Ireland.* Springer (2017)。
10. 有關愛爾蘭馬鈴薯每年的受災烈度的考訂及統計，參見：Cormac O'Grada. *Black'47 and Beyond: The Great Irish Famine in History, Economy, and Memory.* Princeton University Press (2000)。
11. 這個估計引自：Tyler Beck Goodspeed. "Microcredit and Adjustment to Environmental Shock: Evidence From the Great Famine in Ireland." *Journal of Development Economics* 121 (2016): 258–277。
12. 有關愛爾蘭糧食市場與歐洲其他地區市場的整合程度的定量分析，以及對當地市場的負面特徵的評述，參見：Cormac O'Grada. "Markets and Famines in Pre-industrial Europe." *Journal of Interdisciplinary History* 36.2 (2005): 143–166。
13. 儘管如此，這已是當時的政府和教會所能提供的最有效的救濟手段。對此類救濟機構的介紹及評述，參見：Cormac O'Grada. "Famine in Ireland, 1300–1900." *University College Dublin working paper* (2015)。
14. 圖片來自公共網頁：https://www.irishcentral.com/roots/histor/why-we-should-call-it-the-great-hunger-and-not-the-irish-potato-famine。
15. 有關此類金融機構的深入介紹，參見：Tyler Beck Goodspeed. "Microcredit and Adjustment to Environmental Shock: Evidence From the Great Famine in Ireland." *Journal of Development Economics* 121 (2016): 258–277；Tyler Beck Goodspeed. "Environmental Shocks and Sustainability in Microfinance: Evidence From the Great Famine of Ireland." *The World Bank Economic Review* 32.2 (2016): 456–481。

803–832。

153. Gungwu Wang. *The Nanhai Trade: Early Chinese Trade in the South China Sea.* Singapore: Eastern University Press, 2003: 96–98, 111–114.
154. 芮樂偉・韓森《絲綢之路新史》，張湛譯，北京：北京聯合出版公司，2015：23。她引用的研究是：Anna Muthesius. "The Impact of the Mediterranean Silk Trade on Western Europe before 1200 A.D." in *Textiles in Trade: Proceedings of the Textile Society of America Biennial Symposium, September 14–16, 1990, Washington, DC.* Los Angeles: Textile Society of America (1990):126–135。
155. 朱傑勤《華僑史》，桂林：廣西師範大學出版社，2011。
156. Gungwu Wang. "Merchants Without Empire: the Hokkien Sojourning Communities." *The Rise of Merchant Empires: Long-distance Trade in the Early Modern World : 1350–1750.* Cambridge University Press,1990: 405–407.
157. 基於亞洲、非洲的歷史大資料，三位學者證明了伊斯蘭教傳播跟古代商路的關係。尤其是以伊斯蘭教於七世紀興起之前就存在的主要商路為參照（包括海上絲路、陸上絲路），離這些商路愈近的社會，信伊斯蘭教的人口比就愈高，今天那裡的居民信仰伊斯蘭教的虔誠度愈高，參見：Stelios Michalopoulos, Alireza Naghavi, and Giovanni Prarolo. "Trade and Geography in the Spread of Islam." *The Economic Journal* 128, No. 616 (2018): 3210–3241。當然，反過來看，伊斯蘭教信眾多的地方，跨區貿易愈發達，反映了伊斯蘭教對貿易的促進作用，參見：Kirti N. Chaudhuri. *Trade and Civilisation in the Indian Ocean: an Economic History From the Rise of Islam to 1750.* Cambridge University Press, 1985；Timur Kuran and Scott Lustig. "Judicial Biases in Ottoman Istanbul: Islamic Justice and Its Compatibility With Modern Economic Life." *The Journal of Law and Economics* 55, No. 3 (2012): 631–666。
158. 費正清《費正清中國史》，張沛、張源、顧思兼譯，長春：吉林出版社，2015：第五章、第六章。
159. Gungwu Wang. *The Nanhai Trade: Early Chinese Trade in the South China Sea.* Singapore: Eastern University Press, 2003: 96–98, 111–114.
160.（明）嚴從簡、余思黎《殊域周咨錄》，北京：中華書局，1993：307。
161. 從宗教動因探討鄭和下西洋的研究不是很多，參見：談譚〈鄭和下西洋動因新探〉，《世界宗教研究》，2，2005。
162. Rodney Stark. *One True God: Historical Consequences of Monotheism.* New Jersey: Princeton University Press, 2001: 36.
163. 參見緒論裡關於莫基爾「有用知識」與「無用知識」，以及「生產性人力資本」與「非生產性人力資本」之區分的討論。Joel Mokyr. *A Culture of Growth: The Origins of the Modern Economy.* New Jersey: Princeton University Press (2016). 中文版：喬爾・莫基爾《成長的文化：現代經濟的起源》，胡思捷譯，北京：中國人民大學出版社，2020。

Amsterdam Capital Market, 1595–1612." *The Journal of Economic History* (2004): 641–672.

142. Carmen Reinhart and Kenneth Rogoff. *This Time is Different: Eight Centuries of Financial Folly.* Princeton: Princeton University Press, 2009: 86–87. 中文版：卡門・萊因哈特、肯尼斯・羅格夫《這次不一樣：八百年金融危機史》，綦相、劉曉鋒、劉麗娜譯，北京：機械工業出版社，2012。（注：卡門・萊茵哈特、肯尼斯・羅格夫《這次不一樣：八百年金融危機史》，大牌出版。）
143. James Mcdonald. *A Free Nation Deep in Debt: The Financial Roots of Democracy.* New York: Farrar, Straus and Giroux, 2003: 136. 中文版：詹姆斯・麥克唐納《債務與國家的崛起：西方民主制度的金融起源》，楊宇光譯，北京：社會科學文獻出版社，2021。
144. Geoffrey Parker. *The Thirty Years' War.* New York: Routledge, 1997: 153.
145. 這一段的內容主要來自：John Micklethwait and Adrian Wooldridge. *The Company: a Short History of a Revolutionary Idea.* New York: The Modern Library, 2003: 18–22。中文版：約翰・米克勒斯維特、阿德里安・伍爾德里奇《公司的歷史》，夏荷立譯，合肥：安徽人民出版社，2012。
146. John Micklethwait and Adrian Wooldridge. *The Company: a Short History of a Revolutionary Idea.* New York: The Modern Library, 2003: 21–24. 中文版：約翰・米克勒斯維特、阿德里安・伍爾德里奇《公司的歷史》，夏荷立譯，合肥：安徽人民出版社，2012。
147. Zhiwu Chen. "Capital Markets and Legal Development: The China Case." *China Economic Review* 14.4 (2003): 451–472. 陳志武《金融的邏輯》，北京：國際文化出版公司，2009：180–210。
148. Rafael La Porta, Florence Lopez-de-Silanes, Andrei Shleifer, and Robert Vishny. "Law and Finance," *Journal of Political Economy* 106 (1998): 1113–1155.
149. Daron Acemoglu and James Robinson. *Why Nations Fail: The Origins of Power, Prosperity, and Poverty.* New York: Random House, 2012. 中文版：德隆・阿西莫格魯、詹姆・羅賓遜《國家為什麼會失敗》，李增剛譯，長沙：湖南科學技術出版社，2015。（注：戴倫・艾塞默魯、詹姆斯・羅賓森《國家為什麼會失敗：權力、富裕與貧困的根源》，衛城出版。）
150. Angus Maddison. *The World Economy: A Millenial Perspective.* Paris: OECD Development Centre (2001), Table B21. 中文版：安格斯・麥迪森《世界經濟千年史》，伍曉鷹等譯，北京：北京大學出版社，2003。
151. Daron Acemoglu, Simon Johnson, and James Robinson. "The Rise of Europe: Atlantic Trade, Institutional Change, and Economic Growth." *American Economic Review* 95, No. 3 (2005): 546–579.
152. 關於那兩次英國革命的總結，參見：Daron Acemoglu, Simon Johnson, and James Robinson. "The Rise of Europe: Atlantic Trade, Institutional Change, and Economic Growth." *American Economic Review* 95, No. 3 (2005): 546–579；Douglass C. North and Barry R. Weingast. "Constitutions and Commitment: the Evolution of Institutions Governing Public Choice in Seventeenth-century England." *The Journal of Economic History* 49, No. 4 (1989):

129. Guido Alfani. "The Famine of the 1590s in Northern Italy. An Analysis of the Greatest system shock' of Sixteenth Century." *Histoire & Mesure* 26, No. XXVI-1 (2011): 17–50. 尤其是圖一反映的出生率變化。
130. Warwick Funnell and Jeffrey Robertson. *Accounting by the First Public Company: The Pursuit of Supremacy.* Routledge, 2013: 46.
131. Warwick Funnell and Jeffrey Robertson. *Accounting by the First Public Company: The Pursuit of Supremacy.* Routledge, 2013: 44–45.
132. Warwick Funnell and Jeffrey Robertson. *Accounting by the First Public Company: The Pursuit of Supremacy.* Routledge, 2013: 48.
133. K. Chaudhuri. *Trade and Civilisation in the Indian Ocean: An Economic History from the Rise of Islam to 1750*, Cambridge: Cambridge University Press, 1985: 83.
134. John Micklethwait and Adrian Wooldridge. *The Company: a Short History of a Revolutionary Idea.* New York: The Modern Library, 2003: 20. 中文版：約翰・米克勒斯維特、阿德里安・伍爾德里奇《公司的歷史》，夏荷立譯，合肥：安徽人民出版社，2012。（注：約翰・米可斯維特、亞德里安・伍爾得禮奇《公司的歷史》，左岸文化出版。）
135. Oscar Gelderblom and Joost Jonker. "Completing a Financial Revolution: The Finance of the Dutch East India Trade and the Rise of the Amsterdam Capital Market, 1595–1612." *The Journal of Economic History* 64.3 (2004): 641–672.
136. 在古羅馬時期就發展出類似的公眾股份公司，但在羅馬帝國崩潰、歐洲進入中世紀後，這類商業組織也不再沿用，直到十六世紀宗教改革、中世紀結束後，因為航海貿易而在荷蘭和英國再現。更多討論見第十章。
137. 這段話原文："The limited liability corporation is the greatest single discovery of modern times. Even steam and electricity would be reduced to comparative importance without it." 引自：John Micklethwait and Adrian Wooldridge. *The Company: a Short History of a Revolutionary Idea.* New York: The Modern Library, 2003: xxi。中文版：約翰・米克勒斯維特、阿德里安・伍爾德里奇《公司的歷史》，夏荷立譯，合肥：安徽人民出版社，2012。
138. Alfred Chandler. *Scale and Scope: The Dynamics of Industrial Capitalism.* Cambridge: The Belknap Press of Harvard University Press, 1990. 中文版：艾爾弗雷德・錢德勒《規模與範圍：工業資本主義的原動力》，張逸人等譯，北京：華夏出版社，2006。
139. 陳志武、李玉編《制度尋蹤：公司制度卷》，上海：上海財經大學出版社，2009。
140. Oscar Gelderblom and Joost Jonker. "Completing a Financial Revolution: The Finance of the Dutch East India Trade and the Rise of the Amsterdam Capital Market, 1595–1612." *The Journal of Economic History* (2004): 641–672.
141. Oscar Gelderblom and Joost Jonker. "Completing a Financial Revolution: The Finance of the Dutch East India Trade and the Rise of the Amsterdam Capital Market, 1595–1612." *The Journal of Economic History* 64.3 (2004):649.; Oscar Gelderblom and Joost Jonker. "Completing a Financial Revolution: The Finance of the Dutch East India Trade and the Rise of the

114. Joel Mokyr. *Book Review on Rulers, Religion, and Riches: Why the West Got Rich and the Middle East Did Not* (by Jared Rubin), EH.Net (April 2017).
115. George Hourani. *Arab Seafaring in the Indian Ocean in Ancient and Early Medieval Times.* New Jersey: Princeton University Press, 1991: 83.
116. Lisa Blaydes and Eric Chaney. "The Feudal Revolution and Europe's Rise: Political Divergence of the Christian West and the Muslim World Before 1500 CE" *American Political Science Review* 107, No. 1 (2013): 16–34.
117. Ira M. Lapidus. "The Evolution of Muslim Urban Society." *Comparative Studies in Society and History* 15, No. 1 (1973): 21–50.
118. Rodney Stark. *One True God: Historical Consequences of Monotheism.* New Jersey: Princeton University Press, 2001: 36.
119. Rodney Stark. *One True God: Historical Consequences of Monotheism.* New Jersey: Princeton University Press, 2001:76–77.
120. Gaspar Correa. *Three Voyages of Vasco da Gama, and his Viceroyalty.* Translated by Henry Edward John Stanley. New York: Cambridge University Press, 2011:367. 引自：Richard J. Garrett. *The Defences of Macau: Forts, Ships and Weapons over 450 years.* Hong Kong: Hong Kong University Press, 2011: 1。
121. K. Chaudhuri. *Trade and Civilisation in the Indian Ocean: An Economic History from the Rise of Islam to 1750*, Cambridge: Cambridge University Press, 1985: 68.
122. K. Chaudhuri. *Trade and Civilisation in the Indian Ocean: An Economic History from the Rise of Islam to 1750*, Cambridge: Cambridge University Press, 1985: 68.
123. Sanjay Subrahmanyam. *The Portuguese Empire in Asia, 1500–1700: A Political and Economic History.* New York: John Wiley & Sons, 2012. 中文版：桑賈伊・蘇拉馬尼亞姆《葡萄牙帝國在亞洲（第二版）》，巫懷宇譯，桂林：廣西師範大學出版社，2018。
124. John E. Wills, Jr. "Relations with Maritime Europe, 1514–1662" In: Denis Twitchett, John King Fairbank, and Albert Feuerwerker eds., *The Cambridge History of China: Volume 8, The Ming Dynasty, 1368–1644: Part 2.* New York: Cambridge University Press, 1998: 343–344. 中文版：崔瑞德、牟夏禮編《劍橋中國明代史》，下卷，楊品泉等譯，北京：中國社會科學出版社，2006。
125. Joseph Needham. *Gunpowder as the Fourth Power, East and West.* Hong Kong: Hong Kong University Press, 1985.
126. Richard J. Garrett. *The Defences of Macau: Forts, Ships and Weapons over 450 years.* Hong Kong: Hong Kong University Press (2011): chapter 1.
127. K. Chandhuri. *Trade and Civilisation in the Indian Ocean: an Economic History from the Rise of Islam to 1750.* Cambridge: Cambridge University Press(1985): 70.
128. K. Chaudhuri. *Trade and Civilisation in the Indian Ocean: An Economic History from the Rise of Islam to 1750*, Cambridge: Cambridge University Press, (1985): 68–71.

貨流通，稱為神明。」意思是，州郡表揚孟嘗之才能，升他為合浦太守。本郡不產糧，但海裡出產珍寶，與交阯交界，互相通商，購買糧食。之前的宰守官吏們多為貪婪汙濁之人，奸商濫采珍珠，導致珠貝無法生存，都跑往交阯海域。因此商人不來買賣，當地人窮物少；貧窮之下不少百姓餓死路邊，社會混亂。孟嘗到任後，改革先前敝政，弄清對百姓不利和有利的地方。結果，不到一年，原來離開的珠貝全返回合浦海域，百姓也重操舊業，商貨又流通了，社會重返良序。孟嘗真是神明，他把犯罪經濟學掌握應用到極致。

100. 但與日本的貿易不在合法範圍之內。有關一五六七年政策變動的詳細介紹，可參閱：Richard Von Glahn. *Fountain of Fortune: Money and Monetary Policy in China, 1000–1700.* University of California Press, 1996。
101. 林仁川〈明清私人海上貿易的特點〉，《中國社會經濟史研究》，3，1987；冷東〈明代潮州海盜論析〉，《中國社會經濟史研究》，2，2002。
102. Toby Huff. *The Rise of Early Modern Science: Islam, China and the West.* Cambridge: Cambridge University Press, 2003: 48.
103. 見前兩個注釋的參考文章以及：Abdelhamid Ibrahim Sabra. "Situating Arabic Science: Locality Versus Essence." *Isis* 87, No. 4 (1996): 654–670.
104. Eric Chaney. "Religion and the Rise and Fall of Islamic Science. " *Harvard University working paper* (2016).
105. 雖然伊斯蘭教和儒家在內涵上十分不同，但在基本主張上，伊斯蘭傳統派跟西漢董仲舒何其相似，都反對理性質疑教義，要求為了社會秩序而無條件接受。有關內容見第五章和董仲舒《春秋繁露》。
106. Patricia Crone. "Post-colonialism in Tenth-century Islam." *Der Islam* 83, No. 1 (2006): 2–38.
107. Patricia Crone. "Post-colonialism in Tenth-century Islam." *Der Islam* 83, No. 1 (2006): 2–38.
108. 這跟第三章談到的李澤厚「從巫過渡到禮、再過渡到基於理性的科學」的論述，邏輯類似，參見：李澤厚《由巫到禮 釋禮歸仁》，北京：生活·讀書·新知三聯書店，2005。
109. George Makdisi and D. S. Richards. "*Islamic Civilization 950–1150.*"A colloquium published under the auspices of the Near Eastern History Group, Oxford, the Near East Center, University of Pennsylvania (Papers on Islamic history) (1973): 155–168.
110. Sonja Brentjes. "Patronage of the Mathematical Sciences in Islamic Societies." In: E. Robson and J. Stedall, eds., *The Oxford Handbook of the History of Mathematics.* Oxford: Oxford University Press, 2009: 319.
111. Eric Chaney. "Religion and the Rise and Fall of Islamic Science." *Harvard University working paper* (2016): Appendix Table 1.
112. Eric Chaney. "Religion and the Rise and Fall of Islamic Science." *Harvard University working paper* (2016): Appendix Table 1.
113. Eric Chaney. "Religion and the Rise and Fall of Islamic Science." *Harvard University working paper* (2016): Appendix Table 1.

2009：284。

86. 蘇基朗《刺桐夢華錄：近世前期閩南的市場經濟（九四六至一三六八）》，李潤強譯，杭州：浙江大學出版社，2012：134–137。

87. Francesco D'Acunto, Marcel Prokopczuk, and Michael Weber. "Historical Antisemitism, Ethnic Specialization, and Financial Development." *The Review of Economic Studies* 86, No. 3 (2019): 1170–1206.

88. 參見前面第七章第二節的討論，以及 Robin Burgess and Dave Donaldson. "Railroads and the Demise of Famine in Colonial India." *London School of Economics working paper* (2017)。

89. 以下分析的細節，參見：James Kai-Sing Kung and Chicheng Ma."Autarky and the Rise and Fall of Piracy in Ming China."The Journal of Economic History 74.2 (2014): 509–534。

90. 海禁期間，除了部分官府對海上貿易「睜一隻眼閉一隻眼」，有官員甚至還「知法犯法」，主動投身海貿。僅《明實錄》就有多處記錄興化、永寧、漳州等地官員，收受走私貨物賄賂，或雇人出海貿易。關於這部分案件的整理，可見：晁中辰《明代海禁與海外貿易》，北京：人民出版社，2005。

91. Sanjay Subrahmanyam. *The Portuguese Empire in Asia, 1500–1700: A Political and Economic History.* New York: John Wiley & Sons, 2012. 中文版：桑賈伊・蘇拉馬尼亞姆《葡萄牙帝國在亞洲（第二版）》，巫懷宇譯，桂林：廣西師範大學出版社，2018。

92. James Kai-Sing Kung and Chicheng Ma. "Autarky and the Rise and Fall of Piracy in Ming China." *The Journal of Economic History* 74, No.2 (2014): 509–534.

93. 有關絲綢在當時東亞貿易網絡中的地位，可參考：Anthony R. Disney. *A History of Portugal and the Portuguese Empire: Volume 1, Portugal: From Beginnings to 1807.* Vol. 1. Cambridge University Press, 2009。

94. James Kai-Sing Kung and Chicheng Ma. "Autarky and the Rise and Fall of Piracy in Ming China." *The Journal of Economic History* 74, No.2 (2014): 509–534.

95. 關於這一點，參見：Remi Jedwab and Dietrich Vollrath. "Urbanization Without Growth in Historical Perspective." *Explorations in Economic History* 58 (2015): 1–21。

96. 這一時段的海盜，絕大多數不屬於另一個「耳熟能詳」的群體倭寇，即不是日本人（「倭」）。有關商人與倭寇這兩種身分的「重疊」，可見：林仁川〈明代私人海上貿易商人與「倭寇」〉，《中國史研究》，4，1980：94–108；范中義、仝晰綱《明代倭寇史略》，北京：中華書局，2004。

97. 引文分別出自《明經世文編》，卷二百六十六及卷二百一十八。

98. Gary Becker. "Crime and Punishment: an Economic Approach." *Journal of Political Economy* 76(1968): 169–217.

99. 明廷應該明白這個道理。《後漢書・孟嘗傳》中對孟嘗的評價中就說道：「州郡表其能，遷合浦太守。郡不產穀實，而海出珠寶，與交阯比境，常通商販，貿糴糧食。先時宰守並多貪穢，詭人采求，不知紀極，珠遂漸徙於交阯郡界。於是行旅不至，人物無資，貧者餓死於道。嘗到官，革易前敝，求民病利。曾未逾歲，去珠複還，百姓皆反其業，商

Diaspora, 750–1400. London: Cambridge University Press, 2018: 81.

65. 這一段內容引自：John Chaffee. *The Muslim Merchants of Premodern China: The History of a Maritime Asian Trade Diaspora, 750–1400.* London: Cambridge University Press, 2018: 85–87。
66. 白壽彝《中國伊斯蘭史存稿》，銀川：寧夏人民出版社，1982：118。
67. 「諸市舶綱首，能招誘舶舟，抽解物貨，累價及五萬十萬貫者，補官有差。大食蕃客蒲羅辛販乳香，值三十萬貫」，因此而授予他「承信郎」的官銜。白壽彝《中國伊斯蘭史存稿》，銀川：寧夏人民出版社，1982：122。
68. 白壽彝《中國伊斯蘭史存稿》，銀川：寧夏人民出版社，1982：122。
69. 蘇基朗《刺桐夢華錄：近世前期閩南的市場經濟（九四六至一三六八）》，李潤強譯，杭州：浙江大學出版社，2012：73–74。
70. Nancy Steinhardt. *China's Early Mosques.* Edinburgh: Edinburgh University Press, 2016. chapter 2.
71. 蘇基朗《刺桐夢華錄：近世前期閩南的市場經濟（九四六至一三六八）》，李潤強譯，杭州：浙江大學出版社，2012：54。
72. 蘇基朗《刺桐夢華錄：近世前期閩南的市場經濟（九四六至一三六八）》，李潤強譯，杭州：浙江大學出版社，2012：117。
73. 莊為璣、莊景輝〈泉州宋船香料與蒲家香業〉，《廈門大學學報（哲學社會科學版）》，1978(Z1)：170–177。
74. 蘇基朗《刺桐夢華錄：近世前期閩南的市場經濟（九四六至一三六八）》，李潤強譯，杭州：浙江大學出版社，2012：116–123。
75. 蘇基朗《刺桐夢華錄：近世前期閩南的市場經濟（九四六至一三六八）》，李潤強譯，杭州：浙江大學出版社，2012：123。
76. 白壽彝《中國伊斯蘭史存稿》，銀川：寧夏人民出版社，1982：179–183。
77. 羅香林《蒲壽庚研究》香港：中國學社，1959：90–94。引自：蘇基朗《刺桐夢華錄：近世前期閩南的市場經濟（九四六至一三六八）》，李潤強譯，杭州：浙江大學出版社，2012：126。
78. 關於這些世家的細節，見：John Chaffee. *The Muslim Merchants of Premodern China: The History of a Maritime Asian Trade Diaspora, 750–1400.* London: Cambridge University Press, 2018: 146–157。
79. 馬可·波羅《馬可·波羅遊記》，北京：中國文史出版社，2008。
80. 這三段引語分別見於《明太祖實錄》，卷二十七、卷七十及卷一百三十九。
81. 李金明《明代海外貿易史》，北京：中國社會科學院出版社，1990。
82.《明實錄·太祖洪武實錄》，卷二百三十一，洪武二十七年正月甲寅。
83. 王天有、高壽仙《明史：多重性格的時代》，北京：中信出版社，2017：82–83。
84. 晁中辰《明代海禁與海外貿易》，北京：人民出版社，2005。
85. 張中復〈從「蕃客」到「回族」：泉州地區穆斯林族群意識變遷的歷史省察〉，洪麗完主編《國家與原住民：亞太地區族群歷史研究》，臺北：中央研究院臺灣史研究所，

Ocean in Ancient and Early Medieval Times. New Jersey: Princeton University Press, 1991。

48. 金宜久編《伊斯蘭教史》，南京：江蘇人民出版社，2006。
49.《古蘭經》第四章二十九至三十節寫道：「通道的人們啊！你們不要借詐術而侵蝕別人的財產，惟借雙方同意的交易而獲得的除外……誰為過分和不義而犯此嚴禁，我要把誰投入火獄。」
50. 邱澎生《當經濟遇上法律：明清中國的市場演化》，臺北：聯經出版公司，2018：331–335。
51. Janet T. Landa. *Trust, Ethnicity, and Identity: Beyond the New Institutional Economics of Ethnic Trading Networks, Contract Law, and Gift-Exchange.* University of Michigan Press, 1994.
52. 蔡洪濱、周黎安、吳意雲、宗族制度、商人信仰與商幫治理：關於明清時期徽商與晉商的比較研究，管理世界，8，2008：87–99。
53. 蘇基朗《刺桐夢華錄：近世前期閩南的市場經濟（九四六至一三六八）》，李潤強譯，杭州：浙江大學出版社，2012：292，也參見本書第三章的討論。
54. 蘇基朗《刺桐夢華錄：近世前期閩南的市場經濟（九四六至一三六八）》，李潤強譯，杭州：浙江大學出版社，2012：293。
55. 張傳璽《中國歷代契約會編考釋》，北京：北京大學出版社，1995：519–696。
56. 蘇基朗《刺桐夢華錄：近世前期閩南的市場經濟（九四六至一三六八）》，李潤強譯，杭州：浙江大學出版社，2012：294。
57. J.C. Van Leur. *Indonesian Trade and Society: Essays in Asian Social and Economic History.* The Hague: van Hoeve, 1955. 該書對此有詳細介紹。Hans-Dieter Evers. "Traditional Trading Networks of Southeast Asia." *Archipel* 35, No. 1 (1988): 89–100. 藉由當代與古代東南亞商人網的對比，該文談到他們的貿易網絡方式。
58. Jerry Bently. *Old World Encounters: Cross-Cultural Contacts and Exchanges in Pre-Modern Times.* New York: Oxford University Press, 1993.
59. Janet T. Landa. *Trust, Ethnicity, and Identity: Beyond the New Institutional Economics of Ethnic Trading Networks, Contract Law, and Gift-Exchange.* University of Michigan Press, 1994.
60. George Hourani. *Arab Seafaring in the Indian Ocean in Ancient and Early Medieval Times.* New Jersey: Princeton University Press, 1991: 83.
61. 蘇基朗《刺桐夢華錄：近世前期閩南的市場經濟（九四六至一三六八）》，李潤強譯，杭州：浙江大學出版社，2012：44。
62. John Chaffee. *The Muslim Merchants of Premodern China: The History of a Maritime Asian Trade Diaspora, 750–1400.* London: Cambridge University Press, 2018: 65–66，其中表二 一顯示朝貢分布的細節。
63.《宋會要輯稿・職官・卷四十四》，引自：John Chaffee. *The Muslim Merchants of Premodern China: The History of a Maritime Asian Trade Diaspora, 750–1400.* London: Cambridge University Press, 2018: 92。
64. John Chaffee. *The Muslim Merchants of Premodern China: The History of a Maritime Asian Trade*

35. 許承堯《歙事閑譚》合肥：黃山書社，2001。有人會說：「今天美國、澳大利亞、歐洲等地有很多華僑，他們不是也能遠離故土居住嗎？」今天的情況當然與中世紀、甚至清代不同：一是由於生活所迫，一些華人不得不強迫自己適應他鄉（如黃巢起義失敗、北宋淪陷、南宋戰敗、蒙元崩潰後的逃亡）；另一原因是到了當代，特別是經過二十世紀中期以來的去儒家化宣教，百姓祖先崇拜、「故土」等觀念都不如從前，都市化後的中國人已經不受這些儒家觀念制約，四海漂泊不再有文化上的障礙。儘管如此，相對而言，中國移民還是比歐洲移民、中東移民更難以認同自己在新國家的身分。
36. John Chaffee. *The Muslim Merchants of Premodern China: The History of a Maritime Asian Trade Diaspora, 750–1400.* London: Cambridge University Press, 2018: 58.
37. 朱傑勤《東南亞華僑史》，北京：高等教育出版社，1990：10。
38. 關於清真寺在中國的建立演變過程，參見：白壽彝《中國伊斯蘭史存稿》銀川：寧夏人民出版社，1982。跋「重建懷聖寺」。
39. Rodney Stark *One True God: Historical Consequences of Monotheism.* New Jersey: Princeton University Press, 2001: 36.
40. 關於伊斯蘭教具體哪年進入中國的，眾說紛紜，難有共識。一說是唐貞觀二年（六二八年），這不可信，因為那時伊斯蘭教還正在發展。共識相對比較高的說法是唐永徽二年（六五一年）伊斯蘭教來到中國。白壽彝《中國伊斯蘭史存稿》，銀川：寧夏人民出版社，1982，第一章；金宜久編《伊斯蘭教史》，南京：江蘇人民出版社，2006：379。
41. 福建省泉州海外交通史博物館《泉州伊斯蘭教石刻》，福州：福建人民出版社，1984：17–18。
42. 金宜久編《伊斯蘭教史》，南京：江蘇人民出版社，2006：378。
43. 清朝之前的華僑主要因國內戰亂、災害、朝代更迭而逃難至南洋，到了十九世紀，由於大量華工遷至到南美、北美、大洋洲等地，才有了南洋之外世界多數地方的華僑，為一九七八年後改革開放的成功奠定基礎：若沒有之前意外形成的全球華僑網，中國近年將難以成為世界貿易大國。關於華僑的歷史，參見：朱傑勤《華僑史》，桂林：廣西師範大學出版社，2011。
44. Avner Greif. "Reputation and Coalitions in Medieval Trade: Evidence on the Maghribi Traders." *The Journal of Economic History* 49, No. 4 (1989): 857–882; Avner Greif. "Contract Enforceability and Economic Institutions in Early Trade: The Maghribi Traders' Coalition." *The American Economic Review* (1993): 525–548.
45. K. Chaudhuri. *Trade and Civilisation in the Indian Ocean: An Economic History from the Rise of Islam to 1750.* Cambridge: Cambridge University Press, 1985; Timur Kuran and Scott Lustig. "Judicial Biases in Ottoman Istanbul: Islamic Justice and Its Compatibility with Modern Economic life." *The Journal of Law and Economics* 55, No. 3 (2012): 631–666.
46. Rodney Stark. *Why God? Explaining Religious Phenomena.* West Conshohocken: Templeton Press, 2017: 148.
47. 關於阿拉伯海上商業的更詳細介紹，參見：George Hourani. *Arab Seafaring in the Indian*

19. Gungwu Wang. *The Nanhai Trade: Early Chinese Trade in the South China Sea.* Singapore: Eastern University Press, 2003: 83.
20. 見《舊唐書．卷一百二十四．列傳》第七十四，另見《新唐書．卷一百四十一．列傳》第六十六記載：「鄧景山，曹州人也……景山逆擊不勝，奔壽州，因引平盧節度副使田神功討展。神功兵至揚州，大掠居人，發塚墓，大食、波斯賈胡死者數千人。展叛凡三月平。」
21. （唐）陸贄〈論嶺南請於安南置市舶中使狀〉，《全唐文》，卷四百七十三，4828。
22. 見《欽定全唐文》，卷七十五，太和八年疾愈德音。
23. Abu Zayd Al-Sirafi, *Accounts of China and India*. New York: New York University Press, 2017: sections 2.2.1–2.2.3. 本書的阿拉伯原文版大概成書於西元九世紀末，在此後的一千多年裡，英文等翻譯、重印多次，成為最早向西方介紹中國和印度的書籍之一。
24. Gungwu Wang. *The Nanhai Trade: Early Chinese Trade in the South China Sea.* Singapore: Eastern University Press, 2003: 96–98, 113–114.
25. （宋）朱彧《萍洲可談》，卷二，北京：中華書局，1995：26。
26. Ron Harris. *Going the Distance: Eurasian Trade and the Rise of Business Corporation, 1400–1700.* New Jersey: Princeton University Press (2020). 本書作者認為，正是因為長程貿易的風險高與融資大之特點，現代股份有限責任公司才得以興起。
27. 格雷夫通過一系列論文推出這個理論，並以此解讀中世紀猶太商人的成功，包括：Avner Greif. "Reputation and Coalitions in Medieval Trade: Evidence on the Maghribi Traders." *The Journal of Economic History* 49, No. 4 (1989): 857–882；Avner Greif. "Contract Enforceability and Economic Institutions in Early Trade: The Maghribi Traders Coalition." *The American EconomicReview* (1993): 525–548；Avner Greif. "Cultural Beliefs and the Organization of Society: A Historical and Theoretical Reflection on Collectivist and Individualist Societies." *Journal of Political Economy* 102, No. 5 (1994): 912–950。
28. （宋）朱彧《萍洲可談》，卷二，北京：中華書局，1995。
29. Abraham L. Udovtich. "Credit as a Means of Investment in Medieval Islamic Trade." *Journal of the American Oriental Society* 87, No. 3 (1967): 260–264.
30. Robert S. Lopez and Robert Sabatino Lopez. The *Commercial Revolution of the Middle Ages, 950–1350.* Cambridge University Press, 1976: 76–77.
31. 蘇基朗《刺桐夢華錄：近世前期閩南的市場經濟（九四六至一三六八）》，李潤強譯，杭州：浙江大學出版社，2012：234。
32. 斯波義信〈商業在唐宋變革中的作用〉，《文史哲》3，2009：15。
33. 蘇基朗《刺桐夢華錄：近世前期閩南的市場經濟（九四六至一三六八）》，李潤強譯，杭州：浙江大學出版社，2012：237.
34. 蘇基朗《刺桐夢華錄：近世前期閩南的市場經濟（九四六至一三六八）》李潤強譯，杭州：浙江大學出版社，2012：235–237。斯波義信《宋代商業史研究》，臺北：稻香出版社，1997：436–463。

2. 金宜久編《伊斯蘭教史》，南京：江蘇人民出版社，2006：378。這段聖訓的英文版為 “Seek knowledge even if in China, for the seeking of knowledge is incumbent upon every Muslim.” 這是否為穆罕默德原話，尚有爭議。關於其爭議，參考：Abd-Allah Uma Faruq. “Seek Knowledge in China: Thinking beyond the Abrahamic Box.” *Nawawi Foundation Paper.* http://www.sa-adah.org/wp-content/uploads/2014/11/China.Paper_.indd_1.pdf (accessed on February 21, 2018) (2006)。亦參考其中的文獻。
3. 見《鹽鐵論》，卷七，備胡・第三十八。
4. Ying Bai and James Kai-Sing Kung. “Climate Shocks and Sino-nomadic Conflict.” *Review of Economics and Statistics* 93.3 (2011): 970–981.
5. Ying-Shih Yu. Trade and Expansion in Han China: A Study in the Structure of Sino-Barbarian Economic Relations. Berkeley: University of California Press, 2021: 4–9.
6. 中國科學院考古研究所《新中國的考古收穫》，北京：文物出版社，1961。
7. Ying-Shih Yu. Trade and Expansion in Han China: A Study in the Structure of Sino-Barbarian Economic Relations Berkeley: University of California Press, 2021: 8.
8. Ying-Shih Yu. Trade and Expansion in Han China: A Study in the Structure of Sino-Barbarian Economic Relations. Berkeley: University of California Press, 2021: 110–111.
9. 芮樂偉・韓森《絲綢之路新史》，張湛譯，北京：北京聯合出版公司，2015：249–250。（注：芮樂偉・韓森《絲路新史：一個已經逝去但曾經兼容並蓄的世界》，麥田出版。）
10. 漢代晁錯奏疏漢文帝的《論貴粟疏》中所言，出自《漢書・食貨志》。
11. 根據韓森介紹，在唐代，陸上絲路貿易量在很大程度上取決於官方支持的程度，而不是民間長途商貿的結果。唐朝增加駐軍、加派軍需時，沿途貿易則興；一旦撤軍，沿途即衰。芮樂偉・韓森《絲綢之路新史》張湛譯，北京：北京聯合出版公司，2015：134–141。
12. Gungwu Wang. *The Nanhai Trade: Early Chinese Trade in the South China Sea.* Singapore: Eastern University Press, 2003: 1–5. 此處關於南海貿易起源部分的內容，主要來自王賡武的著作。
13. Ying-Shih Yu. *Trade and Expansion in Han China: A Study in the Structure of Sino-Barbarian Economic Relations.* Berkeley: University of California Press, 2021: chapter 7.
14. Gungwu Wang. *The Nanhai Trade: Early Chinese Trade in the South China Sea.* Singapore: Eastern University Press, 2003: 7–11.
15. Gungwu Wang. *The Nanhai Trade: Early Chinese Trade in the South China Sea.* Singapore: Eastern University Press, 2003: 19.
16. Ying-Shih Yu. *Trade and Expansion in Han China: A Study in the Structure of Sino-Barbarian Economic Relations.* Berkeley: University of California Press, 2021: 167.
17. Gungwu Wang. *The Nanhai Trade: Early Chinese Trade in the South China Sea.* Singapore: Eastern University Press, 2003: 72.
18. （唐）李肇《唐國史補》，卷下，「獅子國海舶」條。

106. 比如中世紀的殺猶現象，參見：Robert Warren Anderson, Noel D. Johnson, and Mark Koyama. "Jewish Persecutions and Weather Shocks: 1100–1800." *The Economic Journal* 127, No. 602 (2017), 924–958。殺巫獵巫現象，參見：Emily Oster. "Witchcraft, Weather and Economic Growth in Renaissance Europe." *The Journal of Economic Perspectives* 18, No. 1 (2004): 215–228。
107. 赫希曼有一學說：近代化前後，驅動人類行為的因素發生了根本變化。之前，捍衛榮譽和身分的激情是促使人類行動的重要激勵；之後，對利益的追求替代了「頭腦發熱」，成為日常生活舉止的重要考量。與前者相關的是頻繁的決鬥與復仇；與後者相關的則是容忍與合作。市場帶來的這一轉型，無疑也是暴力下降背後的重要驅動力之一。有關這個論說，參見：Albert Hirschman. *The Passions and the Interests: Political Arguments for Capitalism before Its Triumph*. Princeton: Princeton University Press, 1977。中文版：阿爾伯特·赫希曼《欲望與利益：資本主義勝利之前的政治爭論》，馮克利譯，杭州：浙江大學出版社，2015。
108. Niclas Berggren and Henrik Jordahl. "Free to Trust: Economic Freedom and Social Capital." *Kyklos* 59, No. 2 (2006): 141–169，Table A3.
109. Fred Hirsch. *Social Limits to Growth*. Routledge (Taylor & Francis e-Library), 2005. 對類似觀點的全面總結，可見：Albert Hirschman. "Rival Interpretations of Market Society: Civilizing, Destructive, or Feeble?" *Journal of Economic Literature* 20, No. 4 (1982): 1463–1484。
110. 有關酷刑在近代前歐洲的普遍使用，見：Michel Foucault. *Discipline and Punish: The Birth of the Prison*. New York: Vintage, 2012。（注：米歇爾·傅柯《監視與懲罰：監獄的誕生，時報出版。）
111. Avner Greif. "Reputation and Coalitions in Medieval Trade: Evidence on the Maghribi Traders." *Journal of Economic History* 49, No. 4 (1989): 857–882. ; Avner Greif. "Cultural Beliefs and the Organization of Society: A Historical and Theoretical Reflection on Collectivist and Individualist Societies." *Journal of Political Economy*, 102, No. 5 (1994): 912–950.
112. William Frederick Mayers. *The Treaty Ports of China and Japan: A Complete Guide to the Open Ports of Those Countries, Together with Peking, Yedo, Hongkong and Macao*. Edited by Nicholson Belfield Dennys and Charles King. London: Trübner, 1867: 484. 這裡引自：李明珠《華北的饑荒：國家、市場與環境退化（一六九〇至一九四九）》，石濤、李軍、馬國英譯，北京：人民出版社，2016：284。
113. 關於藝術與商業之間的密切聯繫，參見：Tyler Cowen. *In Praise of Commercial Culture*. Cambridge: Harvard University Press, 2000。

第九章

1. 福建省泉州海外交通史博物館《泉州伊斯蘭教石刻》，福州：福建人民出版社，1984：17–18。

農用乏，則穀不殖；寶貨絕，則財用匱。」而代表儒家的賢良文學派則曰：「國有沃野之饒而民不足於食者，工商盛而本業荒也；有山海之貨而民不足於財者，不務民用而淫巧眾也。故川源不能實漏巵，山海不能贍溪壑。」意思是以農為本才是關鍵，商業非本業，對民眾幫助不大。從本文的討論看，儒家代表顯然沒有區分正常和非常時期（風險發生時），忽視了商業的救急價值。

99. 原文來自：Samuel Ricard. *Traité général du commerce*, Volume 1. Amsterdam: D. J. Changuion, 1781。轉引自：Albert Hirschman. "Rival Interpretations of Market Society: Civilizing, Destructive, or Feeble?" *Journal of Economic Literature* 20, No. 4 (1982): 1463–1484。

100. 以下引證的研究細節，參見：Joseph Henrich, Robert Boyd, Samuel Bowles, Colin Camerer, Ernst Fehr, Herbert Gintis, Richard McElreath, et al. " Economic Man'in Cross-Cultural Perspective: Behavioral Experiments in 15 Small-Scale Societies." *Behavioral and Brain Sciences* 28, No. 6(2005): 795–815；Joseph Henrich, J. Ensminger, R. McElreath, A. Barr, C. Barrett, A. Bolyanatz, J. C. Cardenas, et al. "Markets, Religion, Community Size, and the Evolution of Fairness and Punishment." *Science* 327, No. 5972 (2010): 1480–1484。

101. 以下例子足以闡明哈薩達人與外界隔絕的程度：一般而言，個體的日常決策都會體現出「稟賦效應」——對同一物品，自己擁有時願意出售的價格，要高於沒有此物時願意入手的價格。不同國家的學者做了大量的重複實驗，驗證了這個效應的廣泛存在。然而，Apicella 等學者二〇一四年發表的研究顯示：稟賦效應在哈薩達人中不存在，這是到現在為止僅有的反例。其中細節，參見：Coren L. Apicella, Eduardo M. Azevedo, Nicholas A. Christakis, and James H. Fowler. "Evolutionary Origins of the Endowment Effect: Evidence from Hunter-Gatherers." *American Economic Review* 104, No. 6 (2014): 1793–1805。

102. Joseph Henrich, J. Ensminger, R. McElreath, A. Barr, C. Barrett, A. Bolyanatz, J. C. Cardenas, et al. "Markets, Religion, Community Size, and the Evolution of Fairness and Punishment." *Science* 327, No. 5972 (2010): 1480–1484.

103. Charity Aid Foundation. *CAF World Giving Index: Ten Years of Giving Trends.* London: Charity Aid Foundation, 2019: 5.

104. Joseph Henrich, Robert Boyd, Samuel Bowles, Colin Camerer, Ernst Fehr, Herbert Gintis, Richard McElreath, et al. " Economic Man'in Cross-Cultural Perspective: Behavioral Experiments in 15 Small- Scale Societies." *Behavioral and Brain Sciences* 28, No. 6 (2005): 795–815.

105. 有關市場化與信任的關聯分析細節，參見：Niclas Berggren and Henrik Jordahl. "Free to trust: Economic Freedom and Social Capital." *Kyklos* (Basel) 59, No. 2 (2006): 141–169.；有關市場化與節制的關聯研究，參見：Nicals Berggren and Therese Nilsson. "Does Economic Freedom Foster Tolerance?" *Kyklos* (Basel) 66, No. 2 (2013): 177–207；Niclas Berggren and Therese Nilsson. "Globalization and the Transmission of Social Values: The Case of Tolerance." *Journal of Comparative Economics* 43, No. 2 (2015): 371–389。

(2017): 39. See Table 4.

84. Yiming Cao and Shuo Chen. " Robin Hood on the Grand Canal: Economic Shock and Rebellions in Qing China, 1650–1911." *Boston University and Fudan University working paper* (2017): Figure 8.
85. （清）賀長齡、魏源修纂，《清經世文續編》，卷四十九。
86. （清）賀長齡、魏源修纂，《清經世文編》，卷四十六、四十七。
87. 引自《太平天國史料叢編簡輯》第一冊。
88. Gary Becker. "Crime and Punishment: An Economic Approach." J*ournal of Political Economy* 76, No. 2 (1968): 169–217.
89. Robin Burgess and Dave Donaldson. "Railroads and the Demise of Famine in Colonial India." *London School of Economics working paper*, March 2017.; Jean Drèze and Amartya Sen. *Hunger and Public Action.* Oxford: Oxford University Press, 1991.
90. 有關運河廢棄前後當地勞動力市場及糧食市場的相應變化，參見：葉美蘭、張可輝〈清代漕運興廢與江蘇運河城鎮經濟的發展〉，《南京社會科學》，9，2012：137–143。
91. James Kai-Sing Kung and Chicheng Ma,"Can Cultural Norms Reduce Conflicts? Confucianism and Peasant Rebellions in Qing China." *Journal of Development Economics* 111 (2014): 132–149.
92. 轉引自戴鞍鋼〈清代漕運興廢與山東運河沿線社會經濟的變化〉，《齊魯學刊》，4，1988：89–93。
93. 這與印度基於鐵路的商貿網絡和非洲糧食市場發揮的作用類似，分別見：Robin Burgess and Dave Donaldson. "Railroads and the Demise of Famine in Colonial India." *London School of Economics working paper*, March 2017；Jean Drèze and Amartya Sen. *Hunger and Public Action.* Oxford: Oxford University Press, 1991。
94. 本段引用的糧食歉收和動亂資料均來自：James Kai-Sing Kung and Chicheng Ma. "Can Cultural Norms Reduce Conflicts? Confucianism and Peasant Rebellions in Qing China." *Journal of Development Economics* 111 (2014): 132–149.
95. （清）賀長齡《皇朝經世文編》，卷四十六、四十七，北京：中華書局，1992。
96. 對「漕運轉海運」的社會經濟後果的更多論述，參見：高元傑〈二十世紀八〇年代以來漕運史研究綜述〉，《中國社會經濟史研究》，1，2015：93–107；倪玉平《清代漕糧海運與社會變遷》，上海：上海書店出版社，2005。
97. 有關暴力和戰爭的長久影響，參見：Nan Li and Debin Ma. "The Legacy of War: The Long-term Effect of Taiping Rebellion on Economic Development in Modern China." *SHUFE and LSE working paper*, 2015。他們的研究發現，太平天國運動的影響一直持續到二十一世紀。
98. 在《鹽鐵論・卷一・本議第一》中，桑弘羊進一步解釋了商業的功用：「古之立國家者，開本末之途，通有無之用，市朝以一其求，致士民，聚萬貨，農商工師各得所欲，交易而退。《易》曰：『通其變，使民不倦。』故工不出，則農用乏；商不出，則寶貨絕。

67. 廖聲豐〈淺論清代前期運河地區的商品流通——以運河榷關稅收考察為中心〉，《中國經濟史研究》，1，2014：40–51。
68.（清）劉錦藻，《清朝續文獻通考》，考 8325。杭州：浙江出版社，2000。
69.（清）賀長齡、魏源修纂，《清經世文編》，卷四十八。
70. 英和與陶澍的奏摺內容，均引自：倪玉平〈陶澍與清代「東南三大政」〉，《江蘇社會科學》，1，2008。
71. Harold C. Hinton. "The Grain Tribute System of the Ch'ing Dynasty." *The Journal of Asian Studies* 11, No. 3 (1952): 339–354.
72. 倪玉平〈陶澍與清代「東南三大政」〉，《江蘇社會科學》，1，2008。
73. Yiming Cao and Shuo Chen. "Robin Hood on the Grand Canal: Economic Shock and Rebellions in Qing China, 1650–1911." *Boston University and Fudan University working paper*, October 2017.
74. Yiming Cao and Shuo Chen. "Robin Hood on the Grand Canal：Economic Shock and Rebellions in Qing China, 1650–1911." *Boston University and Fudan University working paper*, October 2017: 50. See Figure B3.
75. 倪玉平〈陶澍與清代「東南三大政」〉，《江蘇社會科學》，1，2008。
76. Yiming Cao and Shuo Chen. "Robin Hood on the Grand Canal: Economic Shock and Rebellions in Qing China, 1650–1911." *Boston University and Fudan University working paper*, October 2017. 這一段中提到的其他所有相關資料，亦引自這篇研究。
77. 倪玉平《清代漕糧海運與社會變遷》，上海：上海書店出版社，2005。
78. 有關太平天國戰爭造成的傷亡數，較新的估計為七千一百萬人。具體細節與相關綜述，參見：李楠、林矗〈太平天國戰爭對近代人口影響的再估計〉，《經濟學季刊》，14（4），2015：1325–1346。
79. Yiming Cao and Shuo Chen. "Robin Hood on the Grand Canal: Economic Shock and Rebellions in Qing China, 1650–1911." *Boston University and Fudan University working paper* (2017): Figure 4.
80. Yiming Cao and Shuo Chen. "Robin Hood on the Grand Canal: Economic Shock and Rebellions in Qing China, 1650–1911." *Boston University and Fudan University working paper* (2017): Figure 5.
81. Yiming Cao Shuo Chen. "Robin Hood on the Grand Canal: Economic Shock and Rebellions in Qing China, 1650–1911." *Boston University and Fudan University working paper* (2017): 37. See Table 2.
82. Yiming Cao and Shuo Chen. "Robin Hood on the Grand Canal: Economic Shock and Rebellions in Qing China, 1650–1911." *Boston University and Fudan University working paper*, (2017):38. See Table 3 .
83. Yiming Cao and Shuo Chen. "Robin Hood on the Grand Canal: Economic Shock and Rebellions in Qing China, 1650–1911." *Boston University and Fudan University working paper*

概率會更高。這個現象可以這樣理解：當甲、乙兩國與其他國家的貿易愈強時，甲、乙對另一方的重要性就下降，彼此發生戰爭的概率因此更高。控制前述諸多因素後，這個結果依然穩健。關於這一點，參見：Philippe Martin, Thierry Mayer, and Mathias Thoenig. “Make Trade Not War?” *The Review of Economic Studies* 75, No. 3 (2008): 865–900。按照我們前面談到的邏輯，貿易在增強國家間彼此依賴的同時，也增強了各國應對經濟衝擊及發動戰爭的能力，這會鼓勵它們去冒險發動戰爭。這既可以解釋這裡觀察到的現象，又可解釋為什麼一九二〇年之前，一段時期內全球化的推進對暴力下降的作用不顯著。關於這方面的論述，參見：Mark Harrison and Nikolaus Wolf. “The Frequency of Wars.” *The Economic History Review* 65, No. 3 (2012): 1055–1076；Kristian Skrede Gleditsch and Steve Pickering. “Wars are Becoming Less Frequent: a Response to Harrison and Wolf.” *The Economic History Review* 67, No. 1 (2014): 214–230。

50. Philippe Martin, Thierry Mayer, and Mathias Thoenig. “Make Trade Not war?” *The Review of Economic Studies* 75, No. 3 (2008): 865–900，Figure 4.
51. 更詳細的分析，參見：Håvard Hegre, John R. Oneal, and Bruce Russett. “Trade Does Promote Peace: New Simultaneous Estimates of the Reciprocal Effects of Trade and Conflict.” *Journal of Peace Research* 47, No. 6 (2010): 763–774。
52. Immauel Kant. “Perpetual Peace: A Philosophical Sketch.” Translated by H.B.Nisbet. In: Hans Reiss ed., *Kant, Political Writings.* Cambridge: Cambridge University Press, 1991.
53. 潘鏞《隋唐時期的運河和漕運》，西安：三秦出版社，1987：1–4。
54. 鄒逸麟〈試論我國運河的歷史變遷〉，《歷史教學問題》，3，1982：52–57。
55. 潘鏞《隋唐時期的運河和漕運》，西安：三秦出版社，1987：26–30。
56. 鄒逸麟〈試論我國運河的歷史變遷〉，《歷史教學問題》，3，1982：52–57。
57. 全漢昇《唐宋帝國與運河》，重慶：商務印書館，1946。
58. 鄒逸麟〈試論我國運河的歷史變遷〉，《歷史教學問題》，3，1982：52–57。
59. 白壽彝《中國通史》，第六卷、第七卷，上海：上海人民出版社，1999。
60. 白壽彝《中國通史》，第九卷，上海：上海人民出版社，1999。
61. 史念海〈隋唐時期運河和長江的水上交通及其沿岸的都會〉，《山河集》，第七集，西安：陝西師範大學出版社，1999。
62. 史念海〈隋唐時期運河和長江的水上交通及其沿岸的都會〉，《山河集》，第七集，西安：陝西師範大學出版社，1999。
63. Gungwu Wang. *The Nanhai Trade: Early Chinese Trade in the South China Sea.* 2nd ed. Singapore: Eastern University Press (2003), 69–70.
64. （清）劉錦藻，《清朝續文獻通考》，卷十八。杭州：浙江出版社，2000。
65. 許檀〈明清時期運河的商品流通〉，《歷史檔案》，1，1992：80–85。
66. 廖聲豐〈淺論清代前期運河地區的商品流通——以運河榷關稅收考察為中心〉，《中國經濟史研究》，2014，1:40–51。關於清代區域經濟發展的全面總結，也可參見：陳樺《清代區域社會經濟研究》，北京：中國人民大學出版社，1996。

34. Jean Drèze and Amartya Sen. Hunger and Public Action. Oxford: Oxford University Press (1991).
35. Robin Burgess and Dave Donaldson. "Railroads and the Demise of Famine in Colonial India." *London School of Economics working paper*, March 2017, Table 5.
36. 原文排除了傳染病等其他可能的影響管道。
37. 龔義龍〈試析清代巴蜀地區的人口壓力及其緩解途徑〉,《中國經濟史研究》,(1) 2012:89–100。
38. Claudia Steinwender. "Real Effects of Information Frictions: When the States and the Kingdom Became United." *American Economic Review* 108, No. 3 (2018): 657–696.
39. R. Jensen. "The Digital Provide: Information (Technology), Market Performance and Welfare in the South Indian Fisheries Sector." *The Quarterly Journal of Economics* 122, No. 3 (2007): 879–924.
40. Jonas Hjort and Jonas Poulsen. "The Arrival of Fast Internet and Employment in Africa."*American Economic Review* 109, No. 3 (2019): 1032–1079.
41. Francesco Amodio, Leonardo Baccini, and Michele Di Maio. "Security, Trade, and Political Violence." *Journal of the European Economic Association* (2020): 1–37.
42. 有關貿易市場跟價格波動、福利改進的一般性分析,參見:Treb Allen and David Atkin. "Volatility and the Gains from Trade." *National Bureau of Economic Research Working Paper* No. 22276, May 2016。Available at NBER: https://www.nber.org/papers/w22276, Dave Donaldson. "The Gains from Market Integration." *Annual Review of Economics* 7, No. 1 (2015): 619–647.
43. Immnuel Kant. "Perpetual Peace: A Philosophical Sketch." Translated by H. B. Nisbet. In: Hans Reiss ed., *Kant, Political Writings.* Cambridge: Cambridge University Press, 1970.
44. Ying-Shih Yu. Trade and Expansion in *Han China: A Study in the Structure of Sino-Barbarian Economic Relations.* Berkeley: University of California Press, 2021.(注:余英時《漢代漢代貿易與擴張:漢胡經濟關係的研究》,聯經出版。)
45. 何石軍、欒笑揚〈氣候衝擊、邊境互市與蒙漢衝突:來自明代隆慶和議的證據〉,《武漢大學經濟學院工作論文》,2020。
46. 何石軍、欒笑揚〈氣候衝擊、邊境互市與蒙漢衝突:來自明代隆慶和議的證據〉,《武漢大學經濟學院工作論文》,2020:表一和表四。
47. Philippe Martin, Thierry Mayer, and Mathias Thoenig. "Make Trade Not War?" *The Review of Economic Studies* 75, No. 3 (2008): 865–900.
48. Philippe Martin, Thierry Mayer, and Mathias Thoenig. "Make Trade Not War?" *The Review of Economic Studies* 75, No. 3 (2008): 865–900, Figure 1.
49. 值得注意的是,儘管雙邊貿易對減少彼此間衝突有相當好的影響,但馬丁等人也發現多邊貿易卻未必如此:除了彼此貿易的部分外,兩國跟其他國家的貿易額占其 GDP 的比重之和(衡量了兩國對其他國家的依賴程度)上升愈多,那麼這兩國彼此間發生戰爭的

No. 1 (2002): 38–49. 有關此主題的全面論述，參見：Ricardo Godoy , Victoria Reyes-García, Elizabeth Byron, William Leonard, R., and Vincent Vadez. "The Effect of Market Economies on the Well-Being of Indigenous Peoples and on Their Use of Renewable Natural Resources." *Annual Review of Anthropology* 34, No. 1 (2005): 121–138。

21. Zhiwu Chen, Kaixiang Peng, and Lijun Zhu. "Social-Economic Change and Its Impact on Violence: Homicide History of Qing China." *Explorations in Economic History* 63 (2017): 8–25.
22. 見第十九頁上的圖八。Zhiwu Chen, Kaixiang Peng, and Lijun Zhu. "Social-Economic Change and Its Impact on Violence: Homicide History of Qing China. "*Explorations in Economic History* 63 (2017): 8–25.
23. Carol H. Shiue. "Local Granaries and Central Government Disaster Relief: Moral Hazard and Intergovernmental Finance in Eighteenth- and Nineteenth-century China." *Journal of Economic History* 64, No. 1 (2004): 100–124. 這裡引用的結論主要來自該論文的圖一和圖二。
24. Robin Burgess and Dave Donaldson. "Railroads and the Demise of Famine in Colonial India." *London School of Economics working paper*, March 2017.
25. Robin Burgess and Dave Donaldson. "Can Openness Mitigate the Effects of Weather Shocks? Evidence from India's Famine Era." *American Economic Review* 100, No. 2 (2010): 449–453.
26. 這是一個保守估計。部分學者認為，實際饑荒死亡人數可能達到了三千四百萬。有關印度饑荒與死亡的進一步討論，見：Mike Davis. *Late Victorian Holocausts: El Niño Famines and the Making of the Third World.* London and New York: Verso Books, 2002。
27. Dave Donaldson. "Railroads of the Raj: Estimating the Economic Impact of Transportation Infrastructure." *American Economic Review* 108, No.4–5 (2018): 899–934. 本段內容主要來自該文的介紹。另外，針對印度的傳統運輸手段，唐納森也提供了不少參考文獻。
28. J. Johnson. *The Economics of Indian Rail Transport.* Bombay: Allied Publishers, 1963.
29. Dave Donaldson. "Railroads of the Raj: Estimating the Economic Impact of Transportation Infrastructure." *American Economic Review* 108, No.4–5 (2018): 899–934.
30. Robin Burgess and Dave Donaldson. "Railroads and the Demise of Famine in Colonial India." *London School of Economics working paper*, March 2017.
31. J. Johnson. *The Economics of Indian Rail Transport.* Bombay: Allied Publishers, 1963.
32. 此處分析細節，參見：Robin Burgess and Dave Donaldson. "Railroads and the Demise of Famine in Colonial India." *London School of Economics working paper*, March 2017, Table 2.
33. 值得注意的是，糧價波動的減緩說明消費者抵禦風險的能力因火車接入市場而提升，但也部分降低了糧食生產者抵禦風險的能力——當地種糧者現在無法再通過提價來彌補減產的損失。有關這類討論，參見：David M. G. Newbery and Joseph E. Stiglitz. "Pareto Inferior trade." *The Review of Economic Studies* 51, No. 1 (1984): 1–12。最終的福利變化，取決於兩種不同利益群體之間的權衡。針對這一點，布格斯與唐納森檢驗了降雨量對當地居民真實收入的影響，發現敏感係數同樣因鐵路網的到來而下降，讓農民離「旱澇保收」更近。因此，整體看來，跨地區市場確實提升了當地居民抵禦風險的能力。

Readings in Race, Class, and Gender. Glencoe, IL: Routledge, (2018): 55–64.

13. 論證類似觀點的研究很多。典例之一是：Carolyn K. Lesorogol. "Transforming Institutions among Pastoralists: Inequality and Land Privatization." *American Anthropologist* 105, No. 3 (2003): 531–541。
14. Ricardo Godo , Victoria Reyes-García, Tomás Huanca, William Leonard, R., Vincent Vadez, Cynthia Valdés-Galicia, and Dakun Zhao. "Why Do Subsistence-Level People Join the Market Economy? Testing Hypotheses of Push and Pull Determinants in Bolivian Amazonia." *Journal of Anthropological Research* 61, No. 2 (2005): 157–178. 商業市場有助於緩衝風險這一發現，也在以下研究中得到了佐證：Michael Gurven, Adrian V. Jaeggi, Chris von Rueden, Paul L. Hooper, and Hillard Kaplan. "Does Market Integration Buffer Risk, Erode Traditional Sharing Practices and Increase Inequality? A Test among Bolivian Forager-farmers." *Human Ecology* 43, No. 4 (2015): 515–530。
15. Michael Gurven, Adrian V. Jaeggi, Chris von Rueden, Paul L. Hooper, and Hillard Kaplan. "Does Market Integration Buffer Risk, Erode Traditional Sharing Practices and Increase Inequality? A Test among Bolivian Forager-Farmers." *Human Ecology* 43, No. 4 (2015): 515–530.
16. 以下分析，參見：Sigmund Freud. *Civilization and Its Discontents*. Translated and edited by James Strachey. New York and London: WW Norton & Company, 2005.。
17. 原文為拉丁文 homo homini lupus，出自古羅馬劇作家普勞圖斯的戲劇《驢的喜劇》(*Asinaria*)。
18. 截至本書寫作時，根據 Google Scholar 的統計，佛洛伊德的著作《文明及其缺憾》引用數已經超過了一萬七千次。對相關理論後續發展的總結，可見：Marion Fourcade and Kieran Healy. "Moral Views of Market Society." *Annual Review of Sociology* 33, No. 1 (2007): 285–311。
19. 關於這一研究的細節，請見：Ricardo Godoy, Elizabeth Zeinalova, Victoria Reyes-García, Tomás Huanca, Holly Kosiewicz, William R. Leonard, and Susan Tanner. "Does Civilization Cause Discontentment among Indigenous Amazonians? Test of Empirical Data from the Tsimane' of Bolivia." *Journal of Economic Psychology* 31, No. 4 (2010): 587–598。之後亦有學者主張：在分析原住民幸福感這個議題時，應考慮當地獨特的文化因素。加入此考量後的統計分析也得到了類似的結論：當地人幸福感與消費商品數額之間一般不存在負相關關係。有關這一研究，請見：Victoria Reyes-García, Clarence C. Gravlee, Thomas W. McDade, Tomás Huanca, William R. Leonard, and Susan Tanner. "Cultural Consonance and Psychological Well-Being. Estimates Using Longitudinal Data from an Amazonian Society." *Culture, Medicine, and Psychiatry* 34, No. 1 (2010): 186–203。
20. 另一值得注意的要點是：實證研究的結論與通常觀感相反，即市場並沒有導致齊曼內人變得漠視生態。Greg Guest. "Market Integration and the Distribution of Ecological Knowledge within an Ecuadorian Fishing Community." *Journal of Ecological Anthropology* 6,

Evidence from Rural India." *Journal of Political Economy* 97, No. 4 (1989): 905–926.

5. 這方面的歷史例子很多，見郭松義的《清代的糧食貿易》(刊於平淮學刊，第一輯，中國商業出版社出版，1985)。其中講到，乾隆七年，淮揚受災嚴重，糧食告急，江西撥運穀物四十萬石，而該省又「早晚二禾收成歉薄」，結果市場上米糧供應大減，當地米價高於往年；另有，嘉慶十九年，安徽和州、桐城、合肥、無為等州縣，也是傳統產米地區，因豫東災荒，運糧過多，以致安徽州縣存貯減少，米價急劇上漲等等。
6. 以下有趣的事實可以反映這個群體與外界的隔離程度：無論歐美、亞洲，還是玻利維亞境內的城市地區，居民對音律的偏好都高度一致——他們都認為和諧音程更加悅耳，不和諧的音程則顯得相對刺耳。然而，起碼到二〇一六年時，齊曼內人仍對二者一視同仁：當實驗者邀請他們評價兩類音程時，他們認為二者同樣悅耳。這一點說明：即使是文化中較易傳播的部分，迄今為止也還沒有對當地造成顯著的影響。有關音律的實驗研究，請見：Josh H. McDermott, Alan F. Schultz, Eduardo A. Undurraga, and Ricardo A. Godoy. "Indifference to Dissonance in Native Amazonians Reveals Cultural Variation in Music Perception." *Nature* 535, No. 7613 (2016): 547–550。
7. 這些資料反映的是截至二〇〇五年的情況。具體細節可見：Ricardo Godoy, Victoria Reyes-García, Tomás Huanca, William Leonard, R., Vincent Vadez, Cynthia Valdés-Galicia, and Dakun Zhao. "Why do Subsistence-Level People Join the Market Economy? Testing Hypotheses of Push and Pull determinants in Bolivian Amazonia." *Journal of Anthropological Research* 61, No. 2 (2005): 157–178。
8. 有關齊曼內人的調查及研究資訊仍在持續更新。感興趣的讀者，不妨流覽這個網站：http://icta.uab.cat/Etnoecologia/index.php。對齊曼內人相關研究的綜述，可見：Ricardo Godoy, Victoria Reyes-García, Elizabeth Byron, William Leonard, R., and Vincent Vadez. "The Effect of Market Economies on the Well-Being of Indigenous Peoples and on Their Use of Renewable Natural Resources." *Annual Review of Anthropology* 34, No. 1 (2005): 121–138。
9. Michael Gurven, Hillard Kaplan, and Maguin Gutierrez. "How Long Does It Take to Become a Proficient Hunter? Implications for the Evolution of Extended Development and Long Life Span." *Journal of Human Evolution* 51, No. 5 (2006): 454–470.
10. Michael Gurven, Jonathan Stieglitz, Paul L. Hooper, Cristina Gomes, and Hillard Kaplan. "From the Womb to the Tomb: The Role of Transfers in Shaping the Evolved Human Life History." *Experimental Gerontology* 47, No. 10 (2012): 807–813.
11. 值得注意的是：在市場進入之前，齊曼內人原有的風險分擔體系的運作效率並不低。在戈多伊等學者歷時近十五個月的考察中，儘管當地遭遇了多次災害，齊曼內孩童的食物消費並沒有受到顯著的影響。有關這一點，參見：Ricardo Godoy, Victoria Reyes-García, Vincent Vadez, William R. Leonard, and Elizabeth Byro."How Well Do Foragers Protect Food Consumption? Panel Evidence from a Native Amazonian Society in Bolivia." *Human Ecology* 35, No. 6 (2007): 723–732。
12. Emile Durkheim. "The Division of Labor in Society." In: David Grusky ed., *Inequality, Classic*

(2003): 347–368。

144. 類似的情節也在改革緩慢的伊斯蘭教地區出現：由於《古蘭經》中「不得收取利息」的限制至今尚未改變，伊斯蘭教地區的銀行仍需花費高額的開支聘請「教法委員會」，確保在發行信用卡時，收取相關費用的名目和手段不會觸犯伊斯蘭教的戒律。對這一案例的詳細分析，參見：Murat Çokgezen and Timur Kuran. "Between Consumer Demand and Islamic Law: The Evolution of Islamic Credit Cards in Turkey." *Journal of Comparative Economics* 43, No. 4 (2015): 862–882。
145. Guido Tabellini. "Culture and Institutions: Economic Development in the Regions of Europe." *Journal of the European Economic Association* 8, No. 4 (2010): 677–716.
146. Becker, Sascha O. and Ludger Woessmann. "Was Weber Wrong? A Human Capital Theory of Protestant Economic History." *The Quarterly Journal of Economics* 124, No. 2 (2009): 531–596. 以下分析也大大增強了這些解釋的說服力：在天主教宗派中，持有「類似」新教主張的派別所控制的地區，長期經濟的成長速度同樣比其他信奉天主教的地區來得快。一方面，英國的熙篤會鼓勵教徒勤勉工作、努力積累財富。有學者發現，在英國，歷史上有熙篤會修道院的地區，之後數百年內的經濟增速都會因此更快。有關這一點，參見：Thomas Barnebeck Andersen, Jeanet Bentzen, Carl Johan Dalgaard, and Paul Sharp. "Pre Reformation Roots of the Protestant Ethic." *The Economic Journal* 127, No. 604 (2017): 1756–1793；另一方面，荷蘭的天主教兄弟會鼓勵教徒學習閱讀、自主理解並討論《聖經》。與新教類似，兄弟會勢力密集的地區，之後數百年內同樣有更快的經濟成長率。有關這一點，參見：Akçomak, . Semih, Dinand Webbink, and Baster Weel. "Why Did the Netherlands Develop So Early? The Legacy of the Brethren of the Common Life." *The Economic Journal* 126, No. 593 (2016): 821–860.

第八章

1. Montesquieu. *The Spirit of the Laws.* Translated and edited by Anne M. Cohler, Basia Carolyn Miller and Harold Samuel Stone. Cambridge Texts in the History of Political Thought. Cambridge: Cambridge University Press, 1989.
2. 關於各省在一七四四至一八四九年的命案率，參見：Chen, Zhiwu, Kaixiang Peng , and Lijun Zhu. "Social-Economic Change and Its Impact on Violence: Homicide History of Qing China." *Explorations in Economic History* 63 (2017): 8–25, Table A.1。而在我與林展、張曉鳴對一四七〇至一九一一年人食人資料的研究中，該類事件也是在江浙等商業更發達的省分發生頻率最低，參見：Chen, Zhiwu, Zhan Lin, Xiaoming Zhang. "When People Stop Eating Each Other: Cultural Norms, Risk Mitigation and Cannibalism in Chinese History (1470–1911)." *The University of Hong Kong working paper* (2020)。
3. （宋）朱熹《朱子全書》，朱傑人、嚴佐之、劉永翔主編，修訂本，上海：上海古籍出版社，2010：1082。
4. Mark R. Rosenzweig and Oded Stark. "Consumption Smoothing, Migration, and Marriage:

University working paper, August 2009.

129. Max Weber. *The Protestant Ethic and the Spirit of Capitalism.* Translated by Talcott Parsons. New York: Routledge, 1930.
130. Max Weber. *The Protestant Ethic and the Spirit of Capitalism.* Translated by Talcott Parsons. New York: Routledge, 1930: 57.
131. 阿蘭・佩雷菲特《信任社會》，邱海嬰譯，北京：商務印書館，2005：132–133.
132. 阿蘭・佩雷菲特《信任社會》，邱海嬰譯，北京：商務印書館，2005：81。
133. David S. Landes. *The Wealth and Poverty of Nations: Why Some are So Rich and Some So Poor.* New York: W. W. Norton, 1998: 180. 中文版：戴維・S・蘭德斯《國富國窮》，門洪華等譯，北京：新華出版社，2010。關於反宗教改革的更多討論，參見：阿蘭・佩雷菲特《信任社會》，邱海嬰譯，北京：商務印書館，2005：第十九章。
134. 托德《歐洲的發明》，巴黎：門檻出版社，1990。
135. 阿蘭・佩雷菲特《信任社會》，邱海嬰譯，北京：商務印書館，2005：73。
136. 阿蘭・佩雷菲特《信任社會》，邱海嬰譯，北京：商務印書館，2005：72。
137. 阿蘭・佩雷菲特《信任社會》，邱海嬰譯，北京：商務印書館，2005：75。
138. 阿蘭・佩雷菲特《信任社會》，邱海嬰譯，北京：商務印書館，2005：596，統計表一。
139. Carlo M. Cipolla *Literacy and Development in the West.* Harmondsworth: Penguin, 1969; Sascha O. Becker and Ludger Woessmann. "Was Weber Wrong? A Human Capital Theory of Protestant Economic History." *The Quarterly Journal of Economics* 124, No. 2 (2009): 531–596。該文也證明新教主要是透過提高識字率促進長期經濟成長和社會發展。就人力資本對經濟成長的貢獻，參閱經典研究：N. Gregory Mankiw, David Romer, and David N. Weil. "A Contribution to the Empirics of Economic Growth." *The Quarterly Journal of Economics* 107, No. 2 (1992): 407–437。
140. 本圖取自阿蘭・佩雷菲特《信任社會》第六百零二頁。
141. Jan Luitan Van Zanden, Eltjo Buringh, and Maarten Bosker. "The Rise and Decline of European Parliaments, 1188–1789." *Economic History Review* 65, No. 3 (2012): 835–861.
142. Ying Bai and James Kai-Sing Kung. "Diffusing Knowledge While Spreading God's Message: Protestantism and Economic Prosperity in China, 1840–1920." *Journal of the European Economic Association* 13, No. 4 (2015): 669–698. 他們在文中也列出許多相關參考文獻。
143. 值得注意的是，宗教與市場之間的衝突並不限於這一管道。同時有宗教與市場兩種救濟管道時，教會面臨嚴重的道德風險問題：個體可以去借貸市場借入資金，投資高風險項目。一旦成功，個人獨享所有成果；而一旦失敗，還可以向教會尋求保障。這樣的策略行為將導致教會財源不堪重負。有學者認為：這個理論可以同時解釋羅馬帝國後期基督教對利息態度的轉變。這部分的細節，參見：Edward L. Glaeser and Jose Scheinkman. "Neither a Borrower nor a Lender Be: An Economic Analysis of Interest Restrictions and Usury Laws." *The Journal of Law and Economics* 41, No. 1 (1998): 1–36；Clyde G. Reed and Cliff T. Bekar. "Religious Prohibitions against Usury." *Explorations in Economic History* 40, No. 4

110. Jared Rubin. "Printing and Protestants: An Empirical Test of the Role of Printing In the Reformation." *Review of Economics and Statistics* 96, No. 2 (2014): 270–286.
111. Jeremiah E. Dittmar and Skipper Seabold. "Media, Markets, and Institutional Change: Evidence from the Protestant Reformation." *CEP Discussion Paper* No. 1367, 2015.
112. 阿蘭・佩雷菲特《信任社會》，邱海嬰譯，北京：商務印書館，2005：第九章。
113. 照片來自網際網路。
114. 大衛・霍爾、馬修・伯頓《加爾文與商業》，石松譯，成都：四川人民出版社，2015：87–90。
115. Michael Wykes. "Devaluing the Scholastics: Calvin's Ethics of Usury." *Calvin Theological Journal* 38 (2003): 27–51.
116. 大衛・霍爾、馬修・伯頓《加爾文與商業》，石松譯，成都：四川人民出版社，2015：93。
117. 馬克斯・韋伯《新教倫理與資本主義精神》，于曉、陳維綱譯，北京：三聯書店，1987。
118. Cristobal Young. "Religion and Economic Growth in Western Europe: 1500–2000." *Stanford University working paper*, August 2009.
119. 資料來自：Angus Maddison. *The World Economy: Historical Statistics.* Paris: Development Centre Studies, OECD Publishing, 2003。本圖基於：Cristobal Young. "Religion and Economic Growth in Western Europe: 1500–2000." *Stanford University working paper*, August 2009。
120. Cristobal Young. "Religion and Economic Growth in Western Europe: 1500–2000." *Stanford University working paper*, August 2009.
121. Cristobal Young. "Religion and Economic Growth in Western Europe: 1500–2000." *Stanford University working paper*, August 2009, Graph 4.
122. Daron Acemoglu, Simon Johnson, and James Robinson. "The Rise of Europe: Atlantic Trade, Institutional Change, and Economic Growth." *American Economic Review* 95, No. 3 (2005): 546–579.
123. 阿蘭・佩雷菲特《信任社會》，邱海嬰譯，北京：商務印書館，2005：620–621。
124. 阿蘭・佩雷菲特《信任社會》，邱海嬰譯，北京：商務印書館，2005：673–675、659–672。
125. Rafael La Porta, Florencio Lopez-de-Silanes, and Andrei Shleifer. "The Economic Consequences of Legal Origins." *Journal of Economic Literature* 46, No. 2 (2008): 285–332. Table VII.
126. 阿蘭・佩雷菲特在《信任社會》中透過許多不同指標對比了新教和天主教國家，尤其見他在附錄中的大量表格。
127. R. H. Tawney. *Religion and the Rise of Capitalism: A Historical Study.* Henry Scott Holland Memorial Lectures. New York: Harcourt Brace & Co., 1926.: 192–279. 中文版：理查・H・托尼《宗教與資本主義的興起》，沈漢等譯，北京：商務印書館，2017。
128. Cristobal Young. "Religion and Economic Growth in Western Europe: 1500–2000." *Stanford*

91. Ying Bai. "Economic Legacies of North-to-South Migration in China during 1127–1130." PhD Dissertation at Hong Kong University of Science and Technology, 2015.
92. 劉平《被遺忘的戰爭：咸豐同治年間——廣東土客大械鬥研究》，北京：商務印書館，2003：第一章、第五章。
93. 根據清代吳敬梓諷刺小說《儒林外史》中的故事〈范進中舉〉，就說明了相關背景。故事中，范進因科舉考試多年不第，甚至窮到一家無米下鍋的程度，岳丈更是對他又是羞辱又是謾罵，可是范進中舉的消息一到，不僅岳丈對待他的言語和行為發生了一百八十度的轉變，鄰居對范進更是前呼後擁，鄉紳贈銀送屋。科舉成功前後，家庭與宗族的社會地位可謂天壤之別。
94. 阿蘭・佩雷菲特《信任社會》，邱海嬰譯，北京：商務印書館，2005：93。
95. 沈敏華、程楝〈論歐洲十字軍東征的文化背景〉，《中國社會科學》，12，2001：53–57。
96. Richard Fremantle. *God and Money: Florence and the Medici in the Renaissance.* LS Olschki, 2005: 29–30.
97. Robert Lopez. *The Commercial Revolution of the Middle Ages.* Cambridge: Cambridge University Press, 1976: 56–147.
98. 阿蘭・佩雷菲特《信任社會》，邱海嬰譯，北京：商務印書館，2005：第二章。
99. Richard Fremantle. *God and Money: Florence and the Medici in the Renaissance.* LS Olschki, 2005: 29–36.
100. 阿蘭・佩雷菲特《信任社會》，邱海嬰譯，北京：商務印書館，2005：106。
101. 阿蘭・佩雷菲特《信任社會》，邱海嬰譯，北京：商務印書館，2005：107。
102. 保羅・斯特拉森《美第奇家族：文藝復興的教父們》，馬泳波、聶文靜譯，北京：新星出版社，2007：102；Richard Fremantle. *God and Money: Florence and the Medici in the Renaissance.* LS Olschki, 2005。
103. Nico Voigtländer and Hans-Joachim Voth. "Gifts of Mars: Warfare and Europe's Early Rise to Riches." *The Journal of Economic Perspectives* 27, No. 4 (2013): 165–86.
104. Steven E. Ozment, Steven E. *The Reformation in the Cities: The Appeal of Protestantism to Sixteenth-Century Germany and Switzerland.* New Haven: Yale University Press, 1975.
105. Bruce L. Shelley. *Church History in Plain Language.* 4th ed. Nasville, Tennessee: Thomas Nelson, 2013: 250.
106. Bruce L. Shelley. *Church History in Plain Language.* 4th ed. Nasville, Tennessee: Thomas Nelson, 2013: 248.
107. Bruce L. Shelley. *Church History in Plain Language.* 4th ed. Nasville, Tennessee: Thomas Nelson, 2013: 251.
108. Sascha O. Becker, Steven Pfaff, and Jared Rubin. "Causes and Consequences of the Protestant Reformation." *Explorations in Economic History* 62 (2016): 1–25.
109. Mark U. Edwards. *Printing, Propaganda, and Martin Luther.* Berkeley: University of California Press, 1994.

Specialization, and Financial Development." *Review of Economic Studies* 86, No. 3 (2019): 1170–1206.

79. James Angelos. "The New German Anti-Semitism." *The New York Times Magazine.* May 21, 2019.

80. 這項研究來自：Luigi Pascali. "Banks and Development: Jewish Communities in the Italian Renaissance and Current Economic Performance." *Review of Economics and Statistics* 98, No. 1 (2016): 140–158。另外，也可參考：Francesco D'Acunto, Marcel Prokopczuk, and Michael Weber. "Historical Antisemitism, Ethnic Specialization, and Financial Development." *Review of Economic Studies* 86, No. 3 (2019): 1170–1206。

81. Luigi Pascali. "Banks and Development: Jewish Communities in the Italian Renaissance and Current Economic Performance." *Review of Economics and Statistics* 98, No. 1 (2016): 140–158.

82. Anti-Defamation League. *Attitudes towards Jews in Seven European Countries.* New York: Anti-Defamation League, 2009.

83. Bernard Glassman. *Anti-Semitic Stereotypes without Jews: Images of the Jews in England, 1290–1700.* Detroit: Wayne State University Press, 1975 書中寫道：「將近四世紀之久，英國人幾乎沒有跟任何有血有肉的猶太人接觸過，但他們還是覺得猶太人等同於惡魔，負有任何可以想到的罪行。」

84. Maristella Botticini and Zvi Eckstein. *The Chosen Few: How Education Shaped Jewish History, 70–1492.* Princeton and Oxford: Princeton University Press, 2012: 267. 中文版：馬瑞斯泰拉·波提切尼、茲維·埃克斯坦《被選中的少數：公元七〇至一四九二年，教育如何塑造猶太歷史》，楊陽等譯，上海，上海辭書出版社，2021。

85. 安格斯·麥迪森《世界經濟千年史》，伍曉鷹等譯，北京：北京大學出版社，2003。

86. 關於中世紀猶太網絡的變遷歷程，參見：Maristella Botticini and Zvi Eckstein. *The Chosen Few: How Education Shaped Jewish History, 70–1492.* Princeton and Oxford: Princeton University Press, 2012: chapter 7. 中文版：馬瑞斯泰拉·波提切尼、茲維·埃克斯坦《被選中的少數：公元七〇至一四九二年，教育如何塑造猶太歷史》，楊陽等譯，上海，上海辭書出版社，2021。

87. 關於中世紀後期猶太放貸業務的細節分析，參見：Maristella Botticini and Zvi Eckstein. *The Chosen Few: How Education Shaped Jewish History, 70–1492.* Princeton and Oxford: Princeton University Press, 2012: chapter 8. 中文版：馬瑞斯泰拉·波提切尼、茲維·埃克斯坦《被選中的少數：公元七〇至一四九二年，教育如何塑造猶太歷史》，楊陽等譯，上海，上海辭書出版社，2021。

88. Ying Bai. "Economic Legacies of North-to-South Migration in China during 1127–1130." PhD Dissertation at Hong Kong University of Science and Technology, 2015.

89. 吳松弟《中國移民史（第四卷）》，福州：福建人民出版社，1997。

90. 鐘聲宏、黃德權〈中國大陸客家人居的空間分布及群體的特質〉，《廣西民族研究》，No. 4，2007：80–85。

泰拉・波提切尼、茲維・埃克斯坦《被選中的少數：公元七〇至一四九二年，教育如何塑造猶太歷史》，楊陽等譯，上海，上海辭書出版社，2021。

64. Paul M. Johnson. *A History of the Jews.* New York: Harper Perennial, 1987: 164.
65. Robert Warren Anderson, Noel D. Johnson, and Mark Koyama. "Jewish Persecutions and Weather Shocks: 1100–1800." *The Economic Journal* 127, No. 602 (2017): 924–958.
66. Robert Chazan. *Reassessing Jewish Life in Medieval Europe.* Cambridge: Cambridge University Press, 2010.: 101.
67. Salo Wittmayer Baron. *A Social and Religious History of the Jews.* 2nd (Revised and enlarged) ed. Vol. XII: Late Middle Ages and Era of European Expansion (1200–1650): Economic Catalyst, New York: Columbia University Press, 1967: 198–199.
68. Golb Norman. *The Jews in Medieval Normandy: a Social and Intellectual History.* Cambridge: Cambridge University Press, 1998.
69. Golb Norman. *The Jews in Medieval Normandy: a Social and Intellectual History.* Cambridge: Cambridge University Press, 1998. 正如 Baron 所言：「很多猶太人和基督徒都清楚，猶太人之所以在西方國土上被接受，除了宗教教義的原因外，就是統治者看到可以從他們身上撈很多油水。」參見：Salo Wittmayer Baron. *A Social and Religious History of the Jews.* 2nd (Revised and enlarged) ed. Vol. XII: Late Middle Ages and Era of European Expansion (1200–1650): Economic Catalyst, New York: Columbia University Press, 1967: 198.
70. Rebecca Rist. *Popes and Jews, 1095–1291.* Oxford: Oxford University Press, 2016: 67.
71. Rhea Marsh Smith. *Spain, A Modern History.* Ann Arbor: The University of Michigan Press, 1965: 125.
72. 關於法國的這段經歷，引自：Robert Warren Anderson, Noel D. Johnson, and Mark Koyama. "Jewish Persecutions and Weather Shocks: 1100–1800." *The Economic Journal* 127, No. 602 (2017): 924–958。
73. 這段經歷的更多細節，參見：Malcom Barber. "The Pastoureaux of 1320." *The Journal of Ecclesiastical History* 32, No. 2 (1981): 143–166。
74. Robert Warren Anderson, Noel D. Johnson, and Mark Koyama. "Jewish Persecutions and Weather Shocks: 1100–1800." *The Economic Journal* 127, No. 602 (2017): 924–958.
75. Sascha O. Becker and Luigi Pascali. "Religion, Division of Labor and Conflict: Anti-Semitism in Germany over 600 Years." *American Economic Review* 109, No. 5 (2019): 1764–1804.
76. 相關討論也可參見：Francesco D'Acunto, Marcel Prokopczuk, and Michael Weber. "Historical Antisemitism, Ethnic Specialization, and Financial Development." *Review of Economic Studies* 86, No. 3 (2019): 1170–1206.
77. Nico Voigtländer and Hans-Joachim Voth. "Persecution Perpetuated: The Medieval Origins of Anti Semitic Violence in Nazi Germany." *The Quarterly Journal of Economics* 127, No. 3 (2012): 1339–1392.
78. Francesco D'Acunto, Marcel Prokopczuk, and Michael Weber. "Historical Antisemitism, Ethnic

Poor Laws, Prevailing at Southwell and in the Neighbouring District. London: W. Simkin and R. Marshall, 1828: 31.

50. Paul M. Johnson. *A History of the Jews.* New York: Harper Perennial, 1987: 69–78.
51. Robert Goldenberg. *The Origins of Judaism: From Canaan to the Rise of Islam.* Cambridge: Cambridge University Press, 2007: 121.
52. Robert Goldenberg. *The Origins of Judaism: From Canaan to the Rise of Islam.* Cambridge: Cambridge University Press, 2007: 124–130.
53. Maristella Botticini and Zvi Eckstein. *The Chosen Few: How Education Shaped Jewish History, 70–1492.* Princeton and Oxford: Princeton University Press, 2012. 中文版：馬瑞斯泰拉・波提切尼、茲維・埃克斯坦《被選中的少數：公元七〇至一四九二年，教育如何塑造猶太歷史》，楊陽等譯，上海，上海辭書出版社，2021。
54. Maristella Botticini and Zvi Eckstein. *The Chosen Few: How Education Shaped Jewish History, 70–1492.* Princeton and Oxford: Princeton University Press, 2012: 109–110. 中文版：馬瑞斯泰拉・波提切尼、茲維・埃克斯坦《被選中的少數：公元七〇至一四九二年，教育如何塑造猶太歷史》，楊陽等譯，上海，上海辭書出版社，2021。
55. Maristella Botticini and Zvi Eckstein. *The Chosen Few: How Education Shaped Jewish History, 70–1492.* Princeton and Oxford: Princeton University Press, 2012: 34, Table 1.5. 中文版：馬瑞斯泰拉・波提切尼、茲維・埃克斯坦《被選中的少數：公元七〇至一四九二年，教育如何塑造猶太歷史》，楊陽等譯，上海，上海辭書出版社，2021。
56. Maristella Botticini and Zvi Eckstein. *The Chosen Few: How Education Shaped Jewish History, 70–1492.* Princeton and Oxford: Princeton University Press, 2012: 3–4 and chapter 1. 中文版：馬瑞斯泰拉・波提切尼、茲維・埃克斯坦《被選中的少數：公元七〇至一四九二年，教育如何塑造猶太歷史》，楊陽等譯，上海，上海辭書出版社，2021。
57. Sascha O. Becker and Luigi Pascali. "Religion, Division of Labor and Conflict: Anti-Semitism in Germany over 600 Years." *American Economic Review* 109, No. 5 (2019): 1764–1804.
58. Paula Fredriksen and Adele Reinhartz. *Jesus, Judaism, and Christian Anti-Judaism: Reading the New Testament After the Holocaust.* Louisville: Westminster John Knox Press (2002): 91.
59. Wendy Mayer and Pauline Allen. *John Chrysostom. The Early Church Fathers.* London: Routledge, 2000: 113, 146.
60. 現有的反猶歷史文獻中，把反猶行為分為基於教義的「宗教反猶」、基於經濟利益的「利益反猶」或「經濟反猶」，以及基於人種的「民族反猶」。Edward H. Flannery. *The Anguish of the Jews: Twenty-Three Centuries of Antisemitism.* 2nd ed. New York: Paulist Press, 2004.
61. Paul M. Johnson. *A History of the Jews.* New York: Harper Perennial, 1987: 205.
62. Sascha O. Becker and Luigi Pascali. "Religion, Division of Labor and Conflict: Anti-Semitism in Germany over 600 Years." *American Economic Review* 109, No. 5 (2019): 1764–1804.
63. Maristella Botticini and Zvi Eckstein. *The Chosen Few: How Education Shaped Jewish History, 70–1492.* Princeton and Oxford: Princeton University Press, 2012: 201–247. 中文版：馬瑞斯

Persistence of Laws: Interest Restrictions in Islam and Christianity." *The Economic Journal* 121, No. 557 (2011): 1310–1339。

40. 本段中與伊斯蘭法相關的內容，若無特別注明，均轉引自：Ayman Reda. *Prophecy, Piety, and Profits: A Conceptual and Comparative History of Islamic Economic Thought.* New York: Palgrave Macmillan, 2017。其中部分翻譯參考了《古蘭經》，馬堅譯，北京：中國社會科學出版社，1981。

41. 在十九世紀，美國各州限制利率法規的起落恰恰佐證了這一點：每當州內經濟形勢困難、融資成本高昂不墜時，當地的工商企業就會遊說州議會、設立利率天花板，以獲取成本低廉的資金。有關細節研究，參見：Efraim Benmelech and Tobias J. Moskowitz. "The Political Economy of Financial Regulation: Evidence from U.S. State Usury Laws in the 19th Century." *Journal of Finance* 65, No. 3 (2010) 1029–1073。

42. Gerald Posner. *God's Bankers: A History of Money and Power at the Vatican.* New York: Simon & Schuster, 2015 該書介紹了近幾個世紀梵蒂岡跟銀行家的複雜關係，包括許多案例。

43. Gwen Seabourne. "Controlling Commercial Morality in Late Medieval London: The Usury Trails of 1421." *Journal of Legal History* 19, No. 2 (1998): 116–142. 類似現象在依然嚴格管制有息放貸的伊斯蘭國家亦存在：由於歷史上規制利率的學說甚為複雜，不借助專門的教法委員會的意見，銀行很難避免「觸雷」，熟知相關規條的教法學者因此獲得了豐厚的報酬。有關這一點，可見：Murat Çokgezen and Timur Kuran. "Between Consumer Demand and Islamic Law: The Evolution of Islamic Credit Cards in Turkey." *Journal of Comparative Economics* 43, No. 4 (2015): 862–882。

44. 一些實例和討論，參見：Mark Koyama. "Evading the 'Taint of Usury': The Usury Prohibition as a Barrier to Entry." *Explorations in Economic History* 47, No. 4 (2010): 420–442。

45. 儒家對利、對商的敵意也不是不曾鬆動過。比如，西漢時期《鹽鐵論》就對商業的貢獻有所肯定；到了南宋，儒學中的一個流派「永嘉學派」提出「事功」學說，強調「義利」並舉、農商一體，反對重農輕商，此學說一方面是對永嘉（今浙江溫州）當時商業發達的一種反應，為其存在找到道德支持，另一方面促進了重商的浙江文化發展，為後來的溫州經濟奠定思想基礎。不過，雖然兩千多年裡，儒家內部的思潮出現過分化，但儒家「重義輕利」、「重農輕商」正統基本上沒變。關於永嘉學派代表葉適的介紹，參見：葉坦〈葉適經濟思想研究〉，《中國社會經濟史研究》3，1991：25–33。

46. 蔣棟元《利瑪竇與中西文化交流》，北京：中國礦業大學出版社，2008：66。

47. 關於教會與神學家態度的變遷過程，參見：Benjamin Nelson *The Idea of Usury: From Tribal Brotherhood to Universal Otherhood.* 2nd ed. Chicago London: The University of Chicago Press, 1969。他在書中提到很多細節。

48. J. W. Cunningham. *A Few Observations on Friendly Societies, and Their Influence on Public Morals.* London: Ellerton and Henderson, Johnson's Court, 1817: 6.

49. John T. Becher. *The Antipauper System Exemplifying the Positive and Practical Good, Realized by the Relievers and the Relieved, under the Frugal, Beneficial, and Lawful, Administration of the*

Otherhood. 2nd ed. Chicago London: The University of Chicago Press, 1969: 4。
24. 亞里士多德《政治學》吳壽彭譯，北京：商務印書館，1965。
25. 亞里士多德《政治學》吳壽彭譯，北京：商務印書館，1965。
26. Tracy A. Westen "Usury in the Conflflict of Laws: The Doctrine of the Lex Debitoris." *California Law Review* 55, No. 1 (1967): 123–252.
27. 除了擴張懲治範圍外，有息放貸者的各項權利也在逐漸被削奪。比方說，拉特蘭會議和里昂會議先後規定：放貸者不可葬入基督徒墓地，他們所立的遺囑也沒有效力，財產甚至可能被沒收。有關教會懲治放貸者的歷史概述，參見：Mark Koyama. "Evading the 'Taint of Usury': The Usury Prohibition as a Barrier to Entry." *Explorations in Economic History* 47, No. 4 (2010): 420–442。
28. 轉引自：D. Stephen Long. *Divine Economy: Theology and the Market.* London and New York: Routledge, 2000。
29. 雅克·勒高夫《錢袋與永生：中世紀的經濟與宗教》，周嫄譯，上海：上海人民出版社，2007。
30. 雅克·勒高夫《錢袋與永生：中世紀的經濟與宗教》，周嫄譯，上海：上海人民出版社，2007：29。
31. 雅克·勒高夫《錢袋與永生：中世紀的經濟與宗教》，周嫄譯，上海：上海人民出版社，2007：41。
32. 雅克·勒高夫《錢袋與永生：中世紀的經濟與宗教》，周嫄譯，上海：上海人民出版社，2007。
33. Paul M. Johnson. *A History of the Jews.* New York: Harper Perennial, 1987: 242.
34. 雅克·勒高夫《錢袋與永生：中世紀的經濟與宗教》，周嫄譯，上海：上海人民出版社，2007。
35. 有關放貸者與當時教會的勾連，參考：Raymond De Roover. "The Scholastics, Usury, and Foreign Exchange." *Business History Review* 41, No. 3 (1967): 257–271。
36. 關於當時規避利息的各種制度安排，見前引：Mark Koyama. "Evading the 'Taint of Usury': The Usury Prohibition as a Barrier to Entry." *Explorations in Economic History* 47, No. 4 (2010): 420–442。無論是合夥制還是遠期合約，都被時人用來掩蓋付息的安排。中國以前也不乏類似的手段，參見：劉秋根《明清高利貸資本》，北京：社會科學文獻出版社，2000。
37. Jonathan Gruber and Daniel M. Hungerman. "The Church Versus the Mall: What Happens When Religion Faces Increased Secular Competition?" *The Quarterly Journal of Economics* 123, No. 2 (2008): 831–862.
38. Emmanuelle Auriol, Julie Lassébie, Amma Panin, Eva Raiber, and Paul Seabright. "God Insures Those Who Pay? Formal Insurance and Religious Offerings in Ghana." *The Quarterly Journal of Economics* 135, No. 4 (2020).
39. 有關這個分析的細節，參見：Jared Rubin. "Institutions, the Rise of Commerce and the

恩特《價值起源》，王宇、王文玉譯，北京：北京聯合出版傳媒公司，2010：24–25。

11. 陳志武《金融的邏輯》，北京：國際文化出版公司，2009：111–123。
12. 毛澤東《毛澤東農村調查文集》，北京：人民出版社，1982：145–148。
13. 參見 Marc van de Mieroop〈利息的發明〉，載於：威廉・N・戈茲曼、K・哥特・羅文霍恩特《價值起源》，王宇、王文玉譯，北京：北京聯合出版傳媒公司，2010：32。
14. 參見 Ulrike Malmendier〈羅馬股票〉，載於：威廉・N・戈茲曼、K・哥特・羅文霍恩特《價值起源》，王宇、王文玉譯，北京：北京聯合出版傳媒公司，2010：33–44。更多介紹，見 Malmendier, Ulrike. "Law and Finance at the Origin." *Journal of Economic Literature* 47, No. 4 (2009):1076–1108。
15. 李儼、杜石然《中國古代數學簡史》，北京：中華書局，1964：39–43。
16. 參見戈茲曼〈斐波納契與金融革命〉，載於：威廉・N・戈茲曼、K・哥特・羅文霍恩特《價值起源》，王宇、王文玉譯，北京：北京聯合出版傳媒公司，2010：第七章。
17. 關於中國早期金融的介紹，見：威廉・戈茲曼《千年金融史：金融如何塑造文明，從五〇〇〇年前到二十一世紀》，張亞光、熊金武譯，北京：中信出版社，2017：第八章。
18. 關於借貸引發的糾紛和暴力衝突，很難找到先秦中國或軸心時代其他國家的具體案例。但根據我與林展、彭凱翔針對清朝刑科題本檔案的研究，即使到十八、十九世紀的中國，還有許多借貸引發的命案和其他暴力衝突，參見：陳志武、林展、彭凱翔〈民間借貸中的暴力衝突：清代債務命案研究〉，《經濟研究》，49，No. 9，2014。該文分析了刑科題本記錄較詳細的近五千起借貸命案。
19. Ayman Reda. *Prophecy, Piety, and Profits: A Conceptual and Comparative History of Islamic Economic Thought.* New York: Palgrave Macmillan, 2017.
20. Diana Wood. *Medieval Economic Thought.* London: Cambridge University Press, 2002. 關於利率問題的中文文獻很多，劉秋根總結道：「雖然在中國古代各個朝代……官府都有法定利率，但高利貸者很少遵守，官府似乎也沒有強制執行的手段和辦法。因此，要從某種具體利率來判斷何種借貸屬於高利貸確有困難。」他同時認為：這也是中國學者在研究借貸時，避免使用「高利貸」一詞的原因之一。對此問題的進一步分析，參見：劉秋根《明清高利貸資本》，北京：社會科學文獻出版社，2000。此外，在古代中國，高利貸在日常生產流通中發揮著切實的作用，這是相關爭執長期不休的另一原因。對這一點的闡述，參見：方行〈清代前期農村的高利貸資本〉，《清史研究》，3，1994：1–12；秦海瀅〈中國古代借貸研究述論〉，《中國史研究動態》，2，2014：44–52。
21. 本段中引用的《申命記》言論，如無特別注明，均轉引自：Ayman Reda. *Prophecy, Piety, and Profits: A Conceptual and Comparative History of Islamic Economic Thought.* New York: Palgrave Macmillan, 2017.
22. Gilbert Rosenthal. *Banking and Finance among Jews in Renaissance Italy.* New York: Bloch Publishing Company, 1962: 43–49. 此外參見：Paul M. Johnson. *A History of the Jews.* New York: Harper Perennial, 1987: 173–177。
23. 這兩段文字譯自：Benjamin Nelson. *The Idea of Usury: From Tribal Brotherhood to Universal*

Socioeconomic Evolution. Chicago: University of Chicago Press, 2015: 18–21.

78. Bruce L. Shelley. *Church History in Plain Language.* 4th ed. Nasville, Tennessee: Thomas Nelson, 2013: 195–198.
79. 黃洋、趙立行、金壽福《世界古代中世紀史》，上海：復旦大學出版社，2005。
80. Bruce L. Shelley. *Church History in Plain Language.* 4th ed. Nasville, Tennessee: Thomas Nelson, 2013: 197.
81. 田海《天地會的儀式與神話》，李恭忠譯，北京：商務印書館，2018：3–5。
82. 王笛《袍哥：一九四〇年代川西鄉村的暴力與秩序》，北京：北京大學出版社，2018。
83. 關於中國民間宗教的組織、形式及其變遷，參見：馬西沙、韓秉方《中國民間宗教史》，北京：中國社會科學出版社，2004；陳進國〈救劫：當代濟度宗教的田野研究〉，《北京：社會科學文獻出版社》，2017。
84. 關於宗教與福利國家之間的競爭關係，本書第十一章會有更詳細討論。也可參見：Kenneth Scheve and David Stasavage. "Religion and Preferences for Social Insurance." *Quarterly Journal of Political Science* 1.3 (2006): 255–286。
85. Benjamin Enke. "Kinship Systems, Cooperation, and the Evolution of Culture." *The Quarterly Journal of Economics* 134, No. 2 (2019): 953–1019.

第七章

1. Arnold Dashefsky and Ira Sheskin eds., "World Jewish Population, 2016." *The American Jewish Year Book.* Dordrecht: Springer (2016).
2. David Brooks. "The Tel Aviv Cluster." *The New York Times*, January 11, 2010.
3. Alan Gallindoss. "Jews Make-Up 19% of Forbes 200 World's Richest List." *Jewish Business News,* March 7, 2018.
4. 關於羅斯柴爾德家族的介紹，參見：Niall Ferguson. *The House of Rothschild (Volume 1): Money's Prophets: 1798–1848*. New York: Penguin Books, 1998。中文版：尼爾．弗格森《羅斯柴爾德家族（上卷）》，顧錦生譯，北京：中信出版社，2012。
5. Paul M. Johnson. *A History of the Jews.* New York: Harper Perennial, 1987. 接下來關於猶太人歷史的介紹，也主要來自該書。
6. 參見 Marc van de Mieroop〈利息的發明〉，載於：威廉．N．戈茲曼、K．哥特．羅文霍恩特《價值起源》，王宇、王文玉譯，北京：北京聯合出版傳媒公司，2010：17–32。
7. Denise Schmandt-Besserat. *Before Writing. From Counting to Cuneiform.* Austin: University of Texas Press, 1992.
8. 參見 Marc van de Mieroop〈利息的發明〉，載於：威廉．N．戈茲曼、K．哥特．羅文霍恩特《價值起源》，王宇、王文玉譯，北京：北京聯合出版傳媒公司，2010：21。
9. 參見 Marc van de Mieroop〈利息的發明〉，載於：威廉．N．戈茲曼、K．哥特．羅文霍恩特《價值起源》，王宇、王文玉譯，北京：北京聯合出版傳媒公司，2010：21–22。
10. 參見 Marc van de Mieroop〈利息的發明〉，載於：威廉．N．戈茲曼、K．哥特．羅文霍

Ibero-Americano Madrid 38, No. 149–152 (1978): 33–108. 引自：蔣棟元《利瑪竇與中西文化交流》，北京：中國礦業大學出版社，2008：37。

65. 蔣棟元《利瑪竇與中西文化交流》，北京：中國礦業大學出版社，2008：16–33、35。
66. 故宮博物院編《康熙與羅馬使節關系文書》，影印本，第十一通。這裡引自：蔣棟元《利瑪竇與中西文化交流》，北京：中國礦業大學出版社，2008：36。
67. 關於中國社會的迷信與宗教，參考第二章，以及：楊慶堃《中國社會中的宗教：宗教的現代社會功能與其歷史因素之研究》，范麗珠等譯，上海：上海人民出版社，2007。
68. 范小平《中國孔廟》，成都：四川文藝出版社，2004：序言。
69. 比如，參考：蔣棟元《利瑪竇與中西文化交流》，北京：中國礦業大學出版社，2008。和其中許多參考文獻，以及：黃一農〈被忽略的聲音——介紹中國天主教徒對「禮儀問題」態度的文獻〉，《清華學報》，新竹，1995，25（2）：137–160。
70. Conrad Hackett and David McClendon. "Christians Remain World's Largest Religious Group, but They Are Declining in Europe." Washington, DC: Pew Research Center, April 5, 2017. https://www.pewresearch.org/fact-tank/2017/04/05/christians-remain-worlds-largest-religious-group-but-they-are-declining-in-europe/.
71. Will M. Gervais, Azim F. Shariff, and Ara Norenzayan. "Do You Believe in Atheists? Distrust is Central to Anti-Atheist Prejudice." *Journal of Personality and Social Psychology* 101, No. 6 (2011): 1189.
72. 對這點的實證探討，可見：Yan Chen and Sherry Xin Li. "Group Identity and Social Preferences." *American Economic Review* 99, No. 1 (2009): 431–457；Christine Binzel and Dietmar Fehr. "Social Distance and Trust: Experimental Evidence from a Slum in Cairo." *Journal of Development Economics* 103 (2013): 99–106。全面的綜述參見：Akerlof, George and Rachel Kranton. "Identity Economics." *The Economists' Voice* 7, No. 2 (2010): 1–3。
73. Emile Durkheim. *Elementary Forms of Religious Life.* Oxford: Oxford University Press, 2008. 中文版：愛彌爾．涂爾幹《宗教生活的基本形式》，渠敬東、汲喆譯，北京：商務印書館，2011。一本集中討論一神教間的衝突歷史的著作是：Murat Iyigun. *War, Peace & Prosperity in the Name of God: The Ottoman Role in Europe's Socioeconomic Evolution.* Chicago: University of Chicago Press, 2015。
74. 尤瓦爾．赫拉利《人類簡史：從動物到上帝》，林俊宏譯，北京：中信出版社，2014：26。
75. Rodney Stark. *Why God?: Explaining Religious Phenomena.* West Conshohocken: Templeton Press, 2017: 148–149.
76. 迄今為止，對於這一點最為出色的分析，參見：Peter Turchin. *Ultrasociety: How 10,000 Years of War Made Humans the Greatest Cooperators on Earth.* Chaplin, Connecticut: Beresta Books, 2015。中文版：彼得．圖爾欽《超級社會：一萬年來人類的競爭與合作之路》，張守進譯，太原：山西人民出版社，2020。
77. Murat Iyigun. *War, Peace & Prosperity in the Name of God: The Ottoman Role in Europe's*

似的結論，在移居他國的基督徒和穆斯林中也成立，參見：Carolyn M. Warner, Ramazan Kılınç, Christopher W. Hale, Adam B. Cohen, and Kathryn A. Johnson. "Religion and Public Goods Provision: Experimental and Interview Evidence from Catholicism and Islam in Europe." *Comparative Politics* 47, No. 2 (2015): 189–209。

51. 有關此研究，參見：Carlos A. Botero, Beth Gardner, Kathryn R. Kirby, Joseph Bulbulia, Michael Gavin, C., and Russell Gray, D. "The Ecology of Religious Beliefs." *Proceedings of the National Academy of Sciences* 111, No. 47 (2014): 16784–16789。
52. David Beckworth. "Praying for a Recession: the Business Cycle and Protestant Religiosity in the United States." *SSRN Electronic Journal* 1103142 (January 2009). Available at SSRN: https://ssrn.com/abstract=1103142.
53. Carlos A. Botero, Beth Gardner, Kathryn R. Kirby, Joseph Bulbulia, Michael Gavin, C., and Russell Gray, D. "The Ecology of Religious Beliefs." *Proceedings of the National Academy of Sciences* 111, No. 47 (2014): 16784–16789, Figure 1.
54. Peter Cramer. *Baptism and Change in the Early Middle Ages c.200–c.1150, Cambridge Studies in Medieval Life and Thought.* Cambridge: Cambridge University Press, 1993: 179.
55. 關於這幾方之間的關係及其歷史演變，參見：Peter Cramer. *Baptism and Change in the Early Middle Ages c.200–c.1150, Cambridge Studies in Medieval Life and Thought.* Cambridge: Cambridge University Press, 1993；Sydney W. Mintz and Eric R. Wolf. "An Analysis of Ritual Co-Parenthood." *Southwestern Journal of Anthropology* 6, No. 4 (1950): 341–368。
56. 在民間族譜裡，時常寫有禁止信教的族規宗法，有的只是提醒不要信教，有的則不僅禁止而且對違反者進行懲罰，參見：Wang Liu, Hui-Chen. "An Analysis of Chinese Clan Rules: Confucian Theories in Action." In: David S. Nivison and Arthur F. Wright, eds., *Confucianism in Action.* Stanford: Stanford University Press, 1959: 92。
57. 漢斯－約雅金·克里木凱特《達·伽馬以前中亞和東亞的基督教》，林悟殊譯，臺北：淑馨出版社，1995：第五章，〈基督教在唐代中國的衰落〉。
58. 關於這三波傳播的介紹，參見：蔣棟元《利瑪竇與中西文化交流》，北京：中國礦業大學出版社，2008：7–15。
59. 轉引自：蔣棟元《利瑪竇與中西文化交流》，北京：中國礦業大學出版社，2008：44。而他引自：利瑪竇《利瑪竇書信集（下冊）》，臺北：光啟出版社與輔仁大學出版社，1986：219。
60. 蔣棟元談到，利瑪竇在各地舉辦鐘錶、三稜鏡等西方科技品展覽，藉此講授西洋學術，引發廣泛的社會興趣，也啟發更多人對基督教的好奇。蔣棟元《利瑪竇與中西文化交流》，北京：中國礦業大學出版社，2008：46–47。
61. 蔣棟元《利瑪竇與中西文化交流》，北京：中國礦業大學出版社，2008：16–33、44–47。
62. 顧裕祿《中國天主教的過去與現在》，上海：上海科學出版社，1987：37。
63. 蔣棟元《利瑪竇與中西文化交流》，北京：中國礦業大學出版社，2008：35–37。
64. J. S. Cummins. "Two Missionary Methods in China: Mendicants and the Jesuits." *Archivo*

Russell Sage Foundation, 2001: 292–309。
42. Laurence R. Iannaccone. "Sacrifice and Stigma: Reducing Free-Riding in Cults, Communes, and Other Collectives." *Journal of Political Economy* 100, No. 2 (1992): 271–291.
43. Eli Berman. "Sect, Subsidy, and Sacrifice: An Economist's View of Ultra-Orthodox Jews." *The Quarterly Journal of Economics* 115, No. 3 (2000): 905–953.
44. Eli Berman. "Sect, Subsidy, and Sacrifice: An Economist's View of Ultra-Orthodox Jews." *The Quarterly Journal of Economics* 115, No. 3 (2000): 905–953.
45. Rodney Stark. *Why God?: Explaining Religious Phenomena*. West Conshohocken: Templeton Press, 2017: 148.
46. Azim F. Shariff and Ara Norenzayan ."God is Watching you: Priming God Concepts Increases Prosocial Behavior in an Anonymous Economic Game." *Psychological Science* 18, No. 9 (2007): 803–809. Norenzayan 在自己的專著中綜述了更多相關研究，參見：Ara Norenzayan. *Big Gods: How Religion Transformed Cooperation and Conflict.* Princeton: Princeton University Press, 2013。
47. 宗教氛圍對彼此信任的影響，在以下現實研究中也得到了實證。Clingingsmith 等三位學者利用巴基斯坦穆斯林朝覲簽證的抽籤結果（隨機抽取，只有幸運抽到簽證的才能赴聖城麥加參與朝覲），檢驗了宗教對個體信任程度的影響。結果發現：參與朝覲顯著提升了穆斯林信任他人的程度。David Clingingsmith, Asim Ijaz Khwaja, and Michael Kremer. "Estimating the Impact of the Hajj: Religion and Tolerance in Islam's Global Gathering." *The Quarterly Journal of Economics* 124, No. 3 (2009): 1133–1170.
48. 關於這一研究，參見：Benjamin Grant Purzycki, Coren Apicella, Quentin D. Atkinson, Emma Cohen, Rita Anne McNamara, Aiyana K. Willard, Dimitris Xygalatas, Ara Norenzayan, and Joseph Henrich. "Moralistic Gods, Supernatural Punishment and the Expansion of Human Sociality." *Nature* 530, No. 7590 (2016): 327–330。
49. 值得注意的是，類似的規律在更廣的範圍內也成立。利用世界價值觀調查資料，Atkinson 和 Bourrat 發現：在國家層面，大眾相信至高神存在的人數占比，與最近一個月內以下負面行為發生的比例呈負相關——撒謊、逃票、亂扔垃圾、婚內出軌、逃稅、接受賄賂、毀壞公物等等。詳細分析，可見：Pierrick Bourrat, Quentin D. Atkinson, and Robin I. Dunbar. "Supernatural Punishment and Individual Social Compliance across Cultures." *Religion, Brain & Behavior* 1, No. 2 (2011): 119–134。此外，有關宗教信仰與信任程度的資料薈萃性分析，可見：Azim F. Shariff, Aiyana K. Willard, Teresa Andersen, and Ara Norenzayan. "Religious Priming: A Meta Analysis with a Focus on Prosociality." *Personality and Social Psychology Review* 20, No. 1 (2016): 27–48。
50. 一個相關實例是銀行貸款的違約率，這些交易涉及實際金錢，金額也比實驗大很多：在齋戒月等宗教節日期間，巴基斯坦各地銀行的貸款違約率顯著下降。Lieven Baele, Moazzam Farooq, and Steven Ongena. "Of Religion and Redemption: Evidence from Default on Islamic Loans." *Journal of Banking & Finance* 44 (2014): 141–159. 此外，與前述實驗類

傾向的影響。結論如下：當猶太教傳統節日來臨之際（此時，宗教氛圍更加濃厚），當地人對「土地換和平」專案的支持率會下滑，主張採取強硬手段回應的人口比例上升。三位學者深入分析了可能導致此現象的各種管道，發現「宗教喚起風險意識」這個解釋最有說服力，或說宗教組織的功能之一是提升大家共同防禦風險暴力的能力。相關細節，參見：Danny Cohen Zada, Yotam Margalit, and Oren Rigbi. "Does Religiosity Affect Support for Political Compromise?" *International Economic Review* 57, No. 3 (2016): 1085–1106。與之相關的另一研究，在第一章已做過徵引：爆發戰爭時，當地婦女會更加頻繁念誦讚美詩。Richard Sosis and W. Penn Handwerker. "Psalms and Coping with Uncertainty: Religious Israeli Women's Responses to the 2006 Lebanon War." *American Anthropologist* 113, No. 1 (2011): 40–55.

34. 用類似方法對蘇聯各加盟共和國國民所做的分析，參見：Orsolya Lelkes. "Tasting Freedom: Happiness, Religion and Economic Transition." *Journal of Economic Behavior & Organization* 59, No. 2 (2006): 173–194；Olga Popova. "Can Religion Insure against Aggregate Shocks to Happiness? The Case of Transition Countries." *Journal of Comparative Economics* 42, No. 3 (2014): 804–818。對中國農村居民的分析，參見：阮榮平、鄭風田、劉力〈宗教信仰，宗教參與與主觀福利：信教會幸福嗎？〉，《中國農村觀察》，2，2011：74–86。
35. 鄭風田、阮榮平、劉力〈風險，社會保障與農村宗教信仰〉，《經濟學季刊》，2010，9，3：829–850。
36. 在眾多分析宗教話題的路徑中，我選取的是理性選擇分析框架。近年來的研究表明，這種分析範式對現實中的宗教現象有很強解釋力；同時，基於此方法得到的分析結果也易於通過實證得到檢驗。Daniel L. Chen and Daniel M. Hungerman. "Economics, Religion, and Culture: A Brief Introduction." *Journal of Economic Behavior and Organization* 104 (2014): 1–3; Sriya Iyer. "The New Economics of Religion." *Journal of Economic Literature* 54, No. 2 (2016): 395–441; Timur Kuran. "Islam and Economic Performance: Historical and Contemporary Links." *Journal of Economic Literature* 56, No. 4 (2018): 1292–1359.
37. 此處分析細節，參見：Janet Tai Landa. *Trust, Ethnicity, and Identity: Beyond the New Institutional Economics of Ethnic Trading Networks, Contract Law, and Gift-Exchange.* Ann Arbor: University of Michigan Press, 1994。
38. Bruce L. Shelley. *Church History in Plain Language.* 4th ed. Nasville, Tennessee: Thomas Nelson, 2013: 192–194.
39. 關於宗教符號的作用的更多論述，參見：Emile Durkheim. *Elementary Forms of Religious Life.* Oxford: Oxford University Press, 2008。中文版：愛彌爾・涂爾幹《宗教生活的基本形式》，渠敬東、汲喆譯，北京：商務印書館，2011。
40. John Stott. *The Cross of Christ.* Downers Grove: InterVarsity Press, 2006: 27.
41. 更多實例，參見：William Irons. "Religion as a Hard-to-Fake Sign of Commitment." chap. 13 In: Randolph M. Nesse ed., *Evolution and the Capacity for Commitment.* New York: The

Communities." *Journal of the European Economic Association* 16, No. 4 (2017): 1021–1068.

21. Philipp Ager and Antonio Ciccone. "Agricultural Risk and the Spread of Religious Communities." *Journal of the European Economic Association* 16, No. 4 (2017). 附圖三。
22. Rodney Stark. *Why God?: Explaining Religious Phenomena*. West Conshohocken: Templeton Press, 2017: 214–215.
23. Rajeev Dehejia, Thomas DeLeire, and Erzo F. P. Luttmer. "Insuring Consumption and Happiness through Religious Organizations." *Journal of Public Economics* 91, No. 1–2 (2007): 259–279.
24. 關於這一點，可見：Glaeser, Edward L., and Bruce I. Sacerdote. "Education and Religion." *Journal of Human Capital* 2, No. 2 (2008): 188–215。
25. Andrew E. Clark and Orsolya Lelkes. "Deliver Us from Evil: Religion as Insurance." In: Department of Economic Theory and Economic History of the University of Granada eds., *Papers on Economics of Religion* 06/03, Granada, 2006.
26. Tim Immerzeel and Frank van Tubergen. "Religion as Reassurance? Testing the Insecurity Theory in 26 European Countries." *European Sociological Review* 29, No. 3 (2013): 359–372.
27. Rajeev Dehejia, Thomas DeLeire, Erzo F. P. Luttmer, and Josh Mitchell. "The Role of Religious and Social Organizations in the Lives of Disadvantaged Youth." In: Jonathan Gruber ed., *The Problems of Disadvantaged Youth: An Economic Perspective.* Chicago and London: The University of Chicago Press, 2009: 237–274.
28. 宗教在子女求學過程中的作用亦不可忽視。同樣是利用美國大範圍社會調查資料，Iyer等三位學者發現，參與宗教能有效緩解中學生可能遭遇的焦慮等心理問題，這與第二章談到的迷信對漁民的作用類似。具體見：Jane Cooley Fruehwirth, Sriya Iyer, and Anwen Zhang. "Religion and Depression in Adolescence." *Journal of Political Economy* 127, No. 3 (2019): 1178–1209。
29. 關於此案例的詳盡闡釋，參見：Lisa Blaydes. "How Does Islamist Local Governance Affect the Lives of Women?" *Governance* 27, No. 3 (2014): 489–509。
30. 這一段引用的分析結果，來自：Daniel L. Chen. "Club Goods and Group Identity: Evidence from Islamic Resurgence During the Indonesian Financial Crisis." *Journal of Political Economy* 118, No. 2 (2010): 300–354。
31. 關於伊斯蘭教的「天課」要求，參見：米壽江、尤佳《中國伊斯蘭教簡史》，北京：宗教文化出版社，2000：37。
32. 有關這一領域文獻的綜述，除本書第一章外，參見：Ben Wisner, Piers Blaikie, Terry Cannon, and Ian Davis. *At risk: Natural Hazards, People's Vulnerability and Disasters.* 2nd ed. Abington: Routledge, 2004。
33. 關於這一分析，參見：Asaf Zussman. "The Effect of Political Violence on Religiosity." *Journal of Economic Behavior & Organization* 104(C) (2014): 64–83。在另一相關研究中，Cohen Zada與其他二位學者合作，實證分析了以色列地區的宗教氛圍強度對民眾政策

Princeton University Press, 1996.

9. 一手出處為：William Hardy McNeill. *Plagues and Peoples.* Oxford: Blackwell, 1976。此處轉引自：Rodney Stark. *The Rise of Christianity: A Sociologist Reconsiders History.* Princeton, N.J.: Princeton University Press, 1996。

10. 當然，基督教作為強調頻密定期聚會的會眾宗教，信徒之間應該比非信徒之間更會傳染瘟疫，所以信徒的感染率會更高。但是，考慮到一般瘟疫病毒主要靠人體自我應對，正如麥克尼爾所言，簡單給病人提供一些水、食物和關照，就能大大提升康復的概率。因此，信徒的更高感染率和更高康復率之間哪個因素更強，將會決定信徒和非信徒的相對遭遇結果。斯塔克顯然認為信徒總體勝出。但我們無法找到具體資料驗證，這裡我們接受斯塔克的判斷，原因是那次瘟疫的確擴大了基督教的傳播，就如前述十九世紀李提摩太在中國的傳教經歷一樣。

11. 教會救濟的特點在於救濟網點為數眾多。僅在十八、十九世紀的英格蘭與威爾斯，就有「數以千計」的教會慈善機構；在其他宗教社會，這個數字也不小。有關這方面的統計，參見：C. S. Loch. "Poor Relief in Scotland: Its Statistics and Development, 1791 to 1891." *Journal of the Royal Statistical Society* 61, No. 2 (1898): 271–370。對西歐教會救濟工作的全面評估，參見：Peter H. Lindert. "Poor Relief Before The Welfare State: Britain versus The Continent, 1780–1880." *European Review of Economic History* 2, No. 2 (1998): 101–140。

12. 烏丙安在《中國民間信仰》中為宗教信仰與民間信仰的分野劃出的一系列界限，至今仍被廣泛沿用。烏丙安《中國民間信仰》，上海：上海人民出版社，1996。

13. 賈二強《唐宋民間信仰》，福州：福建人民出版社，2002。

14. 顧衛民《基督教與近代中國社會》，上海：上海人民出版社，1996。

15. Yuyu Chen, Hui Wang, and Se Yan. "The Long-Term Effects of Protestant Activities in China." In: *MPRA Paper* 53531. Munich: University Library of Munich, Germany, 2014.

16. 在中世紀歐洲，教會收入的四分之一至三分之一都用於扶貧救急。Sigrun Kahl. "The Religious Roots of Modern Poverty Policy: Catholic, Lutheran, and Reformed Protestant Traditions Compared." *European Journal of Sociology* 46, No. 1 (2005): 91–126. 在中國歷史上，當民眾面對饑荒或其他風險衝擊而無路可走時，佛寺往往是最後可去的避難所，也可在那裡得到一碗粥充饑。

17. 有關美國各縣的產業結構、降水與收成的細節，參見：Philipp Ager and Antonio Ciccone. "Agricultural Risk and the Spread of Religious Communities." *Journal of the European Economic Association* 16, No. 4 (2017): 1021–1068。

18. Peter L. Berger, Grace Davie, and Effie Fokas. *Religious America, Secular Europe?: A Theme and Variation.* Burlington, VT: Ashgate, 2008. 中文版：彼得・伯格、格瑞斯・戴維、埃菲・霍卡斯《宗教美國，世俗歐洲？——主題與變奏》，曹義昆譯，北京：商務印書館，2015。

19. Edward L. Glaeser and Bruce I. Sacerdote. "Education and Religion." *Journal of Human Capital* 2, No. 2 (2008): 188–215.

20. Philipp Ager and Antonio Ciccone. "Agricultural Risk and the Spread of Religious

里希．海耶克（Friedrich August von Hayek）的《通往奴役之路》（*The Road to Serfdom*），才意識到自己過去對個人自由之經濟基礎的認知盲點，參見：林建剛〈胡適反對計劃經濟〉，《經濟觀察報》，二〇一三年五月二十四日。

170. 關於個人主義思潮在「五四運動」時期的興起和之後的發展，見楊念群〈五四前後「個人主義」興衰史兼論其與「社會主義」、「團體主義」的關係〉，《近代史研究》，2，2019：1。關於儒家現代轉型的討論，參見：任劍濤《當經成為經典：現代儒學的型變》，北京：社會科學文獻出版社，2018。

第六章

1. Timothy Richard. *Forty-five Years in China.* New York: Frederick A. Stokes, 1916: 125.
2. 陳靜〈被排斥的外來者：青州賑災中的英國浸禮會與江南士紳〉，《江蘇社會科學》，4，2017：241–251。
3. Emile Durkheim. *Elementary Forms of Religious Life.* Oxford: Oxford University Press, 2008. 中文版：愛彌爾．涂爾幹《宗教生活的基本形式》，渠敬東、汲喆譯，北京：商務印書館，2011。一本集中討論一神教間的衝突歷史的著作是：Murat Iyigun. *War, Peace & Prosperity in the Name of God: The Ottoman Role in Europe's Socioeconomic Evolution.* Chicago: University of Chicago Press, 2015。
4. 令人印象深刻的例子之一是唐末黃巢起義對名門望族的毀滅性打擊。整體來看，與貴族活動緊密關聯的墓誌數量在西元八八〇年之後驟降為之前的十分之一，後再降到不足二十分之一；在家族層面，盧氏、裴氏等綿延數百年的家族，亦在這次劫亂中死傷殆盡。有關這段歷史的詳盡敘述，參見：Nicolas Tackett. *The Destruction of the Medieval Chinese Aristocracy.* Cambridge: Harvard University Press, 2014。中文版：譚凱《中古中國門閥大族的消亡》，胡耀飛、謝宇榮譯，北京：社會科學文獻出版社，2017。
5. 有關這部分歷史的詳盡記述，參見：Rodney Stark. *The Rise of Christianity: A Sociologist Reconsiders History.* Princeton, N.J.: Princeton University Press, 1996；Harper, Kyle. *The Fate of Rome: Climate, Disease, and the End of an Empire.* Princeton, N.J.: Princeton University Press, 2017。凱爾．哈珀《羅馬的命運：氣候、疾病和帝國的終結》，李一帆譯，北京：北京聯合出版公司，2020。進一步的理論闡釋，參見：Rodney Stark and Roger Finke. *Acts of Faith: Explaining the Human Side of Religion.* Berkeley: University of California Press, 2000.
6. 以下所引的辛瑟爾言論及觀點，參見：Hans Zinsser. *Rats, Lice and History.* Boston: Little, Brown and Company, 1935。中文版：漢斯．辛瑟爾《老鼠、蝨子和歷史：一部全新的人類命運史》，謝橋、康睿超譯，重慶：重慶出版社，2019。部分轉引自：Rodney Stark. *The Rise of Christianity: A Sociologist Reconsiders History.* Princeton, N.J.: Princeton University Press, 1996。
7. 此估計來自：William Hardy McNeill. *Plagues and Peoples.* Oxford: Blackwell, 1976。威廉．麥克尼爾《瘟疫與人》，余新忠、畢會成譯，北京：中信出版社，2017。
8. Rodney Stark. *The Rise of Christianity: A Sociologist Reconsiders History.* Princeton, N.J.:

156. 參見緒論的討論以及：Joel Mokyr. *A Culture of Growth: The Origins of the Modern Economy.* New Jersey: Princeton University Press (2016). 中文版：喬爾・莫基爾《成長的文化：現代經濟的起源》，胡思捷譯，北京：中國人民大學出版社，2020：第十六章。
157. 對中國家庭組織演變與「個人興起」的觀察分析，可見：Yingchun Ji. "Asian Families at the Crossroads: A Meeting of East, West, Tradition, Modernity, and Gender." *Journal of Marriage and Family* 77.5 (2015): 1031–1038；Yunxiang Yan. *The Individualization of Chinese Society.* Oxford University Press, 2009。中文版：閻雲翔《中國社會的個體化》，陸洋等譯，上海：上海譯文出版社，2016。
158. 這也可以解釋 Alesina 等學者的觀察：家族紐帶愈強的地方，對勞動力的管制愈嚴格。後者有助於維持前者的穩定，保護家秩序的完整性。相關細節，參見 Alberto Alesina et al. "Family Values and the Regulation of Labor." *Journal of the European Economic Association* 13.4 (2015): 599–630。
159. 代價也以其他的形式出現。比如，基於多國資料的研究揭示：家族紐帶較強的地區，女性在職場上參與度低，在高層政治中所占的比例也低。Alberto Alesina and Paola Giuliano. "Family Ties and Political Participation." *Journal of the European Economic Association* 9.5 (2011): 817–839; Alberto Alesina and Paola Giuliano. "Family Ties." *Handbook of Economic Growth.* Vol. 2. Elsevier, 2014: 177–215. 中文版：菲力浦・阿吉翁、史蒂夫・杜爾勞夫主編《成長經濟學手冊》，第 2A 卷，馮科、胡懷國譯，北京：經濟科學出版社，2019。如果女性在當地產業結構中有明顯的比較優勢，她們的地位會因此改善。有關這一點，可見：Nancy Qian. "Missing Women and the Price of Tea in China: The Effect of Sex-specific Earnings on Sex Imbalance." *The Quarterly Journal of Economics* 123.3 (2008): 1251–1285；Melanie Meng Xue. "High-value Work and the Rise of Women: The Cotton Revolution and Gender Equality in China." Available at *SSRN* 2389218 (2016)。
160. Meghana Ayyagari, Asli Demirgüç-Kunt, and Vojislav Maksimovic. "Formal Versus Informal Finance: Evidence from China." *The Review of Financial Studies* 23.8 (2010): 3048–3097.
161. 對此所做的理論分析，參見：Samuel Lee and Petra Persson. "Financing From Family and Friends." The Review of Financial Studies 29.9 (2016): 2341–2386。
162. 莊錫昌、顧曉鳴、顧雲深編《多維視野中的文化理論》，杭州：浙江人民出版社，1987：371。
163. 菲利普・巴格比《文化：歷史的投影》，李天綱、陳江嵐、夏克譯，上海：上海人民出版社，1987：114。
164. 殷海光《中國文化的展望》，上海：三聯書店，2011：34。
165. 陳獨秀〈憲法與孔教〉，《新青年》，2，No. 3，1916：11–1。
166. 陳獨秀〈吾人最後之覺悟〉，《青年雜誌》，1，No. 6，1916：10。
167. 陳獨秀〈新青年罪案之答辯書〉，《新青年》，6，No. 1，1919：1。
168. 陳獨秀〈孔子之道與現代生活〉，《新青年》，2，No. 4，1916。
169. 胡適去臺灣之後，看到《自由中國》雜誌於二十世紀五〇年代初連載殷海光翻譯弗雷德

Weidenfeld and Nicolson (1970)；歐東明〈印度教與印度種姓制〉，《南亞研究季刊》，3，2002：64–69。

141. Louis Dumont. *Homo Hierarchicus: the Caste System and Its Implications.* London: George Weidenfeld and Nicolson (1970).

142. 李秋紅〈印度種姓制度的再認識〉，《社科縱橫：新理論版》，2，2011：211–212。

143. 對 DNA 資料的研究也發現，在長歷史中，印度人跨種姓結婚的比例很低，平均每代只有一%至二%的人跨種姓流動，而且基本上遵守了種姓制度下的「單向婚嫁」規則，主要是女性從低層嫁給高層種姓男性。Stephen Wooding, Christopher Ostler, BV Ravi Prasad, W. Scott Watkins, Sandy Sung, Mike Bamshad, and Lynn B. Jorde. "Directional Migration in the Hindu Castes: Inferences From Mitochondrial, Autosomal and Y-chromosomal Data." *Human genetics* 115, No. 3 (2004): 221–229.

144. 沈賈賈〈淺析古印度法的種姓制度〉，《法制與社會》，31，2014：18。

145. Hira Singh. "The Real World of Caste in India." *The Journal of Peasant Studies* 35, No. 1 (2008): 119–132；吳曉黎〈如何認識印度「種姓社會」——概念、結構與歷史過程〉，《開放時代》，5，2017：199–213。

146. 關於迦提的細節，這裡就不多談，參見：Dipankar Gupta. *Interrogating Caste: Understanding Hierarchy and Difference in Indian Society.* Penguin Books India, 2000。

147. 關於這一理論，參見：Benedict Anderson. *Imagined Communities: Reflections on the Origin and Spread of Nationalism.* New York: Verso, 2006；George Akerlof and Rachel Kranton. "Economics and Identity." *The Quarterly Journal of Economics* 115.3 (2000): 715–753。

148. 就這個話題基於海外華僑經歷的研究，參見：Janet Tai Landa. *Trust, Ethnicity, and Identity: Beyond the New Institutional Economics of Ethnic Trading Networks, Contract Law, and Gift-Exchange.* Ann Arbor: University of Michigan Press, 1994；Janet Tai Landa. *Economic Success of Chinese Merchants in Southeast Asia: Identity, Ethnic Cooperation and Conflict.* Springer, 2016。

149. Indervir Singh. "Social Norms and Occupational Choice: the Case of Caste System in India." *Indian Journal of Economics and Business* 11, No. 2 (2012). 431–454.

150. Karla Hoff, Mayuresh Kshetramade, and Ernst Fehr. "Caste and Punishment: The Legacy of Caste Culture in Norm Enforcement." *The Economic Journal* 121, No. 556 (2011): F449–F475.

151. 屈大成〈古印度吠陀時代之業論〉，《南亞研究》，3，2011：136–149。

152. 歐東明〈印度教與印度種姓制〉，《南亞研究季刊》，3，2002：64–69。

153. 屈大成〈古印度吠陀時代之業論〉，《南亞研究》，3，2011：136–149。

154. 歐東明〈印度教與印度種姓制〉，《南亞研究季刊》，3，2002：64–69。

155. 值得注意的是，實際上，位居中心的個體不僅享受最大的權利，也相應承擔了更多的保險義務——在均衡情況下，與網絡邊緣人相比，位處中心者要投入更多資源來保險他人。關於這一點的理論分析，可見：Attila Ambrus, Wayne Y. Gao, and Pau Milán. "Informal Risk Sharing With Local Information." *The Review of Economic Studies.* Volume 89, Issue 5, October 2022。

十章會深入討論這個話題。

128. Benjamin Enke. “Kinship Systems, Cooperation, and the Evolution of Culture.” *The Quarterly Journal of Economics* 134, No. 2 (2019): 953–1019.
129. Rae Lesser Blumberg and Robert F. Winch. “Societal Complexity and Familial Complexity: Evidence for the Curvilinear Hypothesis.” *American Journal of Sociology* 77 (1972): 898–920; Kim R. Hill, Robert S. Walker, Miran Bozicevic, James Eder, Thomas Head-land, Barry Hewlett, A. Magdalena Hurtado, Frank Marlowe, Polly Wiessner, and Brian Wood. “Co-Residence Patterns in Hunter-Gatherer Societies Show Unique Human Social Structure.” *Science* 331 (2011): 1286–1289.
130. Benjamin Enke. “Kinship Systems, Cooperation, and the Evolution of Culture.” *The Quarterly Journal of Economics* 134, No. 2 (2019):953–1019. Table III, Figure III.
131. Benjamin Enke. “Kinship Systems, Cooperation, and the Evolution of Culture.” *The Quarterly Journal of Economics* 134, No. 2 (2019):953–1019. Figure II.
132. 李達南〈漫談印度的種姓制度〉,《外交學院學報》,3,2002:69–73;歐東明〈印度教與印度種姓制〉,《南亞研究季刊》,3,2002:64–69;沈賈賈〈淺析古印度法的種姓制度〉,《法制與社會》,31,2014:18;Hira Singh. “The Real World of Caste in India.” *The Journal of Peasant Studies* 35, No. 1 (2008): 119–132;吳曉黎〈如何認識印度「種姓社會」——概念、結構與歷史過程〉,《開放時代》,5,2017:199–213。
133. Louis Dumont. *Homo Hierarchicus: the Caste System and Its Implications.* London: George Weidenfeld and Nicolson (1970);吳曉黎〈如何認識印度「種姓社會」——概念、結構與歷史過程〉,《開放時代》,5,2017:199–213。
134. 吳曉黎〈如何認識印度「種姓社會」——概念、結構與歷史過程〉,《開放時代》,5,2017:199–213。
135. Louis Dumont. *Homo Hierarchicus: the Caste System and Its Implications.* London: George Weidenfeld and Nicolson (1970);李達南〈漫談印度的種姓制度〉,《外交學院學報》,3,2002:69–73;李秋紅〈印度種姓制度的再認識〉,《社科縱横:新理論版》,2,2011:211–212。
136. 歐東明〈印度教與印度種姓制〉,《南亞研究季刊》,3,2002:64–69;吳曉黎〈如何認識印度「種姓社會」——概念、結構與歷史過程〉,《開放時代》,5,2017:199–213。
137. 李秋紅〈印度種姓制度的再認識〉,《社科縱横:新理論版》,2,2011:211–212。
138. Hira Singh. “The Real World of Caste in India.” *The Journal of Peasant Studies* 35, No. 1 (2008):119–132;Louis Dumont. *Homo Hierarchicus: the Caste System and Its Implications.* London: George Weidenfeld and Nicolson (1970);李秋紅〈印度種姓制度的再認識〉,《社科縱横:新理論版》,2,2011:211–212。
139. Louis Dumont. *Homo Hierarchicus: the Caste System and Its Implications.* London: George Weidenfeld and Nicolson (1970).
140. Louis Dumont. *Homo Hierarchicus: the Caste System and Its Implications.* London: George

Send-down Movement." *Journal of Political Economy* 118.1 (2010): 1–38。在某些場景——比如著名的「壞孩子定理」中－自利和利他並無截然不同的區分。關於這一點，請見：Gary S. Becker. *A Treatise on the Family.* Harvard University Press (1991)。中文版：加里・斯坦利・貝克爾《家庭論》，王獻生、王宇譯，北京：商務印書館，1998。當然，更重要的是，正因為傳統社會缺乏金融市場，人類不得不把親子關係、婚姻關係、家庭關係用在自利的避險與其他經濟目的上，而不一定強調感情；但是，一旦金融市場蓬勃發展，這些自利需要就可以由市場解決，家庭關係得以解放、完全定位在感情上。

122. 關於禮尚往來對傳統社會的重要性，人類學者做了很多研究。雖然他們並不強調禮尚往來對人際跨期交換的「滋潤」作用（或說禮尚往來的目的性），但他們的資料往往顯示，具體群體間是否有頻繁的禮尚往來，取決於他們之間經濟關係的多寡。比如，圖五・二顯示：親戚間的禮尚往來和借貸關係在農村最多、大都市最少，並非因為都市人跟農村人有本質上的區別，而是因為都市人有其他解決跨期合作的辦法，不再仰賴親戚，所以沒必要花費那麼高比例的收入在禮尚往來上。相關人類學文獻有：閻雲翔《禮物的流動》，李放春、劉瑜譯，上海：上海人民出版社，1999。還可參考其中參考文獻，以及：Janet Ta Landai. *Trust, Ethnicity, and Identity: Beyond the New Institutional Economics of Ethnic Trading Networks, Contract Law, and Gift-Exchange.* Ann Arbor: University of Michigan Press, 1994。

123. 資料來源是我二〇〇五年針對北京（大都市）、成都（大城市）、丹東（中等城市）、縣城（小城市）和鄉村，共一千零六十三戶做的問卷調查。

124. Johannes Christoph Buggle and Ruben Durante. "Climate Risk, Cooperation, and the Co-Evolution of Culture and Institutions." *CEPR Discussion Papers* No. 12380, 2017.

125. Benjamin Enke. "Kinship Systems, Cooperation, and the Evolution of Culture." *The Quarterly Journal of Economics* 134, No. 2 (2019): 953–1019.

126. Johannes Christoph Buggle and Ruben Durante. "Climate Risk, Cooperation, and the Co-Evolution of Culture and Institutions." *CEPR Discussion Papers* No. 12380, 2017. Figure A7.

127. 家庭與宗族組織的盛行，本身可能會阻礙市場的發展，畢竟族內信任固然強韌，但造成族人缺乏建立對外部人信任的體系。然而，市場的建設又需要較高水準的外部信任作為根基。家體系對信任的負面作用，參見：John Ermisch and Diego Gambetta. "Do Strong Family Ties Inhibit Trust?" *Journal of Economic Behavior & Organization* 75.3 (2010): 365–376；Jacob Moscona, Nathan Nunn, and James A. Robinson. "Keeping It in the Family: Lineage Organization and the Scope of Trust in Sub-Saharan Africa." *American Economic Review* 107.5 (2017): 565–71。另一個可能的原因是：強家庭紐帶的存在，擠抑了個人對金融的需求（尤其是保險市場），阻礙了保險的發展。關於儒家宗族與金融的相互競爭與排擠，參見：Zhiwu Chen, Chicheng Ma, and Andrew J. Sinclair. "Banking on the Confucian Clan: Why Did China Miss the Financial Revolution?" *University of Hong Kong Working Paper* (2020)；以及 Costa-Font, Joan. "Family Ties and the Crowding Out of Long-term Care Insurance." *Oxford Review of Economic Policy* 26.4 (2010): 691–712。第六章和第

房子？第二，小王父母本來可以靠自己的六十萬元養老錢獨立生活，有自己的尊嚴，但是把錢都給兒子後，養老就只能靠兒子了，兒子與媳婦沒有別的選擇，必須贍養父母。再者，正因為小王這麼容易就得到九十萬元幫助，無法感受到靠勞動養活自己的責任，看似「白吃的午餐」只會培養惰性。

111. Yvonne Jie Chen, Zhiwu Chen, and Shijun He. "Social Norms and Household Savings Rates in China." *Review of Finance* 23, No. 5 (2019): 961–991.
112. Yvonne Jie Chen, Zhiwu Chen, and Shijun He. "Social Norms and Household Savings Rates in China." *Review of Finance* 23, No. 5 (2019): 961–991. Table 11.
113. Yvonne Jie Chen, Zhiwu Chen, and Shijun He. "Social Norms and Household Savings Rates in China." *Review of Finance* 23, No. 5 (2019): 961–991. Table 4, Table 5.
114. Carol H. Shiue. "Human Capital and Fertility in Chinese Clans, 1300–1850." University of Colorado at Boulder, unpublished manuscript (2008). Table 5.
115. 這方面的全球資料，很容易在 www.gapminder.org 網站上查到。比如打開網站後，以金融發展程度或市場發展程度指標作為橫坐標，平均每位婦女的生育數作為縱坐標畫圖，就可以看到嚴格的負相關關係。
116. Gregory Clark and Neil Cummins. "Malthus to Modernity: England's First Fertility Transition, 1760–1800." Available at *SSRN* 1635030 (2010). Table 4.
117. 關於子女數量與品質的最優搭配問題，最早由貝克與合作者提出，後來延伸出許多這方面的研究。Gary S. Becker and H. Gregg Lewis. "On the Interaction between the Quantity and Quality of Children." *Journal of political Economy* 81, No. 2, Part 2 (1973): S279–S288; Gary S. Becker and Nigel Tomes. "Child Endowments and the Quantity and Quality of Children." *Journal of Political Economy* 84, No. 4, Part 2 (1976): S143–S162.
118. Meng Tian. "Children's Migration Decisions and Elderly Support in China: Evidences From CHARLS Pilot Data." *Frontiers of Economics in China* 7.1 (2012): 122–140.
119. Rob J. Gruijters. "Intergenerational Contact in Chinese Families: Structural and Cultural Explanations." *Journal of Marriage and Family* 79.3 (2017): 758–768.
120. Zhen Cong and Merril Silverstein. "Intergenerational Support and Depression Among Elders in Rural China: Do Daughters in law Matter?" *Journal of Marriage and Family* 70.3 (2008): 599–612.
121. 需要指出，儘管這裡反覆強調父母會出於養老目的做選擇，但這並不代表我們認為自利是父母的唯一動機。實際上，已有經濟學家試著討論過「自利」和「利他」的比重。以中國一九五〇至一九七八年間的「上山下鄉」活動為背景，他們發現：當有多個子女時，父母更傾向於將稟賦較低的子女送去農村吃苦，把稟賦較高的留在城裡。然而，等下鄉插隊的孩子回歸城裡、操辦婚禮時，父母贈予他／她的財物價值會多於留在城裡的孩子。這充分說明父母的決策動機是混雜的，既有效率的考量，又有無私的利他。有關以上分析的細節，參見：Hongbin Li, Mark Rosenzweig, and Junsen Zhang. "Altruism, Favoritism, and Guilt in the Allocation of Family Resources: Sophie's Choice in Mao's Mass

103. Shuo Chen and James Kai-Sing Kung. "Of Maize and Men: the Effect of a New World Crop on Population and Economic Growth in China." *Journal of Economic Growth* 21.1 (2016): 71–99.
104. 對這一點的深入討論，參見：Mark R. Rosenzweig and Junsen Zhang. "Do Population Control Policies Induce More Human Capital Investment? Twins, Birth Weight and China's 'One-child' Policy." *The Review of Economic Studies* 76.3 (2009): 1149–1174.
105. Jaqueline Oliveira. "The Value of Children: Inter-generational Support, Fertility, and Human Capital." *Journal of Development Economics* 120 (2016): 1–16. 研究已經處理了生育雙胞胎概率與年齡有關的問題、以謊報或藥物方式「製造」雙胞胎的現象等一系列可能的偏誤。
106. 另一個獨立的研究顯示：子女對父母的轉移支付，會隨著父母的收入不同而變動。父母的收入每降低一元，子女給予的轉移支付相應增加〇．二六元。這從側面佐證了前述估計結果。關於這一點，參見：Fang Cai, John Giles, and Xin Meng. "How well do Children Insure Parents Against Low Retirement Income? An Analysis Using Survey Data From Urban China." *Journal of Public Economics* 90 (2006): 2229–2255。
107. 有關這一點，另一種可能的解釋是：子女數較多時，父母更可能放下工作，幫忙帶孫子、孫女。這一情形同樣體現了家庭內部的互助，不過此時幫助的方向恰恰反了過來。
108. 關於子女的養老作用，從一九九一年蓋瑞．貝克出版《家庭論》(*A Treatise on the Family*) 開始，經濟學的文獻就很多，但是這些著作側重的要點都放在子女和家庭「是否帶來養老或避險效果」，而非探討「什麼文化規範才讓子女和家庭的避險效果達到最優」。很顯然，上一章和本章的重點是回答「家秩序」的哪些內容發揮了哪些作用、又是如何建立起來並發展至今、為什麼中國人依靠家秩序而非其他方式等，找到儒家禮教背後的邏輯。貝克著作的中文版：加里．斯坦利．貝克爾《家庭論》，王獻生、王宇譯，北京：商務印書館，1998。這方面的最新研究可以參考：Jaqueline Oliveira. "The Value of Children: Inter-generational Support, Fertility, and Human Capital." *Journal of Development Economics* 120 (2016): 1–16。
109. 這段分析主要基於：John C. Henretta et al. "Selection of Children to Provide Care: The Effect of Earlier Parental Transfers." *Journals of Gerontology Series* B 52 (1997): 110–119.
110. 我知道一個真實故事。劉教授在某大學任教，到耶魯大學訪問時，講到他的經歷。二〇〇四年，他在上海的小舅子結婚，要花一百二十萬人民幣買一百五十平方公尺的房子。小舅子小王和未婚妻的年收入加起來共十八萬元，手頭積蓄三十萬元，所以買房還缺九十萬元。一種可能是小王從銀行抵押貸款，如果借三十年期、年息五%的貸款，小王今後月繳四千八百三十二元，他們當然能支付，但占小王夫妻未來年收入的三分之一。所以，他們不願抵押，覺得包袱大，小王父母也覺得不能讓年輕夫妻背上這麼重的包袱！他的父母年紀六十出頭，已退休，手頭有六十萬元養老用的積蓄。就這樣，小王父母拿出六十萬元積蓄，劉教授夫婦把手頭僅有的二十萬元積蓄也貢獻出來，另一位親戚出十萬元，讓小王買上一百五十平方公尺的房子。當然，這樣的故事在中國很普通。只是這種安排改變了小王大家庭的關係和性質。第一，劉教授後來一想起這事就惱火，自己收入不高，自己住的房子還不到七十平方公尺，憑什麼要把所有積蓄供小舅子買大少」，來估算古代（尤其遠古時期）的人均收入。畢竟在早期、中期的農耕社會，基本上沒有剩餘和太多財富積累，所以這種基於「生存底線」的收入倒推法比較合適。

90. James Kai-Sing Kung and Chicheng Ma. "Can Cultural Norms Reduce Conflicts? Confucianism and Peasant Rebellions in Qing China" *Journal of Development Economics* 111 (2014): 132–149.
91. 本書第一章總結了大量關於人類暴力與戰爭起因的研究，其中談到氣候災害和其他風險事件往往是戰爭和一般暴力的導火線。而之所以如此，是因為在缺乏事先保險安排和事後救濟手段的前提下，一旦災害發生，百姓就會被逼得走投無路，暴力便成為唯一的活路。反之，如果百姓應對風險的能力高，即使災害發生，行暴的收益也會低於成本，行暴的動機就不存在。
92. 這些資料都來自馬馳騁教授以及他與龔啟聖的論文。
93. 李文海、程嘯、劉仰東、夏明方《中國近代十大災荒》，上海：上海人民出版社，1994：44。
94. James Kai-Sing Kung and Chicheng Ma. "Can Cultural Norms Reduce Conflicts? Confucianism and Peasant Rebellions in Qing China" *Journal of Development Economics* 111 (2014):132–149.
95. James Kai-Sing Kung and Chicheng Ma. "Can Cultural Norms Reduce Conflicts? Confucianism and Peasant Rebellions in Qing China" *Journal of Development Economics* 111 (2014): 132–149.
96. Zhiwu Chen, Zhan Lin, and Xiaoming Zhang. "When People Stop Eating Each Other: Cultural Norms, Risk Mitigation and Cannibalism in Chinese History (1470–1911)." *University of Hong Kong Working Paper* (2020)..
97. Jiarui Cao, Yiqing Xu, and Chuanchuan Zhang. "Clans and Calamity: How Social Capital Saved Lives during China's Great Famine." School of Economics Working Paper, *Central University of Finance and Economics* (2020).
98. Zhiwu Chen, Kaixiang Peng, and Lijun Zhu. "Social-Economic Change and Its Impact on Violence: Homicide History of Qing China." *Explorations in Economic History* 63 (2017): 8–25.
99. 這些結論來自：陳志武、林展〈真命天子易喪命——中國古代皇帝非正常死亡的量化研究〉，《中國人民大學清史研究所工作論文》，2017。其中比較了中國皇帝與歐洲君王的非正常死亡概率。歐洲君王的資料來自：Manuel Eisner. "Killing Kings Patterns of Regicide in Europe, AD 600–1800." *British Journal of Criminology* 51 (2011)。
100. 曹樹基，陳意新〈馬爾薩斯理論和清代以來的中國人口〉，《歷史研究》，1，2002：41–54。
101. Dwight H. Perkins. *Agricultural Development in China 1368–1968.* Edinburgh: Edinburgh University Press, 1969. 中文版：德．希．珀金斯《中國農業的發展一三六八至一九六八年》，宋海文等譯，上海：上海譯文出版社，1984。
102. Loren Brandt. *Commercialization and Agricultural Development: Central and Eastern China, 1870–1937.* Cambridge: Cambridge University Press, 1989.

76. 井上徹、錢聖音《中國的宗族與國家禮制》，上海：上海書店出版社，2008：65–66。
77. 參見第四章中關於逆向選擇和道德風險的討論。
78. 類似的理論分析較早見於 Janet Tai Landa 的博士論文，先後分散於兩本專著中出版：Janet Tai Landa. *Trust, Ethnicity, and Identity: Beyond the New Institutional Economics of Ethnic Trading Networks, Contract Law, and Gift-Exchange.* Ann Arbor: University of Michigan Press, 1994；Janet Tai Landa. *Economic Success of Chinese Merchants in Southeast Asia: Identity, Ethnic Cooperation and Conflict.* Springer, 2016。關於這一點的實證研究，可見：Jacob Moscona, Nathan Nunn, and James A. Robinson. "Keeping It in the Family: Lineage Organization and the Scope of Trust in Sub-Saharan Africa." *American Economic Review* 107.5 (2017): 565–71。
79. 類似的想法較早出現於前引 Janet Tai Landa 的著作。這種契約保障體系類似於格雷夫談到的中世紀地中海「馬格里布猶太商幫」的多邊懲罰機制：Avner Greif. "Contract Enforceability and Economic Institutions in Early Trade: The Maghribi Traders' Coalition." *The American economic review* 83.3 (1993): 525–548。至於較新的理論分析，可見：Attila Ambrus, Markus Mobius and Adam Szeidl. "Consumption Risk-sharing in Social Networks." *American Economic Review* 104.1 (2014): 149–82。
80. 同見於前引 Janet Tai Landa 的兩本著作。
81. 一個相關的例子是：歐洲歷史上有過自治的城市，這些城市相當於更大版本的「宗族」，但不是基於血緣建立；當地的「社會資本」存量因此更高，居民間彼此更加信任。在這些地區，由家族控制的企業占比亦較低。有關這一點，參見：Mario Daniele Amore. "Social Capital and Family Control." *Explorations in Economic History* 65 (2017): 106–114。
82. 陳宏謀《從政遺規》，上海：中華書局，1936。
83. William T. Rowe. "Ancestral Rites and Political Authority in Late Imperial China: Chen Hongmou in Jiangxi." *Modern China* 24, No. 4 (1998): 378–407.
84. 馮爾康《中國古代的宗族和祠堂》，北京：商務印書館，2013：125。
85. William T. Rowe. "Ancestral Rites and Political Authority in Late Imperial China: Chen Hongmou in Jiangxi." *Modern China* 24, No. 4 (1998): 378–407. 另外，就族正制的背景，也參考：常建華〈清代宗族「保甲鄉約化」的開端：雍正朝族正制出現過程新考〉，《河北學刊》，28，No. 6，2008：65–71。
86. William T. Rowe. "Ancestral Rites and Political Authority in Late Imperial China: Chen Hongmou in Jiangxi." *Modern China* 24, No. 4 (1998): 378–407.
87. 李文海、夏明芳、黃興濤《民國時期社會調查叢編：社會保障卷》，福州：福建教育出版社，2004：298–302。
88. 這方面的收入估算，參見麥迪森的著作：Angus Maddison. *The World Economy: Historical Statistics.* Paris: Development Centre Studies, OECD Publishing, 2003. 中文版：安格斯·麥迪森《世界經濟千年史》，伍曉鷹等譯，北京：北京大學出版社，2003。
89. 主要原因在於，麥迪森以及其他經濟史學者基本上是按照「為了讓一個人生存下來，大概需要多少卡路里的熱量和蛋白質的攝入，然後依次倒推出每人每年的收入必須有多

58. 常建華〈明代宗族祠廟祭祖禮制及其演變〉,《南開大學學報》，哲學社會科學版，3，2001：60–67。
59. 劉黎明〈祠堂、靈牌、家譜〉,《中國民俗文化系列：中國傳統血緣親族習俗》，成都：四川人民出版社，1993：14。
60. 常建華〈明代宗族祠廟祭祖禮制及其演變〉,《南開大學學報》，哲學社會科學版，3，2001：61。
61. 常建華〈明代宗族祠廟祭祖禮制及其演變〉,《南開大學學報》，哲學社會科學版，3，2001：60–67。
62. 劉黎明〈祠堂、靈牌、家譜〉,《中國民俗文化系列：中國傳統血緣親族習俗》，成都：四川人民出版社，1993：16–17。
63. 劉黎明〈祠堂、靈牌、家譜〉,《中國民俗文化系列：中國傳統血緣親族習俗》，成都：四川人民出版社，1993：19。
64. 第四章談到，從宋代開始，程頤、朱熹強調貞節，打擊寡婦再嫁，並推動官方旌表節婦烈女，到處立貞節牌坊，尤其是清朝皇帝不斷降低旌表寡婦所需要的守節年數，導致全國眾多家族都立牌坊。個中道理與「祠堂」、「家廟」這種物理結構的作用一致，更顯形且時時刻刻提示百姓應該遵守的禮制規則。
65. 包弼德《歷史上的理學》，王昌偉譯，杭州：浙江大學出版社，2010：215–216。
66. 這段話引自吳宓一九一九年的日記，記錄了他和陳寅恪於一九一九年在哈佛大學的一次談話。吳學昭《吳宓與陳寅恪》，北京：清華大學出版社，1992：12。
67. 劉黎明〈祠堂、靈牌、家譜〉,《中國民俗文化系列：中國傳統血緣親族習俗》，成都：四川人民出版社，1993：54–55。
68. 井上徹、錢聖音《中國的宗族與國家禮制》，上海：上海書店出版社，2008：67。
69. 劉黎明〈祠堂、靈牌、家譜〉,《中國民俗文化系列：中國傳統血緣親族習俗》，成都：四川人民出版社，1993：170–172。
70. 劉黎明〈祠堂、靈牌、家譜〉,《中國民俗文化系列：中國傳統血緣親族習俗》，成都：四川人民出版社，1993：180。
71. Hui-Chen Wang Liu. "An Analysis of Chinese Clan Rules: Confucian Theories in Action." In: David S. Nivison and Arthur F. Wright eds., *Confucianism in Action.* Stanford, Calif: Stanford University Press, 1959: 63–96.
72. 此段引用的其他清代案例都來自：劉翠溶《明清時期家族人口與社會經濟變遷》，臺北：中央研究院經濟研究所，1992：295–297。
73. 劉翠溶《明清時期家族人口與社會經濟變遷》，臺北：中央研究院經濟研究所，1992：296–297。
74. 梁庚堯《中國社會史》，上海：東方出版中心，2016。
75. 關於范氏義莊及其推廣的細節，參見：Denis Twitchett. "The Fan Clan's Charitable Estate, 1050–1760." In: David S. Nivison and Arthur F. Wright eds., *Confucianism in Action.* Stanford: Stanford University Press, 1959: 97–133。

33. 李澤厚《由巫到禮 釋禮歸仁》，北京：三聯書店，2014：53。
34. 李澤厚《中國古代思想史論：試談中國的智慧》，北京：人民出版社，1985。
35. 王國維〈殷周制度論〉，《王國維文集》，北京：中國文史出版社，1997：43。
36. Avner Greif and Guido Tabellini. "The Clan and the Corporation: Sustaining Coorperation in China and Europe." *Journal of Comparative Economics* 45.1 (2017): 1–35
37. 李澤厚《由巫到禮 釋禮歸仁》，北京：三聯書店，2014：55。
38. 董仲舒《春秋繁露》卷十一，上海：上海古籍出版社，1985：794。
39. 吳其昌〈金文名象疏證：兵器篇〉，《武漢大學文哲季刊》，No. 5，3，1936；林沄〈說「王」〉，《考古》，6，1965：311–312。
40. 林聰舜《儒學與漢帝國意識形態》，上海：上海人民出版社，2017：54。
41. 班固《漢書・董仲舒傳》，卷五十六，北京：中華書局點校本：1962：2515。
42. 董仲舒《春秋繁露》，卷六，二端第十五，上海：上海古籍出版社，1985：780。
43. 董仲舒《春秋繁露》，卷十一，為人者天第四十一，上海：上海古籍出版社，1985：793。
44. 董仲舒《春秋繁露》，卷十一，為人者天第四十一，上海：上海古籍出版社，1985：793。
45. 葛兆光《中國思想史》，上海：復旦大學出版社，1998：236–244。
46. 董仲舒《春秋繁露》，卷十一，為人者天第四十一，上海：上海古籍出版社，1985：793。
47. 引自董仲舒的第三次〈舉賢良對策〉，班固《漢書・董仲舒傳》，卷五十六，北京：中華書局點校本：1962：2523。
48. 包弼德《歷史上的理學》，王昌偉譯，杭州：浙江大學出版社，2010：30。
49. Ting Chen, James Kai-Sing Kung, and Chicheng Ma. "Long Live Keju! The Persistent Effects of China's Civil Examination System." *The Economic Journal* (2020).
50. 包弼德《歷史上的理學》，王昌偉譯，杭州：浙江大學出版社，2010：31。
51. Ping-Ti Ho. *The Ladder of Success in Imperial China.* New York: Columbia University Press, 1962: 114–116.
52. 包弼德《歷史上的理學》，王昌偉譯，杭州：浙江大學出版社，2010：33。
53. 包弼德《歷史上的理學》，王昌偉譯，杭州：浙江大學出版社，2010：35。
54. Ting Chen, James Kai-Sing Kung, and Chicheng Ma. "Long Live Keju! The Persistent Effects of China's Civil Examination System." *The Economic Journal* (2020).
55. 關於此話題的更多討論，參見：包弼德《歷史上的理學》，王昌偉譯，杭州：浙江大學出版社，2010：9–51。
56. 陳冬華、李真、楊賢、俞俊利〈詩歌、道德與治理——基於唐代科舉的量化歷史實證研究〉，《文學評論叢刊》，1，2017：38–55。
57. 陳冬華、李真、楊賢、俞俊利〈詩歌、道德與治理——基於唐代科舉的量化歷史實證研究〉，《文學評論叢刊》，1，2017：38–55，表三。

11. 《史記‧孝文本紀》卷十，集解引張晏之言。
12. 高煒，高天麟，張岱海〈關於陶寺墓地的幾個問題〉，《考古》，6，1983：531–536。
13. 中國社會科學院考古研究所《夏縣東下馮》，北京：文物出版社，1988：113。
14. 趙鼎新《東周戰爭與儒法國家的誕生》，夏江旗譯，上海：華東師範大學出版社，2006：676。
15. 李澤厚《由巫到禮 釋禮歸仁》，北京：三聯書店，2014。
16. 陳夢家《殷墟卜辭綜述》，北京：中華書局，1988：562。
17. 李澤厚《由巫到禮 釋禮歸仁》，北京：三聯書店，2014：13。
18. 董家遵、卞恩才《中國古代婚姻史研究》，廣州：廣東人民出版社，1995：154–188。
19. 王利華《中國家庭史（第一卷）：先秦至南北朝時期》，廣州：廣東人民出版社，2007：42–45。
20. 關於中國姓氏的演變歷史與考古證據，見徐復觀〈中國姓氏的演變與社會形式的形成〉，載於：《徐復觀全集：兩漢思想史》，北京：九州出版社，2013：264–310。
21. Cynthia Belvins Doll. "Harmonizing Filial and Parental Rights in Names: Progress, Pitfalls, and Constitutional Problems." *Howard LJ* 35 (1991): 227.
22. N. S. Gill. "Ancient Names-Greek and Roman Names." In: ThoughtCo https://www.thoughtco.com/ancient-greek-and-roman-names-119924 (2008).
23. "The Origins of Irish Surnames", *The Irish Times*. April 9, 2016. https://web.archive.org/web/20160409124022/http://www.irishtimes.com/ancestor/magazine/surname/index.htm.
24. Gregory Clark. *The Son Also Rises: Surnames and the History of Social Mobility.* Princeton: Princeton University Press, 2014: 73.
25. Cynthia Belvins Doll. "Harmonizing Filial and Parental Rights in Names: Progress, Pitfalls, and Constitutional Problems." *Howard LJ* 35 (1991): 227. 66–67.
26. James C. Scott. *Against the Grain: A Deep History of the Earliest States.* Yale University Press, 1998: 66–67. 中文版：詹姆斯‧C‧斯科特《國家的視角：那些試圖改善人類狀況的項目是如何失敗的》，王曉毅譯，北京：社會科學文獻出版社，2004。
27. James C. Scott. *Against the Grain: A Deep History of the Earliest States.* Yale University Press, 1998: 68. 中文版：詹姆斯‧C‧斯科特《國家的視角：那些試圖改善人類狀況的項目是如何失敗的》，王曉毅譯，北京：社會科學文獻出版社，2004。
28. James C. Scott. *Against the Grain: A Deep History of the Earliest States.* Yale University Press, 1998: 69. 中文版：詹姆斯‧C‧斯科特《國家的視角：那些試圖改善人類狀況的項目是如何失敗的》，王曉毅譯，北京：社會科學文獻出版社，2004。
29. 李澤厚《由巫到禮 釋禮歸仁》，北京：三聯書店，2014：51。
30. 鄒昌林《中國古禮研究》，北京：文津出版社，1992：155。
31. 趙鼎新《東周戰爭與儒法國家的誕生》，夏江旗譯，上海：華東師範大學出版社，2006：104–105。
32. Olga Lang. *Chinese Family and Society.* New Haven: Yale University Press, 1946: 26–27.

115. 這裡關於各朝代的節婦烈女旌表規則，來自：郭松義〈清代婦女的守節和再嫁〉，《浙江社會科學 1》，2001：124。
116. 清代節婦資料出處同上，來自：郭松義〈清代婦女的守節和再嫁〉，《浙江社會科學 1》，2001：124。
117. 稱這一點為中國傳統文化的特色，或許並不妥當，因為許多社會都有類似的偏好。以下研究給出了更廣泛的事例與相關分析：Mariani, Fabio. "The Economic Value of Virtue." Journal of Economic Growth 17.4 (2012): 323–356.
118. 該命案引自：王躍生《清代中期婚姻衝突透析》，北京：社會科學文獻出版社，2003：111。
119. 愛德華・韋斯特馬克《人類婚姻史》，李彬譯，北京：商務印書館 , 2015：1248。
120. 愛德華・韋斯特馬克《人類婚姻史》，李彬譯，北京：商務印書館 , 2015：1256。
121. 愛德華・韋斯特馬克《人類婚姻史》，李彬譯，北京：商務印書館 , 2015：1227。
122. 愛德華・韋斯特馬克《人類婚姻史》，李彬譯，北京：商務印書館 , 2015：1242。
123. 英國的這些背景介紹，參見：Hazan, Moshe, David Weiss, and Hosny Zoabi. "Women's Liberation as a Financial Innovation." The Journal of Finance 74, No. 6 (2019): 2915–2956.

第五章

1. 盧作孚《中國的建設問題與人的訓練》，上海：生活書店，1923：4–9。
2. 安格斯・麥迪森《世界經濟千年史》，伍曉鷹等譯，北京：北京大學出版社，2003：表 B–21。
3. Huan-Chang Chen. *The Economic Principles of Confucius and His School.* Volumes I and II. Honolulu: University Press of the Pacific, 1974. 中文版：陳煥章《孔門理財學》，北京：商務印書館，2015。
4. 關於大族共居這一現象，參見：邢鐵《家產繼承史論》，昆明：雲南大學出版社，2011。
5. 雖然家族和宗族的邊界基於血緣關係而定，但寇斯關於公司邊界的交易成本理論也適用於宗族的作用和優勢。在既定的宗族邊界下，族人的血親關係和定期祭祖儀式及其他聚會，使他們之間資訊不對稱的程度遠低於一般市場上陌生人間的不對稱程度，由此在族人間進行跨期互助與風險分攤，違約概率和交易成本都會遠低於市場交易。本章側重的要點也在於探清禮制與族規的哪些細則有助降低交易成本。關於科斯的經典論文，參見：R. H. Coase. "The Nature of the Firm." *Economica* 4, No. 16 (1937): 386–405。
6. 王日根《明清民間社會的秩序》，長沙：岳麓書社，2003。
7. 盛洪〈論家庭主義〉，《新政治經濟學評論》，4，No. 2，2008。
8. Avner Greif and Guido Tabellini. "The Clan and the Corporation: Sustaining Coorperation in China and Europe." *Journal of Comparative Economics* 45.1 (2017): 1–35.
9. R. H. Coase. "The Nature of the Firm." *Economica* 4, No. 16 (1937): 386–405.
10. 王利華《中國家庭史（第一卷）：先秦至南北朝時期》，廣州：廣東人民出版社，2007：64。

定。Halla, Martin, and Johann Scharler. "Marriage, Divorce, and Interstate Risk Sharing." The Scandinavian Journal of Economics 114.1 (2012): 55–78. 他們發現，對離婚法條的修改，會通過這一管道傳導成整體經濟、整個社會的波動。

100. Steven Pinker. The Better Angels of Our Nature: The Decline of Violence in History and Its Causes. London: Penguin UK, 2011: 104–106.
101. Sampson, Robert J., John H. Laub, and Christopher Wimer. "Does Marriage Reduce Crime? A Counterfactual Approach to Within individual Causal Effects." Criminology 44, No. 3 (2006): 465–508.
102. 愛德華·韋斯特馬克《人類婚姻史》，李彬譯，北京：商務印書館 , 2015。第一卷，第一章。
103. 關於婚姻過程的詳細介紹，參見：陳鵬《中國婚姻史稿》，北京：中華書局，1990；郭松義《倫理與生活：清代的婚姻關係》，北京：商務印書館，2000。
104. 愛德華·韋斯特馬克《人類婚姻史》，李彬譯，北京：商務印書館 , 2015。第二卷，第二十五章。
105. 愛德華·韋斯特馬克《人類婚姻史》，李彬譯，北京：商務印書館 , 2015：874–875。
106. 陳顧遠《中國婚姻史》，北京 : 商務印書館，2014：73。當然，這一解釋還是沒有說明聘娶婚為什麼不是買賣婚，因為既然婚姻決策中男女雙方不參與、他們的情感不發揮任何作用，而是由雙方父母決定，這些父母除了像交易一樣權衡利益得失之外，還有其他什麼因素使其跟交易相區分呢？
107. 陳顧遠《中國婚姻史》，北京 : 商務印書館，2014：124。
108. Gray, R. F., "Sonjo Bride Price and the Question of African 'Wife Purchase'". American Anthropologist 62 (1960): 34–57. 格雷發現，非洲不同部落採用的妻子轉讓（再嫁）模式不同。一種是 Sojo 部落模式：一旦婦女出嫁，只有丈夫才能決定妻子是否改嫁轉讓，改嫁之後其再嫁的決定權由新丈夫掌握，在這一過程中丈夫是妻子作為資產的產權所有者並會追求價格最大化。而 Tsonga 等部落則採用另一種模式：每次妻子轉讓都必須經過娘家，亦即妻子被象徵性地送回娘家，由娘家把她再嫁給新丈夫，彩禮也先由新丈夫付給娘家，由娘家再轉付給前夫。前一種模式是丈夫坐莊，而後一種是由娘家坐莊，但彩禮支付是交易成立的唯一標準，這一點是共同的。
109. 陳顧遠《中國婚姻史》，北京 : 商務印書館，2014：127。
110. 愛德華·韋斯特馬克《人類婚姻史》，李彬譯，北京：商務印書館 , 2015：924。
111. 世界各地婚禮儀式內容很多。更多細節介紹，參見：愛德華·韋斯特馬克《人類婚姻史》，李彬譯，北京：商務印書館 , 2015：第二卷，第二十四、二十五章。
112. 陳顧遠《中國婚姻史》，北京 : 商務印書館，2014：137。
113. Cheung, Steven NS. "The Enforcement of Property Rights in Children, and the Marriage Contract." The Economic Journal (1972): 641–657.
114. 這些統計數字來源於：董家遵〈歷代婦女節烈的統計〉，鮑家麟《中國婦女史論集》臺北：稻香出版社，1992。

烏孫王和親。當時的烏孫國位處今天的伊黎河流域，為西域大國。劉細君嫁去不久，烏孫王去世。她隨即上書漢武帝，請求歸漢，但被拒。接下來，她被轉房為新烏孫王之妻。在《黃鵠歌》中，劉細君是這樣表達自己感受的：「吾家嫁我兮天一方，遠托異國兮烏孫王。穹廬為室兮氈為牆，以肉為食兮酪為漿。居常土思兮心內傷，願為黃鵠兮歸故鄉。」崔明德《中國古代和親通史》，北京：人民出版社，2007。

89. 崔明德《中國古代和親通史》，北京：人民出版社，2007：500–506，631–688.
90. 王海利〈古埃及「只娶不嫁」的外交婚姻〉，《歷史研究 6》，2002。有意思的是，王海利教授談道，從一開始，古埃及人就採取了一種較為特殊的「只娶不嫁」立場，也就是說，埃及只娶外邦公主，但不外嫁自己的公主。但這種結論更可能是歷史資料局限所致，因為當前的研究都是基於古埃及的國王墓、公主墓出土的楔形文書。由於古埃及是倖存者、被征服的鄰邦是消亡者，埃及王室娶過來的外籍公主比較容易被記錄留下，而外嫁他邦的埃及公主則無記錄，於是基於今天還存在的古埃及墓誌做判斷時，更容易得出「只娶不嫁」的結論。
91. 這部分研究結果引自：Fan, Joseph P. H., Yupana Wiwattanakantang, and Pramuan Bunkanwanicha, "Why Do Shareholders Value Marriage?", SSRN Electronic Journal, March 2008.
92. Puga, Diego and Daniel Trefler. "International Trade and Institutional Change: Medieval Venice's Responses to Globalization." Quarterly Journal of Economics (2014): 787–802.
93. 第九章會專門談到長距離海洋貿易的風險和風險應對手段創新，包括宗教儀式和股份有限公司等等。
94. 譚凱《中古中國門閥大族的消亡》，胡耀飛、謝宇榮譯，北京：社會科學文獻出版社，2017：15–17。
95. 相比之下，在今天的美國，蓋茨、巴菲特等企業掌門人不會要求女兒去為了家族利益嫁人。前文說到，中世紀的歐洲社會跟這裡談到的泰國情況類似，子女婚姻也是利益工具，但是隨著市場機制的深化發展、政府管制的減少，企業家子女的婚戀被逐步解放。市場化就這樣把自由權利還給個人。
96. Siu, Helen F., ed. Merchants' Daughters: Women, Commerce, and Regional Culture in South China. Vol. 1. Hong Kong University Press, 2010:6.
97. Mehrotra, Vikas, Randall Morck, Jungwook Shim, and Yupana Wiwattanakantang. "Adoptive Expectations: Rising Sons in Japanese Family Firms." Journal of Financial Economics 108, No. 3 (2013): 840–854.
98. Mehrotra, Vikas, Randall Morck, Jungwook Shim, and Yupana Wiwattanakantang. "Adoptive Expectations: Rising Sons in Japanese Family Firms." Journal of Financial Economics 108, No. 3 (2013): 840–854.
99. 還有一個有趣的視角：婚姻在提升個體風險應對力的同時，也在減緩整體經濟與社會的波動。整個社會的結婚率愈高，受極端衝擊而遭遇破產的個體占比就愈小。婚姻在為個體提供一道安全網的同時，也因此提高了整個社會的風險應對力，使社會更穩

(2014): 575–604.

78. 這個理論和實證研究結論跟叔本華的哲學一致。叔本華在《人生的智慧》談到，外在富有的子弟（無收入風險者）更會無聊，因此他們想盡辦法利用外在財富去掩蓋內在的自我貧乏，包括尋歡作樂、追求情愛，可是這些都會曇花一現，最後還是無法對沖無聊。而物質貧乏的普通人（未來收入風險高者）反倒不會無聊，因為有貧乏痛苦的人需要時時辛苦勞作，無閒暇感到無聊。赫斯的研究表明，由於普通人需要利用婚姻達到收入保險，他們的婚姻不能以愛情為前提，於是更能持續長久。

79. 以下分析，參見：Kotlikoff, Laurence J., and Avia Spivak. "The Family as an Incomplete Annuities Market." Journal of Political Economy 89.2 (1981): 372–391. 類似的分析也可以在以下經典著作中找到：Becker, Gary Stanley. A Treatise on the Family. Harvard University Press, 1991. 到目前為止，這一領域的最全面總結見：Browning, Martin, Pierre-André Chiappori, and Yoram Weiss. Economics of the Family. Cambridge University Press, 2014. 在這本專著中，他們將「分擔風險」列為家庭的五個基本職能之一，與「撫養後代」、「專業分工」、「利用規模收益」等並列。

80. 以下分析，參見：Persson, Petra. "Social Insurance and the Marriage Market." Journal of Political Economy 128, No. 1 (2020): 252–300.

81. Persson，Petra. "Social Insurance and the Marriage Market." Forthcoming in the Journal of Political Economy，Figure 3.

82. 在上面引用的赫斯的研究中，他發現：收入相關程度高的夫妻，婚姻破裂的時間也會更早。這印證了對沖風險職能在婚姻中的權重極高。

83. 一項研究借助十九世紀中期美國各州推出妻子有權擁有財產的法案後的變化，看婚姻的「資本共用」(pooling of capital) 效應。之前在美國各州，婚後妻子的所有財產都歸丈夫擁有並控制，但在各州分別推出改革之後，妻子的婚前財產可以繼續由妻子單獨擁有，從而改變婚姻的「資本共用」功能。Peter A.E. Koudijs, Laura Salisbury. "Marrying for Money: Evidence from the First Wave of Married Women's Property Laws in the U.S." Stanford University Graduate School of Business Working Paper No. 3811 (2016).

84. 此處分析引自：Borenstein, Severin, and Paul N. Courant. "How to Carve a Medical Degree: Human Capital Assets in Divorce Settlements." The American Economic Review (1989): 992–1009.

85. Borenstein, Severin, and Paul N. Courant. "How to Carve a Medical Degree: Human Capital Assets in Divorce Settlements." The American Economic Review (1989): 992–1009.

86. Özcan, Berkay. "Only the Lonely? The Influence of the Spouse on the Transition to Self-employment." Small Business Economics 37.4 (2011): 465.

87. Belenzon, Sharon, Andrea Patacconi, and Rebecca Zarutskie. "Married to the Firm? A Large scale Investigation of the Social Context of Ownership." Strategic Management Journal 37.13 (2016): 2611–2638.

88. 西元前一〇五年，漢武帝以黃金、綢緞和大量牛羊為嫁妝，將劉細君以「公主」之名送

66. 也有學者認為，病原體施加的選擇壓力對集體主義還是個人主義價值觀、暴力傾向、宗教性、是否採取民主制度等結果都有影響。有關討論，可見；Thornhill, Randy, and Corey L. Fincher. The Parasite-stress Theory of Values and Sociality: Infectious Disease, History and Human Values Worldwide. Springer, 2014；Fincher, Corey L., and Randy Thornhill. "Parasite-stress Promotes In-group Assortative Sociality: The Cases of Strong Family Ties and Heightened Religiosity." Behavioral and Brain Sciences 35.2 (2012): 61–79.
67. 這部分內容主要來自：Rosenzweig, Mark R., and Oded Stark. "Consumption Smoothing, Migration, and Marriage: Evidence From Rural India." Journal of Political Economy 97.4 (1989): 905–926.
68. 這裡的部分估算引自：Rosenzweig, Mark R. "Women, Insurance Capital, and Economic Development in Rural India." Journal of Human Resources (1993): 735–758. Table 3.
69. 這跟中國農村的情況不同。在中國，由於「養子防老」更強調兒子照顧父母的責任，媳婦跟丈夫一起必須首先孝敬他的父母，所以平均而言，媳婦給予婆家的財務支持高於給她娘家的支持。Chen, Yvonne Jie, Zhiwu Chen, and Shijun He. "Social Norms and Household Savings Rates in China." Review of Finance 23.5 (2019). Table 11.
70. 柔佛巴魯〈婚嫁格局變動與鄉村發展—以康村通婚圈為例〉，《人口學刊 1》，2000：32–36。
71. 楊雲彥〈我國人口婚姻遷移的宏觀流向初析〉，《南方人口 4》，1992：39–42。也可參照：譚琳、蘇珊、蕭特〈「雙重外來者」的生活：女性婚姻移民的生活經歷分析〉，《社會學研究 2》，2003：75–83。
72. Rosenzweig, Mark R. "Women, Insurance Capital, and Economic Development in Rural India." Journal of Human Resources (1993): 735–758.
73. Patricia Drey. "India's Arranged Marriage Traditions Live on in U.S." The New York Times (May 7, 2003).
74. 多年前一位學生告訴筆者：大學期間，寒暑假回老家，母親總給她安排多位小夥子相親；看到她每次都不喜歡後，母親就問她到底喜歡什麼樣的男生；在她列舉了各種要求之後，她母親不高興並說，「其他什麼都列出了，就是漏掉了最重要的一項！」她納悶：「漏掉了什麼最重要的要求呢？」母親大聲回答：「必須孝敬老人！」大學畢業不久，她跟母親挑選的小夥子結婚了。
75. Huang, Fali, Ginger Zhe Jin, and Lixin Colin Xu. "Love, Money, and Parental Goods: Does Parental Matchmaking Matter?" Journal of Comparative Economics 45.2 (2017): 224–245.
76. 有關介紹，參見：袁璐坡〈張作霖六個女兒的幸與不幸〉，《名人傳記月刊 12》，2015：47–50；高遠〈張作霖的十四位子女今何在〉，《僑園 1》，1995：38–39。
77. 有關這一分析的細節，參見：Hess, Gregory D. "Marriage and Consumption Insurance: What's Love Got to Do With It." Journal of Political Economy 112.2 (2004): 290–318. 有趣的是，社會學實證研究也印證了這一結論，比如：McClintock, Elizabeth Aura. "Beauty and Status: The Illusion of Exchange in Partner Selection?" American Sociological Review 79.4

of Farming and Private Property During the Early Holocene." Proceedings of the National Academy of Sciences 110.22 (2013): 8830–8835.

57. 有學者認為「一夫一妻」制度的出現和興起也與此有關，如：Osmond, Marie W. "Toward Monogamy: A Cross-cultural Study of Correlates of Type of Marriage." Social Forces 44.1 (1965): 8–16. 不過，學術界就這一點尚未達成共識。
58. 在十九世紀中期以前的美國、古代歐洲、當代伊斯蘭社會、二十世紀以前的中國等社會，妻子甚至所有女性都不能擁有財產，這在根本上帶來各方面的男女不平等。Peter A.E. Koudijs, Laura Salisbury. "Marrying for Money: Evidence from the First Wave of Married Women's Property Laws in the U.S." Stanford University Graduate School of Business Working Paper No. 3811 (2016).
59. Dalton Conley. "Spread the Wealth of Spousal Rights." New York Times (May 20, 2007).
60. 在中國，婚姻權利也很多，而且到近年，由於房地產調控政策的各種新規，推演出了許多新的婚姻權利。比如，夫妻是一家，單身成年人也算一家，而每家只能通過按揭購一套房。於是，在限購規則下，不少人通過離婚獲得多購一套房的資格，購房後再重婚並將房產集中過戶到夫妻中的一方，然後再離婚、再購房，這個過程可以不斷重複下去。筆者親自聽到的因限購造成的離婚重婚次數最多的是十七次。另外，零點財經論壇的沉雁二〇一八年十二月二十六日的一篇文章很有意思（《人性是如何崩潰的：我和丈母娘結婚了！》，https://mp.weixin.qq.com/s/DbeUa4AbXb7w9D374R6Dxw ），「這幾天有一個圖片很熱刷，一位女婿曬他是如何繼承丈母娘財產的。丈母娘有價值千萬元的房產，如果按照正常程式繼承轉讓，必須繳納八十萬元的稅款，女婿如果以和丈母娘結婚的方式過戶房產，只需要工本費八十元。在八十元和八十萬元的權衡下，女婿堅決選擇了與女兒離婚之後，與丈母娘結婚過戶房產，之後再與丈母娘離婚，再與女兒結婚」。連這位女婿自己在微博中都說「雖然有違人倫，可是一百六十元與八十萬元，一個是幾包煙的錢，一個是四年的工資。反正是假的，這個人倫也就違了」。可見，許多婚姻權利是因為各種合理與不合理的政策法規所致，這些法規扭曲了倫理道德規則，削弱了婚姻的嚴肅性。
61. 道格拉斯·諾斯、約翰·瓦利斯、巴里·溫格斯特《暴力與社會秩序：詮釋有文字記載的人類歷史的一個概念性框架》，上海：格致出版社，2013。諾斯的許多其他著作也可參考，幫助我們從產權理論理解婚姻與家庭背後的演變邏輯。Cheung, Steven NS. "The Enforcement of Property Rights in Children, and the Marriage Contract." The Economic Journal (1972): 641–657。
62. 尤瓦爾·赫拉利《人類簡史：從動物到上帝》，林俊宏譯，北京，中信出版社，2014。
63. 陳顧遠《中國婚姻史》，北京：商務印書館，2014：56–57。
64. Low, Bobbi S. "Marriage Systems and Pathogen Stress in Human Societies." American Zoologist 30.2 (1990): 325–340.
65. Low, Bobbi S. "Marriage Systems and Pathogen Stress in Human Societies." American Zoologist 30.2 (1990): 325–340. Figures 1, 2.

Church, Volume 27), Catholic University of America Press, 1st edition, 1955: 31–34.

45. Murdock, George P. Atlas of World Cultures. Pittsburgh: University of Pittsburgh Press, 1967.

46. 當然，這裡有「生存者偏差」(survivorship bias) 問題，因為我們只能看到活下來的社會，看不到被淘汰了的社會（種族）。由於真正能生育的只有女性，讓一個女性擁有多位男性，在實際效果上導致社會的整體生育率下降（相對於「一夫一妻」制而言），「一妻多夫」社會的家庭一般小於「一夫多妻」社會的家庭規模。長此以往，這種社會的人口註定下降，而不是上升，增加滅種的概率。因此，只有四個「一妻多夫」社會存活到現在。

47. 恩格斯較早意識到「鐵犁」與男性優勢地位間的聯繫，參見：恩格斯《家庭、私有制和國家的起源》，《馬克思恩格斯全集；第 4 卷》，北京：人民出版社，1995：45。近年來的新研究很多，可見：Alesina, Alberto, Paola Giuliano, and Nathan Nunn. "On the Origins of Gender Roles: Women and the Plough." The Quarterly Journal of Economics 128.2 (2013): 469–530；Jayachandran, Seema. "The Roots of Gender Inequality in Developing Countries." Annual Review of Economics 7.1 (2015): 63–88；Alesina, Alberto, Paola Giuliano, and Nathan Nunn. "Traditional Agricultural Practices and the Sex Ratio Today." PloS one 13.1 (2018): e0190510；Murdock, George P., and Caterina Provost. "Factors in the Division of Labor by Sex: A Cross-cultural Analysis." Ethnology 12, No. 2 (1973): 203–225.

48. V. Gordon Childe. What Happened in History. London: Penguin Books, 1942.

49. 恩格斯《家庭、私有制和國家的起源》，《馬克思恩格斯全集；第 4 卷》，北京：人民出版社，1995。

50. 這句話的前一半是大衛·阿伯利對世界範圍內母系社會分布做比較研究得出的結論，具體見：Aberle, David F. "Matrilineal Descent in Cross-cultural Perspective." Matrilineal kinship (1961): 655–727. 關於魚的後半句，出自論文：Ben-Yishay, Ariel, Pauline Grosjean, and Joe Vecci. "The Fish is the Friend of Matriliny: Reef Density and Matrilineal Inheritance." Journal of Development Economics 127 (2017): 234–249.

51. 以下內容出自阿伯利的研究：Aberle, David F. "Matrilineal Descent in Cross-cultural Perspective." Matrilineal kinship (1961): 655–727.

52. Murdock, George P. Atlas of World Cultures. Pittsburgh: University of Pittsburgh Press, 1967.

53. Ben-Yishay, Ariel, Pauline Grosjean, and Joe Vecci." The Fish is the Friend of Matriliny: Reef Density and Matrilineal Inheritance." Journal of Development Economics 127 (2017): 234–249.

54. Alesina, Alberto, Paola Giuliano, and Nathan Nunn. "On the Origins of Gender Roles: Women and the Plough." The Quarterly Journal of Economics 128.2 (2013): 469–530.

55. Benjamin Enke. "Kinship, Cooperation, and the Evolution of Moral Systems", The Quarterly Journal of Economics 134.2 (2019): 953–1019.

56. 近年來，不同學科的學者都注意到了這一點，並相應探索農業、不平等與暴力的協同演化。有關以上結論，可見：Scott, James C., Against the Grain: a Deep History of the Earliest States. Yale University Press, 2017.Bowles, Samuel, and Jung-Kyoo Choi. "Coevolution

版社，1995。

30. 有的母系社會甚至推出理論說，在婦女懷孕期間，只要跟她有過性關係的男人，都對胚胎的成長有貢獻，因此在子女出生後有作為「父親之一」的責任與權利。愛德華・韋斯特馬克《人類婚姻史》，李彬譯，北京：商務印書館 , 2015：201，第四、五章有更多介紹和討論。
31. Kaplan, Hillard, et al. "A Theory of Human Life History Evolution: Diet, Intelligence, and Longevity"，Evolutionary Anthropology: Issues, News, and Reviews 9.4 (2000): 156–185. 在二〇〇九年的後續研究中，他和合作者進一步總結了膳食結構、家庭組成與財富分配間的協同演進關係。關於這一點，可見：Kaplan, Hillard S., Paul L. Hooper, and Michael Gurven. "The Evolutionary and Ecological Roots of Human Social Organization." Philosophical Transactions of the Royal Society B: Biological Sciences 364.1533 (2009): 3289–3299.
32. The Economist, "Hunter-gatherers: Noble or Savage?" Economist (December 19, 2007).
33. 愛德華・韋斯特馬克《人類婚姻史》，李彬譯，北京：商務印書館 , 2015：1155。
34. 尤瓦爾・赫拉利《人類簡史 : 從動物到上帝》，林俊宏譯，北京，中信出版社，2014：40。
35. 恩格斯《家庭、私有制和國家的起源》，《馬克思恩格斯全集；第 4 卷》，北京：人民出版社，1995：45。V. Gordon Childe, What Happened in History, London: Penguin Books, 1942.
36. 根據王躍生對清代刑科題本一九一〇件檔案的研究，在十八世紀的中國，有妾家庭占二 ·三一%，由於這些涉及婚姻命案的家庭以中下層為主，說明納妾不只是豪門貴族的特權，在一般人中也很普遍，而且全國各地都有。雖然有法律禁止平民在四十歲以後納妾，但現實中並沒得到嚴格執行（王躍生《十八世紀中國婚姻家庭研究 : 建立在 1781—1791 年個案基礎上的分析》，北京：法律出版社，2000：78）。但是，劉翠溶對明清時期四十九個家族的研究發現，有的宗族裡已婚女子中高達三五%是妾，也有的家族裡妾占已婚女性的二〇%，但平均占比為三 ·五%。劉翠溶《明清時期家族人口與社會經濟變遷》，臺北：中央研究院經濟研究所出版，1992：46–47。
37. 這裡引自：王利華《中國家庭史（第一卷）：先秦至南北朝時期》，廣州：廣東人民出版社，2007：64–65。他依賴的考古證據來自：高煒，等 . 關於陶寺墓地的幾個問題 . 考古 No. 6. 1983.
38. 宋鎮豪《夏商社會生活史》，上海，上海文藝出版社，2001：141–189。
39. Hirschfeld, Magnus. Men and Woman: The World Journey of a Sexologist. New York: G. P. Putnam's Sons, 1935.
40. 陳顧遠《中國婚姻史》，北京：商務印書館，2014：51–53。
41. 曹永潔〈古代日本人的兩性意識〉，《北京社會科學　No.5》，2016：85–93.
42. Luck, William F. Divorce and Remarriage: Recovering the Biblical View. Harper & Row, 1987.
43. Coontz, Stephanie. Marriage, a History: How Love Conquered Marriage. Penguin, 2006: 87.
44. St. Augustine, Bishop of Hippo, Treatises on Marriage and Other Subjects (The Fathers of the

10. 關於不同社會的婚姻演變歷史，最系統的著作是一八九一年愛德華·韋斯特馬克的《人類婚姻史》(History of Human Marriage)。
11. Ellis, Havelock. Studies in the Psychology of Sex. Vol. 6. Philadelphia: F.A. Davis Company, 1911: 423.
12. Halstead, Paul, and John O'Shea, eds. Bad Year Economics: Cultural Responses to Risk and Uncertainty. Cambridge University Press, 2004.
13. 這段話引自民國時期岑步文翻譯的版本，但這個版本已無法找到，這裡的譯文源自：陳顧遠《中國婚姻史》，北京：商務印書館，2014：3。
14. 錢大昕《潛研堂集》，上海：上海古籍出版社，1989：108。
15. 恩格斯《家庭、私有制和國家的起源》，《馬克思恩格斯全集；第 4 卷》，北京：人民出版社，1995。
16. 王利華《中國家庭史（第一卷）：先秦至南北朝時期》，廣州：廣東人民出版社，2007：22–24。
17. 王利華《中國家庭史（第一卷）：先秦至南北朝時期》，廣州：廣東人民出版社，2007：25–27。也見：愛德華·韋斯特馬克《人類婚姻史》，李彬譯，北京：商務印書館 , 2015。
18. 恩格斯《家庭、私有制和國家的起源》，《馬克思恩格斯全集；第 4 卷》，北京：人民出版社，1995：45。
19. Stephanie Coontz, Marriage, a History: How Love Conquered Marriage. New York: Penguin Books, 2006: 39.
20. Bruce Winterhalder, "Open Field, Common Pot: Harvest Variability and Risk Avoidance in Agricultural and Foraging Societies," in Elizabeth Cashdan, ed., Risk and Uncertainty in Tribal and Peasant Economies, Boulder: Westview Press, 1990: 82.
21. 該經典著作為：George, Akerlof. "The Market for 'Lemons': Quality Uncertainty and the Market Mechanism." Quarterly Journal of Economics 84, No. 3 (1970): 488–500.
22. Arrow, Kenneth J. "Uncertainty and the Welfare Economics of Medical Care." American Economic Review (1963): 941–973.
23. 王利華《中國家庭史（第一卷）：先秦至南北朝時期》，廣州：廣東人民出版社，2007：28。
24. 恩格斯《家庭、私有制和國家的起源》，《馬克思恩格斯全集；第 4 卷》，北京：人民出版社，1995：45。
25. Barton, George Aaron. A Sketch of Semitic Origins: Social and Religious. Macmillan, 1902.
26. Stites, Sara H., Economics of the Iroquois, Berkeley: University of California Libraries (1905).
27. 愛德華·韋斯特馬克《人類婚姻史》，李彬譯，北京：商務印書館 , 2015：20–21。
28. Arrow, Kenneth J. "Uncertainty and the Welfare Economics of Medical Care." American Economic Review (1963): 941–973.
29. 恩格斯《家庭、私有制和國家的起源》，《馬克思恩格斯全集；第 4 卷》，北京：人民出

104. Ter Haar, Barend J. Telling Stories: Witchcraft and Scapegoating in Chinese History. Vol. 71. Brill, 2006.
105. Eidinow, Esther. Oracles, Curses, and Risk Among the Ancient Greeks. Oxford University Press, 2007；李零《中國方術考》，北京，東方出版社，2000。

第四章

1. 李海燕談道，中文裡的情感表達主要是通過「情」這個字，而不是浪漫主義的「愛」。李海燕《心靈革命：現代中國愛情的譜系》，修佳明譯，北京：北京大學出版社，2018。
2. 潘翎發現，「愛情」一詞是清末翻譯家林紓發明的，在翻譯歐洲小說時，林紓把愛與情結合在一起，以表達愛的浪漫情感意義，跟「父愛」、「母愛」、「親情」相區分。Lynn Pan. When True Love Came to China. Hong Kong: University of Hong Kong Press, 2015.
3. Coontz, Stephanie. Marriage, a History: How Love Conquered Marriage. New York: Penguin Books, 2006.
4. Coontz, Stephanie. Marriage, a History: How Love Conquered Marriage. New York: Penguin Books, 2006: 18.
5. 亞當・斯密用扣針製造業作為案例講明專業分工帶來的效益，「一個人抽鐵線，一個人拉直，一個人切截，一個人削尖線的一端，一個人磨另一端，以便裝上圓頭……裝圓頭、塗白色，乃至包裝，都是專門的職業。這樣，扣針的製造分為十八種操作。有些工廠，這十八種操作，分由十八個專門工人擔任 ……我見過一個這種小工廠，只雇用十個工人，因此在這一個工廠中，有幾個工人擔任二三種操作。這樣一個小工廠的工人雖很窮困，他們的必要機械設備雖很簡陋，但他們如果勤勉努力，一日也能成針十二磅。以每磅中等針有四千枚計，這十個工人每日就可成針四萬八千枚，即一人一日可成針四千八百枚。如果他們各自獨立工作，不專習一種特殊業務，那麼他們不論是誰，絕對不能一日製造二十枚針，說不定一天連一枚針也製造不出來」。 分工合作帶來的生產率提升顯而易見，可是，怎樣組織不同人日復一日齊心協力、共同合作呢？這就需要創新跨期承諾的執行機制。
6. 根據現有的估算，在典型的狩獵採集社會中，男性大致獵獲了人均熱量消耗的六八%、蛋白質消耗的八八%；女性採集得到的熱量約占三二%、蛋白質占一二%。不過，前者的不確定性遠高於後者，男人從事的是「高風險」、「高收益」活動。有關這一點的深入分析，參見：Kaplan, Hillard, et al. "The Embodied Capital Theory of Human Evolution." Reproductive Ecology and Human Evolution (2001): 293–317.
7. Coontz, Stephanie. Marriage, a History: How Love Conquered Marriage. New York: Penguin Books, 2006: 67.
8. 諾貝爾獎得主貝克在其經典著作中也談到婚姻帶來的勞動分工作用。Becker, Gary Stanley. A Treatise on the Family. Harvard University Press, 1991. 中文版：蓋瑞・斯坦利・貝克《家庭論》，王獻生、王宇譯，北京：商務印書館，1998。
9. Johnson, Paul. A History of the Jews, New York: Harper Perennial, 1987: 201.

Rationality." Risk Analysis 24.2 (2004): 311–322.
91. 對塔隆根人及其恐懼的人類學描寫，參見：Nydegger, William Frank, and Corinne Nydegger. Tarong: an Ilocos Barrio in the Philippines. Vol. 6. Wiley, 1966.
92. 對「自然恐懼」的探討，參見：Tuan, Yi-Fu. Landscapes of Fear. Pantheon, 1981. 中文版：段義孚《無邊的恐懼》，徐文寧譯，北京：北京大學出版社，2011. 更一般的敘述，參見：Harrison, Robert Pogue. Forests: The Shadow of Civilization. University of Chicago Press, 2009.
93. Forrest, David, Robert Simmons, and Neil Chesters. "Buying a Dream: Alternative Models of Demand for Lotto." Economic Inquiry 40.3 (2002): 485–496.
94. 二者可以統一到所謂「預期效用」的分析框架之下，參見：Loewenstein, George. "The Pleasures and Pains of Information." Science 312.5774 (2006): 704–706；理論方面的分析，參見：Caplin, Andrew, and John Leahy. "Psychological Expected Utility Theory and Anticipatory Feelings." The Quarterly Journal of Economics 116.1 (2001): 55–79.
95. 有關這一實驗的細節，參見：Loewenstein, George. "Anticipation and the Valuation of Delayed Consumption." The Economic Journal 97.387 (1987): 666–684.
96. Chou, Eileen Y., Bidhan L. Parmar, and Adam D. Galinsky. "Economic Insecurity Increases Physical Pain." Psychological Science 27.4 (2016): 443–454.
97. 迷信的賭徒與不迷信的賭徒，雖然去賭場的客觀預期損失一樣，但迷信的賭徒獲得的快感可能更高。如果去賭場的目的本來就是「好玩」、「快感，那麼迷信帶來的主觀「收益」就更高。
98. Sosis, Richard, and W. Penn Handwerker. "Psalms and Coping With Uncertainty: Religious Israeli Women's Responses to the 2006 Lebanon War." American Anthropologist 113.1 (2011): 40–55.
99. 對這一系列研究的綜述，參見：Mathews, Andrew, and Colin MacLeod. "Cognitive Vulnerability to Emotional Disorders." Annual Review of Clinical Psychology.1 (2005): 167–195.
100. 實驗細節及更多相關的結論，參見：Bryan, Gharad, Shyamal Chowdhury, and Ahmed Mushfiq Mobarak. "Underinvestment in a Profitable Technology: The Case of Seasonal Migration in Bangladesh." Econometrica 82.5 (2014): 1671–1748. 此外，也可參見另一個經典心理學實驗：Whitson, Jennifer A., and Adam D. Galinsky. "Lacking Control Increases Illusory Pattern Perception." Science 322.5898 (2008): 115–117.
101. Mullainathan, Sendhil, and Eldar Shafir. Scarcity: Why Having too Little Means so Much. Macmillan, 2013.
102. Defoe, Daniel. A Journal of the Plague Year. Vol. 9. D. Estes & Company, 1904.
103. 對這一題目詳盡的定量分析，參見：Padgett, Vernon R., and Dale O. Jorgenson. "Superstition and Economic Threat: Germany, 1918–1940." Personality and Social Psychology Bulletin 8.4 (1982): 736–741.

於可控，跟上面談到的結果是否受到人行為的影響不同。Wright, Perry B., and Kristi J. Erdal. "Sport Superstition as a Function of Skill Level and Task Difficulty." Journal of Sport Behavior 31.2 (2008): 187.

77. 以下內容請見：Henslin, James M. "Craps and Magic." American Journal of Sociology 73.3 (1967): 316–330.
78. 劉昭瑞 , 霍志釗《蝶變》，北京：商務印書館，2017。
79. Kieckhefer, Richard. Magic in the Middle Ages. Cambridge University Press, 2000. 你可以在這本書中找到更多這方面的有趣例子。
80. Hafer, Carolyn L., and Robbie Sutton. "Belief in a Just World." Handbook of Social Justice Theory and Research. New York: Springer, (2016): 145–160.
81. 無論是在中國還是在身居美國的亞裔群體中，這一現象都存在，具體見：Johnson, Noel D., and John VC Nye. "Does Fortune Favor Dragons?." Journal of Economic Behavior & Organization 78.1–2 (2011): 85–97; Mocan, Naci H., and Han Yu. "Can Superstition Create a Self-fulfilling Prophecy? School Outcomes of Dragon Children of China". No. w23709. National Bureau of Economic Research, 2017.
82. Sim, Nicholas. "Astronomics in Action: the Graduate Earnings Premium and the Dragon Effect in Singapore." Economic Inquiry 53.2 (2015): 922–939.
83. 以下內容見：Nunn, Nathan, and Raul Sanchez de la Sierra. "Why Being Wrong Can be Right: Magical Warfare Technologies and the Persistence of False Beliefs." American Economic Review 107.5 (2017): 582–87.
84. 上引 Nunn 和 Sanchez de la Sierra 的研究述及了這一點。敦煌的情況，參見：鄭炳林〈晚唐五代敦煌占卜中的行為決定論〉，《敦煌學輯刊 1》，2003：1–11。
85. 張鳴〈華北農村的巫覡風習與義和團運動〉，《清史研究 4》，1998：82–90。
86. 對這類「技巧」全面而不失幽默的闡釋，參見：Pratkanis, Anthony R. "How to Sell a Pseudoscience." Skeptical Inquirer 19.4 (1995): 19–25.
87. 以下內容引自：Damisch, Lysann, Barbara Stoberock, and Thomas Mussweiler. "Keep Your Fingers Crossed! How Superstition Improves Performance." Psychological Science 21.7 (2010): 1014–1020.
88. Loewenstein, George F., et al. "Risk as Feelings." Psychological Bulletin 127.2 (2001): 267.
89. Epstein, Seymour. "Integration of the Cognitive and the Psychodynamic Unconscious." American Psychologist 49.8 (1994): 709. 對這一點最引人入勝的闡釋，參見：Kahneman, Daniel. Thinking, fast and slow. Macmillan, 2011.
90. 關於毒物學家和分析師的研究，參見：Slovic, P., et al. "Influence of Affective Processes on Toxicologists' Judgments of Risk." Unpublished study, Decision Research, Eugene, OR (1997); Ganzach, Yoav. "Judging Risk and Return of Financial Assets." Organizational Behavior and Human Decision Processes 83.2 (2000): 353–370. 更多此類研究，參見：Slovic, Paul, et al. "Risk as Analysis and Risk as Feelings: Some Thoughts About Affect, Reason, Risk, and

(2005): 1153–1172.
65. Miguel, Edward. "Poverty and Witch Killing." The Review of Economic Studies 72, No. 4 (2005): 1153–1172.
66. Miguel, Edward. "Poverty and Witch Killing." The Review of Economic Studies 72, No. 4 (2005): 1153–1172.
67. Miguel, Edward. "Poverty and Witch Killing." The Review of Economic Studies 72, No. 4 (2005): 1153–1172.
68. 對下列內容的詳盡討論，可見：Manduhai Buyandelgeriyn. "Dealing With Uncertainty: Shamans, Marginal Capitalism, and the Remaking of History in Postsocialist Mongolia." American Ethnologist 34.1 (2007): 127–147. 這個現象當然不只蒙古國有，其他社會在經歷轉型後，也都因為不確定性的增加而失去安全感，結果也訴求於迷信。對轉型期當地居民應對風險辦法的進一步闡釋，可見：Manduhai Buyandelgeriyn. "Post-post-transition Theories: Walking on Multiple Paths." Annual Review of Anthropology 37 (2008): 235–250.
69. 69 來自《每日電訊報》相關新聞頁面：http://www.telegraph.co.uk/sport/football/teams/arsenal/4805924/Top-10-Football-superstitions-to-rival-Arsenals-Kolo-Toure.html.
70. Burke, Kevin L., Daniel R. Czech, Jennifer L. Knight, Lisa A. Scott, A. Barry Joyner, Steven G. Benton, and H. Keith Roughton. "An Exploratory Investigation of Superstition, Personal Control, Optimism and Pessimism in NCAA Division I Intercollegiate Student-athletes." Athletic Insight 8, No. 2 (2006): 1–28.
71. 以下內容，見於：Malinowski, Bronislaw. Argonauts of the Western Pacific: An Account of Native Enterprise and Adventure in the Archipelagoes of Melanesian New Guinea. Routledge & Sons, Limited, 1961. 中文版：布洛尼斯拉夫．馬林諾夫斯基《西太平洋上的領航者》，萬秀英譯，北京：商務印書館，2017。
72. 屈大均《 廣東新語》，北京：中華書局，1985。
73. 以下研究印證了這一觀察。Felson 和 Gmelch 在美國和愛爾蘭調查了數百名大學生。問卷包含以下內容：首先，詢問他們在參加考試、賭博、生病、進行體育比賽等活動之前，感受到的不確定程度和焦慮程度；其次，詢問是不是相信巫術可以改變運氣，以及巫術能不能降低焦慮；最後，詢問他們採用巫術的比例。結果，學生們普遍把賭博、體育比賽的不確定性程度排在考試和生病之前。這也是採取巫術行動的比例排序。也就是說，學生自己感覺到的不確定性愈強，採用巫術的學生比例就愈高。有關這一研究，參見：Felson, Richard B., and George Gmelch. "Uncertainty and the Use of Magic." Current Anthropology 20.3 (1979): 587–589.
74. Stigler, George J. "Law or Economics?" The Journal of Law and Economics 35.2 (1992): 455–468.
75. 以下內容引自：Malinowski, Bronislaw. A Scientific Theory of Culture and Other Essays. Psychology Press, 2001.
76. 這裡講的「可控」是指結果是否存在確定性，「有把握」：如果結果確定性大，則屬

「魔法」治療。當然這是治不好的，但鄉親們在不可知的「病魔」面前也找不到其他招數。

48. 陳寅恪《三國志曹沖華佗傳與佛教故事》，《寒柳堂集》，北京：三聯書店，2001。
49. 見：徐騰《他奶奶的廟！一個清華博士的野路子研究和暗中觀察，看完笑趴下了》，經典文學讀書文摘. 2017 : 8.9（https://mp.weixin.qq.com/s/pVUhV1yKP5VUnNZgdzssbA ）。
50. 以下內容均引自：楊慶堃《中國社會中的宗教：宗教的現代社會功能與其歷史因素之研究》，範麗珠等譯，上海：上海人民出版社 , 2007.
51. 楊慶堃《中國社會中的宗教：宗教的現代社會功能與其歷史因素之研究》，範麗珠等譯，上海：上海人民出版社 , 2007.
52. Sharer, Robert J., and Loa P. Traxler. The Ancient Maya (6th ed.). Stanford University Press, 2006.
53. Juan de Dios González. "Gonzalo Guerrero, Primer Mexicano Por Voluntad Propia" (Gonzalo Guerrero, First Mexican by his Own Free Will). Inventio: la génesis de la cultura universitaria en Morelos (in Spanish). Cuernavaca, Morelos, Mexico: Universidad Autónoma del Estado de Morelos 4 (2008): 23–26.
54. Sharer, Robert J., and Loa P. Traxler. The Ancient Maya (6th ed.). Stanford University Press, 2006.
55. Sharer, Robert J., and Loa P. Traxler. The Ancient Maya (6th ed.). Stanford University Press, 2006.
56. Oster, Emily. "Witchcraft, Weather and Economic Growth in Renaissance Europe." Journal of Economic Perspectives 18, No. 1 (2004): 215–228.
57. Jess Blumberg. "A Brief History of the Salem Witch Trials: One Town's Strange Journey From Paranoia to Pardon." The Smithsonian Magazine (October 23, 2007).
58. Leeson, Peter T., and Jacob W. Russ. "Witch Trials." The Economic Journal 128.613 (2018): 2066–2105.
59. Robin Briggs. Witches and Neighbours: the Social and Cultural Context of European Witchcraft. New York: Viking, 1996.
60. 第一章談到，明末李自成起義受益於中國北方經歷的接連不斷的乾旱「小冰河期」，這是北半球當時經歷的同一氣候變化。
61. Emily Oster. "Witchcraft，Weather and Economic Growth in Renaissance Europe". The Journal of Economic Perspectives 18.1（2004）: Figure1.
62. Voigtländer, Nico, and Hans-Joachim Voth. "Persecution Perpetuated: the Medieval Origins of Anti-Semitic Violence in Nazi Germany." The Quarterly Journal of Economics 127, No. 3 (2012): 1339–1392.
63. 原圖刊登於 1493 年的 Liber Chronicarum. 這裡轉引自：Voigtländer Nico，and Hans-Joachim Voth. 'Persecution Perpetuated：the Medieval Origins of Anti-Semitic Violence in Nazi Germany.' The Quarterly Journal of Economics 127，No.3（2012）：1339—1392.
64. Miguel, Edward. "Poverty and Witch Killing." The Review of Economic Studies 72, No. 4

Causes. Penguin UK, 2011. Figure 2–3, 51–52.

34. Pinker, S. The Better Angels of Our Nature: The Decline of Violence in History and Its Causes. Penguin UK, 2011: 50.
35. 道格拉斯．諾思《制度、制度變遷與經濟績效》，杭行譯，韋森譯審，上海：格致出版社，2014；道格拉斯．諾思、張五常等《制度變革的經驗研究》，羅仲偉譯，北京：經濟科學出版，2003；道格拉斯．諾思、約翰．約瑟夫．瓦利斯、巴里．溫格斯特《暴力與社會秩序：詮釋有文字記載的人類歷史的一個概念性框架》，杭行、王亮譯，上海：格致出版社，2013。
36. Leeson, Peter T. "God Damn": The Law and Economics of Monastic Malediction." The Journal of Law, Economics, & Organization 30.1 (2012): 193–216.
37. 37 Leeson, Peter T. "Gypsy law." Public Choice 155.3–4 (2013): 273–292.
38. Greif, Avner. "Reputation and Coalitions in Medieval Trade: Evidence on the Maghribi Traders." The Journal of Economic History 49, No. 4 (1989): 857–882. Greif, Avner. "Contract Enforceability and Economic Institutions in Early Trade: The Maghribi Traders' Coalition." The American Economic Review (1993): 525–548.
39. 蘇基朗《刺桐夢華錄：近世前期閩南的市場經濟，946—1368》，李潤強譯，杭州：浙江大學出版社，2012：294。
40. 40 步德茂 . 過失殺人、市場與道德經濟：18 世紀中國財產權的暴力糾紛 . 北京 : 社會科學文獻出版社 , 2008.
41. 鄧雲特《中國救荒史》，北京：商務印書館，2011：231. 這段引文來自民國十四年七月二十二日《申報》。
42. 今天在中國，股民普遍偏愛代碼以八或九結尾的股票，遠離四、五結尾的倒楣股，就是這方面的一個例子。
43. 有關這一點的深入敘述，參見：烏丙安《中國民間信仰》，上海：上海人民出版社，1992。
44. 這些節日中最盛大的是一年一度的賽馬神，「六月七日賽馬神……細供三百分，次了（料）壹百分……胡餅壹百，又灌長（腸）麩面貳鬥」。此次共耗面達十二石五鬥四升四合，按當時每日人均二升面的定量，可供六百二十七人食用。譚蟬雪〈敦煌祈賽風俗〉，《敦煌研究 No. 4》，1993: 61–67。
45. 大姚縣彝族傳說，其祖先是由人的精血和杜鵑花樹結合而成。拉祜族的苦聰人傳說，他們的祖先是由樹根蛻變而成。維吾爾族則有神樹母親的傳說，根據《烏斯傳》，烏古斯汗娶了樹洞中的姑娘為妻，生三子，繁衍而成維吾爾族。臺灣高山族泰雅人傳說其始祖是天地初開之時，由大樹生出男女二人，他們結婚而繁衍了其族類，等等。徐君〈試論樹神崇拜〉，《宗教學研究 No. 1》，1994：57–64。
46. 關於各行業神的更多介紹，參見：李喬《行業神崇拜 : 中國民眾造神運動研究》，北京：中國文聯出版社，2002。
47. 即使到筆者小時候的二十世紀六、七十年代，在湖南鄉下，很多病還是靠巫師占卜、大學清史研究所工作論文 , 2017。

22. 紐約大學 Svolik 教授收集了一九四六年至二〇〇八年間三百一十六位元威權國家領導人的樣本，發現其中兩百零五位元是被統治階層內部人推翻甚至被殺頭的，占比達到六五 ·九％，這個比例與中國歷史上謀殺皇帝的身邊人占比類似。他尤其發現，民主國家領導人中死於非命的比例遠低於王朝君主死於非命的比例，基本印證了兩千多年前亞里斯多德在《政治學》第五卷第一章所說：「平民政體（democracy, 即民主政體一引者加）還是比寡頭政體（即威權政體）更加安定和平穩。因為在寡頭政體中存在兩重禍根：或者是寡頭之間結党互鬥，或者是寡頭們與平民之間拼死相爭；然而在平民政體中就只有平民與寡頭之間的鬥爭……平民政體比寡頭政體更加接近由中產階層組成的共和政體，而這樣的政體是最為安定的一類政體。」也就是說，基於「君權神授」的王朝，迷信很容易刺破，而民主政體中，統治者是民選，統治階層內部沒什麼好鬥的，因為即使他們把總統殺掉也無濟於事。Svolik, Milan, The Politics of Authoritarian Rule, Cambridge: Cambridge University Press 2012.
23. De la Vega, Garcilaso. The Incas: The Royal Commentaries of the Inca. New York: The Orion Press. 1961.
24. 關於梁啟超介紹伯倫知理著作的背景和引文，參見：川尻文彥〈梁啟超的政治學——以明治日本的國家學和伯倫知理的受容為中心〉,《洛陽師範學院學報 30. No.1》，2011: 1–9. 也可參見：沈潔〈「反迷信」話語及其現代起源〉,《史林 2》，2006：30–42。
25. 2 基於迷信治理的類似論述不少。《禮記 · 月令》強調：「孟秋之月，命有司，修法治，繕囹圄，具桎梏……戮有罪，嚴斷刑。」
26. 姜曉敏〈中國古代死刑的文化透視〉，中國政法大學監獄史學研究中心編，《中國監獄文化的傳統與現代文明》，北京：法律出版社，2006。
27. 李澤厚《說巫史傳統》，上海：上海譯文出版社，2011；李澤厚《由巫到禮　釋禮歸仁》，北京：三聯書店，2015。
28. Lerner, Melvin J. The Belief in a Just World. Springer, 1980. 9–30.
29. 唐大潮等注《太上感應篇》，北京：中國社會科學出版社 , 1996.
30. 更細緻深入的分析，可見：Leeson, Peter T. "Ordeals." The Journal of Law and Economics 55.3 (2012): 691–714；Leeson, Peter T., and Christopher J. Coyne. "Sassywood." Journal of Comparative Economics 40.4 (2012): 608–620.
31. 有關神判法的更多分析，參見：Leeson, Peter T. "Ordeals." The Journal of Law and Economics 55.3 (2012): 691–714. 對「無政府狀態下，如何借助迷信實現良好治理」這一問題的闡述，參見：Leeson, Peter T. Anarchy Unbound: Why Self-governance Works Better Than you Think. Cambridge University Press, 2014.
32. 從筆者跟張曉鳴對大樣本考古資料庫的初步研究結果看（待發表），周朝墓主的平均死亡年齡和平均身高都顯著高於夏（或商）朝早期，這一發現支持我們這裡所講的基於「巫術迷信」建立國家秩序所帶來的積極效果，儘管這種秩序的基礎是迷信。
33. 33 Pinker, S. The Better Angels of Our Nature: The Decline of Violence in History and Its

5. Plato. Theaetetus. Alex Catalogue, 2001. 自 Gettier 1963 年的批評之後，當代哲學對「何為知識」這一問題已經有了許多新的看法。這些討論與「何為迷信」關聯不大，本書不再展開。
6. 後一層面的定義，參見：Womack, Mari. "Why Athletes Need Ritual: A Study of Magic Among Professional Athletes." Sport and Religion (1992): 191–202.
7. Dömötör, Zsuzsanna, Roberto Ruíz Barquín, and Attila Szabo. "Superstitious Behavior in Sport: A Literature Review." Scandinavian Journal of Psychology 57.4 (2016): 368–382.
8. Vyse, Stuart A. Believing in Magic: The Psychology of Superstition. Oxford University Press, 2013.
9. 李澤厚《由巫到禮　釋禮歸仁》，北京：三聯書店，2015。
10. 劉文鵬《一六七九年京師大地震與康熙朝政權建設》，國家清史纂修領導小組辦公室編，《清史鏡鑒》，北京：國家圖書館出版社，2011。
11. 起居注官庫勒納，王鴻緒，康熙十八年起居註冊。
12. 康熙十八年七月，皇帝命滿漢大學士以下副都禦史以上各官集左翼門，由侍衛費耀色齎口傳的諭旨。載於《清聖祖實錄．卷八十二》，頁十八。張廷玉、朱軾《清聖祖實錄》北京：中華書局 , 1985。
13. 王曉葵摘錄了《清實錄》的許多相關內容，並做了討論，參見：王曉葵〈災害記憶圖式與社會變遷：誰的唐山大地震〉，《新史學》，2014。
14. 據《清朝文獻通考》所引 :「我朝凡遇水旱，或親詣祈禱，或遣官將事。皆本誠意以相感格，不事虛文。初立神祇壇，以禱水旱，雩祀既舉，禮儀修備。間或遣禱山川，悉准古典。」可見，清朝對災害有明確的祈禱要求。鄧雲特（鄧拓）在《中國救荒史》中對各朝的祭天求神制度有更多介紹，並說巫術在清代救荒方法中仍占相當的地位。鄧雲特《中國救荒史》，北京：商務印書館，2011。
15. 馬建石、楊育棠《大清律例通考校注》，北京：中國政法大學出版社，1992。
16. 張廷玉、朱軾《清聖祖實錄 : 卷八十四》，北京：中華書局，1985。
17. 韋伯認為統治合法性可以有三種來源：傳統型（來自傳統的神聖性和傳統受命實施權威，包括神話故事、長子繼承），法理型（來自法律制度，包括得到被統治者的認可 , 即民主選舉），魅力型（來自英雄化的非凡個人以及由他創建的制度，包括非凡成就）。傳統中國王朝起初靠武力建立（魅力型），然後轉為靠傳統型加迷信神話延續。現代民主制度屬法理型。韋伯 ·《經濟與社會》，林榮遠譯，北京：商務印書館，1997: 239–241。
18. 趙鼎新《東周戰爭與儒法國家的誕生》，夏江旗譯，上海 : 華東師範大學出版社，2006∶35？關於天命觀，最早見於戰國時期的《逸周書．裡商哲解》和《逸周書．克殷解》。
19. 葛兆光《中國思想史　第一卷》，上海：復旦大學出版社，1998，241。
20. 趙鼎新《東周戰爭與儒法國家的誕生》，夏江旗譯，上海：華東師範大學出版社，2006：35。
21. 陳志武、林展〈真命天子易喪命——中國古代皇帝非正常死亡的量化研究〉，中國人民

82. 84 見平克教授匯總的各類社會暴力命案率與戰爭死亡率：Pinker, S. The Better Angels of Our Nature: The Decline of Violence in History and Its Causes. New York: Penguin Books, 2011. 尤其是 Chapter 2 和 Figure2–2、Figure 2–3。值得注意的是，他並沒有專門對比狩獵採集社會與農業社會，而是對比前者和「國家社會」。在十八世紀工業革命之前，各農業社會基本都建立了國家，因此都為「國家社會」。從下一章開始，我們陸續介紹定居農耕激發出來的其他創新（包括國家的建立）。
83. Nunn, Nathan, and Nancy Qian. "The Potato's Contribution to Population and Urbanization: Evidence From a Historical Experiment." The Quarterly Journal of Economics 126.2 (2011): 593–650; Iyigun, Murat, Nathan Nunn, and Nancy Qian. "The Long-run Effects of Agricultural Productivity on Conflict, 1400–1900". No. w24066. National Bureau of Economic Research, 2017.
84. 86 Warman, Arturo. Corn and Capitalism: How a Botanical Bastard Grew to Global Dominance. University of North Carolina Press, 2003. 中文版：阿圖洛·瓦爾曼《玉米與資本主義：一個實現了全球霸權的植物的故事》，穀曉靜譯，上海：華東師範大學出版社，2005。
85. Barreca, Alan, Karen Clay, Olivier Deschenes, Michael Greenstone, and Joseph S. Shapiro. "Adapting to Climate Change: The Remarkable Decline in the US Temperature-mortality Relationship Over the Twentieth Century." Journal of Political Economy 124, No. 1 (2016): 105–159.
86. Kahneman, Daniel, Paul Slovic & Amos Tversky. Judgment Under Uncertainty: Heuristics and Biases. New York: Cambridge University Press, 1982. 中文版：丹尼爾·卡尼曼、保羅·斯洛維奇、阿莫斯·特沃斯基《不確定狀況下的判斷：啟發式和偏差》，方文、吳新利、張擘等譯 . 北京：中國人民大學出版社，2013。
87. 叔本華《叔本華思想隨筆》，韋啟昌譯，上海：上海人民出版社，2005：385。

第三章

1. 尤瓦爾·赫拉利《人類簡史》，林俊宏譯，北京：中信出版社，2014：26。
2. 斯賓諾莎《神學政治論》溫錫增譯，北京 : 商務印書館 , 2009: 1. De Spinoza, Benedictus. Theological-Political Treatise. Hackett Publishing, 2001.
3. Ara Norenzayan. Big Gods: How Religion Transformed Cooperation and Conflict. New Jersey: Princeton University Press, 2013. Chapter 2. 該書第二章專門討論迷信對道德秩序的重要性。
4. 「迷信」一詞是十九世紀末由日文轉譯進入中文，首先出現在《皇朝經世文新編》和梁啟超的《清議報》。 起初，「迷信」常與「宗教」連用，指的是與理性主義相悖的信仰世界及心理狀態。到後來，「迷信」成為對大眾信仰及其儀式實踐的專指，代表精英階層針對民眾精神世界的申斥。沈潔《「反迷信」話語及其現代起源》，史林 2, 2006 : 30–42。

66. 徐光啟《農政全書・卷二十七》。
67. 見於徐光啟《農政全書・卷二十七》，以及：李昕升 , 王思明 . 清至民國美洲作物生產指標估計 . 清史研究 3. 2017 : 2017, 107(003): 126–139.
68. 清朝陳世元在《金薯傳習錄》中寫道：「番薯種出海外呂宋，明萬曆陳季龍貿易其地，得其藤苗及栽培法入中國，時閩中大旱，巡撫金學曾令試為種，收穫頗豐，可充穀食之半。」由此可知，當時引進甘薯、玉米等的確跟這些作物的抗旱特點有直接關係。他還介紹了甘薯的六種藥用價值：治痢疾和腹瀉，治酒積和熱瀉，治濕熱和黃疸，治遺精和白濁，治血虛和月經不調，治小兒疳疾。這些當然屬誇張之言。
69. 陳振漢、熊正文《清實錄經濟史資料・農業編》，北京：北京大學出版社，2012：第三章。
70. He, Bingdi, Studies on the Population of China, 1368–1953. Harvard University Press, 1959.
71. 73 Warman, Arturo. Corn and Capitalism: How a Botanical Bastard Grew to Global Dominance, Durham: The University of North Carolina Press, 2003. 中文版：阿圖洛・瓦爾曼《玉米與資本主義：一個實現了全球霸權的植物雜種的故事》，穀曉靜譯，上海：華東師範大學出版社，2005。
72. Nunn, Nathan, and Nancy Qian. "The Potato's Contribution to Population and Urbanization: Evidence From a Historical Experiment." The Quarterly Journal of Economics 126.2 (2011): 593–650.
73. Iyigun, Murat, Nathan Nunn, and Nancy Qian. "The Long-run Effects of Agricultural Productivity on Conflict, 1400–1900. No. w24066. National Bureau of Economic Research, 2017.
74. Zhiwu Chen, Zhan Lin and Xiaoming Zhang. "When People Stop Eating Each Other: Cultural Norms, Risk Mitigation and Cannibalism in Chinese History (1470–1911). " University of Hong Kong working paper (2020).
75. 以下內容見 : Jia, Ruixue. "Weather Shocks, Sweet Potatoes and Peasant Revolts in Historical China." The Economic Journal 124.575 (2014): 92–118.
76. 陳永偉 , 黃英偉 , 周羿〈「哥倫布大交換」終結了「氣候—治亂迴圈」嗎？——對玉米在中國引種和農民起義發生率的一項歷史考察〉《經濟學季刊 2》，2014 : 1215–1238。
77. 以下內容見 : Chen, Shuo, and James Kai-sing Kung. "Of Maize and Men: the Effect of a New World Crop on Population and Economic Growth in China." Journal of Economic Growth 21.1 (2016): 71–99.
78. 侯楊方〈美洲作物造就了康乾盛世？—兼評陳志武量化歷史研究告訴我們什麼？〉，《南方週末》，2013.11.2。
79. 這裡的資料取自：李昕升、王思明〈清至民國美洲作物生產指標估計〉，《清史研究 3》，2017 : 107(003):126–139. 表 4, 表 5.
80. 82 吳慧 . 中國歷代糧食畝產研究 . 北京 : 農業出版社 , 1985: 192.
81. 83 由此看，在一個地區引種玉米、甘薯後，不僅每年的糧食消費更平穩，其生育數波動性應該也變小，人口成長的波動性降低。這個假說可以通過歷史資料核對。

52. Olsson, Ola, and Christopher Paik. "Long-run Cultural Divergence: Evidence From the Neolithic Revolution." Journal of Development Economics 122 (2016): 197–213. Bentzen, Jeanet Sinding, Nicolai Kaarsen, and Asger Moll Wingender. "Irrigation and Autocracy." Journal of the European Economic Association 15.1 (2017): 1–53.
53. Benjamin Enke. "Kinship, Cooperation and the Evolution of Moral Systems. " The Quarterly Journal of Economics 134.2 (2019): 953–1019.
54. 張芳、王思明《中國農業科技史》，北京：中國農業科學技術出版社，2011。
55. 恩格斯《家庭、私有制和國家的起源》，北京：人民出版社 , 2003。
56. 德・希・珀金斯《中國農業的發展 : 1368—1968 年》，宋海文等譯，上海：上海譯文出版社，1984。
57. 王思明、沈志忠：中國農業發明創造對世界的影響：在二〇一一年「農業考古與農業現代化」論壇上的演講，《農業考古 1》，2012 : 26–32。
58. 水災也給人們帶來衝擊，但影響相對短暫溫和。參見：Bai, Ying, and James Kai-sing Kung. "Climate Shocks and Sino-nomadic Conflict." Review of Economics and Statistics 93.3 (2011): 970–981; Jia, Ruixue. "Weather Shocks, Sweet Potatoes and Peasant Revolts in Historical China." The Economic Journal 124.575 (2014): 92–118.
59. 參見陳志武、彭凱翔的綜述：Chen, Zhiwu and Kaixiang Peng, "Consumption and Living Standards Since the Song Dynasty", in Richard van Grahn and Debin Ma, eds, Cambridge Economic History of China, Cambridge University Press, 2022.
60. 陳碩和龔啟聖二位學者對一千五百年後各縣的縣誌做了梳理，根據縣誌中首次提到玉米的年分確定該縣引種玉米的時間。Chen, Shuo, and James Kai-sing Kung. "Of Maize and Men: the Effect of a New World Crop on Population and Economic Growth in China." Journal of Economic Growth 21.1 (2016): 71–99.
61. 陳樹平〈玉米和番薯在中國傳播情況研究〉，《中國社會科學 3》，1980：187–204; Jia, Ruixue. "Weather Shocks, Sweet Potatoes and Peasant Revolts in Historical China." The Economic Journal 124.575 (2014): 92–118.
62. 關於「哥倫布大交換」中美洲作物的羅列及其傳播的概論參見 : Nunn, Nathan, and Nancy Qian. "The Columbian Exchange: A History of Disease, Food, and Ideas." Journal of Economic Perspectives 24.2 (2010): 163–88.
63. 李昕升、王思明〈清至民國美洲作物生產指標估計〉《清史研究 3》，2017：2017, 107(003):126–139。
64. 這是筆者的術語，是相對於傳統主糧——水稻和小麥——而言的。由於旱災年分，水稻小麥不能長，但玉米和甘薯卻可以，所以是對傳統主糧的補充。見接下來的討論。
65. 明朝徐光啟在《農政全書・卷二十七》對此有精闢的敘述：「凡有隙地，皆可種薯。」他在《甘疏序》中寫道：「歲戊申，江以南大水，無麥禾，欲以樹藝佐其急，且備異日也，有言閩越之利甘者，客莆田徐生為予三致其種，種之，生且蕃，略無異彼土，庶幾哉橘逾淮弗為枳矣，餘不敢以麋鹿自封也，欲遍布之，恐不可戶說，輒以是疏先焉。」

Agriculture."New Economic School working paper（2017）: Figure6.

43. 這裡轉引自馬特蘭加研究，三套數據分別見於：Purugganan, Michael D., and Dorian Q. Fuller. "The Nature of Selection During Plant Domestication." Nature 457.7231 (2009): 843; Putterman, Louis, and Cary Anne Trainor. "Agricultural Transition Year Country Data Set." Brown University (2006): 729–48；Pinhasi, Ron, Joaquim Fort, and Albert J. Ammerman. "Tracing the Origin and Spread of Agriculture in Europe." PLoS Biology 3.12 (2005): e410.
44. 46 Matranga，Andrea. "The Ant and the Grasshopper：Seasonality and the Invention of Agriculture." New Economic School working paper（2017）: Figure 9.
45. 值得一提的是，Ashraf 和 Michalopoulos 同樣對氣候波動性與農業起源的關係進行了統計分析，結論是氣候波動性強弱與農業起源早晚之間呈現「U 形」關係：氣候完全沒有波動或呈現極端波動，都會導致農業出現的時間更晚；適中的氣候波動性，有利於當地更早走上農業革命之路。原因在於：無論是馴化動植物，還是探究其他相關的技術，都需要人類在相當原始的條件下反復進行試驗。當氣候沒有波動時，狩獵採集者沒有主動試驗的激勵；當氣候十分極端時，緩慢的改良過程不足以滿足應對風險的需要。只有適中的波動性，才能同時為技術試驗和創新提供激勵和條件。不過，無論是 Ashraf 和 Michalopoulos，還是馬特蘭加都認可氣候波動性與農業起源之間存在密切的聯繫。Ashraf, Quamrul, and Stelios Michalopoulos. "Climatic Fluctuations and the Diffusion of Agriculture." Review of Economics and Statistics 97.3 (2015): 589–609.
46. An, Chengbang, Zhaodong Feng, and Lingyu Tang. "Environmental Change and Cultural Response Between 8000 and 4000 cal. yr BP in the Western Loess Plateau, Northwest China." Journal of Quaternary Science 19.6 (2004): 529–535.
47. Jean-Francois Jarrige, "Mehrgarh Neolithic." a paper presented at the International Seminar on the "First Farmers in Global Perspective." Lucknow, India, 18–20 January 2006. Singh, Sakshi, Ashish Singh, Raja Rajkumar, Katakam Sampath Kumar, Subburaj Kadarkarai Samy, Sheikh Nizamuddin, Amita Singh et al. "Dissecting the Influence of Neolithic Demic Diffusion on Indian Y-chromosome Pool Through J2–M172 Haplogroup." Scientific reports 6, No. 1 (2016): 1–10.
48. Smith, Adam. Lectures on Jurisprudence, edited by R.L. Meek, D.D. Raphael and P.G. Stein. Oxford University Press, 1978.
49. Jared M. Diamond. "The Worst Mistake in the History of the Human Race." Discover Magazine, (May 1987): 64–66.
50. Mayshar, Joram, Omer Moavz, Zvika Neeman, and Luigi Pascali. Cereals, Appropriability and Hierarchy. No. 2068–2018–1276. 2016.
51. Galor, Oded, and Ömer Özak. "The Agricultural Origins of Time Preference." American Economic Review 106.10 (2016): 3064–3103；Fouka, Vasiliki, and Alain Schlaepfer. "Agricultural Returns to Labour and the Origins of Work Ethics." The Economic Journal 130, No. 628 (2020): 1081–1113.

已有的證據和觀點太過紛雜，文章作者甚至使用了「遠離農業的起源理論」的表述。

34. Jared M. Diamond. "The Worst Mistake in the History of the Human Race." Discover Magazine, (May 1987): 64–66; Bowles, Samuel, and Jung-Kyoo Choi. "Coevolution of Farming and Private Property During the early Holocene." Proceedings of the National Academy of Sciences 110, No. 22 (2013): 8830–8835.
35. Braidwood, R. J. The Agricultural Revolution, Scientific American (1960).
36. Matranga, Andrea. "The Ant and the Grasshopper: Seasonality and the Invention of Agriculture." New Economic School Working Paper (2017).
37. Purugganan, Michael D., and Dorian Q. Fuller. "The Nature of Selection During Plant Domestication." Nature 457.7231 (2009): 843。此外，這一理論無法解釋歷史的另一原因在於：當時人類的交往網絡十分稀疏，沒有充分證據說明為何農業可以在短時間內傳遍各大陸。對這一點的簡明敘述，可見：John R. McNeill, William H. McNeill, and William McNeil. The Human Web: A Bird's-eye View of World History. WW Norton & Company, 2003. 中文版：約翰・R・麥克尼爾，威廉・H・麥克尼爾《人類之網：鳥瞰世界歷史》，王晉新譯，北京：北京大學出版社，2011。
38. 40 Jochim, Michael A. Hunter-gatherer Subsistence and Settlement: a Predictive Model. No. 330.901 JOC. CIMMYT. 1976。在當代考古學基礎上對這一模型的重述，參見：Reitz, Elizabeth J., and Elizabeth S. Wing. Zooarchaeology. Cambridge University Press, 2008.
39. 氣候之外，另一影響廣泛的假說是 Binford 提出的邊緣理論：海平面上升導致人類向內陸遷移。有限區域內人口負載的增加，導致史前人類尋求更有保障的食物來源。筆者對此有兩點評述：首先，海平面上升與氣候劇烈變化的關聯相當密切；其次，從更廣的層面上看，Binford 的假說亦可納入「應對風險的需要推動了農業技術的出現」這一分析框架中。有關邊緣理論的原始表述，參見：Binford, Lewis Roberts. "Post-pleistocene Adaptations." New Perspective in Archeology (1968): 313–341。對這一假說及其他農業起源理論的簡明評述，參見：Bellwood, Peter. "First Farmers: The Origins of Agricultural Societies."(2005)。中文版：彼得・貝爾伍德《最早的農人：農業社會的起源》。陳洪波，謝光茂等譯，上海：上海古籍出版社，2020. Bellwood, Peter. "First Farmers: the Origins of Agricultural Societies." THESIS ABSTRACTS 63 BACKFILL (2006): 49. 在微觀層面，對史前沿海居民應對風險的方法的敘述，參見：Thompson, Victor D., and John A. Turck. "Adaptive Cycles of Coastal Hunter-gatherers." American Antiquity 74.2 (2009): 255–278.
40. 之後我們會看到，即使到近代農業社會，產出的季節性波動照樣挑戰農民的生存。在十八世紀的英國，一到青黃不接的季節，許多農民遭遇饑餓。既然農業社會都這樣，狩獵採集時期的原始人會更加難以應對氣候風險。The Economist, "Hunter-gatherers: Noble or savage?" December 19, (2007).
41. Matranga, Andrea. "The Ant and the Grasshopper: Seasonality and the Invention of Agriculture." New Economic School working paper (2017).
42. Matrange，Andrea."The Ant and the Grasshopper：Seasonality and the Invention of

Oxbow Books, 2005.
21. Matranga, Andrea. “The Ant and the Grasshopper: Seasonality and the Invention of Agriculture.” New Economic School Working Paper (2017). Smith, Bruce D. “Failure of Optimal Foraging Theory to Appeal to Researchers Working on the Origins of Agriculture Worldwide.” Proceedings of the National Academy of Sciences 111.28 (2014): E2829–E2829.
22. Matranga，Andrea. “The Ant and the Grasshopper：Seasonality and the Invention of Agriculture.”New Economic School working paper（2017）. Figure2.
23. Jared M. Diamond. “The Worst Mistake in the History of the Human Race.” Discover Magazine, (May 1987): 64–66.
24. 有關向農業轉型的初始時期人類生活水準的變化，可見: Boix, Carles, and Frances Rosenbluth. “Bones of Contention: the Political Economy of Height Inequality.” American Political Science Review 108.1 (2014): 1–22; Scott, James C. Against the Grain: A Deep History of the Earliest States. Yale University Press, 2017. 值得一提的是，即使是在閒暇等非物質的層面，從現有的證據看，狩獵採集群體也享有更高生活水準。有關這一點，參見: Sahlins, Marshall. Stone Age Economics. Routledge, 2003 . 中文版：馬歇爾・薩林斯《石器時代經濟學》，張經緯、鄭少雄、張帆譯，北京：生活・讀書・新知三聯書店，2019。
25. 2Jared M. Diamond. “The Worst Mistake in the History of the Human Race.” Discover Magazine, (May 1987): 64–66.
26. Boix, Carles, and Frances Rosenbluth, “Bones of Contention: the Political Economy of Height Inequality”, American Political Science Review, 2014, 108 (1): 1–22. Figure1.
27. Nicholas Meinzer, “Social Mobility in the Eraly Middle Ages.” Explorations in Economic History, (2017), 64: 111–120.
28. Jared M. Diamond. “The Worst Mistake in the History of the Human Race.” Discover Magazine, (May 1987): 64–66.
29. Kohler, Timothy A., Michael E. Smith, Amy Bogaard, Gary M. Feinman, Christian E. Peterson, Alleen Betzenhauser, Matthew Pailes et al. “Greater Post-Neolithic Wealth Disparities in Eurasia Than in North America and Mesoamerica.” Nature 551, No. 7682 (2017): 619–622.
30. 湯瑪斯・皮凱蒂《二十一世紀資本論》，巴曙松等譯，北京：中信出版社，2014。
31. 本圖基於 Timothy Kohler，et al “Greater Post-Neolithic Wealth Disparities in Eurasia Than in North America and Mesoamerica”. Nature. 2017 551. 7694（2017），Figure2 中的房屋面積基尼係數製作。
32. 恩格斯《家庭、私有制和國家的起源》，北京：人民出版社，2003。關於這方面的最新研究，參見: Alesina, Alberto, Paola Giuliano, and Nathan Nunn. “On the Origins of Gender Roles: Women and the Plough.” The Quarterly Journal of Economics 128.2 (2013): 469–530.
33. 關於這方面的爭論，最詳盡的介紹是：Gremillion, Kristen J., Loukas Barton, and Dolores R. Piperno. “Particularism and the Retreat from Theory in the Archaeology of Agricultural Origins.” Proceedings of the National Academy of Sciences 111.17 (2014): 6171–6177. 由於

顯、劉建等譯，南京：譯林出版社，2013。之後跟進這一脈研究的學者浩如星海，恕筆者在此不能盡述。

12. 以下內容，參見：Minc, Leah D., and Kevin P. Smith. "The Spirit of Survival: Cultural Responses to Resource Variability in North Alaska." Bad Year Economics: Cultural Responses to Risk and Uncertainty (1989): 8–39. 之後，考古學者以類似的視角，做了許多跨時段的比較分析。典型案例之一可見：Kent, Susan. "Variability in Faunal Assemblages: The Influence of Hunting Skill, Sharing, Dogs, and Mode of Cooking on Faunal Remains at a Sedentary Kalahari Community." Journal of Anthropological Archaeology 12.4 (1993): 323–385.
13. Minc, Leah D., and Kevin P. Smith. "The Spirit of Survival: Cultural Responses to Resource Variability in North Alaska." Bad Year Economics: Cultural Responses to Risk and Uncertainty (1989): 8–39.
14. 考古學者很早就注意到烹飪的出現及發展與降低消費風險之間的聯繫。從這個意義上說，本書提出的基於「控制消費風險」這個來自金融理論的分析框架，也適用於理解「口腹之好」的起源：經過艱苦摸索，史前人類發展出了醃制、薰制或風乾等長期保存食物的技法。這些技術與倉儲互補，都是在跨期配置消費資源，有效提升了人類在季節性波動強烈的環境中的生存概率和生活品質。有關這方面的更多概述，可見：Reitz, Elizabeth J., and Elizabeth S. Wing. Zooarchaeology. Cambridge University Press, 2008.
15. Crassard, Remy, Michael D. Petraglia, Adrian G. Parker, Ash Parton, Richard G. Roberts, Zenobia Jacobs, Abdullah Alsharekh et al. "Beyond the Levant: First Evidence of a Pre-pottery Neolithic Incursion into the Nefud Desert, Saudi Arabia." PLoS One 8, No. 7 (2013): e68061; Hilbert, Yamandú H., et al. "Epipalaeolithic Occupation and Palaeoenvironments of the Southern Nefud Desert, Saudi Arabia, During the Terminal Pleistocene and Early Holocene." Journal of Archaeological Science 50 (2014): 460–474. 前者測算的範圍是西元前八〇〇〇年前後的當地氣候，後者測算的是西元前七〇〇〇至前六〇〇〇年的當地氣候。
16. 有關當地居民利用綿羊與山羊的起源與模式，最全面的分析是：Rollefson, Gary O., and Ilse Köhler-Rollefson. "Early Neolithic Exploitation Patterns in the Levant: Cultural Impact on the Environment." Population and Environment 13.4 (1992): 243–254.
17. 這一類證據的匯纂，可見：Magee, Peter. The Archaeology of Prehistoric Arabia: Adaptation and Social Formation from the Neolithic to the Iron Age. Cambridge University Press, 2014.
18. 對這一點的分析，除上面 Rollefson 及 Köhler-Rollefson 的著作外，亦見：Cleuziou, Serge, and Maurizio Tosi. In the Shadow of the Ancestors: The Prehistoric Foundations of the Early Arabian Civilization in Oman. Ministry of Heritage & Culture, Sultanat of Oman, 2007.
19. 阿拉伯半島不是孤例。近年來的研究顯示：在古代日本，犬的馴化和使用，同樣與當地的氣候和環境變化有密切聯繫，具體見：Perri, Angela R. "Hunting Dogs as Environmental Adaptations in J mon Japan." Antiquity 90.353 (2016): 1166–1180.
20. 關於此類馴化動物對史前人類的多種用途及其意義，詳盡的介紹可見：Mulville, Jacqui, and Alan K. Outram, eds. The Zooarchaeology of Fats, Oils, Milk and Dairying. Oxford:

失厭惡」，亦即人們獲得一百元的幸福感增量要遠低於損失一百元的悲哀感增量。因此在經濟決策中，人們會更努力保住在手的財富與利益，這就要求改善風險應對力。Kahneman, Daniel; Tversky, Amos. "Prospect Theory: An Analysis of Decision Under Risk". Econometrica 47 (2) (1979): 263–291；Kahneman, Daniel, and Amos Tversky. "Prospect Theory: An Analysis of Decision Under Risk." In Handbook of the Fundamentals of Financial Decision Making: Part I, (2013): 99–127.

3. Jared M. Diamond. "The Worst Mistake in the History of the Human Race." Discover Magazine, (May 1987): 64–66.
4. Larson, Greger, et al. "Current Perspectives and the Future of Domestication Studies." Proceedings of the National Academy of Sciences 111.17 (2014): 6139–6146, and The Economist, "Hunter-gatherers: Noble or Savage?" December 19, 2007.
5. 到目前為止，已發現的人類最早的壁畫是三萬年至三萬五千萬年之前創作的，是幾位法國學者於一九九六年在法國岩洞裡發現的。這些都是動物畫，包括獅子、山鹿和灰犀牛。Chauvet, Jean-Marie; Deschamps, Eliette Brunel; Hillaire, Christian; Clottes, Jean; Bahn, Paul. Dawn of Art the Chauvet Cave: the Oldest Known Paintings in the World. New York: H.N. Abrams, 1996.
6. 以下內容見：Guagnin, Maria, Angela R. Perri, and Michael D. Petraglia. "Pre-Neolithic Evidence for Dog-assisted Hunting Strategies in Arabia." Journal of Anthropological Archaeology 49 (2018): 225–236.
7. Halstead, Paul, and John O'Shea, eds. Bad Year Economics: Cultural Responses to Risk and Uncertainty. Cambridge University Press, 2004.
8. 這幾種方法在其他研究中也談到，如：Marston, John M. "Archaeological Markers of Agricultural Risk Management." Journal of Anthropological Archaeology 30.2 (2011): 190–205; Hodder, Ian. Entangled: An Archaeology of the Relationships Between Humans and Things. John Wiley & Sons, 2012., 等等。
9. 有關金融學中的證券投資組合理論與考古學理論的聯繫，可見：Marston, John M. "Archaeological Markers of Agricultural Risk Management." Journal of Anthropological Archaeology 30.2 (2011): 190–205.
10. Jochim, Michael A. Hunter-gatherer Subsistence and Settlement: a Predictive Model. No. 330.901 JOC. CIMMYT. 1976. 在當代考古學基礎上對這一模型的重述，可見：Reitz, Elizabeth J., and Elizabeth S. Wing. Zooarchaeology. Cambridge University Press, 2008. 這裡我們採納了後一著作的介紹。
11. 值得注意的是，在考察前現代社會時期的東南亞小農時，斯科特歸納的農人行動模式，與這裡提到的「狩獵採集」模型幾乎完全一致：最小化陷於饑餓的風險，而不是最大化產出。有關這一點的深入分析及相關文獻的列舉，參見：Scott, James C. The Moral Economy of the Peasant: Rebellion and Subsistence in Southeast Asia. Yale University Press, 1977. 中文版：詹姆斯．C．斯科特《農民的道義經濟學：東南亞的反叛與生存》，程立

104. 104 Demarest, Arthur A., and Don S. Rice. The Terminal Classic in the Maya Lowlands: Collapse, Transition, and Transformation. University Press of Colorado, 2005.
105. 105 Gill, Richardson B. The Great Maya Droughts: Water, Life, and Death. University of New Mexico Press, 2001.
106. 106 關於這部分內容，詳見：Dahlin, Bruce H. "Climate Change and the End of the Classic Period in Yucatan: Resolving a Paradox." Ancient Mesoamerica (2002): 327–340.
107. 107 有關該主題的最新綜述，參見：Blaikie, Piers, et al. At Risk: Natural Hazards, People's Vulnerability and Disasters. Routledge, 2014; Dell, Melissa, Benjamin F. Jones, and Benjamin A. Olken. "What do We Learn From the Weather? The New Climate-economy Literature." Journal of Economic Literature 52.3 (2014): 740–98.
108. 108 以下均見於：Burke, Marshall, Solomon M. Hsiang, and Edward Miguel. "Climate and Conflict." Annual Review of Economics 7.1 (2015): 577–617.
109. 109 在當代，各類自然風險外的風險也可能引發暴力。比如，主要貨幣的匯率波動也對世界 97 個國家的暴力衝突有顯著影響，詳見：Hull, Peter, and Masami Imai. "Economic Shocks and Civil Conflict: Evidence From Foreign Interest Rate Movements." Journal of Development Economics 103 (2013): 77–89. 另外，金價的異常波動與印度鄉村殺嬰之間存在密切聯繫，詳見：Bhalotra, Sonia, Abhishek Chakravarty, and Selim Gulesci. "The Price of Gold: Dowry and Death in India." Journal of Development Economics 143 (2020): 102413.
110. 110 Heilmann, Kilian, and Matthew E. Kahn. "The Urban Crime and Heat Gradient in High and Low Poverty Areas". No. w25961. National Bureau of Economic Research, 2019.
111. 111 Burke, Marshall B., Edward Miguel, Shanker Satyanath, John A. Dykema, and David B. Lobell. "Warming Increases the Risk of Civil War in Africa." Proceedings of the National Academy of Sciences 106, No. 49 (2009): 20670–20674. Bruederle, Anna, Jörg Peters, and Gareth Roberts. Weather and Crime in South Africa. No. 739. Ruhr Economic Papers, 2017.
112. 112 Iyigun, Murat, Nathan Nunn, and Nancy Qian. "Winter is Coming: The Long-run Effects of Climate Change on Conflict, 1400–1900". No. w23033. National Bureau of Economic Research, 2017.
113. 113 Lloyd, Geoffrey Ernest Richard, John Chadwick, and W. N. Mann, eds. Hippocratic writings. Vol. 451. Penguin UK, 1983.
114. 114 在本書中，「風險」指的是任何會影響消費或生存的事件。比如失業、災害、瘟疫、身體受害、氣候異常、建築倒塌、外邦入侵等，都在此列。
115. 115 關於金融的更多討論，參見：陳志武《金融的邏輯》，北京：國際文化出版公司，2009；陳志武《金融的邏輯 2：通往自由之路》，西安：西北大學出版社，2015。

第二章

1. 史念海〈石器時代人們的居地及其聚落分布〉，《人文雜誌 3》，1959 : 41–52。
2. 在丹尼爾・卡尼曼和阿莫斯・特沃斯基奠定的當代行為經濟學中，這種現象被稱為「損可見：王會昌〈2000 年來中國北方遊牧民族南遷與氣候變化〉，《地理科學 16. No.3》1996：274–279；李軍〈災害對古代中原王朝與遊牧民族關係的影響：以唐代為中心〉，《山西大學學報：哲學社會科學版 37, No.4》，2014：9–15。此外，氣候變化也會改變雙方的實力對比，進而影響衝突的發生和結果。劉璐等學者發現：冷期時，苦於生存資料匱乏，遊牧民族發動衝突的頻率增加；然而，冷期也會削弱遊牧民族的實力，農耕社會在衝突中獲勝的概率在冷期反而會更高。劉璐、蘇筠、方修琦〈中國西漢至清代北方農牧民族戰爭及其與溫度變化的關聯〉，《北京師範大學學報（自然科學版）No.4》，2016 : 450–457。

91. 91 鄧雲特《中國救荒史》，北京：北京出版社 , 1998。
92. 92 有關李自成起事及敗亡始末，詳見：顧誠《明末農民戰爭史》，北京：中國社會科學出版社 , 1984。
93. 93 顧誠《明末農民戰爭史》，北京：中國社會科學出版社 , 1984。原文見《綏寇纖略 · 卷一》
94. 94 顧誠《明末農民戰爭史》，北京：中國社會科學出版社 , 1984。原文見康熙二十年《米脂縣誌 · 卷五》。
95. 95 顧誠《明末農民戰爭史》，北京：中國社會科學出版社 , 1984。原文見《明德先生文集 · 卷五》。
96. 96 顧誠《明末農民戰爭史》，北京：中國社會科學出版社 , 1984。
97. 97 Jia, Ruixue. "Weather Shocks, Sweet Potatoes and Peasant Revolts in Historical China." The Economic Journal 124.575 (2014): 92–118.
98. 98 Zhiwu Chen, Zhan Lin and Xiaoming Zhang. "When People Stop Eating Each Other: Cultural Norms, Risk Mitigation and Cannibalism in Chinese History (1470–1911)." University of Hong Kong working paper (2020).
99. 99 Zhiwu Chen，Zhan Lin and Xiaoming Zhang. "When People Stop Eating Each Other: Cultural Norms，Risk Mitigation and Cannibalism in Chinese History（1470—1911）"，University of Hong Kong Working Paper（2020）: Figure1.
100. 100 Fagan, Brian. The Little Ice Age: How Climate Made History, 1300–1850. New York: Basic, 2000.
101. 101 McMichael, Anthony J. "Insights From Past Millennia Into Climatic Impacts on Human Health and Survival." Proceedings of the National Academy of Sciences 109, No. 13 (2012): 4730–4737. 對近千年間東亞和西歐兩地，氣候與文明興衰的歷史有進一步興趣的讀者，可參見原文列舉的諸多案例。
102. 102 對過去千年間美洲乾濕氣候與文明興衰的關聯性分析，參見：DeMenocal, Peter B. "Cultural Responses to Climate Change During the Late Holocene." Science (2001): 667–673.
103. 103 見上面引用的 DeMenocal 的研究。有關當時旱災程度的深入討論，參見：Iannone, Gyles, ed. The Great Maya Droughts in Cultural Context: Case Studies in Resilience and Vulnerability. University Press of Colorado, 2014.

7.5.

75. Turchin, Peter, and Walter Scheidel. "Coin Hoards Speak of Population Declines in Ancient Rome." Proceedings of the National Academy of Sciences 106, No. 41 (2009): 17276–17279.
76. Christiansen, Erik. The Roman Coins of Alexandria. Aarhus University Press，1988.
77. 77 迄今為止，對秦漢時期身高研究成果最全面的評述，參見：彭衛〈秦漢人身高考察〉,《文史哲 No. 6》，351，2015：3. 由於樣本數太少，暫時無法對秦漢時期平均身高的變化趨勢下確定結論。收入及價格領域，感興趣的讀者可參考：郭浩〈從家庭的收入與支出談漢代農民的養老問題〉,《農業考古 No.1》2007：73–78；黃冕堂〈中國歷代糧食價格問題通考〉,《文史哲 2》，2002：33–48。
78. 78 葛劍雄《中國人口史：第一卷》，上海：復旦大學出版社，2002。
79. 79 葛劍雄《中國人口史：第一卷》，上海：復旦大學出版社，2002。類似論述亦見於：趙文林、謝淑君《中國人口史》，北京：人民出版社，1988。
80. 80 楊振紅〈漢代自然災害初探〉,《中國史研究 No. 4》，1999：49–60。
81. 81 鄧雲特《中國救荒史》，北京：北京出版社 , 1998。
82. 82 曾磊〈自然災害與新莽時期的社會動盪〉,《河北學刊 30. No. 2》,2010：60–64。
83. 83 對漢代的評述，來自：楊振紅〈漢代自然災害初探〉,《中國史研究 No. 4》，1999：49–60。對羅馬的評述，作者自譯自：Kyle Harper. The Fate of Rome: Climate, Disease, and the End of an Empire. New Jersey: Princeton University Press, 2017
84. 84 黃炎培 , 林放 , 陳學昭 , 舒湮 . 延安歸來 . 上海 : 上海書店 , 1996.
85. 85 Turchin, Peter, & Sergey A. Nefedov. Secular Cycles. Princeton University Press, 2009.
86. 86 Bai, Ying, and James Kai-sing Kung. "Climate Shocks and Sino-nomadic Conflict." Review of Economics and Statistics 93.3 (2011): 970–981.
87. 87 李軍〈災害對古代中原王朝與遊牧民族關係的影響：以唐代為中心〉,《山西大學學報：哲學社會科學版 37, No.4》，2014：9–15。其中總結道：「中國傳統社會以農立國，農牧分野貫穿歷史始終。中原王朝與遊牧民族的分合，構成了社會演進的脈絡之一。」上至西周，犬戎直入烽火；下至清朝，鐵蹄踏遍江南。因此，北方遊牧民族攻打中原王朝的歷史非常適合我們研究戰爭的起源。
88. 88 Christian, Cornelius, and Liam Elbourne. Droughts of Dismay: Rainfall and Assassinations in Ancient Rome. Brock University No. 1703. 2017.
89. 89 Huntington, Ellsworth. The Pulse of Asia: a Journey in Central Asia Illustrating the Geographic Basis of History. Houghton, Mifflin, 1907. 整合東西方證據的分析見：Huntington, Ellsworth. Civilization and Dimate. Yale University Press, 1922.
90. 90 以下內容均見於：Chen, Qiang. "Climate Shocks, Dynastic Cycles and Nomadic Conquests: Evidence From Historical China." Oxford Economic Papers 67.2 (2014): 185–204. 值得注意的是，地理學者等也獨立地發現了類似規律。比方說，在過去兩千年中，遊牧政權的南界與當期平均溫度呈現極強的相關性。氣候變暖，降雨會偏多，則遊牧民族傾向北移；氣候變冷，旱災頻率會增加，則遊牧政權界線向南移動。關於這部分進展，過去 3ka 冷暖千年週期變化的自然證據及其集成分析》，2002，博士論文。
61. 胡金明、崔海亭、李宜垠〈西遼河流域全新世以來人地系統演變歷史的重建〉，《地理科學 No.5》，22 2002: 535–542。
62. 有關漢代財政的整體狀況，可見：魏柱燈、方修琦、蘇筠〈氣候變化對中國古代財政平衡的影響〉，《地理科學 No.9》，35 2015：1156–1163。其中，西元前二二一年至西元前三一年，屬財政相對充裕時期；西元前三〇年至西元四四〇年，屬財政相對匱乏之期。這與氣候的波動趨勢一致。
63. 轉引自：葛全勝《中國歷朝氣候變化》，北京：科學出版社，2011。
64. Turchin, Peter, & Sergey A. Nefedov. Secular Cycles. Princeton University Press, 2009: Figure 7.3.
65. Duncan-Jones, Richard. Structure and Scale in the Roman Economy. Cambridge University Press, 2002.
66. 對漢朝財政狀況的結論，可見：魏柱燈、方修琦、蘇筠〈氣候變化對中國古代財政平衡的影響〉，《地理科學 No.9》，35 2015：1156–1163。對羅馬帝國的分析，引自：Christian, Cornelius, and Liam Elbourne. Droughts of Dismay: Rainfall and Assassinations in Ancient Rome. Brock University No. 1703. 2017.
67. 對這一話題的深入探討，參見：Steckel, Richard H. "Stature and the Standard of Living." Journal of Economic Literature 33, No. 4 (1995): 1903–1940；Steckel, Richard H. "Heights and Human Welfare: Recent Developments and New Directions." Explorations in Economic History 46, No. 1 (2009): 1–23.
68. Giannecchini, M., & Moggi Cecchi, J. "Stature in Archeological Samples from Central Italy: Methodological issues and Diachronic Changes". American Journal of Physical Anthropology, 135, No 3, (2008): 284–292, Table 6.
69. 對這一觀點的現代闡述，可見：Galor, O. Unified Growth Theory. Princeton University Press, 2011.
70. Finley, Moses I. The Ancient Economy. University of California Press, 1999. Gregory Clark. A Farewell to Alms: a Brief Economic History of the World. Princeton University Press, 2008.
71. Bowman, Alan, and Andrew Wilson, eds. Quantifying the Roman Economy: Methods and Problems Vol. 1. Oxford University Press, 2009.
72. Scheidel, W., Morris, I., & Saller, R. P. , eds. The Cambridge Economic History of the Greco-Roman World. Cambridge: Cambridge University Press, 2007: 38.
73. Paul Erdkamp, "Economic Growth in the Roman Mediterranean World: An Early Good-bye to Malthus?"Explorations in Economic History 60 (2016): 1–20. 對葡萄榨汁及橄欖油過濾等設備數量變化的統計，參見：Marzano, Annalisa. "Capital Investment and Agriculture: Multi-press Facilities From Gaul, the Iberian Peninsula, and the Black Sea Region." The Roman Agricultural Economy: Organisation, Investment, and Production (2013): 107–141.
74. Turchin, Peter, & Sergey A. Nefedov. Secular cycles. Princeton University Press, 2009. Figure

History 43, No. 2 (2012): 169–220.

48. Rathbone, Dominic, and Sitta Von Reden. "Mediterranean Grain Prices in Classical Antiquity." A History of Market Performance: From Ancient Babylonia to the Modern World (2015): 149–235.
49. McCormick, Michael, Ulf Büntgen, Mark A. Cane, Edward R. Cook, Kyle Harper, Peter Huybers, Thomas Litt et al. "Climate Change During and After the Roman Empire: Reconstructing the Past From Scientific and Historical Evidence." Journal of Interdisciplinary History 43, No. 2 (2012): 169–220.
50. 王順兵、葛全勝、鄭景雲〈中國 2kaBP 前後的氣候及其影響〉,《海洋地質與第四紀地質》,2006,26(002):123–131。值得注意的是,早在二十世紀九〇年代,通過考證史料中對氣候的記載以及相關物候的記錄,歷史學家已獨立發現了相近的結論。參見:王子今〈秦漢時期氣候變遷的歷史學考察〉,《歷史研究》1995,(02):3 − 19.2; 陳良佐〈再探戰國到兩漢的氣候變遷〉,《中央研究院歷史語言研究所集刊》1996:323–381。
51. 見《漢書 · 陳湯傳 · 孔穎達疏》。
52. 關於更多物候現象,參見:葛全勝《中國歷朝氣候變化》,北京:科學出版社,2011。
53. 氣溫歷史資料來自:葛全勝《中國歷朝氣候變化》,北京:科學出版社,2011。「前後共十年農民起義次數」是前後十年內中國發生的農民起義次數,資料來自:《中年歷代戰爭年表》編寫組 . 中國歷代戰爭年表,北京:中國人民解放軍出版社,2003。
54. Christian Cornelius and Liam Elbourne. "Droughts of Dismay: Rainfall and Assassinations in Ancient Rome". Brock University. No. 1703.(2017).
55. 兩組資料分別來自:Scarre, Christopher, and Toby Wilkinson. Chronicle of the Roman Emperors: The Reign-by-reign Record of the Rulers of Imperial Rome. London: Thames and Hudson;Büntgen, U., Tegel, W., Nicolussi, K., McCormick, M., Frank, D., Trouet, V., ... & Luterbacher, J. "2500 Years of European Climate Variability and Human Susceptibility". Science, 331(6017), (2011). 578–582.
56. 作者自譯。See Huntington, Ellsworth. "Climatic Change and Agricultural Exhaustion as Elements in the Fall of Rome." The Quarterly Journal of Economics 31, No. 2 (1917): 173–208.
57. Christian, Cornelius, and Liam Elbourne. Droughts of Dismay: Rainfall and Assassinations in Ancient Rome. Brock University No. 1703. 2017.
58. 陳志武、林展〈真命天子易喪命——中國古代皇帝非正常死亡的量化研究〉,《中國人民大學清史研究所工作論文》,2017。
59. 陳彥良〈兩漢災害高峰期——天災 , 人禍與治亂盛衰的關聯性分析〉,《台大歷史學報 57》,2016:47–116。
60. 對湖泊沉積物與冰川的分析,分別參見:崔之久、宋長青〈內蒙大青山全新世冰緣現象及環境演變〉,《冰川凍土》No.14.4,1992 : 325–331;葛全勝、方修琦、鄭景雲《中國

35. Steven Pinker. The Better Angels of Our Nature: The Decline of Violence in History and Its Causes. London: Penguin UK, 2011: Figure 5–24.
36. Steven Pinker. The Better Angels of Our Nature: The Decline of Violence in History and Its Causes. London: Penguin UK, 2011: Figure 5–21.
37. Steven Pinker. The Better Angels of Our Nature: The Decline of Violence in History and Its Causes. London: Penguin UK, 2011: Figure 5–20.
38. Gary Becker. "Crime and Punishment: an Economic Approach." Journal of Political Economy 76 (1968):169–217.
39. Robert Merton. "Social Structure and Anomie." American Sociological Review 3 (1938): 672–682.
40. 對當時山東災荒及賑災的全面描寫，參見：Timothy Richard. Forty-five Years in China: Reminiscences. London, TF Unwin, 1916.
41. Gizewski, Christian. "Römische und alte chinesische Geschichte im Vergleich. Zur Möglichkeit eines gemeinsamen Altertumsbegriffs." Klio 76 (1994): 271–302. 轉引自：Walter Scheidel. Rome and China: Comparative Perspectives on Ancient World Empires. Oxford University Press, 2009. 中文版：沃爾特．施德爾《羅馬與中國：比較視野下的古代世界帝國》，李平譯，南京：江蘇人民出版社，2018。
42. 對羅馬的稱頌出自：維吉爾《埃涅阿斯紀》，楊周翰譯，南京：譯林出版社，2016。
43. 計算標準是長安城到地中海岸的直線距離，數位引自：Walter Scheidel. "From the 'Great Convergence' to the 'First Great Divergence': Roman and Qin-Han State Formation and Its Aftermath."Princeton/Stanford Working Papers in Classics (2007), available at https://ssrn.com/abstract=1096433.
44. 對這一概念的全面解析，參見：Kyle Harper. The Fate of Rome: Climate, Disease, and the End of an Empire. Princeton University Press, 2017. 中文版：凱爾．哈珀《羅馬的命運：氣候、疾病和帝國的終結》，李一帆譯，北京：北京聯合出版公司，2020。
45. Lehoux, D. Astronomy, Weather, and Calendars in the Ancient World: Parapegmata and Related Texts in Classical and Near-Eastern societies. Cambridge University Press, 2007.
46. 其中氣溫與尼羅河氾濫資料均來自：M. McCormick，et al. "Climate Change During and After the Roman Empire：Reconstructing the Past From Scientific and Historical Evidence". Journal of Interdisciplinary History 43.2（2012）: 169-220.「社會動亂指數」指的是前後十年中有動亂起義的年分數，資料來自：P. Turchin & S.A. Nefedov. Secular cycles. New Jersey：Princeton University Press（2009）. 前後共十年的「皇帝非正常死亡數」來自：Christian Cornelius and Liam Elbourne."Droughts of Dismay：Rainfall and Assassinations in Ancient Rome". Brock University working papers 1703（2017）。
47. McCormick, Michael, Ulf Büntgen, Mark A. Cane, Edward R. Cook, Kyle Harper, Peter Huybers, Thomas Litt et al. "Climate Change During and After the Roman Empire: Reconstructing the Past From Scientific and Historical Evidence." Journal of Interdisciplinary

22. Zhiwu Chen, Zhan Lin and Xiaoming Zhang. "When People Stop Eating Each Other: Cultural Norms, Risk Mitigation and Cannibalism in Chinese History (1470-1911)." University of Hong Kong Working Paper (2020): Figure l.
23. Zhiwu Chen，Zhan Lin and Xiaoming Zhang. "When People Stop Eating Each Other: Cultural Norms，Risk Mitigation and Cannibalism in Chinese History（1470-1911）"，University of Hong Kong Working Paper（2020）: Figure 1.
24. 參見緒論以及：Gregory Clark. A Farewell to Alms: A Brief Economic History of the World. Vol 25. Princeton University Press, 2008. 中文版：格裡高利．克拉克《告別施捨：世界經濟簡史》洪世民譯，桂林：廣西師範大學出版社，2020？
25. 平克說到的另外兩大變遷——「新和平」與「人權革命」——這裡不談及，因為冷戰結束後的「新和平」到目前還很短，長期可持續性有待觀察，而且這個時期對前面談到的文明化歷史的貢獻有限，而「人權革命」其實也已經包括在「長久和平」過程之中。Pinker, Steven. The Better Angels of Our Nature: The Decline of Violence in History and Its Causes. Penguin UK, 2011？
26. Steven Pinker. The Better Angels of Our Nature: The Decline of Violence in History and Its Causes. London: Penguin UK (2011): Chapter 2.
27. 諾貝特．愛里亞斯《文明的進程：文明的社會起源和心理起源的研究》，王佩莉、袁志英譯，上海：上海譯文出版社，2009。
28. Steven Pinker. The Better Angels of Our Nature: The Decline of Violence in History and Its Causes. London: Penguin UK, 2011. Figure 4.
29. 關於印刷技術的發展及其廣泛影響，參見：Febvre, Lucien and Henri-Jean Martin. The Coming of the Book: The Impact of Printing, 1450–1800. London: Verso, 1958. 印刷技術的出現對經濟發展、宗教改革的成功都貢獻很大，參見：Dittmar, Jeremiah. "Information Technology and Economic Change: The Impact of the Printing Press." Quarterly Journal of Economics 126.3, (2011): 1133–1172；Rubin, Jared. "Printing and Protestants: an Empirical Test of the Role of Printing in the Reformation". Review of Economics and Statistics 96.2 (2014): 270–286.
30. Steven Pinker. The Better Angels of Our Nature: The Decline of Violence in History and Its Causes. London: Penguin UK, 2011: 17–18.
31. 當然，這裡我們注意到，文學中的書面暴力一方面反映了社會對殘暴的麻木，甚至在間接渲染暴力行為，但另一方面，書面暴力描寫也是社會暴力的反映，或許讓讀者在閱讀過程中感受到痛苦並因此反對暴力，所以書面描述可能帶來兩種作用，關鍵看作者如何把握平衡點。
32. 魯迅〈狂人日記〉，《新青年》，4 卷 5 號，1918.
33. 陳獨秀〈本志罪案之答辯書〉，《新青年》，5 卷 1 號，1919。
34. Steven Pinker. The Better Angels of Our Nature: The Decline of Violence in History and Its Causes. London: Penguin UK, 2011: Figure 5–25.

L'Antiquité Classique 64, No. 1 (1995): 413–413.

8. 本段的兩例，均引自：陳志武、林展〈真命天子易喪命——中國古代皇帝非正常死亡的量化研究〉，中國人民大學清史研究所工作論文 , 2017：第二節。
9. 陳志武、林展〈真命天子易喪命——中國古代皇帝非正常死亡的量化研究〉，中國人民大學清史研究所工作論文 , 2017：表 1。
10. 陳志武、林展〈真命天子易喪命——中國古代皇帝非正常死亡的量化研究〉，中國人民大學清史研究所工作論文 , 2017：圖 1.
11. 戴蒙在《自然》雜誌的文章介紹了兩點：一是他在新幾內亞做田野考察時，就有人請假回部落，參加吃人儀式；一是談到二〇〇〇年在美國亞利桑那發現九百年前的考古遺址，其中就有當地人食人的證據。Jared Diamond. "Archaeology: Talk of Cannibalism". Nature 407. No. 6800(2000): 25–26.
12. Gráda, Cormac Ó. Eating People is Wrong, and Other Essays on Famine, Its Past, and Its Future. New Jersey: Princeton University Press, 2015: 14–15.
13. Gráda, Cormac Ó. Eating People is Wrong, and Other Essays on Famine, Its Past, and Its Future. New Jersey: Princeton University Press, 2015: 15–37.
14. 歐格拉達談到「海洋慣例」(custom of the sea)：船員在海上出事後，如果別無援助，可以根據需要採取救生手段，包括殺死船員食其肉。他舉的一例是英國一八八四年的一起訴訟案，其中一艘船在南大西洋出事下沉，船員逃上一孤島，兩位船員（Tom Dudley and Edwin Stephens）將另一位十七歲的船員殺死，以食其肉求生；在英國法庭上，兩位活下來的船員以「海洋慣例」和「生存必需不受法律約束」做辯護。Gráda, Cormac Ó. Eating People is Wrong, and Other Essays on Famine, Its Past, and Its Future. New Jersey: Princeton University Press, 2015: 16. 這個故事源於：Simpson, A.W.B. Cannibalism and the Common Law: The Story of the Tragic Last Voyage of the Mignonette and the Strange Legal Proceedings to Which it Gave Rise. Chicago: University of Chicago Press, 1984。
15. 這段譯自：Gráda, Cormac Ó. Eating People Is Wrong, and Other Essays on Famine, Its Past, and Its Future. Princeton University Press, 2015: 21. 原文出自：Legge, James. The Famine in China: Illustrations by a Native Artist With a Translation of the Chinese Text. London: Kegan Paul, 1978: 22–23.
16. 胡厚宣〈中國奴隸社會的人殉和人祭：上〉，文物 7，1974: 74–84；胡厚宣〈中國奴隸社會的人殉和人祭：下〉，文物 8 , 1974: 56–67。
17. 陳奇〈古代食人探源〉貴州師範大學學報：社會科學版 5，2004：53–58。
18. 有興趣的讀者，參考：鄭麒來《中國古代的食人：人吃人行為透視》，北京：中國社會科學出版社，1994;黃文雄《中國食人史》，臺北:前衛出版社，2005。其中有許多討論。
19. 鄭麒來《中國古代的食人：人吃人行為透視》，北京：中國社會科學出版社，1994：117。
20. 馮賀軍〈北宋二十四孝磚雕：王武子妻割股與田真哭荊〉，紫禁城 11, 2010: 20。
21. 對此的更多討論，參見：黃文雄《中國食人史》，臺北：前衛出版社，2005。

106. Ratan Lal Basu and Raj Kumar Sen. Ancient Indian Economic Thought: Relevance for Today. New Delhi: Rawat Publications（2008 ）: 94.
107. Peter H Lindert,. Growing Public, Volume 1. Cambridge University Press（2004）.
108. Marco van Leeuwen. "Histories of Risk and Welfare in Europe during the 18th and 19th Centuries." Europe 24 (1994): 589–613.
109. Sigrun Kahl. "The Religious Roots of Modern Poverty Policy: Catholic, Lutheran, and Reformed Protestant Traditions Compared". European Journal of Sociology 46.1 (2005): 91–126.
110. Anthony Gill and Erik Lundsgaarde. "State Welfare Spending and Religiosity: A Cross-national Analysis." Rationality and Society 16.4 (2004): 399–436.
111. 引自：錢穆《文化學大義（第 7 版）》，臺灣：中正書局, 1981：第 3 頁. 他還說「我認為今天以後，研究學問，都應該拿文化的眼光來研究。每種學問都是文化中間的一部分」（錢穆《從中國歷史來看中國民族性及其中國文化》，香港：中文大學出版社，1979：第 100 頁）。
112. Oana Borcan, Ola Olsson, Louis Putterman, "Transition to Agriculture and First State Presence: A Global Analysis", University of Gothenburg Working Paper in Economics No. 741, 2018.
113. Louis Putterman, "Agriculture, Diffusion and Development: Ripple Effects of the Neolithic Revolution", Economica 75.300 (2008): 729–748.
114. 白芝浩（Walter Bagehot）為中央銀行如何充當「最後貸款人」建立了一套系統的理論和具體操作指南。Norman St. John-Stevas, ed., The Collected Works of Walter Bagehot, Volume 11, London, The Economist, 1978: 149.

第一章

1. Pinker, Steven. The Better Angels of Our Nature: The Decline of Violence in History and Its Causes. Penguin UK, 2011: 189.
2. Flavius, Josephus, E. Mary Smallwood, and Betty Radice. The Jewish War. Penguin UK, 1981, Vol 5. 約瑟夫斯在西元六六至七三年間作為將軍，帶領猶太人軍隊反抗羅馬帝國的統治，後來戰敗投降並前往羅馬，著有《猶太戰爭》《猶太古史》等。
3. 基於一個較小樣本的分析，參見：Saleh, Joseph Homer. "Statistical Reliability Analysis for a Most Dangerous Occupation: Roman Emperor." Palgrave Communications 5, No. 1 (2019): 1–7。
4. 陳志強〈拜占廷皇帝繼承制特點研究〉中國社會科學 1，1999：180–194. 表 7。
5. Manuel Eisner. "Killing Kings Patterns of Regicide in Europe, AD 600–1800." The British Journal of Criminology 51, No. 3 (2011). Table 2.
6. William Blair. Slavery Amongst the Romans. An Inquiry Into the State of Slavery Amongst the Romans. Edinburgh: Treuttel, Wurtz, & Richter, 1947: 3.
7. Van Langenhoven, Paul. "Roland Auguet, Cruelty and Civilization: the Roman Games."

江大學出版社 , 2012 : 234–237。

95. 陳志武、何石軍、林展、彭凱翔《清代妻妾價格研究：傳統社會裡女性如何被用作避險資產？》，經濟學季刊 18.1, 2018: 253–280；夏明方《「賣一口，救十口」——關於婦女買賣的比較研究》。學習時報（2004 年 12 月 20 日）。

96. Mead Cain. “Risk and Insurance: Perspectives on Fertility and Agrarian Change in India and Bangladesh.” Population and Development Review 7.3(1981): 435–474.

97. 在金融學裡，有「最優證券設計」和「最優契約設計」問題，意思是，根據不同的避險需要、資源跨期配置需要，可以最有針對性地設計出相應的成本最低的精準金融契約。比如土地，雖然既可以用於種植，又可以在收成好或災荒時期賣出個價錢，亦即作為投資資產或避險資產使用，但是正因為用途太多、功能複雜，土地會價格奇高，對於只想尋求避險作用的個體而言太昂貴，窮人更是買不起，不是最優的避險資產。同理，房產、妻妾也未必是最優避險資產。Zhiwu Chen. “Financial Innovation and Arbitrage Pricing in Frictional Economies,” Journal of Economic Theory 65.1 (1995), 117–135; Franklin Allen and Douglas Gale. “Optimal Security Design”. Review of Financial Studies 1.3 (1988): 229–263。

98. 格雷夫與塔貝裡尼談道，至少在過去一千多年裡，中國人主要靠宗族，而歐洲人則更多依賴「法人公司」實現跨期合作，包括教會、市政、公司、行會等註冊法人。而本書在第五章和第十章會討論，這種「分流」的起點比格雷夫他們講的要早一千多年，要回到軸心時代。Avner Greif and Guido Tabellini. “The Clan and the Corporation: Sustaining Cooperation in China and Europe. Journal of Comparative Economics 45.1 (2017): 1–35。

99. Zhiwu Chen, Chicheng Ma, and Andrew J. Sinclair. “Does Confucianism Inhibit Financial Development?” University of Hong Kong working paper (2019).

100. Peter Temin. “Financial Intermediation in the Early Roman Empire.” Journal of Economic History 64.3 (2004): 705–733.

101. Ulrike Malmendier. “Law and Finance ‘at the Origin’”. Journal of Economic Literature 47:4 (2009): 1076–1108.

102. 102.C.F. Trenerry. The Origin and Early History of Insurance Including the Contract of Bottomry. New Jersey: The Lawbook Exchange LTD. (2010); 150-152.

103. 關於工業革命以來人類面對的新型風險，比較系統的討論來自德國社會學家貝克（儘管他側重描述現象和其負面影響）。Ulrich Beck. Risk Society: Towards a New Modernity. London: Sage Publications (1992). 中文版：烏爾裡希·貝克《風險社會：新的現代性之路》，張文傑、何博聞譯，南京：譯林出版社 , 2018。

104. David A. Moss. When all Else Fails, Government as the Ultimate Risk Manager. Cambridge: Harvard University Press (2002). 關於經濟大蕭條帶來的影響和羅斯福新政的社會背景，更多討論參見該書。

105. Peter Garnsey., Famine and Food Supply in the Graeco-Roman World: Responses to Risk and Crisis. Cambridge University Press, 1989.

New York: Routledge（1930）：57.
79. Cristobal Young, "Religion and Economic Growth in Western Europe: 1500–2000", Stanford University working paper (2009).
80. Paine, Thomas, 1737–1809. Rights of Man. Edited by Claire Grogan. Peterborough: Broadview Press, 2011. 中文版：湯瑪斯 · 潘恩《人的權利》戴炳然譯，上海：復旦大學出版社，2013。
81. Gurven, Michael, Adrian V. Jaeggi, Chris von Rueden, Paul L. Hooper, and Hillard Kaplan. "Does Market Integration Buffer Risk, Erode Traditional Sharing Practices and Increase Inequality? A Test among Bolivian Forager-farmers." Human Ecology 43, No. 4 (2015): 515–530.
82. Johnson, J. The Economics of Indian Rail Transport. Bombay: Allied Publishers, 1963.
83. Burgess, Robin, and Dave Donaldson. "Railroads and the Demise of Famine in Colonial India." London School of Economics Working Paper, March 2017.
84. Cao, Yiming, and Shuo Chen. "Robin Hood on the Grand Canal: Economic Shock and Rebellions in Qing China, 1650–1911." Boston University and Fudan University working paper, October 2017.
85. Wang Gungwu. The Nanhai Trade: Early Chinese Trade in the South China Sea. Singapore: Eastern University Press (2003)：83.
86. Abu Zayd Al-Sirafi, Accounts of China and India. New York: New York University Press (2017), sections 2.2.1 – 2.2.3. 本書阿拉伯原文版大概成書於九世紀末。
87. Richard J. Garrett. The Defences of Macau: Forts, Ships and Weapons Over 450 Years. Hong Kong: Hong Kong University Press (2011): chapter 1.
88. 88.K.N. Chaudhuri. Trade and Civilisation in the Indian Ocean: an Economic History From the Rise of Islam to 1750. New York, NY: Cambridge University Press (1985): 83.
89. John Micklethwait and Adrian Wooldridge. The Company: a Short History of a Revolutionary Idea. New York: The Modern Library (2003). 中文版：約翰 · 米克勒斯維特、阿德里安 · 伍爾德里奇《公司的歷史》夏荷立譯，合肥：安徽人民出版社，2012。
90. 朱傑勤《華僑史》桂林：廣西師範大學出版社 , 2011。
91. Wang Gungwu. "Merchants Without Empire: the Hokkien Sojourning Communities", published in James Tracy. The Rise of Merchant Empires: Long-distance Trade in the Early Modern World 1350–1750. New York: Cambridge University Press(1990): 405–407.
92. 關於伊斯蘭教進入中國的時間，參見：白壽彝《中國伊斯蘭史存稿》，銀川：寧夏人民出版社，1982：第一章；金宜久主編《伊斯蘭教史》，南京：江蘇人民出版社 , 2006：第 379 頁。
93. Rodney Stark. One True God: Historical Consequences of Monotheism. New Jersey: Princeton University Press (2001): 36.
94. 蘇基朗《刺桐夢華錄：近世前期閩南的市場經濟（946-1368 年）》李潤強譯，杭州：浙

Book One. 中文版：涂爾幹《宗教生活的基本形式》，渠敬東譯。北京：商務印書館，2011。

65. Dierk Herzer and Holger Strulik. “Religiosity and Long-Run Productivity Growth”. Journal of Economics, Management and Religion 1, No. 1 (2020): 1–40.
66. McNeill, William Hardy. Plagues and Peoples. Anchor（1976）. 中文版：威廉・麥克尼爾《瘟疫與人》，余新忠、畢會成譯 . 北京：中信出版社，2017。
67. Dehejia, Rajeev, Thomas DeLeire, and Erzo F. P. Luttmer. “Insuring Consumption and Happiness Through Religious Organizations.” Journal of Public Economics 91.1–2 (2007): 259–279.
68. Ager, Philipp, and Antonio Ciccone. “Agricultural Risk and the Spread of Religious Communities.” Forthcoming, Journal of the European Economic Association.
69. Yuyu Chen, Hui Wang and Se Yan. “The Long-Term Effects of Christianity in China before 1920”. 北京大學光華管理學院工作論文，2013。
70. 在一項研究中，十三位學者收集了世界三十個地區、四百一十四個社會在過去一萬年的基礎資料 ，分析發現：愈是複雜的社會（由五十一項指標分別度量社會複雜度），就愈依賴「道德化神」信仰維護秩序和強化人際合作；而且在演化時間順序上，是複雜社會出現在先，組織化宗教在後，就如佛教、基督教出現在軸心時代後期，伊斯蘭教更晚，那時印度和兩河流域的中東社會已經相當複雜。Whitehouse, Harvey, Pieter Savage, Patrick E. Currie, Thomas E. Feeney, Kevin C. Cioni, Enrico Purcell, Rosalind Ross, Robert M. Larson, Jennifer Baines, John ter Haar, Barend Covey, and Peter Turchin. “Complex Societies Precede Moralizing Gods Throughout World History”. Nature 568.7751 (2019): 226–229.
71. Iannaccone, Laurence R. “Sacrifice and Stigma: Reducing Free-riding in Cults, Communes, and Other Collectives.” Journal of Political Economy 100.2 (1992): 271–291。
72. 參見 Marc van de Mieroop 的「利息的發明」，載於：威廉・戈茲曼、K・哥特・羅文霍斯特《價值起源》，王宇、王文玉譯，北京：萬卷出版公司，2010：第一章，第 17–32 頁。
73. 參見 Marc van de Mieroop 的「利息的發明」載於：威廉・戈茲曼、K・哥特・羅文霍斯特《價值起源》，王宇、王文玉譯，北京：萬卷出版公司，2010：第一章，第 24–25 頁。
74. Gilbert Rosenthal, Banking and Finance among Jews in Renaissance Italy, New York: Bloch Publishing Company (1962): 43–49.
75. 聖安博的原文著作是 De Tobia。這裡譯自：Benjamin Nelson, The Idea of Usury: From Tribal Brotherhood to Universal Otherhood, second edition, Chicago: University of Chicago Press (1969): 4.
76. Robert W. Anderson, Noel D. Johnson and Mark Koyama, “Jewish Persecutions and Weather Shocks: 1100–1800”, Economic Journal 127.602 (2017): 924–958.
77. Michael Wikes, “Devaluing the Scholastics: Calvin’s Ethics of Usury”, Calvin Theological Journal 38 (2003): 27–51.
78. Weber, Max. The Protestant Ethic and the Spirit of Capitalism. Translated by Talcott Parsons.

51. 道格拉斯·諾思《制度、制度變遷與經濟績效》，杭行譯、韋森譯審，上海：格致出版社，2014；道格拉斯·諾思、約翰·約瑟夫·瓦利斯、巴里·溫格斯特《暴力與社會秩序：詮釋有文字記載的人類歷史的一個概念性框架》杭行、王亮譯，上海：格致出版社，2013。
52. Leeson, Peter T. "Gypsy Law." Public Choice 155.3–4 (2013): 273–292.
53. 蘇基朗《刺桐夢華錄：近世前期閩南的市場經濟（946-1368）》，李潤強譯，杭州：浙江大學出版社 , 2012 : 294。
54. 這句話譯自：Ara Norenzayan. Big Gods: How Religion Transformed Cooperation and Conflict. New Jersey: Princeton University Press (2013): 13. 作者在第二章專門討論神明信仰對建立道德秩序的重要性，因為對於信者而言，他們會認為神明在時時刻刻盯著自己，所以必須遵守倫理道德。
55. 烏丙安《中國民間信仰》，上海：上海人民出版社 , 1992。
56. Coontz, Stephanie, Marriage, a History: How Love Conquered Marriage, New York: Penguin Books (2006).
57. Rosenzweig, Mark R., and Oded Stark. "Consumption Smoothing, Migration, and Marriage: Evidence From Rural India." Journal of Political Economy 97.4 (1989): 905–926. 更多細節討論見本書第四章。
58. 關於漢代王昭君、劉細君等出嫁北方匈奴君王，以及其他王朝的類似「和親」外交，參見：崔明德《中國古代和親通史》，北京：人民出版社 , 2007。
59. 王利華《中國家庭史（第一卷）：先秦至南北朝時期》，廣州：廣東人民出版社，2007：28。
60. 在金融經濟學領域，一個被普遍接受的分析框架是將商業公司組織看成「內部金融市場」，其中有各種子公司、子專案和各種不同部門。由於公司內部的管理架構和規章使內部人之間的資訊不對稱程度低、契約執行成本低（公司總裁為最高執行長官），所以作為內部金融市場的公司在資源配置和風險分擔上，可以比外部金融市場更為有效。宗族在組織安排和規則制定與執行上跟現代公司十分相似，這些在第五章會具體談到。關於金融文獻裡的相關研究與參考文獻，參見：Jeremy C. Stein. "Internal Capital Markets and the Competition for Corporate Resources". The Journal of Finance 52.1 (1997): 111–133。
61. James Kung and Chicheng Ma. "Can Cultural Norms Reduce Conflicts? Confucianism and Peasant Rebellions in Qing China". Journal of Development Economics 111 (2014): 132–149.
62. Zhiwu Chen, Zhan Lin and Xiaoming Zhang. "When People Stop Eating Each Other: Cultural Norms, Risk Mitigation and Cannibalism in Chinese History (1470–1911)", University of Hong Kong working paper (2020).
63. Joel Mokyr. A Culture of Growth: The Origins of the Modern Economy. New Jersey: Princeton University Press (2016): chapter 16. 中文版：莫基爾《成長的文化：現代經濟的起源》，胡思捷譯，北京：中國人民大學出版社，2020。
64. Emile Durkheim. Elementary Forms of Religious Life. London: Oxford University Press (2008),

37. Steven Pinker. The Better Angels of Our Nature: The Decline of Violence in History and Its Causes. London: Penguin UK (2011).
38. 諾貝特 · 愛里亞斯《文明的進程：文明的社會起源和心理起源的研究》，王佩莉、袁志英譯，上海：上海譯文出版社，2009。
39. World Bank. World Development Report 2000/2001: Attacking Poverty. Oxford: Oxford University Press (2001): 139.
40. 關於貧困起因的研究很多，其中風險事件是造成貧困和收入差距的主因之一。一些討論和參考文獻見：Eva Ludi and Kate Bird. "Risks & Vulnerability". Swiss Agency for Development and Cooperation Brief No. 3 (September 2007) https://www.odi.org/sites/odi.org.uk/files/odi-assets/publications-opinion-files/5680.pdf.
41. 史念海《》河山集：第一集：石器時代人們的居地及其聚落分布》，北京：三聯書店，1963 : 15。
42. 關於這兩個遺址的內容來自：Maria Guagnin, Angela R. Perri, and Michael D. Petraglia. "Pre-Neolithic Evidence for Dog-assisted Hunting Strategies in Arabia." Journal of Anthropological Archaeology 49（2018）: 225–236。
43. Jared M. Diamond. "The Worst Mistake in the History of the Human Race". Discover Magazine (May, 1987): 64–66; Bowles, S. and J. Choi. "Coevolution of Farming and Private Property During the Early Holocene," Proceedings of the National Academy of Sciences of the United States of America 110（2013）: 8830–8835.
44. Braidwood, R. J. The Agricultural Revolution, Scientific American (1960).
45. Matranga, Andrea. "The Ant and the Grasshopper: Seasonality and the Invention of Agriculture." New Economic School working paper (2017).
46. Joram Mayshar, Omer Moav, Zvika Neeman, and Luigi Pascali. "Cereals, Appropriability and Hierarchy". Forthcoming in Journal of Political Economy (2017).
47. 赫拉利在《人類簡史》中說：「除了存在於人類共同的想像外，這個宇宙中根本沒有神、沒有國家、沒有金錢、沒有人權、沒有法律，也沒有正義。」（尤瓦爾 · 赫拉利《人類簡史》，林俊宏譯，北京：中信出版社，2014：26）
48. 李澤厚《由巫到禮　釋禮歸仁》，北京：三聯書店，2015。
49. 段義孚《無邊的恐懼》，北京：北京大學出版社，2011。英文原版：Tuan, Yi-Fu. Landscapes of fear. Pantheon, 1981。
50. 這裡我們看到，「天命觀」、「天意論」、「天人感應」等，這些為王朝統治合法性虛構的故事不是思想史學者以往認為的「中國特有的古代思想」，而是在民主政體之前建過國家制度的各社會都有過的，否則國家秩序就難以建立並維繫。在過去的地理與技術條件下，基於巫術迷信樹立合法性可能是一種治理成本最低的策略（否則，在實證意義上，不會出現各大洲的傳統王朝都靠某種版本的「天命」論支撐的現象，這不是巧合）。關於中國這方面思想史的論述，參見：李澤厚《由巫到禮　釋禮歸仁》，北京：三聯書店，2015；葛兆光《中國思想史：第一卷》，上海：復旦大學出版社，1998：第 3–163 頁？

26. Jia, Ruixue. "Weather Shocks, Sweet Potatoes and Peasant Revolts in Historical China." The Economic Journal 124.575 (2014): 92–118.
27. 顧誠《明末農民戰爭史》，北京：中國社會科學出版社 , 1994。
28. Zhiwu Chen, Kaixiang Peng, and Lijun Zhu. "Social-Economic Change and Its Impact on Violence: Homicide History of Qing China", Explorations in Economic History 63 (2017): 8–23.
29. DeMenocal, Peter B. "Cultural Responses to Climate Change During the Late Holocene." Science (2001): 667–673.
30. Iannone, Gyles, ed. The Great Maya Droughts in Cultural Context: Case Studies in Resilience and Vulnerability. University Press of Colorado, 2014.
31. Burke, Marshall, Solomon M. Hsiang, and Edward Miguel. "Climate and Conflict." Annual Review of Economics 7.1 (2015): 577–617. 另一些綜述見：Blaikie, Piers, et al. At Risk: Natural Hazards, People's Vulnerability and Disasters. Routledge, 2014；Dell, Melissa, Benjamin F. Jones, and Benjamin A. Olken. "What do We Learn From the Weather? The New Climate-economy Literature." Journal of Economic Literature 52.3 (2014): 740–98.
32. 以中國的自然災害趨勢為例，參見：葛全勝《中國歷朝氣候變化》北京：科學出版社 , 2011；鄧雲特《中國救荒史》，北京：北京出版社 , 1998。
33. 國家形態出現之後，國家通過壟斷合法暴力，壓制其他暴力挑戰者，威懾一般暴力的發生，建立公共秩序，這使具備國家形態的社會的暴力頻率更低（Douglas C. North, John Joseph Wallis , and Barry R. Weingast. Violence and Social Orders : A Conceptual Framework for Interpreting Recorded Human History. Cambridge: Cambridge University Press, 2009.）。中文版：道格拉斯．諾思，約翰．約瑟夫．瓦利斯，巴里．溫格斯特《暴力與社會秩序：詮釋有文字記載的人類歷史的一個概念性框架》杭行、王亮譯，上海：格致出版社 , 2013. 參見：Steven Pinker. The Better Angels of Our Nature: The Decline of Violence in History and Its Causes. London: Penguin UK (2011): 53.
34. 查理斯．蒂利 (Charles Tilly) 的「戰爭說」最早發表於 1985 年：Charles Tilly. "War-Making and State-Making as Organized Crime". In Peter Evans, Dietrich Rueschemeyer, and Theda Skocpol (eds.). Bringing the State Back in. Cambridge: Cambridge University Press (1985): 169–191. 更系統的論述見於其著作：Charles Tilly. Coercion, Capital and European States, A.D. 990-1992. New Jersey: Wiley-Blackwell (1992). 中文版：查理斯．蒂利《強制、資本和歐洲國家：九九〇－一九九二》，魏洪鐘譯，上海：上海人民出版社，2012。
35. Markowitz, Harry. "Portfolio Selection". The Journal of Finance 7.1 (1952): 77–91.
36. 這裡將「文化」與「文明」進行區分，前者是生產、工作與生活元素的簡單彙集，而後者是「文化」加「秩序」。比如，一群四處流浪的動物也有相互溝通的語言，因此存在自己的文化，但是這些文化元素未必讓它們脫離野蠻、建立秩序。而文明不只是一些離散的創新，即文化元素的無機組合，而是作為一個整體給相應的群體帶來規則與秩序（即規序）。一個無序、野蠻的社會也有文化，但那是野蠻文化，而非文明。

思捷譯，北京：中國人民大學出版社，2020。
10. Davide Cantoni and Noam Yuchtman. "Medieval Universities, Legal Institutions, and the Commercial Revolution". The Quarterly Journal of Economics 129.2 (2014): 823–887。
11. 史蒂芬・平克《人性中的善良天使：暴力為什麼會減少》，安雯譯，北京：中信出版社，2015。本書中，主要引用原版著作：Steven Pinker. The Better Angels of Our Nature: The Decline of Violence in History and Its Causes. London: Penguin UK (2011)。
12. Steven Pinker. The Better Angels of Our Nature: The Decline of Violence in History and Its Causes. London: Penguin UK (2011): 64.
13. Manuel Eisner. "Long-Term Historical Trends in Violent Crime." Crime and Justice 30 (2003): 83–142.
14. 陳志武、彭凱翔和朱禮軍利用清代刑科題本（命案要案檔案），估算了一六一一至一八九八年間清代中國的命案率。Zhiwu Chen, Kaixiang Peng, and Lijun Zhu. "Social-Economic Change and Its Impact on Violence: Homicide History of Qing China", Explorations in Economic History 63 (2017): 8–23。
15. 原始社會的平均命案率來自：Steven Pinker. The Better Angels of Our Nature: The Decline of Violence in History and Its causes. London：Penguin UK（2011）: 64; 西歐資料來自：Manuel Eisner. "Long-Term Historical Trends in Violent Crime."Crime and Justice 30（2003）: Tables 1&2。
16. "Hunter-gatherers：Noble or savage?". Economist (December 19, 2007).
17. Steven Pinker. The Better Angels of Our nature: The Decline of Violence in History and Its Causes. London: Penguin UK (2011): 224–229.
18. Steven Pinker. The Better Angels of Our Nature: The Decline of Violence in History and Its Causes. London: Penguin UK (2011): 52.
19. Joe Hasell. "Famine Mortality Over the Long Run". Our World In Data, Global Change Data Lab (March 2018), https://ourworldindata.org/famine-mortality-over-the-long-run.
20. Hannah Ritchie and Max Roser. "Natural Disasters". Our World In Data, Global Change Data Lab (November 2019), https://ourworldindata.org/natural-disasters.
21. Manuel Eisner. "Killing Kings Patterns of Regicide in Europe, AD 600–1800." British Journal of Criminology 51 (2011) : 556–571.
22. 陳志武、林展〈真命天子易喪命——中國古代皇帝非正常死亡的量化研究〉，中國人民大學清史研究所工作論文 , 2017。
23. 這個「大戰場」標準引自：Manuel Eisner. "Killing Kings Patterns of Regicide in Europe, AD 600–1800." British Journal of Criminology 51 (2011)。
24. Gary Becker. "Crime and Punishment: an Economic Approach". Journal of Political Economy 76(1968):169–217.
25. Bai, Ying, and James Kai-sing Kung. "Climate Shocks and Sino-nomadic Conflict." Review of Economics and Statistics 93.3 (2011): 970–981.

注釋

緒論

1. 對此更詳細的論述，參見：Gregory Clark. A Farewell to Alms: A Brief Economic History of the World. New Jersey: Princeton University Press (2007)。
2. 安格斯．麥迪森《世界經濟千年史》，伍曉鷹等譯，北京：北京大學出版社，2003。
3. Gregory Clark，A Farewell to Alms：A Brief Economic History of the World. New Jersey：Princeton University Press（2007）, Figure1.1.
4. 安格斯．麥迪森《世界經濟千年史》，伍曉鷹等譯，北京：北京大學出版社，2003：表B–21。
5. Jared M. Diamond. "The Worst Mistake in the History of the Human Race". Discover Magazine (May, 1987), 64–66. 戴蒙是加州大學洛杉磯分校歷史地理學教授，有許多影響深遠的著作，以研究大歷史而出名。
6. 中國的考古研究也有類似結論。王明輝發現，在新石器早期，河南賈湖村墓主男性平均身高為一百七十·六公分、女性為一百六十七·二公分，而到新石器晚期的河南西坡古人，男性平均身高為一百六十八·六公分、女性身高下降到一百五十九·二公分。不過，雖然平均身高因農業而下降，死亡年齡卻有所上升：賈湖人的平均死亡年齡為二十八．七一歲，而西坡人為三十八歲。要注意的是，他研究的只是這兩地的考古遺址資料，樣本不大。王明輝《中原地區古代居民的健康狀況——以賈湖遺址和西坡墓地為例》，第四紀研究 34.1, 2014：51–59。
7. Joel Mokyr. A Culture of Growth: The Origins of the Modern Economy. New Jersey: Princeton University Press (2016), 306. 中文版：喬爾．莫基爾《成長的文化：現代經濟的起源》，胡思捷譯，北京：中國人民大學出版社，2020。
8. Davide Cantoni and Noam Yuchtman. "The Political Economy of Educational Content and Development: Lessons from History". Journal of Development Economics 104(2013): 233–244. 他們的開創性研究表明，不只是人力資本，而且人力資本的類別，對經濟成長十分重要。有的知識和技能對產出成長有用，而另一些無用。
9. Joel Mokyr. A Culture of Growth: The Origins of the Modern Economy. New Jersey: Princeton University Press (2016), chapter 16. 喬爾．莫基爾《成長的文化：現代經濟的起源》，胡

文明的邏輯

人類與風險的博弈

作者：陳志武｜主編：鍾涵瀞｜特約副主編：李衡昕｜編輯協力：徐育婷｜行銷企劃總監：蔡慧華｜行銷企劃專員：張意婷｜社長：郭重興｜發行人：曾大福｜出版發行：八旗文化／遠足文化事業股份有限公司｜地址：23141 新北市新店區民權路108-2號9樓｜電話：02-2218-1417｜傳真：02-8667-1851｜客服專線：0800-221-029｜信箱：gusa0601@gmail.com｜法律顧問：華洋法律事務所 蘇文生律師｜EISBN：9786267234082（EPUB）、9786267234068（PDF）｜出版日期：2023年2月／初版一刷｜定價：900元

國家圖書館出版品預行編目(CIP)資料

文明的邏輯:人類與風險的博弈/陳志武著. -- 新北市：八旗文化出版：遠足文化發行, 2023.02

796面；17×23公分

ISBN 978-626-7234-07-5((平裝)

1.CST: 社會人類學

541.3　　111018540

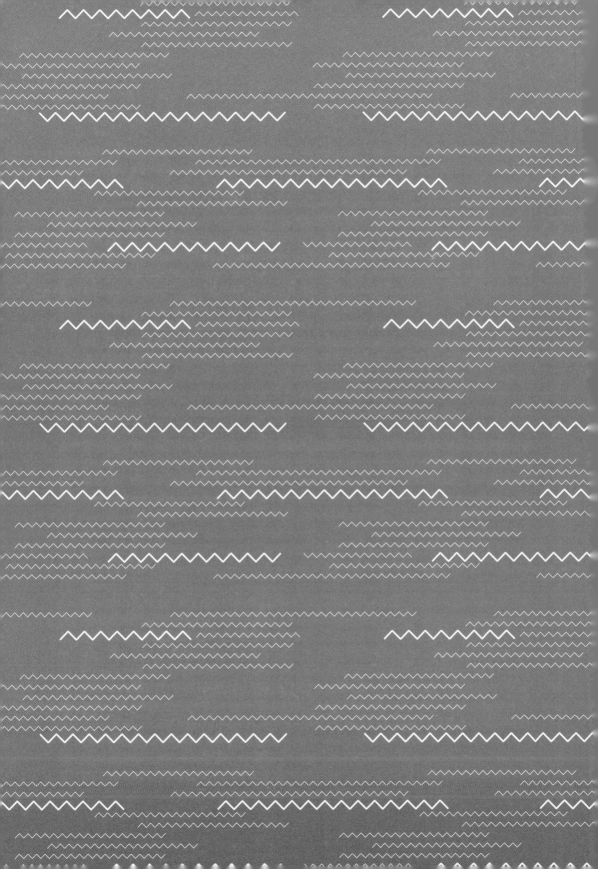